여러분의 합격을 응원하는
해커스공무원의 특별 혜택

FREE 공무원 국제정치학 **특강**

해커스공무원(gosi.Hackers.com) 접속 후 로그인 ▶ 상단의 [무료강좌] 클릭하여 이용

해커스공무원 온라인 단과강의 **20% 할인쿠폰**

9849ACAA7B6D58F7

해커스공무원(gosi.Hackers.com) 접속 후 로그인 ▶ 상단의 [나의 강의실] 클릭 ▶
좌측의 [쿠폰등록] 클릭 ▶ 위 쿠폰번호 입력 후 이용

* 등록 후 7일간 사용 가능(ID당 1회에 한해 등록 가능)

합격예측 **온라인 모의고사 응시권 + 해설강의 수강권**

64FA45CDC8BC6436

해커스공무원(gosi.Hackers.com) 접속 후 로그인 ▶ 상단의 [나의 강의실] 클릭 ▶
좌측의 [쿠폰등록] 클릭 ▶ 위 쿠폰번호 입력 후 이용

* ID당 1회에 한해 등록 가능

쿠폰 이용 관련 문의 **1588-4055**

단기 합격을 위한 해커스공무원 커리큘럼

탄탄한 기본기와 핵심 개념 완성!
누구나 이해하기 쉬운 개념 설명과 풍부한 예시로 부담없이 쌩기초 다지기
TIP 베이스가 있다면 **기본 단계**부터!

필수 개념 학습으로 이론 완성!
반드시 알아야 할 기본 개념과 문제풀이 전략을 학습하고
심화 개념 학습으로 고득점을 위한 응용력 다지기

문제풀이로 집중 학습하고 실력 업그레이드!
기출문제의 유형과 출제 의도를 이해하고 최신 출제 경향을 반영한
예상문제를 풀어보며 본인의 취약영역을 파악 및 보완하기

동형모의고사로 실전력 강화!
실제 시험과 같은 형태의 실전모의고사를 풀어보며 실전감각 극대화

시험 직전 실전 시뮬레이션!
각 과목별 시험에 출제되는 내용들을 최종 점검하며 실전 완성

* 커리큘럼 및 세부 일정은 상이할 수 있으며, 자세한 사항은 해커스공무원 사이트에서 확인하세요.

단계별 교재 확인 및 수강신청은 여기서!
gosi.Hackers.com

해커스공무원 패권 국제정치학

기본서 | 사상 및 이론

해커스공무원

이상구

약력

성균관대학교 졸업
서울대학교 대학원 졸업

현 | 해커스공무원 국제정치학·국제법 강의
현 | 해커스 국립외교원 대비 국제정치학·국제법 강의
현 | 해커스 변호사시험 대비 국제법 강의
전 | 베리타스법학원 국제정치학·국제법 강의
전 | 합격의 법학원 국제법 강의

저서

해커스공무원 패권 국제정치학 기본서 사상 및 이론
해커스공무원 패권 국제정치학 기본서 외교사
해커스공무원 패권 국제정치학 기본서 이슈
해커스공무원 패권 국제정치학 핵심요약집
해커스공무원 패권 국제정치학 단원별 핵심지문 OX
해커스공무원 패권 국제정치학 기출+적중문제집
해커스공무원 패권 국제정치학 실전동형모의고사
해커스공무원 패권 국제법 기본서 일반국제법
해커스공무원 패권 국제법 기본서 국제경제법
해커스공무원 패권 국제법 조약집
해커스공무원 패권 국제법 판례집
해커스공무원 패권 국제법 핵심요약집
해커스공무원 패권 국제법 단원별 핵심지문 OX
해커스공무원 패권 국제법 단원별 기출문제집
해커스공무원 패권 국제법 단원별 적중 1000제
해커스공무원 패권 국제법 실전동형모의고사
해커스공무원 패권 국제법개론 실전동형모의고사

공무원 시험 합격을 위한 필수 기본서!

『해커스공무원 패권 국제정치학 기본서 사상 및 이론』은 국가직 7급 외무영사직을 준비하는 수험생들을 위한 책입니다. 요점만 정리된 책은 각 이론의 맥락이나 배경이 자세히 서술되어 있지 않아 응용문제를 해결하기 어렵습니다. 따라서 맥락과 내용이 자세하게 서술된 기본서와 요점만 정리된 책을 구분하여 학습할 필요가 있습니다.

또한, 전반적이고 세계적인 학습을 위해 『해커스공무원 패권 국제정치학 기본서 사상 및 이론』, 『해커스공무원 패권 국제정치학 기본서 외교사』, 『해커스공무원 패권 국제정치학 기본서 이슈』로 구분하여 책을 출간하고 있습니다. 그중 『해커스공무원 패권 국제정치학 기본서 사상 및 이론』은 국제정치학 전반에 대한 총론적 내용과 함께 현실주의 및 자유주의 패러다임의 원류를 형성한 주요 사상, 그리고 국제정치 패러다임별 주요 이론들을 다루고 있습니다.

『해커스공무원 패권 국제정치학 기본서 사상 및 이론』은 최근의 출제경향을 완벽하게 분석하여 반영하였으며, 수험생 여러분들이 '시험에 나오는' 국제정치학 내용만을 효율적으로 학습할 수 있도록 다음과 같은 특징들을 가지고 있습니다.

첫째, 출제가 되었거나 출제가 예상되는 국제정치사상에 대해 정리하였습니다. 최근 출제된 바 있는 민족주의, 규범의 생애주기이론, 제2이미지 역전이론 등도 상세하게 정리하였습니다.
둘째, 1940년대 국제정치학이 분과학문으로 정립된 이래 최근까지 제시된 주요 이론을 현실주의, 자유주의, 마르크스주의 및 대안이론으로 구분하여 가능한 한 빠짐없이 정리하고자 하였습니다. 국제정치경제론, 안보론, 군축론 등 특정 분석대상과 관련된 이론들도 수록하였습니다.
셋째, 이론의 배경이 되는 역사적 사실에 대해서도 기본적인 내용들은 정리해 두었습니다. 사건이나 사실에 대한 보다 상세한 정리와 분석은 『해커스공무원 패권 국제정치학 기본서 이슈』에서 다루고 있으나 처음 공부하는 학생들의 편의를 위해 주요 사건들은 수록해 두었습니다.
넷째, 각 장의 첫머리에는 출제경향을 분석하였고, 마지막에는 시험에 자주 출제되는 주요개념을 정리해 두었습니다.
다섯째, 효율적인 학습을 도와주는 출제 포커스 및 학습방향을 수록하였습니다.
여섯째, 각 장 또는 편별로 이론학습을 점검할 수 있는 기출문제들을 수록하였습니다. 보다 체계적인 논점체크를 위해서는 『해커스공무원 패권 국제정치학 OX문제집』을 활용하시기 바랍니다.

더불어, 공무원 시험 전문 사이트 **해커스공무원(gosi.Hackers.com)**에서 교재 학습 중 궁금한 점을 나누고 다양한 무료 학습 자료를 함께 이용하여 학습 효과를 극대화할 수 있습니다.

『해커스공무원 패권 국제정치학 기본서 사상 및 이론』을 통해 외무영사직 시험을 준비하시는 모든 수험생들의 빠른 합격을 기원합니다.

저자 **이상구**

목차

이 책의 구성　　6

제1편 | 국제정치학 총론

제1장 국제정치학 서설　　10
제1절 국제정치학의 개념　　10
제2절 국제정치학의 학문적 영역　　11
제3절 국제정치관　　12

제2장 국제정치의 행위자　　15
제1절 서설　　15
제2절 국가　　16
제3절 비국가행위자(Non-State Actors)　　20
제4절 다국적기업(Multinational Corporations: MNC)　　23

제3장 국제체제의 역사적 흐름　　29
제1절 근대 이전의 국제체제　　29
제2절 근대 국제체제[웨스트팔리아(Westphalia)체제]　　31

제4장 외교론　　34

학습 점검 문제　　47

제2편 | 국제정치사상

제1장 현실주의 전통　　52
제1절 마키아벨리(Niccoló Machiavelli)　　52
제2절 홉스(Thomas Hobbes)　　56
제3절 루소(Jean Jacques Rousseau)　　59
제4절 투키디데스(Thucydides)　　63

제2장 자유주의 전통　　65
제1절 존 로크(John Locke)　　65
제2절 칸트(Immanuel Kant)　　69

제3장 근대 변환기 동아시아 국제정치사상　　77
제1절 서설　　77
제2절 중국의 국제정치관　　79
제3절 일본의 국제정치관　　81
제4절 조선의 국제정치관　　82

학습 점검 문제　　84

제3편 | 국제정치이론

제1장 총론　　90
제1절 국제정치학 방법론　　90
제2절 국제정치이론 논쟁　　91

제2장 현실주의　　98
제1절 총론　　98
제2절 고전적 현실주의(classical realism)　　102
제3절 게임이론　　107
제4절 억지이론　　114
제5절 미국 핵전략의 변천　　119
제6절 국제체제이론(international system theory)　　123
제7절 구조적 현실주의　　129
제8절 세력균형론　　140
제9절 동맹이론　　155
제10절 세력전이이론(power transition theory)　　170
제11절 패권안정론(Hegemonic Stability Theory)　　182
제12절 국제체제변화론　　191
제13절 권력론　　200
제14절 연성권력론　　203
제15절 전쟁론　　210
제16절 지정학설　　224
제17절 공격적 현실주의(offensive realism)　　229
제18절 신고전적 현실주의　　233
제19절 연성균형론　　240
제20절 공격 - 방어균형이론　　244

학습 점검 문제　　252

제3장 자유주의 258

제1절	총론	258
제2절	이상주의	262
제3절	외교정책론	263
제4절	통합이론	286
제5절	상호의존론	299
제6절	연계이론	307
제7절	양면게임이론	309
제8절	신자유제도주의	313
제9절	국제기구론	331
제10절	글로벌 거버넌스	334
제11절	민주평화론	341
제12절	선출인단이론(Selectorate Theory)	353
제13절	구조균형이론	356
제14절	세계사회론(World Society Theory)	357
제15절	이슈 패러다임	359
학습 점검 문제		364

제4장 마르크스주의 369

제1절	총론	369
제2절	종속이론	376
제3절	비판이론	381
제4절	신마르크스주의	383
제5절	세계체제론(World System Theory)	385
학습 점검 문제		396

제5장 탈냉전 국제관계이론 400

제1절	구성주의(Constructivism)	400
제2절	문명충돌론(The Clash of Civilizations)	409
제3절	탈근대주권론	418
제4절	포스트모더니즘	426
제5절	전망이론	429
제6절	복잡계이론	432
제7절	국제사회론	433
학습 점검 문제		437

제4편 | 이슈 영역별 국제정치이론

제1장 국제정치경제론 442

제1절	총론	442
제2절	현실주의	449
제3절	자유주의	453
학습 점검 문제		463

제2장 안보론 465

제1절	총론	465
제2절	집단안보	469
제3절	협력안보	478
제4절	다자안보	480
제5절	인간안보	490
제6절	바이오안보	496
제7절	기타 안보 개념	500
학습 점검 문제		512

제3장 군비통제 및 군축이론 515

제1절	군비통제론	515
제2절	군축이론	523
학습 점검 문제		528

이 책의 구성

『해커스공무원 패권 국제정치학 기본서 사상 및 이론』은 수험생 여러분들이 국제정치학 과목을 효율적으로 정확하게 학습할 수 있도록 상세한 내용과 다양한 학습장치를 수록·구성하였습니다. 아래 내용을 참고하여 본인의 학습 과정에 맞게 체계적으로 학습 전략을 세워 학습하기 바랍니다.

01 단원별 출제 포인트를 파악하고 학습방향 설정하기

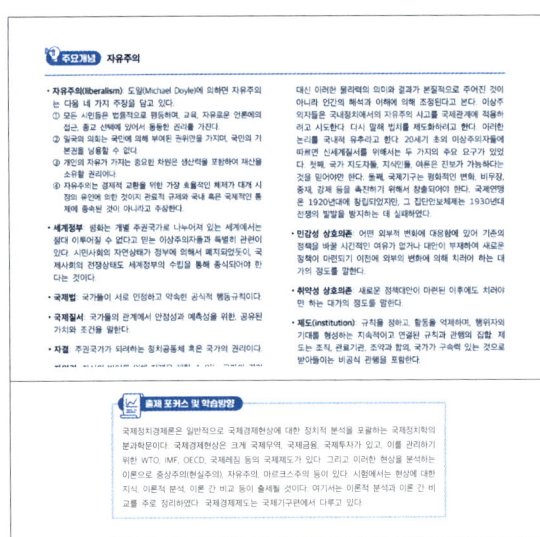

학습의 방향과 우선순위를 설정할 수 있는 주요개념과 출제 포커스 및 학습방향

1. 출제 포커스 및 학습방향
출제경향 분석을 바탕으로 각 단원의 주요 내용과 그에 따른 학습방향을 간략히 정리하여 수록하였습니다. 빈출 포인트와 효율적인 학습 가이드에 중점을 두어 학습해야 할 부분을 미리 파악할 수 있습니다.

2. 주요개념
이론 학습 후, 학습 내용을 체계적으로 정리하고 복습할 수 있도록 각 이론의 말미에 해당 단원의 주요개념을 정리하여 수록하였습니다. 단원을 구성하는 핵심 내용을 정리하며 학습한 내용을 효과적으로 점검할 수 있습니다.

02 이론의 세부적인 내용을 정확하게 파악하기

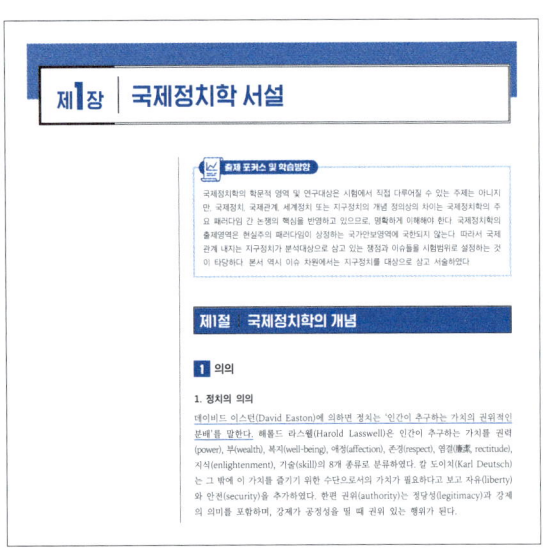

최신 출제경향을 반영하여 선별한 이론

철저한 기출분석으로 도출한 최신 출제경향을 바탕으로 출제가 예상되는 내용을 선별하여 이론에 반영·수록하였습니다. 이를 통해 방대한 국제정치학 사상 및 이론 중 출제가능성이 높은 이론 위주로 학습할 수 있습니다.

03 학습장치를 활용하여 이론 완성하기

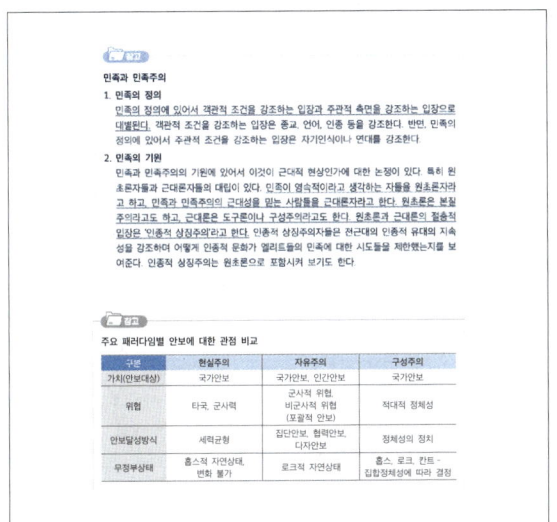

폭넓은 이해를 위한 참고

비교해서 알아두면 좋을 개념이나 깊이 있는 학습을 위한 심화 내용, 주요 내용의 이해를 도와주는 관련 개념이나 사건 등을 정리하여 수록하였습니다. 이를 통해 복잡하고 방대한 국제정치학 사상 및 이론에서 이해가 어려웠던 부분을 쉽게 이해할 수 있으며, 효과적으로 학습할 수 있습니다.

04 기출문제를 통하여 학습한 이론 확인하기

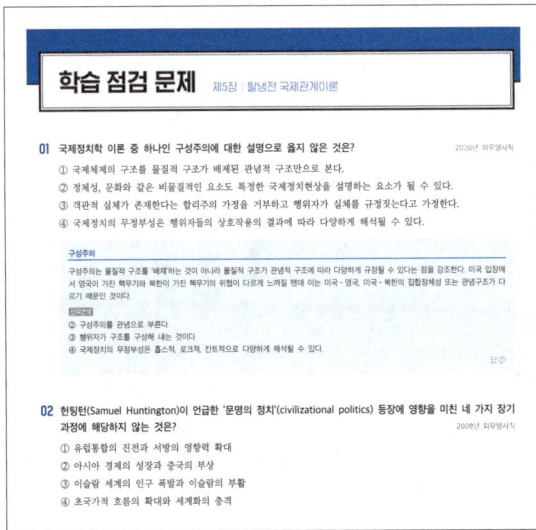

실력 향상 및 학습 내용 이해를 위한 학습 점검 문제

1. 기출문제로 문제풀이 능력 키우기
7급 외무영사직의 주요 기출문제 중 재출제될 수 있는 우수한 퀄리티의 문제들을 선별하여 수록하였습니다. 이를 통해 학습한 내용을 정확하게 숙지하였는지 점검할 수 있으며, 어떤 내용이 문제로 출제되었는지 확인하여 응용력을 키울 수 있습니다.

2. 해설과 키워드를 통하여 다시 한 번 이론 확인하기
해설과 키워드를 통해 관련 단원과 정답 또는 오답인 이유를 확인하고 정확히 이해할 수 있습니다. 이를 통해 문제풀이 과정에서 실력을 한층 향상시킬 수 있으며, 복습을 하거나 회독을 할 때에도 내용을 바르게 이해할 수 있습니다.

해커스공무원 학원·인강
gosi.Hackers.com

제1편

국제정치학 총론

제1장 | 국제정치학 서설
제2장 | 국제정치의 행위자
제3장 | 국제체제의 역사적 흐름
제4장 | 외교론

제1장 국제정치학 서설

> **출제 포커스 및 학습방향**
>
> 국제정치학의 학문적 영역 및 연구대상은 시험에서 직접 다루어질 수 있는 주제는 아니지만, 국제정치, 국제관계, 세계정치 또는 지구정치의 개념 정의상의 차이는 국제정치학의 주요 패러다임 간 논쟁의 핵심을 반영하고 있으므로, 명확하게 이해해야 한다. 국제정치학의 출제영역은 현실주의 패러다임이 상정하는 국가안보영역에 국한되지 않는다. 따라서 국제관계 내지는 지구정치가 분석대상으로 삼고 있는 쟁점과 이슈들을 시험범위로 설정하는 것이 타당하다. 본서 역시 이슈 차원에서는 지구정치를 대상으로 삼고 서술하였다.

제1절 │ 국제정치학의 개념

1 의의

1. 정치의 의의

데이비드 이스턴(David Easton)에 의하면 정치는 '인간이 추구하는 가치의 권위적인 분배'를 말한다. 해롤드 라스웰(Harold Lasswell)은 인간이 추구하는 가치를 권력(power), 부(wealth), 복지(well-being), 애정(affection), 존경(respect), 염결(廉潔, rectitude), 지식(enlightenment), 기술(skill)의 8개 종류로 분류하였다. 칼 도이치(Karl Deutsch)는 그 밖에 이 가치를 즐기기 위한 수단으로서의 가치가 필요하다고 보고 자유(liberty)와 안전(security)을 추가하였다. 한편 권위(authority)는 정당성(legitimacy)과 강제의 의미를 포함하며, 강제가 공정성을 띨 때 권위 있는 행위가 된다.

2. 국제정치의 의의

이스턴(Easton)의 개념을 국제정치에 적용해 보면, 국제정치란 '국가들이 중요하게 여기는 가치를 권위 있게 분배'하는 행위를 말한다. 국제정치에서 국가들이 중요하게 여기는 가치는 자유와 안전이다. 국제정치에 있어서 자유와 안전은 국제정치 주체의 생존권에 관한 문제이며 '자기보전(self-preservation)', '국가안보(national security)', '사활적 이익(vital interest)' 등의 개념으로 표현된다. 한편, 가치의 분배에 있어서 이상주의(idealism)는 '공정성'을 중시하는 반면, 현실주의(realism)는 '강제성'을 보다 중시한다. 다만, 국제정치의 실제에서 국내사회와는 달리 국제사회는 희소가치를 권위적으로 분배할 수 있는 제도와 기구가 없고, 있다고 해도 그 기능이 국내정치에서와 같이 작용하지를 못한다. 따라서 국제정치는 '국제사회에 있어서 희소자원의 폭력적 분배'라고 정의할 수 있다.

2 국제정치학의 연구대상

1. 일반적 연구대상

가치의 '권위적 분배'보다는 '폭력적 분배'가 국제정치의 특징이라면 연구대상은 국제관계에서 발생하는 제반 갈등(conflicts)의 문제와 전쟁의 문제가 될 것이다. 그러나 갈등과 전쟁의 문제를 연구하기 위해서는 협력과 평화가 어떻게 구축되고 유지되는가도 연구하게 된다. 즉, 국제정치학의 연구대상과 그 내용은 전쟁과 평화, 이와 관련된 각 행위자들의 행태와 국제체제의 기능 등이다.

2. 구체적 연구대상

(1) 국제정치체제

국제정치체제와 국내정치체제의 유사성과 상이점, 국제정치체제의 유형과 특성을 연구한다.

(2) 국제정치의 주체

현대 국제정치의 주요 참여자의 특성과 상호관계, 지역적 통합운동과 세계 통합운동의 방법과 현황을 연구한다.

(3) 국제정치 참여자의 목적

현대 국제정치의 주역인 국가가 추구하는 목표의 종류와 특성을 연구한다.

(4) 국제정치과정

국제정치의 주체, 특히 국가가 목적 추구를 위해 사용하는 방법과 국가 상호 간의 교제방법을 연구한다.

(5) 외교정책 결정요인

외교정책 결정에 관한 이론, 국내정치변수와 국제정치변수와의 상호관계를 연구한다.

제2절 | 국제정치학의 학문적 영역

1 서설

국제정치학은 다학문적(multidisciplinary) 성격을 띠기 때문에 학문영역의 경계선을 명확히 긋는 것은 어렵다. 다만, 외교정책이 국제정치의 모체인 점, 국제정치는 국제관계의 모체인 점을 전제하면 외교정책 - 국제정치 - 국제관계를 그 학문적 영역으로 설정할 수 있다.

2 외교정책(foreign policy)과 국제정치(international politics)

일반적으로 외교정책은 한 나라가 자국의 이익을 위하여 상대국가 또는 국제사회를 향하여 취하는 모든 행동이라고 정의할 수 있다. 그리고 이러한 외교정책들이 국제사회에서 상호작용하는 것을 국제정치라고 한다.

3 국제적 상호작용(international interaction) 패턴과 국제관계

오늘날 국제적 상호작용은 정부에 의해 행해지는 외교정책의 상호작용뿐만 아니라 다양한 비국가(민간)행위자에 의해서도 이루어지고 있으며 나름대로의 정치적 역할과 영향을 가지고 있다. 따라서 국제적 상호작용은 국가 - 국가, 국가 - 비국가, 비국가 - 비국가 행위자 상호 간에 발생하는 것으로 개념화할 수 있다. 다만, 모든 비국가행위자를 국제관계의 대상영역으로 하는 것은 아니며, 그것이 정부 간의 관계에 영향을 미치는 경우에 한해서만 관심을 가진다.

4 국제정치영역과 국제관계영역

국제정치영역은 국가와 국가 그리고 국제기구들과의 관계를 다루지만, 국제관계영역은 사회(민간)관계까지도 폭넓게 다룬다. 그러나 국제관계의 가장 핵심적인 영역은 국가 - 국제기구 - 국가 상호 간의 관계라 할 수 있으므로 국제정치가 국제관계의 대표적 영역이라고 할 수 있다. 그렇기 때문에 국제관계학(international relations)과 국제정치학(international politics)이라는 용어는 서로 같은 의미로 교환해서 사용되기도 한다.

제3절 | 국제정치관

1 의의

국제정치관이란 국제정치현상을 바라보는 관점을 말한다. 국제정치관에 대해 다양한 분류가 존재할 수 있으나 여기서는 헤들리 불(Hedley Bull)의 분류에 따른다. 불은 홉스적 관점, 칸트적 관점, 그로티우스적 관점으로 유형화하였다.

2 홉스적 관점

홉스적 관점은 국제정치를 무정부성(anarchy)을 특징으로 하는 '전쟁상태(a state of war)'로 본다. 즉, 이기적 개인들로 구성된 자연상태에서 개인과 마찬가지로 국가는 권력의 극대화를 통해 자신의 생존을 보장하고자 하기 때문에 사회나 국제체제는 만인의 만인에 대한 투쟁상태에 처해 있다고 보는 것이다. 홉스적 관점은 국제정치에 있어서 현실주의 패러다임에 반영되어 있다.

3 칸트적 관점

칸트적 관점은 국가들 간의 무정부적 갈등보다 보편성을 공유한 인간들의 궁극적인 조화에 대한 신뢰를 가지고 있다. 인간은 한 국가에 소속되기 이전에 인류공동체의 일원으로서 국제관계에서도 조화를 이룰 수 있다는 가능성을 믿는다. 나아가 인류가 제로섬 게임을 넘어 하나의 세계공동체를 실현하는 것이 국제정치에서도 잠재적으로 가능하며 동시에 마땅히 추구되어야 할 도덕적 과제로 본다. 칸트적 관점은 '초국가적 유대'와 '인류의 공동체적 관점'을 강조한다. 칸트적 관점은 자유주의 패러다임에 의해 계승되고 있다.

4 그로티우스적 관점

그로티우스적 관점은 홉스적 관점과 칸트적 관점의 중간에 해당하는 시각으로, 국제법학자들의 관점에 해당한다. 즉, 국제관계에서 주요 행위자를 국가로 상정하는 것은 홉스적 관점과 유사하나, 국제관계가 갈등적일 뿐 아니라 공동의 규칙과 관습 그리고 규범에 의해 협력적일 수도 있다고 보는 것은 칸트적 관점에 가깝다. 그로티우스적 관점에서 국제체제는 본질적으로 국내사회와 크게 다르지 않으나 국내사회에 비해 덜 발전되어 있다. 그로티우스적 관점은 국제제도론자, 영국사회학파 등에 의해 계승되었다.

 참고

세 관점 비교

관점	주요 행위자	행위자 간 상호관계	국제체제의 성격
홉스적 관점	국가	갈등	무정부상태, 전쟁상태
칸트적 관점	인간	협력 가능	도덕적, 규범적 공동체 지향 잠재적으로 조화 가능
그로티우스적 관점	국가	갈등과 협력 공존	제한적 질서 존재 규범이나 법에 기반한 국제사회

 참고

헤들리 불(Hedley Norman Bull, 1932년 ~ 1985년)

오스트레일리아의 시드니 출신으로 시드니대학에서 역사와 철학을 전공하고 옥스퍼드대학 유니버시티 칼리지에서 정치철학을 공부하였다. 런던대학 LSE에서 강사, 오스트레일리아 국립대학 교수, 옥스퍼드대학 교수를 역임하였다. 마닝이나 와이트의 영향을 강하게 받아 버터필드 등을 포함한 영국학파(English School/British School)의 대표적 연구자가 되었다. 그의 업적은 다방면에 걸쳐 있는데, 가장 큰 공적은 저서 『무정부적 사회(The Anarchical Society: A Study of Order in World Politics』(1977)에서 국가 간 관계를 논하면서 국가의 상위에 위치하는 중앙정부가 존재하지 않는다는 점에서 무정부상태(anarchy)이지만 거기에 일정한 사회적 질서를 발견할 수 있는 무정부적인 상태(anarchical society)라고 주장함으로써 '국제사회(international society)'를 정의한 것이다. 불은 유럽의 전통에 입각하여 국제사회를 성립시키고 유지하는 제도로서 세력균형, 국제법, 외교, 전쟁, 복수의 강대국의 존재와 역할을 들었다. 더욱이 유럽에 기원을 둔 '국제사회'가 어떻게 세계 각지로 확대되고 또 그 과정에서 부분적으로 변용을 거쳤는가의 시점에서 와트슨(Adam Watson)과의 공편저 『The Expansion of International Society』(1984)를 썼다. 1985년 암으로 52세에 세상을 떠났지만 1990년대 이후 영국학파에 대한 관심이 세계적으로 확산되면서 불의 저작은 고전으로 평가받게 되었다.

제2장 국제정치의 행위자

 출제 포커스 및 학습방향

국제정치의 행위자는 전통적으로 '국가'에 한정되었으나, 현실 국제관계에서나 이론적으로 국가를 넘어 다양한 행위자들(국제기구, 초국가관료, INGO, 테러집단 등)이 국제정치의 행위자의 범주에 포함되고 있다. 시험과 관련해서는 국가행위자와 비국가행위자의 비교, 주요 행위자인 국가에 대한 세부사항들로서 권력, 국가이익, INGO를 분석대상으로 하는 전지구적 관리론이나 전지구적 시민사회론 등이 중요한 주제들이다. 행위자에 대한 현실주의와 자유주의 패러다임의 차이를 이해하는 것도 중요하다. 9·11테러 이후에는 테러세력이 집중적인 분석대상이 되고 있으므로 테러행위자의 성격, 국제정치체제에 대한 영향 등을 정리해야 한다.

제1절 서설

(1) 국제정치의 행위자는 국제정치 또는 국제관계를 형성해 나가는 실체들을 말한다. 근대 국제체제가 형성된 이래 '민족국가'가 주요한 행위자로서 국제무대에서 자리잡아 왔으나 오늘날 국제정치에서는 비국가행위자들도 어느 정도 국제정치에 영향을 미치고 있다.

(2) 국제정치에 있어서 행위자, 즉 국제체계를 구성하는 행동주체라고 할 수 있는 것은 네 가지 요건을 충족시켜야 한다.
① 그의 존재가 명확하게 식별될 수 있어야 한다.
② 국제적인 무대에서 결정하고 행동하는 일정의 자유를 가져야 한다.
③ 다른 행동주체와 상호작용을 하여 그 행동에 영향을 줄 수 있어야 한다.
④ 일정한 기간에 걸쳐 존속해야 한다.

이러한 요건을 충족시키는 전형적인 주체는 민족국가이다. 그러나 민족국가 이외에도 오늘날 국제체계의 전개와 더불어 국가 이외의 행동주체가 가지는 중요성이 점차 높아져 가고 있다. 국제기구, 다국적기업, 비정부간국제기구(INGO), 테러집단 등이다.

제2절 | 국가

1 국가의 특성

1. 최고 주권자

국가는 최고 주권자이다. 따라서 국가 내에 있는 모든 개인 및 집단은 국가에 종속하며 국가와 동등한 권력을 가진 자는 없다. 대외적으로 국가 밖에 있는 어떤 개인이나 집단도, 그 국가나 국가 내의 개인이나 집단에게 충성이나 복종을 강요할 권리가 없고 사실상 불가능하다. 이를 국가의 비침투성(impenetrability)이라고 한다.

2. 가치의 공정한 분배 담당자

국가는 가치의 공정한 분배를 담당하는 최고 책임자이며, 국가 내의 모든 개인과 단체는 국가로부터 가치의 공정한 분배를 기대할 수 있다. 국가로부터 공정한 가치의 분배를 기대하기 때문에 국가에 충성하게 된다.

3. 영토 내에서 폭력수단의 소유자

국가는 자기 영토 내에서 최대의 폭력수단의 소유자이다. 어떤 개인이나 집단이 국가의 가치 분배에 도전하여 폭력으로 가치를 획득하려 할 때는 국가가 이를 제어할 능력이 있어야 한다. 국가가 폭력수단을 철저히 규제하는 이유는 어느 개인이나 집단도 국가보다 강력한 폭력수단을 소유하지 못하도록 하는 데 있다.

2 국가의 종류

1. 봉건국가(feudal state)

중세기의 유럽과 중국의 서주(기원전 1123년 ~ 771년)시대에는 봉건국가가 흥성하였다. 봉건국가의 특징은 한 군주(王) 밑에 여러 봉건지주가 있어서 이 지주들은 군주로부터 일정한 영토를 하사받는 대신 군주를 옹호할 의무를 지게 된다. 따라서 군주와 지주와의 관계는 하나의 계약관계이며, 상호의존관계에 있다.

2. 제국

로마 제국(서기 초부터 약 500년간)이 대표적인 예로, 한 강대국이 다른 독립국을 강제적으로 자기 통치 밑에 두는 경우이다. 제국의 특징은 강제성에 있어 만일 두 국가가 합의에 의하여 단일국이나 연방국을 형성하는 것은 제국이라 할 수 없다. 제국에 편입되는 국가는 대내적으로 자치권을 가질 수 있으나 대외적으로 주권을 행사할 수는 없다. 제국에 편입되는 국가의 국민이 통치국의 국민과 상이한 민족이어야 하느냐에 대해서는 이견이 있으나 제국의 필수조건이라고 볼 수 없다.

3. 민족국가(nation-state)

민족국가란 주로 언어와 문화가 동일한 집단이 국가를 형성하는 경우를 말한다. 현대의 거의 모든 국가는 민족국가이거나 민족국가를 지향하고 있다.

민족과 민족주의

1. **민족의 정의**

   민족의 정의에 있어서 객관적 조건을 강조하는 입장과 주관적 측면을 강조하는 입장으로 대별된다. 객관적 조건을 강조하는 입장은 종교, 언어, 인종 등을 강조한다. 반면, 민족의 정의에 있어서 주관적 조건을 강조하는 입장은 자기인식이나 연대를 강조한다.

2. **민족의 기원**

   민족과 민족주의의 기원에 있어서 이것이 근대적 현상인가에 대한 논쟁이 있다. 특히 원초론자들과 근대론자들의 대립이 있다. 민족이 영속적이라고 생각하는 자들을 원초론자라고 하고, 민족과 민족주의의 근대성을 믿는 사람들을 근대론자라고 한다. 원초론은 본질주의라고도 하고, 근대론은 도구론이나 구성주의라고도 한다. 원초론과 근대론의 절충적 입장은 '인종적 상징주의'라고 한다. 인종적 상징주의자들은 전근대의 인종적 유대의 지속성을 강조하며 어떻게 인종적 문화가 엘리트들의 민족에 대한 시도들을 제한했는지를 보여준다. 인종적 상징주의는 원초론으로 포함시켜 보기도 한다.

3. **민족주의에 대한 관점**

   (1) **원초론(primordialism)**

   본원주의는 개인이 태어날때부터 지니고 있는 특성에 따라 민족을 규정하는 것이다. 혈통과 같은 생물학적 요인과 함께 종교, 언어, 역사와 같은 문화적 요인도 강조하며, 이러한 요인들이 개인에게 '주어진 것'이라고 본다. 본원주의를 '인종적 민족주의'(ethnic nationalism)라고 한다. 민족의 구성은 주관적 인식이나 감정이 아니라 객관적 기준에 따라 이루어지며 민족은 자연스러운 것이며 객관적 실체를 지닌 것으로 주장된다. 따라서 민족의 본원적 요소를 지니지 못한 개인이 민족의 구성원이 될 수 있는 가능성은 제한된다. 본원주의는 민족의 기원을 근대 이전으로 거슬러 올라가 찾으며, 민족의 영속성과 항상성을 주장하면서 민족은 인위적으로 만들어진 것이 아니라는 입장을 고수한다.

   (2) **근대론 또는 도구론**

   근대론자들은 민족이 근대의 산물이라고 본다. 민족주의가 자본주의의 발전, 도시화, 정치적 동원, 세속화, 대중교육, 과학의 발전과 같은 근대화에 의해 출현했다는 것이다. 근대론적 입장은 다음 몇 학자들이 대표한다.

   첫째, Karl Deutsch에 따르면 민족은 다양한 특징들의 종합을 통해 설명되는 것이 아니라 밀접한 사회적 교류에 의해 규명된다. 언어나 문화적 동화와 같은 사회적 이동이 더욱 긴밀한 사회적 교류와 강제적 행동양식, 그리고 규범체계 등으로 발전한다. 그리고 이러한 여러 제도에 대한 지배력을 갖춘 집단이 등장하여 국가를 건설하게 되었을 때 민족이 되는 것이다.

   둘째, Anderson, Benedict은 상상의 공동체(Imagined Communities)를 주장한다. 이 표현은 민족주의의 문화적 측면을 조명한다. 민족은 제한적이며, 주권을 가진 것처럼 상상된 정치공동체라고 본다. 민족주의의 발생원인은 과학기술과 생산 및 의사소통 수단의 발달 등으로 보는데, 특히 자본주의의 발달이 큰 영향을 미쳤다고 본다. 그 중 인쇄술의 발달은 대중들의 민족주의 의식 발달에 크게 기여했다. 초기 국가개념이 성립했을 때 민족의 개념은 엘리트들에 국한된 것이었으나, 자본주의 속에서 대량 출판은 대중들에게 문자해독능력을 높여줌과 동시에 그러한 출판물들을 통해 민족의식을 고양시켰다.

셋째, 홉스봄(E.Hobsbawm)은 '만들어진 전통'(the invention of tradition)을 주장한다. 이는 민족과 민족주의의 인위성과 근대성을 말한다. '만들어진' 민족주의는 서구 사회에서 대중민족주의의 형성에 중요한 역할을 했다.

넷째, 케두리(E.Kedourie)는 민족주의의 심리적 요인과 민족주의 확산에 주목한다. 그는 민족주의가 소외된 지식인에 의해 만들어진 것이라고 주장한다. 그는 민족주의가 공동체를 제공할 수 있었기 때문에 공동체에 대한 소속감을 통해 안정감을 느끼려고 하는 인간의 심리가 작용하여 민족주의가 성공할 수 있다고 본다.

(3) 복합상징론

복합상징론은 원초론과 근대론의 절충적 입장이다. 복합상징론자들은 근대론자의 주장을 일부 수용하면서도 전근대적 요소, 즉 공유된 역사의 기억, 문화적 공통성, 신화나 상징 등을 강조한다.

첫째, 암스트롱(J.Armstrong)은 인종적 상징주의의 창시자로 불린다. 그는 민족은 민족주의 이전에 존재했다고 믿으면서도 다른 여타의 인간의 정체성처럼 민족적 정체성도 발명된 것이라는 앤더슨과 홉스봄의 의견에 동의한다.

둘째, 스미스(Anthony D.Smith)는 인종적 상징주의를 주장했다. 스미스는 민족의 근대적 측면을 인정하면서도 동시에 신화, 상징, 기억 등 전근대적 특성도 중요하다고 본다.

3 국력(national power)

1. 의의

국력은 국가의 힘을 말한다. 국제정치에서 권력의 획득에 영향을 주는 주요 요인은 국력이므로 권력과 국력은 유사한 개념으로 사용되기도 한다. 칼 도이치(Karl Deutsch)는 '가치 분배에서 실질적 변화를 가져올 수 있는 능력'을 권력이라고 정의한다. 국력은 국가가 목적을 달성하기 위한 수단인 동시에 그 자체가 목적이 될 수 있다.

2. 국력의 요소

(1) 인구

인구가 많은 국가가 인구가 적은 국가보다 강력하다. 다만, 인구 자체의 크기뿐만 아니라 연령분포나 인구변화도 고려해야 한다.

(2) 천연자원

천연자원은 생산의 3요소 중의 하나로 인간의 노동이 가미되기 전의 생산에 사용되는 재료를 말한다. 천연자원이 많을수록 국력이 강해질 것이다. 특히 전쟁목적에 직접 사용할 수 있는 자원의 존재 및 과다 여부는 국력에 결정적인 영향을 미친다. 그러나 시대에 따라 원료의 군수물자로서의 중요성이 달라진다.

(3) 지리

지리가 국력에 영향을 미치는 요인은 크기, 위치, 지형이다. 국가의 면적이 클수록 타국이 점령하는 데 시간이 걸리고, 점령하더라도 통치하기가 어렵기 때문에 전쟁이 발발할 경우에 그만큼 유리하다. 지형은 전쟁 발발 시 방어하기 유리한 국가가 그렇지 않은 국가보다 강력하다. 군사기술이 고도화된 현대에는 지형의 중요성이 다소 감소한 것은 사실이나 완전히 상실된 것은 아니다. 특히 핵전쟁보다 게릴라전에 의한 침략이나 정부 전복이 유행하는 현대에 있어서 지형의 중요성은 오히려 증가하였다고 볼 수도 있다.

(4) 국민성

국민성이란 어떤 국민의 대다수가 공통으로 가지고 있는 성격을 말한다. 민족성은 국민의 동질성 여부와 국민성의 종류에 의하여 국력에 영향을 미친다. 국민의 언어, 풍습, 인종이 같은 국가가 다른 국가보다 국력이 강할 것이다. 또한 단결력이 강하고 인내력이 강한 국민이 파벌심이 강하고 인내력이 약한 국민보다 강하다.

(5) 정치체제

정치적 안정성 여부와 타국에의 의존도가 국력에 영향을 미친다. 정치적 안정성이 높을수록 국력은 강해진다. 또한 한 국가의 타국에 대한 군사적·경제적·문화적 의존도가 높을수록 국력은 약화된다.

(6) 산업능력

산업능력은 농·수산, 광·공업, 상업·서비스업 등 인간의 노동과 기계에 의하여 생산되는 물품·용역을 총망라하는 개념이다. 산업 중에서도 공업이 국력의 가장 중요한 요소가 된다. 공업능력은 군사력의 기본인 무기를 만드는 능력이 된다는 점에서도 중요하다.

(7) 군사력

군사력은 인력, 무력 및 통수력으로 구성되어 있다. 인력의 강약은 군대의 수와 질(사기, 기율, 능력 등)에 의해 결정되고, 무력의 강약은 무기의 종류, 수 및 질(성능)에 의해 결정된다. 통수력은 군통수기관의 질을 말하며 군대와 무기를 연결함으로써 군사력을 창조하는 역할을 한다. 통수력은 인력의 질에 영향을 미치고, 인력의 질은 다시 무기의 성능에 영향을 미침으로써 군사력 전체에 영향을 미친다.

(8) 국민의 사기

국민의 사기란 집권정부에 대한 지지도를 말한다. 사기는 애국심과 밀접한 관계가 있으나 동일한 것은 아니다. 애국심은 어느 특정 정부에 대한 충성심이 아니고 국가에 대한 충성심을 말한다. 따라서 사기는 정부가 바뀌거나 정부의 정책이 바뀜에 따라서 변할 수 있으나 애국심은 반드시 그렇지 않다.

(9) 외교능력

외교는 국제무대에서 다른 행위자와 교류함에 있어서 자국의 목적을 가장 효과적으로 성취하고, 국제문제를 자국의 국익에 가장 유리하도록 해결하는 기술을 말한다. 외교기술 여하에 따라 실제로 가지고 있는 국력의 요소를 총합한 것보다 더 강한 국력을 창조해 낼 수도 있고 반대로 실제 가지고 있는 국력의 요소를 총합한 것보다 더 약한 국력을 창조해 낼 수도 있다.

제3절 | 비국가행위자(Non - State Actors)

1 의의

비국가행위자란 전통적으로 국제정치의 행위자로 여겨지고 있었던 '국가'가 아닌 국제정치의 행위자들을 말한다. 현실적으로 냉전기 국제관계에서는 국가안보가 최우선적 과제로 설정되어 있었기 때문에 비국가행위자의 역할은 제한적이었다. 또한 이론적으로도 냉전기 현실주의 패러다임이 지배적 패러다임으로 자리잡고 있었는 바 현실주의 패러다임은 국제정치에서 비국가행위자의 영향력을 낮게 평가하면서 국제정치의 주요 행위자로 간주하지 않았다. 그러나 국제정치의 구조적 변화와 이슈의 다원화는 국가의 국제정치적 영향력을 제약하는 한편, 비국가행위자가 활성화될 수 있는 토양을 제공해 주고 있다. 현재 비국가행위자의 영향력에 대해서는 여전히 논쟁이 계속되고 있으나, 양적으로 계속해서 증가하고 있을 뿐만 아니라, 그 활동범위도 점차 확대되고 있다.

2 탈냉전기 부상배경

1. 냉전 종식

비국가행위자가 국제정치학의 주요 이슈로 등장한 것은 1970년대로 볼 수 있다. 이 시기는 다국적기업이 활성화되고, 유럽지역에서 NGO들의 활동도 적극화되던 시기였을 뿐만 아니라, 이론적으로도 상호의존론에 의해 비국가행위자들의 역할이 재조명되던 시기였다. 그러나 냉전기는 국가안보가 국제정치의 주요 이슈였고, 이를 위한 국가행위자의 역할이 보다 중요하게 평가되던 시기였을 뿐만 아니라, 이론적으로도 현실주의 패러다임이 지배하고 있었으므로 비국가행위자의 역할은 상대적으로 미미한 것으로 평가되었다. 따라서 비국가행위자의 영향력과 역할이 이론적으로 재조명되고, 현실적으로도 활성화된 시기는 탈냉전 이후로 볼 수 있다. 탈냉전기는 전통적 국가안보에 대한 위협은 약화된 반면, 영토국가의 범위를 넘어서는 새로운 안보위협이 부각되었고, 개별 국가의 노력으로는 극복하기 힘든 위협들로 평가되었다. 비국가행위자는 이러한 틈을 메워주는 역할을 하는 행위자로서 부각되기 시작하였다.

2. 지구화

지구화는 기존의 국경을 넘어서 초국경적 사회관계가 다차원적으로 형성되는 통합현상을 지칭한다. 21세기는 지구화의 세기로 명명되고 있으며, 지구화는 초국경적 이슈를 등장하게 하고 이를 해결하기 위한 초국가적 기구의 역할을 부각시켰다. 정부간 국제기구와 비정부간국제기구의 독자적 기능 및 협력적 기능이 필수적으로 인식되고 있다. 한편, 지구화는 테러세력을 활성화시키는 계기가 되기도 한다. 지구화는 경제적 차원에서 남북문제를 심화시켜, 이를 정치적으로 동원하여 정치적 목적을 달성하기 위한 수단으로서 테러세력을 활성화한다.

3. 정보통신기술의 발달

기술적 차원에서 정보통신기술의 발달은 특히 비정부간국제기구나 테러세력을 중요한 국제정치행위자로 등장시키는 데 결정적인 역할을 하고 있다. 정보통신기술의 발달은 국민국가의 경계 내에 존재하는 시민들 간 네트워크를 구축할 수 있는 기반을 만들어 주었고, 영향력의 정치(politics of influence)를 보다 용이하게 펼쳐 나갈 수 있게 한다. 테러세력들 역시 세계 곳곳에 산발적으로 존재하면서도 동시다발적인 테러를 기획·실행할 수 있을 뿐만 아니라, 인터넷을 적절하게 활용하여 정치적 목적을 달성하기도 한다.

3 유형

1. IGO(Intergovernmental Organization)

IGO는 정부간국제기구로서, 대체로 국제제도의 하나로서 인식된다. 국제제도는 국제기구와 국제레짐을 합한 개념으로서 반복된 관행을 통해 행위자의 행동에 영향을 미치는 것을 말한다. 클라이브 아쳐(Clive Archer)에 의하면 국제기구란 '회원국들의 공동이익을 추구할 목적으로, 2개 혹은 그 이상의 주권국가들 사이에 정부 간이든 비정부 간이든 그들 사이 이루어진 합의에 의해 만들어진 하나의 공식적이고 지속적인 구조'를 말한다. 이러한 국제기구가 주권국가들 간 조약에 의해 설립된 것을 '정부간국제기구'라고 한다. 정부간국제기구는 국가행동에 대한 규제적 기능뿐 아니라 국가의 정체성을 재구성하는 구성적 기능을 통해 공동의 국제문제를 해결하여 국제질서를 안정화한다.

2. INGO(International Non-Governmental Organization)

INGO는 비정부간국제기구로서, 특히 인적 구성 측면에서 IGO와 차이가 있다. IGO가 주권국가를 구성원으로 하는 반면, INGO는 개별 시민들이나 국내 NGO를 그 회원으로 한다. 또한, IGO가 국제조약에 의해 창설되는 반면, INGO는 특정 국가의 국내법에 따라 설립되는 것이 일반적이다. INGO는 자신들의 영향력을 이용해서 자신들이 추구하는 가치나 목표 등을 성취하기 위해 주권국가의 정책에 영향을 미치고자 한다. INGO는 특정 문제를 국제적으로 쟁점화하고 여론을 형성함으로써 국가에 압력을 가하기도 하고, 국제적 규범을 만들어 국가들이 이를 조약으로 채택하도록 하기도 한다.

3. MNC(Multinational Corporations)

MNC는 다국적기업으로서, 한 국가에 본부를 두고 하나 또는 그 이상의 외국에서 영리활동을 하는 기업을 말한다.

4. 테러집단

9·11테러 이후 테러집단이 국제정치의 중요한 행위자로 등장하고 있다. 테러리스트 조직은 일반적으로 정규군이 아닌 일반인을 대상으로 폭력적 수단을 통해 대중의 공포를 일으켜 자신들의 목적을 달성하고자 하는 집단을 말한다. 테러의 목적은 다양하다. 이념적 동기, 민족주의적 동기, 종교적 동기, 종족적 동기 등에 따라 테러가 자행되고 있다. 냉전기에는 이념적 테러가 지배적인 경향이었으나, 최근에는 종교적 목적을 위한 테러가 지배적이며 그 규모도 대규모화되는 양상을 띠고 있다. 테러집단의 활성화는 반테러연대, 반테러전쟁 등을 등장시킴으로써 국제정치과정에 상당한 파급효과를 초래하고 있다.

4 역할에 대한 논쟁

1. 현실주의

현실주의자들은, 민족국가를 국제정치의 주요한 행위자로 간주하고 국가 이외의 행위자들은 국제정치과정에 중요한 영향력을 미칠 수 없고, 국가에 의해 통제될 수 있다고 본다. 나아가 국제기구나 다국적기업 등은 국가의 정치적 목표 달성을 위한 수단으로 간주한다. 따라서 비국가행위자들은 앞으로도 국제정치구조나 과정에 별다른 영향을 주지 못할 것으로 본다.

2. 자유주의

자유주의자들은, 비국가행위자들의 영향력을 인정할 뿐 아니라 대체로 국제정치과정에 긍정적 영향을 줄 것으로 본다. 정부간국제기구나 비정부간국제기구는 국가들이 개별적으로 해결하지 못하는 국제문제를 해결하는 데 결정적 역할을 한다고 본다. 자유주의자들은 비국가행위자들이 국제정치과정에 영향을 줄 뿐만 아니라 국제정치구조 역시 현실주의자들이 인식하는 웨스트팔리아 근대 국제체제를 전지구적 시민사회로 변모시키는 역할을 한다고 본다.

3. 마르크스주의

마르크스주의자들은, 정부간국제기구는 자본주의 국가들의 카르텔로서 자본주의 국가 및 자본가계급의 이익을 확대재생산하는 계급정치의 수단으로 인식한다. 다국적기업 역시 선진국 또는 자본가계급의 이익을 대변하는 기구로 본다. 다만, 로버트 콕스(Robert Cox)와 같은 비판적 마르크스주의자는 비국가행위자 중에서 특히 INGO가 수행할 수 있는 기능에 대해 긍정적으로 본다. 즉, 현재 패권국인 미국과 그 동맹국들이 유포하고 있는 신자유주의 이데올로기를 일종의 헤게모니로 보고 대항 이데올로기와 대항적 역사적 블록이 형성되어야 한다고 본다. 콕스는 신자유주의에 기초한 세계화를 반대하는 반세계화운동그룹이 그러한 역할을 함으로써 패권적 지배체제를 변혁할 수 있다고 본다.

제4절 | 다국적기업(Multinational Corporations: MNC)

1 의의

다국적기업은 한 국가에 본부를 두고 하나 또는 그 이상의 외국에서 영리활동을 하는 기업을 말한다. 다국적기업 중에는 개별 국가의 경제규모를 상회하는 기업들이 많다. 다국적기업의 투자는 선진국에 집중되어 있다. 1970년대 들어 개발도상국에 대한 투자가 증가하고 있으나, 여전히 선진국에 대한 투자가 압도적이다.

2 다국적 기업의 해외직접투자 형태

1. M&A형

M&A형 투자는 다국적기업이 외국 시장에 진출할 때 현지의 기존 기업을 인수하거나 합병하는 방식이다. 이 방식은 이미 시장에 자리잡고 있는 기업의 생산시설, 인력, 유통망, 브랜드 가치 등을 빠르게 확보할 수 있다는 장점이 있다. 따라서 시장 진입 속도가 빠르며, 경쟁기업의 시장 점유율을 직접 흡수할 수 있다. 또한 인수 대상 기업이 보유한 현지 정보와 고객 기반을 활용할 수 있어 초기 경영 리스크를 줄이는 데 유리하다. 그러나 기존 기업의 조직문화나 경영방식, 부채, 노사 갈등까지 함께 떠안게 되는 위험이 있다. 특히 인수 후 통합과정에서 문화 충돌과 경영권 갈등이 발생할 수 있다. M&A형은 일반적으로 단기 수익을 중시하고 빠른 시장 점유율 확대를 원하는 기업에 적합한 방식이다.

2. 그린필드형

그린필드형 투자는 다국적기업이 해외에 새로운 사업체나 공장을 처음부터 직접 건설하는 방식이다. 이 방식은 기업이 전면적으로 계획하고 설계한 생산 시스템과 경영 구조를 현지에 그대로 구현할 수 있다는 점에서 높은 통제력을 가진다. 기업은 인사관리, 기술 배치, 운영 방식까지 자율적으로 결정할 수 있어 장기적으로 일관된 전략을 실행하기에 유리하다. 하지만 초기 투자 비용이 크고 입지 선정, 인허가 절차, 인력 확보 등 복잡한 과정이 필요하므로 시간과 자금이 많이 소요된다. 수익이 발생하기까지 시간이 걸리며, 현지 시장 환경에 대한 불확실성도 크다. 그러나 고용 창출과 기반시설 개발 등의 이점 때문에 현지 정부의 우호적 지원을 받는 경우도 많다. 그린필드형 투자는 장기적 안목에서 현지에 뿌리내리려는 기업에 적합한 방식이다.

3 기본 입장

1. 자유주의

경제적 동기를 강조한다. 예컨대, 레이먼드 버논(Raymond Vernon)의 상품주기설은 다국적기업의 해외투자가 경쟁자의 시장 침투를 사전에 봉쇄하고 기업의 이윤을 극대화하기 위한 것으로 설명한다.

2. 현실주의

다국적기업이 국가, 특히 패권국의 영향력 확대라는 정치적 동기에 기초하여 활성화되는 것으로 본다. 즉, 다국적기업의 모국이 다국적기업을 통해 상대국에 대해 영향력을 확대하고자 한다는 것이다.

3. 마르크스주의

다국적기업을 새로운 형태의 제국주의적 지배도구라고 본다. 즉, 식민지 종주국들이 식민지에서 철수하면서 식민지의 주요 산업에 대한 지배권을 유지하기 위해 다국적기업을 이용한다고 본다.

4 주요 이론

1. 독점적 우위이론(Monopolistic Advantages Theory)

하이머(Hymer)의 독점적 우위이론은 해외기업이 외국인 비용을 상쇄하고도 남을 정도의 기업특유의 독점적 우위를 보유하기 때문에 해외투자를 한다고 설명한다. 즉, 독점적인 경쟁우위가 있는 경우, 이윤 극대화를 위해 해외직접투자를 한다고 본다. 여기서 외국인 비용(liabilities of foreignness)이란 경제, 사회, 법률제도, 사회적 관습, 소비자의 기호, 교통·통신비용, 현지국 주민 또는 공공기관의 차별대우, 현지 시장에 대한 정보 부족 등 외국 기업이 언어와 문화에 대한 이해의 측면에서 현지 기업에 비해 외국 기업이 가지는 불리함을 의미한다.

그러나 독점적 우위이론은 기업이 기술 라이센싱, 수출 등의 대체적 수단을 사용하지 않고 해외직접투자방식을 선택하는지에 대해 설명할 수 없다. 또한 기업들이 왜 특정 지역에 투자하게 되는지에 대한 설명도 부족하다는 비판을 받는다.

2. 내부화이론(Theory of Internalization)

(1) 내부화이론은 버클리와 카슨(Peter Buckley & Mark Casson)이 거래비용론(transaction cost theory)을 기초로 시장의 불완전성 때문에 시장을 통하여 재화나 용역을 이전하기가 어려울 경우, 기업이 이전행위를 내부화함으로써 기업 내에 내부시장을 조성하는데, 이 내부화가 바로 해외직접투자라고 설명한다. 즉, 기술과 브랜드와 같은 경영자원은 시장을 통해 거래하기 힘든 경영자원이고, 원자재의 해외구매 역시 가격, 품질, 납기일 측면에서 많은 불확실성이 존재하기 때문에 이런 거래를 기업 내부 거래로 내부화함으로써 시장거래비용을 줄이고 효율성을 높인다는 것이 이 이론의 핵심이다.

(2) 내부화이론에 의하면, 내부화에는 세 가지 패턴이 존재한다.
   ① 중간재시장의 내부화로 수직적 해외직접투자가 일어난다.
   ② 지식 및 기술시장의 내부화가 수평적 해외직접투자로 이어진다.
   ③ 자본시장의 내부화가 다각적 해외직접투자를 이끈다. 또한, 버클리와 카슨은 내부화 이익과 내부화 비용이 한계적으로 같아지는 수준까지 내부화가 계속된다고 주장하였다.

3. 절충이론(OLI이론)

(1) 의의

더닝(Dunning)이 주장한 절충이론은 기업의 국제생산에 영향을 미치는 요인을 ① 기업특유 우위(Ownership-specific advantages), ② 내부화유인 우위(Internalization Incentive advantages), ③ 입지특유 우위(Location-specific advantages) 등의 세 가지로 보고, 해외직접투자는 세 가지 요소가 모두 충족되었을 때 성립된다고 설명한다. 이를 OLI Paradigm이라고도 한다.

(2) 기업특유 우위

기업이 장기간의 투자를 통해서 내부에 축적해놓은 고유의 기술이나 경영노하우로서, 일정 기간 동안 그 기업만이 배타적으로 활용할 수 있는 요인을 말한다. 특허, 상표권, 생산 조직, R&D능력, 국제경영경험, 정보수집능력, 시장접근능력 등이 이에 포함된다.

(3) 내부화유인 우위

기업특유 우위를 외국 기업에게 임대하거나 판매하는 것보다 직접 자사가 이를 행하는 것을 유리하게 만드는 요인을 말한다. 시장거래비용 및 협상비용 절감, 재산권보호비용 절감, 구매자의 불확실성 제거, 제품 판매 후의 품질관리의 필요성 등이 내부화유인 우위에 포함된다.

(4) 입지특유 우위

국내에서 생산하는 것보다 현지에서 생산하는 것을 더 유리하게 만드는 요인을 말한다. 투입요소(노동력, 원재료, 반제품)의 가격 품질 및 생산성, 수송비, 통신비, 정부간섭, 사회간접자본 등이 이에 포함된다.

4. 과점적 대응이론(Oligopolistic Reaction Theory)

니커버커(Knickerbocker)가 주장한 과점적 대응이론은 해외직접투자가 같은 시점에 집중되는 현상을 보이는 것에 주목하여, 해외기업투자를 과점시장에서의 경쟁기업 간의 대응 진출 및 상호 경쟁의 결과로 설명하고 있다. 어떤 기업이 신시장을 개척하거나 또는 새로운 원료를 확보하려고 외국에 진출하면, 다른 기업들도 해외 및 국내에서의 경쟁력 상실을 막기 위해 대응적으로 해당 지역에 진출하게 된다는 것이다. 결과적으로 특정 지역에 과점기업들이 집중적으로 투자하게 되는데, 이를 밴드웨건효과(bandwagon effect)라고 한다. 이러한 기업들의 행동은 과점적인 산업에서 상대방의 전략을 모방하여 상대적인 지위를 유지하고자 하는 동기로 빈번하게 발생한다.

5. 제품수명주기이론(International Product Life Cycle Theory)

제품의 수명주기에 따라 제품생산의 지역이 이동한다는 것이 핵심이다. 제품이 신제품일 때는 소득수준이 높은 미국에서 수요가 많고, 제품 혁신에 대처하기 위해서 생산비용은 높지만 미국에서 생산을 한다. 점차 미국 이외의 선진국에서도 수요가 발생하게 되고, 미국은 제품을 이들 선진국에 수출한다. 제품이 신제품시기를 지나 성숙기로 접어들면, 수요가 다른 선진국(유럽)에서도 증가하게 되어 미국으로부터의 수입뿐만 아니라, 자국 내 생산도 개시하게 된다. 미국 기업은 무역장벽 회피 및 임금격차 활용을 위해 다른 선진국에 해외직접투자를 개시하게 된다. 마지막으로, 제품표준화시기가 되면 개발도상국에서도 수요가 발생하게 되고, 미국 및 다른 선진국은 노동비용이 낮은 개발도상국에 직접투자 및 생산을 하게 된다는 이론이다.

5 영향

1. 투자수용국(피투자국)에 대한 영향

(1) 긍정적 견해

다국적기업은 투자수용국의 고용을 창출하고, 제3세계에 부족한 자본이나 기술을 제공해 준다. 투자수용국에 선진경영기법이나 선진기업문화를 전파시킴으로써 수용국의 국제경쟁력을 향상시킨다.

(2) 비판적 견해

다국적기업은 피투자국이 필요로 하는 분야에 투자하기보다는 이윤 극대화관점에서 투자한다. 또한, 다국적기업은 자본을 투자하기보다는 현지에서 자본을 조달함으로써 현지 기업들의 자금난을 심화시킨다는 지적도 있다. 다국적기업은 기술 제공에 있어서도 높은 수준의 로열티를 요구하고 피투자국 기업의 기술 종속을 초래하기도 한다.

2. 모국에 대한 영향

다국적기업의 모국에 대한 긍정적 영향은 다국적기업의 영업이득이 모국 경제에 순기능을 한다는 점이다. 그러나 다국적기업은 모국의 생산시설과 일자리를 해외로 유출시킴으로써 실업문제를 발생시키고, 자국의 기술을 해외로 유출시킴으로써 모국에 부정적 영향을 준다는 견해도 있다.

3. 정치적 영향

다국적기업은 개방적 무역 및 투자정책을 위해 모국을 상대로 로비활동을 함으로써 국제정치나 국제정치경제에 영향을 준다. 한편, 다국적기업은 피투자국의 국내정치에 관여하기도 한다. 예컨대, 다국적기업은 노동통제를 통해 이득을 얻기 위해 피투자국의 권위주의 정부를 지원하기도 한다. 또한 자신의 이익을 대변해 줄 만한 피투자국 내의 정치세력을 지원하거나 반대로 자신의 이익을 위협하는 정치세력을 제거하는 역할을 하기도 한다.

6 규제

1. 투자수용국

다국적기업의 피투자국에 대한 부정적 영향 등을 고려하여 다국적기업을 규제하기 위한 국내적·국제적 방안이 모색되고 있다. 투자수용국은 다국적기업이 자국경제에 행사하는 영향력을 줄이거나 적정하게 유지하게 하고 독과점적 성격을 규제하며 투자에 의한 결실을 적정수준에서 점유하도록 하고자 한다. 이를 위해 신규투자제한, 영업규제, 송금규제 등의 방안을 동원하고 있다.

2. 국제기구

국제적 차원에서 다국적기업을 통제하기 위한 노력도 있다. 예컨대, OECD는 다국적기업들이 자발적으로 지켜야 할 행동규범을 만들었는데, 이 규범에는 다국적기업들의 정보공개, 투자대상국 정부의 법률과 정책에 대한 협력, 반경쟁적 행동의 자제 등의 내용을 담고 있다.

3. 국제연합 지구약속(UN Global Compact)

국제연합 지구약속은 기업, 국제연합(UN), 노동단체 그리고 지구시민단체 간의 약속으로 다국적기업의 활동원칙을 마련하였다. 이 약속은 1999년 세계경제포럼에서 UN 사무총장 코피 아난이 제안하여 2000년 7월 26일 공식적으로 맺어졌다. 이 약속에 따르면 기업은 인권존중, 인권유린 금지, 집단교섭을 위한 결사의 자유 존중, 강제노역 금지, 어린이 노동 철폐, 차별 금지, 환경파괴를 막기 위한 예방조치 지지, 환경보존을 위한 활동, 환경친화적 기술의 전파, 부정부패 근절 등 10가지 원칙을 준수해야 한다. 이 약속은 이윤창출과 함께 기업의 사회적 책임을 명시하는 규범창출효과를 가진다.

주요개념 국제정치의 행위자

- **국가**: 국가는 대체로 다음의 세 가지 개념을 가진다.
  ① 국제법에서 국가는 특정한 영토 내에 거주하는 인간 공동체를 통제하는 정부가 존재할 때 그 정부의 존재를 국제사회에서 인정받기 위해 사용하는 하나의 실체이다. 국내정치에서 하나의 기업이 법적인 인격체로 인정받는 것과 같은 이치이다.
  ② 국제정치학에서 개별 국가는 하나의 나라를 가리킨다. 그 나라는 하나의 인간공동체로서 같은 정치체제에서 상호작용하고 특정한 공통가치를 공유하고 있다.
  ③ 철학이나 사회학에서 국가는 다수의 정부기구로 구성되어 있는 것으로 본다. 포괄적이기는 하지만 국가를 구성하는 정부장치는 행정부, 입법부, 사법부, 군대 그리고 경찰이다.

- **주권**: 한 국가가 그보다 더 높은 법적 권위를 가지는 실체로부터 자유로운 상태에 있는 조건을 말한다. 주권은 어떤 외부의 정치적 압력에서 벗어나 있는 정부의 조건과 관계가 있지만, 그것과는 구별된다. 냉전기간 동안 많은 약소국들은 주권을 가졌지만 정치적으로 독립되어 있지 않은 경우가 많았다.

- **비국가행위자**: 보통 정부를 제외한 모든 행위자를 가리킨다. 때로 비국가행위자는 UN과 같은 조직을 지칭할 수 있는가에 대해 명확하지 않은 경우가 있다. 그래서 이러한 문제를 피하기 위해 두 개의 범주로 나누어 초국가행위자와 국제기구로 사용한다.

- **민족**: 서로 공통의 정체성을 공유하고 있다고 여기는 사람들의 집합을 말한다. 그들은 보통 조국이라는 것에 공동의식을 갖는다. 이때 정체성은 다른 정치집단에 의해 그 존재를 확인받을 필요가 없다.

- **민족국가**: 만일 한 국가의 모든 사람들이 다른 정치공동체 형식이 아니라 한 개의 국가에 의해 조직화되어 있다면 민족국가가 존재한다고 본다. 민족국가는 널리 사용되는 개념이긴 하지만 그러한 실체는 사실상 존재하지 않는다.

- **시민사회**: 어떤 정부기관에 참여하고 있지 않은 사람들과 집단의 총합 또는 정부에 참여하지 않으면서 또 상업이익을 추구하는 기업에도 참여하지 않는 사람들과 집단의 총합을 말한다.

- **초국가행위자**: 한 국가에서 정부행위자를 제외한 행위자를 말한다. 보통 초국가행위자는 다른 나라의 모든 행위자들이나 국제기구와 관계를 맺고 있다.

- **공동체**: 구성원들이 상징을 공유하고 공통된 목적을 달성하기 위하여 협조하기를 원하는 인간의 연합체를 말한다.

- **정치공동체**: 자치를 원하고 외부의 지배로부터 자유롭기를 원하는 공동체를 말한다.

- **자본주의**: 인간의 노동과 생산물이 시장에서 매매되는 상품으로 존재하는 생산체제를 말한다.

- **충성심**: 사람들이 제도에 어느 정도의 무조건적 지지를 표하는 감정적 성향을 말한다.

- **실패국가**: 붕괴된 국가로 외부의 막대한 지원 없이는 시민의 필요를 충족시켜줄 수 없는 국가를 말한다.

- **신중세주의**: 정치권력이 지역, 국가, 초국가, 제도 사이에 분산되어 어느 실체도 최고의 충성을 이끌어낼 수 없는 상태를 말한다.

제3장 국제체제의 역사적 흐름

 출제 포커스 및 학습방향

본 장에서는 근대 국제체제가 형성된 이후 국제체제의 흐름을 정리하고 있다. 근대 국제체제는 1648년 웨스트팔리아조약 이후 형성된 것으로 보는 것이 일반적이다. 근대 국제체제와 함께 동아시아에서 형성되었던 중화체제 및 로마 제국체제에 대해서도 간략하게 기술하였다. 냉전체제와 탈냉전체제도 본 장과 관련되는 지식이나 세부논점이 많아 『해커스공무원 패권 국제정치학 기본서 이슈』 부분에서 기술하였다. 각 체제의 특징을 정확하게 이해하는 것에 포커스를 맞추어 학습해야 한다.

제1절 | 근대 이전의 국제체제

1 의의

지구상에 많은 국가가 존재하지 않고, 그들 간의 접촉이 별로 없었던 시대에는 국제질서가 존재하지 않았다. 일정 영역 내에 모든 인간을 효율적으로 통제할 수 있는 힘을 가진 정부를 갖춘 국가들이 등장한 이후, 이들 국가들 간에 국가단위의 접촉이 이루어지기 시작하면서 국제질서가 형성되기 시작하였다. 근대 국제질서는 1648년 웨스트팔리아조약이 성립한 이후 자리 잡기 시작하였다. 근대 국제질서 형성 이전에는 조공체제, 로마 제국체제, 신성 로마 제국 등이 존재하였다.

2 동아시아의 조공체제

1. 형성

동아시아에 국가가 등장한 것은 약 5,000년 전이며, 기원전 5세기경 중원을 지배하는 강대국과 주변의 군소국 간 조공체제가 제도화되기 시작하였다. 동아시아 조공체제는 기원전 3세기 중국의 한(漢)시대에 이르러 정립되었다.

2. 특징

조공체제의 요체는 지배국가가 국가 간의 관계를 규제하는 규범을 제정하고 이 규범이 지켜지도록 관리·통제하는 의무를 가지며, 다른 군소국가들은 지배국가의 관리·통제권을 인정하는 대신 지배국이 관리하는 질서의 혜택을 받는 형태였다. 조공(朝貢)제도란 관념적으로는 '주변국가'들이 '중국'을 신으로 섬기고 '중국'은 '주변국가'들을 자애로써 돌보는 '사대자소(事大字小)'의 예적 질서를 의미한다.

사대자소는 현실적으로 주변국가는 중국에게 조빙(朝聘)과 헌공(獻貢)을, 중국은 주변국가에게 보빙(報聘)과 책봉(冊封)을 행한 것을 의미하였다.

3. 소멸

동아시아 조공체제는 청의 멸망으로 생겨난 힘의 공백기에 20세기 초 유럽국가들이 자국들이 만든 국제질서를 동아시아로 확장함에 따라 이에 편입됨으로써 막을 내렸다.

> **참고**
>
> **중국적 세계질서와 서구적 근대질서의 비교**
>
> | 구분 | 중국적 세계질서 | 서구적 근대질서 |
> |---|---|---|
> | 단위 | 단원적 정치사회관 | 다원적 국가관 |
> | 행동의 목표 | 사대(事大) | 부국강병(富國强兵) |
> | 구조 | 수직적 구조 | 수평적 구조 |
> | 행동양식 | 사대교린, 사대자소(事大字小) | 세력균형 |
> | 교섭방식 | 조공제도 | 외교제도 |
> | 조공의 의미 | 평화·안전·보호의 대가 | 국가 간 조약 |
> | 영토의 끝 | 변방 | 국경 |
> | 평화의 조건 | 힘의 압도적인 불균형 | 세력균형 |
> | 전쟁의 원인 | 힘의 균형 | 힘의 불균형 |

3 로마 제국시대의 국제질서

1. 형성

로마 제국은 기원후 2~3세기경 이탈리아에 등장한 국가로서 현재의 유럽권, 북아프리카 및 서남아시아 지역 등을 지배하였다. 발달된 통치조직과 강력한 군사력을 기반으로 강대국으로 군림하였으며 자국의 영향력하에 있는 제국들을 통제하는 중앙집권적 국제질서를 창설·유지하였다.

2. 특징

로마는 자국의 직할 영역 내의 국민은 시민으로, 기타 점령지역의 시민은 로마의 신민(臣民)으로 편입하고 점령지에 로마 정부의 권위를 대표하는 총독을 보내 통치하였다. 로마지배시대에는 지배국가에 적용되는 만민법(jus gentium)이 있었으나, 피지배국의 주권을 인정하는 것은 아니었고 로마 제국의 지방정부의 자격만 인정하는 단일제국체제였다.

4 신성 로마 제국시대의 국제질서

1. 형성

4세기 로마 제국이 붕괴하면서 두 개의 기독교 신정체제(Theocracy), 즉 로마교황지배의 신성 로마 제국과 비잔틴 제국이 생겨났다. 비잔틴 제국은 1,000년 동안 존속하다 오스만 터키에 의해 멸망되었으나, 신성 로마 제국이 지배하던 지역에서는 느슨한 종교지배체제가 존속하는 가운데 도시국가와 봉건체제가 자리잡히면서 많은 '국가'들이 생겨나고 이들이 교역과 농업기술의 발달 등으로 강성하여 감에 따라 원시형태의 국제질서가 형성되었다. 즉, 천주교의 위계적 지배질서와 봉건국가 간의 질서가 겹쳐져서 신성 로마 제국질서가 형성되었다.

2. 특징

신성 로마 제국시대의 국제질서는 '이중적 질서'가 특징이다. 로마 교황청이 종교적 차원에서 모든 국가들 위에 군림하는 통치체제가 유지되는 한편 봉건영주들과 이들의 집합으로서의 국왕이 각각의 관리지역에서 세속적 권력을 행사하였다.

3. 소멸

신성 로마 제국체제는 종교혁명을 통해 개신교가 로마 교황의 지배에서 벗어나면서 와해되고, 완전한 주권을 가진 민족단위의 전제왕조국가가 등장하면서 전쟁과 평화가 반복되는 새로운 질서로 들어서게 되었다.

제2절 | 근대 국제체제[웨스트팔리아(Westphalia)체제]

1 의의

웨스트팔리아체제(근대 국제체제)란 30년전쟁을 종결시킨 웨스트팔리아조약에 기초하여 형성된 유럽 국제체제를 말한다. 웨스트팔리아체제는 중세 봉건질서를 해체하고 국가들로 형성된 국제질서였으며, 유럽 문명국들을 중심으로 형성된 이래 지속적 팽창과정을 거쳐 현재는 전세계 모든 국가들이 이 체제에 편입되어 있다.

30년전쟁

1618 ~ 1648년 독일을 무대로 신교(프로테스탄트)와 구교(가톨릭) 간에 벌어진 종교전쟁이다.

1. **제1기(1618년 ~ 1620년)**

    독일의 신교(프로테스탄트)와 구교(가톨릭) 양교도 간의 반목은 1555년에 있었던 아우크스부르크화의(和議) 이후에도 그 응어리가 가시지 않아, 17세기 초 양파의 제후(諸侯)들은 각기 신교 연합과 가톨릭교 연맹을 결성해서 대립하였다. 이와 같은 정황 속에서 1617년 가톨릭교도인 페르디난트가 보헤미아의 왕위에 올라 가톨릭 절대 신앙을 강요하려 하자 보헤미아와 오스트리아의 프로테스탄트 귀족들이 반란을 일으켰다. 1619년 페르디난트 2세가 황제가 되자 보헤미아인들은 팔츠 선제후(選帝侯) 프리드리히 5세를 국왕으로 받들고 이에 대항하여 싸웠으나 1620년 바이서베르크 싸움에서 패배하여 프리드리히 5세는 네덜란드로 망명하고 보헤미아의 신교(프로테스탄트)도들은 탄압을 받기 시작하였다.

2. **제2기(1625년 ~ 1629년)**

    진작부터 독일에 영토적 야심을 가지고 있었던 덴마크왕 크리스티안 4세는 이를 기화로 영국 및 네덜란드로부터 군자금을 얻어 1625년 신교(프로테스탄트)도군의 총수로서 독일에 침입하였으나 황제군의 장군 발렌슈타인과 틸리에게 패배하여 1629년 양측은 뤼베크 조약으로 화해하였다. 이에 따라 황제는 배상령(賠償令)을 내려 종교제후(宗敎諸侯)의 영지(領地) 회복과 루터파(派)의 공인(公認)을 선포하였다.

3. **제3기(1630년 ~ 1635년)**

    그러나 이듬해 스웨덴왕 구스타브 2세가 신교를 옹호하고 프랑스의 후원을 얻어 다시 독일에 침입하였다. 스웨덴군은 황제군을 라이프치히전투에서 격파하고 틸리를 전사시켰으나 1632년 뤼첸전투에서 구스타브 2세도 전사하였다. 이후에도 스웨덴군은 전투를 계속하였으나 패배를 거듭하여 1634년 황제군 사령관 발렌슈타인이 모반혐의로 암살되자 1635년 황제와 그리스도교군의 작센 선제후 사이에 프라하화의가 성립되었다.

4. **제4기(1635년 ~ 1648년)**

    프라하의 화의 직후인 1635년, 1631년 이래 배후에서 신교 세력을 밀었던 프랑스가 전면에 나서서 독일에 출병하고 에스파냐에도 선전을 포고, 스웨덴과 연합전선을 펼쳤다. 전쟁은 일진일퇴의 전황 속에 끌어가다가 1637년 황제위를 계승한 페르디난트 3세는 전세가 불리하고 국내 제후들이 오랜 전쟁으로 시달려 있어 1641년 종전을 제의하였다. 1644년부터 열린 강화회의는 지지부진하다가 1648년 베스트팔렌조약이 성립되어 30년간의 종교전쟁은 종지부를 찍었다. 이로써 독일 제후국 내의 가톨릭·루터파·칼뱅파는 각각 동등한 지위를 확보하였다.

2 형성과정 및 핵심원리

1. 형성과정

웨스트팔리아체제는 무엇보다 주권국가들이 등장하면서 체제 형성과정이 시작되었다. 주권(sovereignty)을 보유한 국가라는 의미에서의 주권국가 관념은 유럽의 경우 대체로 16세기경에 형성되었다. 웨스트팔리아조약은 주권국가들이 주권평등, 영토존중, 내정불간섭 등의 원칙에 합의한 것으로서 이 조약에 기초하여 근대 국제질서가 형성되었다.

2. 핵심원리

웨스트팔리아체제, 즉 근대 국제체제의 핵심원리는 세 가지이다.

(1) 주권절대의 원칙

국왕은 자기 영역에서 최고권위를 가진다.

(2) 내정불간섭의 원칙

국왕은 자기 영역 내의 종교를 자유롭게 선택한다.

(3) 세력균형의 원칙

국가들 간 평화를 유지하기 위해 상호 대등한 힘을 유지한다.

3 웨스트팔리아체제의 확대와 세계화

1. 유럽

형성기의 웨스트팔리아체제는 '문명국가 간의 체제'였으므로 그 적용대상국가, 즉 구성원 자격을 가진 국가는 유럽의 기독교문명국가로 한정되었다. 체제 외의 국가는 오직 지배의 대상이었을 뿐이었으므로 이들에 대해서는 체제 내의 국가 간의 규범과 원칙은 지켜지지 않았다.

2. 미주 및 동아시아

웨스트팔리아체제가 유럽지역 외의 국가를 구성원으로 수용한 첫 번째 예외는 오스만 터키였다. 오스만 터키의 국력수준 등을 고려하여 18세기경부터 유럽 질서의 구성원으로 수용하였다. 미국을 비롯한 신대륙의 국가들은 19세기 초부터 웨스트팔리아체제의 회원자격을 얻었으며, 중국, 일본, 한국 등 동아시아 국가들도 19세기 중엽 이후 강압적으로 이 체제에 편입되었다.

3. 세계화

웨스트팔리아체제의 세계화가 완성된 것은 제2차 세계대전 이후 아시아 및 아프리카 구 식민지들이 독립을 쟁취한 이후이다. 웨스트팔리아체제는 전세계의 민족국가를 구성원으로 하는 보편적 국제질서로 자리잡았다. 21세기 초 현존 국제질서의 기본골격은 주권국가중심의 자율합의질서인 웨스트팔리아체제이며 앞으로도 상당기간 지속될 것이다.

제4장 외교론

> **출제 포커스 및 학습방향**
>
> 외교론은 국가의 대외정책을 구체적으로 실현해 나가는 제반활동으로서의 외교에 대해 간략하게 다루고 있다. 실제 시험에서는 외교관계에 관한 비엔나협약(1961)이나 영사관계에 관한 비엔나협약(1963)도 출제되고 있으나 이는 국제법에서 상세하게 다루기 때문에 본 장에서 다루지는 않았다. 오늘날 국제관계 및 한국의 대외전략에 있어서 연성권력을 확보하기 위한 공공외교가 활성화되고 있다. 공공외교의 개념과 탈근대외교의 개념 등에 대해서는 명확하게 알고 있어야 한다.

1 외교(diplomacy)의 개념

1. 고전적 정의

외교란 이미 결정된 국가의 대외정책을 수행하는 정치적 기술(political techniques)이다. 즉, 국가의 대외목표를 평화적으로 달성하려는 대외적 행위이다. 니콜슨(Harold Nicolson)은 외교란 '협상에 의한 국제관계의 경영이며 그 관계가 대사나 사절에 의해 조정되고 운영되는 것'이라 정의하였다.

2. 현대적 정의

(1) 현대외교(modern diplomacy)는 대사를 중심으로 하는 외교사절단의 역할뿐만 아니라 위로는 국가의 최고 통치자로부터 아래로는 일반시민에 이르기까지 모든 국가구성원이 다양한 방법과 수단을 동원해서 국가 간 의사소통(communication)을 통해 상호 영향을 미치고 흥정을 통해 갈등을 해소하는 동태적 과정을 총칭한다. 공공외교(public diplomacy)는 현대적 의미의 외교의 대표적 현상이다.

(2) 현대적 정의에 따르면 Track Ⅰ외교와 Track Ⅱ외교로 대별할 수 있다. Track Ⅰ외교는 정부 간 교섭을 말하며, Track Ⅱ외교는 민간외교를 말한다. Track Ⅱ외교의 예로는 이스라엘과 팔레스타인해방기구(PLO) 사이의 관계 개선을 위한 노르웨이 사회학자의 노력을 들 수 있다.

2 외교와 외교정책

1. 의의

외교는 외교정책의 하위개념으로서 정책 수행의 제반형태를 의미한다. 즉, 외교정책이 목표를 함축하는 개념인데 반해 외교는 수단과 장치(mechanism)를 강조하는 개념이다. 좁은 의미에서의 외교는 국가가 자국의 법적 관할권을 넘어 국가의 이익을 추구하는 운영기술(operational techniques)을 더 강조하는 개념이다.

2. 상호관계

외교와 외교정책이 상호작용하는 구체적 과정을 보면, 외국의 어떤 행위가 있는 경우 이것이 본국에 대한 위협인지 기회인지를 지각하고 국가이익과 정책목표를 설정한다. 목표 달성을 위한 구체적인 전략을 수립하고, 상대국을 대상으로 구체적인 외교를 전개한다. 이것이 성공하지 못하는 경우 이익, 목표, 전략을 수정하여 상대국의 행동에 대한 본국의 대응을 계속해서 조정해 나간다.

3 유형

1. 공개외교와 비밀외교

니콜슨(Harold Nicolson)은 넓은 의미의 외교를 외교정책 결정기능과 협상기능으로 대별하고, 전자는 공개적이어야 하나 후자는 어느 정도 비밀이 필요하다고 본다. 중요 정책 결정은 선거에 의해 선출된 최고 정책 결정자들이 국민의 의사와 여론을 반영하는 것이 바람직하나 그 집행은 정치적으로 독립적이고 잘 훈련된 전문외교관들에 의해 어느 정도 비밀스럽게 수행되는 것이 효과적이기 때문이다. 현대외교의 일반적 추세는 공개외교방향으로 발전되고 있으나 사안에 따라 비밀외교가 필요한 경우도 있다.

2. 다자외교와 양자외교

전통적 외교는 양자 간 비밀외교를 중심으로 전개되었으나 19세기 이후에는 초국가적 이슈가 많이 등장하고 있고, 정부간국제기구가 확산되고 있어 다자외교가 활발하게 전개되고 있다. 다자외교는 이해관계국을 모두 참가시켜 포괄적으로 협상하고 해결점을 도출할 수 있다는 장점이 있으나, 이해관계의 조정이 어려운 경우 오히려 문제해결을 지연시켜 생산적인 협상을 추구하기가 어렵다는 단점도 있다.

3. 암묵외교와 공식외교

공식외교는 직접적인 접촉을 통한 외교를 의미하고, 암묵외교는 직접적인 접촉 없이 암묵적으로 자국의 메시지를 전달하는 행위를 말한다. 기자회견, 군의 비상경계령이나 훈련 등이 암묵외교의 사례들이다. 커뮤니케이션 기술의 발달은 암묵외교의 '신호효과'를 극대화시켜주기 때문에 현대외교에서는 암묵외교가 많이 활용되고 있다.

4 전통외교와 신외교

1. 의의

외교제도는 19세기 후반에 사회변화를 반영하면서 변모했기 때문에 20세기 초반을 기준으로 '전통외교'와 '신외교'로 대별된다.

2. 전통외교제도

(1) 전통외교제도의 원칙

전통 외교에는 두 가지 원칙이 있었다. 첫째, 외교관은 활동에 방해를 받지 않아야 한다는 원칙이다. 업무환경이 외교사절에 불리한 상황이므로 외교사절이 성공적으로 임무를 수행할 수 있도록 외교사절에게 면책특권이 주어졌다. 둘째, 외교사절은 파견자의 대리인으로 대우받아야 한다는 원칙이다. 절대왕정기에 대사는 파견 군주의 대리자로 외교사절 수용국의 군주와 동격으로 간주되었다.

(2) 전통외교제도의 특징

전통 외교제도에는 두 가지 특이한 양식이 있었다. 첫째, 상주 외교사절 제도이다. 상주 외교사절 제도의 원형은 비잔틴제국에 파견한 상주 외교사절로 거슬러 올라간다. 근대적 의미의 상주 외교사절은 1450년 밀라노공국이 피렌체공국에 파견한 상주대사에서 유래되었다. 둘째, 독특한 의전절차이다. 근대 유럽 국제사회는 비잔틴 외교 양식을 수용했다.

(3) 전통 외교에서의 의제

전통 외교에서의 여러 의제는 두 가지로 대별할 수 있다. 첫째, 정치적 의제로 왕위계승, 전쟁, 영토변경, 동맹, 세력균형 모색 등이다. 둘째, 통상의제로 무역과 관련된 의제를 포함한다. 통상 교섭의 관행과 조약은 이후 자국민을 보호하기 위한 영사 제도의 발전으로 이어졌다.

(4) 나폴레옹 전쟁 이후 전통 외교의 변화

전통 외교제도는 나폴레옹 전쟁 이후 등장한 유럽협조체제(Concert of Europe)를 통해 두 가지 측면에서 변모했다. 첫째, 유럽의 5대 강국을 비롯한 여러 국가들이 함께 모여 유럽 안에서의 문제와 유럽 밖에서의 국가 간 문제를 해결했다. 기존의 양자외교 외에 다자외교가 등장한 것이다. 다자외교 관행은 모든 국가들이 참여하는 만국평화회의와 같은 대규모 국제 모임으로 확대되었다. 둘째, 유럽 5대 강국과 유럽 각국은 협상으로 합의에 도달하는 관행을 정착시켰다. 명확한 규정과 절차가 마련되지는 않았지만 강대국이 특별한 지위를 갖는 다자 외교의 틀 안에서 강대국 간 협의에 따른 합의 사항이 준수되었다.

3. 신외교제도

(1) 전통 외교제도의 한계

전통 외교제도는 두 가지 이유로 흔들리기 시작했다. 첫째, 민주주의의 등장이다. 민주주의는 공적 영역에 대한 시민 통제를 기본원칙으로 하기 때문에 외교활동도 시민의 통제 영역 안에 있어야 한다. 반면 전통 외교의 의제는 군주의 전유물로 여겨졌고, 외교관은 귀족층으로 충원되었기 때문에 민주주의 시대와 충돌하게 되었다. 둘째, 전통외교는 비밀외교를 특징으로 하였으나, 비밀외교가 제1차 세계대전의 원인으로 지목되면서 제1차 세계대전 이후 전통 외교 제도에 대한 도전이 강해졌다.

(2) 20세기 신외교와 전통외교의 차이점

첫째, 개방성. 개방성은 윌슨의 14개 조항에서 주창되어 베르사유조약 제18조나 UN헌장 제102에 조약의 등록제도로 구체화되었다. 둘째, 외교에 대한 공적 심사와 통제. 충원도 시험제도를 거치게 하여 귀족의 전유물에서 벗어났으며, 외교관의 활동도 본국의 긴밀한 통제하에 놓이게 되었고, 교섭 결과는 국내 비준과정을 거치게 하여 외교관의 자율성을 축소시켰다. 셋째, 다양한 의제와 행위자. 국가 간 접촉이 확대되면서 의제도 확대되었다. 행위자 차원에서도 여전히 외교관이 중요한 행위자이지만 특정 분야 전문가들이 외교에 직접 참여하는 현상이 보편화되었다. 비정부행위자도 국가 간 교섭에 참여하고 있다. 넷째, 정례적·상설적 다자외교. 20세기 들어 국가들은 문제 해결의 신뢰성과 신속성을 높이기 위해 다자외교를 정례화, 상설화했다. 적극적으로는 국제기구를 창설하고, 소극적으로는 연례행사를 개최하는 형태로 나타났다.

5 기능

1. 보고활동

외교관의 외교활동의 주된 기능은 보고(reporting)와 협상(negotiation)이다. 외교관의 일차적 임무는 주재국(host state)의 정치·경제·군사 및 사회적 제반 상황을 정확히 관찰하고 분석해서 필요한 정보를 본국 정부(home state)에 보고하는 일이다. 보고내용에는 주재국의 정치구조와 과정, 기구 등의 특징 및 주요 정당의 활동, 선거의 예측 등 국내정치적 역학관계 등이 포함된다.

2. 협상의 추진

외교관 활동에서 가장 중요한 것은 협상 시 자국에 유리한 결과를 유도해 내는 일이다. 협상은 대개 본국과 주재국의 외무부 사이의 공식 메시지 전달로부터 시작된다.

3. 헤들리 불(Hedley Bull)의 견해

불은 외교의 기능을 네 가지로 요약하였다.

(1) 외교는 세계정치에서 국가의 정치적 지도자들 혹은 다른 실체들 간의 커뮤니케이션을 촉진시킨다.

(2) 외교는 합의를 위한 협상을 추구한다.

(3) 외국에 대한 정보를 수집한다.

(4) 국제관계의 마찰을 최소화시킨다.

6 수단(외교역량)

1. 외교력과 외교역량의 의의

외교력은 한 나라가 국제관계에서 가지는 영향력, 즉 '국제적 영향력(international influence)'으로서 주요 국제사안에서 의제를 설정할 수 있는 힘, 논의되고 있는 사안의 결과를 통제할 수 있는 힘, 국제갈등을 해결하는 과정에서 상대방을 지배할 수 있는 힘 등을 말한다. 외교력은 세 가지 차원의 힘에 의해 뒷받침되어야 한다. 그러한 힘을 외교역량이라 할 수 있으며, 외교력과 외교를 위한 수단으로 볼 수 있다.

2. 군사력

군사력(폭력)은 세 가지 방법으로 상대의 행동을 변경시킬 수 있다. ① 폭력을 극한까지 사용하여 상대방의 의지를 무조건적으로 강제하는 방법으로, 폭력의 궁극적 효용이라고 볼 수 있다. ② 폭력사용을 위협함으로써 상대방의 행동을 변경할 수 있다. 폭력사용의 위협은 명시적·묵시적 경고, 경고에 신빙성을 더하기 위한 군사력의 과시, 군사력의 제한적 사용 등을 통해 수행된다. ③ 복수국가의 관계에서 폭력을 선별적으로 사용하여 남에게 이득을 줌으로써 상대방의 행동을 변경시킬 수 있다. 전쟁에의 개입, 동맹조약의 체결, 병력의 해외주둔 등이 그러한 방법이다.

3. 경제력

경제력은 다음과 같은 방식으로 외교의 수단이 될 수 있다. ① 정부 차원의 유·무상 원조를 제공하는 것이다. ② 자유무역협정을 통한 시장접근, 투자보장협정 등을 통한 투자 활성화, 금융시장에서의 신용 제공, 기술 이전 등이 있다. ③ 경제제재조치를 취할 수 있다. 다만, 경제제재조치는 다음과 같은 한계가 있다. ⑤ 경제제재조치는 자국도 피해를 입기 때문에 경제제재의 위협은 신빙성조건이 갖추어지지 않는 한 효과가 없다. ⓒ 양자적 제재에 있어서 경제교류가 없는 경우 한계가 있으며, 다자적 제재의 경우 대상국가가 고립경제를 유지하는 경우에 효과는 제한적이다. ⓒ 경제제재 대상국이 독재국인 경우 그 효과가 정책 결정자에게 집중되기보다는 일반 국민들에게 분산되기 때문에 도덕적 논란을 야기하고 그 효과도 떨어질 수 있다. 반면, 경제력의 규모나 상호의존도가 비대칭적인 경우나 다자적 제재의 경우 효과가 커진다.

4. 연성권력(soft power, 매력)

매력은 남을 매혹시키는, 즉 홀리는 힘이다. 이는 마음을 홀리는 심력(心力)과 생각을 홀리는 지력(知力)으로 구성되고, 직접적으로 상대방의 자발적 복종을 가져온다. 외교협상은 명분싸움 또는 도덕적 담론의 형태를 띤다. 따라서 외교협상에서 이기기 위해서는 담론을 지배해야 하며 소프트 파워는 국제정치의 도덕담론을 지배하는 힘이다. 국제정치 담론을 지배하는 소프트 파워의 원천은 두 가지이다. ① 특정 국가가 대표하고 주장하는 가치가 보편적이고 일반적이어서 상대국이 그것의 정통성을 부정하기 어려울 때이다. ② 특정 국가가 대표하고 주장하는 특수한 가치가 매력적일 때이다. 따라서 소프트 파워를 늘리기 위한 방안으로는 지배적인 국제정치 담론이나 국제레짐에 적응하는 소극적 방법과 자국이 대표하는 가치가 가지는 매력을 늘리는 동시에 그것이 지배적인 국제레짐에 반영되도록 하는 적극적 방법이 있다.

7 공공외교

1. 개념

'공공외교'라는 용어는 최초로 1965년 Fletcher School의 학장인 에드먼드 걸리온(Edmund Gullion)에 의해 사용되었다. 당시 공공외교는 '타국의 외교정책의 입안 및 실행과정에 해당 외국 국민들이 관여하도록 영향을 미치는 일'을 의미하였다. 1997년 미 국무부는 '공공외교는 타국 대중과의 의사소통과정(understanding, informing and influencing)을 통해 국익을 증진시키는 노력'으로 정의하였다. 전통적 외교가 일국 정부가 타국 정부를 상대로 한 것인 반면, 공공외교는 그 접촉대상을 타국민으로 삼고 있다. 즉, 일국 정부가 타국민들을 직접 접촉하여 자국에 대한 호감과 친근감을 도모함으로써 소기의 외교 목표를 달성하는 것이다. 이 과정에서 핵심요소는 타국민의 마음을 사는 것이다(to win the hearts and minds of …).

2. 등장배경

(1) 9·11테러

9·11테러는 미국의 대외정책에 대해 심각히 반성하는 계기를 만들어 주었다. 미국 군대나 정부가 아니라 미국 전체를 타깃으로 한 대규모 테러가 감행될 만큼 미국은 왜 극악한 증오의 대상이 되었는가에 대한 통렬한 반성이 제기된 것이다. 9·11테러 이후 아프가니스탄과 이라크에 매년 수십만 명의 군대를 파견하였고, 약 3조 달러를 투입하여 미국 경제가 휘청거릴 정도가 되었음에도 불구하고, 국가 재건과 지역 안정화라는 당초의 목적을 달성하지 못한 원인이 무엇이었는가에 대해 깊이 성찰하게 되었다.

(2) 민주주의의 진전

민주주의가 전 세계적으로 확산됨에 따라 외교정책 결정 및 이행과정에서 국민적 의사의 영향력이 확대되고 있다. 외교정책에 대한 자국민의 지지가 필요할 뿐만 아니라, 외국의 대중에 대한 전략적이고 체계적인 홍보도 필요해져 정부는 보다 적극적인 자세로 설명과 홍보에 노력을 기울이게 되었다.

(3) 정보통신혁명

통신수단의 혁명적 발전에 따라 소셜 네트워크 서비스(SNS) 등 소통수단이 획기적으로 변하였으며, 국경을 넘어 대중 간의 소통뿐만 아니라 정부와 외국 대중 간의 직접 소통이 용이해졌다. 온라인을 통해 자국의 매력을 확산시키거나, 자국의 입장이나 정책을 외국 국민에게 직접 설명할 수 있게 된 것이다. 정부의 일방적 메시지 전달은 시대착오적인 것이므로 쌍방향 의사소통과 people-to-people(P2P) 접촉이 강화되어야 한다.

(4) 소프트 파워의 부상

외교자산으로서 하드 파워의 한계로 소프트 파워(연성권력)가 부상하고 있다. 9·11테러 이후 이라크전쟁, 아프가니스탄전쟁에도 불구하고 미국에 대한 위협이 약해졌다고 보기는 어렵고, 좀 더 강력해진 테러위협이 고조되고 있다. 이는 기존의 전통적 권력인 군사력과 같은 하드 파워만 가지고는 대외관계에서 영향력을 발휘하기 어려운 환경에 직면하게 된 것이다. 소프트 파워는 국가에 대한 호감도를 의미하므로, 호감도가 높을수록 공격가능성은 낮아질 것으로 생각할 수 있다. 공공외교는 이러한 소프트 파워를 확보할 목적을 지닌 외교활동으로 규정된다.

3. 비교개념

(1) 대민업무(public affairs)

대민업무는 정부의 목표·정책·활동들에 대해 대중, 언론, 기타 기관들에게 정보를 제공하는 것을 본질로 하며, 국내의 국민들이 핵심대상이 된다. 따라서 자국민이 아닌 외국의 국민들을 대상으로 하는 공공외교와 구별된다.

(2) 선전전(propaganda)

미국 공공외교의 기원은 제1·2차 세계대전 때 미국 참전의 정당성을 알리기 위한 것이었기 때문에 선전전과의 차이를 구별하는 것은 쉽지 않았다. 다만, 선전전은 윤리성이나 도덕성보다는 효율성을 목표로 하기 때문에 진실과 거짓을 모두 포함하는 반면, 공공외교는 항상 진실성에 기초해야 한다는 점에서 차이가 있다.

(3) 홍보(public relations)

대중매체를 이용하여 제품이나 국가의 이미지를 제고한다는 면에서 홍보와 공공외교는 유사한 측면이 있다. 홍보는 '어떤 사람, 회사 또는 기관을 이해하거나 그것에 대해 호의를 가지도록 하기 위해 대중들을 유도하는 일'을 말한다. 그러나 홍보는 판매 증진을, 공공외교는 긍정적 여론 확보를 목표로 하며, 홍보는 일방향적이나 공공외교는 쌍방향적이다. 홍보는 실패 시 일시적인 판매 하락이나 브랜드 이미지 훼손을 가져와도 상대적으로 쉽게 회복할 수 있는 반면, 공공외교는 실패 시 정부에게 핵심적인 신뢰를 잃음으로써 정책 집행과 외교관계에 있어 심각한 타격을 받을 수 있다. 나아가 홍보는 소비재를 판매하는 반면, 공공외교는 국가를 일종의 상품으로 보는 점에서도 차이가 있다.

4. 주체와 대상

공공외교는 자국 정부가 외국 시민과 단체, 기관을 대상으로 한다. 기본적으로 타국 대중을 중심으로 하되, NGO, 대학, 언론 등 여론 형성에 중요한 역할을 하는 조직들을 망라한다. 최근에는 외교정책에 대한 자국민의 이해와 지지가 중요해짐에 따라 자국민이나 단체, 기관도 공공외교의 대상으로 보는 경향도 있다. 즉, 자국의 시민이나 기관은 국내 외교정책의 지지 기반이며, 공공외교 수행의 동반자로서 공공외교의 주체 및 대상에 포함되는 것이다. 나아가, 공공외교의 정책대상은 특정 외국 시민이나 기관의 범위를 넘어서서 세계 시민이나 기관으로까지 확대되고 있다. 자국 정부가 이들 시민이나 기관을 직접 접촉하기도 하지만, 효과 측면에서 볼 때 자국 시민과 세계 시민 간 그리고 자국 NGO와 국제 NGO 간의 접촉을 통하면 보다 용이하게 성과를 거둘 수 있다.

5. 단계

(1) 인지(Awareness)

공공외교의 첫 단계는 대상국가(target country)의 국민들이 공공외교 주체 국가(advocate country)를 인지하도록 하는 것이다. 이 단계에서 대상국가의 국민들은 뉴스기사, 라디오·TV방송, 해외원조, 군사행동 등에 대한 정보를 통해 주체국가에 대해 알아가게 되며 주체국가는 이들이 긍정적 인지를 할 수 있도록 메시지의 내용을 결정하고 언론을 통해 정보캠페인을 벌인다.

(2) 흥미(Interest)

대상국가의 국민들이 주체국가에 대한 뉴스와 정보를 스스로 찾는 단계이다. 주체국가는 콘서트, 전시회 등의 문화 행사, 도서관과 문화원 건립, 자국 언어 교육 등을 통해 대상국가 국민들의 관심을 유도한다.

(3) 지식(Knowledge)

대상국가의 국민들은 주체국가에 대해 보다 깊은 지식을 적극적으로 습득한다. 강연, 인터뷰, 세미나, 전문적 공부 등을 통해 주체국가의 문화, 역사, 경제, 정책 등에 대해 심도 있는 지식을 갖추는 단계이다. 이를 위해 주체국가는 자국에 대해 많은 자료를 갖춘 문화원 건립, 팸플릿, 잡지, 번역서 등의 무료 홍보자료, 영화, 비디오, 강연 프로그램을 이용해 왔고, 최근에는 웹사이트, 이메일 등의 수단을 이용한다.

(4) 지지(Advocacy)

언론인, 정치지도자, 씽크탱크 분석가 등의 여론주도층이 자국의 이익에 반하지 않는다는 전제하에 주체국가의 입장을 지지하는 단계이다.

(5) 행동(Action)

전통적 외교인 정부 대 정부의 단계로서 대상국가의 정부가 국제기구에서의 투표, 무역협정 체결, 조약 체결, 군사동맹 체결 등에 있어 주체국가를 지지하는 행동을 취하는 단계이다.

6. 목표와 수단

공공외교는 단기적 목표와 장기적 목표에 따라 다양하게 전개된다. 단기적 목표를 위해서는 모든 가능한 미디어를 통해 주로 정보를 확산하는 데 주력하는 공보활동(information)에, 상호 신뢰 형성과 유지라는 장기적 목표를 위해서는 교육문화 분야의 교류활동(education and cultural exchange)에 중점을 두는 것이다. 그러나 두 범주 사이에 명확한 선을 긋는 것은 어려우며, 상호활동이 보완적으로 이뤄질 때 최대의 효과를 거둘 수 있다. 즉, 결코 일방적인 정보 주입만으로 공공외교의 성공을 기대하기는 어려우며 양방향 소통을 통한 지속적인 교류가 수반되어야 한다.

7. 공공외교의 하위분야

공공외교를 수행하기 위해 어떠한 자원과 자산이 사용되는가에 따라 공공외교를 몇 가지 하위분야로 구분할 수 있다.
첫째, 문화외교. 특정국가의 문화자산을 사용한다. 최근에는 대중문화상품을 사용한다.
둘째, 지식외교. 지식자산을 사용한다.
셋째, 미디어외교. 국제방송과 같은 미디어를 이용한다. 중국은 자국 제품들이 값싸고 조악한 품질의 상품이라는 부정적 이미지를 쇄신하기 위해 전 세계적으로 "Made with China"를 캐치프레이즈로 하는 홍보 캠페인을 벌인 바 있다.
넷째, 기업외교. 기업들에 의한 공공외교활동을 말한다. 기업들은 자기업의 브랜드 관리를 위해 독자적으로 사회적 책임활동을 하기도 하지만, 자국 정부나 민간단체의 파트너로서 공공외교활동에 참여하기도 한다.
다섯째, 스포츠 외교. 스포츠를 자산으로 활용한다.
여섯째, 관광외교. 관광자원을 활용한다.

8. 공공외교에 대한 두 가지 시각

(1) 수단적 시각

공공외교에 대한 수단적 시각은 자국의 외교정책이나 국가이익에 대한 수단적 역할과 기여에 초점을 맞춘다. 공공외교를 외국민을 대상으로 매력 자산을 이용하여 자국을 알리며, 그들에게 영향을 미치고 관여함으로써 궁극적으로 자국의 외교정책과 국가이익의 증진에 기여하는 비전통적 외교 행위로 인식한다. 수단적 시각은 메시지의 내용과 디자인, 전달에 초점을 맞추고 있고, 의도하는 국가 이미지 투사, 국가 브랜드 등을 강조한다. 국제정치 현실주의와 맥이 닿아있다.

(2) 정체성 시각

정체성 시각은 상대방과의 사회적인 상호작용을 거쳐 현상이나 대상 또는 특정 이슈에 대해 상호주관적 의미(intersubjective meanings), 즉 상대방과 공유하는 이해와 의미를 확립해 나가는 과정, 그리고 이러한 과정을 통해서 궁극적으로는 국가간 관계나 국제관계를 사회적으로 구성하는 측면에 초점을 맞추고 있다. 공공외교는 국제사회에서 소통을 통해 자국의 정체성 또는 정체성을 구성하는 요소들에 대한 인정을 추구하는 활동이라고 정의할 수 있다. 정체성접근 구성주의적 입장을 취하고 있다.

정체성 시각에서 국가정체성의 어떤 요소를 소통하느냐에 따라 투사형공공외교(projective public diplomacy)와 주창형공공외교(advocacy public diplomacy)로 대별할 수 있다. 전자는 인종, 언어, 한 민족이 오랜 기간 공동 경험을 통해 공유하는 역사, 문화 등 정체성의 본원적 요소, 즉 '우리는 누구인가'를 알리는 데 초점을 맞추는 공공외교로서 문화외교가 대표적이다. 후자는 한 국가가 국제사회에서 추구하는 아이디어, 가치, 규범, 정책이나 제도, 이를 실현하기 위한 역할에 초점을 맞추는 공공외교로서 지식 및 정책 공공 외교가 주요 내용을 구성한다.

9. 공공외교의 네 가지 유형

(1) 의의

수단적 시각과 정체성 시각을 결합하면 네 가지 유형으로 공공외교를 대별할 수 있다. 수단적 차원에서는 관계구축적 접근 - 정보전달적 접근으로 세분화할 수 있고, 정체성 차원에서는 자국중심적 접근과 초국가적 접근으로 세분화할 수 있다.

(2) 대화형

자국중심적이면서도 관계구축적 접근을 추구하는 형태이다. 상대방과의 상호 대화와 교류에 초점을 맞춘다.

(3) 독백형

자국중심적이면서 정보전달에 초점을 맞추는 형태이다.

(4) 협력형

자국의 정보 전달에 주안점을 둔다고 하더라도 공동의 공공외교 프로그램을 고안하고 실행하는 것과 같이 상대방과의 협력과 협업을 중시하는 형태이다.

(5) 상호구성형

상대방과 공유하는 이해와 의미 생성을 통해서 공동의 정체성과 공동의 이익을 만들어나가는 유형이다.

10. 우리나라의 공공외교

(1) 중요성

첫째, 중견국으로서의 입지 강화

한국은 하드 파워의 핵심축인 군사력과 경제력 차원에서 이미 세계 10위권 내외에 진입함으로써 이른바 '선도적 중견국(leading Middle Power)'의 입지를 확고히 하고 있다. 하드 파워를 근간으로 세계질서를 주도해 나가는 강대국과의 경쟁에서 우위를 점하기는 어렵지만, 역사적 발전경험에 기반한 소프트 파워를 자산으로 국가이익을 실현시키는 공공외교 분야에서 한국은 충분한 잠재성과 경쟁력을 보유하고 있다.

둘째, 강대국에 대한 의존도 축소

급부상하는 중국이 한국의 제1의 무역대상국으로 등장하면서 중국에 대한 경제의존도와 무역의존도가 높아지고 있는 한편, 안보 차원에서는 특히 북한의 핵실험, 미사일 발사로 인해서 그 어느 때보다도 미국에 대한 의존도가 높아지고 있다. 정부안보와 경제통상 차원에서 이와 같은 '이중의 의존(double dependency)'에 직면해 있는 한국에게 무엇보다 절실한 것은 공공외교를 통해 다른 중견국들과 약소국들의 마음을 사는 제3의 길이라고 볼 수 있다.

셋째, 기회의 영역

하드 파워 경쟁이 막대한 비용을 수반하는 데 비해 소프트 파워는 무형의 자산을 외교의 자산으로 사용함에 따라 비용 대비 효과의 측면에서 월등한 우월성을 가진다. 특히 한국과 같이 하드 파워의 차원에서 한계가 있으나 소프트 파워의 차원에서는 상당한 잠재력을 가지고 있는 국가들에게 소프트 파워를 근간으로 하는 공공외교는 상당히 승산이 있는 영역이라고 할 수 있다.

(2) 한국 공공외교의 특징

첫째, 경작형모델. 공공외교의 여러 하위분야 중 문화외교, 특히 한류가 선도적 역할을 수행한다.

둘째, 경쟁우위형 모델. 전통적인 소프트파워 자산보다는 가공을 통한 후천적 매력 자산을 중심으로 하는 공공외교이다.

셋째, 지식 공공외교. 역사적 경험과 지식자산을 활용하는 공공외교이다.

넷째, 참여형·협력형 공공외교. 국민들의 참여 및 상대국과의 협력을 중시하는 공공외교이다.

11. 미국의 공공외교

(1) 냉전기

트루먼 행정부는 1948년 스미스-문트법(Smith-Mundt Act)을 제정하였다[정식 명칭은 미국 공보·교육교류를 위한 법(U. S. Information and Educational Exchange Act of 1948)이다]. 이는 타 국가의 국민들로 하여금 미국에 대한 이해를 높이고 협력적 국제관계를 강화하는 데 목적을 두었다. 이 법은 미국의 대외적 공보, 문화 활동이 모두 국무부 소관임을 공표하였고, 최초로 공공외교를 법으로 명문화시켰다는 점에서 의의가 있다. 또한 미국에 거주하는 외국인에 대한 공공외교활동을 금지하였다. 스미스-문트법은 미국 해외공보처(USIA)를 탄생시킨 법적 기반이 되었으며, 실제 아이젠하워 행정부는 USIA를 설립하였다.

(2) 탈냉전기

미국 공공외교의 핵심기관으로 1953년부터 거의 반세기 동안 지속되어 온 USIA는 클린턴 행정부 시절 1998년 의회에 제출된 외무개혁·구조조정법(Foreign Affairs Reform and Restructuring Act of 1998)에 의해 국무부로의 통합이 결정되고 마침내 1999년 10월 1일을 기점으로 역사의 뒤안길로 사라졌다. 평균 9억 달러의 예산과 12,000명의 인력으로 운영되던 USIA를 국무부로 통합시키면서 내세운 외양적인 명분은 공공외교를 미국 외교정책의 중심에 둔다는 것이었다. 그러나 실질적인 이유는 1990년대 냉전의 종결과 함께 행정부와 의회에서 공공외교에 대한 관심이 줄어들었고 공공외교의 필요성에 대해 의문을 제기하는 목소리가 커졌기 때문이었다.

(3) 9·11테러 이후

2001년 9·11테러를 계기로 전세계적 반미주의에 대응하는 새로운 외교 패러다임으로 공공외교를 강화하고 있다. 냉전시대 동서이념 대립의 과정에서 큰 역할을 펼쳤던 미국 해외공보처(United States Information Agency: USIA)를 예산 문제로 국무부에 편입시켜 기능을 축소시킨 것에 대해 크게 반성하였다. 이라크 아부그라이브 형무소 및 쿠바 관타나모 수용소 내 인권문제 논란도 미국이 공공외교를 강화하도록 만든 요인 중 하나라고 볼 수 있다. 현재 미국은 국무부에 '공공외교 및 공보담당 차관직'을 신설하는 등 공공외교 총괄 조정체제를 구축하였으며, 국무장관이 American Public Diplomacy Envoy를 임명·파견하고, 정부 주요 인사의 외국 방문 시 직접적인 대민접촉일정을 가지도록 하였다. 힐러리 클린턴 국무장관은 2010년 4개년 외교·개발 검토보고서(Quadrennial Diplomacy and Development Review: QDDR)를 통해 미국 외교정책의 두 축으로서 Military Power와 Civilian Power를 동격에 놓고, 전 세계적 문제의 해결에 있어 'Smart Power'의 중요성을 강조하기도 하였다.

12. 기타 국가의 공공외교

(1) 일본

일본은 경제 발전과정에서 발생한 부정적 이미지를 탈피하고, 경제력에 버금가는 문화적 위상과 매력적인 이미지를 심기 위한 노력을 지속하고 있다. 외무성 대신관방(차관보급) 산하의 외무보도관실이 공공외교를 총괄 조정하는 가운데, 외무성 소속 해외공보문화원 및 일본국제교류기금(Japan Foundation)이 구체사업을 시행하는 구조를 띠고 있다.

(2) 중국

중국은 경제력 세계 2위 추구과정에서 대두되고 있는 '중국위협론'에 대응하여 '책임대국론', '평화부상론' 등을 발표하며 세계평화에 기여하는 이미지를 확산하기 위해 공공외교를 적극 추진 중이다. 2010년 후진타오 국가주석은 공공외교를 중국의 주요 대외전략으로 공표하고, 2012년 12월 공공외교 전담 시행기관인 '중국공공외교협회'를 설립하였다. 또한, 중국어 보급이나 중국 문화공연단 파견 등을 통해 친중국적 네트워크와 분위기 조성을 위해 노력하는 한편 대규모 개발 원조를 통해 경제적 동반자로서의 지위를 축적해 나가는 중이다. 특히, 교육부가 주관하는 공자학원은 2004년에 설립된 이래 점차 확대되어 현재 약 110여개국에 450여개소가 운영되고 있다. 이 학원은 중국어 및 중국 문화 보급에 큰 진전을 보이고 있으며, 국제적 네트워크 구축에도 기여하고 있는 것으로 평가된다.

(3) 프랑스

선진국 중 가장 먼저 문화외교에 눈을 뜬 나라이자, 가장 많은 투자를 한 프랑스는 2010년 '전략방향위원회' 및 2011년 '인스티튜트 프랑세(Institute Francais)'를 통해 통합적인 공공외교를 수행 중이다. '인스티튜트 프랑세'는 각 부처에서 수행하던 프랑스 문화 대외홍보, 언어교육, 개발도상국에 대한 문화예술 보급 지원, 영화 및 영상매체 해외 보급 등의 사업을 통합·수행하는 외교유럽부 산하의 비영리 특수법인이다. 특히 프랑스어의 보급을 중요한 외교목표로 삼아 '알리앙스 프랑세'를 통해 지속적인 노력을 기울여 왔으며, 영어만능의 시대에 일정한 성과를 거둔 것으로 평가된다.

학습 점검 문제 제1편 | 국제정치학 총론

01 한국의 공공외교에 대한 설명으로 옳은 것은? 2023년 외무영사직

① 2016년 「공공외교법」이 제정되었다.
② 「공공외교법」의 제정으로 평화유지군 파병, 보훈 외교 등의 활동이 추진되었다.
③ 공공외교의 중요성 대두로 외교부에서 업무가 이관된 '한국공공외교재단'이 설립되었다.
④ 한국의 공공외교는 케이팝(K-pop) 등 민간 부문이 주도적인 역할을 하고 있으며 하드 파워를 중심축으로 해서 추진되고 있다.

한국의 공공외교
박근혜정부에서 제정되었다.

선지분석
② 평화유지군 최초 파병이 1993년이므로 공공외교법 제정으로 평화유지군 파병이 추진되었다고 보기 어렵다.
③ 공공외교를 위해 설립된 재단은 '한국국제교류재단'이며 외교부 산하 기관이다.
④ 공공외교는 하드파워중심이 아니라 소프트파워중심이다. 소프트파워를 추구하는 정책이다.

답 ①

02 불(Hedley Bull)이 제시한 국제체제의 역사에 대한 3개의 사상적 전통 중 그로티우스(Hugo Grotius)적 시각과 관련된 내용이 아닌 것은? 2013년 외무영사직

① 현실주의(realism)와 보편주의(universalism)의 중간적 위치에 해당한다.
② 국가들 상호 간의 관계가 공통의 규칙 또는 제도에 의해 제한된다.
③ 주권국가들로 구성된 국제체제는 궁극적으로 해체되어 세계 연방을 지향한다.
④ 국가들의 행위가 자기이익과 도덕성 모두에 의해 고려되는 단계이다.

국제정치관
그로티우스(Hugo Grotius)적 시각은 주권국가를 전제로 하며, 국가들 간 협력가능성을 인정한다.

답 ③

03 「공공외교법」에 대한 설명으로 옳지 않은 것은?

2021년 외무영사직

① 공공외교는 인류의 보편적 가치와 대한민국 고유의 특성을 조화롭게 반영하여 추진되어야 한다.
② 공공외교 정책은 국제사회와의 지속가능한 우호협력 증진에 중점을 두어야 한다.
③ 「공공외교법」의 목적은 국제사회에서 대한민국의 국가 이미지 및 위상 제고에 이바지하는 것이다.
④ 공공외교 활동은 국가이익에 부합하는 지역과 국가를 대상으로 한다.

공공외교법
공공외교 활동은 특정 지역이나 국가에 편중되지 아니하여야 한다(제3조 제3항).

선지분석
① 공공외교는 인류의 보편적 가치와 대한민국 고유의 특성을 조화롭게 반영하여 추진되어야 한다(제3조 제1항).
② 제3조 제2항 본문이다.
③ 이 법은 공공외교 활동에 필요한 사항을 규정하여 공공외교 강화 및 효율성 제고의 기반을 조성함으로써 국제사회에서 대한민국의 국가 이미지 및 위상 제고에 이바지하는 것을 목적으로 한다(제1조).

답 ④

04 트랙 II(Track II) 외교의 사례로 적절한 것은?

2013년 외무영사직

① 미국이 외국 정부 및 국내 이익집단과 동시에 협상하는 것
② 이스라엘과 팔레스타인해방기구 사이의 관계 개선을 위한 노르웨이 사회학자의 노력
③ 미국 윌슨(Woodrow Wilson) 대통령의 14개 평화원칙과 베르사유 강화조약
④ 북한 비핵화를 위한 6자회담

트랙 II 외교
트랙 II(Track II) 외교란 민간 차원에서 이루어지는 외교를 의미한다.

선지분석
①, ③, ④ 모두 정부 차원에서 이루어지는 트랙 I(Track I) 외교의 사례들이다.

답 ②

05 유럽의 전통외교제도와 비교되는 20세기 신외교제도에 대한 내용으로 옳지 않은 것은? *2017년 외무영사직*

① 공개외교(open diplomacy)가 국제연맹에 의해 채택되었다.
② 외교에 대한 공적 심사가 강화되었다.
③ 정례적·상설적 다자외교가 쇠퇴하였다.
④ 외교관의 활동에 대한 본국의 통제가 강화되었다.

신외교제도

다자외교는 1815년 11월 4국동맹조약 제6조에 그 효시로서 규정되었다. 20세기에는 전시외교를 비롯한 다자외교가 정례화 및 상설화되었다고 보는 것이 타당하다.

답 ③

---

06 미국의 공공외교에 대한 설명으로 옳은 것은? *2019년 외무영사직*

① 트루먼 행정부는 공공외교를 위하여 미국 해외공보처(USIA)를 설립하였다.
② 클린턴 행정부는 USIA를 국무부 산하로 편입하여 공공외교를 추진하였다.
③ 부시(George W. Bush) 행정부의 공공외교는 세계적으로 반미 여론을 크게 완화시켰다.
④ 오바마 행정부에서 스미스-문트법(Smith-Mundt Act)이 제정됨에 따라 미국 거주 외국인에 대한 공공외교 활동이 금지되었다.

공공외교

미국 공공외교의 핵심기관으로 1953년부터 거의 반세기 동안 지속되어 온 미국 해외공보처(USIA)는 클린턴 행정부 시절 1998년 의회에 제출된 외교개혁·구조조정법(Foreign Affairs Reform and Restructuring Act of 1998)에 의해 국무부로의 통합이 결정되고 마침내 1999년 10월 1일을 기점으로 역사의 뒤안길로 사라지게 된다. 평균 9억 달러의 예산과 12,000명의 인력으로 운영되던 USIA를 국무부로 통합시키면서 내세운 외양적인 명분은 공공외교를 미국 외교정책의 중심에 둔다는 것이었다. 그러나 실질적인 이유는 1990년대 냉전의 종결과 함께 행정부와 의회에서 공공외교에 대한 관심이 줄어들었고 공공외교의 필요성에 대해 의문을 제기하는 목소리가 커졌기 때문이었다.

선지분석
① 미국 해외공보처(USIA)는 아이젠하워 행정부에서 설립하였다.
③ 부시 행정부는 9·11테러 이후 공공외교에도 적극성을 띠었으나 일방주의적이고 공세적인 대외정책으로 인해서 반미감정을 완화시키기에는 역부족이었다는 평가가 지배적이다.
④ 스미스-문트법(Smith-Mundt Act)은 1948년에 제정된 법이다. 정식 명칭은 미국 공보·교육교류를 위한 법(U.S. Information and Educational Exchange Act of 1948)이다. 타 국가의 국민들로 하여금 미국에 대한 이해를 높이고 협력적 국제관계를 강화하는 데에 목적을 두었다. 또한 이 법은 미국의 대외적 공보, 문화활동이 모두 국무부 소관임을 공표하였고, 최초로 공공외교를 법으로 명문화 시켰다는 점에서 의의가 있다. 무엇보다 스미스-문트법은 미국에 거주하는 외국인에 대한 공공외교 활동을 금지한 USIA를 탄생시킨 법적 기반이 되었다.

답 ②

해커스공무원 학원·인강
gosi.Hackers.com

제2편

국제정치사상

제1장 | 현실주의 전통
제2장 | 자유주의 전통
제3장 | 근대 변환기 동아시아국제정치사상

제1장 | 현실주의 전통

> **출제 포커스 및 학습방향**
>
> 본 장은 현실주의 전통을 구성하고 있는 마키아벨리, 홉스 및 루소에 대해 정리하고 있다. 특히 홉스의 사상은 한스 모겐소(Hans Morgenthau)의 고전적 현실주의와 직결되므로 상세한 이해를 요한다. 마키아벨리의 '비르투' 개념이나 홉스의 인간관과 자연상태에 대한 정의는 특히 중요한 부분이다. 루소의 고립주의 사상이나 세력균형 사상도 음미할 가치가 있을 것이다.

제1절 | 마키아벨리(Niccoló Machiavelli)

1 서설

니콜로 마키아벨리의 <군주론>(1513)은 투키디데스의 <펠로폰네소스 전쟁사>와 함께 현대 국제정치이론의 현실주의적 관점의 사상적 원조로 간주된다. 마키아벨리는 자신이 참여했던 정권이 몰락하여 공직에서 쫓겨난 후 유배생활을 하게 되었는데 이 시기 피렌체의 안보와 이탈리아의 통일을 촉진하는 데 필요한 통치자의 철학과 덕목, 그리고 효과적인 통치기술을 망라한 정치적 제언들을 이 책에 담았다. 그는 기독교 가치관이 지배하던 16세기에 개인과 국가의 윤리를 구분하고 목적 - 수단의 실리주의를 강조하여 중세의 종교적 가치관에 반기를 들었다. 이탈리아의 도시국가 피렌체의 군주 로렌조 디 피에로 디 메디치에게 바쳐진 <군주론>은 '국가이성'을 개인의 윤리보다 우선시했다는 점에서 근대적 정치사상의 기초를 닦은 국가통치론이라 할 수 있다.

2 역사적 배경

476년 서로마 제국이 게르만에 의해 멸망되고 이탈리아는 분열되었다. 이 권력 공백을 메우려던 신성로마제국과 교황이 충돌하였고, 이 과정에서 이탈리아의 몇몇 도시국가들은 이들 양대 세력으로부터 독립하였다. 11세기에 이르러 교황을 포함하여 나폴리왕국, 밀라노 공국, 베네치아 공화국, 피렌체 공화국이 이탈리아반도에서 각축을 벌였고, 여기에 프랑스, 스페인 등 외국이 개입하여 이탈리아는 지속적인 상쟁과 살육의 장이 되었다. 1454년 베네치아와 밀라노 간 '로디평화조약'이 체결되자 이탈리아에 있는 국가들 간 동맹이 가능해졌다. 국제정치 안정속에서 밀라노에는 스포르차 가문이, 피렌체에는 메디치 가문이 전제적 권력을 강화하였다. 그러나 프랑스가 개입하여 독재 권력을 휘두르던 메디치 가문을 피렌체 정치에서 축출하고 도미니크 수도사 사보나롤라가 집권하였다. 그러나 교황과 갈등을 빚은 사보나롤라는 화형을 당했고, 이어 집권한 소데리니도 단기 권력으로 끝나게 되었으며, 피렌체는 스페인의 지원을 받은 메디치 가문이 다시 지배하게 되었다.

소데리니 집권기 외교 중책을 맡았던 마키아벨리는 메디치 가문의 재집권 시 공직에서 추방되었다. 그러나 마키아벨리는 메디치 정부의 공직에 참여하기 위해 1513년 말 군주 로렌조 디 피에로 디 메디치에게 바치는 통치론으로서 <군주론>을 집필하게 되었다. 마키아벨리는 사보나롤라의 몰락과 소데리니의 실각을 보면서 도덕, 법, 제도에 기초한 이상주의는 정치 현실을 통제하거나 개선할 수 없고, 오히려 권력에 기초한 정치 현실을 이해하는 과단성과 추진력이 있는 현실주의적 군주만이 자신과 국가의 안전을 담보할 수 있다고 판단했다.

3 주요 주장

1. 인간관

인간 본성에 대한 마키아벨리의 관점은 투키디데스보다 훨씬 더 비관적이다. 그에 따르면 인간은 이기적이고 신뢰할 수 없는 존재이다. 그들은 군주가 자신들의 이해관계에 반하면 언제든지 갈아치우려 한다. 인간은 우둔하며 비이성적이다. 또한 인간은 위선적이고 탐욕적이다.

2. 정치와 도덕의 관계

인간 본성에 대한 냉소적 비관주의에서 도출된 마키아벨리의 통치론은 정치와 도덕의 분리, 그리고 자신의 의지를 관철할 수 있는 힘, 즉 비르투(virtù)의 중요성을 강조한다. 마키아벨리는 인간이 어떻게 살고있는가는 인간이 어떻게 살아야하는가와 다른 문제이며, 일반적으로 행해지는 것을 행하지 않고, 마땅히 행해야 할 것을 행해야 한다고 고집하는 군주는 권력을 잃기 쉽다고 하였다. 일견 미덕으로 보이는 일을 하는 군주는 파멸할 수 있고, 일견 악덕으로 보이는 일을 하는 군주는 결과적으로 자신의 안전과 번영을 도모할 수 있기 때문에 악덕 없이는 권력 보존이 어려운 때는 그 악덕으로 인해 악명을 떨치는 것도 개의치 말아야 한다고 하였다.

3. 물리력의 중요성

마키아벨리는 현명한 군주라면 숭고하고 실존적인 목적을 위해 수단을 가려서는 안 되며, 자신의 의지를 강제할 수 있는 물리력을 갖추어야 한다고 하였다. 마키아벨리에 따르면 싸움의 수단으로 인간의 세계에서는 법에, 그리고 짐승의 세계에서는 힘에 의지한다. 성공적인 군주는 반인반수의 케이론에게 양육된 위대한 아킬레스처럼 여우의 지혜와 함께 사자의 힘을 갖추고 있어야 한다. 두 가지를 모두 갖추는 것이 이상적이나, 처벌할 수 있는 물리력이 더 중요하다. 마키아벨리는 두려움은 항상 효과적인 처벌에 대한 공포로써 유지되며, 실패하는 경우가 결코 없다고 하였다.

4. 분별력(prudence)

마키아벨리는 군주의 덕목으로서 고전적 현실주의자 모겐소가 유능한 외교관의 능력으로 특별히 강조한 바 있는 '분별력(prudence)'을 추가하였다. 마키아벨리에 따르면 군주의 모든 결정과 행동은 위험부담이 수반되기 때문에 분별력이란 위험의 회피를 의미하는 것이 아니다. 분별력이란 비용과 이익을 정확히 계산할 수 있는 능력, 그리고 그러한 계산에 기초하여 과감히 결단하고 행동할 수 있는 자질과 능력을 의미한다. 군주는 실패를 두려워해서는 안 된다. 그는 야망이나 만용으로 실수할 수는 있어도 태만이나 소심함의 포로가 되어서는 안 된다.

5. 전쟁론

마키아벨리는 인간의 본성에서 나오는 '제국주의적 야망'을 전쟁의 원인이라고 하였다. 그는 인간의 야망의 핵심으로서 지배욕, 정복욕, 영토 획득에 대한 욕망을 강조하였으며, 국가와 군주의 제국주의적 충동의 중요성을 강조하였다. 한편, 마키아벨리는 전쟁이 선택이 아니라 필수라고 하였다. 그는 국가의 안전을 확보하기 위해서는 위해할 수 있는 잠재적 적을 무력화해야 한다고 보았다. 즉 안보는 패권에 의해서만 확실하게 보장될 수 있다고 하였다.

6. 중립불가론

마키아벨리는 중립을 선택해서는 안 된다고 하였다. 중립은 적을 만들기 때문에 분별력있는 군주는 한쪽을 선택해서 참전해야 한다. 그가 승자 편에 섰다면 승자는 신세를 졌기 때문에 그에게 우호적일 것이다. 반면, 그가 패자 편에 섰다면 패자는 그를 보호하려 할 것이고, 그는 다시 도래할 수 있는 행운의 동반자가 될 것이라고 하였다. 중립을 택한 군주는 모든 다른 군주들 사이에서 기회주의자로 인식될 것이므로 중립을 택해서는 안 된다고 하였다.

7. 균형동맹론

마키아벨리는 동맹전략에 있어서 상대적 약자와 동맹을 맺는 균형동맹론을 주장하였다. 마키아벨리는 강자에 대한 편승은 복속을 의미하기 때문에 독립국가로서 생존하기 위한 방책은 강자에 대한 균형화전략을 통한 상대적 약자들과의 규합과 동맹에서 찾아진다고 주장하였다.

4 평가 - 현실주의 이론과의 관련성

마키아벨리의 사상은 현대 국제정치에서 현실주의(realism)의 이론적 기초와 밀접하게 연결된다. 그는 『군주론』에서 국가의 생존과 권력 유지를 정치의 최우선 과제로 보았고, 이를 위해 도덕이나 윤리를 일시적으로 유보할 수도 있다고 주장했다. 이러한 관점은 국제정치 현실주의의 핵심 전제인 무정부적 국제체제 속에서 국가의 자조(self-help)와 권력 추구와 일치한다. 또한 그는 강한 군사력과 전략적 기민함을 군주에게 요구했는데, 이는 현실주의가 힘(power)과 안보(security)를 중심 가치로 보는 점과 동일하다.

국제정치에서 협력보다 경쟁과 갈등이 구조적으로 불가피하다고 보는 현실주의의 입장은 마키아벨리의 냉정한 정치관과 논리적 맥락을 공유한다. 결국 마키아벨리는 국가 간 관계에서의 도덕의 한계와 힘의 우선성을 강조함으로써, 근대 이후 국제정치 현실주의의 철학적 기반을 제공한 인물로 평가된다.

마키아벨리의 생애(Niccoló Machiavelli, 1469년 5월 3일 ~ 1527년 6월 21일)

1469년 5월 3일 피렌체의 중류 집안에서 태어났다. 그의 부친 베르나르도는 법률고문이었다. 포도주 양조업자 조합에 가입하여 1495년 피렌체 공화국의 공무원이 되었다. 비록 그는 대학을 다니지는 못하였지만 공화국 국회의원들에게 선출될 정도로 능력을 인정받고 있었다. 1498년부터 피렌체의 제2서기관장직(書記官長職)으로 내정과 군사를 담당하였으며, 대사로도 활약하였다. 당시 피렌체 공화국은 메디치가의 몰락으로 집권한 사보나롤라의 실정으로 궁지에 몰렸다. 프랑스 왕국에 치우친 외교로 나폴리 왕국과 베네치아 공화국, 로마 교황청과 갈등관계에 놓이게 되었다. 서기관이자 공화국 최고의결기구인 10인위원회 비서였던 마키아벨리는 이들 주변국과 교섭을 담당하는 업무를 수행하였다. 피렌체 공화국의 부흥을 위해 동분서주하였지만 무능한 정부 때문에 궁지에 몰리기만 하였다. 피사를 획득하기 위한 전쟁에서 실패하였고 로마냐 공국의 체사레 보르자를 만나 피렌체 공화국과 우호관계를 맺었다. 마키아벨리는 당시 강력한 집권정치를 펼친 체사레 보르자와 만남을 통해 군주론을 보다 구체화하게 되었다고 전해진다.

피렌체 공화국의 군사력은 모두 용병에 의존하였기 때문에 자국을 보호할 힘이 없었다. 마키아벨리는 공화국 자위력 확보를 위한 징병정책을 추진하였다. 피렌체 공화국의 도시민과 농민을 전시때 병사로 모병하는 제도였다. 1509년 피렌체 공화국의 최초의 정규군은 피사를 점령하였다. 1512년 이탈리아에 남아 있던 스페인 패잔병을 앞세운 메디치가(家)가 프라토를 공격해오자 마키아벨리의 국민군은 패배하였다. 그해 8월 피렌체로 공격해오자 피렌체공화국의 대통령은 달아나고 국민군은 싸움 한번 하지 않고 항복하였다. 피렌체로 복귀한 메디치가(家)는 공화제를 유지하였지만 실질적인 지배를 하는 참주제를 시행하였다. 11월 마키아벨리는 체포된 후 관직에서 물러났으며, 1년간 피렌체시(市)에서 추방되었다. 1513년 2월 반메디치 음모에 가담하였다가 체포되어 지하감옥에 감금되었으며 그해 3월 조반니 데 메디치 추기경이 교황으로 선출되자 사면되어 석방되었다. 이후 마키아벨리는 반메디치세력으로 분류되어 메디치가(家)의 의심을 계속받았으며 피렌체를 떠나 교외에 머물며 빈곤과 실의 속에서 시간을 보내게 된다. 서기관에서 물러난 후 그의 절친한 친구였던 프란체스코 베트리와 편지를 주고 받으면서 군주론을 집필하게 된다. 그가 집필한 『군주론 Il principe』(1514)에서 권력은 어떻게 획득하고, 유지할 것인지 그 방법과 수단을 열거하였으며 정치 권력을 차지하기 위해서는 수단과 방법을 가리지 말아야 한다고 주장하였다. 이 책은 군주의 자세를 논하는 형태로서 정치는 도덕으로부터 구별된 고유의 영역임을 주장하였고, 더 나아가 프랑스 및 스페인 등 강대국과 대항하여 강력한 군주 밑에서 이탈리아가 통일되어야 한다고 호소하였다. 『군주론 Il principe』은 그의 대표작으로 마키아벨리즘이란 용어가 생기게 되었다. 이 책은 메디치의 젊은 공자 로렌초에게 헌정하여 공화국 서기관으로 다시 복직되기를 희망하였다. 하지만 로렌초는 마키아벨리의 저서에 별관심이 없었다. 이후 마키아벨리는 『정략론』(1517)을 저술하였으며, 이 저서는 피렌체의 젊은 공자였던 자노비 본델몬티와 코시모 루첼라이에게 헌정되었다.

제2절 | 홉스(Thomas Hobbes)

1 의의

홉스의 사상은 오늘날 국제정치 현실주의 전통의 정초를 형성한 것으로 평가되고 있다. 이기적이고 권력지향적 인간, 국제정치에서 국가중심주의, 권력정치로서의 국제정치, 국가의 통합성, 강한 국가 등의 현실주의 기본 가정들은 홉스에서 비롯되고 있다. 홉스의 가정과 명제는 고전적 현실주의에 가장 강력한 영향을 주었다고 볼 수 있으나, 무정부성을 강조하는 신현실주의나 최근 발전하고 있는 신고전현실주의와도 연관된다.

2 주요 사상

1. 홉스의 인간관

(1) 욕망(passion)의 주체

홉스의 인간관에서 가장 중요한 사항 중 첫 번째는 인간의 본성 중에서도 특히 인간이 가진 강력한 욕망을 강조하였다는 점이다. 홉스에 따르면 인간은 태어나서 죽을 때까지 무엇인가를 바라고 그것을 추구하는 동물이다. 인간이 바라는 대상들이 서로 다르고 변한다고 할지라도 인간이 가진 이러한 강력한 욕망 자체는 인간 모두에게 동일하고 불변의 것이라고 가정한다. 인간은 부, 지식뿐만 아니라 타인으로부터 인정받고자 하는 명예욕을 가지며, 죽을 때까지 이를 끝없이 추구한다. 이는 근본적으로 지금보다 더 많은 권력을 보유하지 않고서는 그가 현재 갖고 있는 것을 지킬 수 없다는 두려움에서 기인한다.

(2) 선하지도 악하지도 않은 존재

홉스는 인간을 선한 존재로도, 악한 존재로도 가정하지 않는다. 홉스와 사상적 자산을 이어받은 모겐소(Morgenthau)가 인간을 악한 존재로 보는 것과는 대비되는 점이다. 모겐소가 인간 본성의 사악함을 강조하고, 그 사악함에서 전쟁 등과 같은 국제정치적 현상을 설명하고자 한 바와 달리 홉스는 선과 악의 구분은 인간이 원하거나 피하고자 하는 욕망의 대상들과 조건들에 부여된 명목적인 것일 뿐이라고 주장한다.

(3) 인간의 동등성

홉스는 모든 인간은 육체와 정신이라는 양 측면에서 모두 평등하다고 주장한다. 또한 이러한 신체·정신 능력의 평등성은 인간들 사이의 기대치의 평등을 발생시킨다고 하였다. 그러나 이러한 기대치의 평등에도 불구하고 목표를 실현시킬 수단이나 재화는 한정되어 있기 때문에 서로 충돌을 일으키며, 인간들 사이에 불신이 발생하게 된다고 본다.

2. 전쟁상태로서의 자연상태

동일한 욕망을 가지고 있는 개인이 자연 상태에 놓이게 되는 경우, 즉 욕망을 규제할 수 있는 제도가 없는 상태하에 놓이는 경우 필연적으로 다른 개인과 투쟁에 직면하게 된다. 홉스는 이러한 전쟁상태에서의 투쟁의 원인을 크게 경쟁(competition), 명예욕(glory), 상호불신(diffidence)으로 지목한다. 자신의 보존을 위해 필요한 모든 것을 할 수 있는 자연권의 행사는 모든 인간을 심각한 갈등상황으로 몰아넣는다. 예를 들어, 자연상태에서 인간은 가축을 얻고, 인간을 서로 노예로 만들기 위해서 경쟁할 것이다. 또한, 자연상태에서 인간은 서로에 대한 공포심 때문에 어느 누구도 자신의 생존과 안전에 대해서 안심할 수 없다. 이와 같이 상호불신, 경쟁, 명예욕으로 인하여 자연상태는 필연적으로 '전쟁상태(a state of war)'라고 할 수 있으며, 더 나아가 '만인의 만인에 대한 투쟁(all against all)'을 의미한다.

3. 자연법과 주권체의 성립

홉스는 위와 같은 갈등에도 불구하고 이러한 상황을 타개할 수 있는 인간의 가능성을 열어둔다. 홉스는 이성적인 존재로서 인간은 만인에 대한 만인의 투쟁상황이 서로에게 자신의 이익을 실현하는 데 큰 도움이 되지 않는다는 것을 깨닫게 된다고 주장한다. 인간은 이성을 통해 평화는 좋은 것이며, 평화를 이루기 위한 수단 역시 선(善)이라는 것을 깨닫는다. 인간은 이성에 의해 포착되는 자연법의 도움을 받아, 자연상태하에서 생명의 보호를 위해 모든 수단의 동원이 허용되는 자연권(right of nature)을 포기하고, 죽음의 공포로부터 벗어나기 위해 사회계약을 체결한다. 이러한 사회계약의 체결은 공통된 권위체의 성립으로 이어진다. 홉스는 그러한 권위체를 '리바이어던(Leviathan)'이라고 하였다.

4. 국제정치관

(1) 전쟁상태로서의 자연상태

홉스는 국제체제에서 국가들 간 관계를 한 국가 안의 개인들이 가지는 관계와 관련시켜 설명하였다. 자연상태에서의 개인들의 관계는 한 국가가 다른 국가와 맺는 관계와 비슷하다고 본다. 자연상태에서 국가가 성립되고 개인들의 권력추구적인 성향은 국가의 행동의 원천이 된다. 따라서 국가는 타 국가를 지배하려는 성향을 나타내게 된다. 홉스는 국가는 스스로의 안보를 위해 침략의 위험과 공포 또는 그러한 침략자에 대한 원조를 막는다는 주장하에 자신의 지배영역을 늘리려 하고, 최대한으로 노력을 하여 자신의 이웃 국가를 정복하고 약화시키려 한다고 본다. 홉스의 국제정치관은 권력을 위한 투쟁과 정복을 핵심으로 한다.

(2) 주권체의 성립 불가

홉스는 국내체제와 달리 국제체제에서는 국가들의 합의에 기초한 주권체 형성이 불가능하다고 본다. 왜냐하면 국가들 간의 안보 불안이 반드시 개인의 불안으로 연결되는 것은 아니기 때문이다. 국가들 사이에 무력분쟁이나 적대적인 행동이 발생하지 않는 이상 국가 내에 있는 개인들은 상대적으로 안전하다. 국내적 차원에서의 자연상태와 달리 국가들은 갑작스러운 죽음을 당하지도, 평등하지도 않을 뿐만 아니라 무분별한 자유권 사용이 불가능하다. 홉스는 대외적 자연상태는 대내적 자연상태보다는 덜 비참하므로 세계정부와 같은 궁극적 권위체의 등장에 대해서는 회의적인 입장을 보였다.

3 홉스의 국제정치관과 국제정치 현실주의 패러다임

홉스의 이론은 모겐소(Morgenthau)를 중심으로 하는 고전적 현실주의 국제정치이론의 이론적 근거를 제공한다. 홉스의 국제정치관은 인간 본성의 중요한 특질인 소유욕, 권력욕, 명예욕, 상호불신에 대한 분석을 통하여 만인의 만인에 대한 전쟁상태인 대내적 자연상태가 성립되는 것을 보여준다. 홉스의 인간관은 모겐소를 비롯한 고전적 현실주의자들에 의해 계승되고 있으며, 이들은 국제정치가 권력정치의 양상을 띠는 근본적 이유는 인간과 마찬가지로 국가의 속성이 권력의 극대화를 추구하기 때문이라고 본다. 그러나 국내정치체제와 달리 리바이어던이 형성되지 않았으므로 권력정치를 통제하는 것이 어렵고, 세력균형에 의해 부분적으로 생존을 유지할 수 있을 따름이라고 본다.

> **참고**
>
> **홉스의 생애(Thomas Hobbes, 1588년 4월 5일 ~ 1679년 12월 4일)**
> 토마스 홉스는 1588년 4월 5일 영국 서남부 윌트셔(Wiltshire) 주 맘스베리(Malmesbury) 근처의 웨스트포트(Westport)에서 태어났다. 마을의 목사인 토마스 홉스의 부인은 스페인 무적함대가 침공한다는 소문에 놀라서 임신 7개월 만에 조산을 하였다. 이 칠삭둥이가 훗날 '맘스베리의 토마스 홉스'라는 필명으로 서양 근대철학사와 세계 정치사상사에 큰 영향을 남기게 되는 철학자가 되었다. 홉스는 삼촌 프란시스 홉스의 도움으로 교육을 받을 수 있었다. 1603년 홉스는 옥스퍼드 맥달렌 홀(Magdalen Hall)에 입학하여 1608년 2월에 동 대학을 졸업한다. 젊은 홉스는 당시 아리스토텔레스와 스콜라철학이 주를 이루는 대학 교과과정에 별다른 흥미를 느끼지 못한 것으로 알려져 있다. 대학을 졸업하면서 홉스는 학교장 존 윌킨슨(John Wilkinson)의 추천으로 윌리엄 카벤디쉬(William Cavendish) 귀족 가문의 가정교사로서 일자리를 얻게 된다. 이때부터 시작된 홉스와 카벤디쉬 가문의 인연은 몇 년의 공백기를 제외하곤 그가 죽을 때까지 계속된다.
> 1614년 홉스는 자신의 제자인 윌리엄과 대륙으로 여행을 떠난다. 홉스는 그의 첫 번째 대륙 여행에서 주로 프랑스와 이탈리아의 여러 도시를 방문했으며 독일에도 머물렀다. 1615년 유럽 여행에서 돌아온 홉스는 주로 소설과 희곡, 역사서를 읽으며 소일했으며 후에 영역 출판할 투키디데스의 『펠로폰네소스 전쟁사』도 이때의 독서 중 준비되었던 것이다. 1613년에서 1622년까지 홉스는 프란시스 베이컨(Francis Bacon)의 개인 비서로 일한 것으로 알려져 있다. 1629년 투키디데스의 『펠로폰네소스 전쟁사』의 영역이 출판된 같은 해에 홉스는 게바스 클리프톤 경의 아들과 함께 그의 두 번째 유럽 여행을 떠난다.

1640년 5월 5일 의회가 해산되는 등 영국의 정치적 상황이 악화되고 시민전쟁이 일어나기 직전의 위기감이 고조되던 중 홉스의 최초의 정치론인 『법의 기초』가 초고 형태로 회람된다. 이해 가을 장기 의회(Long Parliament)가 결성되자 신변의 위협을 느낀 홉스는 그의 마지막 대륙 여행을 떠난다. 1641년 11월 1일자로 『시민론』이 디본셔 공작에게 헌정된다. 1642년 영국 시민전쟁이 시작되고, 파리에서 원 제목이 <Elementorum Philosophiae Sectio Tertia De Cive>였던 『시민론』이 출판되었다.

1645년 존 브럼홀(John Bramhall) 감독을 만나 '의지와 자유', '자유와 필연'의 문제로 철학적 논쟁을 시작하게 되는데, 이 논쟁은 1668년까지 계속되게 된다. 1647년 후에 찰스 2세가 될 웨일즈의 황태자(Prince of Wales)의 수학 교사로 지명된다. 8월에 중병을 앓기 시작하였고 병은 6주 동안 지속되었다. 중태에 빠진 홉스는 가톨릭으로 개종할 것을 권유하는 메르센느의 청을 거부하고 성공회 신자(Anglican)로 남은 채 죽게 된다.

제3절 | 루소(Jean Jacques Rousseau)

1 서설

장 자크 루소(Jean-Jacques Rousseau, 1712~1778)는 18세기 프랑스 계몽주의 시대를 대표하는 사상가이자 철학자, 사회비평가이다. 그는 인간의 본성을 본래 선하지만 사회와 문명이 이를 타락시킨다고 보았으며, 자유, 평등, 자율성을 중심 가치로 삼았다. 장 자크 루소는 국제정치에 대해 비판적 현실주의적 시각을 취했으며, 특히 국제사회에서는 정의와 도덕이 실현되기 어렵다고 보았다. 그는 국제정치가 무정부 상태(anarchy) 속에 있기 때문에, 각 국가는 자국의 생존과 이익을 위해 행동할 수밖에 없는 구조적 제약 아래 있다고 판단했다. 이 점에서 루소는 국제정치를 전쟁 상태와 유사한 자연상태로 보았으며, 개인 간 관계에서는 도덕과 자유가 가능해도, 국가 간 관계에서는 힘과 경쟁이 지배한다고 보았다.

2 루소의 주요 저작

1. 『사회계약론』(1762)

루소는 『사회계약론』에서 정당한 정치 권력은 국민 전체의 일반의지(volonté générale)에 기초해야 한다고 주장한다. 그는 인간이 자연 상태에서는 자유롭고 평등했지만, 사유재산과 사회제도의 발전으로 불평등과 예속이 생겼다고 본다. 이에 대한 해결책으로 개인들이 모두 자신의 권리를 공동체에 양도하고, 일반의지에 따르는 계약적 공동체를 제안한다. 일반의지는 단순한 다수결이 아니라 공공선에 대한 집합적 의지이며, 이에 복종하는 것이 진정한 자유라고 본다. 이 체제 아래에서 주권은 불가양하며, 대표제 민주주의보다는 시민들의 직접 참여를 강조한다. 루소는 자유는 "자신이 만든 법에 복종할 때 실현된다"고 보았다.

2. 『인간불평등기원론』(1755)

루소는 이 책에서 인간 사회에서의 불평등이 자연적인 것이 아니라 사회적 산물이라고 주장한다. 그는 자연 상태의 인간은 고립되어 있지만 평화롭고 자족적인 존재였다고 본다. 그러나 사유재산의 도입과 사회 조직의 형성이 인간들 사이에 도덕적 불평등을 낳았다고 설명한다. 즉, 물리적 차이가 아닌, 재산, 권력, 지위 등의 차이가 사회적 불평등의 근원이 되었다는 것이다. 그는 특히 불평등이 강자와 약자 간의 권력관계를 정당화하고 제도화하는 방식으로 고착되었다고 비판한다. 이는 근대 시민사회와 계급 구조에 대한 급진적 비판이었으며, 뒤에 마르크스주의 이론의 일부 단초를 제공하기도 했다. 루소는 인간 본성에 대한 낙관적 시각과 사회제도에 대한 비판을 동시에 드러낸다.

3. 『에밀』(1762)

『에밀』은 루소가 제시한 자연주의 교육론의 결정판이다. 그는 인간은 선하게 태어나지만, 사회가 타락시키므로 교육은 자연 상태의 순수성을 유지하는 방향으로 이루어져야 한다고 본다. 책은 가상의 아이 '에밀'을 성장단계에 따라 어떻게 교육시킬지를 설명하는 형식으로 서술되어 있다. 루소는 아동 중심 교육, 감성의 중시, 자율성과 경험 중심의 학습을 강조하며, 강요나 체벌이 아닌 자연의 흐름에 따른 발달을 주장한다. 그는 도덕 교육과 사회화를 청소년기 이후로 미루고, 어린 시절에는 자연과 직접 접하며 인간 본성을 기르는 것이 중요하다고 본다.

3 루소의 주요 주장

1. 인간관

루소의 인간관에 따르면 인간은 완전한 자유를 향유하는 자연상태에서의 인간과 사회적 제약 속에서 이기적으로 타락한 인간으로 나눌 수 있다. 루소의 사상은 행복의 가장 핵심적 원천인 존재감을 상실한 사회인을 구원하기 위해 '자연으로 돌아가자'는 것으로부터 시작한다. 이는 사회상태를 타파하고 원시시대로 돌아가거나 자연적인 환경으로 돌아가자는 말이 아니라, 자연인이 지녔던 자연적인 선함과 행복을 양심의 지도를 받는 올바른 이성의 도움을 빌려 현 사회에 복구하자는 것이다.

2. 국제관계에서 일반의지의 형성가능성

루소는 국제관계에서 일반의지의 형성가능성을 부정한다. 자연인과 국가 사이에는 커다란 차이가 존재하며, 국가는 계약을 통해 창조된 인위적 정치체제라는 점에서 자연인에게 적용되는 자연법이 그대로 적용되지 않게 된다. 인간을 움직이는 자연법의 두 원칙은 자기보존의 본성과 타인이 고통받는 것을 참지 못하는 동정심이다. 자연인의 생존본능은 동정심에 의해 완화되지만, 국가는 동정심을 가지고 있지 않으므로 국가 간의 생존경쟁은 치열해지며 자기편애가 생존의 유일한 원칙이 된다. 루소의 『전쟁상태』라는 책에서 자연상태와 전쟁법의 문제를 분석하면서 '전쟁상태'를 규정하고 있다. 무정부적 자연상태가 전쟁상태이며 이것이 공포와 불안을 야기한다고 하였다.

3. 전쟁과 평화에 대한 견해

(1) 생 피에르(Abbe de Saint-Pierre)의 평화사상

생 피에르는 유럽연합(European Confederation)의 성립을 통해서만 평화가 이루어질 수 있다고 주장하였다. 생 피에르는 그 밖에도 유럽의 영구평화를 위해 국제연맹, 국제재판소 설치를 제창하였다. 생 피에르는 군주들의 정당한 권위를 서로 인정하는 군주들의 선의에 입각한 단결을 통해 국제평화가 달성될 수 있다고 믿었다. 즉, 군주들의 권위를 인정하는 것을 전제로 하여 유럽연합을 주창한 것이다.

(2) 평화에 대한 루소의 견해

루소는 생 피에르가 제시한 이러한 연방체를 선호하였으나 실현가능성은 낮게 보았다. 왜냐하면 이 연방체는 다양한 시민들로 구성될 것이기 때문이다. 모든 시민이 자신의 연방을 위해 자신의 정체성과 재산을 기꺼이 포기할 것이라고 기대하기는 어렵다고 생각하였다. 루소는 하나의 연방체를 설립하는 대신 다양한 연방체를 설립하여 일종의 '평화의 섬'이라는 수단을 통해 전쟁상태에서 평화를 유지하고자 하였으며, 이러한 체제의 안정성은 기존의 역사적 환경과 세력균형의 성공 여부에 의해 좌우된다고 주장하였다.

4. 고립주의

루소는 근대의 국가들이 서로 가능한 한 독립적인 상태를 유지할 것을 주장하였다. 왜냐하면 루소는 상호의존성이 모든 분쟁의 원천이라고 보았기 때문이다. 전쟁이 발생하였을 때 루소는 그러한 침략행위를 단죄하기 위해 개입하거나 사상자의 발생을 막기 위해 동맹을 형성하는 것에 대해 반대하였다. 루소는 막강한 군사력을 사용하여 개입주의적 정책을 펴던 강대국 통치자들의 정치적 동기에 대해 강한 불신을 가지고 있었기 때문이다.

4 결론

루소는 인간 본성에 대해 낙관적이었지만, 국제정치에서는 현실주의적 입장을 취했다. 그는 국제사회가 무정부 상태에 있기 때문에 국가 간에는 신뢰와 협력이 어렵고, 각 국가는 자국의 생존과 이익을 최우선으로 추구한다고 보았다. 이러한 시각은 국제정치학의 현실주의가 말하는 안보 딜레마와 국익 중심의 외교 행태와 유사하다. 루소는 국제적 평화가 가능하려면 세력균형과 같은 현실적 조건이 갖춰져야 한다고 보았으며, 힘의 균형 없이는 도덕이나 정의도 작동하지 않는다고 판단했다. 그는 개인 간 관계에서는 자유와 도덕이 실현될 수 있지만, 국가 간 관계는 끊임없는 경계와 경쟁의 장이라고 보았다. 이처럼 루소는 도덕적 이상을 인정하면서도, 국제정치의 냉혹한 현실을 인정한 점에서 현실주의 이론의 선구적 성격을 가진다.

루소의 생애(Jean Jacques Rousseau, 1712년 ~ 1778년)

루소는 1712년 스위스 제네바 공화국에서 출생하였다. 아버지는 가난한 시계 제조업자이고 어머니는 시계 제조업자의 딸이었다. 어머니가 루소를 낳다가 죽자 아버지에 의해 양육되었다. 10세 때는 아버지마저 집을 나가 숙부에게 맡겨졌으며, 공작소 주인의 심부름 등을 하면서 소년기를 보냈다. 상상력이 풍부했던 루소에게 도제생활은 하나의 감옥이었고, 루소는 드디어 1728년 16세 때 제네바를 떠나 청년기를 방랑생활로 보냈다. 이 기간에 바랑 남작부인을 만나 모자 간의 사랑과 이성 간의 사랑이 기묘하게 뒤섞인 것 같은 관계를 맺고, 집사로 일하면서 공부할 기회를 얻었다. 그는 이 10여 년간의 독학을 통해 지식을 습득하고 축적하는 데 매진한다. 1742년 파리로 나와 디드로 등과 친교를 맺고, 진행 중인 『백과전서』의 간행에도 협력하였다.

그러던 중 그의 생애에서 중요한 변화를 가져다 줄 일이 생긴다. 우연히 본 잡지의 디종 아카데미가 내건 현상 논문의 제목에서 섬광과 같은 영감을 받고 응모하게 된다. 현상 공모의 제목은 『학문과 예술의 부흥은 도덕적 순화에 기여했는가?』였다. 1749년 디종의 아카데미 현상 논문에 당선된 『학문 및 예술에 관한 논고』를 출판하여 루소는 사상가로서 인정받게 된다. 그 후에 나온 그의 두 번째 주요 저작인 『인간불평등기원론』(1755) 역시 1753년에 공모한 현상논문으로 제출하기 위해 썼지만 이미 당대 명망 있는 철학자인 그가 수상을 목표로 해서 썼다기보다는 현상주제에서 받은 영감을 표현하기 위해 썼다고 봐야 할 것이다. 이제 자신의 독자적인 입장을 지닌 루소는 『정치 경제론』(1755), 『언어기원론』(사후 간행) 등을 쓰면서 디드로를 비롯하여 진보를 기치로 내세우는 백과전서파 철학자나 볼테르 등과 다른 독자적인 길을 가게 된다. 특히 『달랑베르에게 보내는 연극에 관한 편지』(1758) 이후 디드로와의 사이는 절교상태가 되었고, 두 사람은 극한적으로 대립하게 되었다. 서간체 연애소설 『신(新) 엘로이즈』(1761), 인간의 자유와 평등을 논한 『사회계약론』(1762), 소설 형식의 교육론 『에밀』(1762) 등의 대작을 차례로 출판했다. 이들 각각은 연애소설, 정치이론서, 교육이론서라 볼 수 있다.

그러나 당대의 철학자로서 확고한 명성을 얻은 루소는 『에밀』에 쓰여진 종교적 내용 때문에 고난을 겪게 된다. 파리 대학 신학부가 이를 고발, 파리 고등법원은 루소에 대하여 유죄를 논고함과 동시에 체포령을 내려 루소는 스위스·영국 등으로 도피하였다. 영국에서는 흄과 격렬한 논쟁을 벌이고 이후 프랑스로 돌아와 각지를 전전하게 된다. 이때 자기변론적인 전기 『고백록』을 집필한다. 1768년에는 1745년 이래 함께 지내온 테레즈 르바쇠르와 정식으로 결혼하였으며 1770년 다시 프랑스에 정착하게 되고 그 후 『루소, 장자크를 재판한다』, 『고독한 산책자의 몽상』 등 자기고백적인 작품을 주로 집필한다. 『고독한 산책자의 몽상』을 집필하는 중 1778년 파리 북쪽 에르므농빌에서 사망한다. 그가 죽은 지 11년 후에 프랑스 혁명이 일어났는데, 그의 자유민권 사상은 혁명지도자들의 사상적 지주가 되었다. 1794년 사람들에 의해 유해가 파리의 팡테옹으로 이장되어 볼테르와 나란히 묻힌다.

제4절 | 투키디데스(Thucydides)

1 인간본성론

투키디데스는 인간은 본성적으로 악하며 공격적이라고 보았다. 사악한 인간의 본성은 법이나 제도, 그리고 문화 등에 의해 잠시 억제될 수 있으나 문화와 문명의 외피가 벗겨지면 본색을 드러낸다고 보았다. 이러한 인간의 본성은 시공간을 초월한 보편적 사실이라고 하였다. 투키디데스는 인간 본성이 변하지 않는 한 같은 일이 되풀이될 것이라고 보았다. 그는 평화가 아닌 전쟁이 인간의 조건이며, 참혹한 전쟁은 영원히 반복될 수 있다고 우려하였다. 그러나 투키디데스는 인간이 전쟁으로부터 교훈을 얻으면 사악한 본성에 끌려 참극을 피할 수 있을 것으로 생각했다. 그는 전쟁이 폭력적인 교사라고 하였다.

2 전쟁의 원인

투키디데스는 전쟁의 원인이 공포(fear)이며, 그러한 공포는 잠재적 적의 급속한 국력 신장에 의해 야기되는 것이라고 하였다. 적의 급성장과 공포가 국가 간 관계 또는 국제정치체제에 부과하는 구조적 스트레스는 전쟁을 불가피하게 만든다고 하였다.

3 펠로폰네소스 전쟁사

1. 스파르타의 대외정책

기원전 6세기부터 주변의 약소 도시국가들을 보호하는 군사적 주체이자 펠로폰네소스 동맹의 맹주였던 라케다이몬인들의 스파르타는 페르시아가 그리스를 침공하여 전쟁(BC492~448)이 발발하자 전 그리스를 결집시키며 승리를 이끌었다. 그러나 전후 스파르타는 전 그리스를 포괄하는 헬레나동맹을 유지하지 못하고 원래 회원국들로만 구성된 펠로폰네소스 동맹만을 이끌게 되었다.

2. 아테네의 부상

아테네는 스파르타의 힘이 약화되면서 생긴 공백을 메우고자 하였다. 테미스토클레스는 스파르타의 공개적 반대에도 불구하고 아테네에서 피레우스 항구까지 연결되는 성벽을 건설하고 해군력 강화에 나섰다. 페리클레스는 스파르타의 동맹국이었던 메가라를 포함하는 델로스동맹을 결성하고(BC 478), 군사력 증강에 나섰으며, 재원 조달을 위해 해상무역 및 조공체계를 강화하였다. 이 무렵 아테네는 명실공히 제국이 되어 에게해와 지중해를 지배할 수 있는 위치에 오르게 되었다. 아테네는 동맹국들을 식민지로 취급하였고 동맹을 탈퇴하려는 회원국들에게 무력으로 위협하여 동맹에 머물게하였다.

3. 스파르타와 아테네의 관계

아테네의 부상에 대해 스파르타 내에서는 공포가 일기 시작했다. 양국은 30년 동안 크고 작은 전투행위를 지속하다 B.C.445년에 정전협정을 체결하였다. 이후 아테네는 당시 3대 해군국인 코르키라와 상호방위조약을 체결하였고, 이는 스파르타의 동맹국인 코린토스를 위협하였다. 이에 스파르타는 아테네가 정전협정을 위반하였다고 항의하였으나 아테네가 이를 무시하자 정전협정을 폐기하였다. B.C.431년 스파르타의 동맹국 테베와 아테네의 동맹국 플라타에아 간 무력갈등이 발생했고, 플라타에아가 승리했다. 아테네 제국의 부상에 위협을 느낀 스파르타는 더 늦기 전에 일전이 불가피하다고 판단하게 되었다.

4. 멜로스 대화

전쟁 중 아테네는 멜로스 장악을 시도하였다. 멜로스는 스파르타에 우호적이었으나 전쟁에서는 중립을 선언했다. 아테네는 B.C.416년 군대를 보내 항복하고 조공을 바칠 것을 요구하였다. 투키디데스는 아테네 사절단과 멜로스 정부 요인 간 회담을 대화형식으로 표현하면서 현실주의 관점을 피력하였다. 실제에서 멜로스는 항전을 결의하였으나 내부 배신자가 나와 결국 아테네에 항복했다. 멜로스의 대화에서 투키디데스는 정치와 도덕의 분리, 약육강식, 생존을 위한 중립 불가, 국가주권의 불가침성, 국가의 패권추구 등 현실주의 사상을 피력하였다.

제2장 자유주의 전통

출제 포커스 및 학습방향

본 장은 자유주의 원류를 형성하고 있는 존 로크와 임마누엘 칸트에 대해 기술하고 있다. 존 로크의 자유주의와 작은 정부사상은 오늘날 세계화의 흐름에서 정신적 지주 역할을 하고 있는 신자유주의 사상으로 계승되어 국제질서 및 국내정치질서의 주류를 형성하고 있다. 칸트의 영구평화론은 실제로 빈번하게 출제될 뿐 아니라 오늘날 자유주의의 삼대 조류를 형성하고 있는 상업적 자유주의, 제도적 자유주의 및 공화적 자유주의의 원류를 형성하고 있어 매우 중요하게 평가되고 있다. 특히 민주평화론 사상은 칸트의 영구평화론을 이론적으로 정교화하여 계승하고 있어 시험에서도 자주 출제되고 있다.

제1절 존 로크(John Locke)

1 서설

존 로크의 자유주의 사상은 오늘날 국내정치체제 및 국제정치경제체제의 근간을 형성하고 있는 자유주의 또는 신자유주의의 사상적 기초를 형성하고 있다. 로크는 홉스와 달리 인간과 자연상태에 대해 낙관적 입장을 가지고 있었으며, 자연상태 역시 무질서한 방종의 상태가 아니라 자연법에 의해 지배를 받는 상태로 규정하였다. 개인은 자신의 자유의지에 의해 사회계약을 체결하여 자신의 권한을 사회나 정부에 위임함으로써 자신의 자유를 더욱 보장하고자 하였다.

2 자연상태와 자연법

1. 자연상태

로크에게 자연상태란 '완전한 자유의 상태'인데, 이때 자유권이란 '사람들이 타인의 허락을 구하거나 그의 의지에 구애받지 않고 자연법의 테두리 안에서 스스로 적당하다고 생각하는 바에 따라 자신의 행동을 규율하고 자신의 소유물과 인신을 처분할 수 있는 권리'를 의미한다. 로크가 상정하는 자연상태는 이처럼 모든 인간이 자유롭고 평등하게 존재하는 상태이다. 로크가 말하는 평등의 상태로서의 자연상태는 전쟁상태가 아니라는 점에서 홉스의 자연상태와도 다르다.

2. 자연법

로크는 자연상태에서 인간의 자유가 '자연법'의 구속하에 있다고 규정하며 이런 의미에서 자연상태는 '자유의 상태'이지 '방종의 상태'는 아니라고 주장한다. 자연법은 보편적이고 초월적인 신의 뜻으로서 신이 각 개인에게 부여한 '이성'을 통해 감지되는 법이다. 자연법은 이성의 법이며, 계약의 결과로서 수립되는 국가는 실정법의 형태로 이성이 지배하는 국가이다. 로크는 공동체 구성원의 동의에 의해 설립된 입법부가 제정한 법률에 복종하는 일이 구성원 개인의 자유에 반(反)하지 않는다고 본다.

3 사회계약

1. 사회계약의 체결이유

로크는 각 개인이 자유로운 존재로 태어났다는 가정과 그럼에도 불구하고 개인들이 지배·복종 관계를 경험하지 않을 수 없다는 현실 정치 사이의 딜레마를 '사회계약'과 '신탁으로서의 정치권력'이라는 장치를 통해 해결하고자 한다. 자연상태에서는 각 개인의 재산 및 권리 향유가 안전하고 확실하지 못하다는 결함이 있고, 이로 인해 사람들은 자연상태를 벗어나 정치사회를 결성하기로 계약을 맺게 된다. 합법적인 정부의 출범은 재산권의 보호를 목적으로 한다.

2. 홉스의 입장과 차이

로크에게 공동체는 홉스의 '리바이어던'처럼 계약과 무관한 제3자가 아니라 계약 당사자들의 집단이다. 구성원 개인의 동의와 위임에서 기원하는 공동체 내의 입법권자 및 집행권자는 무소불위의 권한을 행사하는 지배자이기보다 계약의 직접적인 구속을 받으며 맡겨진 책임과 의무를 다해야 하는 일종의 청지기이다. 즉, 계약 이후에도 로크의 개인은 평등한 지위와 자유를 잃지 않으며, 현실적으로 나타나는 지배·복종의 관계도 위계적이라기보다 수평적이다. 그러나 홉스의 리바이어던은 국민과 지배·복종의 위계적 관계를 형성한다고 보는 점에서 로크와는 구별된다.

4 국가의 목적과 한계

1. 국가의 목적

로크에 따르면, 자연상태의 개인들이 공동체를 결성하고 스스로를 정부의 지배하에 두려는 가장 크고 주된 목적은 자신의 재산을 보존하기 위함이다. 사회계약의 결과로 수립되는 국가의 목적은 계약의 동기 및 목적에 종속되지 않을 수 없는데, 결국 로크에게서 국가의 임무는 공동체 구성원들이 국가 발생 이전부터 가지고 있던 자연권을 안전하게 보장하는 것이다.

2. 작은 국가

홉스(Hobbes)와 달리 로크의 경우 국가의 역할은 제한적으로 인정된다. 만약 국가가 재산권을 함부로 침해한다면 국가 또는 정부의 성립의 정당성은 사라지게 될 것이다. 결국 공적인 영역을 최소화해서 국가는 최소한의 역할을 수행하도록 요구된다.

5 신자유주의와 로크의 자유주의

1. 신자유주의의 등장배경

자유주의의 사상적 전통은 1970년대에 등장한 신자유주의이론의 사상적 근간을 이룬다. 케인스의 수정자본주의적 경제정책의 요체는 정부가 시장에 적극적으로 개입하여 소득평준화와 완전고용을 이룸으로써 복지국가를 지향하는 것이다. 케인스의 이론은 이른바 '자본주의의 황금기'와 함께 하였으나, 1970년대 이후 세계적인 불황이 다가오면서 이에 대한 반론이 제기되었다. 장기적인 스태그플레이션은 케인스의 이론에 기반을 둔 경제정책이 실패한 결과라고 지적하며 신자유주의이론이 대두된다.

2. 신자유주의의 기본 입장

시카고학파로 대표되는 신자유주의자들의 주장은 닉슨 행정부의 경제정책에 반영되었고, 이른바 레이거노믹스의 근간이 되었다. 신자유주의는 자유시장과 규제 완화, 재산권을 중시한다. 곧 신자유주의론자들은 국가권력의 시장개입을 완전히 부정하지는 않지만 국가권력의 시장개입은 경제의 효율성과 형평성을 오히려 악화시킨다고 주장한다. 따라서 '준칙에 의한' 소극적인 통화정책과 국제금융의 자유화를 통하여 안정된 경제 성장에 도달하는 것을 목표로 한다. 또한 공공복지제도를 확대하는 것은 정부의 재정을 팽창시키고, 근로의욕을 감퇴시켜 이른바 '복지병'을 야기한다는 주장도 편다. 신자유주의의 도입에 따라 케인스의 이론에서의 완전고용은 노동시장의 유연화로 해체되고, 정부가 관장하거나 보조해오던 영역들이 민간에 이전되었다.

존 로크의 생애(John Locke, 1632년 ~ 1704년)

존 로크는 1632년 영국 소머셋(Somerset) 주의 링턴(Wrington) 마을에서 태어났다. 그가 태어난 작고 초라한 생가는 그의 외가였다. 로크의 아버지와 어머니는 각각 청교도적인 상인 가문 출신이었는데, 아버지 쪽은 의류업에, 어머니쪽은 제혁업에 종사해온 집안이었다. 그의 아버지는 소머셋주 치안 판사들의 법률 대리인이자 서기로서 평범한 삶을 영위하였다. 로크는 아버지의 상관이자 당시 유명한 정치가였던 포프햄(Alexander Popham)의 후원에 힘입어 웨스트민스터 학교(Westminster School)에 들어가게 되었다. 로크는 1652년에 옥스퍼드의 크라이스트 처치 칼리지(Christ-Church College)로 진학하였으며, 학위를 취득한 후에도 줄곧 연구원으로서 그곳에 머물렀다. 별다른 일이 없었다면 로크는 성직자의 길을 걸으며 안정되고 존경받는 삶을 살 수 있었을 것이다. 그러나 로크는 의학에 관심을 가지고 여기에 매달리게 되었는데 이것이 그의 운명을 근본적으로 바꾸는 계기가 되었다.

옥스퍼드에서 로크는 히브리어 및 아랍어 문헌을 포함하여 고전을 두루 섭렵할 수 있었으며, 의학 공부를 통해서는 인간들이 어떻게 자연계에 대하여 알게 되는가에 대한 과학적이고 실험적인 경험을 하게 되었다. 로크는 시민행정관이 가진 권위는 시민사회, 나아가 정부의 필요성을 명시하는 자연법과 이성에 기초하고 있다고 생각하였으며, 따라서 그 후 몇 년 동안 자연법 자체의 성격과 인간이 어떻게 하여 자연법에 대한 지식을 습득하는가라는 문제의 연구에 몰두하였다.

1667년 개업 외과의가 되었던 로크에게 1년 후 그의 운명을 바꾸는 일이 있었는데, 그것은 바로 화농성 간 종양으로 몸져 누워있던 애슐리 경(Lord Ashley)의 외과 수술을 집도하였던 일이다. 이 수술은 성공확률이 매우 낮은 것이었음에도 로크는 이를 훌륭히 완수하여 애슐리 경의 생명을 구하였다. 수술을 계기로 로크는 애슐리가의 고문 의사직을 제의받았고, 이를 수락하여 런던에 있는 애슐리 저택으로 거처를 옮겼다. 이로 인해 로크는 정계의 중심부와 직접적인 접촉을 가지게 되었다. 왜냐하면 그는 곧 애슐리가에서 의사 이상의 직분을 떠맡게 되었고, 애슐리 경이 관여하고 있던 많은 정치적 활동에 관해 조언을 하게 되었기 때문이다. 이후 새프츠베리는 찰스 2세의 서자인 몬머스(Monmouth) 공을 옹립하려는 혁명을 시도하였고, 이 권력투쟁에서 찰스 2세가 승리하자 새프츠베리를 포함한 반대자들은 네덜란드로 피신해야 했는데, 그는 그곳에서 1683년 1월에 세상을 떠났다. 로크의 초기 전기작가들은 새프츠베리의 음모에 로크가 직접적으로 관련되지는 않았다고 본다. 그러나 실제로 그는 반란과 혁명에 상당히 깊숙이 개입하고 있었으며, 후일『통치론』으로 출판된 저작도 원래는 새프츠베리의 계획을 지원하기 위해 그 당시에 구상, 집필된 것으로 추정되고 있다. 여하튼 세상에 널리 알려진 그와 새프츠베리 간의 인간적·정치적 교분으로 부담을 느낀 로크는 1683년 9월에 로테르담으로 피신하였다. 그의 이러한 행동은 자신이 유죄임을 시인한 것으로 받아들여졌으며, 1684년 11월에 크라이스트 처치 칼리지는 정부의 명령에 따라 그의 직위를 박탈하였다. 이듬해 몬머스 공의 반란이 진압된 후, 로크도 그 음모에 개입한 혐의로 기소되었다. 나중에 사면령이 내려진 후에도 로크는 계속 네덜란드에 남아있기로 결심하였으며, 1688년 명예혁명이 성공하여 윌리엄(William) 공이 영국에 입성하고 찰스 2세가 영국을 탈출하고 난 뒤인 1689년 2월 메리(Mary) 공주를 호송하는 배에 동승하여 귀국할 때까지 그곳에 줄곧 머물렀다.

영국에 귀국한 후 로크는 1689년에 익명으로『통치론』을 그리고 자신의 이름으로『인간지성에 관한 시론』을 출판하였다. 그러나 로크 자신이 애써 숨기려고 하였음에도 불구하고『통치론』의 저자가 로크일 것이라는 추측은 공공연한 비밀이 되었다. 그전에 아무 것도 출판한 적이 없으며 새프츠베리의 비서로서 일개 사인(私人)으로 남아 있던 로크는 서양 철학사에 한 획을 긋는『인간 지성에 관한 시론』을 비롯한 일련의 저작들의 출판과 더불어 명예혁명의 성공으로 인해 친한 친구들이 정계의 고위직에 취임함에 따라 마침내 57세 이르러 '영광된 만년'을 맞이하게 되었다. 로크는 여러 가지 주요 공직을 제의받았으나, 물품세에 관한 이의신청 심사관, 무역 및 플랜테이션 위원회의 감독관을 잠시 맡은 것을 제외하고는 건강상의 이유로 모두 거절하였다. 그는 에식스주 하이 레버 근처의 오츠(Oates)에 있는 친구 마샴(Masham) 부처의 저택으로 은퇴하여, 그곳에서 1704년 72세의 나이로 세상을 떠났다.

제2절 | 칸트(Immanuel Kant)

1 서설

칸트는 그의 '영구평화론'으로 잘 알려져 있다. 국가들이 공화정을 정치체제로 선택하여 재량적 무력사용을 상호 견제하고, 국제법에 의한 지배를 실현하며, 나아가 세계시민들의 자유권이 보장되는 체제를 형성함으로써 항구적 평화가 가능하다고 하였다. 그의 사상은 자유주의 국제정치사상의 원류를 형성하여 집단안보론, 상호의존론, 민주평화론, 신자유제도주의 등으로 계승되어 오고 있다. 또한, 그의 사상은 현실 국제정치에도 반영되어 국제연맹이나 국제연합이 창설되고, 국가 간 교역이 활성화되고 있으며, 민주정치체제로 전환하였거나 전환을 추구하는 국가가 증가하고 있다.

2 자연상태와 사회계약

1. 의의

칸트의 사회철학은 계몽주의를 옹호하고 그중에서도 자유의 개념을 완성하기 위해 저술되었다. 그의 업적은 자연법과 사회계약의 전통 속에 있으며, 칸트는 모든 합리적 존재는 천부인권적인 자유를 향유하며, 그러한 자유를 현실적으로 보장하기 위해 사회계약이라는 기제를 통해 시민적 상태로 들어가야 할 의무가 있다고 주장하였다. 칸트는 이러한 국내정치사상을 국제정치에 똑같이 적용하였으며 이는 궁극적으로 세계연맹과 세계시민사상으로 귀결된다.

2. 자연상태(natural state)

칸트는 국제관계에서는 국제제도가 불비되어 있기 때문에, 국가들은 국내상태와 마찬가지로 다른 국가들과의 관계에 있어 자연상태에 놓여있다고 보았다. 따라서 칸트는 각 개인이 자연상태에서 생존을 두고 서로 전쟁상태에 놓인 것처럼, 국가들 역시 서로 전쟁상태에 있는 것으로 보았다. 칸트에 의하면 국가들은 특정 연합체(union)가 생성되기 전까지는 각 국가는 타 국가에 대해서 그 국가가 자국을 위협하거나 침략해오는 경우 이에 대항하여 전쟁을 수행할 권리가 있다. 그러나 어디까지나 이는 국가의 구성원인 국민의 동의에 근거할 때 가능하다. 왜냐하면 시민의 동의 없이 전쟁을 수행하는 통치자는 피통치자인 시민들을 그들의 고유한 존재 그 자체로서의 목적으로 보는 것이 아니라 재산과 마찬가지로 단순한 수단으로서 이용하는 것이기 때문이다. 따라서 인간을 그 자체로서 목적이 아닌 수단으로 전락시키는 것은 윤리적으로 허용될 수 없다.

3. 사회계약

칸트는 국가들은 자연상태에서 벗어나 국가들 간의 연합체(union)에 가입해야 할 의무가 있다고 주장한다. 이는 다른 학자들과 다른 성격을 가진다. 로크(Locke)의 세계에서 사적 주체는 재산권 보호라는 목적을 위하여 합의를 통해 자연상태를 벗어나는 사회계약을 맺는다. 또, 홉스(Hobbes)의 세계에서 개인은 생명의 위협을 느끼기 때문에 자신의 자연권을 권위체에 양보하는 급부로 안전을 보장받는다. 그러나 칸트의 경우 사회계약은 의무의 성격을 가진다. 개인은 궁극적으로 자신의 선 의지를 발현할 수 있는 자유로운 상태에 도달해야 할 의무가 있다. 이러한 의무는 국가 차원에서는 국제체제의 자연상태를 벗어나 개인의 자유를 보장하는 방향으로 나아갈 의무를 부여한다.

정언명령(定言命令)

칸트의 정언명령은 이성적 존재가 도덕적으로 행동하기 위해서는 무엇보다도 보편적 원칙에 따라 행동해야 한다고 가정한다. 구체적으로 "네 행위의 준칙이 보편 법칙이 될 수 있도록 행동해야 한다."라고 가정한다. 이는 도덕적으로 행동하기 위해 이성적 인간은 다른 사람들이 따르기를 원하는 원칙에 따라 행동해야 한다는 것을 의미한다. 칸트에게 이러한 정언명령의 가장 중요한 예는 사람이 그 자체로서 목적으로 대우받아야 한다는 원칙이다. 칸트는 모든 사람이 "자신이건 다른 사람이건 상관없이 모든 인간을 단순히 수단으로서가 아니라 목적으로 대하는 방식으로 행동해야 한다."라고 주장하였다. 이러한 관점에서 볼 때 노예제는 잘못된 것인데 이는 노예를 다른 사람의 재산으로, 즉 수단으로 전락시킨다. 노예는 어떠한 권리도 없고 그들의 삶에 영향을 미치는 결정을 내리는 데 있어서 그들의 이익은 전혀 고려되지 않는다. 사람을 국가 목적의 달성을 위한 수단으로 사용한다는 점에서 전쟁은 정언명령을 위반하는 또 다른 예이다.

3 개인의 자유보장을 위한 국제제도

1. 보편국가(a single universal state)

첫 번째 모델은 단 하나의 '보편국가'이다. 보편국가에서는 인류 전체가 하나의 국가 또는 군주하에 직접적으로 통치된다. 칸트는 보편국가모델은 국제제도로 적합하지 않다고 판단하였다. 왜냐하면 보편국가는 국가들 사이에서 평화로운 관계를 유지하기 위한 수단이기보다는 사실상 국가들 간의 독립성을 약화시키는 것에 지나지 않는 것이기 때문에 국제제도로서 올바르게 작동할 것으로 기대하기 어렵기 때문이다. 칸트는 국내정치에서 개인과 마찬가지로 각 국가들이 자신의 고유한 자주권 행사와 자유가 보장되어야 한다고 주장하였다. 그러나 보편국가의 출현은 국가의 입장에서 자신의 고유한 자주권과 자립권이 훼손당할 위험이 증가하는 것을 의미하였고, 애초에 국가들의 자유를 보장하기 위한 국제제도를 모색하는 것과는 거리가 먼 방안이다.

2. 세계공화국

세계공화국은 국가들이 연방에 가입을 하며, 연방은 강압적인 권력을 가지고 있다. 세계공화국체제하에서 국가와 연방의 관계는 개인과 국가 간의 관계와 유사하다. 칸트는 세계공화국이 올바른 국제제도로서 가장 이상적이라고 주장하였으며, 세계공화국을 이데아로 불렀다. 칸트의 철학에서 이데아란 이성의 능력으로 생성된 개념으로서 경험적으로는 충족될 수 없는 것을 말한다. 칸트는 실제로 국가들은 이러한 세계공화국에 반대하며 자신의 주권을 양보하지 않을 것임을 들어 세계공화국이 현실적으로는 실현될 수 없음을 인정한다.

3. 국제연맹

국제연맹하에서 국가들은 자발적으로 스스로를 특정 기관에 가입하여 국제분쟁을 해결한다. 국제연맹은 국제연맹의 결정사항을 효율적으로 실행할 수 있는 강압적 권력은 가지고 있지 않다. 또한 국가들은 자신들이 그렇게 결정하는 경우 언제든지 연맹을 떠날 수 있다. 칸트는 국제연맹모델은 '연방(federation)'으로도 표현하기도 하나 헌법상 해체가 금지되어 있는 미국적인 연방구조와는 차이를 보인다. 따라서 이는 '연방(federation)'이라기보다는 '연맹(league)'이라 표현하는 것이 적절하다. 칸트는 현실적으로 국제연맹만이 국제제도로서 올바르게 작동할 수 있을 것이라고 주장한다. 국제연맹체제에서 각 국가들은 자신의 의지에 따라 언제든지 연방을 탈퇴할 수 있으며, 연맹은 각 회원국들에 대해서 어떠한 강압적 권력도 행사할 수 없다.

4 영구평화론

1. 의의

칸트의 '영구평화초안'은 조약형식으로 그 시대의 다른 평화조약의 형식처럼 예비조항과 확정조항 및 비밀조항, 영구평화의 이념과 의의를 규명·설명하는 추가조항과 부록으로 구성되었다. 여기에서는 영구평화를 불가능하게 하는 일이 없는가에 대한 예비조항과 영구평화를 소극적으로 실현하여야 할 조건에 대한 확정조항을 중심으로 정리한다.

2. 영구평화를 위한 예비조항

(1) 기만행위의 금지

장래의 전쟁을 대비하여 물자를 비밀리에 간직해 두고서 맺어진 평화조약은 이를 평화조약으로 인정해서는 안 된다. 그렇게 성립된 평화조약은 단지 휴전이거나 전쟁행위의 연기일 뿐 평화는 아니기 때문이다. 미래의 전쟁원인이 될 현존하는 모든 원인들이 평화조약을 통해 제거되어야 한다.

(2) 국가소유의 불가원칙

어떠한 독립된 국가도 상속, 교환, 매수, 증여로써 다른 국가의 소유가 될 수 없다. 무릇 국가는 하나의 소유물이 될 수 없다. 국가는 인간들로 구성된 사회로서 그 사회에 대해서는 국가 자신 외에는 아무도 그것에 대하여 명령하고 또 지배할 수 없는 것이다. 칸트는 이를 영구평화를 위한 국가 간에도 적용시켰다. 즉, 한 국가는 다른 국가의 외적 소유물을 침해하지 않도록 의무를 지우려면, 모든 국가도 마찬가지로 그 국가의 것에 관해서 동일한 법칙에 따라 행동할 것을 보장해야만 한다. 따라서 국가가 그 소유권에 대한 증여, 매매, 교환 등을 하기 위해서는 국가를 구성하는 각 개인들의 합의가 선행되어야 한다. 그 이유는 국가가 원시계약에 의해서 성립된 것이기 때문이며, 원시계약은 각 개인인 국민들의 점유적인 소유를 최대한 인정하는 것이다.

(3) 상비군의 폐지

상비군은 점차 철폐되어야 할 것이다. 상비군은 다른 나라를 자극하여 서로 무장병력수를 늘리게 한다. 그렇게 되면 마침내 소모되는 전비 때문에 평화가 오히려 짧은 전쟁보다도 더욱 무거운 짐이 되며, 결국 전비확장부담에서 해방되기 위하여 침략전쟁을 하게 된다. 그러나 상비군의 철폐를 주장하는 칸트도 국민들이 자발적으로 행하는 정기적인 훈련으로 무기를 익혀 타국의 공격으로부터 조국을 지키는 행위를 반대하지 않았으며, 그런 관점에서 민병제를 긍정적으로 받아들이고 있다.

(4) 국채발행의 금지

국가는 대외적인 분쟁과 관련하여 어떠한 국채도 발행해서는 안 된다. 국가가 외국에 대하여 채무를 지는 경우에는 금권을 가진 국가가 채권을 확보하기 위하여 전쟁을 야기하게 될 가능성이 있기 때문이다.

(5) 내정간섭의 금지

주권개입의 금지로 어떠한 국가도 다른 국가의 제도와 통치에 대해 폭력으로써 개입해서는 안 된다. 칸트는 이러한 개입을 반대하였는데, 이는 비록 타국의 폭동이 마침내 자국의 인민에게 폭동을 일으킬 수 있는 위험을 초래한다 할지라도 이러한 간섭을 정당화될 수 없다는 것을 의미하는 것이다.

(6) 특정 적대행위의 금지

어떠한 국가도 타국과의 전쟁에 있어서는 장래의 평화에 대한 상호 간의 신뢰를 불가능하게 하는 어떠한 적대행위도 행해서는 안 된다. 여기에는 암살자, 독살자의 고용, 항복조약의 파기, 전쟁상대국에서의 반역선동 등이 있다.

3. 국가 간의 영구평화를 위한 확정조항

(1) 의의

칸트는 세계 각국이 공화정을 채택하고 이들이 '국제정치적 사회계약'의 결과라고 할 수 있는 세계연맹(a federation of free states)을 창설하고 점차적으로 확대하면서 세계시민의 개념이 공고화되면 영구적 세계평화의 기본 조건이 마련된다고 하였다. 칸트의 이러한 구상은 이상주의적이고 도덕주의적이나, 한편으로는 국제정치 현실을 일정 부분 수용한 절충적인 면모를 갖추고 있다. 칸트는 폭력적 국제정치 현실을 인식하면서도 무역이나 국가 간 재산권 및 인권이 존중되는 국제주의가 탄력을 받으면 세계연맹을 통한 영구평화는 적어도 장기적 관점에서는 실현가능성이 높다고 보았다.

(2) 제1확정조항

제1확정조항은 '모든 국가의 정치체제는 공화주의적이어야 한다'는 것이다. 칸트에 따르면 한 국가의 형태는 최고 권력을 얼마나 많은 사람들이 소유·분점하고 있느냐에 따라 군주제(한 사람), 귀족제(여러 사람), 그리고 민주제(모든 사람)로 구분되며, 통치방식에 따라 전제정과 공화정으로 나뉜다. 전제정에서는 입법권력과 집행권력이 융합되어 있으나 공화정에서는 양자가 분리되어 있다.

칸트는 공화주의적 대의제는 세 가지 원리에 기초하고 있다고 하였다. 첫째, 인간으로서 모든 사회구성원들의 자유의 원리, 즉, 내가 합의할 수 있었던 것들을 제외하고는 어떠한 법률에도 복종하지 않을 권리이다. 둘째, 모든 신민이 단일하고 공통된 법체계를 준수해야 하는 준수의 원리이다. 셋째, 시민으로서 모든 이들이 법적으로 평등하다는 평등의 원리, 즉, 어떤 사람이 그 자신에게 구속력이 있는 법률을 준수하지 않으면서 동시에 타인에게 그 법률의 준수를 요구할 수 없다는 원리이다.

칸트는 유일하게 정당성이 있는 공화주의적 헌법을 가진 정치체제하에서는 위정자가 전쟁을 쉽게 일으키지 못한다고 하였다. 공화체제하의 지도자들은 전쟁을 고려할 때 전제체제의 위정자보다 더 신중한 태도를 취할 수밖에 없다. 왜냐하면 시민들의 이해관계가 대변되는 공화체제하에서는 전쟁이 일어나면 피해와 고통을 당할 것이 확연한 시민들이 위정자들에 대해 반전의 압력을 행사할 수 있기 때문이다. 한편, 칸트는 민주주의는 위험하다고 보았다. 대의제에 입각하지 않은 민주정에서는 대표자들이 아닌 인민 자신이 자신을 통치하기 때문이라는 것이다. 칸트에게 있어서 직접민주주의는 최악의 정부 유형이다. 그리스의 직접민주주의는 결국 불가피하게 독재와 폭정 그리고 침공으로 귀결될 것이라고 보았다.

(3) 제2확정조항

제2확정조항은 '국제법은 자유로운 국가들의 세계연맹에 기초하지 않으면 안 된다'는 것이다. 중앙권위가 부재한 국제정치는 자연상태에 머무를 수 있고 자연상태의 국제정치하에서는 법과 공권력이 존재하지 않기 때문에 국가의 존재 자체가 다른 국가들을 영원히 위협하는 주체가 된다. 여기서 빠져나오는 유일한 길은 국내적으로 유일하게 정당성이 있는 공화주의적 헌법이 전 세계적으로 확립되는 것, 다시 말해 국가의 국제적 권리에 기초한 헌법, 즉 공화주의적 국제법이 제도화되는 것이다.

칸트는 모든 공화주의적 독립국가들이 세계연맹을 결성할 것을 제창하였다. 평화연맹은 각 국가가 그 독립과 자유를 유지하면서 그들 간의 분쟁을 법으로 해결하고 모든 전쟁을 영구적으로 종결시키는 국제체제이고 국제기구이다. 세계연맹의 형성에 있어서 독립에 과도하게 집착하는 국가지도자들의 명예욕, 자부심, 자존심이라는 장애물이 있다. 이 장애물을 제거하기 위해서는 이성을 가진 '도덕적 정치인들(moral politicians)'의 역할이 필요하다. 이들은 국가지도자들의 수오지심을 자극하여 그들이 진정으로 명예로운 평화의 길을 선택하도록 설득해야 한다.

한편, 칸트가 말한 세계연맹은 세계국가와 다르다. 칸트는 세계국가는 실현가능성도 없으나 위험하다고 하였다. 하나의 정부에 기초한 세계국가는 지나치게 광범위하고 복잡하여 통치를 위한 세계국가의 법률의 위력이 현저하게 저하될 것이라고 하였다. 또한, 칸트는 세계연맹은 세계국가보다 훨씬 더 합리적이고 현실적이라고 하였다. 요컨대, 국가들이 평화의 의무를 준수하게 하는 유일하게 정의로운 방법은 단순한 평화조약이나 폭정으로 귀결될 세계국가가 아닌, 모든 전쟁의 원인을 해소하고 각국의 자유를 보장하는 것을 목적으로 하는 공화국들로 구성되는 세계연맹을 창설하는 것이다.

(4) 제3확정조항

제3확정조항은 '세계시민법은 보편적 우호의 조건들에 국한되어야 한다'는 것이다. 이 조항은 두 가지 의미를 담고 있다. 첫째, 국가의 주권이 부인되어서는 안 된다는 것이다. 세계시민이라는 개념은 현존하는 서구의 근대 국제체제의 틀 내에서만 유효하다. 따라서 타국을 방문하거나 여행하는 것은 허용하되 국가전복이나 정권교체와 같은 비우호적이거나 적대적 행위는 허용되지 않는다. 즉, 칸트는 국경을 넘은 여행이나 상거래는 허용되어야 한다고 보았으나 그것을 넘어서는 체류나 이민을 요구할 권리를 가지는 것은 아니라고 하였다. 둘째, 근대 국제체제의 틀 내에서는 인권의 보편성이 적용되어야 하고 세계시민적 권리가 보장되어야 한다. 이러한 우호적으로 대우받을 권리는 지구표면의 공동소유에 대한 모든 인간의 권리에서 도출된다. 어떤 인간도 지구의 특정 부분에 대해 우월적 권리를 가질 수 없다. 따라서 지구상의 모든 인간들은 폭력을 수반하지 않는 이상 타국이나 타 지역을 자유롭게 여행할 수 있는 자유방문권을 가진다. 인간들은 이러한 자유방문권을 통해 서로를 인정하고 우호적 관계를 맺음으로써 세계시민권을 촉진하고 전쟁 가능성을 줄여 나갈 수 있다.

세계시민법은 국내수준의 시민법과 국제수준의 국제법을 보완해 주며 그것들과 함께 완결적인 공법체계를 형성하게 된다. 칸트는 세계시민법의 맥락에서 18세기 유럽 열강의 식민지 쟁탈전을 강하게 비판했다. 칸트는 유럽 열강의 제국주의적 약탈과 착취의 원인은 그들의 상업적 이익에서 찾아진다고 보았다. 칸트는 제국주의는 비판하였으나 국제무역이 평화를 촉진할 것이라는 몽테스키외의 생각에는 찬성했다. 즉, 칸트는 상업적 제국주의의 위험성을 강하게 질타하였지만 몽테스키외 식의 국제무역의 평화적 효과에 대해서는 기대를 걸고 있었다.

5 칸트 사상의 국제정치적 함의

1. 이론적 측면 - 신자유제도주의와의 관계

국제사회에서 평화를 정착시키려는 인류의 노력은 인류 역사이래 지속적인 화두가 되고 있다. 특히 핵무기로 인류공멸의 위기감을 느낀 인간은 지구상의 '영원한 인류의 평화'를 희구하게 되었고, 아울러 긴급한 최대의 과제라는 점도 알게 되었다. 자유주의적 평화를 모색한 조셉 나이(Joseph Nye. Jr)는 인간이 자유주의라는 목표 아래 권력보다는 국제사회와 국제법, 국제제도를 중시하여 국가가 더 이상 국제체제에서 가장 중요한 행위자가 아니라고 하였다. 이런 점에서 신자유제도주의적 평화에 대한 접근은 칸트의 평화사상을 잘 표현하고 있는 것으로 볼 수 있다. 국가안보와 평화에 대한 신자유제도주의적 관점은 세계국가가 수립되면 전쟁이 없어지고, 모든 분쟁은 사법적 절차에 의해서 해결됨으로써 인류사회에 영구평화의 실현을 기대할 수도 있도록 할 것이다. 물론 칸트는 세계국가의 성립을 통해서는 영구평화의 이상이 성취될 수 없고, 법적 공동체인 국제연맹의 국제법적 이념을 통해서 그 달성이 가능하다고 하였다.

2. 실천적 측면

(1) 국제연맹의 발전

칸트 사상은 실천적인 차원에서 국제연맹(1919)과 국제연합(1945)으로 발현되었다. 국제연맹은 어떤 회원국이든 간에 분쟁을 중재재판, 사법적인 해결 또는 이사회의 중재에 의하지 않고 전쟁에 호소하는 경우, 이를 회원국 전체에 대한 전쟁으로 간주하여 통상관계, 금융관계, 국민들 간의 교류 등에 대한 금지와 같은 경제제재와 침략국가에 대해 군사적 제재를 가할 수 있도록 규정하였다.

(2) 유럽연합(European Union: EU)의 발전

칸트가 주장한 영구평화를 위한 유럽의 실천적 형태는 유럽연합이라고 할 수 있다. 유럽연합이 형성되는 데 있어 칸트의 영구평화의 원칙이 나름대로 적용되었다고 할 수 있다. 유럽연합에는 칸트의 영구평화를 위한 확정조항의 내용들이 포함되고 있다.
① 칸트가 주장한 공화제적인 주권을 가진 독립국가들의 연합으로 구성되었다.
② 보편적 환대를 위한 세계시민권과 상업, 무역의 확대 등이 포함되어 있다.
③ 이상적인 국가형태로 유럽단일국가를 모색하고 있다.
④ 유럽연합의 단계적 발전을 상업교역에서 법적인 지배로 나아가는 방식을 취하고 있다.

칸트의 생애(Immanuel Kant, 1724년 4월 22일 ~ 1804년 2월 12일)

임마누엘 칸트는 1724년 4월 22일 동프로이센의 쾨니히스베르크에서 궁핍한 마구 직공의 아들로 태어나 평생을 거기에서만 살았다. 아버지는 마구 상인이었고, 어머니는 독일 여자로 교육은 받지 못하였지만 인품과 타고난 지성 때문에 유명했다. 부모 모두 루터교 경건파의 독실한 신자여서 그 영향을 크게 받았다. 8살 때 칸트는 어떤 현명하고 마음씨 좋은 목사의 눈에 띄어 그 목사가 운영하던 경건주의 학교에 들어가게 된다. 라틴어를 가르치던 이 학교에서 8년 반 동안 배웠는데 일생에 걸쳐 라틴어 고전을 좋아하게 된 것은 바로 이때의 학교 교육 탓이다. 16세 때인 1740년 쾨니히스베르크대학에 신학생으로 입학했다. 신학과정을 이수하면서 때때로 설교까지 했지만 주로 흥미를 느낀 것은 수학과 물리학이었다. 대학 시절 동안 그는 가정교사를 해야 할 만큼 재정적으로 넉넉하지 못했다. 그래서 학생활동이나 즐거운 오락거리에 별로 관심을 갖지 않았으며 유일한 취미이자 즐거움은 당구를 치는 것이었다. 졸업 후, 학자의 길을 택하기로 마음먹었지만 1746년 부친이 별세하자 우선 먹고살 방도를 마련해야 했다. 그는 가정교사일을 구해 9년 동안 이 일을 했다. 1755년 친구의 도움으로 대학에서 학위를 마치고 대학의 강사생활을 시작한다. 15년 동안의 강사기간은 강사와 저술가로서 점점 큰 명성을 얻는 시기이다. 이 기간 동안 그는 과학에 대한 관심을 결코 잃지 않았다. 관심의 수준이 아마추어 이상이었다는 것은 이때부터 몇 해 동안 과학의 여러 분야와 관련된 글을 여럿 썼다는 사실에서 알 수 있다. 쾨니히스베르크에서 교수직을 얻는데 두 번이나 실패했음에도 불구하고 교수로 오라던 다른 대학들의 제안을 그는 받아들이지 않았다. 마침내 1770년 칸트는 15년간의 강사생활을 마감하고 쾨니히스베르크에서 철학 교수로 임명된다. 정교수가 되자 그는 11년 동안 거의 글을 발표하지 않으면서 연구에 전념한 끝에 1781년『순수 이성 비판』을 발간하고, 그 뒤 9년 동안 위대하고 독창적인 저술들을 계속 내놓음으로써 짧은 기간에 철학의 혁명적인 방향전환을 이루어 낸다. 그는 1785년『윤리 형이상학 정초』, 1788년『실천 이성 비판』에서는 진정한 도덕의 체계를 제시하려고 했다. 여기서 확립한 원리를 사회에 적용하여 1797년의『윤리 형이상학』에서는 법과 정치와 같은 사회 철학적인 문제들을 본격적으로 다룬다. 1790년에는『판단력 비판』을 통해 미의 문제와 자연의 목적론을 다루면서 비판 철학의 체계를 완결시킨다. 칸트의 비판철학은 대륙의 합리론과 영국의 경험론을 비판하여 오랫동안 계속된 근대철학의 논쟁과 대립을 종합함으로써 근대 자연과학의 철학적 기초를 밝히는 등 유럽 사상계는 칸트의 출현에 의해 일대 혁명기를 맞아 피히테, 쉘링, 헤겔에 이르는 독일관념론을 낳았고 이후 신칸트학파를 거쳐 현대에 이르도록 철학사에 막대한 영향을 끼쳤다.

제3장 근대 변환기 동아시아 국제정치사상

제1절 | 서설

1 전통질서

유럽이 근대 이행을 시작한 16세기에 동아시아는 명나라 중심의 전형적인 전통질서를 유지하고 있었다. 천하질서, 중화질서, 화이질서, 사대자소 질서, 조공책봉질서 등으로 불리는 전통질서는 서구 근대질서와 차이가 있었다. 유럽의 근대질서가 국가주권과 국가간 평등을 기초로 하고 있었던 반면, 동아시아 전통질서는 정치집단간의 유기적 위계를 중시했다. 중국의 왕이 천자라는 생각과 이를 중심으로 동심원적 관계가 형성되어 있다는 이념이 자리잡고 있었다.

2 19세기 이후 변화

1. 서구 문명 접촉기

19세기 서구 문명 전파의 과정에서 당초 동아시아 국가들은 개항에 신중한 모습을 보였다. 서구 국가들과 접촉이 시작되면서 서구 문물의 도입을 거부하는 척사와 척양의 모습을 우선 나타내었다.

2. 절충적 사상

이후 동아시아 3국의 개항이 불가피해지자 서구문명을 전적으로 배척하는 양이론이나 위정척사를 주장하는 측과 서구의 힘을 인정하면서도 문명 표준과 정신, 도덕은 유지하고자 하는 절충적 노력을 기울이는 입장으로 대별되었다. 절충적 생각에는 중국의 중체서용론, 조선의 동도서기론, 일본의 화혼양재론이 있다. 이들은 기존의 동아시아의 이념이나 종교 등은 유지하면서 서양의 물질문명만을 받아들이자는 입장을 가졌다.

3. 국제법의 전파

위와 같은 소극적 노력이 한계에 부딪히면서 서구 문명, 법, 정신 등을 받아들여야 한다는 인식이 싹트게 되었다. 이 과정에서 중요한 것은 국제법을 접한 것이었다. 그러나 국제법이 서구에서도 잘 지켜지지 않고 있다는 현실을 직시하면서는 세력균형적 인식이 출현하게 되었다.

4. 후기 적극적 입장

사회진화론의 영향을 받아 국제사회를 적자생존의 세계로 인식하면서 서구의 기술문명은 물론 서구의 정신과 이념까지 적극적으로 받아들여야 한다는 변법 전략이 문명개화파들에 의해 시도되었다. 일본은 1868년 메이지유신을 통해, 중국은 변법자강운동, 조선은 갑신정변에서 시작된 개화파들의 노력을 통해 이러한 개화사상에 기초한 대외인식을 보여주었다. 동아시아 3국 중에서는 일본이 가장 먼저 근본적인 개화사상을 실현하였다.

5. 요약

정리하면 동아시아 국제정치관은 쇄국, 양이, 척사의 단계를 거쳐, 중체서용, 양무, 동도서기의 절충적 단계에 이르고, 이후 변법과 적극적 문명개화로 이어지는 변화를 겪게 되었다.

3 동아시아 전통질서와 지역 질서관

1. 진나라에 의한 통일 이전 시기

동아시아 문명의 발원지이자 풍요로운 농경사회였던 황하문명을 중심으로 동아시아 지역 질서는 동심원적으로 퍼져 나갔고, 그 가운데 중원을 차지하려는 민족간 끊임없는 쟁탈전이 동아시아 지역 질서의 역동성을 만들었다. 중국의 한족은 하, 상, 은, 주 왕조를 차례로 세우면서 고대국가를 만들었고, 춘추전국시대를 거치면서 마침내 진나라가 중원 전체를 통일하여 최초의 통일국가를 건설했다.

2. 진나라에 의한 통일 이후

진나라는 통일국가 건설 이후 동아시아 지역을 하나의 천하로 보고, 자신을 천하의 중심에 놓으며, 주변 국가들을 전체적으로 통치하는 '천하형 국가'를 건설했다. 이후 한, 수, 당, 송, 명 등 중국 한족 왕조들은 실질적 통치력과 관계없이 이념적으로 동아시아를 천하라는 하나의 단위로 인식하고 자국을 중심에 놓는 지역 질서를 추구했다. 이러한 인식론 하에서 중원은 문명의 중심이며, 주변 사방 민족들은 문명의 수준이 떨어지는 오랑캐로 인식하는 화이질서가 정형화되었다. 중국 중심 질서는 조공질서, 책봉질서로도 불린다. 이는 중국이 문명의 중심으로서 주변 오랑캐 민족들을 교화하는 한편, 조공을 받아 그 대가로 제한된 수준에서 공무역을 행하고, 주변 민족들을 제후로 책봉하는 정치적 관계를 유지했기 때문이다.

3. 동아시아질서와 유럽질서의 차이

동아시아 전통 지역질서는 구성원리 차원에서 유럽과 달리 위계적 질서였다. 중원의 왕조는 형식상 동아시아 전체를 아우르는 정치적 주권을 독점했고, 다른 왕조들은 중원 왕조의 주권을 인정하는 태도를 보였다. 유럽의 근대질서에서 다수의 주권체들의 관계가 무정부적으로 조직되어 있다면, 동아시아 전통 지역질서에서 왕조들은 위계적, 피라미드형으로 조직되어 있었다.

제2절 | 중국의 국제정치관

1. 초기 국제정세 소개 및 변화과정

(1) 초기 국제정세 소개

19세기 초 서양인과의 접촉이 중국 지배층의 주목을 받게 되었고, 이후 서구 세계를 소개하는 저술이 이어졌다. 웨이위안은 '해국도지'를 저술했다. 린쩌쉬는 중국에 세계의 역사, 지리 등을 소개하는 최초의 저술인 '사주지'를 편찬했다.

(2) 국제정치관의 변화 과정

중국은 아편전쟁, 양무운동, 변법자강운동, 신해혁명 등을 거치면서 대외인식과 국제정치관의 급격한 변화를 보이게 되었다. 과거 유교를 중심으로 하면서도 서양의 신지식을 수용하여 절충하려는 입장이 양무론, 중체서용론으로 구체화되었다. 쩡꼬우펀, 리훙장, 장즈둥이 대표적 지식인들이다. 이후 중체서용론의 한계를 절감하고 보다 근본적으로 정치, 사회 원리를 바꾸어야 한다는 인식이 대두되어 변법론 또는 변법자강운동으로 이어졌다. 캉유웨이, 탄쓰통, 량치차오, 쑨원, 리스후이 등이 관련 인물이다.

2. 해방론과 양무운동

(1) 배경

1851년 중국 최초의 근대적 혁명인 태평천국의 난은 중체서용론이나 양무운동의 배경이 되었다. 반제국주의, 반봉건주의 성격을 띤 태평천국의 난은 실패했으나 청 정부는 동치중흥(1862~1874)을 추진했다. 이 과정에서 중국 전통을 고수하면서도 서구의 기술을 선택적으로 섭취하겠다는 중학위체(中學爲體), 서학위용(西學爲用)의 목표를 추구한 중체서용론이 양무운동을 주도하는 이념적 기초가 되었다.

(2) 양무운동의 기본 입장

양무운동은 서구의 방법을 빌어 자강을 추진하자는 것이다. 양무운동은 해방론(海防論)을 기반으로 한다. 해방론은 다가오는 서구의 외압을 막아 중국이 전통적으로 지켜온 통일제국의 위상을 견지하고, 중국의 기존체제와 지역 영향권을 지키자는 주장이다.

(3) 양무운동가

양무운동가로는 장즈둥과 리훙장 등이 있다. 장즈둥은 해방론적 국제정치관과 양무론적 개혁의 필요성을 주장한 인물이었다. 서양의 힘은 인정하면서도 유용하고 실제적인 서양의 문명을 선택적으로 수입하되, 중화의 가치와 체계는 유지하고자 하였다. 한편, 리훙장은 보다 실제적 측면에서 서구 열강의 기술혁신과 국제적 경쟁체제에 대한 인식의 중요성을 강조했다. 그러나, 리훙장은 국가 체제 전체의 개혁 필요성은 절감하지 못했다는 한계가 있었다.

(4) 평가

결국 양무개혁은 기존의 제국 체제를 옹호하는 방어적 해방의 틀에 머물렀고, 메이지 일본처럼 근대국가 형성을 위한 전면적인 국체 개혁을 추진하는 데는 실패했다.

3. 변법자강운동

(1) 배경

중체서용에 입각한 양무운동이 실패하면서 서구의 이념과 사상을 보다 적극적으로 수입하는 변법적 대외 인식이 발전했다. 변법자강운동은 1894년 청일전쟁 이후 중국의 내우외환에 대한 적극적 반성에서 비롯되었다.

(2) 변법자강운동의 방향

캉유웨이, 량치차오 등의 변법자강파들은 사회진화론에 근거한 역사관이나 국제정치관을 바탕으로 하여 정치, 교육, 사상, 제도 등 사회 전반에 걸친 전면적 개혁을 주장했다. 청일전쟁 패배를 경험하면서 단순히 서구의 무기나 기술만을 도입하는 것에 한계가 있으므로, 정치, 사회, 경제, 교육제도를 근본적으로 개혁하고, 부국강병을 실현해야 국제사회에서 생존할 수 있다고 생각했다.

(3) 주요 사상가

첫째, 캉유웨이는 과거 중국에 부재했던 진화론과 발전 사관을 바탕으로 국제정치에서의 경쟁과 생존, 진화를 당면한 현실로 인정했다. 둘째, 량치차오는 사회진화론, 사회계약론은 물론 국가유기체설과 국가법인설 등을 수용하면서 변법의 필요성과 개혁의 당위성을 주장했다. 세계가 자국의 존망을 건 국가 간 각축장임을 인식하고 그 안에서 살아남기 위한 중국을 만들 방법을 모색하고자 했다.

(4) 평가

변법자강운동은 중국 내 보수파의 반대에 부딪혀 무위로 끝나고 말았다. 그러나 이들의 인식은 후일 혁명파에게 계승되었다. 중국은 쑨원의 삼민주의에 기초한 혁명을 통해 근대적 국제정치관이 자리잡고, 이에 기초한 대외정책이 추진되었다.

제3절 | 일본의 국제정치관

1. 서양과의 접촉 초기

일본은 17세기 초반 도쿠가와 막부가 들어서고, 기독교에 대한 금지령, 서구 문명에 대한 쇄국정책 등을 시행했으나, 나가사키의 데지마 섬을 통해 부분적으로나마 서구 문명과의 교류를 끊지 않고 있었고, 네덜란드 문명을 받아들이는 난학도 발전시켜 나가고 있었다.

2. 탈중화 사상

일본은 중국의 명이 청으로 바뀌면서 부분적으로 유지해오던 중화사상에서 벗어나 탈중화를 추구했다. 17세기 야마사키 안사이는 중화주의적 세계관에 대한 반성의 태도를 보였다. 야마가 소코는 국제평등론과 일본이 중국보다 우수하다는 입장을 제시했다.

3. 국제정치관의 변화

(1) 19세기

일본은 1842년 중국의 아편전쟁 패전을 목도하면서 해방론, 화혼양재, 문명개화 등의 개혁론을 발전시켜 나갔다. 일본은 개항과 이후 혼란을 거치면서 내정을 수습하여 천황 중심의 중앙집권적 근대국가를 만드는데 성공했다. 1853년 페리의 내항과 개국, 1858년 미일수호통상조약을 거치면서 양이의 분위기 속에서 막부의 굴욕외교가 비판의 대상이 되었고, 이후 존왕양이를 중시하고 막부를 타도하는 운동이 일어났다.

(2) 근대화 시기

1864년 조슈-사쓰마 연합 성립과 1868년 메이지유신 및 천황제 지배 체제를 계기로 일본은 빠른 근대화의 길을 걷게 되었다. 국제정치관에 있어서도 나라를 열고 서구와 교역을 해야한다는 개국통상론이 주류를 형성하게 되었다. 개국통상론자들은 무모한 양이의 태도는 화를 불러오므로 청국의 전철을 반복하지 않기 위해서는 외국에 뒤지지 않는 군사적 준비 태세를 갖춰야 한다고 주장했다. 이들은 화(和), 한(漢), 서양(西洋)을 절충하여 문명개화의 길을 추구했다.

(3) 문명개화론

양이론은 문명개화론으로 빠르게 변화하고, 메이지유신 정부는 1868년을 기점으로 만국공법에 기초한 대외교류를 선언했다. 1871년 이와쿠라 사절단의 구미 시찰 이후 일본은 서구 제국주의와 유럽 국제정치의 실상을 인식하게 되었다. 이후 일본은 자강과 세력균형의 국제정치관을 수립하게 되었다. 일본은 국정 정비에 힘쓰면서 문명 진보의 길에 매진하고, 조약 개정과 같은 국권 회복에 전력을 기울였다.

4. 후쿠자와 유키치

현실주의적 국제정치관을 이끈 대표적 인물이 후쿠자와 유키치이다. 그는 문명개화의 중요성을 강조하여, 야만 - 반개화 - 문명의 3단계 국가발전론을 주창했다. 서구형 근대화를 기초로 한 탈아입구론을 주창하기도 했다. 청일전쟁과 러일전쟁의 승리, 조선의 식민지화를 통해 제국주의에 기초한 국제정치관이 더욱 확고해졌다.

제4절 | 조선의 국제정치관

1. 조선 국제정치관의 변화

19세기 들어 조선은 아편전쟁, 일본의 개항, 이양선의 출몰 등의 사건을 겪으면서 서구에 대한 인식과 대처에 있어서 변화를 겪게 되었다. 조선은 해방론 ⇨ 원용부회론 ⇨ 양절체제론 ⇨ 자강균세론 ⇨ 국권강화론 등의 변화를 보게 되었다.

2. 주요 사상

(1) 위정척사와 양이

위정척사와 양이의 국제정치관은 기존의 천하 질서관에 기초하여 오랑캐인 서구세력의 존재 자체를 인정하지 않는 모습을 보였다. 이들은 서양이 이적이나 금수에 불과하다는 인식하에 조선의 국내체제를 수호하고 주자학적 도덕 질서를 강화하는 것이 당면과제라고 생각했다.

(2) 해방론

박규수는 신미양요 당시 평양 감사로 있으면서 서양의 힘을 목도하여 해방론을 주창했다. 해방론은 서양 세력의 존재 자체를 부정하지 않고, 이를 인정한 상태에서 조선을 지켜 궁극적으로 전통적인 도와 질서를 지키려 한다는 점에서 위정척사보다 진일보한 인식론이었다.

(3) 원용부회론

조선은 서양의 국제법인 만국공법을 수용하고, 조선의 국제정치관은 근본적 변화를 겪게 되었다. 조선은 만국공법을 배워 이를 원용하여 서구의 침탈에 대처하는 한편, 동아시아에서 이미 존재하고 있었던 춘추전국시대의 역사를 통해 부회의 대처방안을 강구하였다.

(4) 유길준의 양절체제론

유길준은 갑신정변 실패 이후 개화의 새로운 길을 모색하여 양절체제론적 국제정치관을 주장했다. 양절체제(兩截體制)론이란 조선의 이익에 맞게 한편으로는 전통 중화질서를 유지하면서, 다른 한편으로는 서구의 주권국가 체제를 활용함을 의미한다. 유길준은 양절체제론을 통해 속국과 증공국을 구분하고 조선이 증공국에 속한다고 주장했다. 속국은 정치적 자율성이 없는 국가, 증공국은 조공을 바치지만 자주국을 의미한다. 조선은 증공국으로서 청에 조공을 바치기는 하지만 하나의 독립국가임을 강조한 것이다.

(5) 자강균세론

자강균세론은 강한 국력과 세력균형에 대한 현실주의적 인식 없이는 생존과 문명개화를 이룰 수 없다는 인식론이다. 자강균세론은 조선책략에도 소개가 되었었다. 유길준은 1890년대 들어오며 국제법 긍정론을 탈피하여 국제정세를 약육강식의 시대로 보기 시작했다. 박영효도 만국공법이 있어도 국가가 스스로 독립자존의 힘을 갖지 못하면 국가를 유지할 수 없다고 하였다.

(6) 국권강화론

1905년 을사조약을 통해 국권을 침탈당해 가는 과정에서 신채호는 일본의 통치를 현실적으로 받아들이는 가운데 자강에 힘쓰자는 동양주의론을 배척하고 일본에 맞서 국권을 회복해야한다는 국권강화론 국가주의를 주장했다.

학습 점검 문제 제2편 | 국제정치사상

01 국제정치사상가에 대한 설명으로 옳은 것만을 모두 고르면?
2024년 외무영사직

> ㄱ. 루소(Rousseau)는 『전쟁상태』에서 공포와 불안을 야기하는 요인은 인간 본성이 아니라 무정부적인 체제라고 주장했다.
> ㄴ. 마키아벨리(Machiavelli)는 『군주론』에서 30년 종교전쟁을 체험하고 국가 간 관계에서 이익과 권력의 중요성을 강조했다.
> ㄷ. 그로티우스(Grotius)는 『전쟁과 평화의 법』에서 유럽협조체제 붕괴 직후에 국제법과 국가 연합체 등의 중요성을 역설했다.
> ㄹ. 칸트(Kant)는 『영구평화론』에서 이성적 인간과 공화정 및 국가연합에 의한 영구평화론을 주장했다.

① ㄱ, ㄴ
② ㄱ, ㄹ
③ ㄴ, ㄷ
④ ㄷ, ㄹ

국제정치사상가

ㄱ. 루소의 『전쟁상태』는 필사본의 형태로 전해지는 루소의 짧은 글로서, 1758년쯤 쓰였을 것으로 추측된다. 이 글에 루소는 자연상태와 전쟁법의 문제를 분석하면서 '전쟁상태'를 규정하고 있다. 무정부적 자연상태가 전쟁상태이며 이것이 공포와 불안을 야기한다고 하였다.

ㄹ. 임마누엘 칸트(Immanuel Kant, 1724~1804)는 영구평화론을 통해 6가지 예비적 조항과 3가지 결정 조항이 충족되는 경우 항구적 평화가 가능하다고 하였다. 한편, 칸트는 인간을 이성적, 자율적, 도덕적 존재로 바라보며, 인간이 외부의 영향에서 벗어나 이성적 판단에 따라 행동할 수 있는 존재라는 점을 강조하였다. 그는 인간이 도덕적 법칙을 인식하고 그것에 따라 행동할 때 진정한 자유와 도덕적 가치를 실현할 수 있다고 보았다. 이러한 인간의 성향 역시 항구적 평화체제 구축에 기여한다고 보았다.

선지분석

ㄴ. 『군주론』은 1513년에 저술되었다. 30년전쟁은 1618년~1648년이므로 30년전쟁 이전에 군주론이 저술된 것이므로 틀린 지문이다. 『군주론』에서 마키아벨리는 현실 정치에서 권력을 유지하고 강화하는 방법을 다루고 있다. 마키아벨리는 이 책에서 이상적인 군주가 아니라, 실제 정치에서 성공하기 위해서는 어떻게 행동해야 하는지에 대한 현실적인 조언을 제공한다. 마키아벨리는 군주가 권력을 유지하기 위해서는 필요에 따라 냉혹한 결정을 내려야 한다고 주장한다. 그는 군주가 때로는 도덕적 규범을 벗어나 행동할 필요가 있음을 인정하며, 목적이 수단을 정당화한다고 본다. 즉, 군주는 목표를 달성하기 위해 비윤리적인 방법도 사용할 수 있다고 주장하였다. 한편, 그는 군주의 성공이 운(포르투나)과 개인의 능력(비르투)에 의해 결정된다고 보았다. 운명은 사람의 통제를 벗어난 요소이지만, 군주는 자신의 능력을 발휘해 운명을 통제하려 해야 한다고 하였다. 또한, 마키아벨리는 군주가 백성들에게 사랑받는 것보다는 두려움을 주는 것이 더 안전하다고 하였다. 사람들이 두려워할 때, 군주에게 더 충성할 가능성이 높기 때문이다. 그러나 그는 지나친 잔인함을 경계하며, 적절하게 균형을 맞추어야 한다고 조언하였다.

ㄷ. 그로티우스(Hugo Grotius)는 17세기 초의 법학자이자 철학자로 『전쟁과 평화의 법(De Jure Belli ac Pacis)』은 1625년에 저술되었다. 유럽협조체제(Concert of Europe)는 나폴레옹 전쟁 이후 19세기에 형성된 국제 관계 시스템으로, 그로티우스가 활동하던 시기보다 훨씬 후에 등장한 체제이다. 그로티우스(Hugo Grotius)는 1583년 4월 10일에 네덜란드에서 태어나 1645년 8월 28일에 스웨덴에서 사망했다.

답 ②

02 칸트(I. Kant)의 영구평화론에 대한 설명으로 옳지 않은 것은?

2023년 외무영사직

① 국제법의 이념은 상호 독립적인 수많은 국가의 분리를 전제로 한다.
② 장차 분쟁의 소지를 감춘 비밀조약은 임시적인 휴전조약에 불과하다.
③ 모든 시민은 타국에 대해 방문의 권리뿐만 아니라 체류를 요구할 권리를 가진다.
④ 보편적 우호를 바탕으로 한 자유로운 국가들의 평화연맹을 통해 영원한 평화가 실현될 수 있다.

칸트의 영구평화론
① 칸트는 제2결정조항에서 국제법에 기반한 국제협력을 주장했다. 국제법은 기본적으로 다수 국가의 존재를 전제로 한다.
② 예비조항 중 하나이다. 기만적 평화조약 체결을 금지한다.
③ 제3결정조항에 대한 것인데, 칸트는 국경을 넘은 여행이나 상거래는 허용되어야 한다고 보았으나 그것을 넘어서는 '체류(이민)'를 요구할 권리를 가지는 것은 아니라고 하였다.
④ 제2결정조항에 해당된다. 국제연맹을 창설하여 상호 협력함으로써 항구적 평화를 구현할 수 있다고 하였다.

답 ③

03 다음 해당사항에 대한 관련 서술이 잘못된 것은?

2006년 외무영사직

① 마키아벨리(N. Machiavelli): 도덕성과 필요성 간에 긴장이 해결될 수 있고 또 해결되어야 하는 필요성을 지지한다. 즉, 비도덕적인 필요성에 의해 정치세계가 만들어져야 한다는 것이다. 덕은 필요성에 대한 순응 이외에 아무것도 아니다. 법은 힘의 법칙에 이용당하는 정의의 외관이다.
② 투키디데스(Thucydides): 정의의 기준은 강제할 수 있는 권력의 질에 달려 있다. 동등한 자에게 대항하고 우월한 자에게 존경심을 갖고, 약한 자를 관대하게 대하는 것이 확실한 법칙이다.
③ 카아(E. H. Carr): 국제관계현실을 '야만의 무법상태'로 보고, 인간의 잠재력(이성)이 개인의 태도변화뿐만 아니라 공화주의적 헌정, 국가 간의 연방계약을 가능하게 하여 전쟁을 폐지할 수 있다.
④ 홉스(T. Hobbes): 자연상태의 개인과 마찬가지로 주권국가가 존재하는 자연상태 역시 국가가 공격받을지 모르는 끊임없는 공포 속에서 살아가는 만인의 만인에 대한 투쟁 상태이다.

국제정치사상
칸트(I. Kant)에 대한 설명이다. 카아(E. H. Carr)는 윌슨(Wilson) 등의 사상가들의 주장을 '이상주의'로 혹평하고 성선설로부터 유추되는 권력정치를 국제정치의 분석대상으로 해야 한다고 주장하였다.

답 ③

04 다음과 같은 주장을 한 학자는?

2004년 외무영사직

- 국가 간에도 법이 필요하다는 아이디어를 최초로 제시하였다.
- 전쟁은 정당한 경우에만 허용된다고 하였다.
- 국제사회의 필요성을 제기하였다.
- 자연법에 의한 주권국가의 국제법 원칙과 성서법에 의한 평화의 법원칙을 주장하였다.

① 홉스
② 헤들리 불
③ 클라우제비츠
④ 그로티우스

국제정치사상

그로티우스(Hugo Grotius)는 주권국가들로 구성된 국제사회에서 국제법을 통해 안정성을 유지할 수 있다고 주장하였다. 한편 전쟁관에 있어서는 '정전(just war)론'을 지지하여 불법을 응징하기 위한 전쟁, 채권회수를 위한 전쟁, 자기 방어를 위한 전쟁을 정당한 전쟁이라고 하였다.

답 ④

05 생 피에르(Saint Pierre)의 평화구상에 대한 내용으로 옳지 않은 것은?

2016년 외무영사직

① 유럽의 영구평화를 위해 국제연맹, 국제재판소 설치를 제창하였다.
② 평화에 최고의 가치를 부여한다.
③ 군주의 선의에 입각한 단결을 통해 국제평화가 달성될 수 있다.
④ 평화를 위한 정치체제로 공화제를 제안하였다.

생 피에르(Saint Pierre)

생 피에르의 평화구상은 유럽 국가 간 협력에 의한 '유럽연방' 건설에 있었다. 평화를 위한 정치체제로 공화제를 주장한 대표적 사상가는 칸트를 들 수 있다. 칸트는 영구평화를 위한 제1결정조항에서 각국 정치체제의 공화제로의 전환을 주창하였다. 생 피에르는 군주들의 정당한 권위를 서로 인정하는 군주들의 선의에 입각한 단결을 통해 국제평화가 달성될 수 있다고 믿었다. 즉, 군주들의 권위를 인정하는 것을 전제로 하여 유럽연방을 주창한 것이다(김강녕, 영구평화론 연구: 칸트의 이론을 중심으로, 평화학논총 5권 1호). 따라서 군주정의 공화정으로 전환을 제안한 것은 아니다.

답 ④

MEMO

해커스공무원 학원·인강
gosi.Hackers.com

해커스공무원 **패권 국제정치학** 기본서 사상 및 이론

제 3 편

국제정치이론

제1장	총론
제2장	현실주의
제3장	자유주의
제4장	마르크스주의
제5장	탈냉전 국제관계이론

제1장 | 총론

> **출제 포커스 및 학습방향**
>
> 총론에서는 국제정치학 방법론과 주요 이론의 논쟁을 다루고 있다. 국제정치학은 사회과학의 한 분과학문으로서 연역적 또는 귀납적 접근을 통해 국제정치현상에 있어서의 법칙 발견을 목적으로 한다. 그 법칙 발견의 수단이 되는 것이 이론이라고 할 수 있다. 그러나 국제정치를 보는 관점에 따라 이론적 접근도 상당히 큰 편차를 보이고 있다. 이러한 점에서 이론논쟁이 나오는 것이다. 이론논쟁을 이해하는 것은 국제정치에 대한 다른 관점을 이해하는 측면에서도 상당히 의미 있는 작업이라 할 수 있다. 시험과 관련해서는 대논쟁(Great Debate)에 대해 정확하게 이해하는 것이 중요하다.

제1절 | 국제정치학 방법론

1 연구대상

사회과학의 분과학문으로서 국제정치학은 국제정치라는 현상이 그 연구대상이 된다. 전통적으로 전쟁, 무역, 동맹, 세력균형 등이 그 연구대상이었다. 그러나 최근에는 그 연구대상이 통합, 세계화, 정보화, 국제레짐, 국제제도, NGO 등으로 계속해서 확대되고 있다.

2 연구목적

실증주의 차원에서 국제정치학의 연구목적도 국제정치현상을 기술, 설명, 예측, 처방하는 것이다. 예컨대, 전쟁을 연구하는 것은 전쟁의 과정이나 각국의 정책을 기술하고, 전쟁의 원인을 설명함으로써 전쟁에 대한 이론이나 법칙을 정립하는 것을 그 목적으로 한다. 전쟁에 대한 이론이나 법칙이 정립된다면 전쟁을 예측할 수 있고, 전쟁을 억제할 수도 있을 것이다.

3 연구방법

일반사회과학 연구방법과 마찬가지로, 국제정치학의 연구방법에도 양적 접근법과 질적 접근법, 연역적 접근법과 귀납적 접근법의 대립이 있다. 냉전기 국제정치학계는 주로 실증주의, 행태주의 접근법에 의해 지배되었으나, 최근에는 탈실증주의, 질적 접근법이 강조되고 있다. 또한, 실증주의와 탈실증주의의 가교 역할을 선언하면서 등장한 구성주의 접근법도 주목을 받고 있다.

제2절 | 국제정치이론 논쟁

1 논쟁사

1. 의의

국제정치학의 역사는 이론논쟁의 역사로 기술된다. 특히 국제정치학의 발달에 분수령을 이룬 논쟁들을 '대논쟁(Great Debates)'이라고 한다. 제1차 대논쟁은 이상주의와 현실주의 간, 제2차 대논쟁은 현실주의와 행태주의 간의 논쟁을 말한다. 제3차 대논쟁에 대해서는 현실주의와 상호의존론 간 논쟁으로 보는 견해도 있고, 1980년대 후반 이후의 국제정치연구 경향을 제3차 대논쟁으로 보는 견해도 있다. 여기서는 현실주의와 상호의존론의 논쟁을 제3차 대논쟁으로 정리한다.

2. 제1차 대논쟁 - 이상주의와 고전적 현실주의

(1) 이상주의

국제정치연구에서 제1차 대논쟁은 1930~1940년대의 이상주의와 현실주의 사이의 논쟁이었다. 국제정치학이 하나의 독립된 학문으로 성립된 1919년 이후 전간기 동안에는 이상주의가 지배적인 패러다임이었으나 전간기의 혼란과 제2차 세계대전의 발발로 설득력을 잃게 되었다. 이상주의는 전쟁의 원인을 독재정, 비밀외교, 국제경찰기구의 부재 등에서 찾고, 국내정치체제의 민주화와 국제경찰기구 설립, 집단안전보장의 제도화, 국제법을 통한 국제질서 확립 등을 통해 전쟁을 방지할 수 있다고 본다.

(2) 고전적 현실주의

제2차 세계대전은 국제정치 현실이 '권력정치'이며 국제체제는 홉스적 자연상태에 가깝다는 인식을 재확인시켜 주었고, 이상주의의 전제와 평화방안이 잘못되었음을 보여주었다. 현실주의는 국제정치 현실이 권력정치이고, 국제체제의 유지는 세력균형에 의해 달성될 수 있다고 주장한다. 국제기구나 국제법은 권력정치를 제한하기보다는 권력정치의 산물에 불과하다고 본다. 현실주의는 1980년대에 이르기까지 국제정치연구의 지배적인 패러다임으로 자리잡게 되었다.

◆ 이상주의와 현실주의 비교(제1차 대논쟁)

구분	이상주의	현실주의
인간관	성선설	성악설
국제체제	로크적 자연상태	홉스적 자연상태
전쟁원인	무지, 경찰력 부재, 독재	힘의 불균형
평화방안	계몽, 집단안보, 민주화	힘의 균형
평화의 속성	적극적 평화(인간안보)	소극적 평화(국가안보)
영구평화	가능	불가능

적극적 평화와 소극적 평화

적극적 평화와 소극적 평화의 개념은 평화학의 창시자로 알려진 요한 갈퉁(Johan Galtung)에 의해 제시되었다. 갈퉁은 평화학의 연구주제를 전통적 주제인 전쟁보다는 더욱 광범위한 폭력으로 대체하였다. 갈퉁은 기아, 빈곤, 문맹, 인종차별, 의료시설 부족, 성차별, 환경오염, 국제난민, 종교갈등, 인종분규 등의 문제를 '구조적 폭력'이라고 지칭하고 이러한 것들이 부재한 상황인 '적극적 평화'의 중요성을 강조하였다. 적극적 평화의 개념은 이른바 '인간안보'가 달성된 상태로 해석할 수 있다. 인간안보(Human Security)란 인간의 안위와 복지에 대한 위협이 제거되거나 관리되고 있는 상황을 의미한다.

3. 제2차 대논쟁 - 전통적 현실주의와 행태주의적 현실주의

제2차 대논쟁은 1950년대와 1960년대에 일어난 '전통주의(traditionalism)'와 '행태주의(behavioralism)' 사이의 방법론 논쟁이었다. 행태주의는 전통주의가 확인할 수 없는 인간성으로부터 이론화를 시도하는 것을 비판하였고, 경험할 수 있는 현상에 대해 자연과학적 방법론을 도입하여 국제정치학을 연구해야 한다고 주장하였다. 미국을 중심으로 전개된 이 논쟁에서 행태주의가 승리하였고, 이른바 과학적 방법과 증거에 기초하여 국제정치를 연구하려는 다양한 노력들이 나타났다.

4. 제3차 대논쟁 - 현실주의와 상호의존론

현실주의와 상호의존론의 논쟁은 1970년대를 배경으로 제1차 대논쟁이 재현된 측면이 있다. 1970년대는 현실주의자들이 주장하였던 국가의 주요 행위자성, 권력의 대체성, 국가안보이슈의 타 이슈 지배 등의 현상에 반하는 현상들이 등장하였다. 국가 이외에 다국적기업, 국제기구, 초국가관료 등 비국가행위자의 영향력이 증가하고, 권력은 이슈 영역에 따라 특정적이며, 에너지·경제·환경 등 국가안보 이외의 이슈들도 국제정치에서 중요한 이슈로 부상하였다. 상호의존론자들은 현실주의 패러다임이 모든 이슈 영역에서 타당한 것은 아니라고 보고, 이슈에 따라 현실주의 및 복합적 상호의존의 체제가 혼존하고 있다고 주장하였다. 상호의존론은 현실주의가 지배하던 국제정치학계에서 자유주의 입장을 재구성하여 제시함으로써 패러다임 간 논쟁이 가능한 토대를 구축해 주었다.

○ **현실주의와 상호의존론 비교(제3차 대논쟁)**

구분	현실주의	상호의존론
행위자	국가	국가 + 비국가행위자
국제체제	무정부	복합적 상호의존
권력의 대체성	긍정(대체적)	부정(특정적)
이슈의 계서	인정(생존 우위)	부정
상호의존과 평화	비관적	낙관적

2 패러다임 간 논쟁

1. 의의

패러다임 간 논쟁이란 현실주의, 자유주의, 마르크스주의 상호 간의 논쟁을 의미한다. 패러다임 간 논쟁은 논쟁이라기보다는 연구의 대상, 연구대상에 대한 기본적 시각의 차이를 의미한다고 볼 수 있다. 그러나 이들이 모두 국제정치학의 범주에 속하고 자신들의 이론이 우월하다고 주장하기 때문에 여전히 패러다임 간 논쟁으로 볼 수 있다.

2. 신현실주의와 신자유주의 논쟁

신현실주의와 신자유주의의 논쟁은 국제체제의 무정부성과 국가의 주요 행위자성 및 합리성 가정을 공유하면서도 서로 상반된 결론을 제시하여 주목을 받았다. 신현실주의와 신자유주의의 논쟁은 무정부하에서 국제협력의 가능성과 패권쇠퇴 이후의 국제협력(레짐)의 유지 가능성을 중심으로 전개되었다.

(1) 신현실주의

신현실주의자들은 무정부체제가 홉스적 자연상태라고 주장하고, 국가들은 상대적 이익과 배반가능성의 문제로 절대적 이익이 있음에도 불구하고 협력에 이르지 못한다고 주장하였다. 한편, 패권안정론자들은 패권이 국제협력 및 국제레짐을 가능케 하는 변수이므로 패권쇠퇴 이후에는 국제협력이 유지될 수 없다고 주장하였다.

(2) 신자유주의

신자유주의자들은 무정부상태를 단순히 중앙집권적 정부의 부재로 보고, 국가들이 절대적 수익을 추구하여 이를 위한 국제협력의 가능성을 주장하였다. 같은 맥락에서 패권이 쇠퇴한다고 하더라도 절대적 이익이 존재하는 경우 국가들은 협력을 유지할 유인이 있으므로 협력을 지속한다고 본다.

3. 마르크스주의

마르크스주의는 레닌(Lenin)의 제국주의론과 종속이론을 거쳐 월러스타인(I. Wallerstein)의 세계체제론에서 통합·발전되었다. 월러스타인은 세계체제의 하부구조를 노동분업에 기초한 자본주의 세계경제로, 상부구조를 주권국가들을 단위로 하는 국가 간 체제로 구분하였다. 하부구조인 자본주의 세계경제는 중심·주변·반주변으로 분할되어 있고, 중심부에 의한 주변부의 착취와 주변부의 중심부에 대한 종속관계로 결합되어 있다. 상부구조는 세계적 규모의 자본 축적을 용이하게 함으로써 하부구조 작동을 위해 필수적인 역할을 수행한다. 세계체제론은 세계화시대 지구정치를 분석하는 유용한 틀로 재조명되고 있다.

4. 비교

구분	현실주의	자유주의	마르크스주의
국제체제	웨스트팔리아체제	거미줄망	세계체제
주요 행위자	국가	국가와 비국가행위자	계급
역동성의 원천	힘	복합적 사회관계	경제
종속 변수	국가의 역할	세계의 모든 주요 사건	빈부격차
연구범위	국제정치	국제관계	세계체제
주요 개념	억지, 동맹	상호 의존	착취, 종속

3 탈실증주의 논쟁

1. 의의

탈실증주의는 기존의 실증주의에 기반하고 있는 국제정치이론들을 비판하는 다양한 접근법들을 지칭한다. 탈실증주의는 인식론적 관점에서 기존의 주류 이론들을 신랄하게 비판하고 해체(deconstruction)하는 작업을 수행하였다. 국제정치이론논쟁에서 주목을 받고 있는 탈실증주의계열의 이론은 비판이론(J. Habermas ; R. Cox ; M. Hoffman ; A. Linklater), 역사사회학(C. Tilly ; T. Skocpol), 페미니즘(C. Enloe ; J. Elshtain), 탈근대론(R. Ashley ; J. Der Derian ; D. Campbell) 등이다. 여기서는 실증주의 사조에 대해 간략히 정리하고, 비판이론, 탈근대론, 역사사회학을 정리한다.

2. 실증주의(positivism)

스미스(S. Smith)에 의하면 국제정치연구에 있어서 실증주의는 4개의 가정에 기초하고 있다.

(1) 과학의 일체성이다. 자연현상과 사회현상 사이에는 본질적인 차이가 없으며, 자연과학과 사회과학에는 동일한 방법론과 인식론이 적용된다.

(2) 사실과 가치의 구분이 가능하며, 사실은 이론적으로 중립적이다. 따라서 객관적인 지식이 발견될 수 있다.

(3) 자연계와 마찬가지로 사회에도 규칙성이 존재한다. 따라서 연역·법칙적, 귀납·통계적 형태의 설명이 가능하다.

(4) 경험적 증명이나 반증이 실질적인 연구의 중심적인 과제이다.

3. 탈실증주의

(1) 비판이론(Critical Theory)

비판이론은 가치와 사실의 분리에 기초한 객관적 지식의 가능성을 주장하는 실증주의 철학에 반대하고 지식의 사회성을 밝혀 인간해방을 위한 비판적 이론의 수립을 추구한다. 비판이론은 마르크스주의 전통의 영향을 받았으며, 콕스(Cox), 링클레이터(Linklater) 등에 의해 국제정치학에 도입되었다. 콕스는 지식은 항상 '누구를 위한 그리고 어떤 목적을 위한 것'이라고 선언한다. 즉, 지식은 중립적인 것이 아니라 특정한 이익을 대변하며, 어떤 이론이 어떤 목적을 위해, 누구의 이익을 위해 제시되고 있는가를 밝혀야만 한다고 본다. 비판이론의 입장에서 볼 때 실증주의에 기반한 신현실주의나 신자유제도주의는 강대국 지배체제를 유지시켜 주는 문제해결이론적 성격을 띤다.

(2) 탈근대론(Postmodernism)

① **의의**: 탈근대론은 해체주의 또는 탈구조주의로도 불린다. 탈근대론자들의 핵심적 작업이 곧 구조에 대한 해체작업이기 때문이다. 탈근대론은 객관적 법칙의 존재를 부정하고, 사회현상은 상대적·주관적·관념적이고 구성된 산물이라고 주장한다. 이는 객관적 사회법칙의 존재를 전제로 이를 확인하는 것을 이론가의 사명으로 생각하는 실증주의 철학에 정면으로 반한다.

② **핵심주장**: 바스케스(Vasquez)는 다섯 가지로 탈근대론자의 주장을 정리하였다.
   ㉠ 근대성은 자의적 성격을 가진다. 근대성은 서구의 특수한 역사적 산물로서 이것은 진실도, 불가피한 것도, 진보도, 최선도 아니며 하나의 프로젝트일 따름이다.
   ㉡ 존재하는 것은 '진리를 가장한 선택'이다. 세상에 불가피한 것은 없으며, 존재하는 것은 선택일 따름이다.
   ㉢ 현실은 사회적 구성이다. 존재하는 것은 인간들의 신념과 행동에 의해 만들어지고 구성된 것이다.
   ㉣ 언어, 개념적 틀, 패러다임 등은 자기실현적 예측들이다. 어떤 아이디어가 확산되고 사람들이 믿게 되면 그 아이디어가 그리고 있는 세상이 실제로 실현된다.
   ㉤ 정체성의 사회적 구성이다. 정체성의 형성은 누군가에 의해 통제되는 것이며, 누가 어떤 정체성을 가지는지는 개인·집단·국가의 운명에 막대한 영향을 미친다.

(3) 역사사회학

역사사회학자들은 현재의 사회적 현상이 주어진 것이라기보다는 역사적으로 구성된 것이라고 보는 점에서 탈실증주의 철학을 공유하고 있다. 역사사회학자들의 주요 관심사는 우리가 주어진 것으로 당연시하는 구조들이 어떻게 복잡한 일련의 사회적 과정의 결과물이 되었는가 하는 것이다. 역사사회학자들은, 특히 국가를 주어진 산물이고 보편타당한 실체라는 점을 비판하고, 역사적으로 국가는 다양하게 존재하였으며, 현재의 민족국가는 역사의 특정한 시점에서 만들어진 산물이라고 본다. 예컨대, 찰스 틸리(C. Tilly)는 기원후 990년부터 유럽에는 제국, 도시국가, 민족국가 등 다양한 유형의 국가가 존재하였으나, 결국 하나의 형태, 즉 민족국가 형태로 수렴되었다고 본다. 찰스 틸리는 다양한 형태의 국가가 모두 민족국가의 형태로 수렴된 이유를 '전쟁'에서 찾았다. 민족국가 형태가 전쟁을 수행하는 데 가장 효율적인 형태였으므로 다른 국가들도 민족국가 형태로 수렴하게 되었다. 국가에 관한 역사사회학의 입장은 신현실주의 비판으로 이어진다. 신현실주의는 민족국가형태를 보편타당하게 주어진 실체로 보기 때문이다. 민족국가는 역사적으로 만들어진 산물일 따름이다.

4. 탈실증주의의 한계

(1) 기존의 이론들에 의해서 생산된 실질적인 성과들을 무시 또는 경시하는 경향이 있다. 예컨대, 무정부상태를 전면적으로 부정하고 있으나 실제로 무정부성은 존재하고 있다.

(2) 극단적 상대주의의 위험을 안고 있다. 진리를 주장하는 것에 대한 최소한의 공통 기반은 필요하다.

(3) 현실에 있어서 물질적 제약의 중요성을 저평가하고 있다.

● 실증주의와 탈실증주의 비교

구분	실증주의	탈(반)실증주의
보편타당한 사회법칙의 존부	존재	부재
가치중립성	인정	부정
방법론	양적 접근	질적 접근
진리의 성격	객관적·절대적	주관적·상대적
국제정치학파	신자유주의, 신현실주의	탈근대론
사회적 사실의 근본	물질(유물론)	관념(관념론)

주요개념 국제정치이론 총론

- **개체론(individualism)**: 구조가 개인의 총합과 그들의 상호작용으로 분해될 수 있다는 견해이다. 개체론의 입장을 취하는 국제관계이론은 단위의 성격과 이익에 관한 가정(대체로 국가 및 권력이나 부의 추구)에서 출발하여 어떻게 광범위한 구조(대개 권력의 배분)가 국가가 행동하는 방식을 제한하고 국제정치에서 특정 양상을 만들어 내는지를 검토한다. 개체론은 전체론과 대조된다.

- **전체론(holism)**: 구조는 부분의 합 이상이며 단순화할 수 없을 정도로 사회적이기 때문에 개별 단위나 그들의 상호작용으로 분해될 수 없다는 견해이다. 구조의 영향은 단지 행위자를 제약하는 것을 넘어 그것들을 구성하는 데 이른다. 구성주의는 국제구조가 행위자들의 정체성과 이익을 형성한다고 생각한다.

- **구조(structure)**: 사회과학에서 구조는 행위자와 독립적으로 존재하지만, 본질적으로 행동의 중요한 결정요인이다. 현대의 구조적 현실주의자들은 국제체제에서 강대국의 수가 구조를 만든다고 본다.

- **국가주권(state sovereignty)**: 베스트팔렌조약의 성립 이후의 질서에서 주권의 힘과 민족국가의 권위는 변화하였지만 반드시 쇠퇴한 것은 아니다. 오늘날 주권은 점차 민족, 지역, 지구적 권위 사이에서 권력과 권위를 공동으로 행사하는 것으로 이해된다.

- **다원주의**: 현실주의 접근법에 대비되는 국제정치의 이론적 접근법이다. 모든 조직화된 집단이 정치행위자로서 잠재력을 갖고 있다고 가정한다. 다원주의는 각 행위자가 각자가 추구하는 목적을 이루기 위해 지지를 얻어내는 과정을 주로 분석대상으로 삼는다. 자유주의가 주목하는 행위 주체는 NGO, 기업, 국제기구이다. 다원주의는 때로 자유주의라고도 불린다.

- **국제정치이론에서 인식론과 존재론**: 원래 철학에서 인식론은 인간이 객관적 사실을 어떻게 인식하는지, 인간이 지닌 지식의 기원과 구조를 파헤치는 방법을 사용하여 진리를 탐구하는 학문분야이다. 이에 비해 존재론은 객관적 사물이나 사실을 있는 그대로 설명하는 방법을 사용하여 진리를 탐구하는 학문분야이다. 존재론은 사물이나 사실이 신이나 절대자와 같이 사물이나 사실에 선행하는 존재를 생각하지 않고 그것들을 있는 그대로 보려는 입장이다.

- **제3논쟁**: 현실주의와 자유주의 두 패러다임을 중심으로 발전해온 냉전시대의 국제정치이론은 1990년대에 들어와 탈근대주의의 조류와 맞물리면서 커다란 변화를 겪게 된다. 무엇보다도 양대 패러다임 내에서 고착된 시각과 인식을 보다 유연한 형태로 바꾸려는 노력이 돋보였다. '제3의 논쟁'을 통해 활발하게 전개된 인식론의 논의는 이런 점에서 국제정치학의 지평을 한 단계 넓히게 되었다. 탈근대주의의 영향은 진리의 절대적 속성을 거부하고 주어진 상황과 인식의 한계를 반영하여 세상을 볼 수밖에 없다는 상대주의적 인식론을 확산시켜왔다. 비판이론과 해석학, 구성주의이론의 등장은 20세기 말의 국제정치이론 논쟁 속에서 보다 다원적이면서 관용적인 자세를 요구하게 된다. 인식에 따라 이론도 달라질 수밖에 없다는 것이다. 하지만 이러한 인식론의 논의가 지나치게 발달하게 되면서 '과연 진리는 인식에만 의존하는가?'에 대한 심각한 고민도 아울러 등장하게 된다. 즉, '인식하지 못하면 진리라고 할 수 없는가?'의 질문이 제기되었는데, 탈근대주의적인 담론들은 이에 대해 설득력 있는 대답을 하지 못하게 되었다. 이러한 한계는 다시 현실의 문제를 더욱 절박하게 이해하고 대안을 강구해야만 하는 국제정치학의 존재론적 문제의식을 다시 자극하게 된다. 1990년대를 통해 다양한 대항담론들이 등장하면서 비판적인 이론과 세상을 바라보는 인식론적 논의에만 너무 집착해왔다는 반성이 이러한 방향 전환의 배경을 이룬다. 알렉산더 웬트가 자신의 저서에서 강조한 '과학적 실재론' 역시 인식론과 존재론의 적절한 결합을 통해서만 올바른 이론의 구축이 가능하다는 입장을 보이고 있다.

- **현실주의**: 국제정치의 이론적 접근법의 하나로서 모든 국제관계를 권력 추구에 몰두하는 국가 간 관계로 분석한다.

제2장 현실주의

> **출제 포커스 및 학습방향**
>
> 현실주의이론은 고전적 현실주의, 행태적 현실주의, 신현실주의, 신고전현실주의로 대별되며, 국제정치이론의 중심축을 형성하고 있다. 각 이론들의 세부적인 내용, 현실주의이론 간 비교, 현실주의이론과 다른 이론 간 비교, 주요 학자들의 입장 등을 중심으로 세밀하게 정리해 두어야 한다. 최근 이슈동향을 고려하면 특히 억지이론, 동맹이론, 세력전이이론, 연성권력론 등이 출제될 가능성이 높다.

제1절 총론

1 의의

현실주의라는 말 자체는 이러한 이론들의 중심인물들인 카(E. H. Carr), 한스 모겐소(Hans J. Morgenthau) 또는 라인홀드 니버(Reinhold Niebuhr)와 같은 학자들이 자신들의 견해를 주장하면서, 자신들이 비판하는 이상주의로부터 자신들을 구별하기 위해 처음 만들어낸 것이었다. 현실주의 패러다임의 기본적 특징은 정치문제를 설명함에 있어 권력과 관련되는 제반현상, 특히 권력투쟁이 모든 정치현실 중 국제정치의 설명에 있어 중심적 위치를 차지한다고 보는 점이다. 이러한 권력 중심적 주장은 두 가지의 복합적인 의미를 지니고 있는데, 하나는 국제정치 또는 일반적 정치문제를 설명함에 있어 도덕 중심적 논의가 회피되어야 한다는 점이고 다른 하나는 국제정치의 분석에서는 효과적 권력의 조직 및 사용의 유일한 주체인 국가가 중심적인 탐구대상이 되어야 한다는 점이다.

2 주요 가정

현실주의자들이 공통적으로 기초하고 있는 가정은 국가에 대한 가정과 국제체제에 대한 가정으로 나눌 수 있다.

1. 국가에 대한 가정

현실주의는 국가의 '주요 행위자성', '통합성', '합리성'을 가정한다. 즉, 국가는 국제관계에 있어서 유일하고 가장 중요한 행위자이다(주요 행위자성). 또한 국가는 통합된 행위자로서 국가이익을 일률적으로 추진하며 언제나 하나의 목소리를 내는 구성체로 가정(통합성)되며 국가는 냉철한 손익 계산에 의해 이익의 극대화를 시도하는 주체(합리성)이다.

2. 국제체제에 대한 가정

현실주의는 국제체제를 무정부상태라고 가정한다. 무정부상태의 의미는 정당한 권위(정부)가 부재한 상태를 의미하는 것과 함께 홉스적 자연상태를 의미한다.

3 발달사

1. 고전적 현실주의

고전적 현실주의는 제1차 세계대전 이후의 베르사유체제와 전간기 국제관계에 있어서 영국과 미국 등 강대국들의 대외정책을 비판하면서 등장하였다. 이들은 제2차 세계대전이 권력정치의 속성을 의도적으로 간과하고, 법률주의(Legalism)적 정향을 보여준 대외정책의 한계로 발생하였다고 평가하였다. 이러한 분석하에 세력균형과 신중한 외교를 통해 국제질서를 안정화시킬 것을 주장하였다. 모겐소(Morgenthau), 니버(Niebuhr), 카(Carr) 등의 고전적 현실주의자들은 역사적 사건 분석과 이에 대한 직관을 통해 고전적 현실주의이론을 체계화하였다.

2. 행태주의적 현실주의

행태주의적 현실주의는 1950년대 미국의 보수주의적 흐름을 배경으로 하여 보다 가치중립적인 이론화를 시도하면서 정립되었다. 이들은 실증주의 방법론을 전격적으로 수용하여 사회법칙에 대해 실험과 계량화와 같은 자연과학적 방법론을 적용하여 발견해 내는 것을 국제정치학의 학문적 목적으로 설정하였다. 개념의 조작적 정의에 따른 양적 접근을 중시하는 행태주의자들은 고전적 현실주의 존재론을 공유하면서도 인간성 등 확인 불가능한 사실을 이론적 출발점으로 삼는 것은 반대하였다. 행태주의 이론은 국제체제이론, 게임이론, 억지이론, 합리적 외교정책론 등의 체계화라는 성과를 거두었다.

3. 국제체제이론

카플란(M. Kaplan)에 의해 정리된 국제체제이론은 체제수준의 행태주의적 현실주의 이론을 대표하는 이론이다. 국제사회를 하나의 '체제(system)'로 개념화하고, 행위자들이 유형화된 행위패턴에 의해 체계안정화를 추구한다는 것이 체제이론의 요지이다. 특정 체제는 행위자들 간 상호작용이나 환경과의 상호작용과정에서 새로운 체제로 변화되고 새로운 원칙에 따라 항상성을 유지해 나간다. 카플란의 체제이론은 현실주의이론의 과학화 및 보편이론화를 추구한 왈츠(K. Waltz)에 의해 환원주의로 비판을 받았다.

4. 억지이론(deterrence theory)

억지이론은 행태주의라는 이론적 배경과 미국과 소련의 핵군비경쟁이라는 현실적 배경에서 탄생한 이론이다. 핵무기에 의한 대규모 전면전이 가능한 상황에서 공격을 해 오는 경우 대규모 응징을 하여 공격을 통해 얻는 이득이 비용보다 적다는 사실을 확신시켜 공격을 좌절시키는 것이 억지이다. 억지이론은 효과적으로 핵억지가 달성되기 위해서는 미국과 소련이 모두 제2차 보복공격능력을 가지는 것이 필요함을 확인시켜 냉전체제를 안정화시키는 하나의 요인이 되었다.

5. 게임이론

국가가 합리적 행위자라는 존재론과 연역적 행태주의 접근법이 결합하여 게임이론이 탄생하였다. 현실주의적 존재론에 따르면, 국제정치는 합리성을 지닌 소수의 강대국들이 안보나 권력을 위해 전략적 경쟁을 벌이는 것으로 묘사된다. 이러한 상황을 모형화하여 국제정치를 분석하고 전망하는 것이 게임이론이다. 대표적인 모형이 '죄수의 딜레마게임(Prisoner's Dilemma Game, PD게임)'과 '겁쟁이게임(Chicken Game)'이다. PD게임은 무정부하에서 협력을 통한 이득이 존재함에도 불구하고, 생존이 보장되지 않는 국제체제의 무정부성 때문에 협력이 어렵다는 것을 보여주었다. 한편, 겁쟁이게임은 핵억지상황, 즉 최악의 상황을 상호 회피하고 있는 상황을 적절하게 설명해 주었다.

6. 세력전이이론

오간스키(A. F. K. Organski)는 1950년대 세력전이이론을 제시하면서 고전적 현실주의자들의 세력균형론에 도전하였다. 오간스키는 시대적 상황 변화에 따라 이를 설명하기 위한 모형도 변경되어야 한다고 주장하면서, 세력균형론은 산업화 이전의 19세기적 국제정치를 적절하게 설명할 수 있으나, 대부분의 국가들이 산업화시기에 접어든 제2차 세계대전 이후 국제정치를 설명하지 못한다고 하였다. 그는 국제체제가 최강대국을 정점으로 하는 힘의 위계체제로 존재한다고 보고, 국제체제의 불안요인은 2차 강대국이 급격한 산업화를 통해 최강대국에 군사적 도전을 가하는 것이라고 보았다. 이러한 패권전쟁을 통해 최강대국의 지위가 바뀐다고 본다.

7. 패권안정론

패권안정론은 1960년대 이후 국제경제체제의 불안정과 미국의 힘의 쇠퇴 간의 상관관계를 주장하면서 제시되었다. 즉, 1970년대 강대국들이 비관세장벽을 도입하기 시작하면서 국제무역체제의 개방성이 점차 낮아지기 시작하였다. 패권안정론은 그 이유를 독일과 일본의 경제적 부상에 따른 미국의 경제적 힘의 쇠퇴, 베트남전쟁에서 패배로 인한 군사적 힘의 쇠퇴 등 미국의 힘의 약화의 결과라고 본 것이다. 길핀(Gilpin), 크라스너(Krasner) 등의 신현실주의이론가들에 의해 발전된 패권안정론에 대해서는 경험적 측면에서 반증들이 제시되었고, 이론적으로도 패권쇠퇴와 자유무역레짐쇠퇴에 대해서 신자유제도주의로부터 집중적인 공격을 받았다.

8. 구조적 현실주의

현실주의이론은 왈츠(K. Waltz)에 이르러 이론적 정교함이 완성되었다. 왈츠의 구조적 현실주의는 현실주의적 가설과 명제를 연역적으로 설명하여 현실주의이론의 체계화에 기여하였다. 그의 이론은 이전의 고전적 현실주의, 행태주의 및 상호의존론을 비판하였다. 고전적 현실주의에 대해서는 분석수준 문제를 제기하면서 인간이나 국가 등 단위수준이 아니라 '국제체제'수준에서 이론화할 것을 주장하였다. 행태주의적 현실주의에 대해서는 실증주의적 접근을 공유하면서도 환원주의로 비판하였다. 즉, 국제정치현상을 체제수준이 아닌 단위체수준으로 환원하여 분석하였다는 것이다. 한편, 자유주의계열의 상호의존론에 대해서는 상호의존이 국제정치의 독립변수라는 점, 상호의존이 안보관계를 안정화한다는 점 등을 집중적으로 비판하였다. 상호의존은 국제체제의 무정부적 성격의 영향을 받는 과정에 불과하기 때문에 상호의존이 국제관계를 안정화시킨다고 단정하기 어렵다고 본다. 왈츠의 구조적 현실주의는 국제협력 및 제도화의 가능성문제에 있어서는 비판적 입장을 견지함으로써 패권안정론 및 신자유제도주의로부터 도전을 받았다.

9. 패권순환론

1970년대 패권안정론에 의해 미국 패권의 쇠퇴에 대한 논쟁이 제시된 이후 미국 중심 패권체제의 안정성과 패권체제 변화에 대한 이론이 지속적으로 제시되었다. 오간스키(Organski)와 길핀(Gilpin)을 포함하여 모델스키(Modelski), 월러스타인(Wallerstein), 폴 케네디(Kennedy) 등이 이러한 입장을 취하였다. 이들 가운데에서도 패권이 주기적으로 교체되는지, 패권전쟁이 필연적인지에 대해서는 의견이 일치하지 않는다. 예컨대, 오간스키는 패권의 주기적 교체를 언급하지 않았으나, 월러스타인이나 모델스키는 패권이 100년을 주기로 순환한다고 하였다. 한편, 패권전쟁에 있어서도 길핀은 패권전쟁만이 체제불안을 해소하는 유일한 길이라고 보나, 모델스키는 역사적 피드백 효과로 패권전쟁이 불가피한 것은 아니라고 본다. 패권순환론은 최근 중국의 부상이라는 현상 때문에 새롭게 주목을 받고 있다.

10. 공세적 현실주의

냉전 종식 이후 형성된 미국 중심의 단극질서를 배경으로 미어샤이머(J. Mearsheimer)는 이른바 공세적 현실주의(Offensive Realism)이론을 제시하여, 미국의 패권전략을 정당화시켜 주고 있다. 국제체제의 무정부성에서 분석을 시작한 미어샤이머는 모든 국가들이 권력의 최정점을 차지하기 위한 경쟁은 피할 수 없다고 본다. 패권국가만이 안보를 확신할 수 있기 때문이다. 이러한 미어샤이머의 입장은 그의 스승인 왈츠(Waltz)의 '방어적 현실주의(Defensive Realism)'와 대비된다. 왈츠는 국가들이 안보를 최상의 가치로 여기기 때문에 권력의 적정화를 추구한다고 가정하였다. 미어샤이머는 국제체제의 무정부성을 보다 비판적으로 본다는 점이 본질적인 차이점이다.

11. 신고전현실주의(neoclassical realism)

신고전현실주의라는 명칭은 로제(Gideon Rose)가 처음으로 사용한 용어로서 고전적 현실주의의 부활을 의미하는 한편, 고전적 현실주의의 단순한 부활을 넘어 신현실주의와 고전적 현실주의의 종합을 의미한다. 신고전현실주의는 신현실주의에 대한 불만에 기초하여 등장하였다. 특히 신현실주의의 예측과 달리 미국 중심 패권질서에 대항하여 세력균형이 형성되지 않은 것을 비판하였다. 이러한 문제점을 해결하기 위해 신고전현실주의자들은 신현실주의자들이 배제하였던 '국내변수'를 분석에 포함시킬 것을 주장한다. 스웰러(Randall L. Schweller), 로벨(Steven E. Lobell), 데이빗손(Jason W. Davidson) 등이 주요 신고전현실주의자들이다.

제2절 | 고전적 현실주의(classical realism)

1 의의

고전적 현실주의(전통적 현실주의)는 전간기 국제정치체제의 불안정과 제2차 세계대전의 발발을 계기로 등장하였다. 제2차 세계대전의 발발을 저지할 수 없었다는 무기력함이 법에 의한 지배와 국제기구에 대한 신뢰 등을 무너뜨리고 이상주의의 가정과 결론에 새로운 평가를 가하도록 한 것이다. 고전적 현실주의는 제2차 세계대전 이후 현실주의 패러다임의 사상적 기초를 형성하였으며 이후 행태적 현실주의에 의해 대체되었다.

2 가정

고전적 현실주의는 현실주의 패러다임의 기본가정 외에 몇 가지 가정을 추가하고 있다.

(1) 국가들 사이에 이익의 조화란 존재하지 않으며 국제관계는 본질적으로 갈등적이고 무정부상태가 정상적인 것이다.

(2) 지리적 위치(geography)나 인간성(human nature)과 같은 거의 변하지 않는 요인이 국가의 행위를 결정짓는다. 인간은 본질적으로 선하지 않고 이기적이며 사악하고 권력지향적이며, 이러한 성향은 정치개혁이나 교육을 통해 변화되는 데에는 한계가 있다.

(3) 국제정치에서의 도덕과 개인적 도덕 또는 보편적 도덕은 다르다. 국제체제는 무정부상태이므로 국가 내부에서의 행동을 규율하는 기준을 적용할 수 없다.

3 사상가

1. 슈만(Fredrick L. Schuman)

슈만은 1933년 『국제정치학』(International Politics)이라는 책을 출간하여 이상주의를 비판하고 현실주의로의 이행을 선도하였다. 슈만은 공통정부가 없는 국제체제를 약육강식의 원리가 지배하는 세계로 바라보고 이러한 상황에서 국가는 자력구제를 목표로 행동해야 함을 강조하였다. 그는 국제정치란 본질적으로 권력투쟁(power struggle)이며 민족주의(nationalism)와 제국주의(imperialism)로 구체화되어 발현된다고 하였다.

2. 에드워드 H. 카(E. H. Carr)

(1) 이상주의 비판

카의 이상주의에 대한 비판은 두 가지로 요약할 수 있다.

① 이상주의가 주장하는 '이익의 자연조화가설'은 국제체제에서 지배적 위치를 가지고 있는 국가가 자신의 특권적 지위를 정당화시키기 위해 만들어내고 약소국에 강요한 논리라는 것이다. 예컨대 19세기 패권국인 영국에 의해 제시된 자유무역이 세계적 번영을 촉진한다는 논리는 영국의 이익을 보장하기 위한 것에 불과하다고 본다.

② 윌슨식의 이상주의는 전쟁의 재발을 방지하고자 하는 열망에 지나치게 집중한 결과 국제정치의 인과관계를 냉철히 분석하는 데 실패하였다. 국제적 경찰력 혹은 '집단안보' 개념의 옹호자들은 이러한 계획들이 상황분석의 결과 언제, 어떻게 가능하다는 분석을 제시하기보다는 이러한 계획들이 실현되었을 때의 여러 가지 이점을 제시한다거나 이러한 계획이 실패하였을 경우의 참사를 과장함으로써 이들이 반드시 실행되어야 한다는 논리를 내세웠다는 것이다. 그러나, 이러한 이상주의적 사고의 결과는 제2차 세계대전의 발발이라는 참담한 것이었다.

(2) 현실주의의 장점과 한계

카는 현실주의적 사고의 장점을 부각시키면서도 그 한계점도 지적한다. 우선, 카는 현실주의 사고방식이 여러 가지 몽상적인 계획들의 실패로 이어지는 이상주의적 단계를 마감하게 함으로써 이상주의의 유토피아니즘적 사고를 극복할 수 있다고 본다. 현실주의는 사실의 수용과 인과관계의 분석을 중시하면서 목적의 역할을 상대적으로 경시하고, 사건의 연쇄를 분석하는 데 사고의 기능을 제한하고자 한다. 한편, 카는 현실주의자들은 역사를 너무 비관적으로 보며 고정된 인과율을 과장하여 결정주의(determinism)에 빠져서 역사과정을 변혁하는 힘을 가지지 못하게 되었다고 비판한다.

(3) 이상주의와 현실주의의 종합

카는 올바른 국제정치이론은 이상주의의 요소인 도덕적 가치와 현실주의적 요소인 권력에 기초를 두어야 한다고 주장함으로써 이상주의와 현실주의의 종합을 강조하였다. 카는 권력의 요소를 무시하는 것이 이상주의적이라면 세계질서에 있어서 도덕의 요소를 무시하는 것은 비현실적이라고 본다. 국내정치와 마찬가지로 국제정치에서도 노골적인 권력(naked power)에 대해 인류는 저항할 것이므로 도덕성이 중요하다고 하였다.

에드워드 H. 카(Edward Hallett Carr, 1892년 ~ 1982년)

카는 영국의 외교관, 국제정치학자, 역사가이다. 케임브리지대학에서 고전학(Classics)을 우수한 성적으로 수료한 후 1916년부터 영국 외무성에서 근무하다가 제1차 세계대전 종결을 위한 파리강화회의에 참가하였다. 1936년부터 연구생활에 들어가 제2차 세계대전 중에 『더 타임즈』의 부편집장을 역임한 뒤, 1953년부터 케임브리지대학에서 소련사 연구에 몰두하였다. 1939년에 저술한 『20년의 위기』에서 카는 19세기 이래의 자유주의사상을 국제정치에 적용하려는 이상주의(유토피아니즘)에 대해서 여론과 규범의식으로 국제평화가 달성된다고 믿는 입장은 국제정치의 권력적 요소를 무시하고 있으며, 구체적인 문제해결로 이어지지 않는다고 지적하면서 현실주의(리얼리즘)의 필요성을 설파하였다. 그리고 이 책은 국제정치학의 고전으로서의 지위를 획득하였다. 다만, 이 책은 국제정치의 목적과 가치의식을 설정함에 있어서 이상주의의 의의를 인정하고, 이상주의를 배제한 현실주의는 냉소주의(시니시즘)로 전락할 것이라고 주장하였다는 점에서 이상주의와 현실주의의 조합을 역설한 것이라고 할 수 있다. 제2차 세계대전 후 카는 국제정치 연구를 떠나 소련사 연구에 학문적 열정을 쏟았고, 그 결과 방대한 저작을 남겼다.

3. 모겐소(Hans J. Morgenthau)

(1) 서설

모겐소는 1948년 『Politics Among Nations』라는 책을 발간하여 이상주의와 카(Carr)의 도덕적 현실주의를 비판하고 전통적 현실주의를 체계화하였다. 모겐소는 이상주의의 법적·제도적 접근법의 위험성을 강조하였으며 집단안전보장 및 사법적 해결과 같은 국제제도의 실효성과 평화적 변화의 가능성에 대해 깊은 회의를 보여주었다. 그는 인간이 이기적·권력지향적인 것처럼 국제정치에서 국가도 권력지향성을 띠기 때문에 국제정치는 기본적으로 권력정치라고 본다.

(2) 현실주의의 여섯 가지 원칙

① **법칙에 대한 이해**: 정치란 인간성에 내재해 있는 불변의 객관적인 법칙에 의해 지배된다. 사회를 개선하기 위해서는 이러한 법칙에 대한 이해가 필요하며, 이러한 객관적 법칙을 반영한 이론을 개발해야 한다.

② **현실주의의 중심개념**: 정치적 현실주의의 중심개념은 '권력으로 정의된 국가이익(national interest defined in terms of power)'이며 국가는 '권력으로 정의된 국가이익'을 추구한다.

③ **국가이익의 가변성**: 국가가 권력으로 정의된 국가이익을 추구한다는 것은 불변의 진리이나 권력이나 국가이익의 내용 자체는 가변적이며 역사적 상황이나 정치적·문화적 맥락에 따라 달라질 수 있다.

④ **국제정치에서의 도덕**: 보편적 도덕원리는 그대로 국가행동에 적용될 수 없다. 즉, 보편적 도덕원리의 기준에서 비도덕적인 행위라 하더라도 국제정치적으로 도덕적일 수 있다는 것이다. 국가는 자국과 자국민을 보호하는 것이 최대의 의무이므로 권력으로 정의된 국가이익을 추구하는 것은 가장 도덕적 행위인 것이다.

⑤ **특정 국가의 도덕적 열망과 보편적 도덕법칙의 구분**: 정치적 현실주의는 특정 국가의 도덕적 열망과 세계를 지배하는 도덕법칙을 동일시해서는 안 된다고 주장한다. 국가는 외교정책을 추구할 때 보편적인 도덕법칙으로 정당화해서는 안 되며, 이는 자칫 더 큰 비극을 부를 수 있다. 어느 특정 민족주의와 신의 뜻을 동일시하는 것은 도덕적으로 용서받을 수 없으며 정치적으로도 유해하다. 십자군적 광란의 맹목성은 도덕 원칙이나 이념 혹은 신의 뜻이라는 명목하에 결국 문명과 국가를 파괴하는 왜곡된 판단을 초래하는 경향이 있기 때문이다. 이러한 현상을 피할 수 있게 해 주는 것이 권력으로 정의되는 이익의 개념이다. 따라서 이것이 행동의 규범이 되어야 하며, 이를 통해 이익의 절제가 가능하다.

⑥ **정치적 영역의 독자성**: 정치적 현실주의는 정치적 영역의 독자성을 강조한다. 정치적 현실주의는 '권력으로 정의되는 이익'의 관점에서 생각해야 한다. 정치적 현실주의자는 '이 정책이 국가의 권력에 어떻게 영향을 미칠 것인가'라고 질문해야 하며 법적·도덕적 접근을 해서는 안 된다. 또한 도덕이나 법률, 규칙과 행위의 적합성이란 기준에서 생각해서도 안 된다. 인간본성의 다원성을 인정하지만 만일 '정치적 인간'을 이해하고자 할 때에는 당분간 다른 인간본성들로부터 동떨어져, 정치적 측면만이 인간본성의 유일한 본질인 것처럼 다루어야 한다. 결국 정치적 인간을 이해하고자 할 때는 '권력으로 정의되는 이익'의 개념만을 적용해야 한다고 주장한다.

(3) 인간관 및 국제정치관

모겐소는 인간관으로부터 국제정치관을 도출한다. 그에 의하면 인간은 타인에 대한 배려 없이 자신의 이해관계를 위해 행동하는 이기적 성향을 가지고 있으며 무제한적 권력욕을 가지고 있다. 따라서 정치의 본질은 권력투쟁이며 국제정치 역시 권력투쟁이 본질이다. 즉, 모든 국가는 권력이 대체성(fungibility)을 가지기 때문에 권력으로 정의된 국가이익을 추구한다는 것이다.

(4) 현실주의 외교정책

국제정치를 권력추구(권력투쟁)로 보고 이를 권력의 유지·증가·시위라는 세 유형으로 세분화하며, 각각 현상유지정책, 제국주의정책, 위신정책으로 정의한다.

(5) 세력균형

모겐소는 모든 국가가 권력의 극대화를 추구하기 때문에 힘의 균형을 통해서만 국제체제의 안정이 유지될 수 있다고 본다. 국가들은 직접 대립이나 경쟁을 통해 세력균형을 유지한다. 모겐소는 세력균형을 통한 안정 유지가 불가피하다고 보는 한편, 세력균형의 문제점도 지적한다. 국력은 정확하게 평가하는 것이 어렵고(세력균형의 불확실성), 국가들은 힘의 균형보다는 '안전의 여지(margin of safety)'를 추구하며(세력균형의 비현실성), 제2차 세계대전 이후의 국제체제에서는 국가들 간 지적 동질성과 도덕적 합의가 존재하지 않는다(세력균형의 부적합성)는 것이다.

한스 J. 모겐소(Hans Joachim Morgenthau, 1904년 ~ 1980년)

독일 코부르그의 유태계 가정에서 태어나 뮌헨대학과 제네바 국제문제연구소에서 법률학과 외교사를 공부하였다. 이후 제네바에서 공법을 가르치다가 나치가 독일 정권을 장악하자 스페인을 거쳐 1937년 미국으로 건너갔다. 1943년부터 시카고대학에 적을 두었고, 후에 교수가 되었다. 낙관적인 자유주의와 진보주의에 대해 정치적 현실주의의 입장을 주장하면서 국제정치가 본질적으로 불변의 권력투쟁일 수밖에 없는 원인과 구조의 해명에 진력하였다. 1948년 처음 간행된 주저 『국가들 사이의 정치(Politics Among Nations)』로 국제정치 '현실주의' 연구의 태두라 불리는 존재가 되었다. 모겐소는 권력(Power)의 추구를 인간의 본질이라고 규정하고 국제정치를 국가 간의 권력투쟁으로 파악하였다. 국제정치에 참여하는 각국이 권력투쟁에서 패배하지 않기 위해서는 '국가이익'을 외교지침으로 삼아야 하며, 국가들 사이에 항구적인 평화를 구축하는 일은 불가능하기 때문에 외교와 세력균형에 의한 전쟁 참화의 억제를 지향해야 한다고 주장하였다. 동시에 그는 18~19세기의 유럽처럼 이데올로기의 색깔이 없는 다극적인 세력균형을 이상으로 하면서, 냉전기의 미소 양극대립을 불안정하고 위험한 것이라고 생각하였다. 그런 점에서 모겐소는 케넌이나 월퍼스 등과 함께 미국 정부의 냉전정책에 자주 비판적이었고, 수에즈 위기 시의 UN외교와 베트남에 대한 군사개입도 맹렬하게 비난하였다.

4. 니버(Reinhold Niebuhr)

신학자인 니버는 이상주의자들을 비판하고 국제정치를 권력투쟁으로 본다. 니버는 국제정치의 본질이 권력투쟁인 이유를 인간의 원죄(original sin)에서 찾는다. 인간은 본질적으로 '생존의지' 및 생존을 위한 '권력에의 의지'를 가지고 있는 존재이다. 인간과 마찬가지로 국가 역시 권력에의 의지를 가짐으로써 현실정치는 권력정치적 양상을 보여주는 것이다. 한편, 니버는 모겐소(Morgenthau)와 달리 국제정치에서도 도덕이 필요하고 도덕을 추구해야 한다고 주장하였으며 권력은 자신의 이익을 위한 수단보다는 정의의 도구로서 보다 광범한 이익을 위해 사용되어야 한다고 역설하였다.

제3절 | 게임이론

1 의의

게임이론은 주어진 상황의 전략적 논리를 탐구하는 도구라고 할 수 있다. 즉, 둘 이상의 행위자의 결정이 그 상황의 결과를 공동으로 결정하는 상호의존의 결정상황에서 각각의 행위자가 어떻게 행동해야 가능한 한 최선의 결과를 가져올 수 있는가를 연구하는 것이 게임이론이다. 게임이론은 국가이익 개념의 모호성으로 인한 대외정책의 객관적 분석이나 과학적 평가의 결함을 보완하기 위해 등장한 것이다. 이것이 사회과학자들의 관심을 모으게 된 것은 1944년 존 폰 노이만(John von Neumann)과 오스카 모겐슈테른(Oskar Morgenstern)이 『게임이론과 경제적 행위(Theory of Games and Economic Behavior)』를 발표한 이후였으며, 이것을 국제정치학에 도입하여 국가 간 행위에 적용·발전시킨 이는 카플란(Kaplan)과 라포포트(Rapoport), 셸링(Schelling) 등이다. 또한, 게임이론은 국제정치학에서 국가 간 전략적 행동을 분석하는 데 널리 이용되고 있다.

2 게임이론의 기초

1. 게임이론의 구성요소

(1) 참가자(player)

게임에는 2인 또는 2인 이상의 참가자가 있어야 한다. 아울러 참가자들 간에는 최소한의 이익대립이 있어야 한다.

(2) 전략(strategy)

각 참여자에게는 선택할 수 있는 전략이 주어져야 한다. 2인이 하는 게임에서 어느 일방에게 선택의 여지를 주지 않는 상황이라면 게임은 무의미하다. 게임이론이 대상으로 하는 게임은 상대편의 결정에 의해 나의 행위결정이 영향을 받는 전략게임인데, 상대편이나 자신에게 선택할 수 있는 대안을 주지 않는 상황이 되면 그것은 적어도 전략게임이 아니기 때문에 게임이론의 대상이 되지 못한다.

(3) 보수(pay-off)

참가자는 자기가 선택한 전략에 따라 그 결과와 결부된 일정한 보수를 받게 된다. 참가자가 받는 보수는 상대편의 전략에 따라 달라진다. 즉, 한 참가자가 각개의 전략을 선택할 때마다 그 각각에 대하여 상대편이 선택할 수 있는 전략의 종류만큼의 다양한 보수를 받게 되는 것이다.

2. 게임의 분류

(1) 제로섬게임과 비제로섬게임

① **제로섬게임(zero-sum game)**: 참가자 한쪽이 얻는 이득이 다른 쪽이 잃은 손실과 같은 게임을 말한다. 즉, 한 참가자의 이득을 10이라고 하면 다른 참가자의 손실은 10이 되는 경우인데, 이 경우 두 참가자의 이득을 합하면 항상 제로(zero)가 되기 때문에 제로섬게임이라고 부른다.

② **비제로섬게임(non zero-sum game)**: 승자와 패자의 보수의 합이 0이 아닌 게임을 말한다. 예를 들어 한 참가자의 보수가 10이라고 할 때 다른 참가자의 보수가 -10이 아닌 경우를 말한다. 즉, 다른 참가자의 보수 역시 10이거나 혹은 5나 20일 수도 있다. 이처럼 비제로섬게임에서는 두 참가자 간에 갈등과 협력의 두 요소가 함께 작용할 수 있는 여지가 있어서 협력하기에 따라 양자에게 공히 상대적으로 좋은 결과가 돌아올 수도 있게 된다.

(2) 2인게임과 N인게임

참가자의 수에 따른 분류로서 참가자의 수가 2인이면 2인게임, 3인 이상이면 N인게임 또는 다자게임이라고 한다. N인게임이 2인게임과 달라지는 점은 참가자 간의 결탁(coalition)이라는 새로운 현상의 추가이다. 2인게임에서는 두 참가자가 서로 적대하여 게임을 하게 되지만, 참가자가 셋 이상인 N인게임에서는 참가자 중 일부가 편을 짜서 공동의 적에 대처하는 결탁현상이 일어나게 된다.

(3) 협력게임과 비협력게임

<u>참가자 간에 서로 어떤 전략을 택할 것인가에 대하여 사전에 협의할 수 있는 경우를 협력게임이라고 하고, 사전협의가 불가능하거나 협의하지 않고 게임을 할 경우를 비협력게임이라고 한다.</u> 2인 제로섬게임에서는 득실이 서로 상반되기 때문에 원칙적으로 협력이 있을 수 없다. 비제로섬게임에서는 협력이 가능한 경우와 그렇지 않은 경우가 있다. 그러나 N인게임에서는 공동승리를 위한 참가자 간의 결탁과 관련한 협력게임이 주종을 이룬다.

(4) 동시게임과 순차게임

동시게임이란 가위바위보를 하는 경우와 같이 각 참가자가 동시에 하나의 전략을 선택하는 게임을 말한다. 반면, 순차게임이란 한 참가자가 먼저 어떤 전략을 선택한 후 다른 참가자가 이를 보고 그에 대응하는 최선의 전략을 선택하게 되는 게임을 말한다. 순차게임을 전개형 게임이라고도 하며, 동시게임이 매트릭스(matrix) 형태로 표현되는 데 반해 순차게임은 게임나무(game-tree) 형태로 표현된다. 또한, 순차게임과 동시게임은 서로 형태를 바꾸어 표현하는 것이 가능하다.

(5) 1회게임과 반복게임

게임이 각 참가자의 단 1회의 전략 선택만으로 끝나는 게임을 1회게임이라고 하며, 그 이상 반복적으로 계속되는 게임을 반복게임이라고 한다. 반복게임에는 유한히 반복되는 유한반복게임과 무한히 반복되는 무한반복게임이 있다.

3. 게임의 균형(equilibrium)

(1) 개념

균형이란 어떤 경기자도 독자적으로 자신의 전략을 변경시킴으로써 보수를 증가시킬 유인이 없는 상태일 때 각 경기자의 전략의 조합을 말한다. 게임상황에서 각 경기자는 전략을 선택하고 그에 따라 보수를 얻게 된다. 그런데 만약 상대방의 전략이 주어진 상황에서 자신의 전략의 변경을 통하여 보수를 증가시킬 수 있다면 이는 균형이 아니다. 게임이론의 주된 목적은 전략적 상황하에서 균형을 찾는 것이며, 균형의 개념을 통하여 각 경기자가 어떠한 전략을 선택할지 예측해 볼 수 있게 된다.

(2) 내쉬균형(Nash Equilibrium)

내쉬균형이란 두 경기자가 선택한 전략의 조합이 상대가 그 전략을 유지하고 있는 이상 자신의 전략을 변경시킴으로써 더 큰 보수를 얻을 수 없기 때문에 그 조합의 상태에서 이탈할 유인이 없는 상태를 말한다. 내쉬균형의 의의는 상호작용 속에서 행동하는 두 참가자가 어떤 전략을 택했을 때 그것이 안정적으로 유지될 수 있는 것인지를 판단하는 기준이 된다는 점에 있다.

(3) 우월전략균형

우월전략이란 상대방이 어떤 전략을 취하더라도 그 각각의 경우에 대하여 항상 자신에게 최선의 보수를 가져다주는 대응전략을 말하는데, 물론 이는 항상 존재하는 것은 아니다. 그러나 우월전략은 2인게임에서 상대방이 어떠한 전략을 선택할지 모르는 불확실한 상황에서 최선의 대응전략을 제시해 준다는 의의가 있다. 특히 각 경기자들에게 모두 우월전략이 있을 경우 형성되는 균형을 우월전략균형이라고 하며, 이는 내쉬균형의 성질을 가진다.

3 게임의 유형 - 2 X 2게임을 중심으로

1. 죄수의 딜레마게임(Game of Prisoner's Dilemma, PD게임)

(1) 균형의 도출

죄수의 딜레마게임은 터커(A. W. Tucker)가 처음 고안한 것으로 위의 분류에 따를 때 비제로섬게임, 2인게임, 비협력게임, 동시게임에 속한다.

		용의자 2	
		묵비	자백
용의자 1	묵비	(3, 3)	(1, 4)
	자백	(4, 1)	(2, 2)

PD게임의 보수구조는 위와 같다. 이때 용의자 1과 용의자 2는 서로 상대방이 어떤 전략을 택할지 모르며 따라서 이는 비협력게임이다. 용의자 1로서는, 용의자 2가 묵비권을 행사한다면 자백하는 것(보수 : 4)이 묵비권을 행사하는 것(보수 : 3)에 비해 유리하며 용의자 2가 자백한다고 해도 역시 자백하는 것(보수 : 2)이 묵비권을 행사하는 것(보수 : 1)에 비해 유리하다. <u>따라서 용의자 1의 우월전략은 자백하는 것이 된다. 마찬가지로 용의자 2의 우월전략도 자백하는 것이므로, 이 게임에서는 용의자 1과 용의자 2 모두 자백하는 것, 즉 (자백, 자백)이 우월전략 균형이자 내쉬균형이 된다.</u>

(2) 시사점

이와 같은 보수구조상에서 (묵비, 묵비)는 (자백, 자백)에 비해 두 용의자 모두에게 더 큰 보수를 주지만 결코 균형이 될 수는 없다. 두 용의자 모두 상대방이 묵비권을 행사할 것이 확실하다고 생각한다면 자신은 자백함으로써 자신의 보수를 3에서 4로 높일 수 있기 때문이다. 두 용의자 모두 이런 가능성을 알고 있기 때문에 묵비권을 행사하지 않고 자백하게 되며 따라서 균형은 (자백, 자백)이 되는 것이다. 이 같은 선택에는 자신에 대한 방어동기가 작용하고 있다. 즉, <u>자신은 4가 아닌 3의 보수로 만족하기 때문에 상대방을 배신하고 자백하려는 마음이 없지만, 만약 상대방이 자신을 배신하고 자백한다면 자신의 보수가 3에서 1로 줄어들기 때문에 이같은 결과를 미연에 방지하려고 한다는 것이다.</u>

2. 치킨게임(겁쟁이게임, Chicken Game)

(1) 균형의 도출

<u>치킨게임(겁쟁이게임)은 어느 한 쪽도 양보하지 않고 극단적으로 치닫는 게임 상황을 일컫는다.</u> 이 용어는 1950 ~ 1970년대 미국과 소련 사이의 극심한 군비경쟁을 꼬집는 용어로 차용되면서 국제정치학 용어로 굳어졌다. 1950 ~ 1980년대의 남북한 군비경쟁, 1990년대 말 이후 계속되고 있는 미국과 북한 사이의 핵문제를 둘러싼 대립 등도 치킨게임의 대표적인 예이다. 치킨게임 역시 PD게임과 마찬가지로 비제로섬게임, 2인게임, 비협력게임, 동시게임에 속한다.

		행위자 2	
		회피	돌진
행위자 1	회피	(10, 10)	<u>(1, 50)</u>
	돌진	<u>(50, 1)</u>	(-100, -100)

치킨게임의 보수구조는 위와 같다. 행위자 1과 행위자 2가 서로를 향해 오토바이를 타고 돌진하는 극단적인 게임을 가정할 때, 행위자 1로서는 행위자 2가 회피한다면 돌진하는 것(보수 : 50)이 회피하는 것(보수 : 10)에 비해 유리하며 행위자 2가 돌진한다면 회피하는 것(보수 : 1)이 돌진하는 것(보수 : -100)에 비해 유리하다. 마찬가지로 행위자 2의 경우도 행위자 1이 회피한다면 돌진하고, 돌진한다면 회피하는 것이 유리하다. <u>따라서 해당 치킨게임에서 내쉬균형은 (돌진, 회피), (회피, 돌진)의 두 가지가 도출되며 우월전략은 존재하지 않는다.</u>

(2) 시사점

게임의 특징은 (돌진, 돌진) 시의 보수가 매우 낮다는 것이다. 즉, 서로를 향해 오토바이를 타고 돌진할 때 어느 누구도 핸들을 꺾어 회피하지 않는다면 상호공멸의 결과인 (-100, -100)에 이르게 되는 것이다. 따라서 누군가는 핸들을 꺾음으로써 이같은 최악의 상황을 회피하고자 하며 그 결과 두 개의 내쉬균형이 도출되는 것이다.

(3) 전략

상대방이 핸들을 꺾게 만들고 자신은 돌진한다면, 돌진하는 행위자는 50의 큰 보수를 얻을 수 있다. 따라서 자신의 보수를 극대화하고자 한다면 자신은 돌진하면서 상대방은 회피하게끔 하도록 만드는 것이 중요하다. 이를 위해서는 자신이 반드시 돌진할 것이라고 위협하고 그 위협이 신빙성을 수반해야 한다. 위협이 신빙성을 갖게 하는 방법으로는 첫째, 게임에 앞서 핸들을 아예 뽑아버리거나, 핸들을 꺾을 수 없도록 고정해버리는 방법 등이 있다. 둘째, 유리한 평판에 의존하는 것이다. 평판은 게임이 반복되면서 만들어진다. 예를 들어 만약 행위자 1이 이전의 게임에서 핸들을 꺾지 않고 돌진하는 행태를 보였다면 행위자 2는 행위자 1과의 게임에서 먼저 핸들을 꺾을 수밖에 없을 것이다.

3. 사슴사냥게임(Stag Hunt Game)

(1) 균형의 도출

루소(J. J. Rousseau)가 '인간불평등 기원론'에서 인간은 왜 공동의 이익을 이룩하는 데 실패하고 장기적 안목에 의한 이익 계산을 하지 못한 채 근시안적으로 당면 이익만을 추구하는가에 대하여 사슴사냥의 우화를 들어 설명한 것을 케네스 왈츠(K. Waltz)가 게임이론으로 재구성한 것이다. 여기서 사슴은 타국과의 협력을 통해서만 얻을 수 있는 큰 이익을 뜻하고 토끼는 타국과의 협력 없이도 얻을 수 있는 작은 이익을 뜻한다.

		행위자 2	
		사슴	토끼
행위자 1	사슴	(6, 6)	(0, 3)
	토끼	(3, 0)	(1, 1)

사슴사냥게임의 보수구조는 위와 같다. 행위자 1과 행위자 2가 모두 사슴을 쫓아 사슴사냥에 성공한다면 두 행위자 모두 6씩 보수를 얻게 되나, 둘 중 한명이 이탈하여 토끼를 쫓을 경우 토끼를 사냥한 행위자는 3의 이득을 얻는 반면 사슴을 쫓던 행위자는 사슴 사냥에 실패하여 0의 이득을 얻게 된다. 즉, PD게임과 다른 점은 사슴사냥에 대한 협력으로부터 혼자 이탈하여 토끼를 쫓는다고 하더라도 협력에 대한 보수(6)에 비해 더 적은 보수(3)만을 얻게 된다는 점이다.

여기서 내쉬균형은 (사슴, 사슴)과 (토끼, 토끼)의 두 가지가 도출되며 우월전략은 없다. 이때 두 행위자가 미니맥스(Minimax)전략, 즉 위험을 최소화하는 전략을 선택하였다면 균형은 (토끼, 토끼)가 된다. 반대로 위험지향적인 맥시맥스(Maximax)전략, 즉 자신의 가능한 보수를 극대화하는 전략을 선택하였다면 균형은 (사슴, 사슴)이 될 것이다.

(2) 시사점

상대의 보수구조를 모르는 상태에서 (토끼, 토끼)의 결과를 경험한 다음 서로의 효용구조를 알게 되면 이들은 협의를 통해 미니맥스(Minimax)전략 대신 사슴사냥에 협력하는 전략을 선택하기로 합의할 수 있게 된다. 즉, 사슴사냥게임은 국제관계에서 보수구조를 모름으로 인해 갈등이 생기거나 협력체제의 구축이 어려울 수 있으나, 일단 상호 협의에 의해 상호 협력을 위한 어떤 레짐을 구성한다면 이런 종류의 협력 기제는 안정성이 있다는 것을 말해준다.

4. 교착 게임(Deadlock Game)

(1) 균형의 도출

		행위자 2	
		협력	배반
행위자 1	협력	(2, 2)	(1, 4)
	배반	(4, 1)	(3, 3)

교착 게임의 보수 구조는 위와 같다. 이 게임은 (협력, 협력)의 보수보다 (배반, 배반)의 보수가 더 높은 것이 특징이다. 즉 각 행위자는 각자 배반하는 전략을 우월전략으로 가지며, 따라서 행위자1과 2가 모두 배반하는 (배반, 배반)이 우월전략균형이자 내쉬균형이 된다.

(2) 시사점

교착 게임에서는 (배반, 배반)이 우월전략균형이자 내쉬균형이기 때문에 각 행위자가 서로 협력할 유인이 없어 서로 비협조적 행태로 일관하게 되며 말 그대로 '교착 상태'에 빠지게 된다. 여기에는 배반도 의심도 있을 수 없으나 기본적으로 보수 구조 자체가 쌍방의 전면적인 갈등상황을 반영하여 가장 암담한 상황에 처하게 되는 것이다. 이 게임은 반복하여 시행하더라도 균형은 (배반, 배반)에 안착하게 되고, 결국 이 같은 상황을 타개하기 위해서는 보상 혹은 처벌을 통하여 보수 구조 자체를 바꾸는 수밖에 없다. 예를 들어 국제레짐 등을 통하여 협력 시 +2의 보상을, 배반 시 -2의 처벌을 가한다면 새로운 보수 구조는 아래 그림과 같이 변화하게 된다.

		행위자 2	
		협력	배반
행위자 1	협력	(4, 4)	(3, 2)
	배반	(2, 3)	(1, 1)

위와 같이 변화하는 경우 각 행위자에게 있어 협력이 우월전략이 되므로 (협력, 협력)이 우월전략균형이자 내쉬균형이 된다. 즉, 교착 게임 상황하에서는 국제협력의 창출을 위하여 국제기구 등 국제레짐의 역할이 중요해짐을 알 수 있다. 그러나 이와 같이 보수 구조가 바뀔 경우 이는 더 이상 교착 게임이 아니라는 한계가 있으며, 교착 게임의 보수 구조하에서는 결코 협력이 발생하지 않는다는 점을 분명히 해 둘 필요가 있다.

4 무한반복게임과 협력의 발생

1. 협력 발생의 가능성

협력이 필요하지만 협력을 달성하기가 가장 어려운 경우가 바로 죄수의 딜레마게임 상황이라고 할 수 있다. 죄수의 딜레마에서는 흔히들 오해하는 바와 같이 죄수들이 서로 떨어진 독방에 수감되어 의사소통을 할 수 없어서 협력이 일어나지 않는 것이 아니라, 의사소통을 허용하더라도 게임의 구조 자체가 죄수의 딜레마인 이상 협력이 일어나지 않는다. 그러나 게임을 1회 이상 계속하는 반복게임을 가정할 경우 협력의 발생가능성이 있다. 유한반복게임의 경우 일반적으로 1회게임과 마찬가지로 협력이 발생하지 않는다는 점이 알려져 있으며, 특히 무한반복게임에서 Tit - For - Tat전략 혹은 촉발전략(Trigger Strategy)을 이용할 경우 PD게임에서도 협력이 발생하게 된다.

2. 협력을 발생시키기 위한 전략

(1) Tit - For - Tat전략 - 협력의 신호 발송

Tit - For - Tat전략은 '눈에는 눈, 이에는 이'전략이라고도 하며, 이 전략을 사용하는 행위자는 처음에는 무조건 협조적인 전략을 택한다. 그리고 상대 행위자가 협조적인 한 나도 같이 협조적인 전략을 쓰지만, 상대 행위자가 비협조적일 경우 나도 같이 비협조적인 전략을 택한다. 그러나 비협조적이던 상대 행위자가 다시 협조적일 경우 나도 다시 협조적인 전략을 택하는 전략을 말한다. 이를 통해 상대 행위자에 대하여 자신은 협력할 용의가 있음을 알리게 되고 게임이 반복됨에 따라 상대 행위자도 이를 인식하여 둘 다 협력하는 전략을 택하게 된다는 것이다.

(2) 촉발전략(Trigger Strategy)

촉발전략이란 상대 행위자가 협조적인 한 나도 협조하지만, 상대 행위자가 단 한 번이라도 비협조적으로 나올 경우 나도 그 이후부터는 영원히 비협조적인 전략으로 나가겠다는 전략을 말한다.

		용의자 2	
		묵비	자백
용의자 1	묵비	(3, 3)	(1, 4)
	자백	(4, 1)	<u>(2, 2)</u>

앞에서 살펴본 PD게임에 있어 이를 무한반복한다고 가정하자. 먼저 용의자 1이 자신은 촉발전략을 사용할 것임을 용의자 2에게 알린 후 이 게임을 1회 실시 시, 용의자 1은 묵비권을 행사하나 용의자 2가 자백을 한다면 각각 1, 4의 보수를 얻게 된다. 이후 용의자 1은 촉발전략에 의해 영원히 자백하는 전략을 택하게 되며 마찬가지로 용의자 2도 자백하는 전략을 택하므로 두 행위자의 보수는 영원히 (2, 2)가 된다. 이때 할인계수(discount factor)를 w라 하면($0 \le w < 1$) 용의자 2의 보수는 $[4 + 2w + 2w^2 + \cdots]$가 되며 이 무한급수를 계산하면 $[4 + 2w/(1 - w)]$가 된다. 한편 게임을 1회 실시 시 용의자 1과 용의자 2 모두 묵비권을 행사하는 전략을 택한다면 용의자 1의 촉발전략에 의해 두 행위자는 계속해서 (묵비, 묵비)를 택할 것이고 따라서 보수는 (3, 3)이 된다. 이때 용의자 2의 보수는 $[3 + 3w + 3w^2 + \cdots]$가 되며 이 무한급수를 계산하면 $[3 + 3w/(1 - w)]$가 된다. 결국 용의자 2는 $[4 + 2w/(1 - w)] < [3 + 3w/(1 - w)]$인 경우 협조하는 전략을 택하게 되는데, '미래의 그림자(shadow of future)'가 길어질 때, 즉 w가 커질 때 협력의 가능성은 더욱 커지게 된다.

제4절 | 억지이론

1 의의

1. 억지의 개념

베일리스(John Baylis)에 의하면 억지란 한 정부가 상대국이 자기가 원하지 않는 행동을 하려 할 때, 만일 그런 행동을 하게 되면 감당하지 못할 손실을 입히겠다고 위협함으로써 그 행동을 하지 못하도록 하는 시도이다.

2. 구별개념

(1) 강요(compellence)

억지는 '강요' 또는 '강압적 외교(coercive diplomacy)'와 구분된다. 억지는 상대방이 특정 행위를 하지 못하도록 '소극적인 영향력(negative influence)'을 행사하는 반면, 강요는 상대방이 특정 행위를 취하도록 설득하는 '적극적인 영향력(positive influence)'을 행사한다.

(2) 방어

방어는 물리적인 것으로서 전쟁이 발발하면 작동하는 반면, 억지는 심리적인 것으로서 대부분 전쟁 발발 이전에 작동한다. 전쟁이 발발하면 억지는 실패하며 방어가 주된 역할을 한다. 방어는 상대의 의도와 행위에 무관하게 자력으로 안전을 확보하는 것이고, 억지는 상대의 공격의도를 좌절시켜야만 안전을 획득할 수 있다고 본다. 전통적으로 미국은 억지에, 소련은 방어에 큰 비중을 두었다.

2 유형

1. 재래식 억지와 핵억지

재래식 무기체계를 이용한 억지를 재래식 억지, 핵무기 출현 이후 핵을 이용한 억지를 핵억지라고 한다. 둘의 가장 큰 차이는 억지에 사용되었던 무기체계를 억지가 실패했을 때 방어용으로 사용할 수 있는가 하는 점이다. 재래식 억지에서는 재래식 무기체계가 억지 실패 시 바로 방어에 투입될 수 있다. 그러나 핵억지에서는 핵무기의 가공할 파괴력으로 인해 핵의 사용이 곧 상대의 핵보복을 초래하는 자살행위로 인식되기 때문에 억지용 무기체계가 방어용으로 전환되기 어렵다는 특징이 있다.

2. 직접억지와 확대억지, 일반억지와 긴급억지

잠재적 도전국의 공격의 대상이 자국일 경우를 직접억지(direct deterrence)라고 하고, 공격의 대상이 제3국인 경우는 확대억지(extended deterrence)라고 한다. 한편, 평시의 억지를 일반억지(general deterrence)라고 하며, 위기상황에서의 억지를 긴급억지(immediate deterrence)라고 한다.

(1) 직접 · 일반억지

평시에 자국에 대한 공격을 억지하는 것을 말한다. 냉전기 미국과 소련 간의 상호확증파괴(Mutual Assured Destruction: MAD)에 기초한 상호억지가 대표적인 사례이다.

(2) 긴급 · 직접억지

긴급 · 직접억지는 직접 · 일반억지의 구체적 표현이다. 1962년 쿠바 미사일 위기가 여기에 해당한다. 소련이 공산혁명으로 위성국이 된 쿠바에 중거리 미사일을 건설하여 미국에 대한 핵전력의 우위 또는 균형을 추구하자 케네디(Kennedy)는 쿠바 외곽에 해상봉쇄선을 설치하여 미사일이나 핵탄두의 추가반입을 막는 한편, 소련에 대해 미사일기지 건설의 중단 및 철수를 요구하였다. 전면전의 위기상황이었으나, 소련이 후퇴하기로 결정하면서 위기가 해소되었다.

(3) 확대 · 일반억지

미국이 일본이나 한국 등 동맹국에 제공하는 '핵우산(nuclear umbrella)'이 확대 · 일반억지에 해당한다. 소련이 미국의 동맹국들에 대해 핵공격을 가하는 경우 미국은 소련에 대해 핵보복을 가한다고 위협하고, 이를 통해 소련이 이들 국가에 핵공격을 하지 못하도록 하는 것이다.

(4) 확대·긴급억지

위기 시 도전국이 가하는 동맹국에 대한 위협에 대한 억지를 말한다. 1996년 중국이 대만해협에서 대규모 군사훈련을 시행하자 미국은 항공모함을 대만해협에 파견하여 중국의 대만에 대한 침략가능성을 저지하였다.

3 성공조건

1. 일반적 성공조건

(1) 행위자의 합리성(rationality)

억지이론은 기본적으로 행위자의 합리성을 가정한다. 즉, 도전국과 방어국은 모두 합리적 행위자로서 개전 시의 기대이익과 기대비용 및 확률에 대해 명확하게 계산할 수 있다고 가정한다. 미국이 기존의 억지전략을 폐기하고, 선제공격전략을 새로운 전략으로 채택한 것은 테러세력과 같은 비국가행위자들이나 소위 불량국가(rogue countries)들을 합리적 행위자로 볼 수 없어 억지이론의 전제가 무너졌다는 점을 고려하였기 때문이다.

(2) 능력(capability)

억지는 힘으로 힘을 막는 것이므로 힘이 갖추어져 있어야 억지가 가능해진다. 즉, 상대방이 전쟁을 도발하는 경우 상대방에게 '감당할 수 없는 피해'를 줄 수 있는 능력이 있어야 한다. 억지를 가능하게 하는 군사능력에는 거부능력(denial capability)과 보복능력(retaliation capability)이 있다. 상대방의 공격을 무력화시킬 수 있는 능력을 거부능력이라고 한다. 거부능력은 상대방을 공격하는 것이 아니라 상대방의 의도를 무력화시키는 소극적 능력이며 기본적으로 방어능력이다. 한편, 보복능력이란 상대방이 소중하게 여기는 것을 파괴할 수 있는 능력을 말한다. 억지의 효과를 높이기 위해서는 적극적 보복능력을 갖추어야 한다. 상대방의 인구 밀집지역이나 산업시설 밀집지역에 대한 파괴능력을 갖추면 억지효과는 커진다.

(3) 의지(will)

힘이란 의지에 능력을 곱한 것이다. 따라서 큰 능력을 갖추고 있다고 할지라도 능력을 사용할 의지가 없다면 힘이 되지 않는 반면, 작은 능력이라도 의지가 확실하면 큰 힘을 발휘한다. 의지의 강도는 의지의 관철을 위하여 감수하려는 희생의 크기로 측정할 수 있다. 베트남전쟁에서 보여주듯이 의지가 강하면 객관적인 군사능력의 격차를 극복할 수 있다. 상대방이 하고자 하는 행위를 어느 정도의 강도로 거부할 것인가, 또는 반대로 무엇을 하지 못하도록 하는 데 있어서 어느 정도의 자기희생을 감수할 각오를 가지고 있는가를 확실하게 밝혀두는 것이 억지전략의 효율성을 높이는 데 결정적인 역할을 한다. 억지는 심리적 투쟁이므로 의지는 억지전략의 핵심 요소가 된다.

(4) 의사전달(communication)

상대방에게 어떤 행위를 해서는 안 되는지, 하지 말라는 행위를 했을 경우 어떤 불이익을 받게 될지를 정확하게 알리는 일이 억지성공을 위해 중요하다. 의사전달은 공개적인 성명, 외교통로를 이용한 의사전달, 밀사를 통한 비공개 통보 등의 수단을 통해 수행된다. 적대국에 대해 무력사용 의지를 보여주는 방법에는 힘의 투사(power projection)가 많이 사용된다. 즉, 상대방을 공격할 수 있는 거리 이내에 해군 함정을 보내거나 지상군 병력을 이동 배치하는 것 등이 힘의 투사의 방법이다. 대만해협에 전운이 감도는 경우 미국은 예외 없이 항공모함전단을 대만해협에 항진시켰다.

(5) 신빙성(credibility)

억지가 성공하기 위해서는 방어국의 방어 및 보복의지에 대해 도전국이 신뢰해야 한다. 즉, 도전국이 침략을 강행할 때 상대국이 반드시 이에 상응하는 대가를 치르게 될 것이라는 것을 도전국에게 믿도록 하는 일이 반드시 필요한 것이다. 중국은 제한된 군사력을 효과적으로 사용하는 방법으로 '신뢰에 기초한 억지'의 전통을 수립하였다. 중국은 상대에게 경고한 후 이를 어기면 아무리 자국의 피해가 클지라도 '반드시' 군사개입을 함으로써 신뢰도를 높여왔다. 예컨대, 1950년 중국은 UN군이 청천강을 넘으면 참전한다고 경고하였고 실제로 참전하였다. 중국은 100만 명이라는 엄청난 병력손실을 입었으나 신뢰도를 높이는 데 크게 기여하였다.

2. 확대억지의 성공과 방어국의 이익

제3국에 대한 확대억지의 성공 여부는 방어국이 유사 시 개입하여 피보호국을 성공적으로 방위할 수 있는 능력과 개입하여 지키거나 혹은 개입하지 않음으로써 희생해야 하는 방어국의 국가이익의 함수이다. 특히 억지상황에서 방어국이 가지는 이익의 구조가 중요하다. 방어국의 이익에 대해 검토해 보자.

(1) 실질적 이익

억지상황에서 방어국의 이익은 크게 실질적 이익과 상황전략적 이익이 있다. 실질적 이익은 피보호국이 지니는 본질적 가치와 수단적 가치에 의해 결정된다. 본질적 가치란 피보호국이 그 자체로서 방어국에 대해 가지는 가치로 정치·경제적 유대 등을 말한다. 수단적 가치는 피보호국이 방어국의 기타 본질적 이익을 지키는 데 유용할 수 있는 가치를 말한다.

(2) 상황전략적 이익

상황전략적 이익이란 문제의 사안이 다른 사안에 대해 미치는 영향을 의미하며 주로 평판을 말한다. 억지의 상황에서 개입하지 않는 경우 방어국은 두 가지 차원에서 상황전략적 이익을 잃게 된다.
① 잠재적 적국이 다른 상황에서 시도할 수 있는 도전을 억지하지 못한다.
② 동맹국들을 안심시킬 수 있는 정치적 가치를 손상시킨다.

(3) 실질적 이익과 상황전략적 이익의 상관관계

① 방위공약을 준수하지 않음으로써 잃게 되는 상황전략적 이익은 실질적 이익에 비례한다. 즉, 실질적 이익이 큼에도 불구하고 개입하지 않는 경우 상황전략적 이익을 크게 손상시킨다는 것이다. 예컨대, 소련이 독일에 대해 공격을 해도 미국이 개입하지 않는 경우, 잠재적 공격국은 미국에게 독일만큼 중요하지 않은 모든 나라에 대한 방위공약도 준수하지 않을 것으로 믿게 된다.

② 방위공약을 준수함으로써 얻게 되는 평판은 실질적 이익에 반비례한다. 즉, 피보호국의 실질적 가치가 작을수록 그 국가에 대한 방위공약을 준수함으로써 얻게 되는 평판은 커진다.

4 한계

미어샤이머(Mearsheimer)는 냉전기의 오랜 평화의 원인 중 하나로 MAD에 의한 공포의 균형(Balance of Terror: BOT)을 제시하고, 핵억지가 평화에 순기능을 한다고 보았다. 그러나 (핵)억지이론은 다음과 같이 다양한 비판을 받고 있다.

1. 합리성에 대한 제약

억지이론은 억지의 성공조건의 하나로서 도전국과 방어국의 합리성을 전제한다. 즉, 억지이론은 인간이 도덕적으로 중립적이며 도구적으로 합리적인 존재라고 가정하고 있는 것이다. 그러나 인지심리학자들의 연구에 따르면 인간의 합리성에 제약을 가하는 다양한 심리적 기제들이 있다.

그 중 하나는 스스로를 선한 것으로 간주하고 외부에서 악을 찾음으로써 그러한 믿음에 안정성을 부여하는 경향이다. 즉, 인간은 합리적이지도, 도덕적으로 중립적이지도 않다는 것으로서 억지이론의 기본전제와 배치된다.

2. 비국가행위자(non-state actors)의 문제

9·11테러에서 보여주는 바와 같이 현대 국제정치에서는 테러집단 등 비국가행위자가 국제정치의 주요한 행위자로 부상하고 있고, 이들이 근대국가에 가하는 위협도 근대국가의 위협에 못지않게 심각한 위협이 되고 있다. 억지이론은 기본적으로 근대국가 간 전쟁과 평화를 분석하는 이론이기 때문에 국가행위자와 비국가행위자 간 상호작용을 분석하는 이론으로서는 한계가 있다. 또한 테러세력과 같은 비국가행위자들이 비용과 편익의 분석에 기초하여 행위하는 합리적 행위자라고 보기는 어렵다.

3. 국내정치적 제약

현실적으로 억지이론에 기초한 전략을 실행하는 것은 국민들로부터 지지를 받기가 어렵다는 국내정치적 제약에 직면하여 지속되기 어려운 측면이 있다. 예컨대, 현재 미국의 부시 행정부는 적극적으로 미사일방어(MD)전략을 추진하고 있는데, 이는 상호확증파괴전략을 무력화시키는 전략이다. 그럼에도 불구하고 적극 추진하는 것은 MD전략에 대한 국민들의 정치적 지지 때문이라고 볼 수 있다. MAD전략에서는 억지가 실패하는 경우 국민들이 핵공격위험에 노출되어 있는 반면, 효율적인 MD전략에서는 이러한 위험이 제거되기 때문이다. 이러한 정치적 제약 때문에 억지이론이 실제로 사용되거나 지속되기 어려운 한계가 있다.

4. 우발적 핵전쟁의 문제

핵억지가 달성된 상황에서도 우발적 핵전쟁의 위험을 배제할 수 없다. 상대방의 공격에 대한 대응과 보복에 대한 결정은 불가피하게 컴퓨터의 기계적 신속성에 의지하게 되며 이러한 전쟁 발발과 수행의 컴퓨터화는 우선 잘못된 정보에 의한 핵전쟁의 발발가능성을 높인다. 즉, 컴퓨터가 실제로는 상대방으로부터의 핵공격이 아닌데도 잘못된 공격정보를 띠움으로써 전쟁상태로 자동 돌입할 가능성이 높다.

제5절 | 미국 핵전략의 변천

1 단순핵억지(simple nuclear deterrence)

제2차 세계대전 종결 당시 미국만이 핵을 독점적으로 보유하던 시기의 전략이다. 미국은 소련의 세력팽창을 억지하는 봉쇄전략(containment strategy)을 펴 나가는 데 있어서 핵무기에 크게 의존하였다. 미국은 핵억지를 신뢰하고 재래식 군사력은 평시 수준 이하로 감축하기도 하였다. 미국의 핵독점은 1945년부터 1949년까지 지속되었다.

2 대량보복전략(Massive Retaliation Strategy)

소련이 핵무기를 보유하기 시작한 1950년대 초기 아이젠하워 행정부에서 제시된 전략이다. 덜레스 국무장관은 1954년 1월 12일 연설에서 다양한 형태의 침략을 전면적 핵보복전쟁 위협으로 억지한다는 대량보복전략을 공식 천명하였다. 이 전략은 미국이 소련에 대해 상대적으로 핵우위에 있던 시기의 전략이었다. 그러나 대량보복전략은 소규모 재래식 공격을 억지하는 데는 미흡하다는 이유로 비판을 받았다. 즉, 소련의 소규모 재래식 공격에 대해서도 미국이 소련의 도시들을 핵무기를 사용하여 공격한다는 점이 이론적으로는 가능하나 현실적으로는 기대하기 어렵기 때문이었다.

또 한가지 대량보복전략의 문제점은 상대방으로부터의 선제공격(preemptive strike)에 취약하다는 것이다. 즉, 핵무기가 적의 공격에 노출되어 있는 경우 선제공격으로 핵무기를 미리 파괴해 버릴 수 있으므로 아무리 많은 공격능력을 갖추고 있다 하더라도 효과적인 억지를 할 수 없게 된다. 이러한 비판을 수용하여 케네디 행정부는 유연반응전략으로 이 전략을 수정하게 된다.

3 유연반응전략(Flexible Response Strategy)

1961년 케네디 대통령은 기존의 핵억지전략인 대량보복전략을 폐기하고 새로운 전략인 '유연반응전략'을 제시하였다. 유연반응전략은 분쟁이 발발하는 초기 공격의 수준과 같은 수준으로 대응하는 전략이다. 케네디 행정부는 개입이 필요한 상황을 비정규전, 재래식 전쟁, 핵국지전, 전략핵 한정국지전, 전면 핵전쟁, 무제한 핵전쟁 등 단계별로 나누고 각 단계에서 유연반응적인 전략을 전개한다는 정책을 채택하였다. 유연반응전략은 재래식 공격을 가해 올 경우에는 재래식 군사방식으로 대처한다는 것이나, 상황에 따라서는 적대국이 재래식 무기로 공격하더라도 핵무기로 대응할 수도 있다.

4 상호확증파괴전략(Mutual Assured Destruction Strategy)

1. 의의

1960년대 들어 소련의 핵전력이 급격하게 신장되면서 미국의 대소 핵 우위가 사라지고 미국과 소련 모두 상대의 핵전력을 선제공격해서 제압할 수 없는 상황에서 제시된 전략이 상호확증파괴전략이다. 상호확증파괴전략은 상호확증파괴상태를 구축함으로써 상호억지를 달성하는 전략으로, 상호확증파괴상태란 상대방의 선제공격에서 남아있는 핵무기로 상대방에게 감당하기 어려운 피해를 정확히 줄 수 있는 능력을 쌍방 모두가 갖춘 상태를 말한다. 즉, 양국 모두 제2차 공격능력(the second strike capability)을 보유한 상태를 말한다.

2. 조건

상호확증파괴를 위해서는 핵무기의 은닉과 함께 상대방 핵공격을 방어할 수 있는 능력의 배제가 필요하다. 따라서 어느 일방이라도 유도탄을 방어할 수 있는 탄도탄 방어시스템(Ballistic Missile Defense System: BMD)을 가지게 되면 공포의 균형은 깨어지며 BMD를 갖춘 쪽이 상대방에 핵공격을 할 수 있게 되므로 상호핵억지체제는 무너진다. 따라서 미국과 소련은 상호탄도탄요격(Anti-Ballistic Missile: ABM) 체제를 제한하는 협정을 체결하게 되었다.

3. 평가

상호확증파괴전략은 미국과 소련이 약 30년간 채택했었던 전략이었고 실제로 억지가 성공적으로 유지되었다는 점에서 주목할 만한 전략이다. 상호확증파괴전략은 1980년대에 들어서면서 미국이 '전략방위구상(Strategic Defense Initiative: SDI)'이라는 핵무기 무력화기술을 보유하게 됨에 따라 효력을 상실하게 되었다. 미소 핵균형이 깨어져 미국에 의한 단순핵억지를 가능하게 만드는 상태로 변화되었기 때문이다. 상호확증파괴상태가 붕괴되면서 결국 소련은 굴복하게 되었고 이에 따라 반세기 동안 지속되었던 냉전도 종식되었다.

5 압도적인 군사목표 타격전략(Prevailing Counterforce Strategy)

1981년 레이건 행정부가 출범하면서 전략핵무기의 증강을 통해 핵전쟁 수행능력을 강화한 억지전략으로서 '향상된 군사목표 타격전략(enhanced counterforce strategy)'이라고도 한다. 이 전략은 핵전쟁이 수개월 이상 장기화될 경우를 대비해서 핵전쟁에서 압도하고 승리할 수 있는 전쟁수행전략이다. 압도적인 군사목표 타격전략에서 핵심적인 요소가 '전략방위구상(SDI)'이었다. 소련의 미사일공격으로부터 미국 본토를 방어하겠다는 SDI는 이전까지의 공격력을 통한 보복위협에 토대를 두어왔던 억지의 기본개념에는 배치되는 것이었다.

6 부시(G. H. Bush) 행정부의 핵전략

부시 행정부는 '제한공격 대비 지구방어계획(Global Protection against Limites Strike)'을 제시하였다. 이는 레이건 행정부에서 시작된 미사일 방어계획을 계승한 정책이었다. 그러나, 1989년 12월 몰타선언으로 소련과의 관계가 개선됨에 따라 적극적으로 추진하지는 않았다.

7 클린턴 행정부의 억지전략

1. 제1기

클린턴 행정부 제1기의 '핵태세 검토(Nuclear Posture Review: NPR)'는 클린턴 행정부의 핵전략을 제시하였는데 탈냉전으로 핵무기가 미국의 안보에서 차지하는 비중이 감소하였으나 여전히 불확실성이 존재하므로 미국은 이에 대한 대비책을 세워야 한다고 하였다. 또한 NATO와 아시아에 대한 미국의 공약을 지지하고 우방국을 위한 핵억지력과 미국을 위한 핵억지력을 계속해서 유지할 것을 권고하였다.

2. 제2기

클린턴 행정부 2기에 채택된 '대통령결정명령서(Presidential Decision Directive: PDD)' 제60호에서는 레이건 행정부에서 시작되었던 핵전쟁 승리전략의 종식을 선언하고 대폭적인 핵감축의 토대를 마련하였다. PDD 제60호는 러시아의 재래식 전력을 공격하기 위한 핵무기 숫자를 줄이는 대신 중국 내의 표적 수를 늘렸고, 이전 행정부에서와 같이 중국·러시아 이외의 다른 나라들을 겨냥한 표적화 작업도 진행시켰다. 이와 별도로 '적응계획(Adaptive Planning)'이라는 이름하에 소위 불량국가들을 핵 공격의 표적으로 삼기 시작하였다. 불량국가들의 WMD 관련 시설 등 주요 군사목표물을 즉각 공격하는 계획은 아니지만 관련 표적 정보를 확보함으로써 유사시 신속한 공격이 가능하도록 한 것이다.

8 부시 행정부의 억지전략

1. 9·11테러 이전의 핵전략 - '중층적 억지(Layered Deterrence)'

(1) 배경

부시는 냉전기전략이었던 MAD전략을 뛰어넘는 새로운 전략의 필요성을 역설하면서 '중층적 억지'전략을 제시하였다. 부시 행정부는 세계정세가 근본적으로 변화했고 러시아도 더 이상 미국의 적이 아니기 때문에 냉전시대에 바탕을 둔 억지전략에서 탈피해야 한다고 본 것이다. 한편, 오늘날 미국이 당면한 가장 심각한 위협은 러시아의 핵무기가 아니라 대량살상무기와 미사일을 보유한 일부 불량국가들이 미국과 동맹국을 위협하고 테러를 가하는 것이라고 규정하였다. 새로운 시대 새로운 위협에 대처할 수 있는 새로운 억지개념이 바로 '중층적 억지'전략인 것이다.

(2) 내용

중층적 억지전략은 과거 공격력 위주의 억지를 초월해서 공격력과 방어력을 모두 염두에 둔 전략이다. 중층적 억지전략은 세 가지 요소로 구성된다.
① 다른 나라들이 미국과 경쟁할 동기를 없앨 수 있는 능력을 개발하고 배치함으로써 이들이 애초부터 위험한 능력을 추구하지 못하도록 '단념(Dissuade)'시킨다.
② 이들이 이미 시작하였지만 아직 중대한 위협은 되지 못한 위험한 능력의 추구에 더 이상 투자하지 못하게 '좌절(Discourage)'시킨다.
③ 미국을 위협할 수 있는 능력을 보유한 집단이 이 능력을 사용하지 못하도록 강력한 보복력으로 '억지(Deter)'한다.

(3) 실현의 방법 - '새로운 전략적 틀(A New Strategic Framework)'

중층적 억지 개념을 실현하기 위한 방법론으로서 '새로운 전략적 틀'이 제시되었다. 새로운 전략적 틀은 ABM조약을 포함한 과거와의 단절을 의미하며 이에 입각한 미러관계는 공개와 상호 신뢰 및 협력에 기초하게 된다. 또한 상대방이 조기경보와 방어능력을 높일 수 있도록 정보를 공유하는 것도 포함된다. 새로운 전략적 틀을 구성하는 요소는 다섯 가지로서 비확산(non proliferation)외교, 확산저지전략(counter proliferation), 미사일방어망 구축(missile defense), 실질적인 핵군축을 통해 최소한의 핵무기로 신뢰할 수 있는 억지력 유지, 상호 신뢰와 투명성 증진방안 창설 등이다.

2. 9·11테러 이후의 부시의 핵전략

9·11테러 이후 2001년 12월 31일에 의회에 제출된 '핵태세 검토 보고서(Nuclear Posture Review: NPR)'에 따르면, 미국은 불특정 대상으로부터 불특정 수단에 의한 '비대칭적 위협'이 증가한 현 국제질서 속에서 소극적인 방어시스템으로는 '억지'가 어렵다고 보고 사전에 위협을 제거하는 방향으로 전략을 수정하였다. 이를 위해 미국은 핵 및 비핵무기를 조합한 공격적 타격시스템을 구축하고, 미사일방어를 중심으로 한 포괄적 방어체계를 구축하였다. 주목할 만한 점은 유사 시 핵보유국인 러시아와 중국 및 악의 축으로 규정된 북한, 이라크, 리비아, 이란, 시리아 등 7개국에 핵무기를 사용할 것임을 천명하였다는 것이다.

제6절 | 국제체제이론(international system theory)

1 의의

1. 국제체제이론의 정의

국제체제이론이란 국제적인 행위주체의 상호작용을 체제로 파악하고, 일반체제이론에 근거한 체제분석방법을 통해 국제관계의 제 현상을 분석하여 일정한 법칙을 개발하고 체계화하려는 이론이다. 여기서 말하는 체제(system)란 전체의 목표를 위하여 함께 작용하는 구성요소의 집합 또는 어떤 목표를 성취하기 위하여 서로 관련되어 움직이는 부분의 집합이라고 할 수 있다.

2. 국제체제이론의 유용성

리버(Lieber)는 국제관계의 연구에 국제정치체제(international political system)라는 개념을 도입하면 다음과 같은 이점이 있다고 말하고 있다.

(1) 주로 외교정책적 차원에서 개별 국가 간의 행위에 초점을 맞추던 전통적 접근으로부터, 국제체제 혹은 하위체제(sub system)의 수준에서 국가 간 상호작용이라는 전지구적 양태의 연구로 그 초점을 옮김으로써 지구촌의 정치관계를 더욱 포괄적으로 이해하고 이론화할 수 있다.

(2) 상위체제와 하위체제의 위계적 틀 속에서 연구하게 됨으로써 각기 다른 수준에서 발생하는 사건과 과정을 상호 연결시켜 관찰하는 기회를 가지게 된다. 즉, 개별 국가수준이나 국제지역적 수준에서의 문제를 국제수준에서의 문제와 연결시켜 연구하고 이론화할 수 있는 통로가 마련되는 것이다.

(3) 체제적 접근방법은 동맹, 국제위기, 전쟁과 같은 현상을 그것이 국제체제에 끼치는 충격이라는 관점에서 더욱 효과적으로 조망할 수 있게 만든다. 이때 체제적 연구방법은 '체제균형(system equilibrium)'이 어떻게 회복되고 어떠한 방법으로 충격이 다루어졌는지에 관한 문제에 우리의 주의를 끌게 유도해준다.

3. 국제체제이론의 발전

국제정치에서의 체제적 접근방법은 버탈란피(Ludwig von Bertalanffy)의 일반체제이론이 제시된 이후인 제2차 세계대전 이후부터 활발해졌다. 버탈랜피(Bertalanffy)의 일반체제이론을 도입하여 국제정치학을 재구성하려 했던 최초의 학자는 맥클랜드(McClelland)로서 그는 국제사회를 국가, 개인, 국제기구 등으로 형성되는 하나의 체제로 파악하고, 이 체제가 어떠한 상황에서 변형되는지를 이론화하였다. 그러나 가장 정형화된 이론으로서 국제정치에 체제이론을 도입한 학자는 카플란(Morton A. Kaplan)이라고 할 수 있다.

2 카플란(M. Kaplan)의 국제체제이론

1. 의의

카플란의 체제이론은 대표적인 국제체제이론이다. 그는 1957년 『System and Process in International Politics』에서 체제를 상호 긴밀한 관계에 있는 변수의 총체(a set of variables)로 규정하고, 시스템을 구성하는 변수들이 외적 환경의 도전에 직면하여 상호 교섭하는 과정에서 그 시스템이 어떻게 자체의 평형을 유지하는가를 설명하려 하였다.

2. 변수

카플란은 다음의 다섯 가지 변수를 제시하였다.

(1) 기본규칙(essential rules)

시스템의 평형을 유지하는 데 필요한 행동규범을 말한다.

(2) 변형규칙(transformation rules)

시스템의 평형을 교란하는 외부 영향을 말한다.

(3) 행위자 분류변수(actor classification variables)

국제정치 주체의 구조적 특성을 말한다.

(4) 능력변수(capability variables)

행위자가 소유하고 있는 군사력, 기술 등의 권력요소를 말한다.

(5) 정보변수(information variables)

시스템 내의 통신망을 말한다.

3. 유형

카플란은 위의 다섯 가지 변수의 통합의 정도에 따라 이론적으로 가능한 국제체제상태를 아래와 같이 여섯 가지 모델(model)로 나누고 있다.

(1) 세력균형체제(the balance of power international system)

보통 5대 강대국 정도의 국가행위자로만 구성되는 체제이며, 카플란은 역사상 실제로 18~19세기 유럽에서 존재했던 체제로 설명하고 있다. 즉, 유럽의 고전적 세력균형체제를 예로 들고 있다. 이 체제의 특징적 행위를 결정하는 기본 행위원칙은 다음과 같다.

① 국가는 자국의 국력을 증대하고자 하나 경쟁을 하기보다는 교섭을 택하려 한다.
② 그러나 전쟁을 하지 않고는 국력의 증강기회를 잡을 수 없다면 전쟁을 해야 한다.
③ 주요 행위주체인 다른 강대국을 제거하게 되는 상황이 되면 전쟁을 중단하여야 한다.
④ 어느 행위주체도 한 강대국의 힘이 너무 커지거나 또 몇몇 강대국이 동맹을 이루어 강대해져서 전체 시스템을 지배하는 것은 막아야 한다.
⑤ 패배하였거나 행동의 제약을 받고 있던 강대국이 이 체제 내의 주요 역할을 담당할 수 있도록 다시 국력을 회복하는 것을 허용하며, 과거에는 주요하지 않았던 행위주체가 주요 행위주체가 되는 것을 허용하고 모든 주요 행위주체를 역할담당자로서 똑같이 취급한다.

세력균형체제는 동태적 균형체제이므로 만일 어떤 상태변수가 변하여 구조변화, 예를 들어 한 주요 국가의 국력이 약해져서 약소국이 되면 다른 국가가 그 자리를 메워서 전체적으로 체제는 평형을 유지하나, 이 평형회복능력이 없어지게 되면 그 때는 체제변화가 일어난다.

(2) 완만한 양극체제(the loose bipolar international system)

국가단위의 행위자는 물론 권위적인 국제기구 등의 보편적 행위자로 구성되는 체제이다. 미국과 소련을 중심으로 동서 양대 진영으로 구분되면서도 중립적 행위자와 국제기구 등이 활동하는 체제로서, 냉전체제를 그 예로 들 수 있다. 완만한 양극체제는 블록을 형성하고 있는 2개의 국가군 간의 대결에 제3의 행위주체가 중재역할을 해 나가면서 전체적인 체제의 균형을 유지해 나가는 것이다.

(3) 경직된 양극체제(the tight bipolar international system)

완만한 양극체제하의 중립적 행위자나 국제기구의 역할이 미미해지고 양극을 대표하는 패권적 세력이 각각의 진영을 거의 완벽히 통제하면서 견고한 균형을 유지하는 체제이다.

(4) 보편적 국제체제(the universal international system)

초국가적 국제기구와 같은 보편적 행위자의 역할이 극대화되어 세계가 하나의 정치체제를 구성하여 사법적·정치적·행정적 기능을 중앙기구가 가지게 되는 '세계 연방'과 같은 체제이다. 이때 개별 국가는 지리적으로만 구별될 뿐 하나의 정치체제에 속하게 된다. 즉, 이 체제의 구조적 특징은 정치적 하위체제를 가지고 있다는 점이다.

(5) 위계적 국제체제(the hierarchical system)

모든 인류가 하나의 '세계정부'를 수립하였을 때 생각할 수 있는 체제로서 중앙기구가 국가를 통하지 않고 직접 개인에게 작용할 수 있다. 이 체제는 민주형 또는 전제형이 될 수 있는바, 보편적 체제가 성공적으로 운영되어 보다 통합도를 높여 발전하게 되면 전자의 형이 되고, 반면 양극체제하에서의 어느 한 진영의 패권세력이 모든 다른 세력을 압도하고 세계를 하나로 통합하게 되면 후자의 형이 된다.

(6) 단위거부 국제체제(the unit veto international system)

홉스적 자연상태와 같이 모든 국가들이 자국 이익만을 추구하지만 이를 규제할 어떠한 정치적 장치도 존재하지 않는 체제이다. 이 체제가 가능할 수 있는 조건은 모든 국가가 자국의 방위능력은 가지지 못하더라도 자국을 공격하는 어떤 나라라도 이를 파괴할 수 있는 무기를 가지고 있을 때이며, 체제가 안정될 조건은 모든 단위국가가 외부로부터의 위협에 저항할 수 있는 준비가 되어 있을 때이다. 이 체제는 아직 존재한 적이 없으나, 핵확산을 통한 핵보유국의 수가 증가되었을 때 존재할 수 있다.

4. 평가

카플란의 체제이론은 엄격한 의미의 이론을 구성한다기보다는 실제(reality)를 조사하는 도구로서 간주되어야 하며 가능한 추론에 의존해서 구성된 것이기 때문에 가설적인 것이다. 따라서 그의 체제이론은 현실적으로 가능성이 있는 체제의 유형과, 이론가 및 사례 연구가들이 관심을 가져야 할 문제의 종류에 주목하도록 유도하는 것이 그 주된 기능이라고 할 수 있다. 따라서 카플란의 체제모형은 역사상 어느 시기의 체제 혹은 미래에 있을 수 있는 가상체제를 분석하는 틀로서 유용하게 활용될 수 있을 것이라고 평가된다.

3 국제체제이론과 국제체제의 안정성의 문제

1. 의의

로즈크랜스(Richard Rosecrance)는 『Action and Reaction in World Politics』에서 1740 ~ 1960년의 국제체제를 9가지의 유형으로 나누고 이를 다시 안정된 체제와 불안정한 체제의 두 부류로 나누어 설명하고 있다. 국제체제의 안정성 여부는 바로 전쟁발생의 가능성과 직결되는 중요한 문제이기 때문에 왈츠(Kenneth Waltz), 도이치(Karl Deutsch), 싱어(David J. Singer) 등의 학자도 특히 체제의 극(polar)의 수와 전쟁발생의 상관관계를 연구하면서 다음과 같은 상이한 결론을 내리고 있다.

2. 단극체제(unipolar system)

(1) 의의

패권안정이론에서는 하나의 지배적인 국가가 국제질서를 주도해 나갈 때 체제의 안정성이 높고 전쟁의 가능성도 줄어든다고 설명한다. 길핀(Robert Gilpin)은 『War and Change in World Politics』에서 패권적 세력의 흥망성쇠와 전쟁 발생의 함수관계에 대한 연구를 통해 세력균형체제보다는 세력불균형체제라 할 수 있는 패권적 단극체제가 더 안정적이라고 주장하였다. 그 밖에 오간스키(Organski)나 모델스키(Modelski) 등도 단극체제 안정론자에 해당한다.

(2) 패권안정론

패권의 존재로 국제체제가 안정된다는 언명을 핵심 가정으로 삼고 있으며 패권 부침의 원인으로 국가 간 불균등발전을 지목한다. 패권도전국의 경제성장속도가 기존 패권국의 경제성장속도보다 빠른 현상이 지속되면 패권도전국의 능력이 기존 패권국의 능력을 넘어서게 되고 이는 패권의 부침으로 이어질 수 있다.

(3) 세력전이론

산업화가 발생하는 시점의 차이를 패권 교체의 원인으로 지목한다. 먼저 산업화를 이룬 국가는 산업화의 성과를 이용해 패권국으로 등장할 수 있다. 후발국이 산업화에 기반을 둔 경제성장을 이루고 선발 주자가 구축한 국제질서에 만족하지 않을 경우 패권국과 패권도전국은 국제질서 재편을 둘러싸고 갈등 관계에 놓이게 된다. 패권도전국이 기존 패권국을 압도하게 되면 새로운 국제 규범을 창출하게 된다.

(4) 장주기론

혁신을 패권 교체의 원인으로 지목한다. 패권도전국은 새로운 기술이나 제도를 도입함으로써 국력을 급격히 신장시키고 이를 활용하여 기존 국제질서를 해체하고 새로운 국제규범을 창출한다. 하지만 다른 국가들도 패권국이 독점적으로 가졌던 기술과 제도를 모방하기 때문에 패권국의 독점적 지위는 점차 약화된다.

3. 양극체제(bipolar system)

하나의 패권세력에 의한 지배라는 힘의 불균형상태보다는 두 개의 초강대국이 상호 견제하는 양극체제가 더 안정적이라고 본다. 왈츠(Waltz)는 'The Stability of a Bipolar World'에서 냉전시대에 미국과 소련이라는 초강대국 간의 힘의 균형과 견제기능으로 세계대전을 예방할 수 있었다는 관점을 제시하였다. 양극체제 안정론자로는 왈츠 외에 하우스(Karen Elliott House), 미드라스키(Manus I. Midlarsky), 리버(Robert J. Lieber), 미어샤이머(John J. Mearsheimer), 오이(Kenneth A. Oye) 등이 있다. 왈츠는 초강대국 간 갈등으로 인한 위기의 정도가 강해 양극의 행위자들이 '신중'하게 움직일 것으로 보았다. 또한, 양극체제는 행위자의 수가 적은 단순한 구조여서 전쟁의 원인이 되는 오인(misperception)이나 오산(miscalculation) 가능성이 낮다고 하였다. 또한, 양극체제의 경우 강대국이 단 둘만 존재하므로 다양한 동맹 형성에 의한 전쟁가능성이 낮다고 하였다. 왈츠는 두 강대국이 각기 진영 내에서 전반적인 관리 능력을 가지고, 체제 전체의 관심사와 문제들을 해결할 수 있기 때문에 이익영역의 조정을 위한 전쟁의 빈도가 줄어든다고 하였다. 한편, 미드라스키는 양극체제에서는 극단적인 힘의 불균형이 생기기 어렵기 때문에 전쟁이 발발할 확률이 낮다고 하였다.

4. 다극체제(multipolar system)

양극체제보다는 다극체제가 국제체제의 안정과 전쟁방지에 더 효율적인 체제라고 본다. 도이치(Karl Deutsch)와 싱어(David J. Singer)는 19세기 유럽의 고전적인 세력균형체제가 유럽의 안정과 평화를 지킬 수 있었다고 주장한다. 도이치와 싱어는 양극체제보다 다극체제에서 강대국 간 상호작용의 기회가 많아 상대적으로 안정적이라고 본다. 이슈에 따라 강대국 간 경쟁뿐 아니라 협력도 가능하기 때문이다. 또한 다극체제에서는 '주의의 분산도'가 높아 강대국 간 전쟁가능성이 낮아진다고 하였다. 전쟁을 시작할 정도의 적대국이라면 국가들이 서로에 대해 상당한 정도로 주의를 쏟아야 하나, 다극체제에서 국가들은 서로에 대해 주의를 덜 쏟기 때문에 양극에 비해 상대적으로 안정적이라고 보는 것이다. 한편, 모겐소(Morgenthau)는 다극체제의 '유연성(flexibility)' 때문에 보다 유연한 세력균형을 이룰 수 있어 양극에 비해 안정적이라고 하였다. 모겐소는 또한 적대국의 동맹 패턴에 대한 '불확실성'으로 국가들이 모험 회피적(risk aversion) 성향을 보일 것이라고 하였다.

5. 양·다극체제(bi-multipolar system)

양극체제적 성격과 다극체제적 성격을 복합적으로 가지고 있는 체제를 말한다. 이는 카플란(Kaplan)의 6가지 모델 중 완화된 양극체제에 해당한다. 즉, 두 개의 초강대국에 의해 대립적 양대진영으로 구분되면서 각 진영 내에 몇 개의 강대국이 존재해 각기 진영 내의 초강대국의 독주를 저지할 수 있는 완충지대 역할을 하는 체제이다. 로즈크랜스(Rosecrance)가 가장 선호하는 체제로서 이때 전쟁의 빈도와 강도가 모두 낮을 수 있다고 주장한다.

4 국제체제이론에 대한 평가

1. 유용성
(1) 국제관계를 국가 중심에서 체제 중심으로 보게 하고, 외교사 및 외교정책에 국제정치행위자들이 상호 관련하는 행위패턴이라는 거시적 관점을 부가해주었다.
(2) 규칙적 행동패턴을 규명함으로써 국제정치학의 과학화 터전을 마련하였다.
(3) 국제관계 분석을 타 접근방법 및 이론들과 종합적으로 관련시킴으로써 국제정치학을 하나의 체계화된 학문 분야로 정립하는 데 크게 기여하였다.

2. 한계
(1) 타 학문 분야에서 개발된 체제이론의 여러 개념들을 국제관계 분석에 적용하는 데에는 현실적으로 여러 가지 난점이 있다.
(2) 체제의 유지와 존속에 관심을 가져 현 질서를 긍정하며, 또한 안정된 체제에 보다 관심을 가지게 됨으로써 체제의 파괴와 불안정 또는 성립되지 못한 과도기적 단계에 대한 분석에는 유용하지 못하다.
(3) 체제 자체의 변화를 설명하기 어렵다.

제7절 | 구조적 현실주의

1 의의

왈츠(K. Waltz)의 구조적 현실주의이론은 국제정치현상을 분석함에 있어서 무정부(anarchy)라는 구조(structure)를 가장 중요한 원인으로 설명하는 이론이다. 그는 고전적 현실주의이론을 비롯한 국제정치이론들은 구조적 접근을 하지 않은 환원주의이론들로서 보편타당한 설명을 제공해 주는 지적 토대가 되지 못한다고 비판하였다. 1979년 그의 주저 『Theory of International Politics』가 출간된 이래 그의 신현실주의 시각만큼 지속적이고 치열한 관심과 비판을 받은 연구가 거의 없다.

2 배경

1. 현실적 배경

신현실주의의 등장은 현실적으로 1970년대 후반과 1980년대 초 국제정치의 현실을 배경으로 한다. 현실주의진영은 1960년대 말과 1970년대의 국제정치상황, 즉 비국가 행위자의 등장이나 비군사이슈의 등장, 권력의 대체성에 대한 의문 등으로 상대 패러다임 진영으로부터 공격을 받고 있었다. 그러나 1970년대 후반 이후 동서대립의 격화, 군비경쟁의 본격화, 핵무기의 현대화 등의 국제정치 현실은 현실주의이론이 다시 전면에 부상하게 하였다.

2. 이론적 배경

왈츠(K. Waltz)의 구조적 현실주의이론은 기본적으로 현실주의이론을 정교화하고 현실주의이론을 보편적 과학의 수준으로 끌어올리려는 시도라고 볼 수 있다. 이러한 목적에서 전통적 현실주의나 행태적 현실주의를 환원주의(reductionism)로 비판하고 엄격한 구조적 설명을 가하고자 하였다. 한편, 구조적 현실주의는 상호의존론의 공격에 반응하는 측면도 있다. 1970년대 상호의존론자들은 상호의존의 국제정치현실에서 현실주의 패러다임의 한계에 대해 강하게 비판하였다. 특히 이들은 현실주의 패러다임이 국제경제이슈를 분석에서 배제하고, 국제협력이나 국제제도의 영향력을 의도적으로 무시하는 점을 비판하였다. 왈츠는 이러한 비판을 수용하여 경제나 국제협력문제에 있어서도 구조적 접근방법의 타당성을 보여주고자 하였다.

3 가정

1. 국가중심성 가정(state-centric assumption)

국가를 국제관계에 있어서 단일의 가장 중요한 행위자로 본다는 가정이다(state as the single most important actor). 따라서 신현실주의는 민족국가 간 상호관계를 분석한다.

2. 동질성 가정(homogeneity assumption)

국가를 통합된 행위자로 간주한다는 가정이다(state as an unitary actor). 신현실주의는 국가를 단일하고 통합된 행위자로 본다. 즉, 주권국가를 다양한 이해관계를 가지고 있는 조직이나 개인 또는 집단으로 분절된 주체로 보지 않는다. 국가는 국가이익을 위해 언제나 일치된 입장을 제시하는 주체로 본다.

3. 합리성 가정(rationality assumption)

국가를 합리적인 행위자로 간주한다는 가정이다(state as a rational actor). 국가는 냉철한 손익 계산에 의해 이익의 극대화를 시도하고, 최선의 합리적인 정책을 추구하는 행위자로 본다.

4. 무정부성 가정(anarchy assumption)

신현실주의는 국제체제를 무정부로 본다. 무정부란 정당한 권위가 부재한 상태를 의미한다. 무정부상태에서 국가들은 자연스럽게 힘과 안보를 추구하고 갈등과 경쟁을 하며 공동의 이익이 있어도 협력을 하지 못한다고 본다.

4 분석수준에 대한 입장

1. 국제체제수준 분석의 중요성

왈츠(K. Waltz)는 1959년 『Man, the State and War』라는 책을 통해 국제정치현상의 설명에 있어서 국제체제에 초점을 두어야 한다는 점을 주장하였다. 왈츠가 체제분석을 중요하게 생각한 이유는 국가수준이나 개인수준에서의 분석은 국제정치의 과학화를 어렵게 한다고 보았기 때문이다. 왈츠는 행위자의 속성이 변화함에도 불구하고 지속적이고 반복적으로 나타나는 국제정치결과를 설명하기 위해서는 체제수준 분석이 필요하다고 보았다.

2. 환원주의(reductionism)

이러한 맥락에서 왈츠(K. Waltz)는 국가의 행동을 정책결정자의 인성적 요인, 관료정치적 요인, 정부구조, 정치체제, 정권의 성격, 지배적인 이념 등 개별 국가의 수준에서 작용하는 변수로 설명하려는 입장을 '환원주의'로 비판하였다. 또한 분석수준을 체제에 맞추었다고 해도 체제의 구성요소의 특징이나 구성요소 상호 간의 관계의 특징으로 체제의 특징을 규정한 카플란의 체제이론도 환원주의로 규정하였다.

> **참고**
>
> **분석수준(level of analysis)**
>
> 분석수준은 국가의 행동을 설명하는 변수를 어디에서 찾을 것인가에 대한 문제이다. 이와 관련하여 싱어(David Singer)는 1961년 '국제관계에 있어서의 분석수준'이라는 논문에서 사회과학의 분석수준을 '단위'와 '체제'로 구분하였다. 싱어는 단위수준 분석(국가수준 분석)은 국가들 간 차이를 지나치게 강조하고 체제가 국가의 행동에 미치는 영향을 과소평가한다고 평가하였다. 싱어는 두 분석수준은 국제관계의 총체적이고 일률적인 설명을 위해 결합되어 질 수 없다고 하였으며, 왈츠(K. Waltz)와 달리 두 분석수준은 어떠한 것도 다른 것보다 명백히 나은 것이라고 볼 수 없고, 분석수준의 선택은 연구의 필요에 달려 있는 것이라고 하였다.

5 국제체제이론

1. 체제의 정의

체제는 구조와 일단의 상호작용하는 구성요소들로 이루어져 있다고 본다. 구조는 전체로서의 체제를 형성하기 위해 각각의 구성요소가 합해지는 배열원칙으로서 국가의 행동 또는 국제관계의 결과(outcome)를 결정짓는 명시적인 요소이다. 구조는 과정(process)과 구별되는바, 과정이란 체제의 구조에 의해 부과된 제약을 반영하는 단순히 정형화된 구성단위 간 관계를 말한다.

2. 구조정의의 요소

국제체제의 구조를 정의하는 핵심 명제는 체제의 조직원리, 구성단위들 간의 기능의 분화, 구성단위들 간의 권력능력의 배분이다.

(1) 조직원리(ordering principle)

체제의 조직원리란 부분들이 배열되어 있는 방식을 말한다. 국제체제는 국내체제와 달리 위계체제(hierarchy)가 아니라 무정부(anarchy)이고 분권화되어 있다. 무정부적 국제체제에서 구성단위인 국가는 자신의 생존을 스스로 돌봐야 하는 자력구제(self-help)원칙의 지배를 받는다. 국제체제의 무정부적 성격은 국가 간 협력을 방해하는 요소이기도 하다.

(2) 기능의 분화(division of functions)

구성요소들이 수행하는 기능의 분화 여부는 국제체제의 조직원리에 따라 달라진다. 즉, 구조가 위계적일 때 구성요소 간 기능의 분화가 발생하고 무정부적일 때 기능은 유사해진다. 국제체제는 무정부적이므로 구성단위들인 국가의 기능은 생존유지(안보)로 유사해진다고 본다.

(3) 구성단위들 간 권력능력의 배분(distribution of power capability)

권력능력의 배분이란 체제의 구성요소들 간의 권력능력의 분산이나 집중의 정도를 말한다. 왈츠(K. Waltz)는 권력능력의 배분을 강대국의 숫자로 정의한다. 권력능력은 국가의 총체적인 힘을 의미하는 것으로, 인구, 영토의 크기, 부존자원, 경제적 능력, 정치적 안정과 능력, 군사력 등으로 구성된다. 권력능력의 배분이라는 요소는 국제체제의 구조의 정의에 있어서 핵심적인 요소이다. 모든 국제체제는 무정부적이고 따라서 구성요소 간 기능이 분화되어 있지 않기 때문에 국제체제는 권력능력의 배분에 있어서만 차이가 있기 때문이다. 권력능력의 배분 정도를 극성(polarity)이라 한다.

3. 국제체제의 형성

왈츠(K. Waltz)에 의하면 시장이 의도적인 개별 단위들에 의해 자연발생적으로 시작되듯이 국제구조의 출현은 유사한 단위들의 동시행위(coaction)를 통해 이루어지며, 그 구조는 일단 형성되면 그 자체로서 힘을 발휘하게 되고, 그 힘은 시장을 구성하고 있는 개별 단위나 몇몇 단위들의 작용으로 통제할 수 없다.

4. 국제체제의 변화

왈츠(K. Waltz)는 국제체제의 구조는 조직원리가 변화하거나 권력능력의 배분의 변화를 통해 변화한다. 국제체제가 무정부상태에서 위계체제로 바뀌는 것을 국제체제의 근본적 체제 변화(a change of system)라고 하고, 권력능력의 배분, 즉 극성의 변화를 체제 내의 변화(within system change)라고 한다. 왈츠는 무정부상태에서 위계체제로의 변화 및 그에 따른 기능의 분화는 일어나지 않을 것으로 본다.

5. 구조와 행위자의 관계

왈츠(K. Waltz)는 국제체제의 구조가 행위자의 행동을 결정한다고 본다. 구조는 단위들의 근본성질을 바꿀 수 없으나 단위들의 행동에 강력한 제약을 가한다. 무정부상태라는 구조에서는 아무리 개별 국가들이 평화를 원하고 이타적으로 행동하고 싶어도 자신들의 선호나 의지에 상관없이 전쟁을 준비하게 되고 이기적으로 행동하게 되는데, 이는 국제구조가 비합리적 정책을 추구하는 국가들을 엄하게 벌하기 때문이다.

6 왈츠(K. Waltz)의 안보론 - 세력균형론

1. 세력균형의 형성

왈츠는 무정부적 국제체제에서 국가들의 일차적인 관심이 권력의 극대화가 아니라 국제체제에서 자국의 생존을 확보하는 것이라고 본다. 국가들은 생존을 확보하기 위해 내부적으로는 경제력이나 군사적 능력을 향상시키고자 하고, 외부적으로는 자신의 동맹을 강화하거나 상대방 동맹을 약화시키고자 한다. 왈츠는 국가들이 생존을 위해 내·외부적으로 노력하는 과정에서 자동적으로 세력균형체제가 형성된다고 본다.

2. 양극체제 안정론

(1) 의의

왈츠는 양극체제라는 국제체제의 구조적 특징을 제2차 세계대전 이후의 국가 간의 갈등 부재의 원인으로 보고 제2차 세계대전 후의 양극체제가 19세기의 다극체제보다 안정적이고 지속적일 것으로 보았다.

(2) 신중함

양극체제에서는 갈등으로 인한 위기의 정도가 강하기 때문에 양극의 행위자들이 행동에 있어서 신중을 기하게 되기 때문에 대규모 전쟁이 발생하지 않는다고 본다.

(3) 확실성

왈츠는 전쟁은 오인(misperception)이나 오산(miscalculation)에 의해 발생하는데 양극체제는 행위자의 수가 적은 단순한 구조이므로 오인이나 오산의 가능성이 상대적으로 적어 전쟁의 발발가능성이 낮다고 본다.

(4) 강대국의 리더십

양극체제에서 두 강대국은 각각 자기 진영에서 전반적인 관리능력을 가지고 체제 전체의 관심사와 문제를 해결할 수 있으므로 이익 조정을 위한 전쟁의 빈도가 줄어 안정적이라는 주장이다.

(5) 동맹관계의 특성

양극체제에서는 동맹국에 의존할 필요 없이 강대국 자체의 힘의 증강을 통해 안정을 찾을 수 있으며, 동맹국의 이탈이 세력균형에 큰 영향을 주지 못한다. 19세기의 다극체제처럼 세력균형을 위한 지도자들의 다각적인 노력과 능력을 필요로 하지 않기 때문에 안정을 유지할 수 있다고 본다.

3. 다극체제의 불안정요인과 양극의 우월성

(1) 다극체제의 불안정 - 연쇄적 패거리짓기(Chain - ganging)와 책임전가(Buck - passing)

왈츠는 양극체제가 다극체제보다 상대적으로 우월함을 설명하면서 양극체제에서는 다극체제와 달리 '연쇄적인 패거리짓기'와 '책임전가'가 발생하지 않는다는 이유를 들었다.

① **연쇄적 패거리짓기**: 자국의 생존을 확보해 줄 수 있는 세력균형의 유지를 위해 반드시 필요하다고 보이는 무모한 동맹국에 조건 없이 자신을 얽어매는 것을 말한다.

② **책임전가**: 책임을 전가하여 제3자로 하여금 부상하는 패권국을 억제하는 데 필요한 비용을 부담하도록 하는 것을 말한다.

(2) 연쇄적 패거리짓기와 책임전가현상의 원인

크리스텐센과 스나이더(Thomas J. Christensen and Jack Snyder)는 저비스(Robert Jervis)의 이론을 원용하여 연쇄적 패거리짓기나 책임전가가 발생하는 조건에 대해 연구함으로써 왈츠의 이론을 보다 정교화하였다. 이들의 결론에 따르면, 공격자가 더 우세하다고 인식되는 경우 공격자의 반대편에서 무조건적인 동맹관계를 형성하여 동맹국이 공격을 받는 처음 순간부터 총력전을 벌이는 성향이 있다. 즉, 연쇄적 패거리짓기가 발생하는 것이다. 그러나 공격자가 우세하지 않고 방어가 성공할 것이라고 인식하는 경우 책임전가현상이 발생한다.

(3) 왈츠의 견해

왈츠는 양극체제에서는 두 경향이 발생하지 않는다고 본다. 초강대국들은 약소국들에 자신의 생존을 의존하고 있지 않기 때문에 동맹국들에 연루될 필요가 없고, 약소국 동맹국들만으로는 상대 초강대국에 대항할 수 없으므로 자신의 책임을 회피할 수 없기 때문이다.

7 기타 주장

1. 국제협력

왈츠(K. Waltz)는 국제체제의 무정부적 성격 때문에 국가 간 협력이 어렵다고 본다. 그 이유는 다음 두 가지 때문이다.

(1) 무정부상태에서 국가들은 이익보다는 안보가 우선적인 목표다. 따라서 국제협력을 통해 이득을 창출할 수 있다고 해도 이득의 배분을 고려하지 않을 수 없다. 즉, 국가들은 국제협력에서 절대적 이익(absolute gain)이 아닌 상대적 이득(relative gain)을 추구한다는 것이다. 협력이 두 국가 모두에게 절대적인 큰 이득을 준다고 해도 각자가 증가된 상대방의 능력이 어떻게 사용될 것인가를 우려하는 한 협력이 일어나지 않는다. 불안과 불신 그리고 상대방의 미래의 행동에 대한 불확실성이 협력에 장애가 되는 것이다.

(2) 왈츠는 국가들이 협력을 통한 상호의존관계 형성을 우려하기 때문에 국가 간 협력이 어렵다고 본다.

2. 상호의존과 안보

왈츠(K. Waltz)는 상호의존이 증가할수록 국가 간 협력과 국제평화가 촉진될 것으로 보는 상호의존론을 비판한다. 왈츠에 의하면 가장 치열한 내전과 가장 잔혹한 국제전은 관계가 매우 긴밀하며 상당한 유사성을 가지는 사람들이 거주하는 지역에서 발생하였다.

상호의존과 안보 - 상호의존론의 입장

상호의존론자들은 두 가지 이유에서 상호의존이 국제평화에 긍정적이라고 본다.

1. 경제적 상호의존이 증가하는 경우 국가들은 상호취약성을 갖게 되며 이러한 취약성이 국가와 국가 사이에 무력의 사용을 제한하게 된다.
2. 경제적 상호의존은 다른 한편에서 보면 국가 간 경쟁이 가열되는 것을 의미한다. 따라서 국가들은 경제의 경쟁력 제고를 위해서 국방에 투입되는 자원을 경쟁력을 제고시키는 데 투입하고자 하므로 분쟁 가능성이 낮아진다.

3. 탈냉전체제의 안정성

냉전이 평화롭게 종식된 이후 왈츠(K. Waltz)의 구조적 현실주의는 강력한 비판에 직면하였으나, 왈츠는 1993년 「The Emerging Structure of International Politics」라는 논문을 발표하여 국제체제의 무정부성에 대한 자신의 입장을 재차 강조하였다. 또한 2000년에는 'Structural Realism After the Cold War'라는 글에서 미국 중심의 패권체제는 가장 불안한 체제이고 세력균형체제가 형성될 것이라고 예측하였다. 왈츠는 이러한 불안정성에 대응하기 위해 제한적 핵확산이 필요하다고 하였다.

핵무기와 평화의 상관관계에 관한 주요 입장

1. **왈츠(Kenneth Waltz)**
   왈츠는 핵무기가 특히 중동지역에 확산될 경우 재래식 무기로 얻기 힘든 지역안정을 확보할 수 있다고 하여 핵무기가 평화에 기여할 것이라고 본다. 로젠이나 펠드먼 등도 같은 견해이다. 핵확산 낙관론자들은 국가 지도자들이 핵전쟁의 피해가 엄청나다는 것을 알기 때문에 핵전쟁이 일어날 가능성이 낮다고 주장한다.

2. **메스키타와 라이커(Bueno de Mesquita & William Riker)**
   메스키타와 라이커는 두 가지 가정에 바탕을 둔 간단한 모델을 통하여 핵확산문제와 체제안정에 관한 의미 있는 결과를 보여 주었다. 만일 두 경쟁국가가 모두 핵능력이 있을 경우 두 국가 간의 핵전쟁은 일어나지 않지만 한쪽만 핵능력이 있을 경우에는 핵국가가 비핵국가에 대해 핵무기를 사용할 수도 있다는 두 개의 가정을 바탕으로 가상적 국제체제에서 핵전쟁가능성을 분석하였다. 두 국가가 핵능력이 있는 경우 상황확증파괴체제를 형성할 수 있으므로 안정을 유지할 수 있다. 그러나 핵보유국과 비핵국가가 전쟁상태에 돌입할 때 핵보유국의 핵무기가 사용될 수 있다. 1945년 미국의 나가사키와 히로시마 핵투하에서 확인할 수 있다. 또한, 오랫동안 미국의 핵전략이었던 유연대응에서도 그 가능성을 확인할 수 있다.

3. 세이건(Scott Sagan)

   세이건은 핵확산 비관론자이다. 핵확산은 선제공격의 가능성을 높이고 불안정한 위기상황을 조성하며 오인으로 인한 잘못된 판단을 유발하고 우발적 폭발의 가능성도 증대시켜서 국제체제의 불안정성을 높이게 된다고 주장하였다.

4. 나이(Joseph Nye. Jr)

   나이는 핵확산을 막지 않을 경우 잘못된 추측으로 인한 피해가 엄청날 수 있음을 경고하였다. 예를 들어 체제 내에서 핵확산이 이루어지게 되었을 경우에 국가들 간의 전쟁가능성은 거의 없어지게 되어 국제체제는 확실히 안정을 유지하게 되는 것이 진리라고 하자. 그런데도 인간들이 잘못 판단하여 핵확산을 금지할 경우 체제 내에서는 재래식 무기에 의존하는 전쟁이 계속 일어날 가능성이 높을 것이다. 다시 말해 핵확산을 허용하는 것이 사실상 체제안정에 유리한데도 불구하고 핵확산을 금지한 경우에 볼 수 있는 피해는 재래식 전쟁가능성과 그로 인해 체제불안정이다. 이와는 반대로 체제 내에서 핵확산을 허용할 경우에 반드시 핵전쟁이 발발하는 것이 진리라고 하자. 이럴 경우에 잘못 판단하여 핵확산을 허용할 경우 체제 내에서는 상상할 수 없는 핵전쟁의 패해를 보게 된다는 것이다. 나이는 인간들이 핵확산 허용의 오판을 하였을 경우의 피해가 핵확산 금지의 오판을 한 경우보다 비교할 수 없을 정도로 크기 때문에 핵확산 금지를 위해서 노력해야 한다고 주장한다.

5. 스나이더(G. Snyder)

   스나이더는 핵무기가 저강도분쟁을 유발하는 반면 고강도 전면전을 억제한다는 '안정 - 불안정 역설(Stability - Instability Paradox)'을 주장하였다. 즉, 적대국이 핵무기를 모두 보유한 경우 대규모전쟁은 억지할 수 있다. 그러나 대규모 전쟁이 발발하지 않을 것이라는 판단 때문에 소규모의 저강도분쟁은 오히려 빈번하게 일어날 가능성이 있다는 것이다.

6. 라우흐하우스(Rauchhaus)

   라우흐하우스는 핵대칭성, 즉 분쟁당사국들의 핵무기 보유는 저강도분쟁에는 별로 영향을 미치지 못하지만, 고강도 전면전은 억제하는 효과가 있다고 주장하였다. 반면, 핵비대칭성, 즉 분쟁당사국 중 한쪽만 핵무기를 보유하고 상대방은 핵무기를 보유하지 않는 상황에서는 저강도분쟁과 전면전 가능성이 모두 높다고 주장했다.

8 비교

1. 패권안정론

(1) 공통점

왈츠(K. Waltz)의 구조적 현실주의와 패권안정론은 미어샤이머(Mearsheimer)의 공세적 현실주의(offensive realism)와 함께 신현실주의(neorealism)로 불린다. 전통적 현실주의와 신현실주의의 핵심적인 차이는 전통적 현실주의가 국가의 행동 및 국제관계 설명을 국가변수, 즉 국가의 권력욕으로 설명한 반면, 신현실주의는 국제체제의 구조에 기초하여 설명한다는 점이다. 패권안정론은 패권국의 존부라는 구조변수로, 왈츠의 신현실주의는 무정부상태라는 구조변수로 설명하는 구조적 현실주의(structural realism)라는 점에서 양자는 동일하다.

(2) 차이점

신현실주의와 패권안정론은 국제체제에 대한 생각에서 차이가 있다. 왈츠(K. Waltz)는 국제체제를 무정부상태로 보는 반면, 패권안정론은 힘의 위계체제로 본다. 또한 양자는 국제제도의 형성가능성에 있어서도 견해 차이를 보이는바, 왈츠는 국가들이 무정부상태에서 상대적 이득(relative gains)을 고려하기 때문에 협력에 소극적이라고 보는 반면, 패권안정론은 패권국은 제도를 통해 이득을 얻을 수 있기 때문에 자국의 힘을 투사하여 제도를 형성하고자 한다고 본다.

2. 신자유제도주의

왈츠(K. Waltz)와 신자유제도주의는 국제체제를 무정부상태로 보고, 국가가 주요하고 합리적인 행위자라는 점에 대해서는 의견을 같이 한다. 그러나 국제협력의 문제에 있어서 왈츠는 상대적 이득을 우려하여 국가들은 협력문제에 소극적일 것이라고 보는 반면, 신자유제도주의는 절대적 이득을 고려하여 협력문제에 적극적일 것으로 본다. 신자유제도주의자들은 국가들이 생존을 우려하지는 않기 때문에 비용을 초과하는 이득이 있는지를 고려한다고 본다. 한편, 신자유제도주의자들은 상대적 이득의 문제도 제도적 협력을 통해 극복해 낼 수 있다고 본다.

3. 구성주의

(1) 구조의 속성

왈츠(K. Waltz)는 국제구조를 무정부와 능력의 분포라는 물질적 요소로 정의한 반면, 웬트(Wendt)는 국제구조를 '지식의 분포(distribution of knowledge)'라는 관점에서 해석한다. 또한, 왈츠는 힘의 배분이 변화하는 경우 국가의 행동이 변화한다고 보는 반면, 웬트는 힘의 배분에 대한 국가들의 인식이 변화할 때 국가의 행동이 변화한다고 본다.

(2) 구조와 행위자의 관계

왈츠(K. Waltz)에 의하면 구조는 행위자들의 동시행위(coaction)에 의해 만들어지지만, 일단 만들어진 다음에는 단위들의 의지와 상관 없이 단위들에게 강력한 영향력을 행사한다. 또한, 구조는 국가의 행위에만 영향을 미치고 근본적인 성질은 바꾸지 못한다고 본다. 반면, 웬트(Wendt)는 구조와 주체의 상호구성성을 강조하고, 구조는 주체의 행위를 제약하는 역할만 할 뿐 아니라, 국가의 근본적 성질을 바꾼다고 본다.

(3) 구조 변화

왈츠(K. Waltz)는 무정부상태는 거의 상수로 고정되어 있으므로, 무정부상태는 변화하지 않는다고 본다. 구조 변화는 힘의 배분에 있어서의 변화일 수밖에 없고, 이로써 국가들의 행동을 변화시킨다고 본다. 반면, 웬트(Wendt)는 국제구조 자체는 사회적 구성물이므로, 규범이 변화하거나 국가들의 집합정체성이 변화하는 경우 구조가 변화한다고 본다. 예컨대, 힘의 배분에 변화가 없어도 홉스적 무정부상태에서 로크나 칸트적 무정부상태로의 변화가 가능하다고 본다.

4. 제2이미지 역전이론

(1) 의의

제2이미지 역전이론이란 고르비치가 처음 사용한 용어로서 국제적 요인이 어떻게 국내정치구조와 과정에 영향을 주는가를 밝힌 일련의 기존 연구들을 지칭한다. 왈츠(K. Waltz)가 제시한 세 가지 이미지 중에서 제2이미지는 국가 내부의 속성으로 대외적 행동 또는 국제정치현상을 설명하는 것이다. 이에 비해 제2이미지 역전이란 국내구조를 주어진 것으로 보지 않고 전쟁과 무역과 같은 국제적 요인이 어떻게 국내구조와 정치과정에 영향을 주는가에 초점을 맞추고 있다.

(2) 제2이미지 역전이론과 제3이미지 비교

제2이미지 역전이론과 제3이미지는 모두 국제체제로부터의 제약을 강조한다는 점에서는 유사하지만 중요한 차이점이 있다. 제2이미지 역전이론은 '밖'으로부터의 영향이 어떻게 국가 '안'에서의 변화를 가져오는가에 관심을 가진다. 반면, 제3이미지는 국가라는 행위자를 기능적으로 유사한 단위로 가정한 상태에서 국제무정부상태와 상대적 국력의 분포라는 국제체제의 구조적 요인이 어떻게 국가의 행위를 제약하는가에 초점을 맞춘다. 구조적 요인은 국가를 제약하지만 국가의 내부구조를 변화시키는 것은 아니다. 제3이미지를 강조하는 신현실주의자들은 왜 세력균형이 자동적으로 형성되는지, 왜 국가 내부의 속성이 서로 다름에도 불구하고 힘의 위계 측면에서 비슷한 위치에 있는 국가들이 비슷하게 행동하는지와 같은 국제적인 결과에 대해 관심을 가진다.

(3) 거센크론(Alexander Gerschenkron)

거센크론은 19세기에 산업화 시점이 상대적으로 늦었던 독일이나 러시아와 같은 후발 산업화 국가들이 상이한 제도적 수단(은행과 국가)을 통해 후발국의 이점을 누릴 수 있었다고 본다. 거센크론의 주장은 국제경제적 요인, 특히 산업화의 시점이 국내구조에 영향을 미쳤다고 본다.

(4) 힌체(Otto Hintze)

힌체는 전쟁과 지정학적 요인으로 영국에서의 입헌적 자유주의질서의 확립과 독일에서의 군사국가화를 설명한다. 이는 국제안보요인이 어떻게 국내정치구조에 영향을 미쳤는가에 관한 연구이다.

(5) 로고우스키(Ronald Rogowski)

로고우스키는 국제무역 환경의 변화가 서로 다른 생산요소의 보유자에게 어떠한 분배효과를 주며 이들 간의 정치적 연합에 영향을 미치는지를 분석하였다. 로고우스키의 연구도 대표적인 제2이미지 역전이론 전통에 속한다고 할 수 있다.

9 비판

1. 구조결정론
왈츠(K. Waltz)는 구조와 행위자와의 관계에서 구조의 행위자에 대한 규제적 성격을 강조함으로써 구조결정론적 성격을 띠고 있다. 이러한 입장은 왈츠의 의도와 같이 행위자 변화에도 불구하고 지속적으로 반복되는 국제정치의 패턴을 설명할 수 있는 장점이 있는 반면, 구조의 변화가 없음에도 불구하고 발생하는 행위자의 행위패턴을 설명하지 못하는 한계가 있다. 따라서 단위수준변수에 대한 분석이 추가되어야 한다.

2. 정태성
왈츠(K. Waltz)는 국제체제의 변화에 대해 상당히 비판적이다. 무정부상태에서 위계체제로의 변화를 의미하는 체제 자체의 변화는 현재까지 없고 앞으로도 없을 것으로 본다. 따라서 힘의 배분에 있어서의 변화, 즉 체제 내의 변화만 있다고 본다. 왈츠에 따르면 체제 내의 변화도 다극체제가 양극체제로, 양극체제가 다시 다극체제로 바뀌었을 뿐이라고 본다. 왈츠의 체제 변화의 정태성은 특히 구성주의로부터 비판을 받고 있다. 같은 무정부적 구조라 하더라도 규범이나 상호 구성된 정체성이 변화하는 경우 그 속성이 바뀔 수 있고, 그러한 변화도 구성주의자들은 구조의 변화라고 본다.

3. 고정된 선호
왈츠(K. Waltz)는 국가의 선호는 언제나 고정되어 있다고 본다. 이는 왈츠가 무정부적 국제체제가 항상성을 지니고 있다고 전제하기 때문이다. 즉, 국가들은 무정부상태에서는 언제나 생존을 최우선적 가치로 간주하기 때문에 국가의 선호와 그에 따른 선택은 언제나 고정되어 있는 것이다. 그러나 자유주의자들은 국가의 선호가 국내정치과정을 통해 형성되기 때문에 국내정치적 역학관계에 의해 국가의 선호는 항상 변화될 수 있다고 본다. 한편, 구성주의자들도 국가들은 공유하는 규범을 통해 정체성이나 선호를 구성할 뿐 아니라, 새로운 규범이나 정체성의 형성을 시도함으로써 자신들의 선호나 정체성을 변화시킬 수 있다고 본다. 즉, 구성주의자들은 국가의 선호가 항상 고정되어 있지는 않다고 봄으로써 왈츠와 다른 견해를 보여주고 있다.

4. 문제해결이론(problemsolving theory)
로버트 콕스(Robert Cox)는 왈츠(K. Waltz)의 신현실주의이론이 문제해결이론이라고 공격한다. 콕스에 따르면 문제해결이론이란 세계를 있는 그대로 받아들이고 현존하는 관계와 제도가 좀 더 원만하게 작동하도록 하는 데 주의를 집중하는 현상유지적 이론을 말한다. 콕스는 이론의 중립성을 부정하고, 이론이란 항상 누군가와 특정한 목적을 위한 것이라고 본다. 콕스의 입장에서 보면, 왈츠의 이론은 강대국들의 약소국에 대한 지배체제를 옹호하는 이데올로기적 성격을 가진다.

케네스 왈츠(Kenneth Neal Waltz, 1924년 ~ 2013년)

1954년 컬럼비아대학에서 박사학위를 취득하였다. 박사학위논문을 바탕으로 『Man, the State and War』(1959)을 저술하여 기존의 전쟁원인론을 지도자들과 같은 인간의 본질에 의한 것(제1이미지), 국가나 사회의 내재적 성격에 의한 것(제2이미지), 국제정치의 구조에 의한 것(제3이미지)이라는 세 가지 이미지로 분류하여 높은 평가를 받았다. 하버드대학, 브랜다이스대학 등에서 교편을 잡은 뒤 1971년부터 캘리포니아대학 버클리교의 교수를 역임했다. 그 사이 1979년에 주저인 『The Theory of International Politics』를 내놓았다. 이 저서는 앞의 저서의 제3이미지를 국제정치이론의 고유한 대상영역으로 보고 무정부적인 국제정치 무대에서의 국가는 시장에서의 합리적 경제주체처럼 자기보존을 기본원리로 하여 행동한다고 가정하는 모델을 제시하였다. 그는 국제정치의 구조를 주체로서의 국가와 각 국가의 힘이 상호관계로 정의되는 시스템으로서 파악한다는 점에서 현실주의(realism)의 입장에 서 있다. 그러나 전통적인 정치학을 국제정치학에 응용하고 실천적 지향성이 강한 전통적인 현실주의와 대비하여 일정한 가설에서 출발하여 국제정치구조의 안정성이나 국가의 기본적 행동 패턴으로서의 세력균형과 같은 여러 개념을 논리적으로 도출하는 그의 이론은 보다 객관적·과학적인 이론으로서 네오리얼리즘이라고 불리기도 한다. 그 후 그는 핵확산이 오히려 국제정치의 안정성을 증가시킬지도 모른다는 논쟁적인 연구를 발표했는데(『The Spread of Nuclear Weapons: The More may be Better』, 1981), 결론도 자신의 이론을 응용한 결과였다. 국가 중심의 국제정치모델을 가장 체계적으로 제창한 왈츠의 분석은 1980년대 이후의 미국 국제정치학의 중요한 초석이 되었다.

제8절 | 세력균형론

1 의의

세력균형론이란 국제체제에서 국가들의 행위에는 일정한 법칙 또는 패턴이 존재하는데 그것은 국제체제의 힘의 분포에 있어서 평형(equilibrium) 또는 균형(balance)을 추구한다는 것을 설명하는 이론이다. 세력균형의 추구가 제1차 세계대전의 원인이라고 진단한 윌슨(Wilson)에 의해 비판을 받기도 하였으나 대부분의 현실주의이론가들은 세력균형이 국제관계에서 하나의 법칙이라는 점에 동의하고 있다. 현실주의적 관점과 전제에 기반하고 있는 세력균형이론은 현재 자유주의 및 구성주의로부터의 도전, 냉전 종식에 따른 도전, 미국 중심의 단극질서의 지속으로부터의 도전 등 다차원적 도전에 직면하고 있다.

2 세력균형의 전제와 의미

1. 세력균형의 전제

세력균형 또는 세력균형론은 기본적으로 현실주의적 관점에서 출발하고 있으므로, 현실주의적 가정을 공유한다. 즉, 국제체제는 무정부상태이며, 국제정치의 행위자는 국가이며, 국가는 통합된 합리적 행위자이다. 국가는 권력의 극대화를 추구하는 한편, 생존을 제1차적 국가이익으로 간주하고 행위하는 존재이다.

2. 세력균형의 의미 - 이니스 클라우드(Inis L. Claude)

(1) 힘의 분포상태(balance of power as a description)

국가 간의 힘의 분포상태를 기술하는 세력균형은 '문자 그대로 대등한 강대국 간에 힘이 균형 있게 분포되어 있는 상태'를 의미한다. 이때의 균형(equilibrium)은 대체로 '타국에 자국 의지를 일방적으로 강요할 수 없는 상태'로 보고 있다. 바텔(Emmerich de Vattel)은 '어떠한 강대국도 압도적인 우위에서 남을 지배하거나 법을 처방해 줄 수 있는 위치에 갈 수 없도록 힘을 배분하는 것'을 세력균형이라고 정의하였다. 하스(E. B. Haas) 역시 '각 국가의 힘이 다른 모든 국가의 힘에 비해 거의 동등하도록 힘이 배분된 상태'를 세력균형이라고 정의하였다.

(2) 정책으로서의 세력균형(balance of power as a policy)

정책으로서의 세력균형은 균형의 창출 또는 유지(the creation or the preservation of equilibrium)를 위한 정책을 뜻한다. 즉, 힘의 분포상태의 단순한 기술이 아니라 힘이 균등하게 분포되어야만 한다는 원칙을 뜻하는 규범적 의미를 가지게 된다. 그러나 국가들은 자국이 누리고 있는 유리한 국제적 지위를 그대로 유지시킬 수 있도록 어떤 타국도 현상을 타파하려는 도전을 못하게 하려는 의도를 갖기 때문에 정책으로서의 세력균형은 엄격한 힘의 균형보다는 자국이 우위를 유지하는 유리한 균형(a favorable balance)이 정책목표가 된다.

이런 의미에서 세력균형정책은 곧 신중을 기하는 정책(a policy of prudence)이라고 볼 수 있다. 이 정책의 근저에는 균형을 이루지 않은 상태에 있는 힘은 위험하다는 생각이 깔려 있다. 이는 어느 국가도 힘만 가지면 남을 지배하려 한다는 국가속성을 전제로 하기 때문이다. 전통적으로 영국은 유럽 대륙에서의 세력균형을 추구하는 정책을 지속적으로 구사하였으나, 영국이 말한 세력균형은 자국이 유럽 국제정치체제에서 우위를 유지하는 것을 의미하였다(Eyre Crowe).

(3) 통계적 경향으로서의 세력균형(balance of power as a statistical tendency)

세력균형을 역사의 기본적인 법칙 또는 통계학적인 경향으로 인식하는 것이다. 즉, 초월적인 권위체가 없는 국제사회에서 여러 나라가 각각 자국의 국가이익을 위해 행동해 나가는 경우 그 행위의 총합으로서 상호 견제의 안정질서가 형성되며, 이렇게 형성된 질서를 세력균형체제로 보는 입장이다.

한스 모겐소(Hans J. Morgenthau)는 세력균형을 하나의 사회법칙으로 보며, 다수의 주권국가가 병존하는 국제체제에서 불가피하게 형성되는 시스템 상태(state of system)로 본다. 퀸시 라이트(Quincy Wright) 역시 『A Study of War』에서 세력균형을 국제사회에서의 국가 간 행위시스템으로 파악하고 있다.

3 세력균형의 유형

1. 한스 모겐소(Hans J. Morgenthau)의 분류 - 직접대립형과 상호경쟁형

(1) 직접대립형(the pattern of direct opposition)

직접대립형이란 A국가와 B국가(또는 2개 국가군)가 직접적으로 대립함으로써 형성되는 세력균형상태를 말한다. 양국이 거의 동등한 세력을 가지고 직접적으로 대립하고 있을 때 A국이 B국에 대하여 현상타파로 헤게모니를 장악하려 한다면, B국은 A국에 대하여 현상유지를 위하여 대항하거나 아니면 더 나아가 스스로 헤게모니를 장악하기 위하여 A국을 정복하기 위해 나설 수도 있다. 3국동맹과 3국협상의 대립, 추축과 연합국의 대립이 직접대립형에 속한다.

(2) 상호경쟁형(the pattern of competition)

상호경쟁형이란 세 국가 또는 세 개의 국가군 사이에 형성되는 균형관계를 말한다. 경쟁형은 세 국가 중 하나의 국가가 약소국일 때 약소국을 사이에 두고 성립되는 간접적 대립관계에서 나타난다. 역사적으로 이란을 사이에 둔 영국과 러시아의 대립, 한국을 사이에 둔 청과 일본의 대립 또는 러시아와 일본의 대립이 경쟁형에 속한다. 강대국 간 힘의 균형이 유지될 때 약소국의 독립이 보장되나, 균형이 깨지는 경우 상대적 강대국에 의해 주권을 상실할 수 있다.

2. 하트만(Hartmann)의 분류

(1) 균형자형(balancer form)

균형자형은 두 개의 대립되는 세력에 제3의 세력으로서의 균형자(balancer)가 개입하여 그 어느 한쪽에 자국의 힘을 보탬으로써 균형을 유지시켜 나가는 형이다. 즉, 두 집단으로 나뉘어진 국가군 간의 경직된 대결상황에 균형자가 유연성을 부여하여 균형을 유지하는 체제이다. Pax Britannica라 불리던 19세기의 유럽세력균형체제가 영국의 균형자역할에 의해 계속 안정을 유지할 수 있었던 것이 그 예이다. 균형자형이 작동하기 위해서는 균형자가 그 어느 일방과도 영구적인 동맹관계를 맺어서는 안 된다. 균형은 균형자의 자유로운 움직임에 의해서 이루어지기 때문이다.

(2) 비스마르크형(the Bismarckian form) 또는 복합형(complex form)

<u>예상되는 침략국을 둘러싼 여러 나라들을 서로 상통하는 이해를 중심으로 몇 개의 복합적 동맹으로 묶어 그 예상침략국을 고립시켜 견제하는 방법이다.</u> 비스마르크(Bismarck)가 대프랑스 봉쇄동맹을 형성한 것이 여기에 해당한다. 이 유형의 성공조건은 예상침략국과 동맹을 맺고 있거나 맺으려는 나라들에게 동맹포기를 결심하게 할 이익을 마련해 주는 것이다. 비스마르크형 세력균형의 특색은 동적 균형(dynamic balance of power)이라는 점이다. 즉, 힘의 배분이 변화하고 이에 따라 각국의 이해가 달라질 때 변해가는 이해관계를 그때그때 파악하여 반영시키기 위하여 기존의 동맹체제를 폐기·수정해 나가며 또는 새 동맹체제를 결성해 나감으로써 계속 동태적으로 균형을 유지해 나가는 것이다.

따라서 이 유형을 정책수단으로 택할 때는 고도의 '외교역량'이 전제되어야 한다. 즉, 비스마르크형 세력균형은 비스마르크의 존재를 전제할 때 비로소 가능하다고 할 수 있다. 브레진스키(Zbigniew Brzezinski)는 닉슨 외교의 기본구조가 비스마르크형 세력균형이라고 보았다.

(3) 뮌헨시대형(the Munich-Era form)

<u>히틀러의 대두를 막지 못하였던 영국과 프랑스 등 유럽 제국들의 협력 실패를 상징하여 붙인 이름이다.</u> 이 형은 예상되는 체제 파괴자보다 월등하게 강한 힘을 가진 예상피해국들이 이해가 갈려 협력하지 못함으로써 미약한 침략국의 힘과 균형을 이루는 정도로 약해지는 세력균형이다. 이런 상황에서는 상대적 약소국에 의해 강대국의 견제를 벗어나 힘을 키울 수 있는 정책이 선택될 수 있는 유형이다.

(4) 빌헬름형(the Wilhelmian form)

<u>적대 당사자 간의 힘의 균형으로 이루어지는 세력균형이다. 즉, 제3의 균형자가 개입하지 않은 자국과 상대국 간의 힘의 균형이다. 단순형(simple balance of power) 또는 냉전형(cold - war form)이라고도 한다.</u> 1907년부터 1914년의 유럽, 1949년부터 1960년대 중반까지의 미국과 소련의 관계가 빌헬름형에 해당한다. 이 유형에서는 적대하고 있는 당사자가 곧 균형의 유지자가 된다. 정책으로서의 빌헬름형 세력균형은 자국이 우위를 가지는 불균등균형이 정책목표상태가 되므로 필연적으로 군비경쟁을 유발하게 되고, 두 상대집단의 물리적인 힘에 의해서만 안정이 유지된다는 점에서 지속적 안정을 유지하기가 어렵다.

4 세력균형의 형성방법

정책으로서의 세력균형의 경우 어떤 방식으로 세력균형을 형성할 것인가가 중요한 쟁점이 된다. 하트만(Frederick H. Hartmann), 굴릭(Edward Vose Gulick) 등의 학자들의 논의를 종합해 보면 다음과 같은 방법이 있다.

1. 분할과 지배(divide and rule)

분할통치란 세력균형을 실천하는 국가들이 상호 경쟁하는 국가의 영토를 분할하거나 분할한 상태에 둠으로써 경쟁국의 힘의 약화를 목적으로 하는 세력균형정책을 말한다. 17세기로부터 제2차 세계대전 이후 지속된 프랑스의 대독정책이 대표적이다. 이 시기에 프랑스의 대외정책의 핵심은 중부유럽에 위치하는 중앙집권적인 독일을 분할하여 독일을 약화된 상태로 유지하는 것이었다. 제2차 세계대전 이후 독일문제 해결에 있어서도 결국 '중부유럽의 약화'라는 발상, 즉 독일의 약화를 통하여 유럽의 안전을 도모하는 전략을 구사하였다.

2. 보상(compensations)

보상이란 보통 영토의 분할 또는 병합을 의미한다. 즉, 대립하고 있는 국가 중의 한 국가가 새로이 영토나 권익을 취득하였을 때 관계국이 거의 같은 면적의 영토나 거의 같은 권익을 균등하게 분배함으로써 각국의 세력을 전과 같이 유지하는 방법이다. 분할 및 보상의 대상이 된 영토는 세력균형참가자의 하나일 수도 있고 세력균형체제 밖에 있는 영토일 수도 있다. 1772년 이래 세 차례에 걸쳐 오스트리아, 프러시아(프로이센), 러시아 3개국이 폴란드를 분할한 것은 전자의 예이고, 1884년 베를린회의에서 유럽 열강에 의해 아프리카 대륙이 여러 세력권으로 분할된 것은 후자의 예이다. 또한 제2차 세계대전 이후 미국과 소련 양국이 남미와 동구를 각자의 세력권으로 각각 묶어 왔던 것도 같은 맥락에서 이해할 수 있다. 분할과 지배는 대상을 분열만 시켰을 뿐 병합하거나 자기 세력권하에 두지는 않는 데 반하여, 보상의 경우는 적이나 경쟁자를 분할하여 각기 자기 영토에 병합시키거나 자기 세력 밑에 둔다는 점에서 보상은 분할 및 지배와 다르다.

3. 군비증강과 군축(armament and disarmament)

세력균형을 유지하기 위해 사용할 수 있는 가장 효과적인 수단 중 하나는 군사력이므로 대립하는 국가 간에 상대국의 국력과 동등한 군사력을 유지하기 위해 군비를 증강시킨다. 그러나 모겐소(Morgenthau)가 적절히 지적하였듯이 국가들은 상대국보다 유리한 군비를 보유하고 싶어하기 때문에 국가 간 군비경쟁(armaments race)이 발생한다. 군비증강이 세력균형을 위한 것이라 할지라도 필연적으로 현존의 세력균형을 불안정하게 만드는 요인이 되기도 한다. 제1차 세계대전 전의 영국과 독일의 해군력 경쟁이나 프랑스·독일 간 육군력 경쟁이 군비증강의 역사적 사례에 해당한다. 한편, 국가들은 군비축소에 동의하기도 하는데, 무엇보다 군비증강이 국가재정에 상호 압박을 가하기 때문이다. 1922년 워싱턴 해군군축, 1972년 및 1979년의 미국·소련 간 전략핵무기제한회담(Strategic Arms Limitation Talks: SALT I, II), 1986년의 미국·소련 간 중거리핵무기(Intermediate - Range Nuclear Forces: INF) 폐기협정, 1991년 전략무기감축협정(Strategic Arms Reduction Talks: START) 등이 성공적인 군축사례들이다.

4. 동맹(alliances)

자국의 안전을 위한 가장 효과적인 방법 중의 하나가 동맹을 얻는 방법이다. 공통의 위협에 대처하기 위해서는 임시적으로 제휴(coalition)하는 것과 같은 목적을 위하여 단합하는 비교적 장기간의 결합인 동맹이 있다.

5. 완충국가(buffer states)

직접 대립하는 양당사국으로 양극화된 세계는 불안하기 때문에 완충국이 존재하는 세력균형체제가 형성될 수 있다. 완충국은 상호 우호관계에 있지 않은 강대국 사이에 위치하여 완화제 역할(cushioning effect)을 함으로써 강대국 간의 분쟁을 감소시키고 해소시키는 역할을 한다. 예컨대 아프가니스탄은 19세기 말 영국과 러시아의 인도양에서의 직접대결을 완화시켜주는 완충역할을 하였다.

5 세력균형화의 과정

국제체제에서 세력균형이 어떻게 일어나는가에 대해 논쟁이 있다. 이와 관련한 세 가지 견해를 정리한다.

1. 자동식 세력균형 - 왈츠(K. Waltz)

국가들의 상호작용과정에서 자동적으로 생겨난 산물이 세력균형이라는 견해이다. 왈츠는 세력균형은 인간의 의지와는 상관 없이 국제정치의 구조적인 특징에 의해 이루어진다고 본다. 즉, 국가들이 세력균형을 유지하려는 의도로 행동하든 전반적인 지배를 목적으로 행동하든 간에 세력균형은 형성된다는 것이다.

2. 반자동식 세력균형

개별 국가들의 자율적 결정과 정책에 맡겨둘 때 세력균형현상은 거의 자동적으로 나타나지만 항상 그런 것만은 아니기 때문에 그럴 경우를 염두에 둔 균형자가 필요하다. 19세기 유럽 국제체제에서 영국이 고립정책을 취하는 한편, 균형자로서 유럽 대륙의 세력균형이 파괴될 때 개입함으로써 균형을 유지한 것이 반자동식 세력균형에 해당한다.

3. 수동식 세력균형 - 헨리 키신저(Henry Kissinger), 헤들리 불(Hedley Bull)

세력균형을 지도자들의 의식적인 노력의 산물로 보는 것을 의미한다. 무정부적 국제체제에서 국가의 생존을 책임진 군주나 정치가는 국가의 생존을 위해 끊임없이 노력해야 하고, 다수 국가들이 이러한 노력을 하는 과정에서 세력균형현상이 되풀이되어 나타난다.

6 세력균형의 적실성

1. 근대 국제체제의 보편적 속성으로서의 세력균형

세력균형론자들은 1648년 웨스트팔리아조약 체결로 민족국가들로 구성된 근대 국제정치체제가 형성된 이래 지속적으로 세력균형에 의해 국제체제의 안정성이 유지되었다고 본다. 1648년 이래 1945년까지 3세기 동안 유럽에서는 다극적 세력균형체제가 형성되었으며, 국가들의 행동원리 역시 세력균형이었다. 3세기 동안 유럽 국가들은 어떤 한 강대국 혹은 하나의 강대국 연합이 유럽을 지배하는 것을 국가 간의 유동적이고 경쟁적인 동맹관계를 통해 성공적으로 저지하였다고 본다. 한편, 다극적 세력균형체제는 제1차 세계대전을 계기로 흔들리기 시작하여 제2차 세계대전 이후 붕괴되고, 미국과 소련 간에 양극적 세력균형으로 변화되었다고 본다.

2. 21세기 국제체제와 세력균형론의 적실성

(1) 문제 제기

구소련의 분열과 독일 통일, 1989년 미소 간의 몰타선언 등으로 양극적 세력균형체제는 붕괴되었다. 양극체제 붕괴 이후 다극체제화되었다고 보는 견해도 있으나, 대체로 미국 중심의 단극체제가 형성된 것으로 보고 있다. 이에 대해 세력균형을 보편적인 국제체제로 보는 세력균형론자들은 현 체제를 '일시적 단극(unipolar moment)'이라 보고 결국은 균형체제가 형성될 것으로 본다. 반면, 패권론자들은 현 체제를 패권체제로 보고, 개념적으로나 현실적으로 균형체제 형성이 불가능하다고 본다. 이와 관련하여 균형론과 패권론의 입장과 논거를 간략하게 정리한다.

(2) 세력균형론자의 입장 - 왈츠(Kenneth N. Waltz)

왈츠는 냉전의 종식으로 양극체제가 무너지고 현재 단극체제에 머무르고 있으나, 이는 미국이 아직 타 강대국들에게 제공해 줄 수 있는 이익이 있기 때문이고 결국은 다극적 세력균형체제로 갈 것으로 본다. 즉, 탈냉전의 시대를 다극체제로 가는 과도기에 존재하는 일극체제로 본다. 양극체제 안정론자인 왈츠는 냉전의 종식으로 아시아에서 다극적 세력균형체제가 형성되고 있다고 보고 이는 아시아 국제체제의 안정성에 부정적으로 작용할 것으로 본다.

(3) 위협균형론자의 입장 - 마스딴두노(Michael Mastanduno)

마스딴두노를 비롯한 위협균형론자들은 국가들은 세력(power 또는 capability)이 아니라 위협(threat)에 대한 맞균형정책을 편다고 본다. 이들은 장기적인 관점에서 다극체제의 도래를 확신하면서도 현재의 단극체제가 단극 국가의 정책 여하에 따라 어느 정도의 기간이 될지는 알 수 없으나, 일정한 기간 지속될 수 있다고 본다. 즉, 타국이 미국에 대항하여 균형을 형성할 것인지 그리고 얼마나 빨리 형성할 것인지는 타국이 국제체제를 얼마나 위협적이라고 인식하는지 그리고 미국의 행동이나 야심이 얼마나 위협적인가에 달려있다고 본다.

(4) 패권안정론자의 입장 - 요페(Josef Joffe)

요페는 현재의 국제체제를 단극체제로 진단하고 여러 요인으로 인해 균형체제의 도래 자체가 힘들다고 본다. 균형체제 도래가 힘들다고 보는 이유는 ① 과거의 패권추구국과는 달리 미국이 영토적 야심을 가지고 있지 않기 때문에 미국에 대한 적대적인 동맹이 쉽게 결성되지 않기 때문이다. ② 미국은 탈냉전기에 과거 19세기 비스마르크(Bismarck)가 전개했던 것과 유사한 동맹전략을 구사하고 있는바, 이로 인해서 미국에 대한 균형이 가능하지 않다.

보불전쟁 이후 비스마르크는 다면적인 동맹과 협상을 통해 프랑스를 국제적으로 고립시키고 독일을 표적으로 하는 동맹체제의 형성을 사전에 막는 것을 목적으로 하는 '보장정책'을 구사하였다. 이러한 동맹과 협상은 자국의 힘을 증대시키기 위한 목적으로 체결되는 것이 아니라 적대적인 동맹의 출현을 막기 위함이다. 즉, 잠재적인 경쟁 상대국들과 긴밀한 관계를 구축하여 그들로 하여금 자신을 필요로 하도록 함으로써 적대적인 결속을 불가능하게 하고자 하는 방식이다. 요페는 이를 바퀴에 있어서의 중심(hub)과 바퀴살(spoke)로 비유하고 미국을 중심에 그리고 적대적일 가능성이 있는 주요 국가들을 바퀴살에 해당한다고 본다. 이들 국가들로 하여금 미국에 대한 적대감에도 불구하고 미국에 연결되어 있는 것이 그들끼리의 연결보다 더 중요하도록 만드는 방식이다. ③ 미국의 힘 자체가 압도적이기 때문에 균형이 불가능하다고 본다. 요페는 국력의 요소로서 군사력과 같은 경성권력(hard power)의 상대적 중요도가 낮아지고 대신 연성권력(soft power)이 중요하다고 보고 미국의 정교한 무기 등 군사력에 타의 추종을 불허하는 연성권력이 더해져 타 국가들의 힘의 총합보다 압도적인 우위를 가지고 있으므로 미국에 대한 힘의 균형이 일어나기 힘들다고 본다.

(5) 아이켄베리(John Ikenberry)

아이켄베리에 의하면 미국은 제2차 세계대전의 종식 이후 다자주의적인 국제제도와 동맹을 통해서 동맹국들에 대한 힘의 행사를 자제해 왔다. 그러한 과정을 통해서 획득한 국제적인 신뢰가 냉전 종식 이후에도 미국의 패권체제를 지탱해 주는 근간이 되고 있다. 따라서 탈냉전 시기 미국 외교정책의 초점은 이와 같은 '자유주의적' 패권체제를 유지하는 데 맞추어져야 한다.

(6) 월포스(William Wohlforth)

월포스는 전통적인 신현실주의적 관점에서 보더라도 단극체제는 양국체제나 다극체제보다 훨씬 안정적이고 평화 지향적이다. 다른 국가들도 이러한 사실을 어렵지 않게 인지하게 될 것이라고 주장하였다. 월포스에 따르면 미국의 국익과 주요 강대국들 간의 평화체제는 미국의 정책 결정자들이 단기적인 이익에 연연하지 않고 현재의 패권적 지위를 유지하기 위해 적극적인 개입정책을 추진함으로써만 보장될 수 있다.

(7) 몬테이로(Nuno Monteiro)의 견해

몬테이로는 단극체제는 지속되겠지만 평화롭지는 않을 것이라고 하였다. 중국과 유럽 등 주요 강대국들은 미국이 제공하는 생존과 번영에 만족하여 단극체제에 전면적으로 도전하지는 않지만, 대량살상무기를 통하여 강대국 지위를 획득하려는 이라크와 북한과 같은 일부 비강대국은 미국과 충돌하게 된다고 하였다. 그러나 미국의 초강대국 지위를 위협할 수 있는 대규모 전쟁의 가능성은 낮다는 결론을 내렸다.

7 세력균형의 기능

1. 세력균형과 전쟁방지기능

(1) 이상주의자들의 견해

윌슨(Wilson)을 비롯한 이상주의자들은 세력균형은 국제체제의 안정요인이라기보다는 불안정요인이라고 본다. 이들은 국가들이 세력균형을 추구하는 과정에서 국가 간 긴장을 고조시키고 결국 전쟁을 촉발한다고 본다. 이러한 인식하에서 국제법이나 국제제도를 통해 국가들의 행동을 규제함으로써 항구적 평화체제를 만들 수 있다고 본다.

(2) 세력균형론자들의 견해

겐쯔(F. Von Gentz)는 전쟁의 원인을 특정 국가의 힘의 과도한 축적에서 찾았으며 과도한 힘의 축적에 대항하기 위한 대항력이 있어야 전쟁은 방지될 수 있다고 보았다. 국제체제의 무정부성에도 불구하고 권력투쟁이 전면적인 갈등(all-out conflict)으로 귀결되지 않는 이유는 전지구적·국지적 세력균형이 평화와 안정적 질서를 유지시켜 주기 때문이라고 본다.

2. 독립보장기능

약소국을 사이에 두고 강대국 간 세력균형이 형성되는 경우 이를 통해 약소국은 생존과 독립을 보장받을 수 있다. 그러나 이러한 기능이 발휘되기 위해서는 전제조건이 충족되어야 한다. 즉, 강대국들이 약소국의 유지에 대해 상호 합의해야 한다. 일국이 약소국을 독점지배하는 것을 용인하는 경우 약소국의 독립은 유지되기 어렵다.

3. 불(Hedley Bull)의 견해

불은 세력균형을 통해 국제체제가 전세계적 제국으로 변형되는 것을 방지하는 것 이외에도, 세력균형이 형성되어 있는 경우 국제질서 유지의 수단이 되는 외교, 국제법, 레짐 등의 제도들이 잘 작동할 수 있다고 본다. 현실주의자들과 달리 불은 국제법이나 국제레짐은 국제체제가 무정부상태(anarchy)임에도 불구하고 국제사회(international society)를 형성 및 유지시켜 주는 기능을 한다고 본다. 세력균형은 국제법이나 국제레짐이 잘 작동할 수 있는 조건을 형성시켜 줌으로써 국제체제의 사회성을 강화시켜 준다고 보는 것이다.

4. 키신저(Henry Kissinger)의 견해

키신저는 30년 전쟁 이후 유럽을 세력균형의 대표적 사례로 소개하였다. 그에 따르면 베스트팔렌조약 이후 유럽의 근대국가들은 국익을 우선시하는 국가이성을 따르면서 일정한 평형상태를 이루었다. 특히 영국은 대륙에서 프랑스와 독일이 유럽의 패권을 차지하지 못하도록 러시아와 미국 등을 끌어당기면서 세력균형을 유지하는 결정적 역할을 감행하였다. 이러한 유럽협조체제(concert of Europe)는 당시 유럽 주요 국가들 사이의 일정한 합의를 바탕으로 유지되면서 제1차 세계대전이 발생하기 이전까지 유럽의 안정과 평화의 근간이 되었다. 그러나 키신저는 세력균형체제를 시공간을 초월한 국제 및 세계 질서의 표본으로 바라보지 않았다. 근대 이전 유럽과 아시아와 중동 지역 등 비유럽권에서 패권질서가 자리 잡았다는 사실을 일깨우면서 키신저는 유럽의 세력균형체제를 다양한 세계질서의 하나로 평가하였다.

8 세력균형의 한계 - 모겐소(Hans J. Morgenthau)

1. 의의

모겐소는 국제법을 대신하는 국제관계의 조절장치로서 세력균형의 전통적 기능을 재확인하는 동시에 국제사회에 대한 세력균형의 궁극적 가치를 의문시하기도 하면서, 세력균형의 세 가지 문제점을 지적하였다.

2. 세력균형의 불확실성(uncertainty)

모겐소는 국력의 불가측성과 국력의 상호의존성 때문에 국력의 정확한 비교와 평가가 힘들다는 의미에서 세력균형의 불확실성을 지적하였다.

3. 세력균형의 비현실성(unreality)

국가들은 힘의 양적인 평가의 곤란함과 상호 불신 때문에 세력의 균형에 만족하지 못하고, 잘못 판단할 경우에 대비하여 '안전의 여지(margin of safety)'를 추구한다. 따라서 세력균형을 위한 노력의 결과 점차적으로 자국의 국력이 상대국보다 우월하게 되어 외교적 압력이나 전쟁을 가져올 수도 있다.

4. 세력균형의 부적합성(irrelevance)

모겐소는 17세기에서 20세기 초 유럽 국가들 간에 권력투쟁 외에도 지적인 동질성과 도덕적 합의가 존재하여 이들 간의 관계에 제약적인 영향을 미쳤으나 제2차 세계대전 후의 국제체제는 이러한 특징을 지니고 있지 않다는 부적합성을 지적하고 있다.

9 세력균형론에 대한 비판 - 편승동맹론

1. 의의

세력균형론자들은 국제체제에서 국가들은 대체로 편승보다는 균형이 지배적인 패턴이라는 가설을 제시한다. 그러나 슈뢰더(Paul Schroeder)는 이에 의문을 제기하고 오히려 편승이 지배적이라고 본다. 편승의 개념 및 이와 관련한 논쟁을 검토한다.

2. 편승(bandwagoning)의 개념

편승이란 국가들이 균형을 추구하기보다는 위협이나 세력이 상대적으로 우월한 국가와 동맹을 체결하는 현상을 말한다.

3. 편승의 유형(동기)

편승에는 공격적 편승과 방어적 편승이 있다.

(1) **공격적 편승(offensive bandwagoning)**

강한 국가와의 동맹이 가져다주는 전리품을 위해 이루어지기도 하고 패권국과의 동맹이 가져다주는 체제의 안정을 통한 국제교역의 성장 및 이에 따른 경제성장을 위해서도 이루어지기도 한다.

(2) **방어적 편승(defensive bandwagoning)**

가상의 적국으로부터의 실질적인 침략행위를 저지하거나 침략의 의도 자체를 사전에 봉쇄할 목적으로 이루어진다.

4. 월트(Stephen Walt)의 견해

월트는 『The Origin of Alliances』에서 국가들은 일반적으로 균형을 추구하는 경향이 있으나 특별한 조건하에서는 편승경향이 있다고 본다. 월트가 말하는 편승조건을 보면 다음과 같다.

(1) 일반적으로 국가가 약할수록 균형보다는 편승을 선호할 것으로 본다. 약한 국가는 방어적인 연합에 가담해도 힘이 약하여 거의 도움이 되지 않는 반면, 위협적인 국가의 분노를 살 수 있기 때문이다.

(2) 위협국이 강대국인 경우 균형보다 편승을 선택한다.

(3) 동맹국이 없는 경우에도 균형보다 편승을 선택한다.

(4) 전시에 일방의 승리가 가까이 다가올수록 다른 국가들은 편승경향을 보인다.

(5) 잠재적인 위협국이 성공적으로 유화될 수 있다고 믿을 경우에도 편승이 발생한다.

5. 슈뢰더(Paul Schroeder)의 견해

역사학자 슈뢰더는 유럽근세사에서 편승이 균형보다 더 빈번하게 나타난 동맹정책이라고 주장하였다. 슈뢰더에 의하면 무정부적 상태에서 국가들이 위협에 대처하는 방식은 균형이나 자조(self-help)만이 아니다. 특히 약소국은 균형보다 편승을 선택하였다.

10 세력균형론에 대한 비판 - 위협균형론(Balance of Threat: BOT)

1. 서설

왈츠는 세력균형이론을 주장하였다. 즉, 국가들은 상대적 강대국의 힘에 대항하여 세력균형을 형성함으로써 안보를 달성한다고 하였다. 즉, 균형유지와 동맹 결성이 상대적 힘에 의해 결정된다고 본 것이다. 그러나, 월트는 국가들은 상대국의 힘이 아니라 '위협'에 대응한다고 보는 위협균형론을 제시하였다.

2. 동맹 형성의 기초

월트는 동맹은 힘(power)이 아니라 위협(threat)에 기초하여 구축된다고 하였다. 따라서, 국가들은 안보를 위해서 가장 강력한 국가가 아닌 가장 위협적인 국가에 대항해 동맹을 결성한다고 지적했다. 제2차 세계대전 직후 미국은 가장 강력한 국가이기는 했지만 위협적이지는 않았다. 반면, 소련은 미국보다는 상대적인 힘에서 약했지만 동유럽에서 자신의 영향권을 구축하고 공격적으로 팽창했으며, 그 결과 영국, 프랑스, 서독 등은 소련이 위협적이라고 인식했다. 즉, 유럽 국가들이 소련에 대항하여 미국과 동맹을 체결한 결정적 요인은 상대적 힘이 아니라 위협이었다.

3. 위협의 구성요소

월트는 위협을 총체적 힘(aggregate power), 공격적 군사력(offensive power), 지리적 인접성(geographic proximity), 공격적 의도(aggressive intention)라는 네 가지 요인의 복합변수라고 주장하였다. 즉, 단순히 상대방이 상대적 힘에서 우위에 있다고 해서 위협으로 인식되지 않으며, 상대적 힘의 배분과 함께 공격적 의도가 존재해야만 위협적이라고 인식된다는 것이다. 제2차 세계대전 이후 유럽 국가들은 전체적 힘의 측면에서 압도적인 미국이 아니라, 미국과 비교해서 더욱 강력한 공격적 군사력, 더욱 높은 지리적 인접성, 더욱 강한 공격적 의도를 가진 소련에 대항했다.

4. 장기 위협과 단기 위협

월트에 의하면 국가는 다른 국가들의 상대적 힘과 그것이 지닌 장기적인 위험보다는 자신들의 안전을 직접적으로 저해하는 단기적 위협에 반응한다. 또한, 국가의 의도는 안정적이며 쉽게 변화하지 않는다. 주변 국가의 상대적 힘이 증가한다면 미래에 그 국가가 공격적인 의도를 가지게 되어 팽창할 가능성은 분명히 존재한다. 그렇지만 팽창 가능성이 낮다면 이러한 가능성에 대비하는 것은 기우이며 비합리적이다. 즉, 안보와 관련해 '1% 가능성'까지 고려하는 것은 정책 입안 과정에서 자원 낭비나 잘못된 정책을 가져온다. 부시행정부(2001)는 '1퍼센트 원칙(one percent doctrine)'을 표명하며 아프가니스탄과 이라크 침공을 정당화했다. 모든 위험은 그것의 실현 가능성과 예상 피해에 따라 대비 필요성이 달라지며, 생존에 대한 직접적인 위험이라도 가능성이 1% 미만과 같이 매우 낮다면 위험을 무시하고 대비책을 강구하는 데 자원을 사용하지 않아야 한다.

세력균형이론은 균형유지는 단기적 위협이 아니라 매우 장기적인 전망에서 이루어진 다고 본다. 장기적으로 볼 때 강력해진 국가는 결국 자신의 안전을 위협하는 대상으로 부상한다. 따라서 상대적 힘에서 열위에 있는 국가와 동맹을 체결하고 세력균형을 유지한다. 반면, 위협균형이론은 단기적 위협을 강조하면서 위협에 대한 대응에서 강대국과 약소국이 차이를 보인다고 지적한다. 모든 국가는 자신의 생존을 지키기 위해 노력하며 강대국의 경우에는 직면한 위협에 대항할 능력을 가지고 이에 저항한다. 하지만 약소국은 그 정도의 힘을 가지지 못하기 때문에 위협에 직면할 경우 저항하기보다는 편승을 선택한다. 편승이 더욱 큰 위험을 가져올 수 있지만, 단기적인 위협 때문에 약소국은 어쩔 수 없이 균형보다는 편승을 선택한다.

5. 동맹제도의 관성 문제

동맹이란 공통의 안보 문제를 해결하기 위해 국가들이 만들어 낸 국제제도로서, 좀 더 효율적으로 문제를 해결하기 위한 도구이다. 따라서 동맹 구성국의 판단에 따라 동맹의 운명이 결정되며, 동맹을 맺게 한 위험이나 위협이 사라지면 개별 국가들은 자신들의 정책 도구인 동맹의 필요성이 줄어들었다고 판단하고 결국 동맹을 파기한다. 즉, 이론적으로는 동맹제도의 관성(institutional inertia)은 존재하지 않는다. 그러나 현실적으로는 제도적 관성이 존재하며, 일단 만들어진 제도는 그 자체로 생명력이 있다. 제도 자체를 변경하거나 기존 제도를 폐기하고 새로운 제도를 구축하는 데 많은 비용이 소요되므로 개별 구성원의 이익이 부분적으로 변화하는 것에 맞추어 제도가 조금씩 변화하지는 않는다. 예를 들어 미국 중심의 북대서양조약기구는 냉전이 종식되었는데도 현재까지 건재하다. 동맹에서 제도적 경직성(institutional stickiness)이 나타난 것이다. 제1차 세계대전 당시 독일을 보면 독일은 통제의 대상이었던 동맹국인 오스트리아의 이익을 위해서 자신의 직접적인 이익이 침해되거나 자신의 안전이 직접적으로 위협받지 않았던 전쟁에 개입했다. 즉, 현실에서 동맹은 일단 공고화되면 쉽게 변화하지 않으며, 유연하게 모든 정책 가능성을 제시하기보다는 제한된 선택을 강요한다.

6. 원조와 동맹

월트는 동맹이란 안보를 위한 수단이므로 원조는 영향을 미치지 않는다고 주장하였다. 동맹은 쉽게 변화하며 필요한 경우 언제든 형성되었다가 붕괴될 수 있기 때문에, 원조를 통해서는 강력한 동맹을 구축할 수 없다. 중동 및 아프리카 지역에서 미국과 소련은 원조를 통해 명목상의 동맹을 결성했지만, 이러한 동맹은 외부 위협의 변화에 따라 쉽게 변화했다. 즉, 원조는 동맹의 결정 요인이 아니며 원조를 통해 동맹을 유지하려는 정책은 잘못된 정책이다.

7. 정치 이념과 동맹

월트는 정치 이념이 동맹에 대해 효과성이 없다고 하였다. 동일한 이념을 표방한다고 해서 동맹국으로 발전하지 않으며, 협력하지도 않는다. 민주주의 국가들 사이의 동맹은 동일한 정치 이념의 결과가 아니라 동일한 위협에 직면하고 있기 때문에 나타난 현상이며, 동맹국의 이념이 유사한 것은 논리적으로는 무의미하며 우연이라고 평가한다. 즉, 동맹은 위협에 의해 결정되며, 동일한 위협 인식 결과 국내적으로 비슷한 정치이념이 등장할 수 있다. 하지만 현실적으로 정치 이념이 위협 인식을 통해 외교정책에 영향을 미칠 수 있다. 이념적 차이가 크면 서로를 적으로 인식하고, 이념적 차이가 작으면 상대방을 위협으로 인식하지 않기 때문에 결과적으로 정치 이념이 위협 인식을 통해 동맹 형성에 영향을 준다. 예컨대 민주주의 국가들은 서로 동맹을 체결했고, 군주제 국가들은 서로 힘을 합해 공화정 국가의 위협에 대항했으며, 공산주의 국가들은 서로를 우호 국가로 인식했다.

8. 비판

(1) 이론의 간결성 문제

왈츠는 국가의 상대적 힘이라는 하나의 독립변수로 국가 행동을 설명함으로써 이론의 강력한 간결성을 보여주었다. 그러나, 월트의 위협균형론에서는 독립변수인 위협이 네 가지 요소로 구성된 복합변수이므로 이론의 간결성이 떨어진다. 위협은 정확하게 측정하기 어렵다. 또한, 위협의 네 가지 구성요소가 각기 다른 방향으로 움직이는 경우 위협을 평가하는 것은 더욱 어려워진다. 중국의 총체적 힘이 커지고 있는 가운데 중국이 위협적인지 여부는 결국 중국의 정치적 의도에 의해 결정된다는 결론에 도달하게 된다. 그런데 이러한 판단이 타당한 것인지 문제가 될 수 있다.

(2) 상대적 힘과 정치적 의도 사이의 상관관계 문제

첫째, 상대적 힘이 의도의 변화를 초래할 수 있다. 어떤 국가의 상대적 힘이 증가하면 그 국가의 의도가 공격적으로 변화하는 경우가 있다. 이처럼 상대적 힘과 의도가 서로 독립적이지 않고 상대적 힘에 따라 의도가 결정된다면, 상대의 의도를 별도로 고려할 필요가 없어 상대적 힘만으로도 국가의 행동을 설명할 수 있다. 둘째, 국가의 상대적 힘과 세력균형은 쉽게 변화하지 않지만, 국가의 의도는 짧은 시간에도 변화한다. 따라서 국가의 의도를 고려하는 것은 무의미하며, 오로지 상대적 힘만이 국가의 팽창 가능성에 대한 의미있는 지표이다. 미래의 의도에 대한 극단적인 불확실성이 존재하기 때문에 안보를 위해서는 상대방의 공격적 의도를 상정하고 대비해야 한다. 셋째, 모든 국가는 공격가능성을 지닌 현상타파 국가이다. 공격적 현실주의의 주장과 마찬가지로 약소국이든 강대국이든 모든 국가는 패권을 추구하며, 오직 상대적 힘이 부족한 경우에만 억지 또는 봉쇄된다. 따라서 위협 수준은 상대적 힘에 의해 결정되며, 국가의 공격적 의도는 동일하므로 논할 가치가 없다. 월트의 이론에서는 이러한 문제점에 대한 해결책이 없다는 한계가 있다.

(3) 동맹준수의 문제

국가들이 안보를 위해 동맹을 도구로 사용한다면, 동맹에 대한 논의를 동맹 형성에 국한하지 않고 동맹 작동 문제로까지 확대해야 한다. 월트의 논의에 따르면 강력한 위협에 직면한 국가들은 동맹을 더욱 잘 준수한다. 그러나, 1938년 9월 뮌헨위기(Munich Crisis)에서 나타났듯이 독일의 공습 위험을 지나치게 인식했던 영국은 개입을 포기했고 잠재적 동맹국을 지원하지 않았다. 매우 강력한 위협에 직면한 일부 국가들은 즉각적으로 저항하지 않는다.

(4) 위협에 대해 반드시 동맹을 형성하는가?

외부 위협에 대응하는 방식으로는 동맹 형성뿐 아니라 자체적으로 군비를 증강하는 방식도 있다. 월트는 국가가 선택할 수 있는 균형유지 정책이라는 맥락에서 동맹을 분석하지 않고 단순히 동맹 형성에만 집중하였으며, 이 과정에서 국내 정치 변수는 영향을 미치지 않는다고 보았다. 그러나, 위협에 대응하는 방식으로 동맹을 형성하는 경우 자율성의 감소라는 비용이 수반된다. 또한, 내부적 군비 증강으로 대응하는 경우 군사비 증가라는 부담이 동반된다. 따라서 두 가지 대응 방식 중에 어떤 선택을 할 것인지는 국내 정치적 고려에 따라 결정될 가능성이 높다. 하지만 월트는 국내정치와 무관하게 위협에 대응하여 균형을 추구한다고 보았기 때문에 국가 행동 예측에 문제가 발생할 수 있다.

(5) 동맹 형성의 목적

월트는 동맹을 외부 위협에 대한 대응 수단으로 결성된다고 하였으나, 현실에서 동맹은 다양한 용도로 사용된다. 양극체제에서 강대국은 동맹을 자신에게 우호적인 국가를 보호하는 수단이나 국가를 통제하는 수단으로 활용하기도 한다. 비스마르크는 오스트리아 - 헝가리 제국과의 동맹을 통해 오스트리아 - 헝가리 제국의 대외정책을 통제하려고 시도하였다. 미국은 통일 독일이 북대서양조약기구에 잔류해야 한다는 이유로 독일이 북대서양조약기구 구성원으로 존속하면서 영국, 프랑스, 미국의 통제를 받는 것이 낫다는 점을 들었다.

9. 위협균형론의 발전: 데이비드(Steven R. David)의 이론

데이비드(Steven R. David)는 월트의 위협균형이론을 대내 및 대외 위협을 연계한 형태로 발전시켰다. 데이비드는 제3세계 국가의 경우 외부 위협보다 내부 위협이 심각한 경우가 많다고 지적하며 균형정책의 대상이 국내 세력일 수 있다고 주장했다. 그의 '전방위 균형 정책론(theory of omnibalancing)'에 따르면 국가 지도자는 최상위 위협에 대응하기 위하여 부차적 위협과 협력하여 자원 확보를 시도한다. 중국의 영토분쟁 대응을 분석한 프라벨(M. Taylor Fravel)은 소수민족 문제로 인한 체제 불안으로 인해 중국 공산당이 국경 지역을 둘러싼 이웃 국가와 협력하게 되었다고 주장한다. 부상하는 이웃 국가라고 할지라도 특정 국내 세력보다 위협적이지 않다면 협력이 될 수 있다는 것이다.

10. 적용

(1) 2003년 미국의 이라크 공격

2003년 미국이 이라크를 침공하기 직전에 월트는 미어샤이머와 함께 이라크가 대량살상무기를 보유한다고 해도 이를 충분히 억지 또는 봉쇄할 수 있으므로 군사력을 동원한 침공은 필요하지 않다고 주장했다.

(2) 미국의 이스라엘 지원정책

월트는 미어샤이머와 함께 미국의 이스라엘 지원 정책이 지닌 문제점에 대해 경고했다. 미어샤이머와 월트는 미국 이스라엘 홍보위원회로 대표되는 미국 내부의 이스라엘 로비가 다른 어떤 압력단체의 로비보다 효율적으로 작동하여 미국의 진정한 국가이익을 왜곡하고 있으며, 결국 미국은 이스라엘 지원을 통해 중동 국가들을 불필요하게 위협함으로써 미국에 대한 저항을 강화하고 있다고 지적했다.

제9절 | 동맹이론

1 의의

일반적으로 동맹(alliance)은 '두 개 이상의 주권국가 간에 명확하게 맺어진 상호 군사협력의 약속'이라고 정의된다. 즉, 동맹은 주권국가 간의 관계에 국한되며 비정부 간 연대는 동맹이라고 볼 수 없다. 한편, 월트(Stephen Walt)에 의하면 동맹은 자주 국가들 간의 안보협력을 위한 공식적 또는 비공식적 협정이다. 이는 동맹조약을 체결한 공식적 동맹과 상호 간의 묵시적 이해나 군사훈련 등을 통한 비공식적인 동맹 관계를 말한다.

2 동맹과 집단안보

동맹은 국가의 안전보장(security)을 위한 수단적 성격을 갖는바, 동맹을 대체하는 것을 목표로 하는 집단안전보장(collective security)과 비교해 볼 필요가 있다. 집단안보는 내외부로부터의 도발을 억지하기 위해 가상적을 미리 설정하지 않는다. 따라서 회원이 개방되어 있고, 도발자를 제재하기 위해 어느 일국도 압도적인 힘을 확보하지 못하도록 한다. 반면, 동맹은 외부로부터의 위협에만 대비하기 위하여 가상적을 미리 설정하기 때문에 응징할 대상이 미리 지정되어 있으며, 우적관계가 명확하다. 따라서 회원이 폐쇄적이다.

◐ 동맹과 집단안보 비교

기준	동맹	집단안보
패러다임	현실주의	자유주의
우적구분	구분함	구분하지 않음
힘의 분포	균형적	불균형적
개방성	폐쇄적	개방적

3 동맹의 목적

1. 국력집합동맹과 자치안보교환동맹

(1) 국력집합(capability aggregation)동맹

국력집합동맹은 세력균형을 형성하기 위한 동맹으로서 국가들은 상호 군사력을 결집하여 공동의 적에 대응하기 위해 동맹을 형성한다. 국력집합동맹은 국력이 비슷한 국가들 간에 주로 체결되는 동맹이기 때문에 대칭적(symmetric) 동맹이라고도 한다.

(2) 자치안보교환(autonomy - security trade - off)동맹

자치안보교환동맹은 국력이 상대적으로 차이가 나는 국가들 간에 주로 맺어지는 동맹관계로서 강대국과 약소국의 동맹 체결목적이 다르다. 약소국은 강대국 동맹으로부터 군사적 지원을 확보하여 자국의 안보를 확고히 하는 데 목적을 두고, 강대국은 약소국의 정책 결정과정에 영향력을 행사하고자 동맹을 체결한다. 약소국은 강대국으로부터 군사적 지원을 통해 자국의 안보를 공고히 할 수 있으나, 자국의 자율성은 제약을 받는다.

(3) 자치안보교환동맹(비대칭동맹)에 대한 모로우(Morrow)의 연구

모로우는 동맹을 이루는 국가가 하나의 동맹으로부터 모두 안보를 제공받는다고 가정하는 국력집합모델(capability aggregation model)과 달리, 한 국가는 동맹으로부터 자율성의 이득을 얻고 다른 국가는 안보의 이득을 얻게 되는 자치 - 안보 교환 모델(autonomy-security trade-off model)을 제시하였다. 모로우는 세 가지 가설을 제시했다.
① 비대칭동맹은 대칭적 동맹에 비해 형성되기 쉽고 오래 지속될 것이다.
② 동맹의 유형에 관계없이 각 국가의 능력의 변화가 클수록 동맹이 쇠퇴할 가능성이 높다.
③ 준강대국은 그들의 능력이 증대되면 비대칭적 동맹을 형성할 확률이 높아진다.

2. 균형동맹과 편승동맹

(1) 균형동맹

월트(Walt)는 동맹 형성의 목적을 균형을 유지하기 위한 것(balancing)과 우세한 세력 쪽으로 편승(bandwagoning)하기 위한 것으로 나눈다. 국가들이 균형동맹을 형성하는 이유는 무엇보다 위협세력이 패권세력이 되는 것을 미연에 방지하지 못하면 자국의 자주적 존립이 위태롭게 되기 때문이다. 국가들이 균형동맹을 형성하는 다른 이유는 힘이 약한 쪽에 참여할 경우 그 동맹 내에서 자국의 영향력이 증대하기 때문이다. 힘이 약한 쪽의 동맹에 참여할 경우 동맹국들이 자국의 도움을 필요로 하는 반면, 힘이 우세한 쪽에 참여할 경우 자국의 영향력은 미미해질 수 있다.

(2) 편승동맹

편승동맹이란 상대적으로 힘이 강한 편과 동맹을 형성하는 것이다. 편승동맹을 형성하는 동기는 ① 우세한 세력에 대한 유화정책을 사용하기 위한 것이다. 동맹을 통해 우세한 세력으로부터의 잠재적 위협을 피해보고자 하는 것이다. ② 전시에 우세한 편에 편승하여 승리 후 전리품을 획득하기 위한 동기도 있다.

> **참고**
>
> **합종(合從, balancing)과 연횡(連橫, bandwagoning)**
>
> 동맹 형성에 있어서 합종은 견제 또는 균형을, 연횡은 편승을 말한다. 중국 전국시대의 소진은 진나라에 대항하기 위해 한, 위, 조, 연, 제, 초 6개국의 동맹 형성을 제안하였는데 이를 합종설이라 한다. 반면, 진나라의 장의는 진나라가 6개국과 각각 동맹을 맺어 6개국을 평정해야 한다고 주장하였는데 이를 연횡설이라고 한다. 당시 진나라가 패권이었으므로 연횡설은 패권국과의 편승동맹 형성을 종용한 것이라고 볼 수 있다. 사마천, 『사기』(소진열전)는 다음과 같이 기록하고 있다. "무릇 연횡론자들은 제후들이 땅을 떼어 진나라에 바치라고 합니다. … 이에 신이 대왕을 위해 계책을 올린다면 한, 위, 조, 초, 연, 제 등의 여섯 나라가 합종하여 진나라에 대항해야 한다는 것입니다. 열국의 재상과 장군에게 명을 내려 서로 인질을 교환하고 다음과 같이 맹세하도록 하십시오. '진나라가 초나라를 공격한다면 제와 위 두 나라가 초나라를 돕고, 만일 진나라가 한과 위 두 나라를 공격한다면 제나라는 한과 위 두 나라를 돕고, …' 여섯 나라가 합종을 행하여 공동으로 진나라에 대항한다면 진나라는 산동의 나라들에게 해를 끼칠 수 없습니다."

4 동맹의 유형

동맹의 유형은 다양한 기준에 의해 분류할 수 있으나, 국제정치학에서는 대체로 다음과 같은 분류가 일반적이다. 다음의 세 유형은 동맹관계 내부의 자율성 측면에서 차이가 있다.

1. 방위조약(defense pact) 또는 상호원조조약(mutual assistance treaty)

방위조약은 조약에 서명한 국가들 중 어느 한 국가가 적대국에게 침략을 당하였을 경우 다른 모든 서명국들이 공동방어를 위해서 전쟁에 참전하기를 약속하는 동맹관계를 말한다. 한미상호방위조약이나 북대서양조약기구가 방위조약에 해당한다.

2. 중립조약(neutrality pact) 또는 불가침조약(non-aggression treaty)

중립조약은 서명국들 중 어느 한 쪽이 제3국으로부터 침공을 받았을 때 서명국들이 상호 간에 전쟁을 선포하지 않고 중립을 지킬 것을 약속하는 동맹관계이다. 1939년 독일과 소련 간의 독소불가침조약이 역사적 사례이다.

3. 협상(entente)

협상은 서명국들 중 어느 한 국가가 제3국으로부터 침략을 당하였을 경우 서명국들 간에 서로 공조체제를 유지할 것인지 등에 대한 차후의 대책을 서로 협의할 것에 동의하는 동맹관계이다.

5 동맹 형성에 관한 주요 이론

1. 세력균형론

국제정치에서 국가가 왜 동맹을 형성하는지에 대한 전통적인 견해는 세력균형론이다. 모겐소(Morgenthau)와 같은 고전적 현실주의자이든, 구조적 현실주의자 중 왈츠(K. Waltz)와 같은 방어적 현실주의자이든, 미어샤이머(Mearsheimer, 2001)와 같은 공격적 현실주의자이든, 모두가 국가가 동맹을 형성하는 계기를 지역 내에서 어떤 한 국가의 국력이 지나치게 비대해져 패권국이 될 가능성이 있을 때 그 주변국들이 위협을 느끼고 동맹을 형성하여 그에 균형을 맞추려고 대항하는 성향에서 찾고 있다.

2. 위협균형론

월트(Walt)는 실제로 국제정치에서 세력균형의 관점에서 보면 당연히 대항 동맹이 생겨야 하는데도 불구하고 그렇지 않은 경우가 많다고 지적한다. 그에 따르면, 왈츠(Waltz) 등 세력균형론자들의 예측이 빗나가는 이유는, 어떤 국가들이 동맹을 맺는 것이 단순히 특정 대상국의 국력이 커지고 있다고 판단할 경우가 아니라 그 특정 대상국을 위협세력으로 인식할 경우이기 때문이라는 것이다. 월트에 따르면, A, B라는 국가는 C라는 국가의 ① 국력, ② 지리적 인접성, ③ 공격적 능력, ④ 의도 등을 종합적으로 고려해서 위협이 된다고 판단할 때 A - B동맹을 형성하는 것이지, 단순히 C의 국력이 증대한다고 해서 자동적으로 동맹을 형성하는 것이 아니라는 것이다.

3. 이익균형론

스웰러(Randall Schweller)는 기존의 세력균형론이나 위협균형론은 일종의 현상유지 편견(status quo bias)이 있다고 본다. 그는 국가의 성향 중 균형성향이 일반적이고 편승성향은 예외적이라고 보지 않는다. 국가가 동맹을 형성하는 계기는 현상을 유지하여 안보(security)를 증대시키려는 성향뿐만이 아니라, 영토의 취득을 포함하는 현상변경에서 오는 이득(profit)을 늘리려는 성향에서도 찾을 수 있다. 다시 말해, 현상유지와 현상타파 중 어느 쪽이 더 이익(interest)이 되는지를 계산해본 뒤에 균형성 동맹정책을 취할지 아니면 편승성 동맹정책을 취할지를 결정한다는 것이다.

이러한 의미에서 스웰러는 자신의 이론을 이익균형론이라고 부르고 있다. 한 국가가 어느 쪽이 더 이익이 되는지를 계산하는 데 있어서는 각 국가마다 다를 수 있는 선호(preference)를 고려해야 한다. 이에 따라, 스웰러는 국가를 크게 현상유지 국가[status quo (or satiated) states]와 수정주의 국가(revisionist states)로 양분하고, 현상유지 성향이 가장 큰 사자(lion)형 국가로부터 양(lamb)형, 재칼(jackal)형, 무한대 팽창을 목표로 하는 늑대(wolf)형 국가 등으로 분류하고 있다.

4. 학습론

라이터(D. Reiter)는 기존의 현실주의론적 동맹론, 즉 세력균형론 혹은 위협균형론의 주장과는 달리 학습론적 시각에서, 국가의 동맹정책이 초기에 형성적 영향을 미치는 역사적 경험(formative historical experience)에 의하여 결정이 된다고 본다. 다시 말해, 특히 소국(minor powers)의 행태에서 두드러지게 나타나는바, 과거에 성공하였던 정책은 그것이 균형성 동맹이든, 편승성 동맹이든 혹은 중립정책이든 지속되는 경향이 있고, 과거에 실패하였던 정책은 변화되는 경향이 있다는 것이다. 라이터는 이러한 가설을 계량적·통계적 방법으로 검증하고 있다. 이는 일견 반(反)현실주의적인 듯하다. 그러나, 결론적으로 라이터는 자신의 분석이 위협균형론에 입각해서는 동맹 형성을 제대로 설명할 수 없다는 주장이지만, 국가가 자국의 안보를 우려하여 철저하게 자기이익(self-interest)을 실현하기 위해 동맹정책의 향방(균형, 편승, 중립)을 결정한다고 보는 점에서 결코 현실주의의 기본 가정에 대한 부정이 아님을 강조한다.

5. 동맹의 규모와 중추적 동반자

(1) 의의

윌리엄 라이커(William Riker)의 '규모의 원칙(size principle)'을 적용하여 동맹 형성 시 어느 정도 규모로 형성될 것인지 논의한다. 규모의 원칙이란 몇 개의 가정들을 만족시키는 사회적 상황에서 행위자들이 연합(coalition)을 형성할 때, 그 연합의 규모는 승리할 수 있는 최소한의 크기로 이루어진다는 주장이다. 즉, 행위자들이 '최소 승자연합(minimum winning coalition)'을 형성한다는 것이다. 최소 승자연합이 형성되는 이유는 행위자들이 자신이 가입하는 연합이 승자연합(winning coalition)이 되기를 바라는 한편, 자신이 속한 승자연합이 승리한 이후에는 가능한 한 많은 전리품을 차지하기를 원하기 때문이다. 승리를 위해서는 많은 행위자들이 참여해야 하는 반면, 보다 많은 전리품을 차지하기 위해서는 가급적 적은 행위자들이 참여해야 하기 때문에 최소 승자연합이 구성된다는 것이다.

(2) 가정

규모의 원칙은 세 가지 가정에 기초하고 있다.
① 연합 형성과정에 참여하려는 행위자들이 합리적으로 행동한다.
② N인 제로섬게임(zero-sum game) 상황을 가정한다.
③ 모든 행위자들은 완전정보하에 있다. 즉, 모든 행위자들이 서로를 잘 알고 있고, 승리연합을 이루기 위해서는 몇 명의 행위자가 모여야 하는지, 각 행위자의 선호가 어떠한지 등을 알고 있다고 가정한다.

(3) 국제정치에의 적용

규모의 원칙을 국제정치에 적용하면, 국가들이 동맹을 형성함에 있어서 어느 정도의 규모로 형성할 것인지를 예측할 수 있다. 다만, 국내정치와는 달리 '완전정보' 가정의 충족이 어렵기 때문에 그 예측과 설명력은 제한적이라 볼 수 있다. 즉, 상대세력과의 전쟁에서 승리하기 위해 최소한으로 필요한 군사력 수준에 대한 정확한 정보를 확보하기 어렵다. 그러나 전시동맹을 형성하거나, 새로운 동맹을 추구할 때 국가들이 최소 승자연합 형성을 추구할 것이라는 점은 수긍할 수 있다.

(4) 중추적 동반자

동맹 형성에 있어서 '중추적 동반자 역할(pivotal role)'을 하는 행위자를 중추적 동반자라고 한다. 중추적 동반자는 승전연합을 구성하기 위해서 반드시 필요한 행위자를 말한다. 중추적 동반자 역할을 담당하는 행위자는 승자연합에 참여하는 다른 행위자들보다 세력기반이 약함에도 불구하고 연합에 참여하는 다른 행위자들과 비슷한 정도로 그 가치를 인정받는다. 따라서 승자연합의 다른 일원들이 요구하는 만큼의 지위와 대우를 요구할 수 있다.

6. 슈뢰더(Paul Schroeder)의 중견국의 동맹전략

(1) 위협으로부터 회피

중견국이 국가안보나 국가생존에 대한 군사적 위협에 노출되었을 때 균형동맹전략이나 편승동맹전략 외에 위협으로부터 회피(hiding from threats)전략을 사용하기도 한다. 이는 위기상황에서 스스로 중립을 선언하든지 아니면 타국과 동맹을 체결하지 않고 단지 외교적, 비군사적 지원을 제공하여 우호적인 입장을 표명하는 전략이다.

(2) 초월(transcending)전략

전쟁방지나 위협해소를 위한 국제적 공감대를 형성하거나 이와 관련된 국제법이나 국제규범 등을 통해 제도적으로 문제를 해소하려는 전략이다.

(3) 특화(specializing)전략

체제 내에서 특정이슈나 분야에서 중요한 국제적 기능을 수행하거나 다른 행위자들이 감당할 수 없는 중요한 특정 역할을 맡으며 이러한 자국의 특수한 기능이나 역할이 체제 내 많은 나라로부터 인정받아서 자국에 대한 지지를 이끌어 내려고 하는 전략을 말한다. 체제 내 국가들의 인정과 지지를 받게 될 경우 중견국은 특정 분야에서 리더십을 발휘하며 국가안보뿐만 아니라 발전을 보장받을 수 있게 된다.

6 동맹의 유지 및 관리에 관한 이론

1. 공공재론(무임승차론)

올슨(Olson, 1965)은 공공재론을 체계화한 학자로 유명하지만, 젝하우저(Zeckhauser)와 함께 그의 이론으로 동맹(국제기구, NATO) 참여국의 상호작용을 일찍이 경제적 시각에서 분석한 것으로도 유명하다. NATO 회원국 중 어떤 국가는 부담금을 많이 내고 어떤 국가는 적게 내는 것이 특정 국가에게 도덕성이 있고 없고의 차이에서 비롯된 것이 아니라, 방위라는 공공재의 제공에 따르는 무임승차 욕구로 인한 것임을 분석한 것이다. 냉전 종식 이후, NATO의 미래에 관한 의견이 분분하였을 때도 이러한 시각에서 회원국 간 방위부담을 둘러싼 내부정치에 대한 분석이 있었다.

2. 동맹정치의 딜레마

스나이더(G. Snyder)가 동맹안보딜레마(security dilemma in alliance politics)라는 개념을 정교하게 발전시켜 동맹국 간의 역동성을 분석한 이래, 동맹국 간에 동맹 유지를 위한 상호 간의 공약(commitment) 혹은 지지(support)의 수준이 달라짐에 따라 생기는 동맹국 상호 간의 방기(abandonment)와 연루(entrapment)의 딜레마는 동맹관계를 설명하는 메커니즘으로 종종 사용되고 있다. 다시 말해, A가 B에 대하여 지지 혹은 공약의 수준을 높이면 A는 B에 의해서 방기당할 가능성이 낮아지는 반면, A는 원하지도 않는 B - C의 갈등에 말려들기 쉽게 된다는 것이다. 거꾸로, A가 B에 대하여 공약의 수준을 낮추면 A는 B에 의해서 방기당할 가능성이 높아지는 반면, A는 원하지도 않는 B - C의 갈등에 말려들 가능성은 줄어든다는 것이다. 이를 스나이더는 방기·연루의 '딜레마' 혹은 '역관계(inverse relationship)'라고 표현하였고, 샤프는 이를 '순환(cycle)'이라고 표현하였다.

7 동맹 형성의 요인

1. 위협

국가들이 동맹을 형성하는 이유는 기본적으로 자국의 생존에 대한 외부적 위협이 존재하기 때문이다. 균형동맹에서 위협은 상대적으로 강력한 힘을 가진 국가의 존재에서 비롯된다. 그러나 월트(Walt)의 위협균형론에 따르면, 위협요인은 상대적 힘만이 아니다. 또한, 국가에 대해 위협을 가하는 요인은 총체적인 힘 외에도 지리적인 인접성(geographic proximity), 공격적인 군사능력(offensive military capabilities) 및 인지된 공격적인 의도(perceived aggressive intention) 등이다.

2. 이익

(1) 의의

전통적 현실주의자들은 국가의 행동을 국가의 속성으로 환원하여 설명한다. 전통적 현실주의에 따르면 국가는 권력으로 정의된 국가이익의 극대화를 추구한다. 따라서 동맹 역시 국가이익의 추구라는 관점에서 설명할 수 있다. 합리적 행위자인 국가는 자국의 안보나 권력의 극대화를 위해 동원할 수 있는 수단의 비용과 편익을 냉철하게 계산하여 가장 큰 이익을 주는 수단을 선택한다. 생존을 위해 가용한 수단은 집단안보체제에 의존, 자주국방, 동맹이 있다.

(2) 집단안보의 장단점

집단안전보장제도는 제도 내의 모든 행위자들의 협조에 의해서 도전국을 응징할 것을 사전에 합의해 둠으로써 잠재적 도전국의 도전을 막는 제도이다. 이 제도는 동맹이나 군비증강 등의 다른 수단이 없이도 자국의 안보를 달성할 수 있다는 장점이 있다. 그러나 가장 큰 단점은 이러한 제도가 효과적으로 운용되지 못할 경우 동맹국에 의한 배반 시보다 훨씬 더 치명적인 타격을 받을 수 있다는 점이다.

(3) 자주국방의 장단점

자주국방의 단점은 군사비 지출이 증가하여 의회나 여론의 반발을 받을 수 있다는 점이다. 또한 자국의 과학기술력과 경제적 여력이 충분하지 못한 경우 자체적인 군사력 증강이 단기간에 이루어지기 어려운 문제가 있다. 반면, 장점으로는 자국의 과학기술력이 향상되고 있을 경우 이러한 기술력을 응용하여 무기체계를 최신화할 수 있는 계기를 마련할 수 있다.

(4) 동맹의 장단점

① **장점**: 동맹은 선진 군사력을 가진 동맹국의 도움을 단기간에 즉시 받을 수 있다. 즉, 자국의 안보가 빠른 시간 내에 확실하게 증진된다는 것이다.

② **단점**
　㉠ 자국의 안보에 동맹국의 도움이 필요할 때 동맹국이 배반할 위험이 있다.
　㉡ 동맹국이 자국의 지원을 믿고 모험주의적 대안을 추구하며, 그럴 경우 동맹국이 일으킨 분쟁에 연루될 위험성도 있다.
　㉢ 자국의 동맹 결성으로 적국이 대항동맹을 결성하여 적국과 자국 사이에 안보딜레마와 안보경쟁이 가속화될 수도 있다.
　㉣ 하나의 동맹을 맺을 경우 다른 형태의 대안적 동맹을 포기해야 하는 위험성이 있다.
　㉤ 정치적 자율성이 감소할 수 있다. 즉, 동맹국과 정책 조정을 해야 하기 때문에 행동의 제약이 따르고, 동맹국의 정책 선호에 맞춰 자국의 정책을 수정해야 하기 때문이다.

3. 정체성

동맹을 형성하기 위해서는 위협이 중요한 요소인바, 무엇이 위협인가를 결정함에 있어서는 정체성이나 인식이 중요한 역할을 한다. 구성주의자들에 따르면 물리적 위협 자체보다는 그것을 위협으로 인식하는 행위자의 해석이 중요한 역할을 한다. 한편, 동맹을 형성하기 위해서는 특정 위협을 공동의 위협으로 인식해야 할 것이다. 공유된 정체성을 가지고 있는 국가들은 적의 개념과 적의 위협의 개념을 공유하는 경향이 있으며, 공유된 정체성을 가진 국가들은 서로를 가장 적절한 동맹상대국으로 여기는 경향이 있다. 이러한 과정에서 동맹을 유지시키는 데 필요한 동맹규범을 발전시키며, 이러한 규범이 동맹의 유지에 기여한다. 동맹규범이 약화되거나 어느 행위자에 의해 위반되었을 경우, 정체성의 공유 정도가 낮아지고 동맹의 결속력이 약화된다. 요컨대, 공동의 정체성(collective identity)은 동맹의 형성을 용이하게 하는 요인일 뿐만 아니라 동맹의 결속력이나 지속력도 결정하는 중요한 변수인 것이다.

4. 국제체제

구조적 현실주의자들은 동맹 형성을 국제체제수준에서 설명한다. 우선, 국제체제는 무정부상태(anarchy)이며 홉스적 자연상태, 즉 전쟁상태(a state of war)로 본다. 무정부상태에서 타국의 힘이 자국에 비해 상대적으로 증가하는 경우 위협을 느끼게 되고 세력균형을 모색하게 된다.

5. 민주주의와 동맹의 상관관계

시버슨(Siverson)과 에먼스(Emmons)는 민주국가는 서로를 전쟁 상대로 삼지 않을 뿐 아니라 서로를 안보협력 상대로 선호한다고 하였다. 또한 전쟁이 발발할 경우 민주국가는 동맹의 의무를 다하면서 민주 진영의 승리에 기여한다고 주장하였다. 이러한 민주연합의 형성과 지속, 전쟁 승리는 민주주의가 다른 민주주의에게 제공하는 신뢰에 기초하고 있다. 정책 결정의 투명성, 권력 간 견제와 균형이라는 민주주의의 두 가지 특징은 동맹 상대국에게 신뢰할만한 정보를 제공하고 정책 일관성에 대한 믿음을 제공한다. 이들의 주장은 현실주의자 월트가 공동의 위협에 따른 동맹 체결을 강조하면서 이념적 유대의 영향은 제한적이라고 주장한 점과는 대비된다.

8 동맹의 변화요인

1. 국제체제

국제체제의 무정부적 속성이 변화하거나, 힘의 분포상태가 변화하는 경우 동맹관계가 변화할 수 있다. 한편, 카플란(Kaplan)은 양극체제보다 다극체제에서 동맹이 변화할 가능성이 더 크다고 본다. 즉, 다극적 세력균형체제에서 각국이 각 시점에 맞는 자국 이익을 추구하기 때문에 동맹이 유동적이라는 것이다. 한편, 상대적 힘에 변화가 있는 경우 동맹이 변화할 수 있다. 싱어(Singer)와 메스키타(Bueno de Mesquita)에 따르면 동맹의 중심적 국가가 강력해질 때 동맹의 결속력은 강화되고, 반대로 약해질 때는 결속력이 약화된다고 본다. 구소련과 북한의 동맹관계가 약화된 것은 구소련의 분열 때문이라고 해석할 수 있다.

2. 위협

동맹은 주로 외부의 위협에 대항하기 위해 형성된다. 따라서 만일 동맹국 당사자들의 외부 위협의 존재에 대한 인식이 변화한다면 기존 동맹관계는 약화되거나 와해될 수 있다. 위협인식에 있어서 동맹국이 모두 변화해야 하는 것은 아니다. 일국은 위협이 상존한다고 보나, 타국은 위협이 약화되었거나 소멸하였다고 생각하는 경우에도 동맹은 더 이상 지속될 수 없을 것이다.

3. 이익

적의 위험이 감소하거나 소멸하는 경우 동맹유지비용이 편익을 넘어설 것이기 때문에 동맹은 와해된다. 그러나 위험이 감소하거나 소멸하지 않은 경우에도 동맹유지로 지불하는 비용이 얻을 수 있는 이익보다 많은 경우 동맹해체를 고려하여 실행할 수 있다. 자국의 국력이 신장하거나 과학기술이 발달하여 자주국방이 가능하게 된 경우 동맹유지비용이 편익을 초과하게 되어 동맹이 와해될 것이다.

4. 정체성

정체성은 동맹을 형성·유지시키는 요인일 뿐만 아니라 동맹의 변화요인이기도 하다. 즉, 상호 간의 집합정체성, 공유하는 가치나 문화 또는 이념에 균열이 생기는 경우 동맹이 와해될 수도 있다. 바넷(Barnett)은 아랍세계의 동맹에 대한 연구에서 1960년대 말까지는 아랍민족주의의 기치 아래 전 아랍세계를 묶는 동맹규범이 확산되어 있었지만, 이후 특히 냉전 종식 이후 개별 국가이익을 아랍 전체 이익보다 더 앞세우는 정체성의 정치가 확산됨에 따라 동맹관계도 이에 영향을 받아 많은 변화를 겪게 되었다고 분석하였다. 또한, 정치체제가 이질적으로 변동되는 경우 공동의 가치나 규범에 변화를 초래하여 동맹이 와해될 수도 있다.

5. 동맹국의 국내정치

동맹국의 국내정치 변화로 동맹 변화가 초래될 수 있다. 예컨대, 집권세력이 교체되어 기존 동맹관계의 변화를 시도하는 대외전략을 구사할 경우 동맹관계가 변화될 수 있다. 중국의 국내정치에서 개혁파가 친북한적인 사회주의 보수파를 누르고 부상함으로써 북한과의 관계 악화에도 불구하고 남한과의 수교를 가져왔다는 시각이 있다.

6. 동맹국 간 신뢰관계의 손상

동맹당사국 중 약소국이 강대국 동맹파트너의 동맹공약 준수 여부에 대해 신뢰하지 않을 경우 기존 동맹관계가 와해될 수 있다. 이러한 문제는 특히 동맹국들이 지리적으로 멀리 떨어져 있는 경우 더 심각한 양상을 띤다. 특히 약소국 동맹당사국이 위협에 노출되어 있을 경우 약소국은 유사 시 강대국 동맹파트너의 군사적 지원가능성에 대해 회의적으로 판단할 수 있기 때문이다.

7. 월트(Stephen Walt)의 견해

(1) 동맹 쇠퇴를 초래하는 세 가지 요인

월트는 동맹의 쇠퇴를 초래하는 세 가지 요인으로 위협인식의 변화, 신뢰성의 저하, 국내정치를 제시하였다. 첫째, 월트는 이 중에서 가장 근본적인 동맹 쇠퇴 요인으로 위협의 속성에 있어서의 변화를 말했다. 위협이 저하되는 경우 원래의 위협에 대응하기 위해 형성되었던 동맹은 변화한다고 하였다. 둘째, 동맹의 의무를 수행할 상대국의 능력이나 의지를 의심하게 된 경우 동맹이 쇠퇴할 수 있다. 셋째, 국내정치 변동으로 국가들이 자신의 이익을 재정의하거나, 이념적 차원에서 양립이 불가능하고 이러한 이념적 차이점을 극복하기에는 양국에 대한 위협의 수준이 그리 크지 않은 경우 동맹이 쇠퇴할 수 있다.

(2) 동맹이 지속되는 경우

월트는 동맹이 지속되는 요인을 다음과 같이 제시하였다. 구성국들 간 권력의 비대칭성이 클 때, 동맹국들이 유사한 정치적 가치를 보유했을 때, 그리고 그 관계가 고도로 제도화되었을 때 지속될 가능성이 크다. 동맹 구성국들 사이의 관계가 공동 정체성(common identity)에 대한 강한 인식을 불러일으킬 경우 동맹이 지속될 수 있다.

9 동맹관계의 지속요인

앞서 언급한 동맹관계의 형성 및 변화요인은 동맹관계의 지속요인으로 볼 수 있다. 즉, 국제체제의 변화가 없고, 동맹유지의 이익이 비용보다 크며, 정체성이 공유되고, 위협이 상존하는 경우 동맹관계는 지속될 것이다. 여기서는 그 밖에 동맹관계의 지속에 영향을 주는 몇 가지 변수들을 추가적으로 정리한다.

1. 패권적 지도체제

패권적 지도체제가 동맹의 수명 연장에 도움을 준다. 동맹국 중 강대국이 군사동맹을 유지하는 데 드는 비용을 훨씬 많이 부담할 때 약소국 동맹파트너는 동맹관계의 계속적인 유지를 원할 가능성이 높다. 또한, 강대국 파트너가 패권국가로서 특정 지역에서 영향력을 유지하는 것이 사활적 국가이익이라고 간주할 경우 특정 지역 내 기존 동맹이 계속 유지될 가능성이 높다.

2. 파트너가 다수의 동맹관계 유지

동맹의 파트너, 특히 강대국 파트너가 여러 지역에서 다수의 다양한 동맹관계를 유지하고 있을 때 특정 지역의 기존 동맹이 유지될 가능성이 높다. 특정 지역의 기존 동맹공약이 강대국에 의해서 준수되지 않을 경우 다른 지역의 동맹국에게 동맹의 신뢰성문제를 야기하고 강대국의 국제적 신뢰도를 떨어뜨릴 수 있기 때문이다.

3. 동맹관계의 제도화

기존 동맹체제가 제도화되어 있을 경우 동맹의 수명은 연장될 가능성이 높다. 기존 동맹체제가 제도화될 경우 관료집단이 형성되어 동맹의 존재이유가 사라진 이후에도 관료집단이나 이익집단에 의해서 기존 동맹체제가 계속 유지될 수도 있기 때문이다.

10 연루(entrapment) - 방기(abandonment)의 동맹딜레마

1. 개념

글렌 스나이더(G. Snyder)는 동맹관계를 형성하고 있는 국가들이 직면하는 일종의 딜레마상황을 동맹딜레마라고 규정하였다. 즉, 동맹국 상호 간에는 방기와 연루의 위험에 직면하는데 방기와 연루는 반비례관계에 있다. 즉, 방기위험을 고려하여 동맹국에 대한 강한 지원의사를 표명하는 경우 상대국은 지원받을 것을 지나치게 확신하여 도발행위를 쉽게 할 수 있고, 이 경우 연루될 가능성이 커진다. 한편, 연루위험을 줄이기 위해 약한 지원의사를 가진 국가는 실제 동맹의 도움을 필요로 하는 상황이 발생해도 도움을 얻지 못할 수 있다.

2. 연루와 방기의 예

연루는 자국의 국가이익과 무관하거나 중요성이 크지 않은 동맹상대국의 이익을 위해 원하지 않는 갈등에 끌려 들어가는 것을 말한다. 한편, 방기는 동맹에 대한 배반으로서 다양한 형태를 가진다. 즉, 적과 새로운 동맹의 결성, 동맹으로부터 이탈, 책임 불이행, 유사 시 지원 거절 등의 형태를 취할 수 있다.

3. 동맹상대국에 대해 강한 지원을 할 경우

동맹상대국이 확신을 가지게 되어 방기의 위험을 줄일 수 있고, 책임감 있는 국가라는 평판을 얻게 된다. 그러나 연루의 위험이 커지고 동맹상대국에 대한 협상력이 약화되며, 다양한 동맹의 변경가능성(realignment)에 대한 선택을 잃게 된다. 적대국의 대항동맹을 강화시킬 수도 있다.

4. 동맹상대국에 대해 약한 지원과 공약을 하는 경우

동맹상대국을 제약하여 연루가능성을 줄일 수 있고, 동맹상대국에 대한 협상력을 강화할 수 있으며, 다양한 동맹의 변경가능성에 대한 선택을 가질 수 있고, 적대국의 동맹을 약화시키는 장점이 있다. 반면, 방기될 위험성을 높이고, 동맹에 대한 책임감이 약하다는 평판을 얻는 단점이 있다.

5. 적대국에 대해 강경한 입장을 취할 경우

적대국의 도발을 방지하는 반면, 적대국의 경계심을 강화시켜 안보경쟁의 악순환을 가져올 수 있다. 이러한 경우 동맹게임(동맹내부관계)에 부수효과를 가지는데 그 효과는 동맹상대국에 대한 강한 지원과 공약을 할 경우와 유사하다. 즉, 방기위험은 약화되나 연루위험은 강화되고 협상력이 약화된다.

6. 적대국에 대해 유화적 입장을 취할 경우

긴장을 완화할 수 있으나, 적대국이 보다 강경한 입장을 취할 수 있다. 이러한 태도가 동맹관계에 주는 영향은 동맹국에 대한 약한 지원과 공약을 할 경우와 유사하다. 즉, 동맹상대국은 적국에 대한 유화적 입장을 목격하고 동맹에 대한 확신이 줄어들 것이며, 적국에 대한 자신의 태도를 보다 신중히 할 것이다. 또한 동맹상대국은 적에 대한 유화적 입장이 동맹 변화를 예고하는 것이 아닌가 걱정하여 스스로 동맹 변화를 모색하고, 심지어는 적국에 대한 접근을 시도할 수도 있다.

7. 극성과 동맹딜레마

스나이더(Snyder)는 극성과 동맹딜레마에 대해서도 가설을 제시하였다. 스나이더에 따르면 연루와 방기의 동맹딜레마는 양극체제에서는 다극체제에 비해 그 발생가능성이 상대적으로 약화된다. 양극체제에서는 미국이나 소련과 같은 압도적으로 우월한 힘을 가진 국가가 동맹 내에서 동맹을 방기하려는 국가에 대해 제재의 위협을 가함으로써 이러한 딜레마를 극소화시킬 수 있기 때문이다.

8. 동맹딜레마에서 국가의 선택을 결정하는 요인

(1) 동맹국 사이의 상대적 의존도

국가가 상대국에 더 의존적일수록 방기의 위험이나 비용이 연루의 위험이나 비용보다 커질 수 있다.

(2) 서로를 방어하는 것에 대한 전략적 이익의 정도

전략적 이익은 위기 시의 직접적 방어가 아니라 평시의 간접적 방어에 관련된다. 간접적 방어에서 오는 이익이 크고 상대방은 그렇지 않은 경우 방기에 대한 두려움이 커진다.

(3) 동맹협정의 명시성

협정이 모호할수록 방기의 두려움이 커진다. 그러나 모호한 협정은 동맹에 포괄적 의무를 부과해서 행동을 제약하는 역할을 할 수도 있다.

(4) 적에 대항하는 것에 대한 이익 공유의 정도

이 요인은 방기와 연루의 위험에 모두 영향을 미쳐 이익 공유가 클수록 방기와 연루의 위험은 모두 줄어들게 된다.

(5) 자국과 상대방이 행한 과거 행태

이 요인은 앞의 네 가지 상황적 요인에 보완적으로 사용되어 국가의 행동을 더욱 정확하게 예측할 수 있게 한다.

9. 동맹딜레마의 해결책

동맹관계를 맺고 유지하는 한, 동맹딜레마는 필연적일 것이다. 따라서 동맹 형성 이후에 생겨나는 동맹정치에서의 안보딜레마를 해결하려면, 방기와 연루의 비용과 위험을 잘 비교하여 조정하는 전략을 개발해야 한다.

11 동맹관계의 내부쟁점

1. 안보(security) - 자율성(autonomy) 간 교환의 문제

동맹을 체결하는 경우 동맹국 상호 간에는 안보와 자율성의 관점에서 역학관계가 발생한다. 동맹 결성과 함께 동맹참여국 모두가 안보와 자율성이 향상되는 동맹을 '대칭적 동맹'이라 하고, 안보와 자율성의 정도가 불균등하게 증가 또는 감소하는 것을 '비대칭적 동맹'이라 한다. 강대국과 약소국의 동맹은 대부분 비대칭적 동맹으로서 약소국의 경우 안보를 증진시킬 수 있는 대신, 정치적 자율성을 희생당한다. 비대칭적 동맹은 대칭적 동맹보다 결성되기도 쉽고 지속되기도 쉽다. 강대국과 약소국이 모두에게 유리한 교환이 발생하기 때문이다. 대칭적 동맹에서는 안보와 자율성의 상대적 이득을 둘러싼 갈등이 첨예하여 동맹의 형성이 상대적으로 어렵고, 지속성도 상대적으로 약하다.

2. 동맹부담 분담문제

동맹은 가상 적국의 잠재적 위협으로부터 안전을 보장하기 위한 협의체 성격을 띠고 있어 생산된 안보의 비용을 누가 부담할 것인가에 대한 문제가 발생한다. 이론적으로는 동맹에 관한 공공재이론에서 이 문제를 분석하고 있다. 공공재이론에서는 비용 분담문제가 발생하는 근본적인 원인을 안보의 공공재적 성격에서 찾는다. 즉, 생산된 안보에 대한 소비는 비배제성·비경합성을 가진다. 따라서 국가들은 가능한 한 무임승차하려는 유인을 가지게 되는 것이다. 동맹부담의 분담문제는 결국 동맹상대국 간 협상을 통해 해결할 수밖에 없을 것이다.

북대서양조약기구(NATO)의 동방 확대

냉전기에 소련 진영에 대항하여 성립된 NATO는 1991년 소련의 붕괴로 위협이 소멸되자 '신전략 개념'을 발표하여 기존의 집단방위기능은 유지하면서도 지역적 불안정성, 민족분쟁, 테러리즘, 대량살상무기 확산 등의 '위협(리스크)' 관리를 중시한다는 새로운 방침을 제시하고, CSCE(현 OSCE)와 UN안전보장이사회의 요청에 부응하여 평화유지활동에 참가할 용의가 있음을 표명하였으며(내적 정합성), 러시아 등 NATO 비회원국과의 협력을 제도화하는 데에도 착수하였다(외적 정합성). 이러한 상황에서 NATO의 동방 확대는 1991년 바르샤바조약기구의 해체 이후 중·동유럽 국가들이 NATO의 가입을 요구함에 따라 발생하였다. 초기에 NATO는 동방확대에 소극적이었으나, 클린턴 대통령이 적극적으로 나서게 되면서 폴란드, 체코, 헝가리 등 개혁우등생으로 간주되던 동유럽 3개국의 가입을 시작으로 NATO의 동방 확대가 이루어지게 되었다.

미일안전보장조약

미일안전보장조약은 제2차 세계대전 후 미국·일본 협조의 핵심이 된 조약으로서 미군의 일본 주둔을 허용하고, 미국은 일본의 안전을 보장하는 것을 그 내용으로 하고 있다. 이는 일본이 미국에 안전보장을 의존하는 것으로서, 일본이 미국을 중심으로 하는 서방진영에 속하고 냉전의 한 진영에 속하는 것을 의미하며, 냉전의 시작으로 인해 일본이 자신의 안보를 UN에 의존하기 어렵게 됨에 따른 선택이었다. 그러나 구 안보조약은 미국의 일본 방위의무가 명문화되어 있지 않은 불평등한 조약이었으며, 미국이 일본의 '자조 및 상호 원조능력'의 부재를 근거로 NATO와 같은 상호 조약의 형식을 거부한 것이었다. 이에 대해 일본 정부는 동 조약을 상호방위조약으로 개정할 것을 제안하였으나 미국은 일본이 헌법 해석상 미국 영토 방위를 약속할 수 없다는 점 등을 들어 이를 거절하다가 일본이 소련과의 국교를 회복하고 UN에 가입하는 등 국제사회로의 복귀를 추진하고, 오키나와문제와 소련의 과학적 성공 등이 이루어짐에 따라 일본이 중립주의적인 움직임을 취할지 모른다는 생각에 태도를 전환하게 되었다. 미일 양국은 1960년, '기지와 안전보장의 교환'에 상호조약의 형식을 부여한 신(新) 안보조약에 조인하였고, 이러한 안보 개정은 신조약 체결 및 비준 발효과정에서 일본 국내적인 정치 다툼으로 인한 안보투쟁을 야기하기도 하였으나 이는 이후 안보문제에 있어서 일본 정부가 보다 신중해지는 결과를 낳았으며, 동 조약은 현재까지 지속되고 있다.

방위계획의 대강(大綱)

1954년 일본의 자위대가 발족하고 1957년에 '국방의 기본방침'과 제1차 방위력정비계획(1차방)이 각의에서 결정된 이래, 1972년 4차방까지 책정됨으로써 일본의 방위력은 양적으로 정비되어 가고 있다. 이들 방위력 정비계획은 잠재적 위협에 대항할 정도의 방위력 보유를 목표로 하는 '소요방위력 구상'에 기초하고 있었으며, 그 예산 규모는 계속해서 증가하였다. 그러나 1972년 중국·일본의 국교 정상화와 미국·소련 간 데탕트에 의한 동아시아 전략환경의 개선과 1973년 석유 위기에 따른 경제적 타격으로 인해 새로운 방위력 정비계획을 위한 예산의 대폭 증액이 지지받기 어려운 상황이 되었다.

또한, 1976년 미키 다케오 내각은 후방 보급체제의 정비를 중심으로 한 '기반적 방위력 구상'을 추진하며, 자위대의 목표를 '한정적이고 소규모적인 직접침략의 독자적 힘에 의한 배제'로 규정하는 '방위계획의 대강'을 채택하였다. 그러나 '대강'이 책정될 무렵 데탕트의 시대가 끝나가고, 국제정세가 긴장되자 일본은 1978년 '미·일 방위협력을 위한 지침'(가이드라인)의 책정으로 안보를 달성하고자 하였다. 냉전의 종식 이후에는, '대강'의 재검토 준비 작업이 진행되었고, 재검토가 진행되는 중에 1994년 북핵문제가 발생하자 '방위문제 간담회'라는 총리의 사적 자문기관에서는 '일본의 안보와 방위력'이라는 보고서에서 미일동맹의 강화 및 다각적 안보협력과 PKO활동 등을 강조하였다. 이런 가운데 1995년 무라야마 내각은 '대강'의 개정을 결정하여 자위대의 합리화와 효율화 및 간소화, PKO, 대규모 재해 대책, 미일 방위협력 등의 필요성을 거듭 강조하였다. '대강'의 다음 번 개정에서는 육상 자위대의 정면 장비 감축이나, 국제 테러리즘에 대한 대응 등이 과제가 될 것으로 보인다.

오키나와기지문제

오키나와 주둔 미군 기지가 지나치게 많아 주민들과의 마찰이 발생하고 있는 문제를 의미한다. 오키나와는 지정학적으로 동아시아의 중간에 위치하고 있어 역사적으로 전략성 필요가 중시되어 왔으며, 현재도 이 지역에 미군이 주둔함으로써 아시아·태평양지역 각국에 대한 관여 및 다국 간 공동훈련 등을 통해 신뢰 구축에 공헌하고 있다. 그러나 미군 시설이 오키나와의 19% 가까이 차지하면서 오키나와 주둔 병사와 그 가족 및 군속이 많아짐에 따라 범죄나 사건이 많이 발생하며, 만족스러운 해결이 쉽지 않아 문제가 되고 있다. 그 외에도 미군 훈련 중에 발생하는 추락사고, 비행기·헬기 사고, 화재 등의 각종 사고와 기지에 의한 소음공해, 항공기 연료 및 세제(ABS), PCB의 유출 사고에 따른 환경오염 그리고 오키나와 군용지 중 민간 소유지 주인의 토지권 등 다양한 문제들이 제기되고 있다. 미국·일본 양 정부는 오키나와에 관한 특별작업위원회(SACO)를 설치하고 다양한 조치를 권고하였으나 그 실시는 아직 요원하며, 미일동맹 속에서 특히 일본의 역할분담에 대한 협의가 필요한 상황이다.

제10절 | 세력전이이론(power transition theory)

1 등장배경

세력전이이론은 국제체제 내의 국가들 간의 국력 성장속도의 차이로 발생하는 국제관계의 역동적인 변화를 설명하는 대표적인 국제관계이론이다. 또한 21세기 동아시아의 안보질서와 한반도 주변 안보환경의 변화가능성을 예측하는 데도 필수적인 이론이다. 세력전이이론은 세력균형이론의 비판에서 출발하였다. 케네스 오간스키(A. F. K Organski)는 1958년에 출간한 저서『World Politics』에서 세력균형이론의 가정들 중 동맹 형성을 통한 국력 증대라는 가정이 지나치게 비현실적이라고 지적하였다. 오간스키는 산업화 이전에는 대부분의 국가들이 농업경제를 바탕으로 성장하였기 때문에 국가 간 급격한 상대적 국력 변동은 쉽지 않았고 따라서 동맹을 통해서만 힘을 결집시키거나 변화시킬 수 있었다고 보았다. 그러나 산업혁명 이후 국가들 간의 국력 변동이 심한 동적인(dynamic) 체제를 설명하는 데에는 세력균형이론이 적합하지 않다고 주장하였다.

2 전제(국제정치관)

세력전이이론은 대체로 다음과 같은 '국제정치관'을 전제로 전개된 것이다.

1. 국제정치질서

국제정치질서는 그 시점에서 가장 강한 국가와 그 국가를 지지하는 국가군이 힘으로 유지하는 것이며, 그 질서는 최강의 지배국에게 보다 큰 이익을 주도록 되어 있다. 따라서 모든 나라는 가능하기만 하다면 국력을 증강하여 위계적 국제정치구조의 최상위 계층에 올라서고자 한다. 즉, 국가는 본질적으로 지배권 장악을 위한 상향적 성향을 가지고 있으며, 각국 간의 끊임없는 지배권 탈취를 위한 힘의 투쟁의 결과가 국제정치질서라고 보고 있다.

2. 국력의 변화

각국의 국력은 시간에 따라 변화한다. 이러한 힘의 격차의 가변성으로 인해서 세력전이가 발생한다. 세력전이이론은 국력 변화로 인해서 지배권을 가진 강대국과 지배를 받던 강대국 간의 지위 전복 및 이로 인한 국제정치질서의 변화를 상정하고, 이러한 지배권 쟁탈이 전쟁의 원인이라고 본다.

3. 보편이론화의 한계

오간스키(Organski)는 국제정치를 설명함에 있어서 시간을 초월하는 보편이론은 존재할 수 없다고 본다. 즉, 국제정세는 시대에 따라 본질적으로 다른 양상을 띠게 되므로 각 시대의 특질에 맞는 특수이론은 존재해도 보편적 이론은 있을 수 없다고 본다. 오간스키는 세계사의 변화를 3기, 즉 산업화 이전 시기와 산업화 시기, 산업화 이후 시기로 나누고, 세력균형이론은 산업화 이전 시기에 국제정치를 설명하는 특수이론이라고 본다. 제2기인 산업화 시기에는 산업화가 진행 중인 국가와 산업화가 끝난 국가들이 병존하는 시기로서 이 시기에는 각국의 산업화 진행 정도에 따라 각국의 국력차가 계속 바뀌어 가고 따라서 국제질서의 지배권을 장악하는 국가도 계속 교체될 가능성이 있다. 이 시기에는 자신이 주장하는 세력전이이론이 가장 적절한 설명력을 제공한다고 본다. 제3기인 산업화 이후 시기는 모든 국가가 산업화를 마친 시대인데 아직 도래하지 않은 시기이며, 이 시기를 설명하는 새로운 특수이론이 개발되어야 한다고 본다.

3 주요 내용 - 오간스키(Organski)를 중심으로

1. 국력의 구성요소

오간스키는 힘의 3대요소로 부와 산업능력, 인구 및 정부조직의 효율성을 들고 있다. 이 세 요소의 증가가 국력을 증가시켜 준다. 이 중에서 산업능력의 증강이 주도적 역할을 한다고 보고 있다. 즉, 산업화가 진행되면 인구도 증가하고, 경제수준 및 교육수준도 높아져 결과적으로 정치도 개혁되고 정부의 효율성도 높아진다고 본다.

2. 국력의 변화

오간스키는 산업화의 진행에 따라 한 국가는 세 단계를 거쳐 강대국이 되어 간다고 본다. 이 세 단계란 잠재적 힘의 단계, 힘의 전환적 성장단계, 힘의 성숙단계이다.

(1) 잠재적 힘의 단계(the stage of potential power)

잠재적 힘의 단계는 국가가 아직 산업화되어 있지 않은 상태이다. 인구의 대부분은 농업에 종사하며 도시인구는 적다. 경제의 생산성은 낮고, 대부분의 인구는 낮은 생활수준을 유지하고 있다. 이러한 나라가 인구나 영토의 크기가 크면 잠재적 힘을 가지게 된다. 산업화를 통하여 거대한 힘을 장차 가질 수 있게 되기 때문이다. 중국, 인도, 인도네시아, 브라질 등이 이에 해당하는 나라이다.

(2) 힘의 전환적 성장단계(the stage of transitional growth in power)

힘의 전환적 성장단계는 한 나라가 산업화 이전 단계(pre-industrial stage)에서 산업화단계로 전이하고 있는 단계를 말한다. 이 단계에서 각국은 국내에서 본질적인 변화를 겪게 된다. 공업생산능력이 늘고, 많은 인구가 농촌에서 도시로 이동하고, 농업에서 공업 또는 서비스업으로 움직이며, 생산성과 국민총생산이 높아진다. 이러한 국내사회에서의 급속한 변화는 그 나라의 대외적 영향력의 증가를 가져온다.

(3) 힘의 성숙단계(the stage of power maturity)

이 단계는 한 나라의 산업화가 완성된 단계이다. 기술혁신과 경제성장은 계속되나 GNP의 증가율은 그 전보다 떨어진다. 힘의 성숙기에 들어선 강대국의 힘은 '상대적으로' 감소한다. 국제정치에서의 힘은 다른 나라와의 상대적 관계에서 의미를 가지는 것이므로 산업화가 한창 진행되고 있는 전환적 성장단계에 있는 나라의 힘의 신장속도만큼의 성장속도를 유지하지 못하는 성숙기의 강대국은 제2·3의 국가들과의 힘의 격차를 계속 높이 유지할 수 없게 된다.

3. 국제정치체제의 구조

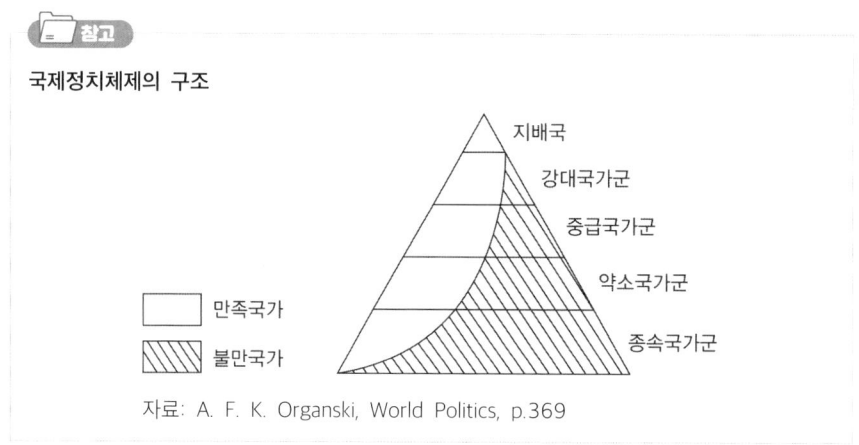

자료: A. F. K. Organski, World Politics, p.369

(1) 힘의 위계구조

오간스키는 국제정치구조가 힘의 강약에 따라 위계적으로 구성되어 있다고 본다. 즉, 힘의 강약에 따라 지배국(dominant nation), 강대국(great powers), 중급국가(middle powers), 약소국(small powers), 종속국가(dependencies)로 구성된다. 지배국에서 종속국가로 갈수록 국가 수가 증가하여 전체적으로 피라미드형을 이루고 있다. 최상위에 있는 지배국은 국제정치질서를 지배하며, 그 질서는 그 지배국에게 최대의 이익을 주도록 통제된다. 강대국들은 지배국만큼의 혜택은 받지 못해도 현존 국제정치질서 유지에서 상당한 혜택을 받는 나라들이다. 이들은 지배국만큼의 힘은 못 가져도 상당한 국력을 가진 나라로 지배국은 적어도 이들 중 몇 나라의 도움을 얻어야 국제정치질서를 유지해 나갈 수 있으며, 몇몇 강대국은 지배국과 동맹관계를 유지하고 있다. 중급국가 및 약소국은 대부분 지배국과 몇몇 강대국이 지배하는 국제질서를 수용하고 있다. 종속국가들은 지배국 또는 강대국에게 그 존재를 의존하고 있으므로 국제정치질서에 묶여 있게 된다.

(2) 만족국가와 불만족국가

국가들은 지배국이 제공하는 국제질서에 대해 만족하는 국가와 불만족하는 국가로 분리되어 있다. 지배국은 항상 만족스러워 하며, 강대국들 역시 상대적으로 현존 질서로부터 혜택을 많이 받기 때문에 현존 질서의 유지를 만족스럽게 여긴다. 그러나 강대국 중에서 불만족 국가군도 존재할 수 있다. 중급국가들은 대부분 현상유지를 원하나 약소국들은 자국의 이익을 희생해서 강대국의 특별이익을 공급하기 때문에 대부분 불만족스러워한다. 따라서 약소국들은 강대국 중 하나가 지배국에 도전하는 경우 도전자 편에 선다.

4. 전쟁의 원인과 평화의 조건

(1) 전쟁의 원인

오간스키에 의하면 전쟁은 현 체제에 불만을 가진 강대국이 산업화를 추진하여 국력을 키우고, 또한 불만족하는 많은 국가들의 지지를 확보하여 지배권 쟁취를 위한 도전을 하게 될 때 일어난다. 즉, 불만을 가진 도전국과 그의 동맹국들의 힘이 현상유지를 지지하는 국가들의 힘과 거의 균등해질 때 전쟁의 가능성은 가장 높아진다.

(2) 평화의 조건

같은 맥락에서 평화는 현존질서에 만족하는 지배국 및 강대국들과 그들의 동맹국들의 힘이 도전세력의 힘보다 훨씬 강할 때, 즉 현상유지를 지지하는 국가들의 힘이 매우 강대하여 어떠한 군사적 도전으로도 현존질서를 전복할 수 없을 때 유지될 가능성이 가장 높다.

5. 전쟁을 일으키는 도전국의 특징 및 상황

(1) 도전국의 크기

도전국의 잠재적 힘이 처음부터 커야 전쟁가능성이 있다. 급속한 산업화로 국력이 최단시간에 늘어난다고 하더라도 나라의 크기가 작으면 지배권 쟁탈을 위한 도전은 불가능하다. 따라서 중국이나 인도는 장차 도전국이 될 가능성이 있다.

(2) 도전국의 국력신장속도

도전국의 국력이 상대적으로 천천히 증가하는 경우 지배국은 도전국의 요구를 수용해 나가면서 기존 정치체제를 새 도전국의 성장에 맞도록 개편해 나감으로써 전쟁을 방지할 수 있으나, 성장속도가 빠른 경우 지배국이 대응책을 모색하기가 어렵기 때문에 전쟁가능성이 높아진다.

(3) 지배국의 태도

지배국의 수용태세 역시 전쟁가능성을 높여주는 데 영향을 준다. 현명한 지배국은 대세의 흐름을 적시에 포착하여 신흥강대국의 도전을 받기 전에 스스로 강대국의 요구를 수용함으로써 불만의 요소를 미리 제거해 준다. 제1차 세계대전 이후 영국은 미국에게 세계 정상의 자리를 평화적으로 물려줌으로써 '평화적 정권교체'를 수용하였다.

(4) 지배국과 잠재적 도전국의 관계

지배국과 잠재적 도전국과의 우호관계도 도전의 단계에서 전쟁가능성을 줄이는 데 영향을 준다. 특히 지배국과 도전국이 구상하는 국제정치질서가 같은 것이면 평화적인 지배권 양도가 쉬워진다. 영국과 미국은 모두 자유민주주의적 정치질서를 이상으로 하는 국가들로서 자유민주주의적 정치질서의 세계적 보급이라는 국제정치질서관을 공유하고 있었기 때문에 영국은 쉽게 지배권을 미국에 양도할 수 있었다.

6. 평화적 세력전이가 일어날 수 있는 경우

오간스키는 다음과 같이 평화적 세력전이가 발생할 수 있는 경우를 제시하였다.

(1) 급성장하는 강대국의 힘이 쇠퇴하는 패권국의 국력과 거의 동등해지는 상황이 발생한다고 하더라도 급성장하는 강대국이 기존 국제질서에 큰 불만이 없을 경우 양국 간에 분쟁가능성은 평화적으로 해결될 수 있다.

(2) 급성장하는 강대국이 체제 내 리더십을 추구하지 않을 때 세력전이전쟁이 일어날 가능성은 낮다.

(3) 산업화 등 내부 경제적 발전을 통해 급성장하는 강대국이 외적으로 영토적 야욕 등을 드러내지 않을 경우 세력전이 전쟁가능성이 낮다.

(4) 급성장하는 강대국과 패권국이 오랜 기간 동안 우호관계 또는 동맹관계를 유지하였거나 문화적으로 유사하거나 공동의 적에 대항하여 함께 전쟁을 치렀을 경우 전쟁가능성이 낮다.

(5) 쇠퇴하는 패권국이 전쟁 중이어서 급성장하는 강대국의 지원이 필요한 경우 평화적 세력전이 가능성이 높다.

(6) 쇠퇴하는 지배국이 기존 국제제제의 위계구조 변화에 대해 높은 수용태세를 보이는 경우 평화적 세력전이 가능성이 높다.

7. 도전국에 대한 지배국의 대응방안

오간스키는 세 가지의 대안이 있으나 모두 유효하지 않다고 본다.

(1) 도전국의 산업구조 변경 또는 예방전쟁

원조나 통제력 행사 등을 통해 도전할 나라의 산업구조를 농업 내지 경공업 위주로 전향시키는 방법이다. 도전국 정부가 이에 순응하지 않는 경우 그 정부를 전복시키고 새 정부를 세우며, 이것마저 실패하는 경우 예방전쟁을 통해 더 강력해지지 못하도록 막는 방법이다.

(2) 도전국의 산업화 지연

자국 및 자국의 동맹국을 동원하여 도전국이 필요로 하는 물자의 공급을 차단하며, 새로운 기술의 도입을 방해하는 방법이다. 미국이 냉전기 구소련 및 중공에 대해 취한 '전략물자 공급제한' 조치가 이에 해당한다. 그러나 오간스키는 이 정책은 시간을 지연시킬 수는 있어도 도전자의 강대국화를 막지 못하는 방법이라고 본다.

(3) 도전국의 산업화 지원

도전국의 산업화에 대해 원조를 제공해 줌으로써 도전국이 지배국의 지배권을 계속 존중하도록 하는 방법이다. 그러나 오간스키는 지배국과 도전국의 국가이익이 첨예하게 대립하는 경우에는 양국 간 우호관계가 유지되기 어렵다고 보고, 이 방안도 현실성이 없다고 평가한다.

4 발전

1. 동맹전이모델

동맹전이이론은 오간스키(Organski)의 세력전이이론의 가정들 중 국력 증대가 산업화를 통하여 내적으로만 이루어진다는 가정이 지나치게 제한적이라고 비판하고, 국가는 동맹관계와 같은 외적 수단을 통해서도 국력 증대를 도모한다고 본다. 이 모델에서 세력전이는 지배국가와 도전국가 간의 세력다툼으로만 보지 않고, 패권국과 그 동맹관계를 포함한 패권세력과 도전국가와 그 동맹국들로 구성된 도전세력 간의 경쟁으로 파악한다. 동맹전이모델에 의하면, 동맹관계를 고려할 때 쇠퇴하는 패권세력과 급성장하는 도전세력 간의 국력이 균형에 가까워지고, 도전세력이 패권국에 의해 정립된 현존 체제질서에 불만이 많을수록 양대 세력 간 전쟁가능성이 높아진다.

2. 다중위계체제모델

더글러스 렘키(Douglas Lemke)의 다중위계체제모델은 오간스키(Organski)의 세력전이이론을 지역체제에 적용한 이론이다. 다중위계체제모델에서는 국제적 위계체제(international hierarchy)와 유사한 하위체제(sub-system)가 존재한다고 가정하고 이러한 체제를 지역적 위계체제(local hierarchy)라 한다. 렘키는 강대국이 지역체제에 지속적으로 개입하지 않는 경우가 많기 때문에 지역적 위계체제는 국제적 위계체제와 유사하게 작동한다고 가정하고, 지역체제에서도 세력전이전쟁이 발생한다고 본다.

3. 세력전이 국면에서 예방전쟁론

전통적인 세력전이연구에서는 상승국을 잠재적으로 분쟁을 개시하는 세력으로 보았지만, 예방전쟁(preventive war)연구에서 공격을 감행하는 세력은 쇠퇴하는 국가이다. 레비(Levy)에 의하면 후자의 시각에서 보면 흘러가는 시간은 상승국에게 유리하다. 반대로 쇠퇴국은 오늘이 내일보다 낫다(now is better than later)는 판단 속에 무력을 통해서 세력이동을 가로막을 유인이 크다. 찬(Chan)은 예방전쟁론의 관점에서 제1,2차 세계대전은 급속한 경제성장을 이루었던 독일이 풍부한 잠재력을 지닌 러시아의 부상을 두려워하여 일으킨 전쟁으로 해석하였다. 이에 대해 스웰러(Schweller)는 임박한 위협에 대한 선제공격(preemptive attack)과 비교하여 국내외 명분이 약할 수밖에 없는 예방공격을 민주국가의 지도자가 선택할 가능성은 제한적이라고 비판하였다. 쇠퇴하는 지배국은 방어적 동맹을 형성하여 잠재적 도전국을 압박하거나 경제 제재를 통하여 도전국의 상승세를 억제하는 다른 정책적 대안을 활용할 수 있다는 것이다.

4. 도란(Charles Doran)의 권력주기이론(power cycle theory)

권력주기이론에 따르면 강대국은 상대적 국력의 비선형 변화를 겪으면서 변곡점과 정점에서 불확실성에 직면한다. 이러한 주요 지점에서 강대국은 보유한 자원과 기대한 이익 간 격차가 커지면서 불안정성에 노출된다. 특히 국력 성장이 기대만큼 이루어지지 않을 때 내부적 위기에 봉착하기 때문이다. 다수의 강대국이 동시에 이러한 위기를 맞이할 때 외부적으로 공세적 입장을 취해 전쟁과 같은 갈등 상황에 돌입할 가능성이 증가한다. 국가의 절대적 국력이 지속적으로 증가하더라도 상대적 국력이 감소할 수 있으며, 상대적 국력이 증가하더라도 증가세의 감소는 피할 수 없다.

5. 국제질서의 전이와 교체에 대한 연구

(1) 에블린 고(Evelyn Goh)

탈냉전기 미국이 주도한 동아시아 국제관계를 분석하면서 중국의 부상에 따라 '질서 전이(order transition)'가 일어났다고 지적하였다. 그녀는 패권국의 교체와 국제질서의 변화를 동일시하지 않은 채 중국의 부상이라는 세력균형 변화를 반영하면서 미국 주도의 국제질서가 수정되었다고 주장하였다.

(2) 아이켄베리(Ikenberry)

패권국이 국제질서의 창조자(maker)일뿐 아니라 수용자(taker)라는 관점을 제시하였다. 이에 따르면 중국이 글로벌 패권국으로 부상하더라도 자유주의 국제질서를 폐기하거나 변경하지 않을 수 있다.

(3) 쿨리(Cooley)

반국제주의의 국내여론에 직면한 미국이 중국보다 우위인 세력균형을 유지하면서도 자국을 제약하는 국제질서의 변화를 추구하는 '질서변경국(reformist)'이라는 시각을 제시하였다. 미국 스스로 구축한 다자주의에 기초한 질서에서 이탈하여 자국 우선주의에 몰두하였던 트럼프 시기의 미국의 모습을 반영한 평가라고 할 수 있다.

6. 국가의 지위에 대한 연구

다수 국제정치이론이 국가는 생존, 권력, 혹은 이익을 추구한다는 전제를 토대로 삼았다면 최근 연구들은 국제 위계질서에서 국가는 상위 지위를 차지하려는 열망을 가진다고 본다. 렌숀(Renshon)이나 워드(Ward)는 강대국 부상 시 지위 상승에 대한 거부로 인하여 강대국 간 충돌로 귀결된다고 주장하였다. 라슨(Larson), 셰브첸코(Shevchenko), 윌포스(Wohlforth)는 탈냉전기 중국과 러시아의 대외정책이 각각 근대 이전과 냉전기의 지위를 회복하려는 의지의 발현이며, 이러한 움직임은 미국과 이웃 국가의 우려를 낳으면서 단극체제의 불안요인으로 작동한다고 하였다. 이러한 지위에 대한 연구는 글로벌 또는 지역 차원에서 패권과 리더십을 둘러싼 갈등이 해결되기 어려운 이유를 제시한다. 물질적 이익의 경우 배분 혹은 공유가 가능하지만 선도국이라는 무형의 지위는 나누어 보유하는 것이 어렵기 때문이다.

7. 세력균형론과 세력전이를 결합하여 국제정치를 설명하려는 학자

(1) 코프랜드(Dale Copeland)

코프랜드는 대규모 전쟁을 설명하기 위한 이론을 제시하면서 국제체제의 극성이 예방전쟁의 발발에 미치는 영향을 강조하였다. 양극체제에서 쇠퇴하는 강대국은 방어적 동맹을 결성할만한 제3의 강대국이 없기 때문에 예방전쟁을 선택할 가능성이 높다. 반면, 다극체제에서 패권국은 상승국을 맞대할 동맹체제를 결성하여 잠재적 또는 실제적 도전을 관리하고 견제할 수 있다. 세력균형이론의 극성연구를 활용하여 세력전이 상황에서 발발하는 대규모 전쟁의 원인을 규명한 것이다.

(2) 몽고메리(Evan Braden Montgomery)

몽고메리는 글로벌 선도국의 지역전략에 대해 연구하였다. 몽고메리에 따르면 글로벌 선도국은 각 지역의 세력이동과 특수성을 고려하면서 지역 수준에서 상승하는 국가에 대한 전략을 채택한다. 만약 특정 지역의 패권(primacy)보다 분권(parity)을 선호한다면 그 지역의 상승국을 수용하지 않고 거부하는 전략을 펼친다.

5 세력전이이론과 세력균형론의 비교

1. 국제체제의 특징
세력균형론은 국제체제를 무정부체제라고 보나, 세력전이이론은 패권국을 정점으로 하는 위계적인 체제(hierarchical system)라고 본다.

2. 힘의 배분상태와 안정성
세력균형론은 국제체제가 국가 간의 세력배분이 균형상태에 있을 때 안정을 가져온다고 보는 반면, 세력전이이론은 지배적인 힘을 가진 세력이 존재할 때 국제체제가 안정된다고 본다. 이러한 맥락에서 세력균형론자들은 냉전체제를 양극적 세력균형체제로 보고 탈냉전기 양극체제의 붕괴로 국제체제의 불안정성이 증가하고 있다고 본다. 그러나 세력전이이론(패권안정론)은 냉전기를 미국 중심의 패권체제에 대해 소련이 도전하던 시기로 보고 냉전시대의 평화를 패권국의 존재로서 설명한다. 따라서 소련의 붕괴는 힘의 격차를 확대시켜 국제체제의 안정성이 높아질 것으로 본다.

3. 세력 배분(distribution of power)의 근본적 요인
세력균형론은 국가 간의 동맹을 세력 배분의 변화를 가져오는 근본요인으로 간주하는 반면, 세력전이이론은 국가 간에 존재하는 성장률에 있어서의 격차를 근본요인으로 본다. 세력전이이론이 동맹의 힘의 배분에 대한 영향력을 낮게 보는 이유는 패권국가와 기타 국가와의 힘의 격차가 압도적으로 크기 때문에 동맹이 기존의 세력 배분에 미치는 영향이 크지 않다고 보기 때문이다.

4. 동맹에 대한 인식
세력균형론은 동맹의 결성이유를 견제와 균형을 위한 것으로 본다. 반면, 세력전이이론에서는 약소국의 경우 국익 증진을 위해 패권국가에 자발적으로 편승할 목적으로 동맹을 맺고, 패권국은 힘의 우위를 유지하거나 확대하기 위한 것으로 본다. 동맹의 결속력 및 지속력에 있어서도 견해가 다르다. 세력균형론의 경우 균형을 위해 유연한 동맹 형성이 가능해야 하기 때문에 동맹의 결속력이나 지속력이 높지 않다고 본다. 반면, 세력전이이론의 경우 동맹의 결성이유가 힘의 격차 확대나 공공재 획득이기 때문에 결속력과 지속력이 강할 것으로 본다.

◆ 세력전이이론과 세력균형론 비교

구분	세력전이이론	세력균형론
국제체제	위계체제	무정부체제
안정요인	힘의 불균형	힘의 균형
전쟁조건	힘의 균형, 불만족	힘의 불균형
세력분포변화요인	산업화	동맹 형성
동맹	편승동맹, 자치안보교환동맹	균형동맹, 국력집합동맹
동맹의 수명	길다	짧다

6 세력전이이론과 근대 국제질서의 전개

1. 나폴레옹전쟁과 영국의 지배

세력전이이론가들은 근대 국제정치질서는 패권체제였으며, 신흥도전국의 패권전쟁으로 지배국이 변천되었다고 본다. 산업화시대 직전의 유럽에서는 프랑스가 최강대국이었으나, 산업혁명을 통해 국력을 축적한 영국이 프랑스에 도전하여 나폴레옹전쟁에서 승리하고 지배국이 되었다. 영국은 압도적인 산업능력을 발판으로 19세기 국제정치질서를 지배하였다.

2. 제1차 세계대전과 미국의 지배

19세기 후반 독일은 세계정책(Weltpolitik)의 기조하에 영국의 패권에 도전하였으나, 영국 및 그 동맹국에 패하여 세력전이에 실패하였다. 한편, 신흥강대국으로 부상한 미국은 제1차 세계대전에 참전함으로써 영국으로부터 지배권을 평화적으로 이양받았다.

3. 제2차 세계대전과 미국의 지배

제1차 세계대전에서 패한 독일은 히틀러의 강력한 군비증강정책에 힘입어 유럽의 강대국으로 재부상하여 미국을 비롯한 연합국에 도전하였으나, 또 다시 세력전이에 실패하였다. 미국은 제2차 세계대전에서도 결정적으로 승리를 하는데 기여함으로써 전후 미국의 지배체제를 더욱 공고히 할 수 있었다.

4. 냉전과 미국의 지배

세력전이이론가들은 냉전기를 미국의 지배체제로 보고 신흥강대국인 소련은 미국에 대한 도전세력으로 규정한다. 그러나 소련의 도전 역시 실패로 돌아갔고, 미국의 지배체제는 더욱 강화된 것으로 본다. 냉전체제가 해체된 이후 현재의 국제체제는 미국 중심의 단극체제로 본다.

7 세력전이이론과 동아시아질서

1. 서설

세력전이이론은 동아시아지역질서의 전망에 있어서도 매우 중요한 함의를 지니고 있다. 현대 동북아시아 내지 동아시아질서는 미국 및 그 동맹국들이 압도적 힘의 우위를 차지하여 국제정치를 안정화시키고 있다고 볼 수 있다. 그러나 세력전이이론에 따르면, 장차 중국과 러시아, 북한 등 잠재적 도전세력이 힘의 급격한 성장을 통해 지배세력에 도전함으로써 체제 불안을 야기할 가능성이 있다. 세력전이이론에 따라서 동아시아질서를 전망하고 대응책을 모색한다.

2. 세력전이 전쟁가능성이 낮은 조합

미국과 러시아, 일본과 미국, 중국과 러시아 간에는 세력전이가 일어날 가능성이 거의 없고, 전쟁가능성도 낮다. 중국과 러시아의 경우 러시아가 중국의 경제력을 따라잡을 가능성이 거의 없을 뿐 아니라 양국은 '전략적 동반자'관계를 유지하고 있어 양자 간 불만족도도 높지 않다.

3. 미중 간 세력전이가능성

세계은행이 발간한 자료를 바탕으로 『Economist』지가 전망한 바에 따르면 중국은 2020년에서 2040년 정도에 미국을 능가하는 경제력을 지니게 된다. 이는 중국이 급성장하는 도전국가가 되고 미국이 쇠퇴하는 지배국가가 될 가능성이 있음을 암시한다. 더구나 중국은 대만문제, MD문제 등으로 인해서 미국에 대한 불만족도가 높다고 볼 수 있다. 따라서 중국이 미일동맹의 힘을 능가하는 세력전이가 발생하는 경우 동아시아에서 전쟁가능성이 높아질 것이다.

중국의 개혁 · 개방정책

'역사적 전환'으로 불리는 1978년 12월의 중국 공산당 제11기 중앙위원회 제3차 전체회의(11기3중전회)를 기점으로 덩샤오핑이 중국의 국가전략방침의 대전환을 시도한 정책을 의미한다. 11기3중전회에서 결정된 '개혁'과 '대외개방' 중에서 '대외개방'은 '자력갱생에 입각하여'라는 전제를 포함하고 있어 제한적인 것이었지만 '체제개혁', 즉 사회주의계획경제에 시장원리를 일부 도입하여 사회주의경제가 경쟁력을 가지게 하는 정책은 농촌에서 먼저 도입되어 개별 농가에 여러 권한을 이양해 생산량의 일정 부분을 상납하면 그 이외의 것에 대해서는 자유권을 가지게 함으로써 농촌의 활성화를 이끌어냈다.

이러한 개혁의 성공을 바탕으로 1984년 공산당 12기3중전회에서는 '경제체제 개혁에 관한 결정'이 채택되었고, 개혁정책은 도시로 확장되어 도시의 기업관리체제를 변화시켰다. 정부에 상납한 것 이외의 부분을 일정 부분 유보 · 매각할 수 있도록 하여 기업에 많은 재량을 주게 된 것이다. 이러한 개혁정책과 함께 대외개방정책도 가속화되어 1980년대에는 광동성의 선전, 주하이, 산두, 아모이 네 지역을 경제특구로 지정해 해외 자본과 외자를 집중하여 개혁의 추진역할을 담당하게 하고 중국 사회에 서구 문화가 제한적으로 유입될 수 있게 하였다.

그러나 국내개혁의 진전을 위해서는 대외개방이 반드시 필요하였기에 중국은 1984년 톈진, 상하이, 다롄, 광저우 등 연해 14개 도시도 한꺼번에 대외적으로 개방하였다. 또한 1989년 천안문 사건과 1991년 소련 붕괴로 인해 중국이 국제적으로 고립되어 있을 때, 덩샤오핑은 소위 남순강화(南巡講話)에 입각하여 사회주의시장경제를 도입하였고, 해외로부터의 직접투자와 대외무역을 통해 비약적인 경제 성장을 이루게 되었다. 이러한 개혁개방정책의 가속화 과정에서 중국은 세계무역기구(WTO) 가입을 추진하여 2001년 12월에 이를 실현시켰다.

양안관계(타이완문제)

1949년 중화인민공화국이 수립되고 중화민국이 타이완으로 옮겨 간 이후 양측은 서로 자신이 중국을 대표하는 정통 정부이며 중국은 하나라고 주장하였다. 이때부터 양안관계가 문제시되었는데, 중국과 타이완의 관계에는 미국의 존재가 크게 작용해 왔다. 1950년 한국전쟁 당시에 미국은 대륙에 의한 '타이완 해방'을 견제하였으며, 1954년 미국·타이완 상호방위조약의 체결로 단독으로 타이완 방위의무를 떠맡기도 하였다. 그러나 1979년 중국과의 국교 수립으로 타이완과 단교하였고, 그러면서도 '타이완관계법'의 성립을 통해 타이완문제에 관여할 것을 법제화하였다. 중국 역시 '하나의 중국'원칙하에 조국 통일을 달성하자고 호소하며, 홍콩의 경우와 같이 '일국양제'를 타이완 통일책으로서 제안하였으나 타이완은 이를 거부하고 있다. 이후 타이완과 중국의 관계는 민간교류의 형태로 회담이 이루어지는 듯 개선되는 듯 보였으나, 1995년 리덩후이가 미국을 비공식 방문하자 중국은 제2차 민간 정상회담을 중지하고, 타이완 해협에서 군사연습을 개시하였으며, 1996년에도 중국이 해협에서 미사일 연습을 실시해 양측 관계는 악화되는 등 양안관계는 개선과 악화를 반복하고 있다. 중국의 입장은 통일을 전제로 한 '하나의 중국'원칙의 수용이나, 타이완은 이를 거부하고 있다. 다만, 경제적으로 이 둘은 밀접한 관계를 유지하고 있다.

4. 한반도에서의 세력전이 전쟁가능성

냉전기에 남북한의 국력을 비교해 보면, 두 국가 간에 힘의 전이상황이 일어났거나 힘의 대등한 상태가 지속되었다고 볼 수 있다. 힘의 전이가 있었던 경우 세력전이 전쟁가능성이 있었으나, 양극체제라는 구조적 변수에 의해 전쟁이 억제되었다고 설명할 수 있다. 한편, 현재 한국은 개별적 힘뿐 아니라 동맹변수를 고려한 힘에 있어서 북한에 대해 압도적인 우위를 점하고 있고, 북한이 한국의 힘을 능가할 가능성은 거의 없으므로 한반도에서 세력전이 전쟁이 발발할 가능성은 거의 없다. 또한 한국은 현상유지를 선호하고 있으므로 한국이 북한에 대해 전쟁을 할 가능성도 없다.

8 한계 및 비판

1. 결정론의 한계

세력전이이론은 기본적으로 구조결정론의 성격을 띠고 있다. 즉, 국가들의 행동을 국제체제의 구조적 속성으로부터 설명하고 예측한다. 그러나 나이(Joseph S. Nye)에 의하면 국가 간의 힘의 배분에 있어서의 변화는 패권전쟁의 조건을 형성하나 반드시 패권전쟁을 유발하지는 않는다. 따라서 정치체제, 상호 의존의 정도, 제도의 존재 여부 등의 변수에 대한 검토가 필요하다.

2. 개념적 모호성

세력전이이론에서 중요한 개념은 지배국 또는 패권국과 불만족도라고 볼 수 있다. 그러나 지배국 또는 불만족도에 대한 명확한 개념 정의가 존재하지 않는다. 19세기 영국을 패권국으로 보고 19세기를 '팍스 브리타니카(Pax Britannica)'로 명명하나, 당시 영국의 인구는 세계 인구의 4분의 1에 불과하였고, 6개의 주요 강대국들 중의 하나에 불과하였다. 경제력 측면에서도 영국은 국민총생산에 있어서 미국이나 러시아보다 적었다. 다만, 영국은 제조업, 무역, 재정 및 해군력이라는 제한적인 면에서만 1위였다. 이러한 개념적 모호성이 제거되어야 보다 엄밀한 이론 정립이 가능할 것이다.

제11절 | 패권안정론(Hegemonic Stability Theory)

1 의의

패권안정론은 1960년대 후반의 국제경제질서의 혼란을 배경으로 제시된 이론으로서 국제경제질서의 개방과 폐쇄, 안정과 불안정을 국제체제에서 패권의 존재 여부와 관련시켜 분석하며, 국제정치경제학 분야에서 개발된 체계수준의 이론 중 몇 안 되는 정교한 이론이다. 1970년대 킨들버거(Kindleberger)에 의해 처음 주창되고 수정·발전되어 여전히 가장 대표적인 국제체제 수준의 이론으로 그 위치를 확고히 하고 있다.

2 등장배경

1. 현실적 배경

패권안정론은 제2차 세계대전 이후 형성된 국제경제질서의 불안정과 혼란 및 국제경제질서에서 힘의 분포의 변화라는 현실적 맥락에서 제기되었다. 이는 국제경제질서의 혼란의 원인을 힘의 분포의 변화, 즉 미국의 힘의 상대적 쇠퇴에서 찾고자 하였다.

(1) 국제무역질서의 변화

① **GATT 체제**: 제2차 세계대전 이후 미국의 구상은 자국 주도로 자유무역질서를 형성하는 것이었다. 미국은 제2차 세계대전의 원인이 1930년대 보호무역주의에 있다고 보고 보호무역을 규제하고 자유무역을 활성화시키기 위해 국제무역기구(International Trade Organization)를 설립하고자 하였으나, 의회의 반대로 무산되었다. 대신, 잠정적용을 의도하였던 '관세 및 무역에 관한 일반협정(GATT)'에 의해 자유무역질서를 견인하였다. GATT 체약국들은 관세 및 비관세장벽의 철폐를 약속하고, 비차별원칙(nondiscrimination)에 따라 무역의 혜택을 체약국 간 공유하기로 합의하였다. 한편, 체약국들은 이후 다자간 무역협상을 통해 관세장벽을 점진적으로 철폐하였다.

② **국제무역질서의 변화**: 1967년에 종결된 케네디 라운드 이후 자유무역질서는 점차 퇴조하기 시작하였다. 세계무역량은 계속적으로 증가하였으나, 점차 비관세장벽을 수단으로 하는 신보호주의 경향이 강화되기 시작하였다. 비관세장벽 중 대표적인 것은 1960년대 말부터 강화되어 온 수출자율규제로서, 일본과 신흥공업국들을 대상으로 섬유, 철강, 자동차, 전자제품 등의 분야에서 적용되었다. 이러한 쌍무적 무역규제조치들은 GATT의 가장 중요한 원칙인 무차별원칙, 다자주의원칙을 약화시켰고, 세계무역의 지역화 및 관리무역화 경향을 강화시켰다.

(2) 국제통화질서의 변화

① **제2차 세계대전 이후 국제통화질서**: 제2차 세계대전 이후 국제통화질서는 달러본위제, 조절 가능한 고정환율제 및 자본 통제를 중심으로 형성되었다. 즉, 달러의 가치를 고정하여 국제통화질서의 안정을 꾀하는 동시에 달러에 고정된 각국 통화가치는 국내 거시경제정책적 필요에 따른 조절이 허용되었다. 이 제도가 기능하기 위해서는 달러의 가치가 안정적으로 유지될 수 있도록 미국 경제가 건실하게 성장하면서 동시에 달러화가 미국 밖으로 충분히 유출되어 국제유동성의 공급이 원활하게 이루어져야 했다. 이러한 통화질서는 국제무역질서가 안정적으로 유지되기 위한 수단적 질서로 의도되었다.

② **국제통화질서의 변화**: 이러한 국제통화질서는 본질적으로 '트리핀 딜레마(Triffin dilemma)'를 안고 있었다. 트리핀 딜레마란 특정 국가의 통화가 국제통화로 사용됨으로써 생기는 딜레마로서 유동성(liquidity)과 신뢰성(credibility) 간의 상충관계를 말한다. 미국 경제가 압도적 우위에 있던 상황에서는 딜레마가 크게 부각되지 않았으나, 1960년대에 들어서면서부터 미국의 국제수지 적자는 유동성의 공급이라는 순기능보다는 그 역기능이 부각되기 시작하였다. 미국 국제수지 적자의 계속적인 증가로 1960년대 초반 해외의 달러 보유고가 미국 연방준비은행의 금 보유고를 초과하기 시작하였으며, 달러의 과잉공급으로 달러의 실질가치는 지속적으로 하락하였다. 이로 인해 결국 1971년 닉슨 대통령은 달러의 금태환을 정지시키는 신경제정책을 발표하였다. 한편, 1971년 12월의 스미소니언협정(Smithsonian Agreement)을 통한 개선의 노력에도 불구하고 브레튼우즈체제는 붕괴하고 1973년 3월까지 모든 중요 통화는 변동제를 채택하였으며 1976년 IMF 자메이카회의에서 변동환율제가 공식화되었다.

브레튼우즈체제

대공황 이후 1930년대 블록경제에 대한 반성에서 출발하여 1944년 브레튼우즈협의 결과에 따라 형성된 IMF와 국제부흥개발은행(IBRD) 그리고 1947년 GATT(관세 및 무역에 관한 일반협정)를 포함하는 전후 국제경제체제를 의미한다. 이는 '자유·무차별·다각적'을 이념으로 하는 통화체제이다. 국제적 규범과 독립적 국내 정책 사이의 충돌을 회피하려는 시도로서 '내재된 자유주의(embedded liberalism)'이라고도 불리는 브레튼우즈체제에서는 평가절하 경쟁에 의한 통화질서의 혼란을 피하고, 고용 확보 및 경제 성장이라는 국내 경제목표를 추구할 수 있게 하겠다는 목적을 달성하기 위하여 고정환율제가 채택되었고, 금 1온스와 35달러를 교환 가능하게 하였다. 마셜플랜으로 부흥을 달성한 유럽 각국의 통화가 교환성을 회복하고 환율 규제도 완화되자 브레튼우즈체제는 궤도에 올라 1960년대 국제·국내적인 경제 성장을 이끌어냈다. 그러나 1960년대 후반 '트리핀의 딜레마(Triffin's dilemma)'가 현실화되면서 국제 유동성과 신인도 사이에 모순이 발생하였으며, 베트남전쟁 등 미국이 팽창정책을 계속하면서 세계적인 인플레가 발생하였다. 결국 달러와 주요 통화와의 관계가 심각한 불균형 상태를 지속하게 되면서 닉슨 대통령은 1971년 금태환을 중지하고 대미 수출품에 과징금을 부과한다는 것을 발표하였으며, 이후 국제통화체제는 변동환율제로 이행하게 되었다.

(3) 국제경제질서의 힘의 분포변화

<u>제2차 세계대전 직후 서구경제 전체 국민총생산의 3분의 2를 차지할 정도로 압도적 지위를 차지하고 있었던 미국의 경제력은 상대적 규모에서 크게 쇠퇴하기 시작하였다.</u> 특히 독일을 비롯한 유럽 및 일본 경제가 급속하게 성장한 결과 미국 경제의 위상은 상대적으로 약화되었다. 한편, 국제정치적인 면에서도 베트남전쟁 수행 과정이나, 제1차 석유파동 당시 미국이 보여준 무력감 등으로 인해 미국의 상대적인 권력 내지 영향력이 약화되지 않았나 하는 의구심을 불러일으키고 있었다.

2. 이론적 배경

이론사적 맥락에서 볼 때 패권안정론은 현실주의적 가정과 다른 국제관계 현실에 대해 현실주의적 해답을 제시하기 위해 등장하였다고 볼 수 있다. 1970년대에 이르러 국제관계에서 경제관계 등 비안보영역의 중요성이 부각되고, 비안보영역에서 국가들 간 대립보다는 협력이, 국가이익보다는 국제제도가, 국가의 행위보다는 초국적행위자의 역할이 중시되기 시작하였다. 이러한 현실에 대응하여 패권안정론은 국제협력의 제도화가 가장 잘 이루어진 국제무역영역을 주 분석대상으로 하여, 국제협력의 설명에 있어서도 '힘'의 개념이 필수적임을 밝히고자 하였다.

3 킨들버거(Charles P. Kindleberger)의 패권안정론

1. 국제경제질서의 안정성과 지도국

킨들버거는 19세기 중반 및 20세기 중반에 매우 안정적인 자유무역질서가 유지될 수 있었던 것은 영국과 미국이라는 패권국가가 존재하였기 때문이며, 이러한 안정적인 자유무역질서는 결국 당시 국제정치경제체제 내 모든 국가들에게 혜택을 주었다고 보았다.

2. 대공황에 대한 설명

이러한 전제하에서 킨들버거는 대공황의 원인을 지도국의 부재에서 찾았다. 대공황기에 영국은 리더십을 발휘할 수 없을 정도로 경제력이 쇠퇴하였고, 이러한 능력을 가진 미국은 리더십을 발휘하려는 의도를 결여하고 있었다. 국제경제의 위기를 관리할 능력과 의지를 갖춘 리더십이 없었기 때문에 대공황이 확산되었다고 주장하였다.

3. 지도국의 역할

킨들버거는 국제경제체제의 안정을 위해서는 공공재를 공급할 지도국이 반드시 필요하다고 본다. 국제경제체제의 안정을 위해서 지도국이 해야 하는 역할은 ① 타 국가들로부터의 잉여생산품에 대해 자국의 시장을 개방해야 한다. ② 생산투자를 위해 역주기적(countercyclical)인 장기 자본대출을 지속시킬 수 있어야 한다. ③ 금융위기상황에서 최종 대부자(lender of last resort)로서 타국 은행에 대한 할인(discount)을 지속할 수 있어야 한다.

4 올슨(Mancur Olson)의 공공재적 패권안정론

1. 공공재이론

올슨은 『Collective Action Theory』(1965)에서 공공재를 비경합성(non-rivalry)과 비배제성(non-excludability)의 속성을 가진 재화로서 시장에서 효율적으로 공급될 수 없는 재화로 보았다. 구성원들이 공공재 제공에 기여하지 않고 '무임승차(free-ride)'하려는 '집단행동의 논리(logic of collective action)' 때문이다. 따라서 공공재가 공급되기 위해서는 정부의 개입이 불가피하다고 보았다. 또한, 올슨은 '지배적 수혜자(dominant beneficiary)'가 존재하는 경우에도 공공재 공급이 가능하다고 하였다. 지배적 수혜자는 공공재로부터의 혜택이 매우 크기 때문에 다른 구성원들의 의사와 무관하게 공공재를 제공할 의사가 있다. 따라서 지배적 수혜자가 존재하는 경우 집단행동의 논리가 극복되고 공공재가 제공될 수 있다.

> **참고**
>
> **공공재(public goods)와 공유재(common goods)**
>
> 공공재란 일단 만들어지면 공공재 창출에 기여하였는지 여부에 상관 없이 모든 행위자에게 혜택이 돌아가는 비배타성(non-excludability)과 한 행위자의 공공재 소비가 다른 행위자의 공공재 소비에 영향을 미치지 않는 비경합성(non-rivalry)을 가진 재화와 용역이다. 국내공공재의 예로 치안과 도시 미관, 국제공공재의 예로 금융시장의 안정을 들 수 있다.
>
> 한편, 공유재란 비배타성을 구비하였지만, 한 행위자의 소비가 다른 행위자의 소비에 영향을 미치는 경합성을 가진 재화와 용역이다. 국내공유재의 예로 공유 목초지, 국제공유재의 예로 남극 대륙과 심해저 자원을 들 수 있다.

2. 지배적 수혜자와 국제공공재의 공급

올슨의 공공재이론을 국제정치경제질서에 적용한 이론이 공공재적 패권안정론이다. 자유무역은 공공재이며, 압도적 경제력을 지닌 국가는 지배적 수혜자의 성격을 지닌다. 국가들은 자유무역을 통해 이득을 보는 동시에 자국 시장은 폐쇄하려는 무임승차의 동기를 지니고 있으므로 자유무역질서의 수립이 어렵다. 그러나 압도적인 경제력을 지닌 지배적 수혜국이 존재하는 경우 자유무역이라는 공공재가 제공될 수 있다. 압도적 경제력을 지닌 국가는 자유무역으로부터 지배적 수혜국이 되기 때문에 자유무역질서를 수립하고 관리하는 비용을 부담하려는 동기와 능력을 가지고 있다. 결국, 패권국이 존재해야 자유무역질서가 수립되고 유지될 수 있는 것이다. 패권국이 국제공공재를 제공하는 것은 국제사회 전체를 위한다는 이타심 때문이 아니라 자국의 이익을 추구하는 이기적인 동기 때문이다.

5 길핀(Robert Gilpin)의 패권안정론

1. 패권과 국제무역질서

길핀은 국제체제에서 패권국이 존재하는 경우 자유무역질서가 형성된다고 본다. 패권국은 자신의 이기적 이익을 증진시킬 수 있는 국제질서를 강제력을 가진 지도력을 통해 공급한다고 본다. 패권국은 정치적·군사적 힘을 통해 자유무역규칙을 다른 국가들에게 강요하고 순응을 강제함으로써 자유무역질서를 유지하는 것이다. 패권전쟁에서의 승리와 타국에 자신의 의지를 강요할 수 있는 증명된 능력은 패권국가가 협력을 유도할 수 있는 결정적인 요인이다.

2. 패권체제와 해외투자

길핀은 패권체제에서 패권국은 집중적인 해외투자를 한다고 본다. 19세기 영국은 막강한 해군력과 그로 인한 해상로의 확보, 유리한 지정학적 위치, 세계금융의 중심으로서의 런던의 역할이 영국의 해외투자에 유리한 정치적 기반을 조성하였다. 제2차 세계대전 이후 미국 역시 미국의 핵군사력, 달러의 국제통화로서의 역할, 기술 발전으로 상징되는 패권적 위치로 인해 다국적기업의 해외투자를 활성화시킬 수 있었다. 그러나 길핀은 패권국에 의한 과도한 해외투자는 국제체계에서 이들의 우월한 경제적 위치를 약화시키는 메커니즘으로 작용하였다고 본다.

3. 공공재적 패권이론과의 비교

길핀의 이론은 공공재적 패권이론과 몇 가지 차이가 있다.

(1) 패권의 속성

패권의 속성에 있어서 길핀은 패권국이 이기적이고 강압적이라고 보나(self-regarding hegemon), 공공재적 패권이론에서는 시혜적이라고 본다(other-regarding hegemon). 따라서 공공재적 패권이론을 '시혜적 패권이론'이라고 하고, 길핀의 이론을 '강제적 패권이론'이라고 한다. 다만, 공공재적 패권이론에서 패권국이 시혜적이라는 것은 패권국의 속성이라기보다는 결과적으로 그렇다는 의미이다. 즉, 패권국이 국제공공재를 제공하는 것은 국제사회 전체나 타국을 위한다는 이타심 때문이라기보다는 자국의 이익을 추구하는 매우 이기적인 동기 때문이다. 공공재적 패권이론에서 '약자에 의한 강자의 착취(the exploitation of the great by the small)'는 강자와 약자 모두의 입장에서 매우 합리적인 행동의 결과로 발생하는 현상인 것이다.

(2) 패권의 힘

패권의 힘에 있어서 차이가 있다. 공공재적 패권이론에서 의미하는 패권의 힘은 무역, 자본 등 '경제력'을 의미한다. 반면, 길핀의 이론에서의 패권의 힘은 정치·군사적 힘을 의미한다. 즉, 다른 국가들에게 자국이 의도하는 질서나 레짐을 강요할 수 있는 군사력을 중시한다.

◆ 공공재적 패권안정론과 신현실주의 패권안정론 비교

구분		공공재적 패권안정론	신현실주의 패권안정론
공통점		• 패권국이 존재할 때 개방적 국제무역질서 형성 • 구조접근	
차이점	패권국의 속성	시혜적·이타적 (무임승차 인정)	강압적·이기적
	자유무역질서의 혜택	레짐 참여국들이 공유	패권국 이외의 국가는 손해 감수
	패권의 원천	경제력	군사력

6 크라스너(Stephen D. Krasner)의 패권안정론

1. 서설

크라스너의 패권안정론을 신현실주의 패권안정론이라고 하는데, 이는 크라스너가 국제체제의 안정을 체계수준에서 힘의 분포로 설명한 신현실주의이론과 동일한 접근법을 취하고 있기 때문이다. 크라스너는 행위자를 국가로 보고, 국제무역구조에서 각 국가가 자국의 국가이익을 추구한다는 전형적인 현실주의의 입장을 취하고 있다.

2. 경제력의 배분구조와 국제무역질서의 개방성

크라스너는 국가들이 자국의 시장을 개방할 것인지 여부를 결정함에 있어서 국가의 규모와 발전수준을 고려한다고 본다. 소규모국가들은 개방에 우호적이지만, 규모는 크나 저발전된 국가는 개방을 꺼린다고 본다. 개방으로 인한 사회적 혼란을 감당하기 어렵다고 판단하기 때문이다. 이런 전제에서 크라스너는 패권체제, 즉 다른 국가들에 비해 훨씬 크고 발전된 한 국가가 상승기에 있는 체제에서 개방적 질서가 수립될 가능성이 가장 크다고 본다. 패권국, 중간국, 소규모국가로 구성된 패권체제에서 중간국을 설득하는 것이 개방적 질서형성에 핵심적인 과제로 본다. 중간국들은 경제적 혜택, 사회적 비용 및 국제정치적 힘의 변화를 고려하여 개방에 반응하게 된다. 패권국은 이들이 개방체제를 수용하도록 유도 또는 강제할 수 있는 경제적·군사적·상징적 능력을 지니고 있으며, 이의 적절한 사용을 통해 개방적 질서를 만들어내고 유지하게 된다.

3. 패권쇠퇴와 개방적 무역질서의 쇠퇴

크라스너는 패권쇠퇴기에는 개방적 무역질서가 유지되기 어렵다고 본다. ① 다른 국가들을 개방적 질서로 유도할 수 있는 경제적·군사적 자원의 효과적 동원이 어렵다. ② 쇠퇴기의 패권국은 개방체제가 국익을 저해할 수 있다고 계산한다. 단기적으로는 개방을 통해 소득 증대와 경제 성장효과는 감소하고 사회적 비용의 감당은 점차 어려워진다. 장기적으로도 상품, 자본, 기술의 개방은 국내경제로부터 자원을 유출시키고 잠재적 경쟁국들에게 도움을 주는 부정적 효과를 초래한다고 본다. 따라서 쇠퇴기의 패권국은 개방을 선호하지 않게 되거나, 개방적 질서를 유지하는 역할을 제대로 수행하지 못하게 되어 국제경제질서는 폐쇄체제로 변화된다.

4. 국제무역구조의 개방을 가져오는 패권국의 능력

크라스너는 패권국은 타국들로 하여금 개방적 무역구조를 받아들이도록 유인하거나 강제할 수 있는 상징적·경제적·군사적 능력을 가지고 있다고 본다. 상징적 능력이란 패권국이 경제발전 달성의 모범적인 사례가 되어 패권국의 정책이 모방될 때 가지는 능력을 의미한다. 한편, 패권국은 자국의 경제력을 사용하여 자국의 시장으로의 접근을 허용하는 긍정적 인센티브를 주거나, 대외 무상원조를 철회하는 등 부정적 인센티브를 줌으로써 개방적 무역질서를 유도한다.

5. 경험연구

크라스너는 1820년부터 1970년에 이르는 동안의 국제무역체제의 개방성과 폐쇄성이라는 종속변수를 패권의 성장과 쇠퇴라는 독립변수를 가지고 설명하고, 일반적으로 패권의 성장기에는 개방성이 증가하고 쇠퇴기에는 폐쇄성이 증가하였다는 결론을 내리고 있다. 다만, 제1차 세계대전 직전의 10여년과 1960년 이후의 10년간은 패권이 쇠퇴하였음에도 불구하고 개방성이 유지되었다는 사실을 발견하였다. 이에 대해 크라스너는 구조적 변화에도 불구하고 무역질서가 변화하지 않은 것은 두 현상 사이에 '시간적인 지연(time lag)'이 존재하기 때문이라고 설명하였다. 크라스너는 행위자들이 패권상승기에 채택한 정책이나 국제레짐을 포함한 제도가 관성(inertia)을 가지게 된 이유를 세 가지로 설명하였다.

(1) 관례 및 관습과 관련된 것으로 과거에 그래왔다는 이유로 특정 레짐을 계속하여 고수한다.

(2) 불확실성과 관련된 것으로서 환경변화의 지속성을 확신하지 못하기 때문에 기존의 레짐을 계속 수용한다.

(3) 인식의 부족과 관련된 것으로서 행위자들이 현재의 레짐에 만족하지 않을 수 있으나 대안을 형성할 수 없기 때문에 기존의 레짐을 수용한다.

7 비판

1. 코헤인(Robert Keohane)의 비판

코헤인은 『After Hegemony』에서 패권쇠퇴 이후의 정치경제질서에 대한 패권안정이론가들의 비관적 예견과 권력구조의 변수에만 초점을 맞추는 단순논리적 성격을 공격하고, 패권쇠퇴 여부와 관계없이 국가 간에 협력이 이루어질 수 있다고 본다. 코헤인은 패권의 존재가 자유무역레짐의 창출과 유지에 긍정적 역할을 한다는 점에 대해서는 동의하면서도, 패권이 쇠퇴한다고 해서 자유무역레짐이 쇠퇴한다고 보는 것은 과도한 주장이라고 본다. 코헤인은 국가들이 레짐을 창출하는 것은 그들의 절대적 이익(absolute gains)을 추구하는 합리적 행위의 결과로 해석하고, 패권쇠퇴 이후에도 레짐유지의 이익이 있다고 판단하는 경우 자유무역레짐은 유지될 수 있다고 본다.

● 패권안정론과 신자유제도주의 비교

구분		패권안정론	신자유제도주의
공통점		· 패권존재 시 레짐 형성 용이(R. Keohane) · 국가: 주요 · 통합 · 합리적 행위자 · 국내정치요인 분석 배제(자유주의에 의한 비판)	
차이점	국제체제	위계체제(hierarchy)	무정부상태(anarchy)
	레짐형성요인	패권국의 회유 · 강제	이익의 존재
	레짐참여자 간 이익배분	패권국에 유리 (강압적 패권론)	참여국들의 공동이익
	패권쇠퇴 이후 레짐	쇠퇴	유지 가능
	1970년대 무역질서	패권쇠퇴로 보호무역질서화	패권쇠퇴에도 불구하고 자유무역레짐(원칙)은 유지

2. 스나이덜(Duncan Snidal)의 비판

스나이덜은 패권국가 또는 한 개의 지배적 수혜자의 존재가 국제공공재 공급의 필요조건은 아니라고 본다. 즉, 패권국가가 존재하지 않더라도 국제공공재 제공은 가능하다는 것이다. 특히 주요 강대국 간의 협상과 협력을 통한 공공재의 성공적인 제공가능성이 매우 높다. 스나이덜은 패권쇠퇴 이후 자국 이익을 추구하는 소수의 국가에 의해 집단행위가 가능하고 이로 인해 패권의 전성기보다도 오히려 집단적으로 우월하고 배분적인 관점에서도 더 나은 협력의 결과가 가능하다고 본다.

3. 레이크(David Lake)의 비판

레이크도 패권적 구조와 자유무역질서는 필연적 관련성이 없다고 본다. 패권적 구조가 필연적으로 자유무역의 결과를 가져오는 것이 아니며, 패권국의 부재가 반드시 자유주의적 결과를 가져올 수 없는 것은 아니라는 것이다. 레이크는 구조(structure)는 기껏 해야 국가행동에 대한 제약과 유인(constraints and incentives)을 설정하는 데 그치고 이러한 제약과 유인을 어떻게 받아들이는지는 국가마다 해석에 달려 있다고 본다. 일국이 자유무역을 추진할 것인가를 결정하는 핵심적인 변수는 '일국의 상대적 생산성'과 '일국이 세계무역에서 차지하는 몫(share)'이라고 본다.

4. 실증분석을 통한 비판

맥키원(Timothy J. McKeown)은 19세기 유럽의 관세율수준에 대한 연구에서 당시 유럽 국가들의 무역정책이 패권국인 영국의 영향력이나 정책이라는 요소보다는 다른 요소, 예컨대 당시의 경기가 호황이었는가 불황이었는가에 더 결정적인 영향을 받았다고 주장하였다. 로슨(Fred H. Lawson)은 19세기 아라비아반도의 주요 무역항을 중심으로 패권안정론을 검증하였다. 로슨에 의하면 이 지역에서의 개방적 무역질서의 형성 여부는 영국이라는 패권의 존재와는 관계가 없었고 전략적 요인이나 지역적 또는 세계적인 경쟁과 오히려 더 관계가 깊었다고 주장한다. 영국이 이 지역에서 지배적인 위치에 있었던 시점에서는 영국의 전략적 고려 때문에 오히려 폐쇄적인 무역관계가 되었다고 한다. 1970년대 자동차 산업의 무역관행을 비교·연구한 카우휘(Peter Cowhey)와 롱(Edward Long)은 미국 및 유럽 국가들의 보호무역조치를 설명하는 데는 미국의 패권쇠퇴보다도 잉여생산능력이 더욱 타당한 변수라고 주장한다.

5. 공공재개념의 모호성

공공재적 패권안정론은 패권국이 자유무역과 같은 공공재를 자신의 부담하에 제공한다고 본다. 그런데 공공재로 명명된 재화나 특정 질서가 진정으로 공공재인가에 대해 의문이 있다. 킨들버거(Kindleberger)는 자유무역질서가 패권국가 외에 다른 모든 국가들에게도 혜택을 주는 공공재라고 보나, 중상주의자나 종속이론가들로서는 받아들이기 어려운 명제일 것이다. 핵무기 확산방지 역시 현재 핵무기를 보유한 국가가 이미 여럿 존재하고 있다는 현실을 감안하면 핵무기를 보유하지 않은 국가의 입장에서 이러한 논리를 완전히 받아들이기 어려울 것이다.

6. 패권개념의 모호성

패권안정론에서 핵심개념의 하나는 패권(hegemon)이다. 그러나 이는 어느 정도 힘이 집중되는 경우 패권국이라고 하는지, 패권을 경제적 차원에서 정의할 것인지 아니면 정치적·군사적 차원에서 정의할 것인지가 명확하지 않다. 공공재적 패권이론은 상대적으로 경제력 차원에서 정의하고 있으나, 신현실주의자들은 군사력을 중요시하고 있다. 조셉 나이(Joseph Nye)는 패권국이라는 단어가 전세계에 걸쳐 지배력을 행사하는 국가를 연상시키나 통제지역 면에서 전세계를 지배한 국가는 아직까지 존재하지 않았다고 본다. 그는 실질적으로 패권국이라는 용어는 다른 국가보다 상당히 많은 힘을 가지고 있는 국가를 단순히 지칭하는 데 사용된다고 본다.

로버트 길핀(Robert G. Gilpin, Jr;, 1930~2018)

미국 버몬트 주 출신의 국제정치경제학자이다. 1960년 캘리포니아대학 버클리교에서 박사학위를 취득하고 1962년부터 프린스턴대학에서 교편을 잡았다. 원래 핵정책을 연구하였으나 1970년대 이후 현실주의적 입장에서 국제정치경제문제를 다루게 되었다. 여기에는 1970년대 브레튼우즈체제의 동요와 석유 위기 그리고 미국의 상대적 쇠퇴가 논의되던 시대적 배경이 있었다. 그는 『미국의 힘과 다국적기업(U.S. Power and the Multinational Corporation)』에서 대외 직접투자란 국가에 의해 만들어진 정치경제의 틀에 따라 좌우된다고 주장하였다. 또 『War and Change in World Politics』(1980)에서는 국제시스템의 구조적 변화와 안정의 요인을 역사적으로 규명하려 시도하였으며, 국제시스템의 안정은 '국제공공재'를 제공하는 패권국가의 존재에 의존한다는 패권안정론을 제창하였다. 단지 패권국은 질서유지비용을 과도하게 부담하는 한편, 경제적 지식이나 기술의 확산을 저지하기는 어렵기 때문에 패권국의 상대적 쇠퇴와 도전국의 대두는 필연적이며, 조만간에 패권전쟁이 발발하여 새로운 패권국에 의한 안정이 구축될 것이라는 패권의 순환론을 제창했다. 더욱이 『The Political Economy of International Relations(국제관계의 정치경제학)』는 국제정치경제학의 문제들을 명쾌하게 정리함으로써 이 분야의 표준 교과서가 되었다. 최근에도 세계화 속에서의 국제정치경제 문제의 규명에 힘쓰고 있다. 위의 저서들 외에 『세계 정치 경제론(Global Political Economy: Understanding the International Economic Order)』이 국내에 번역되어 있다.

제12절 | 국제체제변화론

1 의의

국제체제변화론들이 제기된 역사적 맥락은 1970~1980년대 미국의 패권이 상대적으로 쇠퇴한 시기이다. 전후 압도적 경제력과 군사력을 자랑하던 미국은 경제적으로는 일본과 독일의 경제가 급속히 회복하면서 지배적 지위가 상대적으로 잠식되었고, 정치·군사적으로는 베트남전쟁 패배, 소련과의 핵군사력의 평형 등으로 압도적 패권의 지위가 쇠퇴하였다. 이러한 시기를 배경으로 길핀(Gilpin), 모델스키(Modelski), 월러스타인(Wallerstein), 케네디(Kennedy) 등의 학자들은 근대 국제체제의 변화를 분석하고, 패권의 필연적 쇠퇴 명제를 제기하였다. 이들의 이론은 냉전체제가 해체된 이후 미국 중심의 단극질서가 형성된 현 국제체제에서 다시 주목을 받고 있다. 이들이 다시 주목을 받는 이유는, 중국이 부상하여 미국에 대한 도전국이 될 것인가에 대한 의문, 미국과 중국 간 폭력적 체제 변화에 대한 우려 때문이라고 볼 수 있다.

2 길핀(Robert Gilpin)의 패권전쟁론

1. 가정

길핀의 패권전쟁론은 기본적으로 국제체제 및 국제정치에 대한 현실주의적 인식론과 궤를 같이 한다. 국가는 국제정치의 주요한 행위자로서 합리적이며 통합된 행위자이다. 국가는 시공을 초월한 보편적인 충동으로서 '팽창(expansion)'의 성향을 가진다. 다만, 국제체제에 대한 인식은 전통적 현실주의나, 왈츠(Waltz)의 구조적 현실주의와 차이가 있다. 즉, 왈츠는 국제체제를 순수한 무정부상태(anarchy)로 인식한다. 그러나 길핀은 다른 패권이론가들과 마찬가지로 국제체제는 '위계가 구조화된 무정부상태(ordered anarchy)'로서 패권국을 정점으로 힘의 배분 차원에서 위계구조(hierarchy)를 형성하고 있다고 본다.

2. 국제체제의 구조와 패권국의 역할

국제체제는 패권국을 중심으로 하는 위계체제로 구조화되어 있다. 패권국은 가장 효율적이고 기술적으로 선진화되어 있는 국가로서 자유주의적이고 안정적인 세계경제 질서로부터 가장 많은 이익을 얻는다. 패권국은 안정적으로 이익을 재생산하기 위해 경제적 게임의 규칙, 투자자본, 국제통화, 세계 차원의 소유권 보호 등 공공재를 공급한다. 나아가 패권국은 해외시장에서의 이윤을 극대화하기 위해 자유무역주의를 옹호한다. 체제의 안정은 공공재 공급뿐 아니라 패권국의 이념 및 종교적 가치의 확산으로 더욱 증진될 수 있다.

3. 패권쇠퇴요인

(1) 내부적 요인

① 패권하에서는 패권 획득의 결정적 요인이었던 기술혁신에 대한 동기 부여가 상대적으로 약화된다.
② 소비가 증가하고 투자는 감소한다. 물질적 풍요로움의 지속이 점적효과(點滴效果, trickle-down effect)를 통해 사회 저변에 소비재와 서비스재에 대한 수요를 확산시킨다.
③ 경제구조가 서비스산업 위주로 재편되면서 '생산공동화'현상이 나타난다.

(2) 외부적 요인

① 정치적 지배비용이 증가하여 패권경제의 기반을 침식한다. 패권국은 패권체제 유지의 이익보다 더 많은 비용을 지불하게 되어 '과부담(overpay)'이 축적되고 재정 위기로 이어진다.
② 기술 이전으로 인해 패권국의 상대적 우위가 잠식된다. 기술이전을 막으려는 시도는 성공하지 못하며, 장기적으로 자유주의 세계시장경제의 작동으로 인해 기술이 후발국들에게 확산·이전된다. 거셴크론(Gershenkron)식의 '낙후의 이점(advantages of backwardness)'을 가지고 새롭게 부상하는 경제강국들은 패권국을 따라잡고 능가하게 된다.

(3) 패권쇠퇴기의 패권국의 선택

패권쇠퇴기에 패권국이 선택할 수 있는 두 가지 대안이 있으나, 어느 것도 패권쇠퇴를 가속화시킬 따름이다. 한 가지 선택은 대외적 지위를 유지하기 위해 국내 경비를 희생하면서 자원을 더욱 투입하는 것이고, 다른 하나는 대외개입을 줄여나가는 것이다. 전자의 선택은 케네디(Paul Kennedy)의 과도확장(overextension)에 해당하는 것으로 장기적으로 패권국 자체의 힘을 약화시킨다. 한편, 후자의 선택은 국제체제 내에서의 지위를 약화시킨다.

(4) 불균등성장법칙(law of uneven growth)

길핀은 각 국가의 힘을 구성하고 있는 군사력과 경제력, 기술능력이 다른 속도로 성장한다는 '불균등성장법칙'을 제시하고, 이것이 패권전쟁의 근본적인 원인이라고 보았다.

4. 패권전쟁

(1) 원인

패권의 절대적·상대적 쇠퇴로 인해 국제체제는 구조적 불균형상태에 처하게 되고, 결국은 패권전쟁으로서 불균형이 해소된다. 불균등발전법칙에 의해 비패권국의 능력이 패권국을 초과하면서 체제의 변화가 시작된다. 비패권국은 지금까지 현상변경보다는 현상유지의 이익이 크다고 보고 체제에 순응해 왔으나, 비패권국의 능력이 패권국을 초과하게 되면 제도 변경을 요구하게 되고 체제 변화를 모색하게 된다. 비패권국은 체제 변화로 인한 기대이익이 체제 변화를 위한 기대비용을 초과하여 순기대이익(expected net gain)이 있을 경우 국제체제의 변화를 시도한다. 이러한 시도는 패권전쟁이라는 형태로 나타난다. 패권전쟁을 통해 체제불균형과 이로 인한 위기가 해소되고, 새로운 국제체제가 형성된다.

(2) 특징

① 패권전쟁은 총력전(total war)의 양상을 띠며 체제 내의 대부분의 국가들이 전쟁에 개입한다.
② 패권전쟁은 체제의 지배권을 다투는 전쟁이므로 무제한의 투쟁으로 발전한다. 패권국의 사회조직, 정치조직, 경제조직 등을 철저하게 변경시켜 재도전을 불가능하게 만들고자 한다.
③ 패권국과 도전국 간 생사를 가르는 전쟁이므로, 전쟁의 수단이나 지역에 제한을 받지 않는다.

(3) 성격

길핀은 패권전쟁은 역사적 우연이라기보다는 내재적 발전논리에 따라 불가피하게 일어난다고 본다. 즉, 패권전쟁을 회피할 수는 없다는 것이다.

(4) 결과

패권전쟁으로 인해서 기존의 패권국 대신 패권전쟁에서 승리한 국가가 새로운 패권국으로 등극하게 된다. 이로써 국제체제의 불균형과 위기가 해소된다.

펠로폰네소스전쟁(기원전 431년 ~ 404년)

고대 그리스 세계의 강대국이었던 아테네와 스파르타 사이에서 벌어진 전쟁이다. 이 전쟁에 대한 기록으로는 가장 오래된 본격 역사서로 평가되는 투키디데스의 『펠로폰네소스전쟁사』가 있다. 투키디데스는 전쟁의 원인이 '페르시아 침공 이후 급격히 증가하였던 아테네의 힘과 이를 바라보면서 스파르타가 가지게 되었던 두려움'이라고 분석하였다. 기원전 431년 스파르타는 "지금 우리가 아테네를 공격하는 것이 나중에 아테네가 더욱 강력해진 다음에 우리를 공격할 때까지 기다리는 것보다 낫다."라고 생각하고 아테네를 침공한다. 양측은 기원전 421년에 휴전에 합의[일명 니키아스의 평화(Peace of Nicias)]하였으나 기원전 415년 아테네가 중립지대인 시칠리아를 공격함으로써 전쟁이 다시 확대되었다. 그러나 아테네는 시칠리아 원정에 실패하였으며, 이후 아테네가 주도하던 델로스동맹은 붕괴하기 시작하였고, 동맹국들은 스파르타에 접근하기 시작하였다. 설상가상으로 아테네는 정치체제에 있어서 민주정을 선호하는 세력과 과두정을 선호하는 세력 간 내분이 일어난다. 내부의 분열이 수습되지 않은 상황에서 결국 동맹국을 완전히 상실한 아테네는 기원전 404년 스파르타에 항복함으로써 30년 동안 지속되었던 펠로폰네소스전쟁은 종결되었다.

투키디데스의 함정

'투키디데스의 함정'은 고대 그리스의 역사가 투키디데스가 기원전 5세기 급부상하는 아테네와 이를 억누르려 했던 스파르타 사이에 벌어진 펠로폰네소스전쟁(기원전 431년 ~ 404년)을 설명한 데서 유래하였다. '기존 강대국과 신흥 강국은 구조적인 긴장 때문에 전쟁으로 치닫는다'는 뜻이다. 이 용어는 2012년 하버드대 케네디스쿨 교수 그레이엄 T 앨리슨이 FT에 기고한 글에서 처음 제시하였다. 앨리슨 교수는 2017년 출간한 저서 『예정된 전쟁(Destined for War)』에서 이 문제를 역사적으로 짚었다. 그는 역사적으로 투키디데스 함정에 해당하는 사례가 16건 있었고, 그 중 12건이 실제 충돌로 이어졌다고 분석하였다. 중국 국가주석 시진핑도 공식 석상에서 '투키디데스 함정'을 언급한 적이 있다. 2014년 1월 한 외신 인터뷰에서 그는 "중국은 패권을 추구하는 DNA가 없다."라며 "우리(미·중) 모두 '투키디데스의 함정'을 피하기 위해 노력해야 한다."라고 하였다. 영국의 경제 전문지 파이낸셜타임스(FT)는 2018년 올해의 단어로 '투키디데스의 함정(Thucydides's trap)'을 선정하기도 하였다. 미국과 중국 사이의 무역전쟁을 비롯한 전방위적인 갈등으로 세계적인 긴장이 고조된 상황을 '투키디데스의 함정'으로 설명할 수 있다는 것이다.

3 모델스키(Modelski)의 장주기론(The Long Cycle Theory)

1. 서설

모델스키는 세계정치의 전개를 분석함에 있어서 분석단위를 세계체제(global system)로 설정하고, 세계체제의 역사적 변동원인을 규명하고자 하였다. 세계체제 변동에 있어서 가장 중요한 요인은 세계전쟁이나, 세계전쟁은 결정론적이지는 않다는 점에서 길핀(Gilpin)의 이론과 구별된다.

2. 세계체제

(1) 개념

모델스키가 말하는 세계체제는 '세계적인 문제나 관계를 관리하기 위한 제도 및 장치, 또는 세계적 상호의존을 관리하기 위한 구조'이다. 그에 의하면 세계체제는 약 1,500년경에 발생하여 지금까지 지속되고 있는데, 이러한 세계체제는 전 세계를 하나의 정치적 단위로 묶어 놓고 있다. 세계체제 분석을 통해 분석적 관심을 유럽을 벗어나서 대륙 간, 대양 간 상호의존관계로 확대시켰다.

(2) 비교개념

세계체제는 세계제국(world empire)이나 국제체제(international system)와는 구별된다. 세계체제는 세계적 문제의 해결이나 세계적 상호 의존관계를 관리하는 제도나 장치 또는 구조로서, 단순한 국가 간의 상호관계를 넘어서기 때문에 세계를 단순히 국가 간 관계의 집합체로 인식하는 국제체제(international system)와는 구별된다. 또한, 세계체제는 집중화된 하나의 제국체제도 아니다. 제국체제에서는 세계국가(world state)가 존재한다. 세계국가는 다른 모든 세계정치체제들을 권위적·행정적으로 통괄하며, 세계적 수준에서의 상호작용을 관리할 뿐만 아니라, 지구상에 존재하는 다른 많은 체제들을 지배하는 국가이다.

3. 세계체제의 구조

(1) 의의

세계체제는 세계대국과 이에 대항하는 도전국 및 여타의 세계 강국들 간의 상호작용체제로 구성되어 있다. 이들 간에는 세계적 질서와 정의라는 공공재를 공급하고 소비하는 관계를 중심으로 광범위한 상호작용이 이루어지는 교환구조가 형성된다.

(2) 세계대국

세계대국은 세계체제의 가장 핵심적인 단위로서 이전의 세계전쟁에서 승리한 연합국들 가운데서 출현한다. 세계대국은 전후 새로운 질서를 구축하는 일을 한다. 또한 세계체제가 기본적으로 요구하는 질서, 안보, 안정성, 정의 등의 공공재를 독점적으로 공급하고 유지하는 기능도 수행한다. 세계대국은 지리적인 면에서 해양으로의 진출이 용이한 위치에 있으며, 군사적인 면에서 해군력을 바탕으로 한 전 세계적 범위의 군사조직을 갖추고 있고, 경제적인 면에서는 세계경제를 주도해 나가며, 국내적으로 정치적인 안정과 대외적 개방성을 특징으로 한다. 모델스키는 세계 지도력의 역할을 제국주의적이고 착취적이라기보다는 세계적인 보편이익을 증진시키는 협조적이고 시혜적인 의미로서 파악한다.

(3) 도전국가들

도전국가들은 지리적인 면에서 대륙에 위치하고 군사적인 면에서는 일관된 정치·군사 조직이 부족하고 세계운영능력도 미비하다. 경제적인 면에서도 경제력 자체는 세계적이나 경쟁력은 세계대국에 비해 크게 떨어지며, 국내정치적 여건도 정치·사회적으로 심각한 분화현상이 남아있다.

4. 세계체제의 역사적 변동

(1) 변동원인

모델스키는 세계체제가 약 100년을 주기로 상승과 하강을 거듭하여 세계대국(world power), 비정통화(delegitimation), 탈집중화(deconcentration), 세계전쟁(global war)의 네 단계를 거친다고 본다. 모델스키에 의하면 장주기의 각 단계들은 자원과 가격수준으로 구성되는 세계경제의 장기 파동에 의존하고 있다. 그는 콘트라티에프와 로스토를 부분적으로 취합·조정하여 세계 대국과 탈집중화의 단계는 가격이 하락하고 자원이 상대적으로 풍부하게 되는 동시에 새로운 선도 경제부문이 부상하는 기간으로, 비정통화 및 세계전쟁의 단계는 가격이 상승하고 자원이 부족해지며 경제적 혁신이 상대적으로 지체되는 기간으로 연결시키고 있다.

(2) 세계대국(world power)

세계대국의 단계는 권력이 재집중화되고 세계질서의 정통성이 가장 높은 단계이다. 이 단계에서는 가장 많은 정치적 재화와 서비스가 세계대국에 의해 공급되고 세계체제는 안정적인 발전의 길을 걷는다. 세계대국은 자신의 해군력(후에는 공군력과 우주 군사력)과 이에 바탕을 둔 해양(공중과 우주) 지배를 통해 체제의 안보와 세계조직을 독점적으로 공급한다.

(3) 비정통화(delegitimation)

비정통화단계에서는 패권국가의 능력이 저하되기 시작하는 반면 타국의 능력이 증가하여 패권국에 심각한 경쟁자로 등장하며 이로 인해 체제의 구조가 다극성(multipolarity)을 띠어 간다. 그 결과 갈등이 증가하고 질서가 쇠퇴하며, 패권국의 정책이 다른 국가들로부터의 공격의 대상이 된다.

(4) 탈집중화(deconcentration)

장주기가 더욱 진행되면서 세계체제는 권력이 더욱 분산된 탈집중화단계로 이행한다. 이 단계에서는 세계대국의 지위가 더욱 쇠퇴하게 되어 세계질서를 유지할 능력을 잃게 된다. 아직 이 단계에서는 세계대국을 대체할 만큼의 힘을 가진 도전국이 나타나지는 않는다. 그러나 세계질서의 수준이 더욱 떨어져 세계대국이 세계의 문제를 더 이상 해결·관리할 수 없게 되면, 이전 패권전쟁을 승리로 이끌었던 연합세력 중 안정과 성장을 이룬 일단의 세력이 연합체를 이탈하여 도전자로 부상한다.

(5) 세계전쟁(global war)

대결구도가 확연해지면서 탈집중화단계에서 패권승계투쟁으로 진행된다. 패권을 잃어버린 세계대국과 그의 연합체 속에 머물러 있는 다른 강대국들로 구성되는 '해양세력' 대 도전자와 그 연합세력으로 구성되는 '대륙세력' 간의 세계전쟁은 결국 전자인 '일반연합(a general coalition)'의 승리로 끝나며, 여기에서 새로운 세계대국이 등장한다.

5. 근대 세계체제 변동의 실제

모델스키는 1500년경 성립된 근대 세계체제는 지금까지 다섯 번의 주기가 지나갔다고 본다. 각 주기는 100여년에 걸쳐 진행되었다. 세계대국을 보면 16세기에는 포르투갈, 17세기에 네덜란드, 18세기와 19세기에 영국, 20세기에는 미국이 세계대국이었다. 세계대국에 대한 도전국은 각각 스페인, 프랑스, 독일 등 대륙국가였으나 모두 도전에 승리하지 못하였다. 한편, 1945년 이후 세계대국의 지위를 차지한 미국은 1973년에 쇠퇴하기 시작하였으며 미국의 지도력이 퇴조하고 새로운 경쟁국이 등장하고 있다. 세계대국의 역할을 계승할 상속자를 결정하기 위한 또 다른 세계전쟁이 2000년에서 2030년 사이에 있을 것으로 예측하였다.

6. 비교

(1) 월러스타인(Wallerstein)과 모델스키(Modelski)

월러스타인과 마찬가지로 모델스키는 국제관계의 동학을 이해함에 있어서 구조와 역사의 중요성을 강조한다. 따라서 개체론적(atomistic) 분석단위에 기초해 있는 현실주의나 자유주의적 패권이론과는 달리 세계체제라는 전체론적(holistic) 분석단위를 상정한다는 공통점을 가진다. 그러나 모델스키는 세계정치체제가 세계경제체제에 종속되었다는 월러스타인과 달리, 세계체제에서의 정치체제의 독립성을 강조하고 세계적 차원에서의 정치구조의 변화를 중심으로 근대 세계체제의 형성과 전개과정을 설명한다.

(2) 길핀(Gilpin)과 모델스키(Modelski)

길핀과 모델스키는 패권교체의 주기성을 강조한 점에서는 공통적이나, 체제 변화에 있어서 전쟁의 불가피성에 대해 입장을 달리한다. 길핀은 패권전쟁은 주기성을 가진 불가피한 현상에 가깝다고 보고 있으나, 모델스키는 패권전쟁이 반드시 필연적이지는 않다고 본다. 즉, 힘의 분포와 세계질서 간의 역동적인 전개가 일정한 주기(cycle)를 보이기는 하지만, 이는 단순반복(recurrence)은 아니라는 것이다. 모델스키는 세계체제가 진행되는 과정에서 학습효과를 가져다주는 긍정적 피드백효과에 의해 세계전쟁의 회피가능성이 있다고 본다.

7. 비판

(1) 세계체제 주기성의 원인

모델스키는 장주기의 여러 단계를 야기하는 요인을 자원과 가격수준으로 구성되는 세계경제의 장기파동에서 찾고 있지만, 이러한 연계는 인과관계에 기반한 과학이라기보다는 '추정'에 지나지 않는다.

(2) 해양력(sea-power)에 대한 지나친 강조

모델스키는 패권부상에 있어 해양력을 지나치게 강조한다. 모델스키의 옹호자인 톰슨(Tompson)은 네덜란드와 영국의 경우 해양력에서의 우위가 경제적 우위보다 앞서 일어났다고 주장하고 있지만, 해양력에서의 우위는 궁극적으로 이를 조달할 수 있는 경제력의 우위 없이는 불가하다고 할 때 해양력이 패권의 부상에 결정적인 영향력을 미친다면 이는 부상의 과정을 가속시키는 기능을 할 뿐이다.

모델스키는 해양력을 지나치게 강조한 나머지 영국과 미국에 비해 힘의 열세인 포르투갈과 네덜란드를 패권국으로 규정하는 결정론에 빠졌다.

(3) 현실적합성의 문제

16세기의 패권적 지도국가로서 포르투갈을 상정하는 것은 의문의 여지가 있다. 당시 포르투갈은 찰스 5세의 합스부르크 제국보다 작고 약하였으며, 1580 ~ 1640년 사이에 스페인에 의해 합병되어 그 해군력은 스페인에 넘어갔다.

4 케네디(Paul Kennedy)의 강대국 흥망성쇠론

1. 국제체제의 장기적 변동

영국의 사학자인 케네디는 근대 이후의 국제체제가 강대국의 흥망성쇠에 따라 장기적으로 변동해 왔다고 본다. 월러스타인과 모델스키 및 톰슨은 국제체제가 장기간에 걸쳐 주기적으로 순환한다고 보지만, 케네디는 주기적인 관점은 택하고 있지 않다.

2. 강대국의 쇠퇴원인

<u>케네디는 강대국의 쇠퇴를 가져오는 근본적인 원인으로 경제적 능력을 초월하는 과도한 군사적 개입에 따른 군사비의 과잉지출, 즉 '제국주의적인 과도한 확장(imperial overstretch)'을 들고 있다.</u> 다시 말해 제국주의적 목표와 쇠퇴하는 경제성장 간 불일치로 인해서 강대국은 쇠퇴한다고 보는 것이다.

3. 적용

케네디는 1980년대 강대국으로서의 미국이 쇠퇴기에 들어섰다고 보고 전 세계적으로 뻗쳐 있는 미국의 이해관계와 미국이 떠맡고 있는 의무는 이들 모두를 동시에 보호할 수 있는 미국의 능력을 훨씬 상회하고 있다고 보았다.

5 국제체제변화론의 비교

1. 공통점

(1) 길핀(Gilpin), 모델스키(Modelski), 오간스키(Organski), 케네디(Kennedy)의 이론은 기본적으로 국제체제를 위계적 체제로 본다. 즉, 힘의 배분 차원에서 지배적인 힘을 가진 패권국을 정점으로 하여 위계적 구조를 형성하고 있다고 보는 것이다.

(2) 국가중심적 접근(state - centric view)이라는 점에서 같다. 즉, 국가는 국제정치의 주요한 행위자로서 합리적이고 통합적인 존재이다.

(3) 국가들은 힘의 극대화를 추구하여 권력의 최정점을 지향한다고 본다.

(4) 왈츠(Waltz)의 이론과 비교해 보면, 왈츠의 이론이 국제체제를 정태적으로 분석하고 있으나, 국제체제변화이론들은 국제체제의 변동과 그 원인의 파악에 중점을 두는 동태적 분석법을 도입하고 있다.

2. 차이점

(1) 국제체제 변동의 주기성

오간스키(Organski)는 국제체제의 주기적 변화를 제시하지는 않았다. 그러나 모델스키(Modelski)나 길핀(Gilpin)은 국제체제가 주기적으로 변화한다고 본다. 모델스키는 세계대국, 비정통화, 분산화 및 세계전쟁이라는 단계를 거쳐 국제체제가 변화하는바, 약 100년을 단위로 반복된다고 보았다.

(2) 국제체제 변화의 원인

체제변화론에서 체제의 변화란 국제체제에서 지배적인 세력의 교체를 의미하나, 지배세력의 교체에 있어서 패권전쟁이 필연적인가에 대한 의견이 다르다. 길핀(Gilpin)은 패권전쟁은 국제체제의 내재적 속성으로서 불가피하다고 본다. 그러나 모델스키(Modelski)는 국제체제의 전개과정에서 나타나는 문제와 그 해결에 대한 학습효과라는 긍정적 피드백효과가 작동하여 평화적 패권교체도 발생할 수 있다고 본다. 오간스키(Organski) 역시 제1차 세계대전 이후 영국에서 미국으로 평화적 패권교체가 가능하였음을 제시하고, 패권의 교체가 반드시 폭력적이지 않을 수 있다고 본다.

(3) 패권쇠퇴의 원인

국제체제변화론자들은 기본적으로 국력이 불균등하게 성장하여 기존의 패권국의 힘의 상대적으로 쇠퇴하여 체제불균형현상이 나타난다고 본다. 그러나 패권쇠퇴의 원인이 패권국 측에도 있다는 견해도 있다. 예컨대, 길핀은 패권국 내에서의 소비의 증가나 투자부진 등이 패권쇠퇴의 원인 중 하나라고 본다. 또한, 케네디(Kennedy)는 강대국이 자신의 경제력을 초과하는 정도로 과도하게 해외로 팽창하여 국력을 약화시켜 쇠퇴하게 된다고 본다.

6 비판

1. 평화적 권력이전가능성에 대한 비관적 견해

모델스키(Modelski)가 상대적 예외로 인정될 수도 있으나, 패권이론은 평화적 권력이전의 가능성에 대해 상대적으로 비관적이다. 영국에서 미국으로의 패권이전, 냉전의 종식과 독일의 통일 등 평화적인 권력이양과정은 폭력적인 세계전쟁을 통해 국제체계 내의 비평형상태가 해소되어 왔다는 패권이론에 대한 중요한 반증을 제시하는 사례들이다.

2. 폭력에 대한 자기충족적 예언(self - fulfilling prophecy)의 가능성

평화적 권력이전가능성에 대한 비관적 견해는 하나의 자기충족적 예언이 될 수 있다. 세계적 평화와 발전가능성이 실제 존재함에도 불구하고 패권과 충돌의 주기를 지나치게 경직되게 강조함으로써 국가와 지도자들로 하여금 평화적 대안의 존재를 인식하지 못하게 만들어 폭력에만 대비하도록 유도할 수 있다. 이로 인해 군비경쟁, 안보딜레마(security dilemma), 폭력과 살상의 주기적 경험으로 귀결될 위험이 있다.

3. 패권의 정의와 패권국 규정 간 괴리

패권에 대한 정의는 이론마다 다르지만 대체로 '상당히 많은 자원이나 힘'이 아닌 '대적할 만한 상대가 없는 정도의 압도적인 힘'이 그것의 공통분모라 할 때 포르투갈, 네덜란드는 물론 19세기 영국을 패권국으로 볼 수 있는가 하는 문제가 제기된다. 로즈크랜스(Richard Rosecrance)에 따르면 19세기 영국은 '모방자들을 고무하고 국제정치의 향방을 바꾸었으나' 당시 세력균형상태에 있었던 6개 강대국들 가운데 더욱 강한 하나일 뿐이었다. 단지 '동등자들 중의 일인자(primus interpares: first among equals)'였던 것이다.

4. 패권이론의 구조주의적 성격

국제체계의 구조적 조건에만 주목하는 이론은 국가의 행위와 관련한 제약과 기회만을 설명할 수 있을 뿐 국가의 특정한 선택을 설명하기는 어렵다. 즉, 구조주의적 이론은 구조적인 조건에 반응하여 행위자들이 어떻게 그들의 이익을 정의하는지 그리고 인식이나 지식 등과 같은 정신과 아이디어가 어떻게 구조적인 조건과 국가이익의 정의와 선호를 연결하는지를 가려내지 못한다. 국제정치에서의 변동을 보다 완전히 이해하기 위해서는 구조와 행위자 간의 역동적인 '상호구성'관계에 주목해야 한다.

제13절 | 권력론

1 의의

모겐소(Hans Jr. Morgenthau)에 의하면 권력은 타인의 마음과 행동에 대한 지배를 의미한다. 국력이란 국가가 자국의 독립과 안전의 유지, 자국의 번영 등과 같은 국가이익을 위해 타국이 취하는 정책에 영향을 미치거나 타국의 행동을 지배할 수 있는 능력으로 정의된다. 그러나 권력 개념의 가장 큰 문제는 명확한 측정이 불가능하다는 것이다. 이는 구성요소에 대한 합의가 부재할 뿐 아니라 상대적으로 평가될 때 의미가 있으며, 사용의지·상대방의 인식 등을 종합적으로 고려해야 하기 때문이다. 모겐소에 의해 정의된 권력의 개념은 이후 개체론적 권력 개념이나 구조론적 권력 개념에 의해 수정·보완되었다.

2 권력의 유형

1. 전통적 권력

모겐소(Morgenthau)는 국력은 유형요소와 무형요소로 구성된다고 본다. 유형요소로서 지리, 천연자원, 산업능력, 군비, 인구 등을, 무형요소로서 국민성, 국민의 사기, 외교 및 정부의 질을 언급하였다. 이러한 국력은 경쟁자와 비교를 통해서 평가되어야 하는 상대성을 가지며 가변적이다. 또한 국력의 요소는 종합적으로 평가되어야 한다고 보며, 권력은 대체성(fungibility)을 가진다.

2. 연성권력과 경성권력

미국이 베트남전쟁에서 패배하고 국가 간 상호의존성이 높아짐에 따라 군사력과 정치적 결과에 괴리가 생겼다. 이러한 현상을 설명하기 위해 연성권력과 경성권력, 연성국가와 경성국가의 개념이 대두되었다. 연성권력이란 매력을, 경성권력이란 군사력이나 경제력을 의미한다. 국가에 대한 사회세력의 영향력이 큰 국가를 연성국가, 작은 국가를 경성국가라 한다. 경성권력이 약한 국가라도 연성국가라면 강한 경성권력을 가진 연성국가에 비해 정치적으로 유리한 결과를 도출할 수도 있다.

3. 개체론적 권력 개념

(1) 스퇴징어(John Stössinger)

개체론적 권력 개념을 제시한 학자들은 현실주의자들의 기본가정인 권력의 대체성에 비판을 집중한다. 미국의 베트남전쟁 패배 이후 스퇴징어는 응징을 감내하고자 하는 정신적인 요소가 국력의 중요한 요소라고 주장하였다. 군사력이 모든 국제정치의 결과를 좌우하는 것은 아니라는 것이다.

(2) 홀스티(Ole R. Holsti)

권력과 실제 결과 사이의 괴리를 설명하기 위해 홀스티는 '능력으로서의 권력(power as capabilities)'과 '사용 가능한 선택(usable options)으로서의 권력'의 구분을 강조하였다. 능력으로서의 권력이 크더라도 실제 사용에 있어서 자유롭지 못하다면 실제 권력으로 전환되지 않을 수도 있다고 하였다.

(3) 볼드윈(David A. Baldwin)

볼드윈은 권력은 대체성보다 특정성이 있음을 강조하면서 권력의 맥락적 분석을 중요시한다. 즉, 볼드윈은 처해 있는 상황적 맥락에 따라 특정의 권력자원은 자원이 아닌 부담이 될 수 있으며, 상황에 따라 효율적인 권력자원은 달라질 수 있다고 보고, 이러한 권력자원이 어떤 과정을 통해 실제의 권력으로 전환되는가에 깊은 관심을 표하였다. 이러한 관점에서 그는 힘을 잠재적 힘(potential power), 가능성 있는 힘(probable power), 실제적인 힘(actual power)으로 구분하였다.

(4) 코헤인(R. Keohane)과 나이(Joseph Nye)

코헤인과 나이는 상호의존이 심화된 현대 국제체계에서 현실주의의 총체적 권력 구조모델은 설명에 한계가 있음을 지적하고 이슈구조모델을 제안하였다. 즉, 쟁역에 따라 국가가 활용할 수 있는 자원이 다르다는 것이다. 국제정치의 결과는 특정 영역에 적합한 자원을 소지한 국가가 지배한다.

4. 구조론적 권력 개념

결과에 영향을 미치려는 국가의 의도 없이, 국제체계에서 차지하는 불평등한 구조적 위치와 역할로 인해 결과에 영향을 미치는 현상을 구조적 권력이라 한다. 스트레인지(Strange)나 월러스타인(Wallerstein)의 견해가 이에 속한다. 스트레인지는 강대국의 위치와 역할을, 월러스타인은 세계자본주의체제 내에서 위치를 구조적 권력자원이라 본다. 즉, 월러스타인에 의하면 국가들은 세계자본주의체제 내에서 차지하는 구조적인 위치가 무엇인가에 따라 국가의 의도를 떠나 타국을 착취하거나 타국에 의해 착취를 당하는 관계에 서게 된다.

5. 퍼거슨(Niall Ferguson)의 권력론

퍼거슨은 오늘날 진정한 힘은 군사력과 경제력 등 물리적 요소 외에 '신뢰성'과 '정당성'이라는 도덕적 요소를 갖추는 것이 중요함을 강조하였다. 경제력이나 군사력은 이 두 가지에 의해 증폭되거나 격감된다. '정당성(legitimacy)'은 내부 구성원에 의해 가지는 것이고, '신뢰성(credibility)'은 외부인에 비치는 것이다. 오늘날 세계는 경제성장과 기술·정보의 확산 때문에 힘의 물질적 요소에 대한 독점이나 압도적 우위를 확보하는 것을 어렵게 한다. 따라서 진정한 힘은 신뢰성과 정당성 유무에 달려 있다는 것이 퍼거슨의 견해이다.

6. 네트워크 권력

(1) 의의

네트워크 권력이란 권력의 작동방식을 행위자들이 형성하는 네트워크라는 관계적 맥락에서 파악하는 개념이다. 정보통신혁명과 관련하여 주목을 받는 권력 개념으로 세 가지 차원에서 정의된다.

(2) 내 편을 모으는 힘

네트워크 권력이라 함은 끼리끼리 모여서 세를 발휘하는 힘이다. 즉, 주위에 내 편을 들어 주는 네트워크를 형성함으로써 생겨나는 힘이다. 폭력과 같은 하드 파워자원을 바탕으로 내편을 모을 수도 있으나, 최근에는 소프트 파워자원을 활용하여 내편을 모으는 메커니즘에 대한 관심이 늘어나고 있다. 이 과정에서 정보혁명을 통해서 널리 확산된 정보 미디어는 중요한 역할을 한다. 최근 사이버 공간의 아마추어들의 네트워크나 세계정치에서 활발한 활동을 펼치고 있는 초국적 시민사회 네트워크 등이 발휘하는 힘은 하드 파워보다는 소프트 파워를 활용하는 네트워크 권력의 좋은 사례이다.

(3) 기존 네트워크상에서 갖는 힘

<u>네트워크 권력은 새로이 네트워크를 만들지 않더라도 이미 형성되어 있는 네트워크상에서 중요한 위치를 차지함으로써 발휘될 수 있다.</u> 예를 들어 두 개 이상의 네트워크 사이에서 어느 행위자가 요충지를 차지하고 자신이 원하는 방향으로 네트워크를 통하고 흐르게 함으로써 영향력을 행사할 가능성이 있다. 이렇게 네트워크가 형성된 구도에서 정보와 소통의 흐름을 통제하는 권력의 대표적인 사례 중의 하나는 중개자가 발휘하는 힘이다. 언어나 화폐가 우리 삶에서 차지하는 중개의 역할을 떠올려 볼 수 있다. 국제정치에서도 네덜란드, 영국, 싱가포르 등이 담당하였던 중개자의 역할은 역사적으로 매우 유명한 사례들이다. 정보혁명의 시대를 맞이하여 네트워크상의 소통을 중개하는 자의 권력이 더욱 주목을 받고 있다.

(4) 네트워크를 설계하는 힘

<u>가장 포괄적인 의미에서 네트워크 권력은 네트워크 전체의 프로그램을 설계하는 데에서 비롯되는 힘을 의미한다.</u> 기술적 차원뿐만 아니라 사회적 차원에서도 어떠한 네트워크가 제대로 작동하려면 행위자들 간의 상호작용을 조율하는 게임의 규칙, 즉 프로그램이 필요하다. 소프트웨어, 프로토콜, 코드 등과 같은 기술 프로그램이나 관행, 법, 규범, 가치관, 세계관 등과 같은 사회적 프로그램이 여기에 해당된다. 이러한 프로그램들을 설계하는 것은 중립적인 과정이 아닌 보이지 않는 권력정치의 과정이다. 좀 더 포괄적으로는 세계정치의 어젠다를 제기하고 세계정치를 보는 인식과 프레임을 제시하는 권력을 생각할 수 있다. 이러한 종류의 권력이 중요한 이유는 그것이 어떻게 작동하느냐에 따라서 권력게임이 벌어지기도 전에 승패가 결정되는 경우도 많기 때문이다.

제14절 | 연성권력론

1 의의

연성권력(soft power, 소프트 파워)은 1989년 미국의 국제정치학자 조셉 나이(Joseph Nye)에 의해 만들어져 통용되어 온 언어이다. 하드 파워(hard power)에 대비되는 개념으로서 연성권력은 국제정치영역에서 그동안 간과되어 온 감성, 문화, 신뢰, 이념 등 비물질적 범주를 복권시켜 힘(power)의 새로운 영역을 열어놓음으로써 상당한 담론적 파괴력을 보여주고 있다. 연성권력에 대한 논의는 이제 담론 차원을 넘어서 구체적 전략으로 통용되고 있다. 노르웨이와 캐나다는 오래 전부터 연성권력 획득을 위한 외교전략을 지속적으로 펴오고 있으며, 어느 정도 성과를 거둔 것으로 평가되고 있다.

2 등장 및 부상배경

1. 미국 패권쇠퇴론 비판

연성권력론이 처음 제기된 것은 1980년대로서 이 시기는 모델스키(Modelski), 길핀(Gilpin), 크라스너(Krasner) 등 패권안정론자들을 중심으로 미국 패권쇠퇴론이 강하게 제기되던 시점이었다. 이들은 제2차 세계대전 이후 패권국으로 부상한 미국은 1970~1980년대 들어서 그동안 높은 성장률을 자랑하며 경제 성장을 지속해 온 독일이나 일본의 부상으로 그 상대적 영향력이 쇠퇴하고 있다고 보았다. 이에 대응하여 조셉 나이(Joseph Nye)는 『Bound to Lead』라는 책을 통해 미국의 패권은 지속될 것이라고 전망하였다. 그가 미국 패권지속론의 논거로 제시한 것 중의 하나가 바로 '연성권력론'이다. 나이는 미국이 군사력이나 경제력, 즉 경성권력 면에서 상대적으로 쇠퇴하였다 하더라도 문화, 이념, 제도 등을 통해 발휘할 수 있는 지도력과 같은 연성권력 면에서는 여전히 패권적인 위치에 있다고 보았다.

2. 경성권력의 대체성(fungibility) 약화

외교정책목표 달성을 위한 수단으로 경성권력, 즉 군사력과 경제력이 주로 이용되어 왔다. 현실주의자들은 특히 군사력이 대체성을 가진다고 본다. 즉, 강력한 군사력이 있으면, 대외전략목표는 무엇이든 달성할 수 있다는 것이다. 그러나 미국이 북베트남에 패배한 것에서 보여주듯이 군사력은 대체적이지 않다. 볼드윈(Baldwin)이 말하듯이 오히려 군사력은 '특정성'을 가진다. 현재의 국제질서에서도 경성권력이 강력한 효력을 발휘하는 것은 사실이나, 그 대체성은 약화되고 있어 새로운 권력자원에 관심이 모아지고 있다. 연성권력은 경성권력의 대체성 약화의 시대에 대외정책목표 달성을 위한 새로운 수단으로서 부상하고 있는 것이다.

3. 정보화시대의 도래

정보통신수단과 인터넷의 발달은 국제관계에도 적잖은 파급효과를 미치고 있다. 정보통신수단의 발달로 한 국가의 문화나 가치 등이 전세계적으로 확산되는 속도가 매우 급격하게 증가하였다. 또한, 한 국가의 대외정책 역시 투명하게 전세계에 공개되고 있다. 타국의 문화나 정책에 대한 일반대중의 견해는 특정 국가가 대외전략을 구사하는 데 상당한 영향을 줄 수밖에 없다. 이러한 세계적 상황의 변화로 국가들은 경성권력의 사용에 있어서 신중을 기할 뿐 아니라, 외교전략의 대상이 되는 시민들의 마음을 사로잡기 위한 전략으로 연성권력을 획득해야 할 필요성이 높아지고 있다. 요컨대, 정보화시대의 도래로 국가들은 대외정책의 성공을 위해 연성권력을 확보하고 강화해야 함을 깨달았고, 이로 인해서 연성권력 담론이 중요하게 부각되었다.

4. 미국의 대외정책 실패

9·11테러 이후 미국은 이른바 '선제공격 독트린'을 외교전략의 전면에 내세우면서 아프가니스탄과 이라크를 공격하여 정권을 교체하였으나, 그 과정에서 국제규범과 동맹국 및 주요 강대국들의 의사를 무시함으로써 전세계적으로 반미감정을 부추기게 되었다. 반미여론의 고조는 미국이 다른 대외전략, 예컨대 중앙아시아 지역에 미군을 주둔시켜 러시아와 중국을 견제하려는 전략을 수행하는데도 장애를 초래하고 있다. 부시 행정부의 대외정책의 실패는 미국 내에서 경성권력과 연성권력의 동시적 획득을 위한 '스마트 외교(smart diplomacy)'에 대한 담론을 강화시키고 있다.

3 연성권력의 의미

1. 권력의 의의

권력은 자원과 결과의 두 가지 차원에서 정의할 수 있다.

(1) 자원 차원에서의 정의

쉬운 방법은 '결과에 영향을 미칠 수 있는 능력이나 자원을 가지고 있는 것'을 파워(권력)로 보는 것이다. 어떤 국가가 비교적 인구도 많고 영토도 넓고 천연자원도 풍부하며 경제력과 군사력, 사회적 안정성을 확보하고 있으면 그 국가를 권력을 가진 나라로 보는 것이다. 이는 권력을 생성하는 자원과 파워 자체를 동일하게 파악하는 개념화이나, 가장 우세한 파워를 가진 국가들이 언제나 원하는 성과를 얻는 것은 아니라는 역설에 부딪치게 된다는 문제가 있다.

(2) 결과 차원에서의 정의

결과 차원에서의 권력이란 '타인의 행동에 영향을 미쳐 자신이 원하는 결과를 얻는 능력'을 말한다. 타인의 행동에 영향을 미치는 방법에도 여러 가지가 있는데, 위협으로 타인을 강제할 수도 있고 보상으로 유인할 수도 있다. 또는 자신의 매력으로 상대방으로 하여금 자신이 원하는 바를 자발적으로 하도록 할 수도 있을 것이다. 경성권력은 명령이나 강제 차원에서 정의되는 권력이라면, 연성권력은 설득이나 모방 차원에서 정의되는 권력 개념이다.

2. 연성권력의 개념

연성권력은 위협이나 보상수단을 동원하지 않고도 원하는 결과를 얻는 힘을 말한다. 즉, 문화나 이념과 같은 비물질적 자원을 통해 상대방을 매혹하고 자발적으로 마음을 바꾸게 하여 내가 원하는 바를 얻어내는 능력이다.

3. 구별개념

(1) 경성권력

경성권력은 군사력이나 경제력과 같은 가시적이고 물질적인 자원 그 자체를 말하거나, 이러한 자원을 활용한 위협이나 보상의 유인을 통해 상대방으로 하여금 자신이 원하는 바를 하거나, 원하지 않는 바를 하지 못하도록 하는 능력을 말한다.

(2) 구조적 권력

구조적 권력은 결과에 영향을 미치려는 국가의 의도 없이, 국제체계에서 차지하는 불평등한 구조적 위치와 역할로 인해 결과에 영향을 미치는 현상이다. 스트레인지(Strange)는 강대국의 위치와 역할을, 월러스타인(Wallerstein)은 세계자본주의체제 내에서의 위치를 구조적 권력자원이라고 본다.

(3) 메타권력

메타권력은 국제체계에서의 위치에서 비롯되는 힘으로서 국제적인 이슈나 의제를 사전에 배제할 수 있는 힘을 말하며, 구조적 강제성을 내포한다.

(4) 스마트 파워(smart power)

스마트 파워란 한 국가가 가진 모든 권력자원을 적절하게 사용하는 지혜를 말한다. 즉, 자신이 보유한 군사력·경제력과 같은 경성권력과 연성권력을 상대방, 이슈, 시기에 맞춰 적절하게 사용하여 국가의 정책목표를 효과적으로 달성하는 것을 말한다.

(5) 샤프 파워(Sharp Power)

샤프 파워(Sharp Power)는 권위주의 국가들이 정보 조작, 선전, 검열, 문화 침투 등을 통해 타국의 여론, 제도, 정치적 자율성을 교란하고 통제하려는 권력 형태를 뜻한다. 이 개념은 2017년 미국 민주주의진흥재단(NED) 산하 연구자들인 크리스토퍼 워커(Christopher Walker)와 제시카 루드윅(Jessica Ludwig)이 발표한 보고서 "Sharp Power: Rising Authoritarian Influence"에서 처음 체계적으로 제시되었다. 샤프 파워는 소프트 파워(설득)나 하드 파워(강제)와는 달리, 정보를 왜곡하거나 상대의 개방성을 악용해 침투하고, 민주주의 사회 내부를 약화시키는 데 초점을 맞춘다. 대표적 사례로는 러시아의 외국 선거 개입, 중국의 공자학원을 통한 학술통제, SNS를 통한 허위 정보 확산 등이 있다. 이 개념은 21세기 권위주의 국가들의 비대칭 전략과 정보전을 설명하는 핵심 개념으로 자리잡았다. 샤프 파워는 단순한 프로파간다가 아니라, 상대방의 제도와 사회 내부를 장기적으로 재구성하려는 전략적 접근이라는 점에서 민주주의 국가들에 중요한 도전으로 간주된다.

4. 연성권력의 특징

(1) 관계적 성격

연성권력은 비물질, 감성, 윤리의 차원에서 작동하는 힘이기 때문에 '관계적' 성격을 가진다. 연성권력은 이를 받는 사람이나 국가에 따라 달라지기 때문이다. 즉, 힘을 주고받는 상대 여하에 따라서 힘의 효능이 변화될 수 있는 것이다. 특정한 연성권력은 자원이 특정 국가에게는 효과적인 반면, 다른 국가에는 별 효과가 없을 수도 있다. 일본이 미국에게는 매력적으로 보여도 한국과 중국에는 그러하지 못하다는 것이 하나의 사례이다.

(2) 무형자산

일찍이 모겐소(Morgenthau)는 국력은 무형요소와 유형요소로 구성된다고 보고, 유형요소로서 지리, 천연자원, 산업능력, 군비, 인구 등을 제시하고, 무형요소로서 국민성, 국민의 사기, 외교 및 정부의 질을 언급하였다. 연성권력은 권력의 무형요소와 관련된다. 연성권력의 자원인 문화, 이념, 제도 등은 비가시적이고 비물질적인 요소이기 때문이다.

(3) 장기적 효과

경성권력이 단기에 가시적 결과를 얻을 수 있는 자원인 반면, 연성권력은 상대적으로 장기간에 걸쳐서 효력이 나타나는 자원이다. 예컨대, 상대방이 자국의 문화나 제도를 모방하는 데에는 상당히 오랜 시간을 필요로 한다. 또한, 자국의 가치를 확산시켜서 타국이 자국과 유사한 제도를 가지도록 하는 데에도 많은 시간이 걸릴 것이다.

5. 연성권력의 측정

연성권력은 상대국에 대한 호감도나 매력 또는 얼마나 좋아하는지에 대한 문제이므로, 연성권력은 '여론조사'를 통해 확인할 수 있다.

4 연성권력과 경성권력의 비교

1. 공통점

연성권력과 경성권력은 모두 국가가 타국을 상대로 해서 특정한 외교적 목표를 달성하고자 하는 '자원'으로서 기능한다. 즉, 상대국가로 하여금 자국이 원하는 바를 하거나, 원하지 않는 바를 하지 못하도록 영향력을 발휘하기 위한 수단이라는 점에서 같다.

2. 차이점

(1) 행위의 특성

경성권력은 강제나 회유라는 방식으로 표출되나, 연성권력은 아젠다 설정, 매력 등의 방식으로 표출된다.

(2) 자원의 유형성

경성권력의 자원은 군사력이나 경제력 등 가시적이고 물질적인 요소인 반면, 연성권력은 제도, 가치, 문화, 정책 등 비가시적이고 비물질적인 요소에 기초한다.

◎ 연성권력과 경성권력 비교

구분		연성권력	경성권력
공통점		대외전략의 수단 또는 목표	
차이점	자원	문화, 가치, 전략	군사력, 경제력
	속성	비물질적·비가시적	물질적·가시적
	작동방식	자발적 순응	보상·위협
	효과	장기적	단기적
	외교	공공외교, 탈근대외교	강압외교, 근대외교

5 연성권력의 자원

1. 문화

호감을 사고 있는 지역이나 국가에서 그 나라의 문화는 연성권력의 자원이다. 문화란 어느 사회에서 의미를 만들어 내는 가치체계와 관행을 말한다. 어느 나라의 문화가 보편적 가치를 지니고 제반정책을 통해 다른 나라들이 공유하는 가치와 이익을 증진시킨다면, 연성권력을 획득할 수 있다. 편협한 가치나 특정 지역에 한정된 문화는 연성권력을 생성할 수 없다. 미국은 문화적 보편성을 가지고 있어 연성권력을 획득하는 데 유리하다. 상업적 거래, 개인 간의 접촉이나 방문, 교류를 통해 문화가 타국이나 타지역으로 전달된다.

2. 가치

특정 국가가 국내에서 옹호하는 가치(민주주의), 국제기구에서 추구하는 가치(타국과 협력), 외교정책 수행과정에서 좇는 가치(평화와 인권증진)도 다른 나라의 선호도에 큰 영향을 미쳐 연성권력의 자원이 된다.

3. 정책

(1) 대내정책

정부가 취하는 국내외 정책도 연성권력의 잠재적 원천이 된다. 예컨대, 1950년대 미국 내 인종분리정책은 아프리카에서 미국의 연성권력을 약화시켰고, 오늘날 사형제와 허술한 총기단속법규가 유럽에서 미국의 연성권력을 잠식하고 있다.

(2) 대외정책

대외정책도 연성권력에 큰 영향을 미친다. 지미 카터(Jimmy Carter)의 인권정책이나 민주주의를 촉진시키려던 레이건과 클린턴 행정부의 노력이 그러한 사례이다. 미국의 인권정책은 1970년대 아르헨티나 군사 정부에 의해 배척되었지만, 당시 투옥되고 탄압받았던 페론 당원들이 20년 뒤 집권하면서 미국의 연성권력은 대폭 강화되었다. 반면, 위선적이고 오만하며 타국의 주장에 귀를 기울이지 않거나, 편협한 국익추구방식에 바탕을 둔 국내정책과 외교정책은 연성권력을 약화시킬 수 있다.

6 연성권력의 확보방안

1. 의의

연성권력을 확보한다는 것은, 다른 국가들이 자국의 문화, 가치, 제도 등에 대해서 호감을 가지도록 한다는 것을 말한다. 연성권력자원을 고려해 볼 때 문화, 대내정책, 대외정책 차원에서 연성권력의 확보를 시도할 수 있다. 한편, 연성권력의 확보에는 시민사회의 역할도 일정 부분 중요성을 가질 수 있다.

2. 문화

국가의 전통문화나 대중문화가 연성권력자원이 될 수 있으므로, 그러한 문화들을 국가 영역 밖으로 확산시킴으로써 연성권력을 획득할 수 있을 것이다. 그러나 이것을 전략으로 구사함에 있어서는 연성권력이 '특정적'이고 '관계적'임을 고려해야 할 것이다. 즉, 자국의 문화가 특정 국가나 지역에서는 매력적일 수 있으나, 다른 국가나 지역에서는 그렇지 않을 수도 있다. 예컨대, 한류가 동남아에서는 매력적이나 비아시아권에서는 그렇지 못하다는 것을 고려해야 한다.

3. 대내정책

모범적인 국내정치제도, 효율적인 대내정책, 정부운영, 부정부패, 발전모델 등의 대내정책도 연성권력자원이다. 즉, 타국들이 자국의 이러한 대내정책 등을 모방하거나 본받으려고 하는 경우 그러한 국가들에 대해서 연성권력을 가지는 것이다. 한국의 경우 성공적인 경제발전모델은 동남아 등의 개발도상국들에게 성공적인 발전사례로 모방됨으로써 한국이 연성권력을 획득하게 되는 것이다.

4. 대외정책

대외정책이 연성권력을 강화할 수도 있고, 약화시킬 수도 있다. 평화유지활동, 공적개발원조 강화, 평화레짐 창출전략 등을 지속적으로 추구하여 대상국가뿐만 아니라, 다른 국가들로부터 연성권력을 획득할 수 있을 것이다.

5. 시민사회의 역할

특정 국가에 대한 이미지와 호감을 결정하는 것이 비단 국가영역만 관련된 것은 아니다. 시민사회도 국가의 이미지를 결정하는 데 영향을 줄 수도 있다. 예컨대, 보편적 가치를 주제로 한 영화를 만들어 다른 국가에 수출함으로써 자국에 대한 긍정적 이미지를 강화할 수 있다. 국가는 시민사회영역의 그러한 활동을 측면 지원함으로써 협력적으로 연성권력을 획득할 수 있다.

조셉 나이(Joseph Samuel Nye, Jr., 1937년 ~)

조셉 나이는 미국 뉴저지 주 출신이다. 1958년 프린스턴대학 졸업 후, 로즈 장학생으로 옥스퍼드대학에서 유학하였다. 하버드대학에서 박사학위를 취득하고 1964년부터 하버드대학에서 교편을 잡았다. 동아프리카를 중심으로 지역통합문제를 연구하다가 1970년대에 들어와 코헤인과 함께 상호의존론의 논리적 연구에 착수하였다. 특히 두 사람의 공저인 『권력과 상호의존(Power and Interdependence: World Politics in Transition)』은 국가를 단위로 하는 현실주의모델에 대해 '복합적 상호의존'모델을 제시하고, '민감성'과 '취약성'이라는 개념으로 상호의존하에서의 힘의 개념을 정치화(精緻化)하는 등 참신한 분석을 시도하였다. 1980년대에는 핵 전략론을 연구하였으며, 1990년에는 당시 논란을 불러일으키던 미국의 쇠퇴론에 반대하여 『불멸의 대국 아메리카(Bound to Lead: the Changing Nature of American Power)』를 저술하였다.

또한, 연성권력(Soft Power)이라는 개념을 제창하여 가령 미국이 경성권력(Hard Power)면에서의 우월성이 저하되고 있다 해도 소프트 파워에서는 여전히 우위에 있음을 강조하였다. 카터와 클린턴 정권하에서 공직을 경험하였으며, 특히 국방차관보였던 1994 ~ 1995년에 작성한 이른바 '나이 보고서'는 미일동맹 재구축의 기조를 이루게 된다. 1995년부터 하버드대학 케네디 행정대학원 원장을 역임하고 있다. 신자유주의를 제창한 주요한 연구자 중 하나이며, 미국의 대외정책에 대해서도 적극적으로 발언하는 지도적인 학자이다. 국내에는 『국제분쟁의 이해(Understanding International Conflicts: An Introduction to Theory and History)』가 번역되어 소개되어 있다.

제15절 | 전쟁론

1 전쟁의 정의

1. 전쟁의 개념

일반적으로 전쟁은 서로 다른 정치집단이나 주권국가 간의 정치적 갈등을 각기 상당한 규모의 군대를 동원하여 해결하려는 극한적인 군사적 대결을 지칭한다. 전통적으로 전쟁 개념에서 상당한 규모의 군사력이 동원된 군사적 폭력행위와 상당한 기간 동안 그 행위가 지속되어야 한다는 측면이 중시되었으나, 무기의 발달과 전쟁 성격의 변질로 최근에는 시간적 측면의 중요성은 감소되고 있다.

2. 구별개념

(1) 전쟁은 내란과 구분된다. 내란은 한 국가 내에서 정치집단 상호 간의 무력투쟁을 의미하나, 전쟁은 국가 간 전면적이고 조직적인 무력투쟁을 말한다.

(2) 전쟁은 무력투쟁으로서 무기를 가진 다수인의 집단과 집단 간의 투쟁이므로 일상용어인 외교전, 경제전, 무역전쟁 등과는 구분된다.

(3) 전쟁은 '열전'을 의미하므로 실제적인 무력사용이 없는 '냉전'과는 다르다.

2 전쟁관의 변천

1. 중세 로마의 차별전쟁관

중세 로마에서 제시된 차별전쟁관은 이후 자연법론자들에게 영향을 끼쳤다. 예컨대 키케로(Cicero)는 "이유없이 수행된 전쟁은 정당하지 못한 전쟁이다. 복수나 방위를 위한 전쟁 이외에는 정당한 전쟁은 있을 수 없다."라고 주장하여 정전론을 주장하였다.

2. 그로티우스(Hugo Grotius)의 정전론

그로티우스는 그의 저서 『전쟁과 평화의 법에 관하여(De Jure Belli ac Pacis)』에서 전쟁을 정당한 전쟁(bellum justum)과 부당한 전쟁(bellum injustum)으로 구별하였다. 방어전쟁, 법적인 청구권을 집행하기 위한 전쟁, 불법을 응징하기 위한 전쟁이 정당한 전쟁이라고 보았다.

3. 19세기 무차별전쟁관

중세의 종교적·신학적 세계관이 소멸되고 국가주권의 절대성이 강조됨에 따라 전쟁관에도 변화가 왔다. 국가의 무력사용은 일반적으로 금지되고 정당한 전쟁만 허용된다는 중세의 정전론 사상은 국가목적 달성을 위해 무력을 수단으로 사용하는 것은 국가의 고유권한이며, 어떠한 전쟁이 정당한 것인지 여부는 개별 국가가 판단할 문제라고 보는 무차별전쟁관에 의해 대체되었다. 무차별전쟁관사상은 윌슨(Wilson)의 자유주의에 기초한 베르사유체제가 형성되면서 그 세력을 잃기까지 맹위를 떨쳤다.

4. 20세기 차별전쟁관과 전쟁의 불법화

(1) 드라고·포터주의

1907년 헤이그(Hague) 평화회의에서 채택된 조약에 규정된 원칙으로 금전채무의 회수를 위해 전쟁을 도발해서는 안 된다는 원칙을 말한다.

(2) 1919년 국제연맹규약

분쟁이 재판이나 이사회에 부탁된 경우 재판소의 판결이나 이사회의 보고가 있은 후 3개월 동안 여하한 경우에도 연맹국은 전쟁에 호소할 수 없었다. 이에 반하여 전쟁에 호소하면 제재가 가해질 수 있었다. 한편, 전쟁이 이사회나 총회에 부탁되었을 때 일방당사국이 이사회나 총회의 권고를 수락한 경우에는 타방당사국은 전쟁에 호소할 수 없다고 규정하였다.

(3) 1928년 부전조약

켈로그-브리앙조약(파리조약)이라고도 한다. 동 조약은 체약국이 상호 간 국제분쟁의 해결을 위하여 전쟁에 호소하는 것을 불법화하고 상호관계에 있어서 국가정책수단으로서의 전쟁을 포기할 것을 규정하였다.

(4) UN헌장

UN헌장 제2조 제4항은 타국의 영토보전, 정치적 독립성 및 UN의 목적과 원칙에 반하는 일체의 무력사용이나 그 위협을 금지하여, 전쟁뿐 아니라 모든 무력사용과 그 위협을 불법화하였다. UN체제에서는 자위권, UN의 집단적 강제조치, 지역적 기관의 강제조치, 구적국에 대한 특별조치를 제외한 일체의 자의적 무력사용이 금지된다.

3 정당한 전쟁의 세 가지 구분

1. 전쟁의 정의(jus ad bellum)

(1) 정당한 원인
자기방어나 제3자를 위한 방어를 의미한다.

(2) 올바른 권위체
오직 국가만이 정의의 전쟁을 벌일 수 있다.

(3) 전쟁 주체
범죄집단이나 기업, 개인이 벌이는 전쟁은 부당하다.

(4) 올바른 의도
국가의 지도자는 명예나 팽창, 전리품 때문이 아니라 부정한 것을 고치고, 공격을 막기 위해 전쟁을 벌여야 한다.

(5) 최후의 수단
지도자는 다른 모든 합리적 해결수단을 전부 사용한 이후 또는 급박한 공격의 위험 때문에 다른 선택의 여지가 없을 경우에 전쟁을 시작해야 한다.

(6) 성공에 대한 합리적 희망
국가는 합리적으로 판단해서 이길 가망이 없는 경우 전쟁을 시작해서는 안 된다.

(7) 평화의 회복
평화를 회복하거나 현상유지상태로 되돌리기 위한 전쟁은 정당하다.

(8) 수단과 목적의 균형
전쟁 그 자체를 포함하여 전쟁의 수단은 전쟁의 목적과 균형을 이루어야 한다. 적군 또한 적국 민간인을 자국의 영토에서 몰아내기 위해 몰살시키는 행위는 정당화될 수 없다.

2. 전쟁 중의 정의(jus in bello)

(1) 수단의 비례성

국가는 최소한 또는 적절한 정도의 군과 무기를 사용해야 한다. 단순히 패퇴시키기만 해도 충분한 상황에서 적군을 완전히 괴멸시키는 행위는 정당화될 수 없다. 예를 들어 국가는 재래식 무기로도 충분한 상황에서 핵무기를 사용해서는 안 된다.

(2) 비전투원의 제외

국가는 전장에서 물러난 군인을 포함한 비전투원과 전쟁에 필수적이지 않은 민간인과 민간시설을 직접적인 공격목표로 삼아서는 안 된다. 비전투원 제외원칙은 정의의 전쟁이론의 가장 핵심적인 논거이다. 전쟁을 정의의 수단으로 간주하는 이론은 비전투원 권리를 체계적으로 억압하는 것을 지지할 수 없다.

(3) 이중효과 법

예상 가능하지만 의도하지 않은 결과로 비전투원에게 손실을 입힐 수 있다. 예를 들어 무기공장 주변에 거주하는 민간인과 같은 경우이다. 그러나 더 중요한 문제는 예상 가능한 민간인의 죽음을 정말로 의도하지 않은 결과로 볼 수 있는지에 대한 문제이다. 정의의 전쟁이론가들이 직면한 딜레마는 의도하지 않은 민간인의 죽음을 의도적인 살상과 마찬가지로 볼 것인가 말 것인가의 문제이다.

3. 전쟁 후의 정의

(1) 비례성과 공개성

평화의 협상은 신중하고 합리적으로 이루어져야 한다.

(2) 권리의 옹호

평화조약은 전쟁의 원인이 된 기본적 침해를 회복하고 기본 권리를 보장해야 한다.

(3) 민간인 우대

민간인들은 전쟁 이후 처벌조치로부터 합당하게 면제받을 수 있다. 다만, 전쟁 이후 처벌의 일부로 행해지는 전면적 사회경제제재는 이에 해당하지 않는다.

(4) 처벌

전쟁에서 패배한 국가가 명백하게 권리를 침해한 침략자인 경우 비례적 처벌이 가해져야 한다. 정권 지도자들은 전쟁범죄에 대해 공정하고 공개적인 국제재판을 받아야 한다. 군인들도 전쟁범죄를 저지른다. 따라서, 전쟁 후의 정의는 그러한 군인들도 조사에 응하고 필요한 경우 재판을 받아야 한다고 요구한다.

(5) 배상

비례성과 차별성에 근거하여 금전적 배상이 요구될 수 있다.

(6) 재건

전쟁 후 상황은 침략국가 내부의 낡은 제도를 개혁할 수 있는 좋은 기회를 제공한다. 그러한 개혁은 허용될 수 있으나 정권의 부패정도에 비례해 이루어져야 한다.

4. 왈저(Michael Walzer)의 견해

(1) 의의

마이클 왈저(Michael Walzer)는 미국의 정치철학자이자 현대 정전론(Just War Theory)의 대표적 이론가이다. 그는 전쟁 중에도 도덕은 적용되어야 한다는 주장을 통해 국제정치와 윤리학의 가교 역할을 하였다.

(2) 정전론

마이클 왈저는 전쟁에도 도덕이 적용되어야 한다고 보고, 이를 정전론(Just War Theory)으로 체계화했다. 그는 전쟁의 도덕성을 판단하는 기준을 전쟁 개시의 정당성(jus ad bellum)과 전쟁 수행의 정당성(jus in bello)이라는 두 축으로 구분했다. 왈저에 의하면 정당한 전쟁은 자위, 타국 방어, 인도적 개입 등 정당한 이유가 있을 때만 시작될 수 있으며, 그 목적은 정의를 회복하거나 고통을 줄이는 데 있어야 한다. 전쟁 수행 중에는 민간인과 전투원을 구분하고, 비례성의 원칙을 지켜야 하며, 불필요하거나 과도한 폭력은 도덕적으로 정당화되지 않는다.

(3) 역외개입의 정당성

마이클 왈저는 원칙적으로 국가 주권과 내정 불간섭을 존중해야 한다고 보았지만, 예외적으로 정당한 역외 군사 개입이 가능한 상황이 있다고 주장하며, 세 가지 상황을 제시하였다. 첫째, 정통성을 가진 합법 정부가 외부 지원을 요청하는 경우 개입이 정당화될 수 있다. 이는 특히 침략이나 내전으로 인해 정부가 생존을 위협받는 상황에서 적용된다. 둘째, 타국의 불법 개입으로 한 국가의 자결권이 침해당한 경우, 이를 방어하기 위한 개입도 정당한 것으로 본다. 셋째, 대량학살이나 조직적 인권 유린 같은 극단적 상황에서는 인도적 개입이 도덕적으로 허용된다. 단, 이런 개입은 반드시 명확한 목적과 정당한 수단, 비례성을 갖추고 있어야 하며, 강대국의 이익을 위한 위선적 개입은 정당화될 수 없다고 보았다.

4 왈츠(Waltz)의 전쟁의 원인에 대한 세 가지 이미지

1. Man

첫 번째 이미지는 전쟁이라는 현상은 인간의 본성에 의해서 나타난다는 설명이다. 이러한 주장을 제기한 사람으로는 초기 기독교 사상을 정립한 영국의 정치사상가인 아우구스티누스와 '리바이어던'의 저자인 토머스 홉스(Thomas Hobbes), 20세기 정치사상가인 라인홀트 니버(Reinhold Niebuhr), 국제정치학이론의 시조로 불리는 모겐소(Morgenthau) 등이 있다. 이들은 인간의 공격성향이 전쟁의 원인이라고 보면서 영구평화는 이러한 본성이 변화하지 않는 한 불가능하다고 주장하였다.

2. State

두 번째 이미지는 전쟁이라는 현상은 인간의 본성이 아니라 어떠한 정치체제 또는 경제체제가 가지는 내부적인 특성에 의해서 나타난다는 설명이다. 두 번째 이미지를 주장한 학자로는 독일의 철학자 칸트(Kant), 제1차 세계대전 당시 미국 대통령이었던 윌슨(Wilson), 소련 공산혁명의 지도자였던 레닌(Lenin) 등이 있다. 이들은 어떠한 국가가 전쟁을 하는 원인은 그 국가의 정치체제가 민주적이지 않거나 경제체제가 자본주의적이기 때문이라고 한다. 영구평화가 가능하기 위해서 칸트와 윌슨은 전 세계적인 민주주의 확산을 주장하였으며 레닌은 세계 공산혁명의 필요성을 강조하였다.

3. War

세 번째 이미지는 전쟁이라는 현상은 인간의 본성이나 특정 체제의 내부의 특성에 의한 것이 아니라 국제체제의 무정부성에 의해서 나타난다는 설명이다. 대표적인 예로 기원전 430년경에 시작된 아테네와 스파르타와의 펠로폰네소스전쟁을 기록한 역사가 투키디데스(Thucydides)와 18세기 프랑스의 정치사상가로 사회계약론을 남긴 루소(Rousseau)를 들 수 있다.

투키디데스는 펠로폰네소스전쟁의 원인을 빠르게 증가하는 아테네의 힘에 대한 스파르타의 두려움이라고 진단하였다. 한편 루소는 무인도에 표류한 사람들이 협력해서 사슴을 잡기보다는 다른 사람이 협력을 하지 않을지도 모른다는 두려움 때문에 결국 공동의 이익인 사슴이 아니라 개인의 이익인 토끼를 잡으려고 개별적으로 행동하고 이로 인해 협력이 무너진다고 주장하였다. 이러한 주장에 따르면 전쟁의 기본 원인은 국가보다 상위에서 국가관계를 조율하고 어떤 국가의 의무 위반을 처벌할 수 있는 정부가 존재하지 않는 무정부상태이다. 이러한 상황에서 생존을 위한 유일한 방법은 개별 국가의 자조적인 행동으로, 평화는 국제정치의 무정부적 체제가 사라지고 세계 정부가 수립되면서 위계질서가 등장하기 이전까지는 불가능하다.

5 전쟁의 원인에 대한 주요 학자들의 입장

1. 라이트(Quincy Wright)

라이트는 평화란 많은 요인이나 힘의 복합적인 평형을 이룬 상태, 즉 여러 가지 형태의 힘이 균형상태를 이루고 있는 것으로 정의하고 이러한 평형관계가 깨어질 때 전쟁이 일어난다고 본다. 그는 국제체제의 평형을 유지하는 구성요소가 국제사회의 정치구조, 국제법, 기술, 가치 등이라고 규정하였다. 그리고 균형을 지탱하고 있는 요인에 변화가 오거나 평형체제에 과중한 부담이 가해지는 경우 체제가 균형을 잃고 불안정해지거나 파괴되어 전쟁이 발생한다고 본다.

2. 블레이니(G. Blainey)

블레이니는 전쟁은 국가의 외교적 수단이라고 본다. 즉, 전쟁은 국가가 다양한 목적을 달성하기 위한 수단으로 발생한다는 것이다. 그의 연구에 따르면 국가는 다양한 목적으로 전쟁을 수행한다. 영토나 자원 획득을 목적으로 하는 경제적 전쟁, 정치이념을 확산하기 위한 이념적 전쟁, 제국을 건설하기 위한 정치적 전쟁 등을 예로 들 수 있다.

3. 왈츠(Kenneth N. Waltz)

왈츠는 『Man, the State and War』에서 전쟁의 원인을 정치사회가 가지고 있는 제도적 결함에 기인한다고 주장하였다. 국제체제 차원에서는 각 국가가 개별 단위로 이익을 추구하고 있는 국가중심적 상황, 국내정치구조적으로는 각 국가의 정치이념이나 정치구조의 차이, 개인 차원에서는 각 국가 정치지도자의 성격 등을 원인으로 분석하였다. 따라서 전쟁을 없애기 위해서는 세계가 하나의 제국으로 통일되거나 국내정치적 구조나 이념, 지도자의 가치관에 상호 타협적이며 협조적인 상태를 창출해야 한다고 본다.

4. 존 허즈(John H. Herz)

허즈는 전쟁의 원인을 국제정치체제의 무정부적 속성에서 찾고 있다. 국제체제에는 국가의 생존을 보장해 줄 상위 기관이 없으므로 각 국가는 스스로 생존을 유지해야 한다. 국가는 생존을 유지하기 위해 국력을 증강하나 이것은 상대국의 안보를 위협하게 된다. 따라서 국가들은 항구적으로 안보딜레마에 처하게 되고, 군비경쟁을 하게 되며, 때로는 안보를 위해 전쟁을 하게 된다는 것이다.

5. 메스키따(Bruce Bueno de Mesquita)

메스키따는 세력균형론이 국제질서의 변동과 전쟁의 원인을 설명하는 데 불충분하다고 보고, 기대효용이론을 주창하였다. 기대효용이론에 따르면 정책 결정자는 전쟁에 의해 최대의 효용가치를 얻을 수 있고, 전쟁에서 승리할 수 있다고 판단될 때 전쟁을 택하게 된다.

6. 윌슨(Woodrow Wilson)

윌슨은 제1차 세계대전의 전후처리를 구상하는 과정에서 국가들의 비밀외교, 세력균형, 국내정치체제의 결함, 국제정치체제의 결함 등을 제1차 세계대전의 원인으로 분석하였으며, 세력균형을 형성하기 위한 시도가 오히려 전쟁을 부추긴다고 판단하였다. 또한 국내정치적으로는 국민들의 통제를 받지 않는 전제정이 전쟁의 원인이라고 보았으며, 국제정치에서는 경찰조직이나 질서유지를 위한 규범이 부재하여 전쟁을 제한하지 못한다고 판단하였다.

7. 로렌츠(Konrad Lorenz)의 공격본능이론

(1) 공격본능의 정의

공격본능이란 동물이나 인간이 동종(同種)의 대상에 대하여 싸우려는 본능을 말한다. 로렌츠는 본능(instinct)을 동물이나 인간에 있어서 신경생리학적으로 자극되어 발동하는 행위이고, 행위자의 경험이나 외적 자극과는 관계 없는 순수한 유기체 내부현상이라고 본다.

(2) 명제

로렌츠는 공격본능은 유전적으로 물려받은 본능적 행위라고 본다. 즉, 공격본능은 사전에 프로그램화되어 있기 때문에 고칠 수 없다. 또한, 공격심리는 자연발생적이다. 공격행위는 개인과 종족의 보존을 위해 없어서는 안 되는 행위일 뿐만 아니라 인간의 창조적 능력의 확보를 위해서도 필요하다. 따라서 넘치는 공격충동을 정화시키는 것만이 전쟁을 예방하는 근본적 처방이 된다.

(3) 특징

① 인간의 공격본능은 하나의 유전되는 본성이라고 본다. 이러한 본능이 인간이 적자생존의 환경 속에서 적응·진화할 수 있는 원동력이었다고 주장한다.
② 공격본능을 파괴적인 것으로만 볼 수 없으며, 인간이 창조적이 되는 원동력이라고 본다.
③ 공격충동이 발산되지 않으면 병이 된다.

(4) 평화방안

공격충동은 본능적이어서 인위적으로 없앨 수 없지만, 방향을 바꾸어 줄 수는 있다. 로렌츠는 평화 유지를 위해 공격본능을 정화(catharsis)할 수 있다고 하였다. 로렌츠는 스포츠가 국가 간 전쟁의 확률을 낮추는 좋은 '공격본능 정화'의 수단이라고 하였다.

8. 럼멜(R. J. Rummel)의 동태적 균형이론

(1) 의의

럼멜은 그의 주저인 『Understanding Conflict and War』에서 동태적 균형이론을 제시하였다. 럼멜은 갈등과 전쟁의 원인을 행위자 간의 힘의 균형변화와 기존 질서와의 부조화에서 찾았다. 럼멜의 이론은 세력균형의 국제질서관인 무정부적 국제체제에 대한 인식을 공유하고 있으나, 특정 시점에서의 행위자 간 힘의 균형보다는 균형점의 동태적 변동에 더 중점을 두고, 질서와 힘의 변화 간의 괴리에서 갈등원인을 찾아 세력균형론과 발상을 달리 한다. 그러나 오간스키(Organski)의 세력전이이론이나 길핀의 패권전쟁이론과는 발상을 같이 한다.

(2) 동태적 국제질서관

럼멜은 역사가 단선적인 진화(linear evolution)로 이루어지는 것이 아니라 간헐적인 혁명적 변화를 거쳐 단계적인 불연속 발전으로 이어져 나간다고 본다. 변동하는 힘과 기존 질서나 제도가 불일치를 보일 때 긴장이 누적되고 이것이 급격한 변화를 거쳐 새로운 질서가 탄생한다고 보는 것이다.

(3) 전쟁원인

럼멜은 국제질서의 현존 구조와 실질적 힘의 균형 사이의 괴리가 전쟁의 원인이라고 보았다. 특정 시점에서 국가 간 힘의 균형은 하나의 기대구조를 형성하여 이 기대구조하에서 모든 국가들은 서로 협조하며 살아간다. 이러한 기대구조는 국제질서로 제도화되어 안정을 이룬다. 시간의 경과에 따라 현존 질서와 실질적 힘의 균형 간 간격이 벌어지기 시작한다. 긴장이 극에 달하였을 때를 갈등상태라고 하며, 촉발 사건(trigger)이 존재하는 경우 전쟁이 발발한다. 전쟁은 새로운 힘의 균형을 찾는 탐색작업이며, 전쟁을 통해 새로운 지배국이 등장하여 새로운 국제질서를 형성함으로써 국제질서의 안정을 되찾게 된다.

(4) 평화달성방안

럼멜은 국제평화란 하나의 계약이라고 본다. 갈등과 전쟁은 새로운 기대구조를 만드는 협상이다. 국가들은 갈등을 통하여 새로운 기대구조에 대한 합의, 즉 하나의 사회계약을 만들어 낸다. 사회계약을 통해 사회질서가 유지되며, 한 시점에서의 질서란 그 시점에서의 힘의 분포의 반영이라고 할 수 있다. 자기 힘에 대응하는 역할을 할당받았다고 믿는 국가들이 많을수록 그 질서는 안정을 이룬다. 그러나 어떤 국가가 힘에 비하여 부당한 처우를 받고 있다고 생각하여 질서 재편을 추구한다면 질서는 불안정해지는 것이다.

9. 손자(孫子)

기원전 6세기 중국 춘추전국시대의 병법가인 손자는 『손자병법』을 통해 전쟁을 이해하는 중요한 분석을 제공하였으며, 적을 알고 나를 알면 백전백승, 싸우지 않고 이기는 전쟁이 가장 훌륭한 전략이라는 명제로 유명하다. 손자는 전쟁에서 정보와 기만, 심리전 등을 강조하였으며, 그의 이론은 베트남전쟁에 이은 아프가니스탄전쟁과 같은 비정규전의 증대와 함께 정보와 통신의 역할이 점차로 강조되는 현대전에 시사성이 큰 것으로 인정받고 있다.

6 클라우제비츠의 전쟁론

1. 전쟁론의 시대적 배경

(1) 철학적·지적 배경

클라우제비츠가 살았던 시기의 독일에서는 철학적으로 합리주의 대신 개인의 자유와 인성을 강조하는 관념주의가 대두되었고, 오랫 동안 유럽 사회의 기본틀을 형성해 온 교회와 국가에 대한 도전으로 이어졌다. 이러한 교회 및 국가의 기존 가치 체계에 대한 도전은 결국 인성의 회복에 대한 열망과 개인의 능력에 대한 신뢰에 바탕을 두고 있는 것이다. 이것이 클라우제비츠가 전쟁현상과 전쟁의 본질을 탐구함에 있어서 인적 요소(human factors)를 다른 요소보다 강조하게 된 배경이다. 한편, 클라우제비츠는 몽테스키외가 적용했던 변증법적 방법을 원용했다. 즉, 정(正)과 반(反)의 명제를 대비하여 어떤 특정 현상의 고유한 특성을 명확하게 탐구하는 방법이다. 클라우제비츠가 절대전쟁과 현실전쟁 개념을 사용한 것이 변증법적 사고의 일례이다.

(2) 정치적·군사적 배경

프랑스혁명 이전 구시대의 전쟁 양태는 군대의 제한적 성격과 더불어 계몽주의적 조류의 영향 때문에 사생결단식의 극단적 적대나 결전으로 흐르지 않았다. 당대 유럽의 국제정세를 풍미하였던 세력균형적 국제질서 개념도 제한전의 영향에 일조하였으며, 당시의 정신세계를 지배하였던 교회의 반전적 교시, 그리고 종교적 신앙심에 바탕을 둔 경건한 기사도정신 또한 제한전 조류에 일조하였다. 그러나, 프랑스혁명과 뒤이은 나폴레옹전쟁은 이러한 양상에 급반전을 가져왔다. 클라우제비츠의 사부였던 샤른호르스트는 프랑스 혁명군의 승리 배경에 프랑스 대혁명으로 촉발된 정치적·사회적 변혁이 도사리고 있었음을 간파하였고, 그러한 변혁의 핵심은 프랑스 혁명군의 자발성과 이에 따른 수적·정신적 우위였다. 국민군이 출현한 것이었다. 프랑스 대혁명과 나폴레옹의 등장이 가져온 전쟁개념과 전쟁 수행 상의 결정적 변혁이란 전쟁에 있어서 '국민과 정부의 결합'이었다. 전쟁은 더 이상 왕이나 귀족들의 전유물이 아니고, 이제 일반 국민들의 실생활 곁에 자리잡게 된 것이다. 한편, 나폴레옹 전쟁 과정에서 클라우제비츠는 러시아군으로서 종군했다. 1812년 프로이센은 나폴레옹의 러시아 원정에 반강제적으로 참여하게 되자 이에 항의하여 러시아군으로 종군한 것이었다.

2. 전쟁의 3위일체론

(1) 개요

클라우제비츠는 총체적 현상으로서의 전쟁을 규정하는 지배적 성향으로 '경이로운 3위일체'를 이야기했다. 첫째, 맹목적인 본능적 힘으로 간주될 수 있는 원초적 폭력, 증오, 적개심. 둘째, 창조적 정신이 자유롭게 구사될 수 있는 우연성(chance)과 개연성(probability). 셋째, 전쟁을 유일하게 합리적이고 이성적인 것으로 이끌어 주는 정책의 도구로서의 성격을 띠는 정치에 대한 종속성. 클라우제비츠는 첫 번째 성향은 국민과, 두 번째 측면은 지휘관 및 그의 부대와, 세 번째 측면은 정부와 주로 관련이 되어 있다고 하였다. 전쟁에서 불타오르게 되어 있는 격정은 이미 국민들 마음 속에 내재되어 있다. 우연성과 기회의 영역에서 용기와 재능이 발휘될 여지는 지휘관과 그의 부대의 특성에 달려있다. 그러나 정치적 목적은 오로지 정부만의 독자적인 몫이다.

(2) 폭력성과 적개심

클라우제비츠는 전쟁을 적으로 하여금 우리의 의지대로 이행하도록 강요하는 폭력행위라고 정의했다. 폭력이 전쟁의 필수 요소임을 강조한 것이다. 그는 프랑스 혁명전쟁과 뒤이은 나폴레옹 전쟁으로부터 전쟁 본질의 진정한 폭력성을 체험으로 깨달았다.

(3) 우연성과 개연성

클라우제비츠는 우연성, 개연성 또는 불확실성이 전쟁을 지배하는 또 하나의 핵심요소라고 하였다. 그는 인간의 다른 어떠한 활동보다 전쟁은 지속적이고 보편적으로 우연성이 지배한다고 하였다. 군사적 계산에 절대적인 것, 즉 수학적 요소가 자리를 차지할 곳이 없다는 것이다. 클라우제비츠는 전쟁이 카드 게임과도 같은 도박의 영역과 유사하다고 하였다.

클라우제비츠는 어떠한 공식이 변화무쌍한 전쟁터에서 위기의 순간에 무엇을 해야 할 것인가를 가르쳐 줄 수 있다는 식의 교조주의를 배격했다. 그는 교조주의자들은 전쟁의 불확실성을 띠는 근본 원인을 지형이나 기후 등 인간의 외부환경에서 찾는 오류를 범하고 있다고 보았다. 클라우제비츠는 외부적 환경은 일부분의 원인일 뿐, 보다 전쟁의 불확실성이나 우연성의 보다 근원적 원천은 인간의 내부적 환경, 즉 인간의 심리, 정신력 등에 있다고 하였다. 그러므로 판단은 개연성(probability)에 근거할 수밖에 없으며, 판단이 아무리 훌륭하다고 해도 운(luck)이 작용한다고 할 수 있다. 전쟁의 불확실성과 우연성이 인간의 본질적인 본능이나 자유로운 선택력의 존재에 기인하기 때문에 클라우제비츠는 이 문제를 해결하기 위해 인간요소(human factors)에 초점을 맞췄다. 그는 전쟁의 현장에서 주역인 지휘관과 그의 군대가 지니는 정신적, 심리적 힘과 자유의지에 주목했다. 전쟁은 불확실성과 우연성의 영역임과 동시에 고통과 혼란과 피로와 공포의 영역이기도 하다. 이러한 요인들이 합쳐져서 클라우제비츠가 칭한 '마찰'이 된다. 결과적으로 마찰은 전쟁을 순수분쟁(절대전쟁)으로부터 현실전쟁으로 제한함과 동시에 비합리성의 영역에 머물게 만든다.

비합리성의 지배를 타개할 수 있는 이상적 대안으로 클라우제비츠가 제시한 개념이 '군사적 천재(military genius)'이다. 또한, 클라우제비츠는 정신력을 강조했다. 특히 지휘관과 부하들의 지적, 정신적 역량, 군의 사기와 자신감, 전쟁에 대한 열정, 충성심 등을 강조했다. 그는 전쟁의 예기치 않은 상황에 잘 대처하기 위해 가장 필요한 덕목은 지성과 용기라고 했다. 지성은 혼돈 속에서도 진리로 이끌어주는 내면의 빛 역할을 하고, 용기는 그 빛을 따르도록 만드는 힘이라고 하였다. 그가 가장 높이 꼽는 용기는 정신적, 윤리적 용기, 즉 책임감에 의한 용기인데, 이것 또한 지성에 의해 일깨워진다.

한편, 클라우제비츠는 불확실성이나 우연성을 제거해야 할 부정적 요소로 본 것이 아니라 오히려 이용해야 할 긍정적 요소로 보았다. 그는 유능하고 깨어있는 지휘관들이라면 오히려 불확실성과 우연성을 기회로 역이용해야 한다고 주장했다. 그에게 있어서 불확실성과 우연성의 영역은 창조적 정신을 소유한 지휘관들에게 자유의지의 발휘가 보장된 '가능성의 영역'이다.

(4) 합리성과 정치적 종속성

클라우제비츠는 전쟁의 본질과 그 현상을 형성하는 요소에는 원초적 폭력, 우연성, 불확실성과 같은 비합리적이고 비논리적 요소만 있는 것이 아니라, 전쟁을 결정하고 통제하는 정치의 지배적이고 합리적인 속성도 있다고 하였다. 이와 관련하여 클라우제비츠는 "전쟁은 다른 수단에 의한 정치(정책)의 연속"이라고 하였다. 그는 전체 국민이 전쟁을 하게 될 때, 그 이유는 항상 정치적 상황에서 비롯되고, 전쟁은 항상 정치적 목적 때문에 생긴다고 하였다. 그래서 전쟁이 정치적 행동이라는 것이다. 정치적 목표가 목적이고 전쟁은 그것을 달성하는 수단이다. 정치는 전쟁의 유형, 강도, 규모, 성격 등을 규제할뿐만 아니라 전쟁 개시 여부도 결정한다. 그래서 그는 "정치는 전쟁의 자궁"이라고 했다. 이와 같이 그는 전쟁이 정치적 목적에 의해 이성적으로 지도되어야 함을 강조하며 전쟁과 정치의 관계에서 정치우위론을 주장했다.

(5) 3위의 상호관계

클라우제비츠가 진정으로 의도한 것은 이 3위(3요소) 각각의 의미나 속성이 아니라, 이 3경향 사이의 내재적 긴장과 갈등 그리고 조화를 총체적, 변증법적 시각으로 보여주는 것이었다. 즉, 전쟁 현상의 한 극에서는 원초적 폭력이나 격정과 같은 인간의 본능이 작용하지만, 다른 한 극에서의 우연성과 불확실성, 그리고 또 다른 한 극에서의 이성과 합리성이 함께 작용하여 본능적 감정을 통제함으로써 전쟁이 극단으로 치닫는 것을 제어하고자 하였다. 클라우제비츠의 3위일체론은 그가 전쟁수행의 과학적, 원리론적 원칙화를 거부한 결과 도출해 낸 이론 체계로서, 전쟁을 계량적, 물리적 접근으로 설명하려는 사고체계를 반대하고 전쟁은 어디까지나 인간의 정신(의지)요소 사이의 상호작용임을 강조한 산물이다.

3. 제한전과 총력전

제한전은 정치적인 생존보다 작은 목표를 위한 전쟁인데, 분쟁지역이나 시장접근을 위한 전쟁이 그 예이다. 총력전은 국가 또는 정치단체가 생존을 위해 싸울 때 발생한다. 클라우제비츠는 전쟁의 이론과 실제를 분석하면서 근대 전쟁은 상대방에 대한 폭력이나 살상 자체보다 특정한 정치적 목적을 가지고 수행되는 제한전의 모습을 보인다고 진단한다. 이는 한 상대가 완전히 제압될 때까지 계속되는 두 사람 간의 결투와 달리 국가간 전쟁은 특정한 전쟁의 목표가 달성되는 순간 끝난다는 것이다. 실제로 18~19세기 유럽의 전쟁은 대부분 국가간 이해 충돌을 해결하기 위해 소수의 전문적 군대가 민간인 밀집지역을 피한 외진 곳에서 짧은 기간 동안 전투를 벌여 승부를 결정하였다. 그러나 프랑스혁명의 열기 속에서 나폴레옹이 민간 대중을 징집하여 대규모의 군대가 전쟁을 치르면서 전쟁의 규모와 성격은 국가의 구성원 모두가 참여하는 총력전의 양상을 띠기 시작하였다.

7 전쟁의 억지와 예방

1. 현실주의

(1) 세력균형론

세력균형론자들은 국가 간 또는 세력 간의 힘, 특히 군사력이 불균등하게 분포될 때 전쟁위험이 높아진다고 본다. 따라서 군사력을 거의 유사하게 보유하는 것이 전쟁을 억지할 수 있다고 본다. 세력균형을 위해서는 개별 국가가 자체적으로 군비를 증강하거나, 동맹을 형성할 수 있다.

(2) 핵억지(nuclear deterrence)이론

강대국들이 핵을 보유한 상황에서 핵억지는 상당히 강력한 전쟁억지방안이 될 수 있다. 핵억지의 달성을 위해서는 상호확증파괴(Mutual Assured Destruction: MAD)체제가 형성되어야 한다. MAD는 적대국들이 모두 제2차 보복공격능력을 가지고 있는 상황에서 달성된다. 제2차 보복공격능력이란 제1차 공격을 받은 다음 보복을 가할 수 있는 잔존 공격능력이다.

(3) 세력전이이론

오간스키(Organski)에 의해 제시된 세력전이이론은 세력균형론과 달리 국제체제에 저항할 수 없을 정도의 압도적인 힘을 가진 국가가 존재하는 경우 전쟁가능성이 가장 낮아진다고 설명한다. 패권국이 존재하는 체제에서는 다른 강대국들이 패권국에 대항해서 결정적 승리를 가져올 수 없으므로 전쟁을 도발하지 않게 된다. 그러나 국제체제의 힘의 분포는 시간의 흐름에 따라 변화되므로 평화는 일시적으로 달성될 따름이다.

2. 자유주의

(1) 제도적 평화

제도적 평화는 국가들의 일방적 무력사용을 규제하거나 예방 또는 처벌할 수 있는 경찰조직을 형성함으로써 국제체제를 안정화할 수 있다는 입장이다. 국제연맹이나 국제연합에서 규정하고 있는 집단안전보장제도가 대표적인 제도평화의 방안이다. 관련 국가들이 대화와 협력 및 신뢰 구축을 통해 사전예방적으로 안보를 달성하고자 하는 다자안보(multilateral security)제도 역시 제도적 평화 달성방안이다.

(2) 민주평화

마이클 도일(Michael Doyle), 브루스 러셋(Bruce Russett) 등 민주평화론자들은 국내정치체제의 민주정으로의 변혁을 통해 국제평화를 달성할 수 있다고 본다. 민주평화론(Democratic Peace Theory)에 따르면 민주국가 상호 간에는 공유규범, 정치제도적 제약 등으로 상호 전쟁을 하지 않는다. 민주평화를 설명하는 입장에는 제도적 접근과 규범적 접근이 있다.

(3) 상업적 평화

코헤인(Keohane)이나 나이(Nye) 등 상호의존론자들은 국가 간 상호의존의 심화가 국제질서의 안정에 긍정적 영향을 준다고 본다. 국가들이 무역 등을 통해 연계를 형성하고 상호취약성이 증가되어 있는 상황에서 국가들은 분쟁을 평화적으로 해결하는 것이 이익이라고 생각하게 된다. 이들의 입장에 따르면 세계화의 심화는 국제체제의 안정성을 높여줄 것으로 전망할 수 있다.

(4) 통합

국가들 간 전쟁이 발발하는 근본적인 이유는 정치적 단위가 민족국가를 중심으로 형성되어 있기 때문이다. 즉, 민족국가들이 병존하고 있고, 그들 상위의 정치적 권위가 존재하지 않기 때문에 상호 경쟁하게 되는 것이다. 유럽지역에서 활발하게 전개되고 있는 지역통합은 정치·경제·문화·사회제도 등을 구획하는 영토적 경계를 제거함으로써 민족국가 상호 간 전쟁을 근본적으로 제거하기 위한 시도이다.

3. 구성주의

구성주의자들은 현실주의자들이 주장하는 국제체제의 홉스적 자연상태적 속성, 그러한 속성의 고정불변 등은 과장된 것으로 본다. 구성주의자들에 따르면, 국제체제의 속성은 주어진 것이라기보다는 국가들의 상호작용과정에서 구성된 현실이라고 본다. 국가들이 경쟁하고 전쟁하는 것은 국가들이 만들어낸 국제체제의 속성이 홉스적 자연상태이기 때문이다. 따라서 국가들은 갈등과 대립의 무정부적 속성을 협력과 공존의 속성으로 변화시킴으로써 전쟁을 근본적으로 제거할 수 있다.

걸프전쟁

이란-이라크전쟁 시 이라크에 빌려준 부채를 쿠웨이트가 탕감해 주지 않고, 석유가격 등에서도 같은 아랍 국가인 이라크를 지원하지 않았다는 이유와 이란과 대립하고 있는 미국이 이라크에 대해 강경한 자세를 보이지 못할 것이라는 오판을 배경으로 이라크가 쿠웨이트에 군사침공을 감행하자 UN안전보장이사회는 쿠웨이트에서의 즉각 철수를 요구하는 결의안을 채택하고 대이라크 경제제재를 개시하였다. 그러나 이라크는 외국인을 '인간방패'로 삼으며 저항하였고, 안전보장이사회는 결국 '무력사용결의'를 채택하여, 1991년 1월 17일, 미국을 주축으로 하는 다국적군이 이라크에 대해 공중폭격을 개시하게 되었다. 이러한 걸프전쟁은 미국과 소련이 처음으로 공동 대처한 국제 위기라는 의의를 지니며, 군사적으로는 미국이 최첨단 무기를 대량으로 사용하여 '군사혁신(RMA)'의 발단이 되었고, 이라크의 미사일공격으로 인해 미사일문제가 주목받게 되었다. 또한 사우디아라비아 등 페르시아만지역에서 미국의 군사적 존재가 확립되었으며, 대이라크 군사공격으로 아랍 국가들 및 이슬람 세계에서 반미 감정이 고조되는 요인이 되어 이후 반미 테러까지 이어지게 되었다.

이라크전쟁

2003년 3월 20일 미군과 영국군이 '이라크의 자유'작전으로 명명된 대이라크 공격을 개시함으로써 이라크전쟁이 시작되었다. 이라크에 의한 위협을 지속적으로 주장하던 부시 정권은 미국에서의 동시다발 테러 사건을 계기로 이라크 주변에서 군사력을 증강하였고, UN안전보장이사회는 결의안 제1441호를 통해 이라크가 '무조건·무제한적인 사찰'을 받아들이도록 요구하였다. 그러나 미국과 영국은 이라크가 사찰에 전면적으로 협력하지 않는다고 주장하면서, 프랑스와 독일 등의 반대에도 불구하고 대이라크 공격을 용인한다는 입장을 취하였다. 결국 후세인체제의 종식, 대량살상무기의 수색 및 발견, 테러리스트의 구속 등을 목적으로 설정하고 부시는 이라크 공격을 감행하였으며, 미국 정부에 따르면 일본을 포함한 44개국('유지연합 - Coalition of the willing')이 전쟁에 참가하거나 지지를 표명하였다. 4월 9일에 바그다드가 함락되고 후세인체제는 붕괴하였으며, 12월 중순 후세인 전 대통령이 미군에 의해 체포되었다. 이라크전쟁은 미국의 압도적인 군사력을 보여주었으나, 대량살상무기가 발견되지 않아 전쟁의 정당성문제가 제기되었으며, 미국과 유럽의 균열이 명백해졌고, 중동 이슬람세계에서의 반미 감정이 더욱 고조되었다. 이에 미국은 점차로 이라크 측에 대한 조기 주권 이양과 UN의 개입 확대로 방침을 전환하였으나, UN의 개입에도 불구하고 이라크 국내의 복잡한 대립 등과 함께 부흥은 제대로 이루어지지 못하고 있다.

제16절 | 지정학설

1 지정학(Geopolitik)의 정의 및 기원

1. 지정학의 정의

(1) 초기 독일 지정학자의 주장

독일에서의 지정학에 대한 개념은 학자에 따라 다양하게 정의되고 있으나, 대체로 국가를 공간적 유기체로 보는 데서 시작한다. 즉, 공간에 기초한 국가의 성장·발전 차원에서 정의된다. 예컨대 하우스호퍼(Karl Haushofer)는 지정학을 '국가의 행동과 지리적 한계의 관계를 다루는 학문'으로 정의하였다. 『지정학 잡지』는 '정치적 사건의 공간에 대한 의존성을 다루는 학문'으로 지정학을 규정하였다.

(2) 비독일계 지정학자의 주장

마한(A. T. Mahan), 맥킨더(H. Mackinder), 스파이크만(N. J. Spykman) 등 영미 지정학자들은 지정학을 '국제관계 및 정치현상에 기초된 공간의 지정전략적 의미를 분석하는 학문'으로 정의한다.

2. 지정학의 기원

지정학의 학문적 기원은 독일이다. 지정학이라는 단어는 스웨덴의 정치학자 첼렌(Kjellen)이 『Der Staat als Lebens-form』(1917)에서 처음 사용하였다. 지정학을 학문적 분야로 확립한 학자는 독일의 라첼(Friedrich Ratzel)이다. 독일의 하우스호퍼(Haushofer)의 지정학은 제2차 세계대전 당시 히틀러의 정책에 큰 영향을 주었고, 이후 일본의 지정학에도 영향을 주었다.

2 주요 지정학이론

1. 라첼(Friedrich Ratzel, 독일, 1844년 ~ 1904년)

라첼은 19세기 유럽의 사회진화론의 영향을 받아 '국가는 공간적 유기체'라는 가설을 제시하고, 국가는 발생·성장·재생산·운동·교환 등의 진화론적 법칙에 따라 성장·발전한다고 보았다. 라첼은 국가의 성장이 문화의 성장과 함께 성장한다는 등의 국가성장 7대 법칙을 제시하기도 하였다.

2. 하우스호퍼(Karl Haushofer, 독일, 1869년 ~ 1946년)

하우스호퍼는 '생존공간이론'을 주장하여 히틀러의 정책에 영향을 주었다. 하우스호퍼는 국가가 발전적 생존 유지에 필요한 힘을 가지기 위해서는 국민이 생활활동을 하기 위한 커다란 영역(생존권, Lebensraum)을 가질 필요가 있다고 주장하였다. 또한 국가는 생존·발전하기 위한 에너지를 자급자족해야 하며, 생존권 확보와 자급자족에 필요한 산업과 자원을 경제적으로 지배하기 위해서는 특정 성장민족이 전 지역에서 에너지를 수탈할 수 있다고 주장하였다.

3. 마한(Alfred T. Mahan) - 해양력설

마한은 국가 발전에 있어서 해양 발전의 중요성을 특히 강조하였으며, 해로는 육로보다 기동력이 강하기 때문에 바다를 지배하는 자가 세계를 지배한다고 보았다. 미국 대통령 루스벨트(Theodore Roosevelt)는 마한의 열렬한 신봉자로서 그의 주장을 당시 미국 외교정책의 기본원리로 채택하기도 하였다.

4. 맥킨더(Sir Halford J. Mackinder, 영국, 1861년 ~ 1947년) - 심장지역이론

(1) 기본 입장

영국의 지리학자 맥킨더는 20세기 초 국가 간 세력균형의 변화에 관심을 가지고 마한의 해양세력 이론과 대조를 이루는 대륙 세력 이론인 심장지대이론(Heartland Theory)을 제시하였다. 이 이론의 골자는 다음과 같다. 유럽의 역사는 해양세력(해군력)과 대륙세력(육군력)간 투쟁의 역사이다. 콜럼버스의 신대륙 발견 이전은 몽골의 유럽원정에서 보듯이 대륙세력이 우세했다. 그러나 콜럼버스 이후 해양세력의 지배기로 들어섰다. 그러다 식민지의 고갈과 산업혁명을 계기로 대륙세력이 우월하게 되었다.

(2) 세계 지배의 조건

맥킨더는 대륙 세력 가운데 동유럽을 지배하는 자가 심장부(Heartland)를 지배하고 심장부를 지배하는 자가 세계 섬(world island)을 지배하며 세계 섬을 지배하는 자가 세계를 지배한다고 보았다. 세계를 지배하기 위한 근본 요건으로 동유럽 지배를 언급하고 있는 이유는 심장부는 해양에서 접근이 쉽지 않아 방어에 유리하나 동유럽의 평원을 통한 육상에서의 공격에는 취약하기 때문이다.

(3) 심장지대

맥킨더가 말하는 심장지대(Heartland)는 대륙으로 둘러싸인 중앙 유라시아를 지칭한다. 이 지역에는 중앙아시아 5개 공화국(카자흐스탄, 우즈베키스탄, 키르기즈스탄, 투르크메니스탄, 타지키스탄)과 몽골, 중국의 신장웨이우얼 자치구, 내몽골 자치구, 서장(티베트)자치구, 인도와 파키스탄의 서북부에서 아프가니스탄과 이란 및 터키로 이어지는 지대를 포함한다.

(4) 산업혁명과 대륙세력의 우세

맥킨더는 산업혁명과 식민지 고갈을 계기로 대륙세력이 비교우위를 점하게 되었다고 주장한다. 산업혁명은 풍부한 천연자원과 인적자원을 필요로 하였는데, 해양세력은 식민지 고갈로 이러한 자원의 확보가 어렵게 되면서 대륙의 심장부가 이러한 자원의 보유면에서 우위를 점하게 되었다. 또한, 산업혁명으로 철도를 비롯한 육상교통의 수단이 발달하면서 선박이 지니고 있었던 운반수단으로서의 우위도 상실하게 되었다.

(5) 심장지대의 부상

유라시아의 중앙인 심장지대는 해양세력의 접근이 극히 어려운 이점을 지니고 있을뿐만 아니라 육상 교통수단의 발달을 기반으로 세력을 먼 지역에까지 확산시켜 나갈 수 있는 전략적 요충지이다. 심장부는 풍부한 물적자원과 인적자원을 동원하여 산업화를 이루고 이를 기반으로 막강한 육상 대국이 되어 심장부의 주변 지역을 장악하고 나아가 해안지대로까지 진출하여 해양세력을 무기력하게 만들 수 있는 대규모 함대를 구축함으로써 전 지구적인 패권국이 될 수 있다고 보았다.

(6) 영향

첫째, 20세기 초 영국은 심장지대 지배를 통해 영국에 도전을 가할 수 있는 세력의 등장을 막는 전략을 구사함으로써 심장지대이론을 수용하였다. 영국은 독일과 러시아가 상호 견제하도록 하여 이들 나라가 심장부를 장악하는 패권국으로 등장하는 것을 막고자 하였다. 둘째, 양차 대전에 걸쳐 심장부를 지배하려고 시도한 나치 독일의 국가 전략에도 깊은 영향을 미쳤다. 셋째, 미국은 세계의 심장이라고 불리는 유라시아 대륙(특히 서유럽, 아시아, 중동)이 자국에 적대적인 국가나 국가들에 의해 지배되는 것을 막는 것이 미국의 안보 이익에 중요하다고 인식하고 소련을 봉쇄하고자 하였다. 넷째, 브레진스키(Zbigniew K. Brzezinski)는 <거대한 체스판>이라는 책에서 유라시아 대륙의 지전략적 중요성에 대한 인식을 바탕으로 미국이 전 세계 패권을 유지하기 위해서는 유라시아(특히 유럽, 러시아, 중앙아시아, 동아시아)라는 거대 대륙에서의 패권적 지위를 유지해야 한다고 주장하였다.

5. 스파이크만(Nicholas J. Spykman, 미국, 1893년 ~ 1943년) - 주변지역이론

(1) 기본입장

스파이크만(N.J.Spykman)은 1944년 <평화의 지리학>에서 유라시아 심장지대와 주변부 지역이 결합하는 것을 방지해야 한다는 주장을 주된 내용으로 하는 주변지대이론(Rimland Theory)을 제시하였다.

(2) 심장지대이론과 대조

주변지대이론은 맥킨더의 심장지대 개념에 기반을 두고 이를 비판적으로 발전시킨 이론이다. 맥킨더의 이론이 유라시아의 심장부를 강조한 것과는 대조적으로 스파이크만은 서유럽, 중동, 인도, 서남아시아, 중국 등을 포함하는 유라시아를 감싸고 있는 주변부(rimland), 즉 유라시아 심장부를 둘러싸고 있는 해안지역의 중요성을 강조하였다. 스파이크만은 유라시아의 주변지대를 장악하는 국가가 유라시아를 지배하고, 유라시아를 지배하는 국가가 세계의 운명을 좌우할 것이라고 주장하였다.

(3) 주변지대의 중요성

스파이크만은 주변지대가 대륙의 심장지대와 해양을 연결하는 지역이므로 중요하다고 하였다. 주변부는 대륙과 해양의 연결고리이므로 세계의 패권을 장악하는 데 긴요하고 이 때문에 해양세력과 대륙세력 간의 치열한 각축장으로서 해양세력과 대륙세력 사이에 부단한 충돌이 일어나는 지역적 공간이 되어왔다. 스파이크만은 심장지대를 장악한 러시아가 주변지대 국가들과 동맹을 결성하여 세계를 제패하고자 한다고 분석하였다.

(4) 주변지대이론과 미국과 대소련 봉쇄정책

스파이크만은 심장지대와 주변지대의 결합을 저지하는 전략이 중요하다고 하였다. 스파이크만은 부상하는 심장부 세력의 봉쇄를 위해 주변부(주변 대륙 지역 및 주변 해양 지역)의 지배를 통해 심장부를 봉쇄하는 전략이 필요하다고 하였다. 그의 주장은 제2차 세계대전 이후 케넌이 주도한 미국의 대소련 봉쇄정책에 반영되었다.

(5) 주변지대 이론과 중국

중국은 대륙세력국가이자 긴 해안선을 지닌 해양세력국가라는 이중성을 지니고 있다. 이러한 지정학적 이점으로 중국은 일대일로 전략을 통해 유라시아 중심부 대륙을 장악하는 동시에 유라시아 주변부 대륙 지역과 주변부 해양지역을 장악하려고 한다. 중국은 일대일로 전략을 통해 유라시아 중심부와 주변부 모두를 장악하려고 하는 것이다. 미국은 중국을 견제하기 위해 인도 - 태평양 구상을 추진하고 있다.

6. 세버스키(A. P. de Seversky, 1894년 ~ 1974년) - 결정지역(Area of Decision)론

세버스키의 결정지역론은 제2차 세계대전 이후의 현대전에서는 그 성패가 공군력에 의해 좌우될 수 있기 때문에 제공권의 장악을 중요시하는 이론이다. 1950년 『공군: 생존의 열쇠(Air Power: key to survival)』에서 그는 미소의 공군력 지배지역 범위를 각각 미국과 소련의 중심지역을 중심으로 해서 원으로 표시한 두 원의 중복부분이 결정지역이 된다고 보았다. 그는 미국과 소련 중 이 결정지역을 먼저 장악하는 자가 세계 상공의 지배자가 되며 나아가 세계지배의 유리한 위치를 확보한다고 보았다. 그의 이론은 육군, 해군, 미사일 등의 역할을 과소평가하고 있다는 점에서 문제가 있지만, 대기권의 전략적 중요성을 강조하였다는 점에서 의미가 있다.

7. 브레진스키(Zbigniew Brzezinski) - 유라시아대륙론

브레진스키는 대륙적 지배를 위한 출발점의 위치나 대륙국가와 해양국가 간의 중요성 구분 등이 더 이상은 오늘날 지정학적 쟁점이 아니라고 본다. 지정학의 대상이 지역적 차원에서 세계적 차원으로 바뀌었기 때문이다. 오늘날 비유라시아 국가인 미국은 세계제일의 지위를 누리고 있으며, 유라시아 대륙의 세 주변부에 군사력을 배치해놓고, 이를 통해 유라시아의 중심부에 자리잡고 있는 국가들에 대해 강력한 영향력을 행사하고 있다. 그는 미국의 잠재적 도전국이 나타날 가능성이 가장 높은 지역으로 유라시아를 고르면서, 다음과 같은 두 단계에 걸쳐 유라시아에 대한 미국의 지정학적 이익을 장기적으로 관리해야 한다고 주장한다.

첫째, 역동적으로 지정전략을 구사함으로써 국제적 역학관계에 커다란 변화를 초래할 가능성이 있는 유라시아 국가들을 변별해 낸다. 이는 각국의 정치엘리트들이 추구하고 있는 주요 대외정책목표들을 파악하고 그러한 목표들을 성취하기 위한 그들의 노력들이 빚어낼 여파를 측정해 냄으로써 수행한다. 그리고 다른 지정전략적 게임참가자들의 행동과 지역적 환경에 촉매적 역할을 할 수 있는 지정학적 위치를 지닌 중요한 유라시아 국가들에 주목한다.

둘째, 미국의 이익을 위해 위의 국가들을 통제하거나 포섭하고, 그들의 노력을 상쇄시키기 위한 미국의 특수정책을 수립한다. 그리고 전세계적 수준에서 특수한 미국정책들 간의 상관관계를 조율할 수 있는 보다 포괄적인 지정전략을 수립한다. 유라시아에는 프랑스, 독일, 러시아, 중국 그리고 인도라는 5개의 지정전략적 게임 참가자들과, 우크라이나, 아제르바이잔, 대한민국, 튀르키예 그리고 이란이라는 5개의 지정학적 추축들이 존재한다고 본다. 지정학적 추축이란 그 국가가 지니는 중요성이 자신의 힘과 동기가 아닌 그 국가의 지리적 위치 그리고 주변의 보다 막강한 지정전략적 게임 참가자들의 행동 결과에 따라 도출되는 경우를 말한다. 지리적 위치를 기반으로 지정학적 추축 국가들은 중요지역으로의 접근을 통제하거나, 중대한 게임참가자들에게 공급되는 자원을 차단할 수 있고, 몇몇 경우에는 핵심국가 혹은 핵심지역의 방패처럼 기능하기도 하며, 지정전략을 구사하는 인접국가들에게 매우 중대한 정치적·문화적 영향을 미치기도 한다. 그러므로 탈냉전시대에 있어서 유라시아의 주요한 지정학적 추축들을 변별해내고 그들을 보호하는 것은 미국의 전지구적 지정전략에 있어서 매우 중요하다.

8. 헌팅턴(Huntington) - 문명충돌론

냉전 종식 이후 냉전시대의 지정학에 기초한 봉쇄전략을 대신하는 새로운 국가전략을 필요로 하는 미국의 요구에 부응하여 헌팅턴은 문명권역에 기초한 지정학을 개진하였다. 그는 세계를 9개의 문명권으로 나누고 상호 간의 충돌이라는 관점에서 냉전 이후의 국제정치를 전망하고자 하였다. 헌팅턴 자신은 이를 '문명의 충돌'로 볼 수 없다고 하였지만, 9·11테러는 그의 이론이 새롭게 주목받는 계기가 되었다. 많은 정치학자들이 '나누기(splinter)'방식의 접근을 통해 국제관계의 실체에 접근하고자 한다면, 문명패러다임에서는 '합치기(lumper)'방식의 접근을 통해 세계를 읽고 거기서 얻어지는 통찰을 중시한다. 어느 한 지역, 시기, 사건에 한정하여 단면만 보는 것이 아니라, 시공간적 중첩과 연속을 포착하여 거대한 흐름을 읽어내고자 하였다.

제17절 | 공격적 현실주의(offensive realism)

1 의의

왈츠(K. Waltz)는 국제적 무정부상태가 혼란이나 무질서가 아닌, 단지 세계정부가 존재하지 않는 상태라고 규정하였다. 그렇다면 '국제적 무정부상태가 위험하지 않은 상황에서 국가는 왜 자신의 안보를 추구하는가?'라는 의문이 제기될 수 있는데, 미어샤이머(John J. Mearsheimer)는 왈츠의 이론을 계승하면서 이러한 의문에 대해서도 매우 논리적인 답변을 제시하였다. 그는 무정부상태는 기본 정의의 차원에서는 위험하지 않으나, 무정부상태에서 발생하는 다양한 특징이 서로 결합하면서 매우 위험한 상황이 초래된다고 보았다. 그리고 국가는 위험한 국제적 무정부상태에서 항상 두려워하고 다른 국가의 행동을 견제하기 때문에 국제정치의 비극적 현상이 나타난다고 주장하였는데, 이러한 미어샤이머의 이론을 오늘날 '공격적 현실주의'라고 부른다.

2 주요 내용

1. 왈츠(K. Waltz)의 이론의 한계

왈츠는 무정부상태를 단순히 '국가보다 상위의 단위체가 존재하지 않는 상황'으로 정의하고 모든 국가는 안보의 극대화를 추구한다고 하였다. 그러나 무정부상태를 단순히 이렇게만 정의하는 경우 국가가 안보를 추구한다는 점에 대해 설명할 수 없다. 즉, 무정부상태와 안보 추구 사이에 필연적 인과관계가 없기 때문에 추가적 변수가 요구되는 것이다. 미어샤이머(Mearsheimer)는 여러 가지 복합적 요인을 제시함으로써 무정부성이 위험한 상태이므로 국가들은 권력의 극대화를 추구한다는 점을 논리적으로 제시하고자 하였다. 왈츠의 이론을 '방어적 현실주의(defensive realism)', 미어샤이머의 입장을 '공격적 현실주의(offensive realism)'라고 한다.

2. 무정부상태가 홉스적 자연상태인 이유

미어샤이머(Mearsheimer)는 무정부상태가 몇 가지 복합적 요인과 결합되어 위험성을 띠게 된다고 보고 다섯 가지 요인을 제시하였다.

(1) 국제체제는 무정부상태이다.

(2) 모든 국가는 어느 정도의 공격적 군사력을 보유한다. 모든 무기는 공격에 사용될 수 있으며, 방어적 무기라도 공격에 사용될 수 있다.

(3) 상대 국가의 의도를 완전히 파악할 수는 없고, 어느 정도의 불확실성은 항상 존재한다.

(4) 모든 국가는 생존을 중요시한다.

(5) 국가는 합리적으로 비용과 편익을 비교해 행동한다.

3. 홉스적 자연상태에서 드러나는 구체적 특성

무정부성이 홉스적 자연상태로서의 폭력성을 띠게 되는 경우 세 가지 특성이 드러난다.

(1) 국가가 위험에 빠졌을 때 도움을 청할 수 있는 단위가 존재하지 않는다. 국가들은 긴급상황에서 다른 단위체에 호소하지 않고 모든 문제를 자신의 힘으로 처리해야 하는 자조의 원칙에 따라 행동한다.

(2) 국제적 무정부상태에서 국가들은 자기 자신을 스스로 지켜야 하기 때문에 상대를 두려워하게 되고, 이와 같은 두려움은 국가의 모든 행동을 결정한다.

(3) 이 때문에 모든 국가는 자신의 상대적 힘을 극대화(relative power maximization)하려고 한다. 누구에게도 의지할 수 없는 무정부상태에서 안보를 유지하는 가장 확실한 방법은 다른 어느 국가보다도 강력한 힘을 보유하는 것이다. 즉, 국제적 무정부상태에서 자신이 안전하다고 느끼는 유일한 국가는 패권국뿐이다. 따라서 모든 국가는 단순한 정복욕 때문이 아니라 자신의 생존을 위해서 자신이 지닌 상대적 힘을 극대화하고 안보를 위한 수단으로서 패권을 추구한다.

4. 무정부적 국제체제에서 국가의 행동

미어샤이머(Mearsheimer)는 세계 모든 국가를 자신이 처한 상황에 만족하지 않고 계속 팽창하는 현상타파국가로 상정한다. 모든 국가는 현재 보유한 힘에 만족하지 않고 주변 국가보다 조금이라도 더 많은 힘을 가지려고 노력한다. 협력으로 공통의 이익이 창출되어도 상대 국가가 더 많은 이익을 얻는다면 협력을 거부한다. 모든 국가가 잠재적 경쟁자인데 상대적 힘에서 열위에 놓일 경우에는 미래의 안보가 위험에 빠질 수 있기 때문이다. 이와 같이 모든 국가를 현상타파 국가로 상정하는 미어샤이머와 달리 왈츠는 국가의 속성을 오로지 자신의 안보만을 추구하며 그 이상의 목표는 추구하지 않는 현상유지국가로 본다.

5. 무정부하에서 국제협력의 문제

미어샤이머(Mearsheimer)는 국가행동을 설명하는 데 작용하는 유일한 변수는 개별 국가의 군사력이며, 국가들 사이에서 벌어지는 협력은 매우 일시적인 것에 지나지 않는다고 보았다. 그 이유는 다음과 같다.

(1) 이익에 대한 갈등이 존재한다면 상대방을 속이고 단기적으로 많은 이익을 얻을 수 있기 때문에 모든 국가는 상대방을 배신하기 때문이다. 내가 그럴 의도가 없다고 해도 상대방이 배신할 가능성이 있기 때문에 예방 차원에서도 협력을 거부한다. 즉, 협력계약의 집행(enforcement)문제 때문에 협력이 이루어지지 않는다.

(2) 상대가 배신할 가능성을 제거한다고 해도, 협력의 이익을 어떻게 분배할 것인지의 문제가 협력을 저해하기 때문이다. 상대가 협력을 통해 상대적으로 더 많은 이익을 지속적으로 축적하게 된다면 세력균형에 변동이 오면서 안보위협을 야기할 수 있기 때문에 처음부터 협력 자체를 거부하여 사전에 이를 봉쇄하려는 것이다.

6. 동맹관

미어샤이머(Mearsheimer)는 동맹 역시 매우 일시적이고 단편적인 협력의 결과라고 단언한다. 동맹은 공통의 적과 외부위협에 대항하기 위한 수단이며, 필요에 따라 쉽게 바꿀 수 있는 도구이다. 국가이익이 일치하지 않는다면 아무리 동맹국이라 해도 지원하지 않으며, 상황의 변화로 이익이 일치하면 동맹국이 아니더라도 지원한다. 즉, 동맹은 단기적인 편의를 위해서만 이루어지며, 장기적인 이익은 상정하지 않는다.

7. 극성과 안정성

무정부적 국제체제는 매우 위험하며, 가장 강력한 패권국을 제외한 모든 국가는 현재 상태에 만족하지 않고 다른 국가들보다 상대적으로 더욱 많은 힘을 가지려고 하면서 변화를 추구하는 현상타파국가이다. 강대국 사이의 전쟁은 바로 이러한 경쟁과 변화 추구의 불가피한 결과이지만, 국제체제의 구조, 즉 극성에 따라서 상당한 차이를 보인다. 모든 국가는 세계 패권보다는 자신이 위치한 지역 또는 대륙의 지역 패권을 추구하는데, 패권의 추구가 안전을 확보하려는 행동이라는 측면에서 모든 강대국은 다른 강대국 또는 주변 국가를 경계한다.

국제적 무정부상태는 변화하지 않는 상수이지만 전쟁은 특수한 상황에서만 발생하는 변수인데, 이 변수가 바로 국제체제의 구조이다. 강대국의 수를 기준으로 국제체제의 구조를 양극체제와 다극체제로 나누고, 개별 강대국 사이의 힘의 격차에 따라서 균형과 불균형으로 구분할 수 있는데, 이에 따르면 현실적으로 불균형적 양극체제를 제외한 균형적 양극체제, 균형적 다극체제, 불균형적 다극체제라는 세 개의 국제체제 구조가 존재하게 된다. 이 가운데 균형적 양극체제가 가장 안정적이며, 불균형적 다극체제는 강대국 간 전쟁이 가장 많이 일어나기 때문에 가장 불안정하다. 불균형적 다극체제에서는 국가행동의 가장 중요한 결정요인인 두려움이 증폭되며, 국가들은 공격적으로 행동한다. 하지만 균형적 다극체제나 양극체제에서는 어느 정도까지는 국가들의 두려움이 완화되기 때문에 갈등이 줄어든다.

8. 핵무기에 대한 입장

미어샤이머(Mearsheimer)는 국제체제의 안정을 위해 핵확산에 찬성한다. 냉전 이후의 다극체제와 강대국 전쟁이라는 비관적 전망을 제시하면서, 이를 교정하는 방법으로 제한적인 핵확산(limited nuclear proliferation)을 제안하였다. 핵무기가 제한적으로 허용된다면 전쟁이 벌어질 경우 핵무기가 사용될 가능성이 커지므로 핵무기의 파괴력을 두려워하는 강대국들이 전쟁을 감행하지 못할 것이라는 것이다.

9. 미국의 대외정책에 대한 입장

왈츠(K. Waltz)는 이론적 측면에만 치우쳤던 반면, 미어샤이머(Mearsheimer)는 정책 분야에서도 강경한 의견을 개진하였다. 중국을 미국 패권에 도전하는 세력으로 규정하고 이를 억제해야 한다고 주장하였고, 이라크는 침공을 통한 정권 교체가 아닌 봉쇄 또는 억지를 통해서 평화를 유지할 수 있다는 이유로 부시 행정부의 이라크 침공을 반대하였다.

3 평가

1. 긍정적인 측면

미어샤이머(Mearsheimer)는 국제체제의 무정부성이 지닌 의미를 논리적으로 철저히 분석하였다는 평가를 받는다. 그는 왈츠(K. Waltz)가 제시한 국제체제의 무정부성을 계승해 그것이 국가행동에 미치는 영향을 분석하고 이에 기초해 국제정치를 설명하고 예측하고자 하였다. 다른 현실주의 학자들은 국가행동을 설명하기 위해 국제체제의 구조 외에 공격방어균형, 국가의 유형, 외부에 대한 인식 등과 같은 추가 독립변수를 도입하였지만, 미어샤이머는 추가변수를 도입하지 않고 국제체제의 구조라는 하나의 독립변수만으로 국가의 행동을 설명한다.

2. 한계

미어샤이머(Mearsheimer)가 제시한 국제정치는 자신의 저서의 제목『강대국 정치의 비극(The tragedy of the great power politics)』과 같이 국제정치는 어둡고 냉혹하며 비극적인 강대국 경쟁에 지나지 않는다. 문제는 현실의 국가 간 다양한 협력과 국제법 및 국제제도의 역할을 무시하고 있다는 점이다. 현실의 협력은 그의 주장처럼 단순히 일시적으로, 각자의 이익이 일치하기 때문에 나타나는 것이 아니라 공통의 이익을 위해 국가들이 현실에 존재하는 많은 갈등을 해결하는 과정에서 나타나는 것이다. 이는 장기적으로도 나타날 수 있고, 자신의 이익을 희생하면서까지 동맹국을 돕는 경우도 존재한다. 이러한 부분에 대한 분석이 부족하다는 사실은 미어샤이머의 한계이자 그가 세운 이론체계가 특유의 장점을 가지기 위해 불가피하게 지불하였던 비용이다.

제18절 | 신고전적 현실주의

1 의의

신고전적 현실주의는 고전적 현실주의의 부활 및 나아가 신현실주의와 고전적 현실주의의 종합을 의미하며, '수정된 현실주의'라고도 불린다. 이론은 냉전 붕괴 이후 신현실주의의 설명력 및 예측력 등에 대한 불만에서 비롯되었다. 이러한 불만들에는 국제체제 수준에서 과거와 같은 방식으로 세력균형이 이루어지지 않고 있다는 주장, 기존의 구조적 관점에 지역적인 관점이 더해져야 한다는 주장, 개개 국가의 내부적 요인 역시 살펴보아야 한다는 주장 등이 있다. 신현실주의가 국제체제의 구조적 특징이 국제체제수준에서 반복적으로 발생시키는 현상을 설명하는 데에만 중점을 둠으로써, 국제체제의 구조적 특징이 개별 국가의 행위에 어떠한 영향을 미치는가를 설명하고 예측하는 데에는 관심을 두고 있지 않다는 보다 직접적인 비판이 있다.

2 주요 내용

1. 국가행동에 대한 영향요인

신고전적 현실주의는 무정부성, 힘의 배분(distribution of power)과 같은 국제체제의 구조적 특징을 독립변수로 하고 주로 일국의 '대외정책'을 종속변수로 하면서, 이 두 변수 사이에 매개변수(intervening variable)로서 '국내요인'을 추가하고 있다. 이는 국제체제 내 국가의 위치 및 상대적 물질적 능력(relative material capacity) 등을 외교정책의 가장 중요한 요인으로 간주한다는 점에서 신현실주의와 궤를 같이 한다. 그러나 신고전적 현실주의는 체제가 부과하는 압력이 단위수준에서의 매개변수를 통해 해석되기 때문에 국제체제의 무정부성과 힘의 배분이 외교정책에 미치는 영향은 직접적이거나 단순하지 않다고 본다. 즉, 국제체제가 주는 압력과 실질적인 외교 사이에는 '불완전한 전달벨트(imperfect belt)'가 존재한다고 본다. 이런 점에서 신고전적 현실주의는 구조적 요인을 독립변수보다는 '허용조건(permissive condition)'으로 간주하고, 국가행위를 설명함에 있어서 국가의 동기를 비롯한 국내요인에 관심을 두는 고전적 현실주의적 요소를 가지고 있다고 볼 수 있다.

2. 국가행동에 대한 장기·단기요인

신고전적 현실주의는 장기적으로는 신현실주의의 주장대로 국제적 결과가 국제체제의 힘의 배분이라는 요인을 반영하는 것이 될 수 있다고 본다. 그러나 단기적으로는 국가들이 추구하는 정책을 순수하게 국제체제 수준의 요인만으로는 예측하기 어렵다고 본다. 단기에는 힘(power) 및 타국의 의도를 평가하는 것이 어렵기 때문이다. 따라서 국제체제가 주는 제약과 기회가 단기적으로 국내적인 요인에 의해 어떻게 수용되는가를 살펴보아야 한다.

3. 국가행동에 대한 매개변수

신고전적 현실주의는 이러한 국가를 암상자로부터 꺼내서 국가들마다 국제체제가 부과하는 제약과 기회를 어떻게 받아들이며 이에 대응하는가에 초점을 두고자 한다. 즉, 국제체제와 국가의 내적인 동학(internal dynamics)의 상호작용에 초점을 두고 각국의 외교정책을 설명하고자 한다. 이를 위해 단위수준의 요인들을 국가체제와 국가행위 사이에 작용하는 매개변수로 설정하는데, 여기에는 국가수준의 요인과 개인수준의 요인들이 포함된다. 이들 매개변수는 다음과 같다. ① 의사결정자들의 힘의 배분에 대한 인식(perception), ② 국가와 사회의 관계와 같은 국내의 국가구조 요인, ③ 이익 혹은 선호(preference)라는 요인이다. 동일한 이익을 가정하는 신현실주의와는 달리 신고전적 현실주의는 국가에 따라 이익이나 선호가 다를 수 있다고 본다. 예컨대, 국가의 동맹 결정에 있어서 국가의 선호가 중요한 변수라는 것이다. 자카리아(Fareed Zakaria)와 같은 학자는 국가를 권력이나 안보가 아닌 '영향력의 극대화(influence maximization)'를 추구하는 존재로 본다.

◆ 신고전적 현실주의와 신현실주의 비교

구분	신고전적 현실주의	신현실주의
독립변수	국제체제	국가
매개변수	국가	국제체제
종속변수	국가의 구체적 행동패턴	국가의 일반적 행동패턴
국가의 행동동기	영향력, 이익균형	안보
국가의 선호	다양함	고정됨

3 주요 학자

1. 스웰러(Randall L. Schweller)의 이익균형론 (Balance of Interest Theory)

(1) 서설

스웰러는 모든 국가가 항상 안보를 추구하는 현상유지국가라는 왈츠의 주장을 반박하고, 국가는 자국이 정의하는 이익에 따라 현상유지를 추구하거나 현상타파를 추구한다고 하였다. 즉, 스웰러는 국가가 항상 국제체제의 무정부성의 압력하에서 동일한 선택을 한다는 왈츠의 이론에 반기를 든 것이다.

(2) 국가의 목표

스웰러는 모든 국가가 안보를 가장 중요한 목표로 삼는다는 왈츠의 주장을 수정했다. 안보가 중요한 목표이지만 일부 국가들은 팽창과 같은 안보 이상의 목표를 가진다고 보았다. 대부분의 국가는 자신의 안전만을 추구하지만, 어떤 국가들은 영토 확장을 추구하면 다른 국가를 침략한다고 하였다. 이와 같이 팽창적이고 공격적인 국가를 현상타파 국가라고 하며, 반대로 안보만을 추구하는 방어적인 국가를 현상유지 국가라고 한다.

현상타파 국가의 예로 독일을 들 수 있다. 독일 히틀러는 유럽 대륙에서 생존공간(Lebensraum)을 확보하기 위해 소련을 포함한 동부유럽에 대해 정복전쟁을 벌였다. 독일은 소련을 침공하기 이전인 1941년에 프랑스와의 전쟁에서 승리하고 폴란드 중부에서 스페인 국경 그리고 노르웨이에서 북부 아프리카에 이르는 지역을 통제하는 서부 유럽의 최대 강대국이었다. 하지만, 추가 팽창을 위해 1941년 6월 소련을 침공했으나 결국 패망하였다.

(3) 핵심 독립변수

스웰러는 국가이익 또는 목표를 핵심 독립변수로 부각시켰다. 국가행동을 분석하기 위해서는 국제체제의 구조나 안보딜레마 등으로는 충분하지 않고, 개별 국가의 이익 또는 유형이 추가로 필요하다고 보았다. 동일한 국제체제의 구조에서 현상유지 국가와 현상타파 국가는 서로 다르게 행동하며, 안보딜레마도 현상유지 국가와 현상타파 국가 사이에서 달리 작동한다고 하였다. 스웰러는 왈츠의 신현실주의 이론은 모든 국가를 현상유지 국가로 보는 현상유지 편향(status-quo bias)이 있다고 하였다. 즉, 국가가 최종적으로 추구하는 것은 힘이 아니라 안보이며, 국가는 자신의 상대적 힘의 극대화보다는 안보 극대화(security maximization)를 목표로 한다. 스웰러는 모든 국가의 성향이 동일하다고 상정하는 왈츠의 이론에 편향이 있다고 본다.

(4) 안보딜레마의 극복 가능성

왈츠의 신현실주의 이론은 안보딜레마를 극복하는 것이 매우 어렵다고 본다. 만약 모두의 안보가 보장된다면 국가들은 자신의 안전이 확보되었기 때문에 더 이상 경쟁하지 않으며 현상을 유지하려고 한다. 그러나 왈츠는 이러한 상황은 유지되지 못하며 국가들은 결국 경쟁한다고 주장하였다. 반면, 스웰러는 안보딜레마를 극복하는 것이 상대적으로 쉽다고 판단하였다. 모든 국가가 현상유지 국가라면 서로 의사소통을 하고 정보를 제공하면서 각자 자신의 안보를 위해 행동한다고 설득할 수 있다고 본다. 현상유지 국가에게 정보 부족에서 발생하는 안보딜레마의 극복은 공통의 이익으로 간주되나, 현상타파 국가는 자신의 공격적인 성향을 숨기기 때문에 안보와 관련된 의사 소통과 정보 제공을 꺼린다. 즉, 안보를 추구하는 국가들은 안보딜레마를 극복하지만, 안보 이상의 공격적인 목표를 추구하는 국가가 존재하는 경우에 안보 부분의 경쟁이 발생한다. 그러나 이러한 경쟁은 모두가 피하고 싶어하지만 어쩔 수 없이 나타나는 딜레마가 아니라, 적어도 하나의 국가가 공격적인 성향을 띠기 때문에 나타나는 자연적인 현상이므로 안보딜레마가 아니라 안보경쟁(security competition)이다.

(5) 동맹

왈츠는 국가들은 자신의 생존을 도모하기 위해 가장 강력한 국가에 균형유지(balancing)를 시도하며 약한 국가들이 동맹을 체결한다고 보았다. 하지만 스웰러는 공격적으로 행동하는 국가는 안전보다는 이익을 위해서 동맹을 체결하며, 가장 강력한 국가에 대항하기보다는 오히려 편승하여 강력한 국가와 힘을 합한다고 하였다. 1940년대 영국, 미국, 소련 등은 독일의 힘이 강화되자 이에 대항해 동맹을 맺었지만, 이탈리아는 독일의 힘에 편승해 자신의 영향력을 강화하려고 시도했다. 스웰러는 국가의 이익이라는 추가 변수를 사용하여 국가의 외교정책을 보다 정교하게 설명하였다.

(6) 국가의 유형

스웰러는 상대적 힘과 함께 추구하는 이익에 따라 국가를 구분하였다. 상대적인 힘에 따라 강대국과 준강대국(less great powers) 및 약소국으로 나누고, 추구하는 이익에 따라 현상유지 국가와 현상타파 국가로 구분하였다. 스웰러는 상대적 힘을 완전히 무시하지는 않았고, 다만 개별 국가가 추구하는 이익이라는 변수를 추가한 것이다. 스웰러는 국가의 힘과 성향을 결합하여 몇 가지 국가유형을 동물에 빗대어 설명하였다.

첫째, 늑대. 현상타파 강대국을 말한다. 1930년대 독일은 상대적 강대국으로서 생존공간 확보를 위해 현상타파정책을 추구하였다. 둘째, 양(lamb). 약소국으로서 현상유지 국가를 말한다. 1930년대 유럽의 벨기에, 네덜란드, 노르웨이 등이 해당된다. 셋째, 사자. 강대국으로서 현상유지 성향을 가진 국가를 말한다. 1930년대 영국과 프랑스가 여기에 해당된다. 이들은 제1차 세계대전의 승리자로서 자신들의 기득권을 보호하고 기존 체제를 유지하려고 하였다. 넷째, 자칼. 현상타파 성향을 지닌 준강대국으로서 1930년대 이탈리아가 여기에 해당된다. 자칼은 자신이 직접 사냥할 힘은 없으나 늑대처럼 강한 힘을 가진 맹수가 다른 짐승을 사냥하면 이를 돕거나 남은 고기를 뜯어 먹는다. 다섯째, 여우(fox). 제한적인 현상타파 성향을 지닌 강대국으로서 1930년대 소련이 여기에 해당한다. 여우라는 이름에 걸맞게 교활하고 기회주의적으로 행동한다. 여섯째, 현상유지에 찬성하는 준강대국은 부엉이라고 하고, 제한적 현상유지 성향을 가진 강대국과 준강대국은 비둘기라고 하였다. 일곱째, 타조. 타조는 현상타파나 현상유지 어디에도 관심을 보이지 않는 강대국을 말한다. 1930년대 당시 고립주의를 주장하면서 유럽 대륙 문제에 관여하지 않고, 아메리카 대륙에서의 독자적 영향력을 유지하는 것과 경제공황 극복에 전력을 기울이던 미국이 이에 해당한다.

(7) 삼극체제 안정성

① **국가성향에 따른 평가**: <u>스웰러에 의하면 세 개의 강대국이 존재하는 삼극체제는 기본적으로 불안정하지만, 그러한 불안정성의 크기는 삼극체제 각각의 극을 이루는 강대국이 지닌 현상유지 또는 현상타파 성향에 따라 차이를 보인다.</u> 강대국 세 개의 힘이 어느 정도 비슷하다면 현상유지 국가의 숫자에 따라 안정성이 달라진다. 두 개 또는 모든 강대국이 현상유지 국가라면 안정적이지만, 두 개의 강대국이 현상타파 국가라면 국제체제는 매우 불안정해지며, 모두가 현상타파 국가라면 불안정성은 극대화된다.

② **강대국 상호 간 힘의 상대적 차이에 따른 판단**
   ㉠ 월등히 강력한 국가 1개, 비슷한 힘을 가진 2개의 강대국이 존재하는 경우 (단, 두 강대국이 연합하면 월등히 강력한 국가를 넘어선다): <u>이 경우 초강대국이 현상유지 국가이고 나머지 두 강대국이 현상타파 국가라면 대규모 전쟁이 발발한다. 한편, 초강대국과 하나의 강대국이 현상유지적이라면 현상타파적인 다른 국가를 억지하여 안정성을 유지할 수 있다.</u>

- ⓒ **2개의 강대국이 비슷한 힘을 가지나, 그중 1개 강대국의 상대적 힘이 약한 경우**: 상대적으로 강한 두 나라가 현상타파적이라면 다른 현상유지적인 상대적 약소국인 강대국을 분할하여 양극체제로 변경될 것이다. 반면, 두 강대국 중 하나의 강대국이 현상유지적이라면 현상유지적인 상대적 약소국과 연합하여 안정성을 유지할 수 있다.
- ⓒ **상대적 힘에서 전혀 균형이 이뤄지지 않는 경우**: 예를 들어 A > B > C이면서 A < B + C인 경우를 말한다. 이 경우 모든 국가가 현상타파 국가라고 해도 서로 상대를 견제하기 때문에 전쟁이 쉽게 발생하지 않는다. 예컨대, 가장 약한 C국만이 현상유지 국가라면 A와 B가 연합해 C를 분할하지만, 그 후 강력해진 A가 B를 공격하기 때문에 이를 예상한 B는 처음부터 C와 연합해 A를 견제한다. 즉, <u>삼극체제의 안정성은 상대적 힘의 배분과 국가의 성향에 의해 결정된다.</u>
- ③ **1930년대 국제체제**: 1930년대 유럽체제는 불안정한 삼극체제였다. 당시 유럽에는 프랑스와 영국을 중심으로 현상유지를 바라는 강대국 연합이 하나 존재하였다. 독일은 강력한 현상타파 성향을 지닌 또 다른 강대국이었고, 소련은 세 번째 강대국이었지만 독일과는 달리 현상타파 성향은 강하지 않았다. 즉, 당시 유럽 국제체제 구조는 영국과 프랑스라는 사자가 독일이라는 늑대와 소련이라는 여우에 포위된 삼극체제였다. 현상유지 성향의 강대국 사자는 늑대와 여우에 직면해 고립되었으며, 1930년대 나치 독일의 팽창과 최종적으로 제2차 세계대전이라는 비극이 초래되었다.

(8) 동맹이 추구하는 이익

- ① **왈츠와 월트**: 왈츠는 동맹을 외부적 균형화라고 하여 균형유지를 위한 하나의 방법이라고 하였다. 왈츠는 위험의 근원은 강력한 힘을 지닌 강대국의 존재이며, 특히 강대국들은 다른 강대국에 대항해 동맹을 추구한다고 보았다. 즉 왈츠는 세력균형을 강조했다. 반면, 월트(Stephen Walt)는 국가는 강대국에 대항해 동맹을 체결하기보다 상대적 힘이 약할지라도 위협적인 국가에 대항하는 동맹을 추구한다고 보았다. 그럼에도 불구하고, <u>왈츠와 월트의 동맹이론은 동맹의 기본 목적이 국가의 안보라고 하는 공통점이 있다.</u>
- ② **스웰러**: 스웰러는 국가들이 안보 이상의 다른 이익도 추구하며, 현상유지 국가 이외에 현상타파 국가도 존재한다고 보았다. 동맹 체결 시 현상유지 국가들은 자신의 안전만을 고려하지만, 현상타파 국가들은 안전과 함께 자신의 팽창주의적 이익까지 고려한다. <u>현상유지 국가들의 동맹은 현상유지와 외부 위협에 대한 억지와 방어를 주요 목적으로 삼으나, 현상타파 국가들의 동맹은 현상타파와 특정 국가에 대한 침략을 위해 만들어진다.</u> 즉, 방어동맹뿐만 아니라 공격동맹도 존재한다.

(9) 균형동맹과 편승동맹

왈츠나 월트는 동맹이 균형을 위한 수단이라고 하였다. 왈츠는 편승동맹은 흔하지 않은 일이라고 하였으나, 스웰러는 편승이 상대적으로 흔히 나타나며, 특히 현상타파 국가의 경우 더욱 자주 나타난다고 하였다. 안보를 위한 균형동맹(balancing)과 함께 이익을 위한 편승(bandwagoning for profit)이 존재한다. 위험이 발생할 경우 국가들은 균형유지와 편승 외에도 거리두기(distancing), 책임전가(buck-passing), 포용(engagement), 동맹국 통제(binding) 등 다양한 방식으로 행동한다. 이러한 다양한 대응 전략은 일률적으로 결정되지 않으며, 상대적 힘과 국가의 이익에 따라 달라진다.

(10) 결론

왈츠는 국제적 무정부상태를 강조하면서, 모든 국가는 안보를 추구한다는 측면에서 동일하며 국가의 행동과 국제정치는 국제체제의 구조인 상대적 힘의 배분 또는 강대국의 숫자를 통해서 파악할 수 있다고 보았다. 스웰러는 국가의 상대적 힘과 더불어 추가 독립변수로서 국가의 이익을 도입해 국가의 행동을 왈츠보다 더욱 정교하게 설명했다. 왈츠가 외교정책보다는 국제정치의 전반적인 경향을 설명했다면, 스웰러는 개별 국가의 행동이나 외교정책까지도 설명할 수 있었다. 설명력이 강화된 이유는 고전적 현실주의에서 사용했으나 왈츠가 기각했던 국가이익, 즉 개별 국가의 현상유지와 현상타파 분류를 다시 도입했기 때문이다.

2. 탈리아페로(Jeffrey W. Taliaferro)의 위험균형론(balance of risk theory)

(1) 의의

탈리아페로의 위험균형론은 신고전적 현실주의이론에 해당한다. 위험균형론은 체제수준을 다루는 방어적 신현실주의이론과 함께 단위수준의 요인, 즉 의사결정자의 심리적 요인을 다루는 전망이론(prospect theory)에 바탕을 두고 있기 때문이다.

(2) 위험균형론의 명제

탈리아페로는 전망이론과 방어적 신현실주의이론을 결합하여 위험균형론을 제시하였다. 그는 강대국이 강대국의 안보에 직접적인 위협이 되지 않는 주변적인 지역에 개입을 시작하고 승리의 전망이 별로 없고 비용이 상승함에도 불구하고 개입을 지속하려는 이유가 무엇인지에 대해 분석하였다. 이에 대해 위험균형론은 국가의 지도자가 상대적인 권력·국제적 지위·국제적 위신에 있어서 손실이 있을 것이라고 전망할 경우 이러한 손실을 회피하기 위해 위험한 행동도 마다하지 않는다고 설명한다.

(3) 적용 사례

탈리아페로는 독일이 1905년과 1911년에 일으킨 모로코 사태, 미국이 한국전쟁에 개입한 사례, 일본이 1937년 중일전쟁과 1941년 태평양전쟁을 일으킨 사례 등에 적용하였다.

3. 자카리아(Fareed Zakaria)

자카리아는 미국의 대외적 팽창을 설명함에 있어서 미국 내부적으로 행정부와 입법부의 관계를 변수로 삼았다. 19세기 미국이 다른 강대국에 비해서 팽창정책을 구사하지 않은 이유를 분석하면서 자카리아는 당시 미국 행정부의 힘이 의회의 힘에 비해 상대적으로 약하였고, 행정부가 대외팽창을 위해서 동원할 수 있는 자원을 가지고 있지 않았다고 주장하였다. 그러다 20세기에 들어오면서 미국 행정부가 충분한 자원을 확보하면서 필리핀·쿠바·니카라과·파나마 등의 지역으로 팽창하였으며 그 이전까지는 충분한 기회가 존재하였지만 행정부의 강화를 바라지 않는 강력한 의회에 의해 대외팽창이 억제되었다고 보았다.

4. 크리스텐센(Thomas J. Christensen)

크리스텐센은 냉전 초기 유럽에 국한되었던 미국과 소련의 대립이 아시아로 확산되는 과정을 살펴보면서 국내정치적 관성이 가져오는 대외정책에서의 충격을 분석하였다. 1949년 내전에서 승리한 공산정권의 중국과 냉전이라는 새로운 전략상황에 직면한 미국은 자신들의 장기적 목표 달성을 위해서 국내여론을 조작하고 이를 통해 정치적 지지를 확보하였다. 이러한 과정에서 국내여론이 지나치게 과열되면서 정부의 통제를 벗어났고 그 결과 원하지 않은 과격한 외교정책이 추진되었으며 결과적으로 미국과 중국의 대립과 충돌로 이어졌다. 즉, 국내여론은 쉽게 움직이지 않지만 일단 움직이기 시작하면 자체로서의 관성을 가지고 쉽게 멈추거나 방향을 바꾸지 못하고 계속 앞으로 나아가는 성향이 있다는 것이다.

5. 프리드버그(Aaron Friedberg)

프리드버그는 19세기 말 영국의 상대적 힘은 객관적으로 볼 때 상당히 감소하였지만, 이에 대한 대응은 이러한 객관적인 상황이 아니라 이러한 변화를 어떻게 인식하였는가의 주관적인 판단에 기초하였다고 주장하였다. 즉, 국가의 행동을 설명하기 위해서는 국가의 객관적인 힘뿐만 아니라 국가 내부의 다양한 집단들이 만들어내는 정책변수에 대한 인식이 중요하며 이를 무시하는 경우에는 국가의 행동을 정교하게 설명하지 못한다는 것이다.

6. 월포스(William Wohlforth)

월포스는 프리드버그(Friedberg)와 유사한 입장을 표명하였다. 냉전기간 소련은 미국이 객관적으로 가지고 있는 상대적인 힘에 반응하기보다는 자신이 인식하고 있는 미국의 상대적인 힘에 반응하였다고 주장하였다. 또한 세력균형 개념의 모호성을 강조하였고 외교정책을 설명하기 위해서는 객관적인 힘과 세력균형보다는 이에 대한 인식을 분석해야 한다고 보았다.

7. 스나이더(Jack Snyder)

스나이더는 과도한 대외팽창(overexpansion)은 어떤 국가의 정치체제가 완전한 민주주의이거나 아니면 완전한 일인독재인 경우에는 나타나지 않는다고 보았다. 그러나 정치체제 내부에서 경쟁이 발생하고 정치권력의 집중이 완화된 과두제가 등장하면서 소수집단의 협의에 의해서 정책이 결정되고 따라서 국가는 장기적으로는 도움이 되지 않지만 과두집단 전체의 단기이익을 조금씩 보장하는 대외팽창을 추구하게 된다고 하였다.

8. 반 에버라(Stephen Van Evera)

반 에버라는 국제적 무정부상태는 항상 위험한 것이 아니라 공격 또는 수비 가운데 무엇이 상대적으로 더욱 유리한가로 결정되는 공격 - 수비균형(offense - defense balance)에 의해서 그 위험도가 달라진다고 보았다. 즉, 공격이 더욱 유리한 경우에 국제적 무정부상태는 더욱 위험하기에 국가들은 공격적으로 행동하며 반대로 수비가 더욱 유리한 경우에 국제적 무정부상태는 상대적으로 안전하기 때문에 국가들은 공격적으로 행동하지 않는다고 주장하였다. 즉, 상대적인 힘뿐만 아니라 공격과 수비 가운데 무엇이 더욱 효율적인가를 나타내는 공격 - 수비균형이 국제적 무정부상태에서 국가행동에 강력한 영향을 미친다고 본다.

제19절 | 연성균형론

1 의의

냉전 종식 후 군사동맹을 통한 전통적 형태의 균형이 실질적으로 도래하지 않고 있는 것에 대한 현실주의의 학문적 대응의 하나로서 과거와는 다른 형태의 균형이 이미 시작되었다고 주장하는 연성균형론이 있다. 2003년 미국의 이라크 침공에 대해 주요 국가들이 이에 반대하는 공동전선을 형성한 것을 계기로 전통적 형태와는 다른 새로운 형태의 균형이 발생하고 있다는 주장이 제기되기 시작하였는데, 이러한 균형은 군사적 수단을 통한 전통적 균형을 일컫는 경성균형(hard balancing)과 대조되는 것으로, 경성균형의 신호 혹은 준비로서 비군사적인 수단을 통한 균형을 지칭하는 연성균형을 의미한다. 이러한 주장은 기존 균형이론의 일관성을 유지하고자 하는 측면을 지닌다.

2 주요 학자

1. 로버트 페이프(Robert Pape)

로버트 페이프(Robert Pape)는 2005년 논문 "Soft Balancing against the United States"에서, 냉전 이후 미국의 압도적 군사 패권에 대해 전통적인 군사 동맹(hard balancing)이 아닌, 연성균형(soft balancing) 전략이 나타나고 있다고 주장했다. 그는 특히 9·11 이후 미국의 일방주의적 대외정책(이라크 전쟁 등)에 대응하여, 여러 중견국들이 외교적 연대, 국제기구 활용, 지연 전술, 규범적 비판 등 비군사적 수단을 통해 미국을 제약하려 한다고 분석했다. 페이프는 프랑스, 독일, 러시아, 중국 등이 미국의 군사 개입에 직접 맞서지 않으면서도 유엔 안보리 등에서 반대하거나 견제하는 방식을 연성균형의 사례로 들었다. 그는 이런 행동들이 단순한 외교적 마찰이 아니라, 일종의 전략적 균형 행위로 봐야 한다고 주장하였다.

2. 폴(T.V. Paul)

폴(T.V. Paul)은 2005년 논문 "Soft Balancing in the Age of U.S. Primacy"에서, 냉전 이후 특히 미국의 단극적 패권 체제하에서 전통적인 군사 균형 전략(hard balancing)은 실효성을 잃었지만, 새로운 형태의 견제 전략인 연성균형(soft balancing)이 국제정치에서 등장하고 있다고 주장했다. 그는 강대국들이 미국의 군사력 자체를 정면으로 견제하지는 않지만, 국제기구 활용, 외교적 연대, 규범 확산, 경제 수단, 지연 전술 등 비군사적 수단을 통해 미국의 행동을 제약하려 한다고 보았다. 특히 이라크 전쟁이나 미국의 일방주의적 정책에 대해 프랑스, 독일, 중국, 러시아 등이 보여준 외교적 협력과 유엔을 통한 반대 움직임을 대표적인 연성균형 사례로 분석했다. 폴은 이러한 연성균형이 군사 충돌을 피하면서도 패권국의 자율성을 제한하는 현실적 대응 전략이라고 보았으며, 이는 냉전기의 세력균형 이론이 설명하지 못했던 현상들을 이해하는 데 중요한 개념이라고 평가했다.

3. 미하엘라 파파(Mihaela Papa)와 젠 한(Zhen Han)

미하엘라 파파(Mihaela Papa)와 젠 한(Zhen Han)은 2025년 논문에서 BRICS를 연성균형(soft balancing)의 구체적 사례로 분석했다. 그들은 BRICS가 처음에는 느슨한 비공식 협의체였지만, '보상적 층구조(compensatory layering)', 즉 점진적 제도의 확대를 통해 점차 제도적 협력의 깊이를 더해 왔다고 본다. 이 과정에서 신개발은행(NDB) 설립, 탈달러화 논의, 회원국 확대 등이 이루어졌으며, 이는 모두 미국 주도의 국제질서에 대한 비군사적 대응 수단으로 작동했다. Papa와 Han은 BRICS가 단순한 외교적 협의체를 넘어서 패권국의 영향력을 제약하려는 제도적 연대의 중심 기구(focal institution)로 진화했다고 주장한다. 이들은 연성균형이 반드시 공식 동맹이나 전통 제도에 의존하지 않고도, 비공식 협력체를 통해 점진적으로 형성될 수 있다는 점을 강조하였다.

3 연성균형의 개념 및 구별개념

1. 연성균형의 개념

경성균형이 군사력의 강화, 전쟁수행을 위한 동맹, 동맹국으로의 군사기술 이전 등을 통해 이루어지는 반면, 연성균형은 지배적인 국가와 직접적으로 대립하지 않은 채 지배적인 국가로 하여금 군사력을 사용하는 것을 좀 더 어렵게 만드는 것을 목적으로 한다. 즉, 힘의 균형을 물리적으로 바꾸기 위해 취해지는 것이 아니라 강한 국가에게 있어서 일방적인 행동을 훼손하거나, 좌절시키거나, 비용을 증대시키는 것을 목적으로 하는 것이다.

2. 구별개념

(1) 경제적인 사전균형(economic prebalancing)

연성균형이 패권국의 행동에 제한을 가하고 탈정당화하기 위하여 주로 외교, 국제기구, 국제법과 같은 수단을 사용하는 것과 달리 패권국과 자국 사이의 경제적, 기술적 격차를 줄이는 데 집중함으로써 미래에 경성균형을 위한 토대를 갖추고자 하는 것을 의미한다. 이는 연성균형과 경성균형의 중간형태로 이해되는데, 현재 중국의 대미전략이 이러한 것이라고 본다.

(2) 통제탈피(leash-slippage)

레인(Christopher Layne)이 도입한 개념이다. 국가들이 미국의 구속으로부터 벗어나 독립적인 대외정책능력을 제고하려는 노력 역시 전통적인 균형방식과는 다른 형태의 패권체제에서의 균형방식으로 보고자 하는 것이다. 제2차 세계대전 후 영국이 미국과 소련에 대항하여 제3의 세력화를 추구하였던 것과 프랑스 드골의 독자노선 등이 그 예이다.

4 연성균형의 수단

1. 영토의 거부

영토의 거부란 초강대국의 경우 자국 병력의 해외 영토로의 접근을 필요로 하는데, 이러한 영토에의 접근을 허용하지 않을 경우 승전가능성에 영향을 받게 된다는 것을 의미한다.

2. 경제의 강화

다른 국가들이 초강대국의 강력한 경제력에 대항하여 상대적인 경제력을 강화하는 방식을 의미한다. 지역통상블록의 강화 또는 오일 구매 시 자국 화폐 사용으로 달러의 지위를 흔드는 방법 등이 있다.

3. 협력외교

초강대국을 대상으로 하여 다른 국가들이 국제기구와 같은 국제제도를 이용하거나 일시적인 외교적 조치 등을 통해 초강대국의 군사적 행동의 목적을 지연, 붕괴 혹은 제거하는 등의 방식을 의미한다.

4. 균형을 이루겠다는 결의의 신호

초강대국의 현재의 행동을 방해하는 것을 목적으로 하는 것이 아니라, 초강대국의 미래의 야심에 저항하는 것에 참여할 것이라는 신호를 보내는 방식으로 결의를 보이는 것을 의도하는 것이다. 다수 국가들이 반복하여 협력함으로써 협력에 대한 신뢰 증진을 가져와 책임전가의 문제를 해결하는 데 도움을 주게 된다는 것이다.

5 연성균형의 사례

1. 마샬 플랜

냉전기 대소련 봉쇄정책의 출발점이었던 '마샬 플랜'은 연성균형의 사례로 볼 수 있다. 미국은 냉전 초기 서유럽 국가들에 대한 경제적 지원을 통해 소련의 위협에 대응하고자 하였다.

2. 비스마르크(Bismarck)의 프랑스 봉쇄정책

비스마르크는 프랑스를 봉쇄하는 데 있어 군사력의 결집과 직접적인 군사적 대립을 통해서가 아닌, 상대방에게 가용한 능력의 제거를 통해 잠정적으로 우월한 강대국을 고립시키고 균형을 이루고자 하였다.

3. 2003년 미국의 이라크전쟁 시 주요국의 대응

미국의 이라크전쟁에서 프랑스는 이라크와의 전쟁의 권한을 인정하는 결의안에 거부권을 행사하겠다는 위협을 가하였으며, 튀르키예와 사우디아라비아는 자신의 영토를 미국의 지상군이 사용하는 것을 단호하게 거부하였다.

4. 6자회담

북핵문제의 해결을 위한 6자회담도 한국, 중국, 러시아의 입장에서 볼 때, 미국주도의 강경한 대북문제 해결에 제동을 걸기 위한 연성균형조치의 일환으로 간주될 수 있을 것이다. 이러한 일련의 조치들은 미국의 군사력에 직접적으로 도전하지 않으면서 미국이 힘을 행사하는 것을 좀더 어렵게 한다는 의미에서 연성균형을 위한 조치라고 볼 수 있다.

6 연성균형론에 대한 비판

1. 국가의 행동동기의 문제

브룩스와 월포스(Stephen G. Brooks & William C. Wohlforth)는 연성균형 개념이 결점을 지니고 있다고 지적한다. 특히 미국을 제약하는 효과를 가지는 국가의 행동이 다른 동기에 의하여 이루어질 수도 있다는 점을 간과하였다는 점이다. 연성균형 하 국가의 행동은 미국의 패권으로 인한 안보 위협에 대한 반응으로서 미국의 패권을 제한하려는 동기에 기인해야 하지만, 이러한 행동은 경제적 이해관계, 지역안보에 대한 관심, 정책 분쟁과 협상, 국내정치적 유인 등의 여러 다른 대안적인 동기에 기인할 수도 있다는 것이다. 예컨대, 튀르키예가 자국의 영토를 미국의 지상군이 사용하는 것을 단호하게 거부한 것은 미국 힘의 집중을 제약하려는 것과는 관계 없이 국내 정치적인 동기에 크게 기인한 것으로 본다. 또한 러시아가 미국에 대항하여 이란을 지원하는 것은 카스피해의 석유와 기타 천연자원의 탐사를 둘러싼 지역적 문제의 해결이나 핵기술의 판매와 같은 경제적인 동기가 큰 역할을 했다고 본다.

2. 경험적 사례의 문제

리버와 알렉산더(Keir A. Lieber & Gerard Alexander)는 미국에 대해 경성이든 연성이든 균형이 일어나고 있다는 증거가 거의 없다는 견해를 제시한다. 미국에 대하여 균형이 일어나고 있지 않은 이유는 미국이 현재 취하고 있는 대전략이란 광범위한 비판에도 불구하고 제한된 수의 정권과 테러집단에게만 위협을 가하고 있기 때문이라고 분석한다. 이들 외의 대부분 국가들은 대테러전쟁에 있어서 미국과 전략적 이해관계를 공유하거나 이해관계를 전혀 가지고 있지 않다고 하면서 균형이란 아주 한정된 국가들과 미국에 의해 대상이 되고 있는 행위자 사이에서나 가능한 것으로 본다. 그래서 이들은 연성균형이란 개념을 가지고 설명하고자 하는 미국에 대항한 국가들의 행위란 전통적인 외교적 마찰에 불과할 뿐이라고 한다.

제20절 | 공격 - 방어균형이론

1 서론

반 에버라(Stephen Van Evera)는 1970년대에 제기된 '공격 - 방어균형(offense-defense balance)'이라는 개념을 사용해 국가의 행동을 설명한다. 즉, 국제체제의 구조와 더불어 국가의 행동에 영향을 주는 변수로서 공격에 유리한 또는 방어에 유리한 군사기술을 분석하였고, 위기상황에서 국가들이 나타내는 다양한 행동양식을 분석하면서 공격 중심의 군사전략이 지닌 위험성을 경고하고 대화와 타협을 통한 위기의 극복을 강조하였다.

2 공격방어이론(Offense-Defense Theory)과 안보딜레마

1. 안보딜레마의 개념

흔히 공격방어이론으로 불리는 반 에버라(Van Evera)의 이론은 국가의 행동이 군사기술에 따라 달라진다고 보며, 이 주장의 이론적 기초는 안보딜레마이론이다. 안보딜레마는 '자신의 안전을 위해 취한 조치가 주변 국가의 안전을 저해하는 상황'으로 정의된다. 이러한 상황이 발생하는 원인은 오인이나 오해가 아니라 상대방이 현상유지국가인지 현상타파국가인지 정확하게 알 수 없다는 불확실성 때문이다.

2. 저비스(Robert Jervis)의 안보딜레마이론

(1) 안보딜레마 결정요인

1978년 안보딜레마이론을 체계화한 저비스는 안보딜레마를 국가들이 경쟁할 수밖에 없는 비극적인 상황으로 묘사할 뿐 아니라, 완벽하게 극복할 수 없지만 강도를 완화할 수는 있는 상황으로 개념화하였다. 즉, 안보딜레마의 강도는 상수가 아니라 변수이며, '공격방어균형'과 '공격방어구분가능성'이라는 두 가지 변수에 의해 달라진다.

① **공격방어균형**: 공격이 방어보다 유리한 공격 우위상황과 방어가 공격보다 유리한 방어 우위상황으로 나뉜다. 즉, 공격방어균형은 해당 국가가 직면한 전략적 취약성(vulnerability)을 결정한다.

② **공격방어구분가능성**: 상대의 의도가 공격인지 방어인지 구분할 수 있는 상황과 그렇지 못한 상황으로 나뉜다. 즉, 공격방어구분가능성은 상대 의도에 대한 불확실성에 영향을 준다.

(2) 공격방어구분 및 공격방어균형과 안보딜레마

두 가지 요인에 따라 안보딜레마는 네 가지 경우로 구분된다.

① 공격이 우위를 가지나 공격방어구분이 불가능한 경우이다. 기습공격을 당할 때 치명적 피해를 입으나 상대의도를 모르기 때문에 가장 위험한 상황이다.

② 방어가 우위를 가지며 공격방어구분이 가능한 경우이다. 방어 우위이기 때문에 기습공격을 당해도 피해가 크지 않고 동시에 상대의 의도를 어느 정도 파악할 수 있어 가장 안전한 상황이다.

③ 방어가 우위를 가지나 공격방어구분이 불가능한 경우이다. 방어 우위로 기습의 피해는 크지 않으나 상대의 의도를 파악할 수 없다.

④ 공격이 우위를 가지나 공격방어구분이 가능한 경우이다. 공격이 유리하므로 기습공격의 피해가 크지만 상대의 의도는 어느 정도 파악할 수 있다.

(3) 안보딜레마와 군사기술

어떤 군사기술이 존재하는지에 따라 안보딜레마상황이 개선(방어 우위기술) 또는 악화(공격 우위기술)되고, 공격 - 방어의 구분이 가능한 군사기술이 존재하면 상황은 전반적으로 개선된다. 예컨대, 공격용 무기의 감축과 더불어 사찰(inspection)이 이루어진다면 안보딜레마상황을 개선할 수 있다.

3. 안보딜레마이론에 대한 비판

안보딜레마이론을 비판한다는 것은 안보딜레마가 존재하지 않는다는 것이다. 미어샤이머는 모든 국가들은 상대적 힘의 극대화를 위해 무한정 경쟁한다고 주장하였고, 스웰러는 현실의 안보경쟁이 모든 국가가 현상유지적으로 안보만을 추구하는 것이 아니라 적어도 한 국가는 팽창을 추구하기 때문에 나타나는 의도된 현상으로, 상대적으로 쉽게 극복될 수 있는 것으로 본다. 안보딜레마의 핵심개념인 공격방어구분가능성이 무의미하다는 주장이다. 미어샤이머는 모든 무기가 공격과 방어에 사용되기 때문에 공격 우위 혹은 방어 우위를 측정할 수가 없고, 이는 국가의 필요성에 의해서 결정된다고 본다. 즉, 국가의 행동에 따라서 공격 - 방어 우위가 결정된다는 것이다.

> **참고**
>
> **공격무기와 방어무기**
>
> 공격무기와 방어무기를 어떻게 구분할 수 있는가는 안보딜레마를 비롯한 다양한 사안에서 나타나는 문제로, 군사적 긴장 완화를 위해 공격용 무기를 우선적으로 감축하는 군비통제 등에서도 핵심적인 부분이다. 무기의 특성, 특히 기동성과 화력의 비중에 따라 공격 또는 방어무기로 구분하는 것이 가장 널리 사용되는 분류방법이다. 즉, 모든 무기는 기동성과 화력을 가지지만 상대적인 비중에 따라서 기동성중심의 무기는 공격무기로 화력중심의 무기는 방어무기로 분류한다. 대표적인 방어무기로는 지뢰를 들 수 있다. 땅에 묻어서 적군의 전진을 방해하는 지뢰는 상당한 화력 또는 파괴력을 가지지만 미리 살포하거나 사전에 지뢰지대를 구축해야 하기 때문에 기동성을 가지지 못한다. 화력은 강력하지만 기동성은 상대적으로 낮은 포병은 방어 무기이며 동일한 화력을 해도 기동성이 높은 자주포가 기동성이 낮은 견인식 포병보다 공격 무기의 특성을 띤다. 전차는 기동성이 높기 때문에 공격무기이며 항공기 또는 미사일 등은 더욱 강력한 공격무기이다. 제2차 세계대전 마지막에 등장한 핵무기는 강력한 파괴력 때문에 방어무기로 분류된다. 1945년 당시 미국은 폭격기를 사용해서 핵무기를 이동시켰기 때문에 핵무기가 가진 화력에 비해서 핵무기의 기동성은 매우 낮은 수준이었다. 하지만 1950년대 후반 미국과 소련이 탄도미사일을 개발하면서 핵무기의 기동성이 향상되었고 특히 1970년대 탄도미사일의 정밀도가 증가하면서 핵무기는 점차 공격무기의 성격을 가지게 되었다. 핵무기가 단순히 파괴력만 가졌을 때에는 강력한 화력을 사용하여 상대방의 대도시에 대한 보복을 위협하고 이를 통해 억지를 구현할 수 있었다. 그러나 정밀도가 높아지면서 상대방의 군사 목표물을 정확하게 공격할 수 있게 되었고 상대방보다 먼저 핵무기를 사용하여 상대방의 군사력을 파괴하고 핵무기전쟁에서 승리할 수 있다는 주장까지 등장하였다.

3 공격 우위의 위험성

1. 의의

국제체제의 구조가 불변인 상황에서 공격 우위상황과 방어 우위상황은 두 가지에서 차이를 만들어낸다. ① 국가의 행동에 차이가 있는데, 국가들은 공격에 유리한 군사기술이 존재하는 상황에서 더욱 공격적으로 행동한다. 이러한 상황에서는 상대의 일방적 군사력 증강에 매우 취약한 상황에 직면하기 때문에 안보딜레마가 악화된다. ② 국제체제의 안정성에서도 차이가 드러나는데, 반 에버라(Van Evera)는 양극체제가 다극체제보다, 방어 우위가 공격 우위보다 안정적이라고 보기 때문에 방어 우위의 양극체제가 가장 안정적이고 공격 우위의 다극체제가 가장 불안정하다고 한다. 다만, 방어 우위의 다극체제와 공격 우위의 양극체제는 정확하게 비교할 수 없다.

2. 공격 우위 군사기술하에서 국가의 행동

공격 우위의 군사기술은 네 가지 경로를 통해 더 공격적인 국가의 행동을 유발하고 국제체제의 안정성을 저해한다.

(1) 잘못된 낙관론에 도취

<u>전쟁 시 쉽게 승리할 수 있다는 잘못된 낙관론이 널리 퍼진다.</u> 이는 공격의 성공가능성, 전쟁수행비용, 승리가능성을 판단하는 데 영향을 주어 국가들이 외교와 타협보다는 전쟁을 통해 갈등을 해소하도록 하면서 국제체제의 안정성을 해친다.

(2) 전술적 성급함(jumping the gun)

<u>선제공격을 하려는 전술적 성급함이 나타난다.</u> 공격이 유리하면 상대에게 치명적 타격을 주고 주도권을 장악할 수 있는 선제공격의 이점이 전략적인 신중성을 압도하게 되어 군사력 사용가능성이 증가하고, 위기가 전쟁으로 발전할 가능성이 커진다.

(3) 세력균형의 변화에 적응 곤란

<u>국가들은 세력균형의 변화에 적응하기가 어려워진다.</u> 쇠퇴하는 국가에게는 자신의 힘의 우위를 이용해 부상하는 도전국에 대해 예방전쟁을 일으킬 수 있는 '기회의 창(window of opportunity)'이 열리는데, 시간이 지나면 힘이 열위에 처하여 예방전쟁이 불가능해지고 오히려 자신이 상대의 위협에 노출되는 '취약성의 창(window of vulnerability)'이 열리게 된다. 이러한 상황에서 방어 우위의 기술을 가지고 있는 경우에는 힘의 우위에 있더라도 상대방을 압도하기는 어려워 심각한 문제가 되지 않지만, 공격 우위에 있는 경우 기회의 창과 취약성의 창은 더욱 위험한 결과를 초래하며 국제체제의 불안정성을 강화하게 된다.

(4) 추가 팽창

<u>국가가 자신이 정복한 주변 국가의 자원을 계속 축적하는 상황에서의 팽창은 추가 팽창으로 이어지는데, 대외팽창으로 항상 국가의 가용자원이 증가하는 것은 아니다.</u> 방어 우위에서는 정복전쟁을 통하여 팽창하는 국가의 가용자원의 양이 늘어나지 않는 상황에 처하게 되므로 정복전쟁을 일으킬 가능성이 줄어든다.

3. 공격 우위상황에서의 안보딜레마

공격 우위가 존재하는 경우 이와 같은 네 가지 경로를 통해서 국가는 더욱 공격적으로 행동하고 안보딜레마를 악화시켜 국제체제는 더욱더 불안해진다. 반 에버라(Van Evera)는 안보딜레마의 악화로 발생하는 결과로서 다음의 11가지를 제시하였다.

(1) <u>국가들은 더욱 기회주의적으로 팽창한다.</u>
(2) 국가들은 상대적으로 취약하기 때문에 공격적인 의도가 없다고 해도 자신의 생존을 위해서 팽창하려 한다.
(3) 취약성이 증가하기 때문에 다른 국가가 생존을 위해 팽창한다고 해도 이에 격렬하게 저항한다.

(4) 선제공격의 이점이 증가한다.

(5) 기회의 창과 취약성의 창이 커지며 예방전쟁의 위험 또한 증가한다.

(6) 국가들은 강압적으로 행동하며 타협하지 않고 '기정사실'을 다른 국가에 강요한다.

(7) 국가들은 협상에서 양보하지 않으며 많은 경우 외교를 통해 갈등을 해소하지 못한다.

(8) 외교와 국방정책을 둘러싸고 비밀이 많아지면서 군사적인 측면에서 오인과 오판의 가능성이 증가한다.

(9) 다른 국가의 실수를 이용하려는 유인이 증가하기 때문에 실수가 발생하는 경우 상당한 피해로 이어진다.

(10) 군비경쟁은 더욱 격화되고 통제하기 어려워진다.

(11) 앞에서 논의한 10가지 효과는 상승작용을 통해 더욱 강화된다. 결국 안보딜레마는 더욱 악화되며, 자신의 현상유지 성향을 상대에게 확신하기 위한 설득조치는 실패한다.

4 국제정치의 위기와 제1차 세계대전

1. 군사기술 측면

반 에버라(Stephen Van Evera)는 제1차 세계대전으로 이어졌던 1914년 7월의 위기에 초점을 맞추어 당시에 존재하였던 공격 우위에 대한 믿음과 그에 기초한 군사력 구조 때문에 위기가 수습되지 못하고 전쟁이 발생하였다고 본다. 1914년 7월의 위기는 유럽 강대국들의 외교협상 또는 특정 국가의 양보를 통해 해결되지 못하고 전쟁으로 이어졌다. 기본적으로 다극체제는 양극체제에 비해 안정성이 떨어지지만, 더욱 결정적이었던 것은 당시 방어보다 공격이 더 유리하다는 인식이 팽배해 국제체제의 안정성이 더욱 악화되었다는 사실이다.

2. 제1차 세계대전 직전 두 가지 특징적 상황

(1) 연쇄적 패거리짓기

당시 유럽 강대국들은 전쟁 위험을 감수하면서까지 자신의 동맹국을 강력하게 지원(chain-ganging)하였다. 이러한 현상에 대해 크리스텐센(Thomas J. Christensen)과 스나이더(Jack L. Snyder)는 공격방어균형에 대한 인식이 결정적인 역할을 했다고 주장하면서, 1914년과 같이 공격이 유리하다고 인식하는 경우에는 동맹국을 더욱 강력하게 지지하지만, 1938~1939년과 같이 방어가 유리하다고 인식하는 경우에는 공격적인 국가를 억제하는 책임을 서로에게 전가(buck-passing)하게 된다고 주장한다.

(2) 타국의 선제공격에 대한 고도의 우려

일단 위기가 발생한 상황에서 국가들은 상대방의 선제공격을 극단적으로 두려워했다. 이는 성급함으로 이어져 외교교섭에 필요한 시간을 절대적으로 부족하게 하였고, 초기 전투에서 주도권을 장악하기 위해 병력 총동원령과 같은 군사적 조치를 취하게 하였다. 이에 위기는 이전과는 전혀 다른 차원으로 확대되었다. 즉, 취약성의 창과 기회의 창이 동시에 존재하는 상황에서 상대의 선제공격에 치명타를 입을 수 있다는 공포심이 국가행동을 지배하였다. 무엇보다도 방어보다 공격이 유리하다는 인식이 널리 퍼지면서 개별 국가들이 직면한 안보딜레마가 더욱 악화되었다.

5 왈츠(K. Waltz)의 이론과의 비교

1. 국가의 행동과 힘

왈츠는 국가행동을 결정하는 변수로 상대적 힘 자체를 강조한다. 그러나 에버라(Van Evera)는 단순히 총량적 수준에서 추정하는 상대적 힘이 아닌 개별 상황에서 사용되는 특정한 군사적 힘을 국가행동을 결정하는 변수로 보았다. 동일한 총량적 힘을 가지고 있다고 해도 공격 위주의 군사력을 가진 경우와 방어 위주의 군사력을 보유한 경우는 국가행동에서 커다란 차이를 보이기 때문이다.

2. 군사기술의 문제

반 에버라(Van Evera)는 군사기술의 중요성을 강조한다. 왈츠는 군사기술에 대해서 논하지는 않았는데, 반 에버라는 공격 우위 또는 방어 우위의 군사기술이 국가행동과 국제체제의 안정성에 영향을 미친다고 본다.

3. 국가변수의 문제

왈츠는 국제정치를 분석하는 데 국가 내부의 속성은 중요하지 않다고 보았고, 군사기술도 세 번째 이미지의 일부로 보았다. 하지만 반 에버라(Van Evera)는 군사기술이 국제체제적 요인이 아니라 국내정치적 요인에 의해서 결정된다고 보았으며, 군사기술을 국내정치와 국가의 대외행동 또는 국제정치를 연결하는 매개변수(intervening variable)로 취급하였다. 대표적 사례로 제1차 세계대전 직전의 상황이 있다. 당시에 처음에는 전체적으로 방어용 군사력이 우위에 있었는데, 유럽 강대국의 민주화로 귀족세력이 점점 약해지는 상황에서 귀족세력의 최후 보루인 군부는 자신의 영향력을 유지하기 위해 공격 우위의 군사전략을 채택하였다. 공격작전은 방어작전보다 불확실성을 줄이며 주도권을 행사하기에 더 용이하였기 때문이다.

6 공격 - 방어균형이론의 기여

1. 국가행동요인에 대한 다양한 설명 제공

공격 - 방어균형이론은 국가의 행동에 대한 영향요인을 구조적 측면에 국한시키지 않고 다양한 요인들을 고려한다. 공격 - 방어균형이론은 국제적 무정부상태가 상당히 안전하다고 상정하며 국가들이 대외팽창을 해야만 하는 국제체제의 압력은 존재하지 않는다고 본다. 공격 우위나 국내적 이익집단의 로비 등과 같은 다른 원인에 의해 팽창이 일어난다고 본다.

2. 상대적 이익(relative gains) 가설에 대한 설명

공격 - 방어균형이론은 '상대적 이익'에 대한 우려를 설명하는 데도 유용하다. 절대적으로는 이익이 되나 협력 이익의 상대적 배분이 불리할 경우 장기적인 안보 위협이 발생할 수 있다. 그러나 이러한 문제가 늘 나타나는 것은 아니며, 배분의 효과가 축적되어 세력균형을 변화시키고 군사력 균형 자체가 역전되는 경우에만 한정적으로 나타난다. 공격 우위상황에서는 상대적 이익에 대한 우려가 악화되지만, 방어 우위에서는 안보적 위협이 크지 않다. 즉, 상대적 이익에 대한 우려는 상수가 아니라 공격 방어균형에 따라 달라지는 변수이다.

7 공격 - 방어균형이론의 한계

1. 군사기술변수의 한계

군사기술 자체는 국가정책의 수단인 전쟁을 위한 도구이므로 국가정책에 의해 쉽게 구성될 수 있다는 것이다. 이에 따르면 공격 - 방어균형이론은 새로운 군사기술을 얼마나 쉽게 만들어낼 수 있는지에 따라 그 적실성이 달라진다. 만약 군사혁신이 용이하다면 공격 - 방어균형이론의 독립변수인 군사기술의 속성은 국가행동에 영향을 주지 못하며, 독립변수가 아니라 국가행동과 목표에 의해 결정되는 종속변수일 뿐이다.

2. 국가속성의 동일성에 대한 한계

공격 - 방어균형이론은 모든 국가의 유형을 동일하다고 보며, 특히 현상타파국가가 존재하지 않는다고 상정한다. 따라서 국가의 행동은 군사기술의 특성에 의해서 결정되며, 방어적인 현상유지국가도 공격 우위상황에서는 공격적으로 행동한다고 본다. 하지만 아직까지 이를 성공적으로 검증한 성과는 거의 없고 순수하게 이론적인 차원의 논의만 이루어지고 있다.

 **주요개념** 현실주의

- **무정부상태**: 국내 정부와 같이 가치의 권위적 배분을 담당할 중앙 정부가 부재하고, 만인의 만인에 대한 투쟁상태를 지칭한다.
- **안보딜레마**: 무정부상태에서 전체의 장래 이익에 눈을 돌릴 수 없고 자국의 안보와 단기간의 이익을 위해서 행동할 수밖에 없는 상황 또는 자신의 안보를 확보하기 위한 전략이 적대국에게 위협을 가하여 적대국도 군비를 증강함으로써 자신의 안보상황이 이전보다 악화되는 현상이다.
- **국가이익(national interest)**: 현실주의자와 국가지도자에 의해 국가에 가장 중요하다고 여겨지는 것으로, 생존은 최우선 순위에 놓인다.
- **상대적 이득(relative gains)**: 현실주의자들이 주장하는 것으로서 협력하고자 하는 국가의 의지를 제한하는 요소 중의 하나다. 국가는 모든 사람이 이익을 얻는지에 대해서는 (절대적 이득) 별로 관심이 없고, 누군가가 다른 누군가보다 더 이익을 얻는지에 더 관심이 있다. 국가들의 협력의지를 제어한다고 현실주의자들이 주장하는 요소 중 하나이다.
- **전쟁상태(state of war)**: 실제 갈등은 없지만 언제든지 열전이 될 수 있는 항구적인 냉전상태로, 현실주의자들의 개념이다.
- **합리적 선택(rational choice)**: 행위자들이 어떻게 이익을 극대화하려고 하며 이익을 달성하기 위한 가장 효율적인 수단을 어떻게 선택하는지를 강조하고, 제약조건하에서 선호를 극대화하기 위한 행위자의 시도에 의해 집합적 결과를 설명하려고 하는 접근법이다. 대개 경제학에서 도출된 합리적 선택은 정치학과 국제정치학에도 적용되고 있다.
- **능력**: 인구와 영토의 크기, 자원, 경제력, 군사력, 경쟁력 등의 총합을 말한다.
- **방어적 현실주의**: 국가가 안보를 극대화하는 존재로 보는 현실주의의 구조이론이다.
- **국제체제**: 하나의 전체를 이루도록 연결되어 있는 상호연관된 부분들의 집합으로 체제들은 위계질서나 무정부상태와 같은 원칙들을 가진다.
- **영토**: 한 정치공동체 혹은 국가에 할당된 지표의 일부분을 말한다.
- **메타권력**: 국제체제에서의 위치에서 비롯되는 힘으로서 국제적인 이슈나 의제를 사전에 배제할 수 있다(크라스너).
- **권력**: 대부분의 현실주의자들은 군사력의 크기, 전체 국민소득, 국가가 보유한 인구와 같은 중요 자원에 따라 정의한다. 물질적 자원은 영향력으로 전환된다는 함축적인 믿음이 있다.

- **자조(self-help)**: 무정부적인 환경에서 국가들은 자신의 동맹이라 할지라도 다른 국가들이 자신의 방위를 위해서 와줄 것이라 예상할 수 없는 것이기 때문에 스스로 생존을 확보해야 한다.
- **국가**: 안정된 인구와 정부로 이루어진 법률적인 단위. 이는 무력의 정당한 독점권을 가지며 그 주권은 국제체제의 다른 국가들에 의해 인정된다.
- **구조**: 사회과학의 철학에서 구조란 행위자와 독립적으로 존재하나, 행위의 속성에 중요한 결정요인이 되는 것이다. 현대의 구조현실주의자들에게는 국제체제에서의 강대국의 수가 구조를 이루게 된다.
- **생존**: 마키아벨리, 마이네케, 베버와 같은 역사현실주의자들이 강조한 국가지도자의 최우선적 가치이다.
- **국가안보**: 국가 외교정책이 추구하는 본질적인 가치이다.
- **억지**: 합리적 개전으로 얻을 수 있는 이익보다는 그에 대한 반격으로 입게 될 손해가 크다는 사실을 상대 측에 이해시켜 그 적대행위를 좌절시키는 것을 말한다.
- **강제(compellence)**: 행위자가 만일 그렇지 않으면 하지 않을 어떤 행동을 하도록 만드는 무력 사용이나 위협을 말한다.
- **상호확증파괴(Mutually Assured Destruction: MAD)**: 두 초강대국이 핵무기로 선제공격을 당한 뒤에도 상대편을 파괴할 능력을 보유한 상태를 말한다.
- **패권체제(hegemony)**: 우세한 지도자에 의해 규율되는 체제. 대개 초강대국의 한 지역에 대한 정치적·경제적 지배. 현실주의이론에서는 강대국이 체제 내 다른 국가들에 대해 확립할 수 있는 영향력, 리더십, 지배 등을 말한다. 다른 국가들에 대해 주도국이 행사하는 권력과 통제를 말하기도 한다.
- **불균등 성장법칙**: 각 국가의 정치적·경제적·군사적 능력이 다른 속도로 성장한다는 가설이다.
- **표준경쟁(standards war)**: 국가 혹은 기업 사이에 채택할 표준을 둘러싸고 벌어지는 갈등을 말한다.

학습 점검 문제 제2장 | 현실주의

01 현실주의에 대한 설명으로 옳지 않은 것은? 2024년 외무영사직

① 국제적 무정부 상태에서 왈츠(Waltz)는 권력의 극대화를 강조하고, 미어샤이머(Mearsheimer)는 안보의 극대화를 강조한다.
② 모겐소(Morgenthau)의 전통적 현실주의와 왈츠의 신현실주의 모두 국가의 단일성과 통합성을 가정하고 국내적인 특수성을 무시한다.
③ 모겐소의 전통적 현실주의는 주로 귀납적으로 접근하나, 왈츠의 신현실주의는 연역적인 접근법을 취한다.
④ 신고전현실주의는 신현실주의의 구조 결정론적 시각을 비판하며 개인이나 국가 - 사회 관계 등에 대한 연구를 복원한다.

현실주의
왈츠가 안보의 극대화를, 미어샤이머가 권력의 극대화를 강조한다. 무정부성에 대한 해석의 차이에서 비롯되는 주장이다. 왈츠에 비해 미어샤이머는 무정부체제의 속성이 홉스적 자연상태 또는 전쟁상태라고 규정하였다.

선지분석
② 국가의 단일성이나 통합성이란 국가 내부 행위자들이 동일한 생각을 한다는 가정이다. 따라서 국내적 특수성을 무시하고, 국내변수를 분석에서 배제한다.
③ 귀납적 접근법은 사례연구를 통해 공통 법칙을 찾아내는 방법론이고, 연역적 접근법은 섬세하게 설계된 명제를 바탕으로 현상을 분석하여 법칙을 발견하려는 연구방법이다. 모겐소의 이론은 19세기 유럽 협조 체제의 역사를 연구하여 국제정치의 기본 법칙을 발견하고자 하였다. 반면 왈츠는 국제체제의 구조와 과정을 규정하는 데서 이론화를 출발하여 연역적 접근법을 채택하였다.
④ 신고전현실주의는 신현실주의가 배제한 국가변수를 영향력있는 매개변수라고 규정하였다. 신고전현실주의는 3대 매개변수로 힘에 대한 지도자의 인식, 국가 - 사회관계, 국가의 선호나 성향을 들었다.

답 ①

02 현실주의 이론의 가정으로 옳지 않은 것은? 2021년 외무영사직

① 국가는 국제관계에 있어서 가장 중요한 행위자이다.
② 국가는 국제사회의 무정부 상태라는 특성으로 인해 권력과 안보를 추구하게 된다.
③ 국가는 다양한 이해관계를 가진 조직과 개인 혹은 집단의 합이다.
④ 국가는 냉철한 손익계산을 통해 이익의 극대화를 시도하는 행위자이다.

현실주의 총론
국가는 통합적 행위자라는 것이 현실주의의 입장이다.

선지분석
① 국가가 주요한 행위자라는 가정이다.
② 무정부상태가 국가의 행동에 중요한 영향요소라고 본다.
④ 국가가 합리적 행위자라는 가정이다.

답 ③

03 현실주의 국제정치이론에 대한 설명으로 옳지 않은 것은? 2023년 외무영사직

① 국가는 상대국의 정확한 의도를 파악하기 어려워 안보 딜레마 상황에 직면할 수 있다.
② 국가의 개입은 질서와 평화를 유지할 필요가 있을 경우에는 정당화될 수도 있다.
③ 국가는 합리적 행위자로 국익을 극대화할 수 있는 방향으로 행동한다.
④ 붕괴된 세력균형을 복원할 수 있는 방법은 존재하지 않는다.

현실주의 국제정치이론
붕괴된 세력균형을 복원하기 위해서는 스스로 군비증강을 하거나 동맹을 형성한다. 세력균형 복원 방법이 있다.

선지분석
① 안보딜레마의 원인은 이론에 따라 다양하나 기본적으로 상대방의 의도의 불확실성을 안보딜레마의 주요 요인으로 본다.
② 현실주의는 자국의 안보를 위해 필요한 경우 무력 간섭도 정당화될 수 있다고 본다.
③ 현실주의는 국가가 주요하고 통합적이며 합리적 행위자라고 본다.

답 ④

04 국제정치학의 신현실주의(Neo-realism)와 관련이 적은 것은?
2011년 외무영사직

① 국가주권의 보전을 위한 최상의 기제는 군사력이며 그것이 타국의 안보에 위협을 주는 것은 불가피하다.
② 국가행위의 결과 얻어지는 이익 중 절대적 이익(absolute gains)보다는 상대적 이익(relative gains)을 중시한다.
③ 국제정치의 본질은 국제체제의 무정부성(anarchy)에 있고 이에 따른 불확실성을 효과적으로 관리하기 위하여 제도 창출은 불가피하다.
④ 국가를 원자적 행위자(atomic actor)보다는 위상적 행위자(positional actor)로 전제한다.

구조적 현실주의
신현실주의자들은 국제정치의 불안정성이 국제체제의 무정부성에 있다는 점은 인정하되, 이를 관리하기 위한 제도의 창출은 무정부적 국제체제의 영향으로 보기 어렵다고 전망한다. 무정부체제에서 국가들은 상대방의 배반가능성이나 상대적 이득의 문제를 끊임없이 우려할 수밖에 없으므로 당초부터 국제제도 형성에는 소극적으로 본다.

선지분석
② 절대적 이익(absolute gains)은 비용을 능가하는 편익 자체를 의미하나, 상대적 이익(relative gains)은 이익의 배분을 의미한다.
④ 원자적 행위자(atomic actor)는 국가 자체의 판단에 의해 자신의 행동을 선택한다는 의미이고, 위상적 행위자(positional actor)는 외부 환경, 예컨대 국제구조 등의 영향을 강하게 받는 행위자라는 의미이다.

답 ③

05 왈츠(Waltz)의 주장에 따르면, 국제사회에서 개별 국가의 행동을 궁극적으로 결정짓는 요인은?
2014년 외무영사직

① 지도자의 인식
② 국가속성
③ 국제구조
④ 국제교류

구조적 현실주의
왈츠(K. Waltz)의 경우 분석수준을 개인, 국가, 국제체제 차원으로 구분하고, 국제체제 차원의 분석을 가장 중요시하였다. 즉, 중앙정부의 부재, 힘의 서열, 극성(polarity)을 국가의 행동에 있어서 결정적인 요소로 파악하였다.

답 ③

06 세력균형이론에 대한 설명으로 옳지 않은 것은? 2016년 외무영사직

① 국제관계에서 세력불균형이 심화될수록 불안정성은 증대된다.
② 국가는 자강(自强), 또는 동맹을 통해 세력균형을 유지하려고 한다.
③ 국가는 일반적으로 최강자의 힘에 편승한다.
④ 제1차 세계대전은 과다동맹, 제2차 세계대전은 과소동맹의 대표적인 예이다.

세력균형이론

세력균형이론에서 국가는 강자에 '대항하여' 동맹을 형성한다.

답 ③

07 오간스키(Organski)의 세력전이(power transition) 이론에 대한 설명으로 옳지 않은 것은? 2024년 외무영사직

① 국제체제에서 힘을 강조한다는 점에서 현실주의와 인식을 같이하지만, 국제체제가 무정부상태가 아니라 지배국 중심의 국가 간 위계적 층위와 피라미드 조직으로 구성된다고 주장하는 점에서 현실주의와 차이가 있다.
② 지배국은 국제체제의 근본적인 행동규칙과 규범을 만들어 국제질서를 형성하고 부여하는 역할을 수행한다고 주장한다.
③ 세력전이가 가능한 요인은 현존 질서에 대한 중견국과 약소국의 만족 여부가 중요하며, 이들 나라의 잠재력 수준, 부상 속도, 지배국과의 친밀성 등이 전쟁 발발에 영향을 준다고 주장한다.
④ 두 차례의 세계대전 시기에 발생한 영국과 독일의 충돌, 제2차 세계대전 직후 영국으로부터 지배국 지위를 획득한 미국, 현재 미·중 간 갈등 관계 등을 설명하는 데 적절하다.

세력전이이론

오간스키의 이론에서 중견국과 약소국은 현존질서를 변혁시킬 능력이 있다고 보기 어렵다. 강대국의 힘과 만족여부가 결정적인 역할을 한다고 본다.

선지분석

① ①번 지문에서 '현실주의'는 왈츠나 미어샤이머의 '신현실주의'를 지칭하는 것으로 보인다. 신현실주의는 국제체제가 무정부체제라고 본다. 반면, 오간스키의 세력전이이론은 국제체제가 최상위층의 지배국을 정점으로 하여 강대국, 중급국가, 약소국, 종속국의 위계체제를 형성하고 있다고 본다.
② 지배국은 사실상의 세계정부로서 질서를 형성하고 유지하는 역할을 한다. 물론, 이러한 질서는 지배국에 상대적으로 더 유리한 질서를 말한다. 따라서 이러한 질서에 불만족인 강대국이 힘을 성장시켜 지배국에 도전함으로써 세력전이 전쟁이 발발하게 된다고 본다.
④ 영국과 독일 관계는 독일이 영국 중심 세계질서에 불만족하여 제1차 세계대전이나 제2차 세계대전을 도발하였다고 해석할 수 있다. 영국과 미국 관계는 미국이 영국 중심 질서에 만족하는 국가였으므로 세력전이 전쟁을 도발하지 않았고, 영국으로부터 평화적인 세력전이가 발생했다고 설명할 수 있다. 세력전이이론은 현재 미국과 중국 관계에서 중국의 대미국 전쟁이 발발할 것인지를 예측하는 좋은 모델로도 활용될 수 있다. ④번 지문은 오간스키의 이론이나 주장보다는 현실 분석에 적용할 수 있다는 일반적 진술로 보인다. 오간스키 모델에서는 영국에서 미국으로의 평화적 패권 전이는 제1차 세계대전 이후로 보는 것이 일반적이다. 이러한 전제에서 오간스키 이론에 대한 진술이라면 틀리게 볼 여지가 있으나, 세력전이 적용 가능성에 대한 일반적 진술로 본다면 맞는 문장이라고 볼 수 있을 것이다.

답 ③

08 동맹이론 중 연루(entrapment)와 방기(abandonment)에 대한 설명으로 옳은 것은?

2021년 외무영사직

① 연루란 중립국이 중립을 유지하는 데 실패하고 전쟁에 휘말리는 상황을 의미한다.
② 연루의 위험과 방기의 위험은 비례하는 경향이 있다.
③ 동맹의 중요성을 강하게 느끼지 않는 국가일수록 연루의 위험에 빠지기 쉽다.
④ 동맹 상대국에 대해 강한 지원 의도를 가진 국가일수록 자국이 방기될 가능성을 줄일 수 있다.

동맹이론

동맹 상대국에 대해 강한 지원 의도를 가진다면 방기의 위험은 낮아지지만, 반대로 연루의 위험이 높아진다.

선지분석

① 연루란 동맹관계에서 자국에게 불필요한 사안에 끌려들어가는 것을 말한다. 동맹의 역기능의 하나라고 볼 수 있다.
② 연루의 위험과 방기의 위험은 반비례한다. 연루의 위험을 낮추고자 하면 방기의 위험이 높아지고, 반대로 방기의 위험을 낮추고자 하면 연루의 위험이 높아지는 것이다.
③ 동맹의 중요성을 강하게 느끼지 않을수록 방기의 위험이 높아질 수 있다.

답 ④

09 패권안정론(hegemonic stability theory)에 대한 설명으로 옳은 것은?

2021년 외무영사직

① 신자유주의와 구조주의 시각에서만 국제경제질서를 설명하는 이론이다.
② 두 국가가 팽팽한 세력균형을 이룰 때 국제경제질서 또한 안정성을 유지한다.
③ 19세기 중반의 유럽경제는 영국의 패권으로 인하여 안정을 유지하였다.
④ 제2차 세계대전 후 패권의 부재는 20세기 중반 폐쇄적 경제질서의 대두로 이어졌다.

패권안정론

19세기는 영국 패권의 세기로서 국제경제질서가 안정성을 유지하였으나, 20세기로 접어들면서 영국의 패권이 쇠퇴하여 국제경제질서의 불안정성이 야기되었다고 본다.

선지분석

① 패권안정론은 국제경제질서의 형성과 쇠퇴에 있어서 패권국의 역할을 강조한다. 신자유주의는 '절대적 이익' 차원에서, 구조주의(마르크스주의)는 중심부와 주변부의 착취 차원에서 국제경제질서를 설명한다.
② 세력균형론에 대한 설명이다. 패권안정론은 압도적 힘을 가진 국가가 존재할 때 국제경제질서가 안정된다고 본다.
④ 제2차 세계대전 이후에는 미국 패권이 존재하여 1960년대까지 안정적이고 개방적인 국제경제질서가 유지되었다고 본다. 1970년대 이후 미국 패권이 쇠퇴하면서 폐쇄적 경제질서가 전개되었다는 입장이다.

답 ③

10 1990년대 등장한 신고전현실주의(Neoclassical Realism)에 대한 설명으로 옳지 않은 것은? 2014년 외무영사직

① 국가의 상대적 힘의 배분과 함께 그 힘에 대한 지도자의 인식이 중요하다.
② 국가의 동맹 결정에 있어 중요한 변수는 국가의 선호(preferences)이다.
③ 신고전현실주의의 인과 논리는 국내 정치를 권력 배분과 외교정책 행태 사이에 매개변수로 놓는다.
④ 자조(self-help)와 권력정치는 행위자의 축적된 행위로 형성된 관행이다.

신고전현실주의

구성주의에 대한 설명이다. 신고전현실주의(Neoclassical Realism)는 궁극적으로 국제체제의 영향으로 자조와 권력정치현상이 발생하는 것으로 본다.

선지분석

① 상대적 힘의 배분은 국제체제변수이며, 힘에 대한 지도자의 인식은 국가변수로서, 신고전현실주의는 체제변수와 행위자변수가 결합하여 특정 국가행동이 발생한다고 본다.
② 국가의 선호(preferences) 역시 국가변수로서 신고전현실주의는 이것이 단기적으로 국가행동에 매개변수 역할을 한다고 본다.
③ 권력 배분은 국제체제변수, 외교정책은 종속변수, 국내정치는 매개변수 또는 단기적 독립변수 역할을 한다고 본다.

답 ④

제3장 자유주의

> **출제 포커스 및 학습방향**
>
> 자유주의 국제정치이론은 현실주의이론보다 먼저 체계적으로 국제정치에 적용되었으나 제2차 세계대전 이후 '이상주의'로 혹독한 비판을 받으며 현실주의 그늘에 상당기간 가려져 있었다. 그러나 탈냉전·세계화라는 국제정치의 환경 변화는 자유주의에 대한 기대감을 고조시켜주고 있다. 이는 국제정치학 시험에서도 자유주의이론의 출제 비중이 높아질 수 있음을 의미한다. 이론의 주요 내용, 이론 간 비교, 사례 등에 포커스를 맞추어 학습해야 한다.

제1절 | 총론

1 의의

자유주의 패러다임이란 현실주의 패러다임과 함께 국제정치학의 양대 산맥을 형성하고 있는 국제정치 패러다임으로서 현실주의 패러다임과 국제정치행위자, 국제정치관, 전쟁의 원인과 평화에 대한 처방 등에 있어서 매우 대조적인 입장을 제시하고 있다. 국내정치와 마찬가지로 국제정치에 있어서도 다양한 행위자의 영향력을 전제로 이들이 다원적 가치를 자유롭게 추구하면서 국제관계가 형성되고 변화되는 것으로 본다. 현실주의와 대조적으로 국제체제에서도 항구적 평화(perpetual peace)가 가능하다고 보고 항구적 평화를 달성하기 위한 다양한 전략들을 제시한다. 자유주의적 접근은 카(E. H. Carr)에 의해 이상주의(Idealism) 또는 유토피아니즘(Utopianism)이라는 이름으로 혹독한 비판을 받기도 하였으나 현실주의의 비관적 사고체계와 달리 국제관계의 진보에 대한 믿음과 전략을 제시함으로써 현실주의 사고에 대해 균형을 잡아주는 역할을 한다는 점에서 유용하다고 평가할 수 있다.

2 기본 가정

1. 행위자

현실주의가 국가를 국제정치에서 가장 중요한 행위자로 보는 것과 달리 자유주의는 국가의 중심성을 부인하고 국가 이외의 다양한 행위자에도 주목한다. 특히 정부간국제기구, 비정부간국제기구, 비정부기구, 다국적기업, 초국가관료 등 비국가행위자의 역할을 중요하게 평가한다. 현실주의가 '국가중심적 견해(state - centric view)'라면 자유주의는 '다중심견해(multi - centric view)'로 명명할 수 있다.

2. 국가

현실주의가 국가를 통합적이고 합리적 행위자로 가정하는 것과 달리 자유주의는 국가가 분절된 행위자(fragmented actor)이고 비합리적 행위자(irrational actor)라고 가정한다. 즉, 국가는 국제정치과정에서 독립된 행위자의 가능성을 지니고 있는 일단의 관료조직과 제도로서 구성된 분절된 행위자라고 본다. 또한 다양한 비국가행위자들이 국익과는 다른 자신의 이익을 추구하고, 관료조직 간의 이해관계의 상충과 이에 따른 협상과 타협의 필요성이 합리적 결정을 어렵게 하므로 국가는 비합리적 행위자라고 가정한다.

3. 국제관계

현실주의가 무정부상태에 있는 국가들이 권력과 안전에 몰입하며 갈등과 경쟁을 하고 공동의 이익이 있더라도 협력을 하지 못한다고 보는 것과 달리, 자유주의는 국가들이 서로를 국민들의 안락과 복지를 증진하는 파트너로 본다고 전제한다.

3 발달사

1. 이상주의(Idealism)

이상주의라는 이름은 카(E. H. Carr)에 의해 붙여진 것이다. 카는 전간기 국제정치의 불안정요인의 하나로 이상주의자들이 제시한 법률주의와 집단안보제도 및 이익의 자연조화가설을 지목하였다. 카의 비판의 대상이 된 이상주의는 멀리는 칸트(I. Kant)까지 거슬러 올라가나, 그것이 정책으로서 현실국제관계에 투영된 것은 제1차 세계대전 이후 세계질서 형성역할을 맡은 윌슨(W. Wilson)에 의해서였다. 윌슨은 전후 국제질서에서 세력균형과 비밀외교를 금지하는 대신 세계적 경찰기구인 LN을 창설하여 국제질서를 안정화하고자 하였다. 국내정치적으로는 민주화를 통해 권위주의 정권을 제거함으로써 국제평화를 달성할 수 있다고 생각하였다. 카에 의해 그러한 구상은 실패한 것이고 국제정치의 본질을 제대로 인식하지 못한 것으로 비판받았으나, 윌슨적 자유주의 세계관과 가치 및 제도는 냉전기 국제질서에서도 다양한 자유주의이론가들에 의해 계승되고 있다.

2. 통합이론

제2차 세계대전 이후 시작된 냉전체제는 모겐소(Morgenthau) 등의 고전적 현실주의이론의 적실성을 높여주고 학계는 현실주의자들에 의해 지배되었다. 그러나 LN의 실패를 분석하고 제도평화를 구현하고자 하는 자유주의자들의 소망이 사라지지는 않았다. 통합이론은 미트라니(D. Mitrany)의 기능주의에 의해 최초로 제시되었고, 1950년대 유럽통합의 시작과 함께, 이를 분석한 하스(Haas)의 신기능주의에 의해 계승발전되었다. 통합이론은 유럽통합의 부침과 함께 운명을 같이하였으나, 탈냉전기 경제통합이 완성되고 정치통합을 추구해 나감에 따라 비단 자유주의계열뿐만 아니라 모든 패러다임으로부터 통합에 대한 분석론이 제시되고 있는 실정이다.

3. 외교정책론

1960년대에 발생한 쿠바 미사일 위기와 베트남전쟁에서 미국의 고전은 현실주의에 의해 제시된 합리적 외교정책론의 전제와 명제에 대해 의문을 품게 하였다. 특히 초강대국 미국이 베트남에게 결과적으로 패배한 베트남전쟁은 비용편익분석에 의한 최적전략의 선택이라는 합리적 외교정책론의 주장을 무색하게 하였다. 때마침 제시된 앨리슨(G. Allison)의 쿠바 미사일 위기 분석은 외교정책이 엘리트에 의한 합리적 결정을 거칠 뿐 아니라, 조직 동학이나 관료정치적 동학도 같이 작동하고 있음을 보여주었다. 자유주의 외교정책론은 분석단위를 다양하게 설정하고, 실제 대외정책이 결정되는 환경이나 결정자의 상황을 주요 변수로 하여 외교정책이 합리적이지 못한 방식으로 결정될 수 있다는 점을 보여주고자 하였다.

4. 상호의존론

코헤인(Keohane)과 나이(Nye)에 의해 상호의존론이 제시되던 1970년대는 미국의 베트남전쟁 패배, 환경 관련 NGO 및 유럽통합기구 관료들의 영향력 강화, 두 차례에 걸친 석유 위기, 비관세장벽의 설치, 새로 독립한 제3세계 국가들의 영향력 강화 등의 현상이 국제관계를 지배하고 있었다. 이러한 현상은 국제정치가 합리적인 주권국가들에 의한 권력정치이고, 권력은 대체성이 있다는 고전적 현실주의자들의 가설과는 배치되는 것들이었다. 코헤인과 나이는 국제관계를 설명함에 있어서 현실주의를 보완하는 차원에서 상호의존론을 제시하였다. 즉, 이슈영역에 따라 현실주의이론의 적용이 제한되는 영역도 있고, 그러한 영역에서는 자유주의이론에 의해 보완적으로 설명되어야 한다고 본다. 상호의존론이 하나의 이념형(Ideal Type)으로 설정한 '복합적 상호의존체제'는 세계화와 탈냉전 이후의 국제체제를 적절하게 묘사해 주는 것으로 평가되고 있다. 복합적 상호의존체제는 다양한 국가 및 비국가행위자들이 다양한 이슈에 있어서 이해관계를 따라 다양한 의존관계를 형성하고 있는 국제체제를 말한다.

5. 신자유제도주의

신자유제도주의는 현실주의 가정을 공유하면서도 자유주의적 명제를 제시하는 독특한 이론이다. 즉, 국가의 합리성, 국제체제의 무정부성이라는 현실주의 가정 또는 존재론을 수용하는 한편, 국가가 절대적 이익을 실현시키기 위해 때로는 협력하거나 레짐을 형성하기도 한다는 결론을 제시한다. 국가들이 절대적 이익을 고려하는 이유는 이득이 비대칭적으로 배분되어도 안보가 위태로워지지는 않기 때문이다. 이러한 견해는 왈츠(K. Waltz)나 그리코(J. Grieco)의 입장과 대비된다. 이들은 무정부하에서 국가들은 생존을 자력구제(self-help)해야 하기 때문에 자신의 안보가 위태로워질 수도 있는 이득의 상대적 배분을 우려하여 국제협력에는 소극적이라고 본다. 이렇게 결론이 달라지는 이유는 '무정부성'에 대한 견해 차이 때문이다. 즉, 신자유제도주의는 무정부를 단순히 '중앙집권체의 부재'로 보나, 신현실주의는 '구조적 폭력상태', '홉스적 자연상태'로 정의하기 때문이다.

한편, 신자유제도주의는 패권이 제도화를 용이하게 하기는 하나, 제도화를 위해 반드시 필요한 것은 아니라고 보고, 패권쇠퇴 이후에도 제도의 지속을 주장한다. 이러한 입장은 패권과 레짐이 운명을 같이한다고 보는 패권안정론의 견해와는 배치된다.

6. 글로벌 거버넌스

탈냉전·세계화·정보화라는 국제정치의 구조적 변화는 자유주의계열에서 다양한 새로운 이론적 접근을 시도하게 만드는 계기가 되었다. 글로벌 거버넌스이론, 민주평화론, 전지구적 시민사회론, 로즈노(James N. Rosenau)의 두 세계론 등이 그것이다. 글로벌 거버넌스이론은 점점 더 늘어가는 세계적 문제들을, 새롭게 부상하고 있는 비국가행위자들이 기존의 국가 또는 국제기구와 협력해서 풀어나가는 거버넌스방식에 관한 이론이다. 글로벌 거버넌스이론가들은 이러한 메커니즘이 21세기 국제질서에서 유익하게 활용될 것으로 기대하고 있으나, 전지구적 시민사회 활성화, 주권국가들의 유연성 등이 우선 전제되어야 할 것으로 보인다. 현재로서는 이념형적 글로벌 거버넌스가 정착되기에는 시기상조로 보이며, 국제기구를 중심으로 NGO, INGO, MNC 등이 협력관계를 유지하는 형태가 발전될 것으로 생각된다.

7. 민주평화론

탈냉전기 국제질서의 안정성에 대한 낙관론의 견해를 대변하는 이론이다. 민주평화론은 민주국가 간에는 전쟁보다는 분쟁의 평화적 해결을 추구할 것이므로, 민주정이 확산될수록 국제체제가 안정된다는 것이 핵심 주장이다. 이러한 견해에 따르면, 냉전의 한 축을 형성하던 소련권이 붕괴되고, 공산체제가 민주정체로 전환을 시도하는 민주화의 제3물결의 시기인 탈냉전기 시기에 국제체제의 안정성이 높아질 것으로 전망한다.

8. 협상론

협상론이 국제정치이론 차원에서 본격적으로 연구되는 계기는 탈냉전·세계화·민주화 등 국제체제의 구조적 변화와 관련이 있다. 구체적으로 보면, 경제이슈가 국제질서에서 중요한 이슈로 부각되고, 민주화로 국내정치에서 이익집단이 활성화되고 있으며, 세계화는 국내외정치의 상호관계가 강화되도록 하고 있다. 또한, 군사력의 대체성의 약화로 군사력이 상대적으로 강한 나라가 타국과의 관계에서 반드시 자신의 의사를 관철시킬 가능성도 낮아지고 있다. 이러한 상황은 국제정치적 결과를 만들어내는 데 있어서 '협상'의 중요성을 부각시키는 계기가 되었다. 퍼트남(R. Putnam)의 양면게임이론을 중심으로 발전되고 있다.

제2절 | 이상주의

1 등장배경

나폴레옹전쟁 이후 약 100여년간 유럽의 평화를 가져다주었던 세력균형체제는 제1차 세계대전으로 붕괴되고, 윌슨(Wilson)을 중심으로 한 이상주의자들은 세력균형체제의 불안정성을 대신할 새로운 평화체제를 구상하였다. 즉, 세력균형체제는 기본적으로 자력구제(self-help)를 원칙으로 하므로 완전하지 못하다고 생각하였다. 따라서 국제적인 경찰기구를 창설하고, 국가의 행동을 규제할 규범과 원칙들을 형성하는 데 관심을 두었다.

2 가정과 핵심 내용

1. 이상주의의 가정

홉스(Hobbes)나 루소(Rousseau)류의 비관주의를 거부하고 벤담(Bentham)류의 자유주의적·낙관적 관점을 수용하여 인간은 합리적인 존재이며 전쟁을 원하지 않는다고 본다. 또한 국가 간에는 근본적으로 이익의 자연스러운 조화(natural harmony of interest)가 존재한다. 전쟁은 불가피한 현상이 아니다.

2. 전쟁과 평화에 대한 이상주의의 견해

현실주의자들은 전쟁이 인간의 사악한 본성에서 비롯되며, 세계질서와 평화는 외교와 힘에 의한 국가 간의 상호작용으로 가능하다고 보는 반면, 이상주의자들은 전쟁은 불완전한 정치제도에서 비롯된다고 보았다. 불완전한 정치제도란 국제정치제도의 미비뿐 아니라 국내권위주의 정치체제를 의미한다. 따라서 전쟁을 방지하기 위해서는 국제기구, 국제법, 세계정부 등 국제정치제도를 정비할 뿐 아니라 국내 정치제도를 보다 덜 공격적인 민주주의체제로 전환시켜야 한다고 보았다. 특히 이상주의자들은 국제기구를 통한 집단안전보장이 필요하다고 하였다.

3 이상주의에 대한 비판

1. 카(E. H. Carr)의 비판

첫째, 현실보다 당위에, 실행 가능한 것보다 바람직한 것에 집착한다. 둘째, 이상주의의 견해는 전승국들의 집단적인 자기중심적 이익을 반영한 것이다. 셋째, 갈등보다 협력, 자기중심적 이익보다 유대에, 불화보다 조화에 경도된 견해이며, 역사와 인간성에 대한 이해를 거의 하고 있지 않다.

2. 불(Hedley Bull)의 비판

세력균형과 외교가 국제체계질서를 유지하는 데 결정적인 역할을 하는 제도임에도 이상주의는 세력균형을 부인하고, 외교를 불경시하며, 국제기구를 통한 국제행정으로 이를 대체하려고 한다.

제3절 | 외교정책론

1 등장배경 및 특징

현실주의적, 합리적 그리고 결과중심적 정책 결정이론은 미국의 베트남전쟁에서의 실패를 설명하는 데는 한계가 있었다. 자유주의 외교정책 결정이론은 정책결정과정에서 비합리적 행태가 가능하다고 보고 정책 결정과정에 분석의 초점을 두었다. 비합리적 정책을 가능하게 하는 요인으로서 인간의 합리성에 대한 제약, 심리적 변수, 조직적 맥락, 관료정치 등을 상정하고 이를 기초로 이론의 틀을 구축하였다.

2 현실주의 외교정책 결정론

1. 가정 및 합리적 결정절차

현실주의자들에 의하면 외교정책은 결정자의 합리적 결정에 의한 의도된 선택의 산물이다. 결정자는 처해 있는 상황, 정책대안, 대안들이 초래할 결과와 확률에 대해 완벽한 지식과 정보를 가지고 있으며, 정책대안 간 선호를 분명히 정할 수 있는 일관된 가치체계를 가지고 있다. 외교정책은 목표 설정, 정책대안 나열, 결과 예측, 확률 계산, 비용편익 분석에 기초한 효용 계산, 확률과 효용의 곱에 의한 기대효용 계산, 기대효용이 가장 큰 대안의 선택 등의 과정을 거쳐 결정된다.

2. 합리적 외교정책 결정이론의 장점

(1) 복잡성을 최소화시켜 현상을 이해할 수 있는 경제성이 있다.

(2) 정부의 의사 결정과정에 대한 규범적 판단을 제공한다.

(3) 실제에 있어서의 이탈에도 불구하고, 국제관계에 대한 의사 결정에서 국가는 합리적 결정방식을 따른다는 점에서 적실성이 있다.

3. 합리적 외교정책 결정이론의 문제점

(1) 완벽한 정보에 대한 가정은 비현실적이다. 또한, 비용과 편익 자체도 문화에 따라 달라지는 가치지향적 개념이다.

(2) 합리적이었는가에 대한 평가는 사후적으로 이루어질 수밖에 없다.

(3) 정책 결정과정에서 참여자 간의 정치적 힘에 의해 최적의 대안이 아닌 결정에 이를 수도 있다는 사실을 간과한다.

(4) 의사 결정의 환경은 결정자의 인식에 따라 달라질 수 있다.

4. 합리적 외교정책 결정이론이 적실성을 가질 수 있는 조건

의사 결정단위가 단일한 통합된 행위자에 가까워지는 상황, 즉 국가를 단일의 통합된 행위자로 생각할 수 있는 상황에서 합리적 의사 결정이 나타날 가능성이 높다. ① 그룹 간 협상에서 가치가 좀 더 일반적으로 수용되는 경우, ② 전제적 권위적인 정부의 결정, ③ 합의적 의사 결정의 전통을 가진 국가, ④ 위기 시 결정에 있어서는 참여자가 소수이고, 단일가치에 대한 합의가능성이 높아 합리적 의사 결정의 가능성이 높다.

3 제한된 합리성모형(Limited Rationality Model)

1. 사이먼(H. A. Simon)의 제한된 합리적 행위자모형

사이먼은 인간은 합리적 선택을 추구하나 그 합리성은 여러 가지 환경이나 결정자 자신으로 인해 제약된다고 보고 포괄적 합리성모형을 비판한다. 결정자는 제한된 정보, 제한된 의사 결정능력을 지니며 모든 가능한 대안과 이들이 가져올 결과를 알 수 없다. 이러한 제약하에서 결정자가 추구하는 것은 최적화(optimizing)가 아니라 적정화(satisficing)이다. 즉, 제한된 대안을 순차적으로 검토하여 목표와 관련하여 만족스러운 대안이 나타나면 이를 선택한다는 것이다. 포괄적 합리성모형이 연역적으로 구성된 반면 사이먼의 모형은 귀납적으로 구성되었으며 현실적합성이 상대적으로 높다고 볼 수 있다.

2. 린드블롬(Charles E. Lindblom)의 점진주의모형

사이먼의 모형과 같이 포괄적 합리성모형을 비판한다. 다만, 사이먼의 모형이 행정과정을 분석하는 반면, 린드블롬의 모형은 정치과정을 분석하고 있다. 점진주의모형은 정책이 단일한 행위자에 의해 단 한 번에 합리적으로 결정되는 것이 아니라 여러 중간 단계의 작은 결정들이 수정되고 보완되는 점진적인 과정을 통해 최종적으로 이루어진다고 본다. 보완과정은 기존의 정책들을 중심으로 구성된 한계가치가 기준이 되며, 다양한 이익집단이 참여한다. 점진주의모형은 긴급한 정책 결정이 필요할 때 위험을 감소할 수 있으며 이전의 정책과 새로운 정책의 비교가 가능하다는 장점이 있으나, 대안의 범위를 제한함으로써 급격한 변화상황에서 창조적인 결정이 곤란하다는 단점이 있다.

4 스나이더(R. Snyder)·브룩(H. W. Bruck)·새핀(B. Sapin)의 외교정책 결정이론

1. 배경 - 행태주의의 대두

1950년대와 1960년대 '사회과학의 이론화'를 위한 소위 '행태주의'가 미국학계를 중심으로 대두하였으며 이는 국제정치학의 영역에도 영향을 미쳤다. 이는 대외정책을 포함하여 국가 간의 관계를 객관적이고 인과관계적으로 파악하려는 노력이었으며 이에 따른 미래의 예측가능성을 포함하는 학문적 경향이었다. 특히 스나이더, 브룩, 새핀은 국가중심모델의 핵심적인 이론이라 할 수 있는 정책 결정 작성모델(Decision-Making Model)을 창안하여, 각 나라의 대외정책 연구에 있어서 개별적인 특수성보다는 시공간을 초월하여 반복적으로 나타나는 대외정책의 규칙성, 패턴 그리고 일정한 경향을 찾으려 하였다.

2. 주요 주장

(1) 행위자 중심 분석

정책결정모델은 외교정책의 주체를 단순히 '국가'로 보지 않는다. 국가를 '단일하고 합리적인 행위자'로 가정하는 기존의 전통모델은, 실제 정책이 어떻게 만들어지는지를 설명하기 어렵다. 스나이더 등은 외교정책의 실질적인 결정자가 누구인지, 즉 국가 내부의 정치 지도자, 고위 관료, 참모 그룹 등 다양한 행위자들의 상호작용을 분석해야 한다고 본다. 이들은 각기 다른 정보와 이해관계를 지니며, 정책 결정에 영향을 미치는 다양한 방식으로 개입한다. 따라서 외교정책은 단일한 의지가 아니라, 복수 행위자의 선택과 타협의 결과이다.

(2) 결정의 맥락(context) 강조

스나이더 등은 정책결정이 이루어지는 맥락과 환경을 무시한 분석은 현실과 동떨어진 설명에 그칠 수 있다고 보았다. 외교정책은 단지 국제체제의 요구에 반응하는 것이 아니라, 국내 정치 상황, 정권의 정당성, 사회적 분위기, 경제상황 등의 영향을 받는다. 예컨대 동일한 국제 압력을 받아도, 민주주의 국가와 권위주의 국가는 서로 다른 방식으로 대응할 수 있다. 또한 정책결정자의 정치적 입지나 국민 여론도 정책의 방향에 영향을 미친다. 이처럼 외교정책은 국제적 요인과 국내적 요인이 복합적으로 얽힌 맥락 속에서 이해되어야 한다.

(3) 결정 과정(process)에 대한 주목

스나이더 등은 외교정책을 단순한 결과(output)가 아니라 의사결정의 과정(process) 그 자체로 분석해야 한다고 주장한다. 정책은 정보 수집, 대안 모색, 내부 협의, 최종 선택, 그리고 실행까지의 여러 단계를 거친다. 이 과정에서 행위자들은 제도적 제약, 정보의 비대칭성, 역할 기대, 조직적 관행 등에 영향을 받는다. 또한 외교정책은 종종 명확한 목표나 완전한 정보 없이 결정되며, 시간이 부족하거나 이해관계가 충돌하는 조건에서 만들어진다. 따라서 외교정책은 '최적의 선택'이라기보다 실현 가능한 타협의 산물일 때가 많다. 정책 결정 과정을 추적함으로써, 결과만으로는 보이지 않는 정책의 논리와 내부 동학을 이해할 수 있다.

(4) 인식(perception)의 중요성

외교정책은 객관적 사실보다도, 정책 결정자가 어떻게 세계를 인식하느냐에 따라 달라진다. 사람들은 동일한 상황도 서로 다르게 해석하며, 자신의 경험, 가치관, 이데올로기, 역할, 문화적 배경에 따라 세계를 바라본다. 특히 지도자나 고위 관료가 가진 인지적 틀(cognitive frame)은 외교적 선택에 강한 영향을 미친다. 예컨대 어떤 지도자는 군사 위협을 실제보다 과장해 인식하고, 또 다른 지도자는 대화를 선호할 수 있다. 이러한 인식은 필연적으로 왜곡이나 단순화, 선택적 정보 수용을 동반한다. 따라서 외교정책은 객관적 조건이 아니라, 그것을 어떻게 해석하느냐에 따라 완전히 다른 방향으로 나아갈 수 있다.

(5) 제도와 역할 구조의 영향

외교정책 결정자는 공적인 제도와 조직 내에서 특정한 역할을 수행한다. 이들은 단순히 자유롭게 선택하는 개인이 아니라, 제도에 의해 행동이 구조화된 행위자이다. 예컨대 대통령, 외무장관, 국방부 고위직은 각각 고유한 책임과 제한, 정보 접근성을 갖고 있다. 이러한 역할은 행동의 범위와 방향을 사전에 규정하며, 선택 가능한 대안의 폭을 좁힌다. 또한, 제도 내 역할 기대는 개인이 개인적 성향을 자유롭게 반영하지 못하게 만들 수 있다. 이처럼 제도와 역할은 외교정책의 형식과 내용에 결정적 영향을 미친다.

(6) 구조와 행위의 상호작용

스나이더 등은 외교정책이 단지 국제체제라는 구조의 반영이 아니며, 구조와 행위자가 상호작용하여 정책이 형성된다고 주장한다. 국제적인 압력이나 기회는 현실의 일부일 뿐이며, 그 안에서 실제로 어떤 선택을 할지는 행위자 개인의 판단, 제도적 환경, 정치적 계산 등에 따라 달라진다. 예컨대 같은 국제위협을 받더라도, 어떤 국가는 강경하게, 다른 국가는 협력적으로 대응할 수 있다. 이런 차이는 국제구조만으로는 설명되지 않고, 행위자와 제도의 차이까지 포함해야 이해 가능하다. 따라서 외교정책은 구조 결정론도, 순수한 행위자 이론도 아닌, 양자의 복합적 산물로 보아야 한다.

(7) 합리성의 제약

정책결정모델은 현실에서의 외교정책 결정이 이상적인 완전한 합리성에 근거하지 않는다고 본다. 실제 정책 결정자들은 불완전한 정보, 시간 부족, 내부 갈등, 인지적 한계 속에서 선택을 내린다. 또한 정책 선택은 항상 가장 효율적인 대안을 추구하지 않으며, 종종 정치적 고려, 타협, 기존 관행에 의해 제약받는다. 이런 점에서 외교정책은 '최선의 선택'이 아니라, '만족할 수 있는 선택(satisficing)'이라는 시각이 강조된다. 이 이론은 허버트 사이먼(Herbert Simon)의 제한된 합리성(bounded rationality) 개념과도 연결된다.

5 로즈노(James N. Rosenau)의 외교정책 결정변수

1. 의의
로즈노는 자신의 연계이론(Linkage Theory)에 기초하여 외교정책 결정요인을 개인, 역할, 정부, 사회, 국제체제의 다섯 가지 차원으로 유형화하였다. 또한, 이들 다섯 가지 변수가 외교정책 결정에 미치는 영향력의 정도는 국가의 크기, 정치체제, 발전 정도에 따라 상대적으로 차별성을 지닌 것으로 파악하였다.

2. 각 차원에 대한 설명

(1) 개인 차원
개인 차원의 변수는 외교정책의 형성에 영향을 미친다고 생각되는 자연인으로서의 정책 결정자의 여러 가지 면모, 예컨대 퍼스널리티 유형, 신념체계, 성장과정에서의 경험 등을 말한다.

(2) 역할 차원
역할 차원의 변수는 정책 결정자의 개인 차원의 변수보다는 그가 담당하고 있는 역할이 보다 중요하다는 이론적 주장을 내포하고 있는 개념이다. 조직행태이론이나 관료정치이론이 역할 차원에서 외교정책 결정변수를 찾는 이론이라고 볼 수 있다.

(3) 정부 차원
정부 차원의 변수란 국가의 정부형태상의 특성 및 정부 차원에서 일어나는 여러 가지 상황 전개를 말한다. 정부형태가 내각책임제인가 대통령중심제인가, 국회가 여소야대인가, 행정부와 입법부의 역학관계 등을 중요한 변수로 고려하는 것이다. 헤이건(Joe D. Hagan)은 정권의 성격을 '정권 핵심부 안에서의 분열(fragmentation) 정도'와 '정권 밖의 여러 세력에 대한 취약성(vulnerability)'의 정도에 따라 여러 단계로 나누고, 정권이 분열되고 취약할수록 외교정책 수행에 따른 정치적 제약도 크다고 하였다. 한편, 국가 내부의 갈등과 국가의 대외분쟁행위 간 연계에 대해 분석한 윌켄펠드(Jonathan Wilkenfeld)의 연구도 정부 차원모형으로 분류된다.

(4) 사회 차원
사회 차원의 변수는 국가사회의 비정부 차원에서의 특성 혹은 사회 전반에서 일어나는 상황 전개를 말한다. 국민성, 사회적 가치, 이익집단의 영향과 역할 등이 사회 차원 변수에 해당한다. 홉슨(J. A. Hobson)은 19세기의 제국주의가 정책이 아닌 하나의 현상으로 규정하고 그 원인을 잘못된 소득분배에서 비롯되는 과소소비 및 과대생산에서 찾았다. 슈크리(Nazli Choucri)와 노오스(Robert North)는 인구의 팽창, 산업의 발달 등에 따른 국가의 성장이 국내에서 충족시킬 수 없는 자원에의 수요를 불러일으켜 국가로 하여금 해외로의 진출을 도모하게 된다고 주장하였다. 외교이론 및 국방정책과 관련하여 '군산복합체(military - industrial complex)'의 역할에 주목하는 이론 역시 사회 차원으로 분류된다. 군산복합체란 냉전체제하에서 막강해진 군부와 무기의 생산과 판매로 이윤을 추구하는 군수산업 간의 이해의 합치 및 인적 교류를 통한 밀착관계를 지칭하며 외교정책 및 국방정책에서 여러 가지 역기능을 초래할 것으로 인식되었다.

(5) 국제체제 차원

국제체제 차원에서의 변수란 국가의 주권영역 밖, 즉 국제환경상의 여러 특질 및 그 환경에서 일어나는 여러 가지 상황의 전개를 포괄하여 일컫는다. 강대국의 숫자를 의미하는 극성(polarity)이 양극인지 다극인지에 대한 분석, 사회주의체제의 몰락, 미국의 통상개방 압력 등을 국제체제 차원의 변수로 볼 수 있다. 세력균형이 달성되어 있는지 여부, 국가 간 관계가 종속인지 또는 상호의존인지 등도 국제체제 차원의 변수로 볼 수 있다.

3. 각 차원변수의 상대적 중요성

로즈노는 각 차원변수의 상대적 중요도는 국가의 형태에 달려 있다고 보고, 국가의 형태를 분류하는 기준으로 '국가의 크기', '경제발전단계', '정치체제의 개방 - 폐쇄 정도'를 제시하였다. 로즈노는 국가의 규모가 큰 대국은 자원이 풍부하여 국제체제에 대한 의존도가 작고, 소국은 자원이 빈약하므로 국제체제에 대한 의존도가 크다는 점에서 체제 차원의 변수는 대국보다 소국의 외교정책에 보다 중요한 요소라고 하였다. 또한 관료조직이 미비한 경제후진국의 경우 개인 차원에서의 변수가 더 중요한 역할을 하고, 역할 차원의 변수는 선진국에서 더욱 중요하다고 하였다. 사회 차원의 변수는 개방적 정치체제에서 보다 중요한 역할을 하는 반면, 폐쇄체제에서는 정부 차원의 변수가 상대적으로 중요하다고 주장하였다.

6 비합리적 행위자모델(Irrational Actor Model)

1. 개인 차원의 모형

(1) 의의

개인의 특수한 심리적 특성에 주목하는 성격접근법과 공통된 심리적 특성을 분석하는 인식론적 접근법으로 대별된다.

전자는 인간의 성격을 몇 가지 유형으로 구분하고 성격과 외교정책의 패턴의 상관관계를 연구하는 반면, 후자는 정책 결정자가 개인이나 집단의 수준에서 실제의 세계에 의해 영향을 받지 않고 주관적인 인식에 영향을 받는다고 가정한다. 결정자는 오랜 기간에 걸쳐 형성된 믿음체계나 이미지를 일관성 있게 유지하려고 하며, 이를 위해 상충하는 정보를 접하는 경우 선별, 부인, 분리, 재정의 등의 수단을 동원한다. 결정자의 인식체계를 알게 되면 어떤 상황에서의 외교정책 패턴을 예측할 수 있을 것이다.

(2) 조작적 코드(Operational Code)

조지(Alexander George)는 정치지도자의 신념이 그의 국제관과 외교정책에 반영된 사례를 설명하기 위해 '조작적 코드'라는 개념을 만들었다. 조지는 볼셰비키의 정치적 신념들을 간파하기 위해 그가 고안한 질문들을 두 가지 유형으로 구분하였다. 첫째는 정치의 본질적 성격, 정치적 갈등의 성격, 역사에서 개인의 역할 등에 관한 전제들인 '철학적 신념(philosophical beliefs)'이며, 둘째는 정치 행동의 맥락에서 '결과 - 수단(ends-means)'의 관계에 관한 준칙이라 할 수 있는 '도구적 신념(instrumental beliefs)'이다.

① **철학적 신념(philosophical beliefs)**: 정치와 정치 갈등의 본질, 역사에서 개인의 역할 등에 관한 지도자의 가정과 전제이다. 그는 각각에 대해 5가지 질문을 제기하였다. 철학적 신념과 관련되는 질문들은 다음과 같다. 첫째, 정치적 삶의 본질은 무엇인가? 세계는 조화로운가 아니면 갈등적인가? 둘째, 근본적인 정치적 가치와 열망들이 궁극적으로 실현될 가망성은 얼마나 되는가? 그 전망은 낙관적인가, 비관적인가? 셋째, 정치적 미래는 예측가능한가? 넷째, 개인은 역사적 발전에 대해 얼마나 주체적으로 통제할 수 있는가? 다섯째, 인간의 일상사와 역사적 발전에서 '우연'의 역할은 얼마나 되나?

② **도구적 신념(instrumental beliefs)**: 정치세계에서 행동하는 데 적절한 스타일과 전략에 대한 지도자의 믿음이다. 운용코드 내의 도구적 신념들에 대한 질문들은 다음과 같다. 첫째, 정치 행위에서 목표나 목적을 선정하는 가장 좋은 접근법은 무엇인가? 둘째, 목표들을 가장 효과적으로 추구할 수 있는 방법은 무엇일까? 셋째, 정치적 행동의 위험은 어떻게 계산되고, 관리되고, 수용되는가? 넷째, 이익을 증진하기 위하여 행동을 취해야 할 최적의 타이밍은 언제인가? 다섯째, 이익을 증대시키는 여러 가지 수단의 효용과 역할은 무엇인가?

(3) 두 개의 대통령직(two presidencies)

윌다브스키(Aaron Wildavsky)는 「The Two Presidency」라는 논문에서 대통령이 정책 결정과정에서 행사하는 영향력의 정도는 사안의 종류와 성격에 따라 차이가 날 수 있다고 주장하였다. 경제, 외교, 국방 등의 분야에 따라 정책과 관계되는 사회적 이해관계의 구조가 다르기 때문이다. 이렇게 정책 영역에 따라 대통령의 영향력이 다르게 발휘되는 현상을 윌다브스키는 '두 개의 대통령직'이라는 개념으로 설명하였다. 미국의 대통령은 대외정책에서 대내정책보다 상대적으로 큰 영향력을 지닌다는 것이다. 윌다브스키는 대외정책에 대한 대통령의 영향력 강화의 이유로서 대통령의 제도적 권한과 대외정보의 측면에서 지닌 권한을 제시한다. 또한 냉전이 진행되면서 대통령의 주도적 역할을 인정하는 전반적인 사회적 합의와 국가안보 관료기구의 확대가 이루어졌다는 점도 지적하였다.

(4) 인식(perception)과 오인(misperception)

외교정책 결정요인으로서의 인지적 요소에는 인식과 오인이 있다. 저비스(Robert Jervis)는 『Perception and Misperception in International Politics』에서 최고 정책 결정자의 인식과 오인이 실제 정책 결정에서 중요한 역할을 한다고 보았다. 그에 따르면, 정책 결정자는 상대 국가의 동기, 목적 그리고 그 국가가 직면한 상황을 오인하는 경우가 많다. 국가는 상대방의 적의(敵意)를 과대평가하는 경향이 있고, 또한 자국의 입장의 정당함에 대해서도 과장하는 경향이 있다. 정책 결정자는 자신의 결정을 정당화하기 위해 상대방의 입장에 대한 고려는 전혀 생각하지 못한다. 자신의 행동이 상대방에게는 위협으로 비칠 수 있다는 사실은 반대로 축소해서 생각한다. 제1차 세계대전의 경우 독일은 영국이 중립으로 남을 것이라고 오판하였다. 제2차 세계대전의 경우도 히틀러를 비롯한 추축국 지도자가 미국과 같은 현상유지국가들의 전쟁의지를 과소평가하였던 것에 원인이 있다. 정책 결정자의 오인이라는 인지적 변수는 위기상황과 같이 정책 결정자가 긴급하게 결정을 내려야 할 때 결정적인 원인으로 작용하는 경우가 빈번하다.

2. 소집단 차원의 모형 - 집단사고[재니스(Irving L. Janis)]

(1) 의의

소수집단 차원의 집단사고모형은 소집단 내의 심리적 특성이 비합리적 외교정책을 초래한다고 본다. 즉, 소집단에서는 만장일치 또는 합의에 이르러야 한다는 심리적 강박감, 자기정당화하는 경향, 모험적인 특성, 난공불락의 환상(illusion of invulnerability) 등이 합리적 결정을 어렵게 한다. 이러한 특성으로 인해서 외교정책이 실패하거나 기능장애를 겪게 된다. 이러한 정책 실패 또는 기능장애의 유형으로는 외교정책목적의 상실, 선택대안 제시 실패, 채택된 정책의 위험성 미인지, 거부된 대안의 재평가 실패, 정보수집의 실패, 상충되는 정보의 배척, 정보분석 오류 미인지, 비상계획 마련 실패 등이 있다. 재니스는 집단사고이론을 몇 가지 사례에 적용하여 검증해 보았다. 그는 1938년 뮌헨회의, 1941년 진주만 공습, 1961년 피그만 공습 등이 '집단사고'로 인해 실패한 정책 결정이라고 평가하였다.

 참고

피그만 공습 사건

1961년 4월 쿠바에서 카스트로혁명 정권이 사회주의 국가선언을 하자 미국의 케네디 행정부는 미국에 망명한 쿠바인 3,000명을 쿠바의 피그만(The Bay of Pigs)에 상륙시켜 카스트로 정부를 전복시키려고 하였다. 그러나 상륙한 3,000명 대부분은 현장에서 사살되거나 체포되었다. 당시 각료회의에 참석하였던 안보 보좌관에 따르면, 상륙 지점과 집결지 간에 펼쳐져 있던 광활한 늪지가 고려되지 않은 등 문제가 많은 계획이었지만, 각료회의에서 그 계획에 반대하는 사람은 없었다고 한다. 1962년 카스트로는 1,179명의 포로들을 미국으로부터 약 5,000만 달러 상당의 식품과 의약품을 받고 교환하였다.

(2) 집단적 사고(group thinking)의 오류가 발생할 수 있는 조건

① 집단에 참가하고 있는 정책 결정자들이 동일한 사고와 가치관, 규범을 공유하고, 출신배경, 경험체계, 신념체계 등이 동일할 경우 구성원들 간의 응집력이 높아져 집단적 사고의 오류가 발생할 확률이 높다.
② 집단을 이끄는 지도자의 신념이 강하고, 자신의 의지를 관철하려는 노력이 강할수록 집단적 사고의 오류가 발생할 가능성이 높다.
③ 참가인원의 수가 적고, 정상적이었으면 참가하였어야 할 인원들이 사안에 따라 소외될 경우, 집단적 사고에 빠지기가 더 쉽다.

(3) 집단적 사고의 위험을 피하기 위한 대응방안

① 최고 정책 결정자가 자신의 입장을 강력하게 표명하지 않아야 한다.
② 정책 결정과정을 분산시켜 활발한 의견개진과 토론이 가능하도록 한다.
③ 하나의 집단이 결정한 내용을 독립적이고 객관적인 정책평가그룹에게 검증받는 것이 필요하다.
④ 의도적으로 집단이 공유하고 있는 과정을 비판하는 비판자를 상정하여 상황을 검증받는 것도 필요하다.

3. 위기 시 정책 결정

위기 시 정책은 대체로 소집단에서 결정되므로 소수그룹 정책 결정에서 오류가 나타날 가능성이 높다. 허만(Charles F. Hermann)은 위기의 특징으로 예상하지 않은 기습적 사태, 짧은 대응시간, 중대 가치에 대한 위협을 든다. 위기 시 결정자들은 자신의 대안 수는 적고 적의 선택범위는 넓으며, 위기 초기에는 많은 정보를 구하나 위기가 지속되면 현재의 정보가 충분하다고 인식한다. 이러한 주장은 현실주의자들의 위기 시 정책 결정과 배치된다. 위기 시 정책 결정권한이 집중되고 참여자가 제한적이라는 점은 모두 인정한다. 그러나 양자 결론의 차이는 인간관의 차이에서 비롯된 것으로 보인다. 즉, 현실주의자들은 합리적 인간관을 가정하나, 자유주의자들은 인식상 오류나 심리적 강박으로 인한 비합리적 행동의 가능성을 배제하지 않는다.

4. 조직과정모형

앨리슨(Graham Allison)은 쿠바 미사일 위기에 대해 합리적 행위자모형, 조직과정모형, 관료정치모형을 각각 적용하여 설명하고, 각각의 모형은 부분적 타당성만 가지므로 세 모형을 병용하여 종합적으로 분석해야 한다고 하였다. 조직과정모형은 국가 또는 정부는 단일 행위자라기보다는 여러 개의 조직으로 분절된 행위자로서 국가 전체의 관점보다는 미시적인 조직의 관점에서 사고한다고 전제한다. 앨리슨은 정책 결정 주체로서 정부의 조직이나 조직인에 분석의 초점을 모은다. 즉, 정책 결정주체는 국가의 이익보다는 조직이나 개인의 이익관점에서 결정을 한다. 정책 결정라인에서 자신이나 자기 조직에 유리한 정보는 상향 전달하되 불리한 정보는 폐기하여 정보 전달에서 오류가 발생하는 것이다. 다시 말해 최고 정책 결정자는 선택대안에 제약을 받는 것이다. 한편 조직은 일상적인 절차나 표준행동절차(SOP)를 가지고 있어 보수적인 행태를 보인다. 이 과정에서 정책은 합리적이기보다는 비합리적으로 결정된다는 것이 앨리슨의 결론이다. 쿠바 미사일 위기 시에 미 해군이 표준화된 수행절차(SOP)에 따라 봉쇄 절차를 제시한 것은 조직과정모델(Organizational Process Model)에 해당한다. 앨리슨의 모형은 관료정치모형의 기초를 제공하고, 비합리적 의사결정에 대해 설명하고 있으나, 국제정치에서 중요한 결정(전쟁 개시나 종전 등)에 대해서는 설명하지 못하고, 일상적인 결정만 설명한다는 비판을 받는다.

 참고

쿠바 미사일 위기

1962년 10월에 일어난 냉전기 최대의 국제위기로서, 소련이 쿠바에 중거리 핵미사일을 반입한 것이 원인이 되었다. 1959년 쿠바에 카스트로(Fidel Castro Ruz) 사회주의 정권이 탄생하자 미국은 쿠바 침공 및 카스트로 정권의 전복활동과 카스트로 암살공작 등을 시도하였고, 이에 대해 소련의 흐루시초프는 카스트로의 동의를 얻어 쿠바에 중거리 핵미사일을 반입하기로 결단하여 미사일 기지 건설을 시작하였다. 그러나 미사일 기지가 완성되기 직전인 1962년 10월, 미국에 의해 기지가 발견되었고 케네디는 미사일 배치를 허용할 수 없다고 판단하여 쿠바섬의 '격리(해상봉쇄)'를 채택하고 미사일 철거를 요구하였으며, 쿠바로부터의 미사일공격에 대해 대소 핵보복을 명언하였다. 수일간의 협상 끝에 흐루시초프는 미사일 기지의 해체와 미사일 철거를 표명하였으며, 케네디는 흐루시초프에게 보낸 서한에서 '사태가 현재의 바람직한 추이를 보이는 한' 쿠바를 침공하지 않겠다고 약속하였다. 쿠바 위기로 미소관계는 역전되었으며, 양국은 다음 해 부분적 핵실험금지조약을 체결하고, 데탕트로의 전환을 확정지었다.

5. 관료정치모형

조직과정모형이 조직의 타성에서 비합리적 결정원인을 찾는 대신 관료정치모형은 관료조직 간 또는 관료 개인 간의 밀고 당기기에서 찾는다.

(1) 관료정치모형의 분석결과
① 정부는 수많은 개인과 조직으로 구성되어 있으며 이들이 추구하는 가치는 다원적이다.
② 지배적인 정책 결정자는 존재하지 않는다. 대통령도 참여자의 하나이다.
③ 최종적인 정책은 참여자들 간의 협상과 타협의 의도하지 않은 산물이다.
④ 관료정치는 결정과정뿐 아니라 집행과정에서도 나타나는 현상이다.

(2) 관료정치모형에 대한 비판
① 조직의 목표와 이해관계를 지나치게 강조하고 고위 정책 결정자의 합리성을 과소평가하며 국가이익의 중요성을 완전히 무시한다.
② 정책이 어떻게 결정되는가에 대해 말해 줄 뿐 어떻게 결정될 것인가에 대해서는 언급하지 않아 이론으로서의 적실성에 한계가 있다.
③ 관료나 관료조직의 부정적 측면을 지나치게 부각시키고 있다. 실제 관료는 개인적·조직적 이해관계를 떠나 국가 전체의 관점에서 결정할 수도 있다. 관료의 동기나 인생관의 분석이 추가되어야 한다.

마일즈의 법칙(Miles' Law)

마일즈의 법칙이란 "어디에 서는지는 어디에 앉아 있는지에 달렸다(where you stand depends on where you sit)."라는 것을 말한다. 이 표현은 미국 교육부와 보건복지부의 전신인 보건교육복지부의 행정관료였던 루퍼스 마일즈(Rufus Miles, Jr.)가 당시 재무부 예산국 과장으로 재직 시에 처음 사용한 표현으로 알려져 있다. 이 표현은 앨리슨의 관료정치모델을 핵심적으로 표현하는 문구에도 해당한다. 즉, 정책 결정과정에 참여하는 행위자들의 입장은 그들이 소속된 부처 또는 공식적 지위에 달려 있다는 것이다. 앨리슨과 젤리코는 『Essence of Decision』 제2판에서 이 표현을 결정론적으로 해석하는 것에 반대하면서 "달려 있다(depends on)."를 항상 결정된다는 의미보다는 상당한 정도로 영향을 받는다는 것으로 해석해야 한다고 주장하였다.

6. 사이버네틱스모형

정책 결정자는 문제 발생 시의 대안을 사전에 준비해 놓고 있다. 행동을 요하는 문제의 발생 여부를 알기 위해 사전에 소수의 중요한 변수를 설정하고, 변수의 한계를 정한다. 중요한 변수가 한계를 벗어나는 경우 한계 이내로 복귀하기 위해 대안을 선택한다. 검토대상은 모든 대안이 아니라 미리 준비된 대안이며 이를 순차적·직렬적으로 검토하여 처음 발견되는 적정한 대안을 선택한다. 사이버네틱스모형의 한계로는 일상적인 결정을 설명하지만, 중요한 사안의 결정을 설명하지 못한다는 점이 지적된다.

7 여론의 대외정책 결정에 대한 영향

1. 의의

대외정책에서 여론의 역할에 대해서는 현실주의와 자유주의의 입장 차이가 있다. 현실주의는 여론을 효과적인 외교정책 수행에 대한 방해요소로 파악하는 반면, 자유주의는 건전한 외교정책을 위한 필수조건으로 간주한다.

2. 현실주의 입장 - 알몬드 - 리프만 컨센서스(Almond-Lippmann consensus)

현실주의자인 리프만(Walter Lippmann)은 고전적 민주주의이론의 핵심적 전제인 식견 있고 참여적인 시민이라는 가정은 허구라고 하였다. 일반 시민들은 국제문제에 대해 잘 알지도 못하고 관심도 없다고 보았다. 그는 미국의 외교정책이 무지하고 무관심한 대중들의 여론에 의해 지배될 것을 우려하였다. 알몬드(Gabriel Almond) 역시 대중들이 공적인 현상에 대해 즉흥적인 '무드(mood)'에 따라 비합리적으로 움직인다고 하였다. 이들의 입장은 미국 외교정책 연구에서 학문적 공감대를 형성하였고, 이를 '알몬드 - 리프만 컨센서스'라고 한다. 알몬드 - 리프만 컨센서스는 세 가지 명제로 압축된다.

(1) 여론은 매우 불안정(volatile)하기 때문에 효과적인 외교정책을 위한 기반이 될 수 없다.

(2) 외교문제에 관한 대중의 태도는 구조와 일관성을 결여한 '무태도(non-attitudes)'로 표현된다. 컨버스(Philip Converse)의 연구에 따르면 대중들의 이념적 성향과 정치적 신념 그리고 외교정책 선호도 간에는 서로 상관성이 거의 없다.

(3) 여론은 외교정책에 극히 제한적인 영향력을 행사한다. 여론이 외교정책에 영향을 미치기보다는 정부의 외교정책이 여론에 영향을 미친다.

3. 자유주의 입장 - 알몬드 - 리프만 컨센서스에 대한 반론

베트남전쟁은 알몬드 - 리프만 컨센서스에 대한 반론이 제기되는 계기가 되었다. 베트남전쟁 이후 외교정책 연구들은 알몬드 - 리프만 컨센서스와는 다른 연구결과들을 보여주었다.

(1) 페이지와 샤피로(Benjamin Page and Robert Shapiro)는 약 50년에 걸친 여론조사자료를 토대로 한 분석에서, 여론은 안정적이며 여론에 변화가 발생할 경우 이러한 변화와 국제상황의 변화 사이에는 논리적 패턴이 나타나게 된다고 하였다.

(2) 위트코프(Eugene Wittkopf)는 대중의 대외정책에 대한 태도에 있어서 일관된 이념적 인식구조가 나타나고 있다고 하였다.

(3) 여론은 외교정책 결정에 있어서 상당한 영향력을 행사한다. 미국 대통령 선거 캠페인을 체계적으로 분석한 올드리치(John Aldrich)는 대통령 선거에 있어서 외교정책의 이슈가 유권자의 투표에 큰 영향력을 행사한다고 하였다.

8 청중비용이론(Audience Cost Theory)

1. 의의
피어론(James Fearon)이 1994년에 미국 정치학 회보에 게재한 논문에서 처음 제시한 이후 국제정치학의 주요 이론으로 부상한 이론이다. 청중비용이론은 정부형태와 외교정책과의 연관성에 대한 대표적 연구이다.

2. 청중비용의 개념
청중비용이란 지도자가 위협 또는 공약을 실행에 옮기지 않게 되었을 때 받게 될 부정적 영향을 말한다. 피어론(James Fearon)에 따르면 국제분쟁 또는 국가 간 위기는 국내의 청중, 즉 국민들이 지켜보고 있는 가운데 진행되는 공적인 사건이다. 만약 정부가 공개적으로 상대방에 대한 강경한 대응을 천명한 이후에 상대방의 위협에 굴복해서 물러선다면 국내 청중들에 의해 처벌을 받게 되는데 민주주의 국가의 지도자는 다음 선거에서 심판을 받고 정권교체라는 심각한 대가를 치러야 할 수도 있다. 그러나 권위주의 국가에서는 책임성이 결여되어 있거나 극히 미약하기 때문에 국가 간 위기 시에 뒤로 물러서도 큰 정치적 대가를 치르지 않아서 국내 청중비용이 민주주의 국가에 비해 상대적으로 낮다.

3. 청중비용과 대외정책
청중비용은 대외정책에서 중요한 역할을 할 수 있다. 특히 높은 청중비용은 자신의 의도를 신뢰성 있게 전달할 수 있는 역할을 수행하기 때문에 장점이 된다. 위기 시 당사자들은 자신의 실제 선호를 위장하여 싸울 의사를 과장하면서 상대방이 물러서기를 기대할 수 있다. 그러나 그러한 의지를 전달할 때 아무런 비용이 수반되지 않는다면 싸울 의지가 없는 국가도 실제로 싸울 의지가 강한 국가처럼 행동할 수 있다. 그러나 상대방에게 자신의 싸울 의지를 알리는 데 큰 비용이 수반될 경우에는 실제로 싸울 결의가 있는 국가만 이러한 비용을 지불하려고 할 것이다.

4. 민주주의 국가와 청중비용
민주주의 국가의 지도자는 싸울 의사가 없는 분쟁에서는 물러서게 되면 국내 청중비용의 대가를 치러야 하기 때문에 애초에 위기를 증폭시키려 하지 않는다. 따라서 일단 민주주의 국가가 위기를 고조시킨다면 이는 국내 청중비용을 무릅쓰고서라도 싸울 의지가 있음을 알리는 신뢰성 있는 신호라고 볼 수 있다. 따라서 민주주의 국가가 비민주주의 국가에 비해 국제분쟁상황에서 우위를 점할 수 있다.

5. 청중비용이론의 확장

제시카 웍스(Jessica Weeks)는 권위주의 지도자가 고려하는 국내 청중비용을 주목하였다. 웍스의 연구에 따르면 권위주의 체제는 1인이 권력을 독점하는 '개인지배체제(personalist)'와 특정 무리가 권력을 행사하는 '집단지배체제'로 나뉜다. 스탈린의 소련과 김일성의 북한이 개인지배체제의 사례라면, 중국공산당이 지배하는 중국과 군부가 통치했던 미얀마는 집단지배체제의 사례이다. 집단지배체제하에서 지도자는 위기 상황과 관련된 자신의 결정에 정치엘리트나 군사엘리트가 어떻게 반응할지를 심각하게 고려한다. 따라서 민주국가 지도자의 경우처럼 쉽사리 위기를 고조시키는 허세를 부리는 데 부담을 느끼게 된다는 것이다. 웍스는 개인지배체제, 집단지배체제, 민주주의체제가 일으킨 무력분쟁에 대해 상대 국가들이 어떻게 대응하는지를 분석하여 집단지배체제와 민주주의체제가 상대방의 유사한 반응을 이끌어낸다는 점을 입증하였다. 개인지배체제가 아닐 경우 정치 지도자가 의식하는 국내 청중은 존재하기 마련임을 보여준 것이다.

6. 청중비용이론 비판

스나이더(Jack Snyder)와 보가드(Erica D. Borghard)는 수리모델과 통계분석에 기초한 사례 연구를 통해 청중 비용에 대한 비판론을 제시하였다. 스나이더(Snyder)나 보가드(Borghard)에 의하면 위기 상황에서 국내 청중의 비판을 우려하여 위기 해소를 주저한 지도자는 실제로 찾아보기 힘들다는 것이다. 국제 위기가 닥쳤을 경우 어떤 국가가 위기의 주범인지, 위기의 격화와 해소의 원인이 무엇인지 모호한 경우가 대부분이다. 따라서 지도자가 위기의 책임과 대처를 둘러싼 국내 비난을 피해갈 수 있는 다양한 방법이 존재할 수 있다. 더구나 지도자가 자신의 약속을 번복하더라도 국익을 위한 결정이라고 주장한다면 국민은 용납하고 지지할 수 있다.

9 결집효과

1. 의의

결집효과(Rally round the flag effect)는 여론과 외교정책에 관한 대표적인 주제 중 하나이다. 결집효과란 국제적인 위기가 발생했을 때, 현직 대통령에 대한 지지여론이 급등하는 현상을 지칭한다. 예를 들어 1991년 임기 마지막 해 레임덕에 허덕이던 아버지 부시(George H.W.Bush)대통령은 걸프전이 시작되면서 90%에 가까운 지지율을 기록한 바 있고, 평범한 지지율을 보이던 아들 부시(George W.Bush)대통령도 2001년 9.11테러 직후 지지율이 51%에서 86%로 급상승했다.

2. 결집효과의 이유

(1) 존 뮐러(John Müller)

존 뮐러(John Müller)는 결집효과의 이유로 위기 시 반사작용처럼 나타나는 애국심(patriotic reflexes)을 들었다.

(2) 리처드 브로디(Richard Brody)

리처드 브로디(Richard Brody)는 야당 정치 엘리트들의 비판의 부재 때문에 지지도 급등 현상이 나타난다고 주장했다. 브로디에 따르면 위기 시에는 정부가 정보를 독점하기 때문에 야당 지도자들이 단기적으로 정부에 대한 공개적 비판을 자제하게 된다. 왜냐하면 부족한 정보를 가지고 사태를 정확하게 파악하고 있지 못하면서 대통령을 비판하는 것처럼 비쳐질 수 있기 때문이다. 야당 지도자들의 이러한 조심스런 접근은 정부가 위기 사태를 잘 처리하고 있으며 초당적 협력이 이루어지고 있는 것처럼 대중에게 비쳐서 일반 대중들도 정부에 대한 비판을 자제하게 된다.

3. 결집효과의 지속성 여부

브루스 러셋(Bruce Russett) 등은 대통령에 대한 지지도 급등 현상은 단기적 현상이라고 하였다. 러셋은 길어야 4~5개월 정도이고, 대략 2개월 지속된다고 하였다. 사태 초기에는 대통령 지지율이 급등하지만 사건이 지나면서 정부정책 대응에 문제가 생기고 상황에 대한 부정적 정보들이 공개되면서 대담해진 야당 지도자들은 정부에 대한 비판을 퍼붓게 되고 이에 언론과 일반 대중들도 비판에 가세하여 지지율 급등 현상은 쇠퇴하게 된다고 하였다.

10 관심전환이론

1. 의의

속죄양가설이라고도 한다. 관심전환이론은 국내정치적 불안정과 대외적인 무력행사와의 상관관계를 설명하는 이론이다. 이 이론은 정치지도자들이 국내사회적·경제적 문제들로부터 대중들의 관심을 돌리고 자신들의 국내정치적 지위를 강화시키기 위해 전쟁을 포함한 모험적인 대외정책에 호소한다고 본다.

2. 이론적 기초

관심전환이론은 이론적으로 사회학에서 연구되어 온 내부집단 - 외부집단 가설에 근거하고 있다. 짐멜(Georg Simmel)이 제시한 이 가설은 외부집단과의 갈등이 증가할수록 내부집단의 응집성과 정치적 중앙집권화가 증가된다는 것이다. 이것은 위기 시에 지도자에 대한 지지도가 급등하는 결집효과와도 유사한 점이 있다. 관심전환이론은 정치지도자가 외부집단과의 갈등이 내부집단의 결속을 증가시킨다는 짐멜의 내부집단 - 외부집단 가설을 역으로 이용하여 내부적인 결속을 위해 외부집단과의 갈등을 의도적으로 유발한다는 논리를 포함한다. 한편, 코우저는 짐멜의 가설을 수정해서 내부적 응집성은 최소한의 내부 결속력이 이미 존재하고 있을 때, 그리고 외부 위협이 집단의 일부가 아닌 집단 전체에 대한 것이라고 일반적으로 인식될 때에만 내부집단의 결속이 증가될 것이라고 주장하였다.

3. 사례

(1) 포클랜드전쟁

경제 위기가 심각한 국내적 소요에 직면해 있던 아르헨티나 군사정부가 1982년 영국령 포클랜드제도를 군사적으로 점령함으로써 촉발된 전쟁이다. 아르헨티나 군부는 전쟁 초기에 아르헨티나 국민들의 애국심을 고취시키는 데는 성공하였으나 결국 영국에게 패배하면서 이듬해 문민정부의 출범과 함께 몰락하게 되었다.

(2) 클린턴 행정부의 이라크 공습

1998년 모니카 르윈스키와의 성추문 사건으로 탄핵 위기까지 몰렸던 클린턴 대통령이 당시 이라크의 UN 무기사찰활동 방해와 협력 거부를 이유로 영국과 함께 이라크를 공습한 것이 국내 비판여론의 관심을 전환하기 위한 의도에서 이루어졌다는 분석이 있다. 두 사건 간에는 아무런 연관성이 없다는 클린턴 행정부의 해명에는 불구하고 미국은 성추문 사건으로부터 국민의 관심을 돌리려고 의도적으로 군사적인 행동을 취하였다는 국내외적인 비판에 직면하였다.

11 리더십특성분석 접근법

1. 의의

마가렛 헤르만(Margaret Hermann)은 고위정책결정자의 리더십 스타일이 외교정책 결정과 행동에 영향을 미친다고 보고 지도자들의 특성을 7가지로 구분하였다.

2. 7가지 성향

(1) 사건 통제 능력에 대한 신념

사건통제 능력에 대한 신념은 지도자가 전개된 상황에 대해 영향을 주거나 통제할 수 있다는 신념이 강한지 약한지를 의미한다. 이러한 신념이 강한 지도자는 대체로 정책결정과정에 적극적으로 관여해서 통제하려는 경향이 있다. 또한 보다 선제적인 외교정책 성향을 보인다.

(2) 권력과 영향력의 필요성

권력과 영향력에 대한 필요는 지도자가 권력을 잡거나 유지 또는 회복하는 데 어느 정도의 관심이 있는지를 의미한다. 이러한 관심이 높은 지도자는 정책결정과정에 적극적으로 관여하고 통제하길 원한다. 또한, 상황 판단을 잘하고 합의를 통한 집단적 결정보다 주로 자신의 선호안을 결정에 반영시키려는 경향이 있다.

(3) 인지적 복합성

인지적 복합성은 지도자 자신의 주변 환경에 있는 상황과 타인들을 구별하는 능력을 말한다. 인지적 복합성이 높은 지도자는 상황에 대해 세밀한 시각을 갖고 있고, 정책결정에 영향을 주는 다양한 요인들을 복합적으로 인식한다. 반면, 인지적 단순성이 높은 지도자는 상황과 타인들에 대해 단순한 흑백 논리와 이분법적으로 인식하는 경향이 있다.

(4) 자신감

자신감은 자존감, 사건과 사람에 대해 적절히 대응하는 능력에 대한 자기 이미지를 의미한다. 자신감이 높은 지도자는 유입되는 정보에 덜 민감하고 상황변화에 좌지우지하지 않고 일관된 행태를 보이는 경향이 있다.

(5) 문제해결중심 / 관계중심

문제해결 중심적 성향의 지도자는 결정집단이 특정 문제를 해결하는 역할에 중점을 두고 있고 구성원들을 문제해결의 수단으로 간주한다. 또한 타인의 견해에 덜 민감하며 반대의견을 무시하거나 억누르려는 경향이 있다. 반면, 관계 중심적인 지도자는 결정집단의 유지와 사기를 중시하며 집단에 대한 충성심과 단결, 구성원 간 협력관계를 추구한다.

(6) 타인에 대한 불신감

타인에 대해 불신감이 높은 지도자는 타인의 동기나 행동을 의심하며 특히 입장이나 이념이 자신과 다른 경쟁자들을 불신하는 경향이 있다. 또한, 타인의 비판에 매우 민감하며 지도자에 대한 충성심을 강조한다.

(7) 자기집단 편향성

자기집단 편향성은 지도자가 자신이 속한 집단의 중심적 지위와 역할을 강조하고 집단의 정체성과 단결을 유지하는 것을 중요시한다. 세계를 '우리'와 '그들' 혹은 '친구'와 '적'의 이분법적으로 인식하며 자기 집단 내 문제를 해결하기 위해 외부집단을 희생양으로 이용할 가능성이 있다.

3. 개성이 외교정책에 실질적 영향을 주는 조건

헤르만(Margaret Hermann)은 개성이 실질적 영향을 주는 조건에 관해서 몇 가지 명제를 제시하였다. 외교정책에 대한 개인적·일반적 관심이 높을수록, 정권 획득 수단이 극적일수록, 카리스마가 있는 지도자일수록, 정부의 외교정책 조직에 대한 권한이 클수록, 외교정책조직이 발달하거나 분화되어 있지 않을수록, 외교문제에 대한 훈련이 부족할수록, 대외적 상황이 불확실할수록 지도자의 개성이 외교정책결정과 행태에 주는 영향이 커진다.

12 폴리휴리스틱 모델

1. 의의

민주화된 국가에서 국내정치와 국제정치의 결합은 국내정치과정의 중요성을 강조한다. 외교정책결정자가 정책을 결정할 때 국내정치적 고려를 반드시 함께할 수밖에 없다는 점은 민츠(Alex Mintz)가 제시한 폴리휴리스틱 모델(Polyheuristic model)에 의해 체계화된 바 있다.

2. 외교정책 결정 단계

(1) 1단계

민츠(Alex Mintz)는 외교정책 결정이 두 단계로 이루어진다고 본다. 1단계는 정책결정자가 국내정치를 고려할 때 수용가능한 선택지의 범위를 결정하는 단계이다. 정책결정자는 자신의 국내정치적 입지를 축소시킬 수 있는 선택지를 선택하기 어렵기 때문에 '비보상적'(non-compensatory)대안은 제외될 수 밖에 없다. 비보상적이라 함은 하나의 대안이 가지는 약점을 다른 대안으로 보상하거나 보완할 수 없다는 점을 의미한다. 국내정치 상황을 고려할 때 행위자는 자신의 국내정치 입지를 고려할 수밖에 없으므로 국내적 입지를 유지하거나 강화하는 대안들을 우선 선택지의 집합으로 설정할 수밖에 없다. 이 과정은 명확한 합리적 행동이라기보다는 경험적으로 설정된 국내정치에 대한 접근 방식, 즉 어림짐작에 기반한 발견법이라고 할 수 있다.

(2) 2단계

두 번째 단계는 첫 번째 단계를 통과한 선택지들을 합리적 선택에 의해 고려하는 과정이다. 이 과정은 보상적 대안의 고려 단계이며 정책목적과 국익을 극대화할 수 있는 대안들을 선택하는 과정이다. 2단계는 1단계와 달리 합리적 선택의 과정으로 외교정책 자체의 목적을 고려하는 과정이다.

3. 특징

(1) 유연성

폴리휴리스틱 모델은 유연성을 특징으로 한다. 즉, 정책결정의 절차가 확정된 것이 아니라, 결정자들의 목적이나 정책결정자들이 활동하는 영역, 그리고 다른 상황적 제약에 의해 다양하게 변화하는 것이라고 주장한다. 따라서 정책결정자로 하여금 변화하는 상황이나 환경적 요구, 때로는 그들의 심리적 상황에 자신들의 결정 과정을 적응시킬 수 있는 유연성을 제공한다.

(2) 국내정치적 요소 고려

폴리휴리스틱 모델은 외교정책결정에 있어서 국내정치적 요소의 중요성을 간과하지 않는다. 정책결정자들은 정치적 결과에 따른 이익과 손실, 비용과 편익, 위험과 보상, 성공과 실패를 무엇보다 중요하게 생각한다. 민츠(Alex Mintz)와 제바(Nehemia Geva), 그리고 드로언(Karl DeRouen)은 정치지도자들이 그들의 정책에 대한 정치적 결과를 인식하는 것이 대외정책 수단을 결정할 때 결정적인 역할을 한다고 주장했다.

(3) 보정되지 않는 정책결정 규칙들 채택

폴리휴리스틱 모델은 정책결정자들이 정책선택의 과정에 있어서 '보정되지 않는 정책 결정 규칙들(noncompensatory decision rules)'을 채택한다고 주장한다. 민츠는 정책결정자들이 복잡한 정책결정의 과정에서 전체적인 또는 보정적인 (compensatory) 과정을 채택하는 것은 드물다고 하였다. 보정 가능한 원칙이란 특징들 사이의 타협 가능한 교환(trade-off)을 시도하고자 하는 결정 전략들을 언급하는 것으로, 어느 한 특정적 차원의 높은 가치가 다른 차원의 낮은 가치를 상쇄함을 말한다. 반대로 보정되지 않는 원칙들은 어느 한 차원에서의 낮은 가치는 다른 차원의 높은 가치에 의해 상쇄될 수 없다. 예를 들어 정치적으로 채택 불가능한 차원에서 어떤 대안이 거부되었다면, 군사적 차원과 같은 다른 차원에서의 높은 가치가 이를 대신할 수 없으며, 그 대안은 결국 제외된다.

4. 평가

폴리휴리스틱 모델은 국내정치의 중요성과 외교정책의 결정과정을 결합한 모델이며, 이론적으로는 정책결정자의 상황적, 맥락적 인지과정과 객관적으로 합리적인 선택과정을 결합한 모델이다. 이 모델은 특히 복잡성과 제한된 정보, 시간적 제약이 존재하는 위기 시 정책 결정을 다룰 때 유용하다고 할 수 있다.

13 최종결정단위 접근법

1. 서설

헤르만(Margaret Hermann)은 외교정책결정의 구조를 여러 국가 유형과 쟁점 영역에 일반화하여 설명할 수 있는 분석틀로서 '최종결정단위(ultimate decision-units)' 접근법을 제시하였다. 헤르만은 외교정책결정을 통합적으로 이해하는 데 최종 정책결정단위의 기본유형을 구분하고 어떠한 특징이 있으며 그에 따르는 정책결정과정에서 정책결정자 간에 어떠한 역동성이 작용하는지를 파악하는 것이 필요하다고 하였다.

2. 최종결정단위

(1) 개념 및 유형

최종결정단위란 대외문제에 정부의 자원을 동원할 능력과 외교정책문제에 직면했을 때 쉽게 뒤집을 수 없는 결정을 내리는 권한을 가진 정책결정자들의 집합을 의미한다. 헤르만은 외교정책결정이 이루어지는 구조를 최종결정단위의 세 가지 기본 유형으로 분류한다. 첫째, 압도적 지도자(predominant leader), 둘째, 단일집단(single group), 셋째, 독자적 행위자들의 연합(coalition of autonomous actors).

(2) 압도적 지도자 유형

압도적 지도자 유형에서는 최고지도자 1인이 필요한 경우에 단독으로 외교정책 문제에 대해서 어떻게 대응할 것인지를 결정할 수 있는 권한을 가지는 동시에 모든 반대 입장을 억제할 수 있는 능력이 있는 경우에 이 지도자가 최종결정단위이다. 독재나 권위주의 정권, 공산주의 정권의 최고지도자가 여기에 해당한다. 최고지도자가 압도적 지도자로 정책결정을 하게 되는 조건들은 첫째, 외교안보문제에 대해 높은 관심을 보이며 적극적으로 관여하는 경우. 둘째, 정책문제를 위기로 인식하는 경우. 셋째, 최고급외교나 의전이 포함된 상황. 넷째, 다루는 쟁점이 최고지도자에게 특별한 관심이 있는 경우 등이다.

(3) 단일집단유형

단일집단유형은 하나의 결정집단에 복수의 정책결정자들이 소속되어 서로 협의하고 상호작용을 통해 공동으로 결정을 내리는 최종결정단위이다. 이러한 결정집단은 공식적인 정부 조직이나 위원회, 의회, 비공식적이고 임시방편의 조직 형태를 띨 수 있다. 예를 들면 한국의 국가안전보장회의(NSC), 일본 내각, 중국 공산당 중앙정치국 상무위원회 등이다.

(4) 독자적 행위자들의 연합 유형

이 유형에서 정책결정자들은 정부 제도들의 구성원이나 집단, 혹은 대표자로서 독자적 권한을 갖고 일부 또는 전원이 합의하면 정부를 위해 결정하고 행동할 수 있다. 또한, 어느 정책결정자도 독자적으로 결정하고 여타 정책결정자들에게 결정에 따르도록 강요하는 능력은 없다. 그리고 모든 독자적 정책결정자를 구성원으로 포괄하는 권위를 가진 조직이 없다. 의원내각제 국가에서 복수의 정당 간 연립정부가 구성되는 경우를 예로 들 수 있다. 대통령제국가에서 집권당과 의회 다수당이 다른 경우에도 독자적 행위자들의 연합 유형이 최종 결정단위가 될 수 있다.

3. 최종결정단위 분석틀

최종결정단위 접근법의 분석틀은 다음과 같다. 첫째, 투입요소로서 외교정책문제가 있다. 둘째, 이 문제에 대해 대응할지를 결정하고 대응한다면 어떠한 정책 옵션을 선택할지 논의한다. 즉, 결정의 계기가 조성된 것이다. 셋째, 결정의 계기가 조성되면 정부는 어떠한 최종결정단위를 통해 해당 외교정책문제들에 대해 검토하고 대응하는 정책을 결정할지 정하게 된다. 넷째, 최종결정단위가 정해지게 되면 결정단위별로 다른 요인들이 작용하여 산출요소로서 정책결정과정에서 여러 결과를 낳는다. 다섯째, 이러한 상이한 과정의 결과들이 최종적으로 외교정책행동의 내용을 결정하게 된다.

4. 최종결정단위와 외교정책결정과정

헤르만은 외교정책결정의 구조가 결정과정의 역동성에 영향을 주고 결과적으로 최종결정의 특징과 내용을 결정한다고 하였다. 첫째, 압도적 지도자 유형에서는 최고지도자가 대내외적 환경에 얼마나 민감하게 반응하는지가 결정과정에서 주요 요인이다. 둘째, 단일집단유형에서는 결정집단 내 구성원 간 의견이나 입장의 불일치와 갈등을 어떻게 관리하는지가 주요 요인이다. 셋째, 독자적 행위자들의 연합 유형의 경우 정책결정자 간 상호작용을 관리하는 결정의 규칙과 절차가 정해져 있는지, 있다면 어떠한 규칙과 절차인지가 주요 요인이다.

5. 최종 결정 형태 및 외교정책 행태 특징

(1) 6가지 최종 결정 형태

각 결정단위별로 여러 가지 영향을 받아 6가지 형태의 최종 결정 형태가 가능하다. 첫째, 우세한 입장의 옵션 선택은 결정과정에서 일단의 정책결정자들이 선호하는 우세한 정책 옵션이 최종 선택되는 것이다. 둘째, '의견일치'는 결정단위의 지도자나 구성원 대부분이 선호하는 유력한 옵션에 전원 동의하는 형태이다. 셋째, 상호 합의된 절충안은 구성원들이 자신의 입장 일부를 양보하고 타협하여 상호 절충된 정책 옵션을 최종선택하는 경우이다. 넷째, 편향된 절충안은 최종결정이 일단의 정책결정자가 선호하는 옵션이 주로 반영되고 여타 구성원의 선호가 아주 일부만 반영된 형태의 결정이다. 다섯째, 교착상태는 정책결정자들이 최종 옵션 선택에 합의하지 못한 경우이다. 여섯째, 분열된 형태의 상징적 행동은 일종의 교착 상태인데 합의에 이르지 못한 정책결정자들이 각각 독자적으로 상징적 행동(구두 성명이나 선언)만 취하려는 경우로서 정부 내 입장 조율이 이루어지지 않아 일관성이 없고 실질적 이행이 거의 불가능하다.

(2) 외교정책 행태 특징

헤르만은 외교정책 행태 특징을 4가지 차원으로 구분했다. 첫째, 정부자원을 정책 행동에 투입하는 정도인데 최소한의 투입은 상징적인 성명이나 선언과 같이 구두행동에 그치는 것이고, 높은 수준의 투입은 군사적 개입이나 통상협정 체결 등이 있다. 둘째, 선택한 행동에 수반되는 감정(affect)의 강도로서 상대 정부에 대해 갖는 긍정적 감정, 부정적 감정, 중립적 감정이 있다. 셋째, 선제적 행동인지 아니면 다른 정부 행동에 대응하는 행동인지의 차원이다. 넷째, 외교정책 수단으로서 외교적, 경제적, 군사적 수단으로 구분된다.

(3) 최종결정형태와 외교정책 행태 특징

결정과정의 결과	외교정책 행태 특징			
	정부자원 투입	감정의 강도	선제적 행동의 자발성	정책수단
의견일치	높음	강함	높음	군사적 또는 경제적
우세한 입장의 옵션 선택	높음/보통	보통	높음/보통	군사적 또는 경제적
편향된 절충안	높음/보통	보통 또는 낮음	높음/보통	외교적 + 군사적/경제적
상호 합의된 절충안	보통	낮음	보통	외교적
분열된 상징적 행동	최소	강함	개별적 행위자의 선제적 행동	외교적
교착상태	최소	중립	대응적	외교적 대응

14 독자적 행위자연합 모델

1. 의의

정책결정의 구조로서 독자적 행위자들의 연합 유형은 대표적으로 복수의 정당으로 구성되는 연립 정부체제에서 존재하는데 주로 유럽, 아시아, 기타 지역의 의원 내각제 국가에서 나타난다. 연합 유형의 결정구조에서는 다수의 독자적인 행위자나 집단이 존재하고 어느 한 행위자나 집단도 단독으로 외교정책결정을 내리고 정부 자원을 투입하여 집행할 정치적 권한이 없다. 독자적 행위자 모두가 합의하거나 대다수가 합의해야 최종결정을 내릴 수 있다.

2. 모델의 기본 구조

이 모델에서는 확립된 정책결정 규칙이 있는지, 있다면 만장일치인지 아닌지에 따라 무정부상태모델, 단위거부권 모델, 최소승자연합 모델로 나뉜다. 무정부상태모델은 확립된 정책결정 규칙이 없는 경우를 말한다. 단위거부권 모델은 의사결정규칙이 만장일치일때를 말하고, 최소승자연합은 의사결정규칙이 만장일치가 아닌 경우에 해당한다. 세 모델은 각각 핵심 매개변수를 가지고 있으며, 최종결론은 강요된 합의, 안정적 교착상태, 폭넓은 절충안, 분열된 상징적 행동 4가지 유형으로 대별된다.

3. 모델의 기본구조 설명

(1) 확립된 정책 결정 규칙

연합 유형의 결정과정과 결과에 영향을 주는 첫 번째 중요 변수는 결정규칙이다. 결정규칙은 결정단위의 구성원들이 결정을 위해서 상호작용을 할 때 따라야 하는 일반적 절차와 규범이다. 결정규칙은 법령에 의해 공식적으로 정해지기도 하고 과거의 관례나 문화적 관행에 의해 만들어진 비공식적 규범의 형태를 띨 수 있다.

(2) 3가지 모델

첫째, 의사결정시 만장일치를 요구하는 경우 단위거부권 모델이다. 국가위기 시에 주로 나타나는 모델이다. 둘째, 결정규칙이 다수결인 경우 최소승자연합모델로서 다수 정당의 연립정부에서 통상적으로 나타나는 결정과정이다. 셋째, 결정규칙이 정해져 있지 않은 경우 무정부상태모델이다. 결정과정이 유동적이고 결정권한과 이해관계가 매우 불확실한 특징을 보인다.

(3) 매개변수

첫째, 단위거부권모델에서는 모든 정책결정자가 공유하는 정책 방향의 존재 여부와 이면 보상의 가능 여부가 매개변수이다. 이면보상이란 반대하는 정책 결정자들의 동의를 얻기 위해 다른 쟁점에서 양보하겠다는 약속을 하는 것을 말한다.
둘째, 최소승자연합모델에서는 중추적 행위자의 존부와 집단 간 협상과 타협의 의지 여부가 매개변수이다. 중추적 행위자는 최소승자연합을 구성하는데 필수적인 정책결정자 또는 결정집단을 의미한다.
셋째, 무정부상태 모형에서는 정권 내 압도적 지도자의 존재 여부, 정부 자원을 투입하는 데 독점적 통제권을 갖는 행위자의 존재 여부가 매개변수이다. 압도적 지도자란 반대 입장을 억제하고 단독으로 최종 결정할 수 있는 권한을 가진 정책결정자를 지칭한다.

4. 최종 결정의 형태

첫째, 강요된 합의. 대다수가 공유하는 유력한 정책 방향으로 결정이 이루어지는 것을 말한다.
둘째, 안정적 교착상태. 합의를 이루지 못해 최종 결정을 내리지 못하는 것을 말한다.
셋째, 폭넓은 절충안. 서로 다른 입장들이 타협을 통해 상호 부분적으로 반영된 결정이다.
넷째, 분열된 상징적 행동. 합의가 이루어지지 않은 상황에서 서로 다른 입장의 정책결정자 집단들이 상대 집단의 입장을 약화시키기 위해 독자적으로 구두 성명이나 선언과 같은 상징적 행동만 취하고 문제 해결을 위한 합의된 결정을 내리지 못하는 것을 말한다.

📁 **참고**

독자적 행위자연합 모델

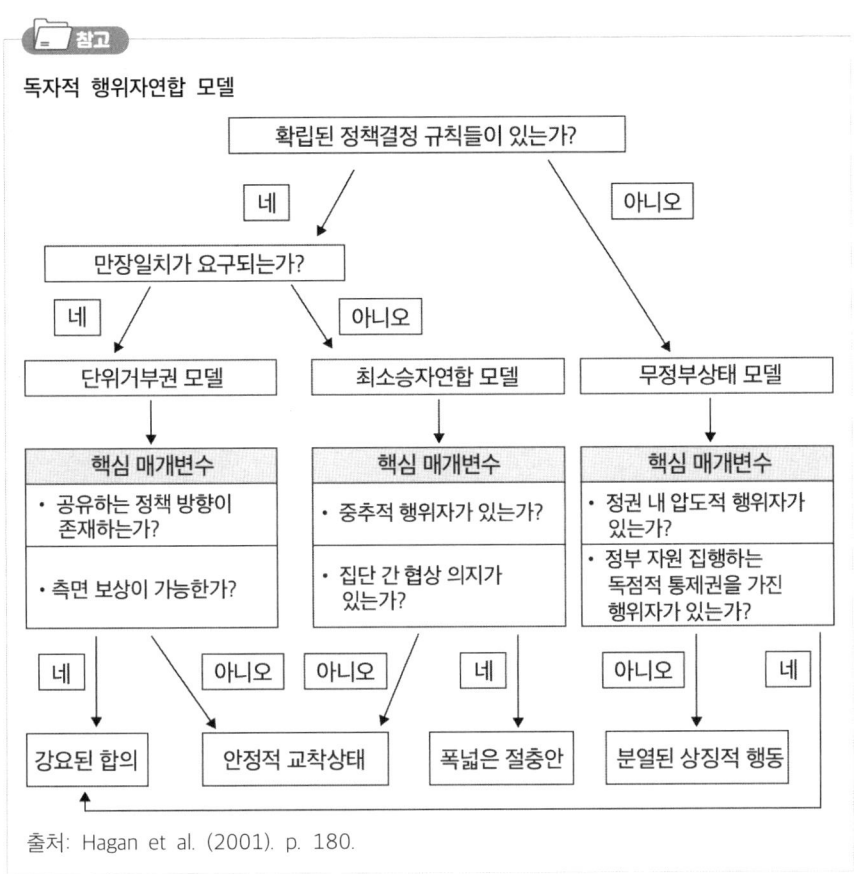

출처: Hagan et al. (2001). p. 180.

제4절 | 통합이론

1 의의

지역통합이론은 독립된 주권국가들이 통합된 정치체를 만들어가는 과정을 설명하는 것을 목적으로 한다. 지역통합이론의 역사는 바로 유럽통합의 역사라 할 수 있을 정도로 유럽통합의 부침과 함께 변천해 왔다. 유럽통합이 순항할 때는 낙관론이 지배적이었고, 침체할 때는 비관론이 지배적이었다. 1986년 단일유럽법안이 통과된 이후 약 20여 년간 유럽통합은 그 확대와 심화의 역사를 보여주었고, 현재 유럽헌법 제정 절차가 진행 중에 있다. 한편, 탈냉전기에 들어 지역통합은 거의 모든 지역에서 보편적 현상으로 자리잡아 가고 있고, 동아시아지역도 예외가 아니다. 이러한 통합현상이 활성화됨에 따라 통합에 대한 이론적 연구도 다시 활기차게 진행이 되고 있다.

2 개념 및 구별개념

1. 개념

무엇이 통합인가에 대한 합의는 존재하지 않으나, 일반적으로 통합을 상태(condition)로 정의하기도 하고, 하나의 과정(process)으로 보기도 한다. 또한 통합을 상태로 볼 경우에도 칼 도이치(Karl Deutsch)의 분류에 따르면, '다원적 안보공동체'로 볼 수도 있고 '융합된 안보공동체'로 볼 수도 있다. 신기능주의이론을 제시한 하스(E. Haas)는 통합을 '여러 개별 국가 내의 정치적 행위자들이 이전의 국민국가에 대해 관할권을 보유하게 되었거나 관할권을 요구하고 있는 새롭고 좀 더 큰 중심으로 충성심, 기대 그리고 정치적인 활동을 이전시키도록 설득되어지는 과정'이라고 정의하여 통합을 과정적 측면에서 정의하였다.

2. 구별개념

지역통합과 관련하여 두 가지 현상인 지역화 및 지역주의와 구별을 요한다.

(1) 지역화(regionalization)

경제교류의 지역적 집중현상을 지칭하는데, 이는 지역 내의 경제 상호의존이나 경제통합과 상호 대체 가능한 개념이다.

(2) 지역주의(regionalism)

경제정책의 협조나 조정을 기본 내용으로 하는 정치적 과정으로 정의될 수 있으며, 그 최고의 단계가 정치적 통합이다.

3 자유주의 통합이론

1. 기능주의

(1) 의의

미트라니(David Mitrany)는 1943년 그의 저서 『A Working Peace System』에서 새로운 국제평화 달성방안으로서 기능주의 접근법을 제시하였다. 그는 1920년대와 1930년대의 혼란과 국제연맹의 실패는 이상주의자들의 잘못된 접근전략 때문이었다고 비판하였다. 특히, 이상주의자들이 급진적인 정치적 통합전략을 시도한 것은 문제가 있다고 판단하였다. 미트라니는 국가주권의 문제를 건드리지 않고 기능적인 국제기구의 설립을 통해 비정치적인 기능적 분야에서 협력을 시작함으로써 서서히 정치적 통합에 이르는 우회적인 방식으로서 기능주의를 제안하였다. 즉, 세계평화를 위해 비정치적 문제의 해결에 주력함으로써 궁극적으로는 정치적 안정과 평화를 유지할 수 있다고 본다.

(2) 전제

① 정치적 문제와 비정치적 문제는 분리될 수 있으며, 통합에서 중요한 것은 비정치적 영역에서 인간의 필요와 욕구이다.
② 비정치적 문제에서 국가 간 협력이 이루어져 이로부터 이익을 얻을 수 있다는 것을 알게 되면, 국민들은 국가 간의 협력이 그들에게 유익하다는 것을 알게 되고, 관련국의 국민들이 국제협력의 유효성을 일단 학습하게 되면, 국가 간의 협력에 우호적인 태도를 가지게 됨으로써 국제협력에 기여할 수 있는 국가정책이 이루어지도록 영향을 미치게 된다.
③ 기술적이고 비정치적 부분에서의 협력은 점차 다른 영역으로 분기(ramification)를 일으켜 나간다.

(3) 통합전략

기능주의적 통합전략에서 중요한 점은 국가 간 갈등이 첨예하게 발생할 수 있는 정치적 통합을 시도하지 않고 국제기구를 매개로 하여 국가 간의 갈등으로부터 비교적 자유로운 기술적 영역에서부터 국가 간 협력을 시도한다는 점이다. 이러한 협력을 통해 국가들이 이익을 얻게 되면 이러한 협력의 습관은 다른 기술적인 영역들로 확산되어 나가고 궁극적으로는 정치적 통합에 이를 수 있다.

데이비드 미트라니(David Mitrany, 1888년 ~ 1975년)
루마니아의 부쿠레슈티에서 태어나 영국으로 이주하였으며, 런던정치경제대학(LSE)에서 수학하였다. 졸업 후 영국 외무성에서 근무하고 신문 편집에 관여하다가 학계로 진출하였고, 프린스턴 고등연구소 교수 등을 역임하였다. 미트라니는 국제연맹으로 상징되는 법률적 장치 등으로 주권국가를 규제하는 '정치적, 헌법적 접근법'의 한계를 지적하고, 경제사회 분야에서의 국경을 초월한 협력관계 강화에 의해서 국제분쟁의 합리적 해결을 지향하는 '기능주의적, 사회학적 접근법'을 제창하였다. 그가 주장하는 기능주의는 주저 『작동하는 평화체제(A Working Peace System)』(1943)를 통해 커다란 반향을 불러일으켰고, UN 전문기관 설립에도 영향을 주었다.

실제로 기능주의적 협력이 미트라니가 기대한 만큼의 정치적 영향을 끼치지는 못했다는 견해도 있지만, 사실 그는 정치통합에 의한 국민국가의 초월을 기대한 것이 아니라, 기술적 대응이 가능한 경제사회분야에서의 국제협력을 축적함으로써 점차로 사람들의 충성심이 국가로부터 이전되어 국제통합이 진전될 것이라고 주장하고 있었다. 이러한 주장은 국제통합이론이나 상호의존이론 등에 커다란 영향을 주었고, 최근의 글로벌 거버넌스(Global Governance)론과도 상통하는 것이라고 할 수 있다. 『정치학의 기능주의이론(*The Functional Theory of Politics*)』(1975)은 그의 회고가 포함된 논문집이다.

2. 신기능주의

(1) 의의

신기능주의는 기본적으로 기능적 접근법, 즉 비정치적 영역에서부터 통합을 시작하여 점진적으로 보다 높은 차원의 정치적 통합을 이루어간다는 전략을 공유하고 있으나, 현실과 배치되는 기능주의의 몇 가지 전제를 수정하였다. 무엇보다, 기능주의가 배제한 정치변수의 역할을 복원함으로써 보다 현실적합성이 높은 통합전략을 제시하였다. 하스(Ernst B. Haas)에 의해 제시된 신기능주의이론은 유럽통합의 이론적 기초를 형성하였으며, 지금도 가장 영향력 있는 이론의 하나로 평가받고 있다.

(2) 이론적 전제

신기능주의는 몇 가지 이론적 전제를 가지고 있다.
① 통합의 진전은 기능적 확산효과의 압력(functional spillover pressure)에 의해 자동적으로 이루어지는 것이 아니라, 자기이익을 추구하는 행위자의 적극적인 개입이 필요하다.
② 신기능주의는 정치를 다원주의적 관점에서 파악한다. 다원주의 정치이론은 산업화의 진전에 따라 다원화된 사회적 이익이 집단 구성을 통해 세력화되고, 집단화된 사회세력 간의 상호작용이 곧 정치과정이며, 그러한 상호작용의 결과가 정부의 정책으로 표출된다고 본다.
③ 신기능주의는 다원주의적 정치동학이 국가 수준뿐만 아니라 초국가적 수준에서도 발현될 수 있다고 본다. 의사 결정의 소재가 국가영역에서 점차 초국가적 권위체로 이양되면서 이익집단 활동의 초점이 초국가적 기구로 전이된다는 것이다.

(3) 통합전략 및 통합요인

신기능주의적 통합전략은 우선 기술적 문제를 다루기 위해 제한적인 초국가기구를 수립하는 데서부터 출발한다. 초국가기구가 수립된 이후부터는 점진적으로 통합이 확산된다. 통합이 확산되는 것은 국가 간 다른 비정치적 분야에서도 통합이 진행되고, 이미 통합된 국제기구 내에서 국제기구의 자율성과 권한이 보다 강화되는 것을 의미한다. 확산에 있어서 중요한 행위자는 초국가적 관료들과 이익집단들이다. 우선, 초국가적 관료들은 자신들의 역할과 권한을 확대시키기 위해 통합의 대상 분야를 확대시키려는 경향을 가지게 된다. 또한 통합이 이루어지는 지역의 이익집단들도 초국가적 기구를 대상으로 한 이익표출활동 등을 통해 점차 초국가적 기구에 대한 기대의 강도가 증대됨으로써 통합의 심화를 위한 사회적 환경을 적극적으로 조성하게 되고 이에 따라 통합의 확산경향에 일조하게 된다.

(4) 통합의 성공조건

하스(Haas)는 신기능주의적 통합이 성공적으로 이루어지기 위해서는 크게 세 가지의 '배경조건(back-ground conditions)'이 필요하다고 본다. ① 지역통합에 참여하는 국가들이 다원주의적 사회구조를 가질 것, ② 경제 및 산업 발전의 수준이 높을 것, ③ 참여하는 국가들 사이에 이념적 정향성의 공통분모가 상당 정도 존재할 것 등이다. 하스는 유럽의 경우 이러한 배경조건이 모두 충족되어 통합이 시작될 수 있었고, 초국가적 관료나 초국가적 수준에서 활동하는 이익집단의 존재 등이 통합의 모멘텀을 지속시켜 주었다고 본다.

(5) 기능주의이론과 비교

① **공통점**: 첫째, 통합의 시작은 비정치적 분야에서 하는 것이 주권에 민감한 정치적 영역에서 시작하는 것보다 통합에 유리하다고 본다. 둘째, 통합을 위해 비정치적 영역에서 국제기구를 의도적으로 창출한다. 셋째, 비정치적 영역에서 시작된 통합은 다른 비정치적 영역으로, 그리고 궁극적으로는 정치적 영역으로 점진적으로 확산될 것으로 가정한다. 넷째, 통합에 있어서 국가의 역할보다는 시민사회나 초국가관료 등 비국가행위자나 비국가영역의 역할을 중시한다.

② **차이점**: 첫째, 파급효과에 있어서 기능주의이론은 학습과정을 통해 자연적으로 파급되어 갈 것으로 전제하나, 신기능주의는 정치행위자들의 파급을 위한 선호나 의도가 중요한 변수라고 본다. 하스는 파급이 일어나는가를 결정짓는 변수를 제시하였는바, 파급을 담당할 수 있는 다원적 행위자의 존재 여부, 국제관료와 국가관료의 연계, 국가엘리트들 간의 공유가치 등이 중요하다. 둘째, 주된 행위자에 있어서도 기능주의는 사적이고 자발적인 비정치적 그룹, 즉 기술전문가를 주된 행위자로 보나, 신기능주의는 통합에 의해 그들의 이익이 영향을 받게 되는 압력단체, 정당, 정부기관, 초국가적 관료들을 주요 행위자로 본다. 따라서, 신기능주의는 공적이고 정치적이며 관료적인 그룹을 통합의 주된 행위자로 본다. 셋째, 미트라니(Mitrany)는 세계적 규모로 조직된 국제기구와 회원국의 보편성을 강조하나, 하스(Haas)는 지역적 규모로 조직된 국제기구와 회원국의 지역성을 강조한다.

● 기능주의와 신기능주의 비교

구분		기능주의	신기능주의
공통점		• 비정치 분야에서 통합 시작 • 국제기구의 의도적 창출 • 비국가행위자의 역할 강조 • 정치 통합가능성 긍정	
차이점	파급과정	자연적 파급 (ramification)	의도 또는 정치변수 중요 (spill-over effect)
	행위자	기술전문가	압력단체 등 정치적 행위자
	포괄범위	전세계적 통합	지역통합

> **참고**
>
> **언스트 하스(Ernst Bernard Haas, 1924년 ~ 2003년)**
>
> 독일 프랑크푸르트 출신으로 1938년 나치의 박해를 피해 가족과 함께 미국으로 이주하였다. 1952년 콜롬비아대학에서 박사학위를 취득하였고, 1951년 이후 캘리포니아대 버클리교에서 교수를 역임하였다. 미트라니(Mitrany)의 기능주의(functionalism)를 비판적으로 계승하여 『The Uniting of Europe: Political, Social, and Economic Forces, 1950~1957(1958 초판/1968년에 재판)』, 『Beyond the Nation-State: Functionalism and International Organization』(1964) 등에서 신기능주의(neo-functionalism)를 제창하였다. 신기능주의는 유럽통합의 경험에 착목하여 통합은 '파급(spill-over)효과'에 의해 다양한 분야로 점진적이며 자율적으로 확장될 수 있다는 것, 경제 등의 하위정치(low-politics)만이 아니라 안전보장 등의 상위정치(high-politics)에서도 국제통합이 가능하다는 것, 통합의 진전과 함께 국민국가에서 초국가적 기구로 권위나 충성심이 이전해 간다는 것 등을 주장하였다. 하스의 통합론은 국가의 중심성을 강조하는 정부간주의(intergovernmentalism)의 입장에서 비판을 받았으며, 또한 1960년대 중반 이후 유럽의 통합이 정체되자 신기능주의가 과도하게 낙관적이었다는 것을 스스로 인정하게 되었다. 그러나 『When Knowledge is Power: Three Models of Change in International Organizations』(1990)에서는 국제정치에 있어서의 지식이나 학습의 중요성을 지적하면서 새로운 경지를 개척하였다. 아들 피터 하스 교수(University of Massachusetts Amherst)도 레짐 형성에 있어서의 지식공동체(epistemic community)의 중요성을 지적한 것으로 알려진 저명한 국제정치학자이다.

4 현실주의 통합이론

1. 서설

현실주의이론가들은 무정부적 국제체제에서 국가들이 국제협력이나 국제제도의 형성에는 소극적일 것으로 보고, 유럽통합과 같은 국제협력은 실패할 것으로 본다. 그러나 1950년대 시작된 유럽통합이 현재 심화 및 확대됨에 따라 현실주의적 가정을 견지하면서도 유럽통합을 설명하기 위한 가설들을 제시하고 있다. 다음에서는 통합 또는 국제협력에 대한 현실주의자들의 일반적 견해를 검토하고, 현실주의적 관점에서 통합을 설명하기 위한 몇 가지 시도들을 비판적으로 논의한다.

2. 통합에 대한 현실주의의 일반적 견해 - 통합가능성에 대한 비관론

(1) 상대적 이득 및 배반

신자유주의자들이 무정부상태를 단순한 집행의 부재(lack of enforcement)로 이해하고 국가들이 절대적 이득을 합리적으로 추구하는 존재로 보는 것과 달리, <u>신현실주의자들은 무정부상태를 보호의 부재(lack of protection)로 보고 국가들은 생존에 영향을 미칠 상대적 이득(relative gains)에 보다 관심을 가진다고 본다.</u> 따라서 국가들은 협력을 통한 이득이 존재한다고 해도, 이익의 배분이 비대칭적이고 이로 인해 자국의 생존이 위태로워질 수 있음을 우려하여 협력에 소극적이라고 본다. 또한, 협력이 발생해도 배반의 우려를 해소할 수 없고, 국가들은 배반의 유인을 가지고 있기 때문에 협력이 유지되기 어렵다고 본다.

(2) 안보외부재효과

고와(Joanne Gowa)는 무역의 '안보외부재효과'라는 개념으로 국제협력이 어렵다는 점을 설명하였다. 무정부하에서 발생하는 경제거래는 힘의 배분상태에 영향을 미치게 된다. 교역은 상대국에게 어떤 형태이든 경제적 이득을 가져다 줄 것이고, 이것은 궁극적으로 그 나라의 군사력에 영향을 미친다. 그런데 경제적 이득이 불균등하게 배분되는 경우 이는 군사적 힘의 변화를 초래하여 국가 안보에 상당한 위협을 줄 수 있다. 요컨대, 무정부하에서 국가들은 안보외부재효과를 우려하여 국제협력에는 소극적이다.

(3) 영향력 효과(influence effect)

허쉬만(Hirschman)은 경제거래관계가 권력관계로 재편될 수 있음을 간파하고 이를 '영향력 효과'라는 개념으로 제시하였다. 허쉬만은 권력을 '관계'적 관점에서 이해하고 국가들이 경제관계를 맺을 때 권력관계가 발생할 수 있다고 보았다. 즉, 국가들이 경제적으로 서로 긴밀한 관계를 맺을 때 이 관계는 단절 시의 고통과 비용을 고려하면 취약성으로 발전할 수 있고, 상대방의 취약성은 자신의 힘의 원천이 될 수 있는 것이다. 이 논의에 기초하면, 약소국들은 지역 강대국들과 경제관계를 강화하는 경우 취약성이 증가하기 때문에 경제통합을 시도하는 것은 합리적이지 못한 선택이 되는 것이다.

3. 양극체제와 지역통합

(1) 유럽통합에 대한 설명

고와(Joanne Gowa)는 양극적 힘의 배분상태가 유럽통합의 원동력이었다고 본다. 양극체제하에서 같은 진영에 속하는 국가들 간에는 무역의 안보외부재효과가 소멸되거나 완화되기 때문에 이에 대한 우려 없이 국가들은 경제협력이나 지역통합에 나설 수 있다는 것이다. 카포라소(Caporaso)는 유럽경제공동체(EEC) 회원국들이 북대서양조약기구라는 지역안보공동체의 구성원이었기 때문에 통합의 동력이 훨씬 더 강력하였다고 본다. 왈츠(Kenneth Waltz) 역시 양극체제라는 새로운 환경 때문에 유럽 국가들은 소련의 위협에 공동으로 대응할 유인이 생겨 효과적으로 통합을 추진할 수 있었다고 본다.

(2) 비판

양극체제를 변수로 삼아 유럽통합을 설명하는 것의 가장 큰 문제점은 탈냉전기에 오히려 유럽의 통합이 심화되고 있는 현상을 설명하지 못한다는 점이다. 고와(Joanne Gowa)의 주장에 따르면 군사동맹의 중요성이 약화됨에 따라 자유무역이나 경제통합제도를 강화시켰던 안보외부재효과의 중요성도 감소하고 결과적으로 통합제도 역시 약화되어야 한다. 미어샤이머(Mearsheimer)는 탈냉전기 미국은 유럽에서 철수하고, 유럽은 다극질서로 변모하여 긴장과 갈등이 고조될 것으로 보았다. 요컨대, 신현실주의이론은 냉전 해체에도 불구하고 유럽통합이 가속되고 있는 현실을 적절하게 설명하지 못하고 있다.

4. 구속명제(Binding Thesis) - 그리코(Joseph Grieco)

(1) 제도의 효과

현실주의자들은 국제제도를 기존 권력관계의 단순한 반영물로 보고, 이러한 권력관계를 충실하게 반영하는 경우에만 성공적으로 작동될 수 있을 것으로 본다. 또한, 제도는 강대국이 약소국의 행위를 제약하기 위한 목적으로 사용된다고 본다. 그러나 크라스너(Krasner)는 국제제도는 국력의 규모와 상관없이 그 구성원들의 행위를 규제하고, 구속하는 힘을 어느 정도 가지며, 이러한 보편적 구속력은 시간이 흐름에 따라 늘어난다고 본다. 따라서 제도를 어떻게 형성하는가에 따라 약소국들이 오히려 강대국들의 행위를 제약하는 목적으로 제도를 이용할 수 있다고 본다.

(2) 유럽통합에 대한 설명 - 발언권 확대(voice opportunities)를 위한 구속명제

그리코는 유럽통합은 유럽의 이등국가인 프랑스, 이탈리아, 벨기에, 네덜란드 등이 강대국인 독일에 맞서서 안보위협을 약화시키고 자신들의 발언권을 강화시키기 위한 목적으로 추진한 것으로 본다. 그리코에 따르면 약소국가는 국제제도 안에서 자신의 역할을 강화하면서 동시에 거대국가들과 밀착된 시장에 편입됨으로써 발생하는 비용을 절감하고 적절하게 관리하기 위해 정치적 영향력을 증대시키려 한다. 또한 이들은 고도의 제도화와 법제화를 추진하여 강대국의 자의적 권한 행사를 방지하고자 한다.

(3) 비판

구속가설에 기초한 유럽통합의 설명에 있어서 문제점은 유럽에서 가장 강력한 국가인 독일이 왜 스스로 제도 속에 자신을 속박하려 하였는가에 대한 점을 충분히 설명하지 못한다는 점이다. 더구나, 소련의 위협으로부터 공동대응이 불필요해진 상황에서도 독일이 유럽통합을 주도해 나간 점도 설명력의 한계로 남는다. 또한 이탈리아, 벨기에, 네덜란드 등과 같은 이등국가들이 세력균형의 목적에서 유럽통합에 참여하기로 결정하였는가에 대해서도 논란이 있다. 이들 국가는 국제체제나 세력균형의 목적보다는 국내정치적 목적에서 참여하였다고 보는 주장이 설득력을 얻고 있다.

5. 패권안정론

(1) 유럽통합에 대한 설명

패권안정론은 패권체제의 붕괴와 경제의 블록화현상을 연계시켜 설명한다. 국제경제체제의 안정과 개방을 위해서는 안정적 패권국가의 존재를 필요로 하는데, 패권이 하락하는 경우 경제적으로 불안정해지고 차별적 무역협정(preferential trading arrangements: PTAs)이 증가한다. 탈냉전기에 유럽통합이 가속화된 것은 미국의 패권이 쇠퇴하면서 점차 약탈적으로 변화한 패권국에 대응하기 위해 유럽 국가들이 차별적 무역협정을 체결한 것으로 이해할 수 있다.

(2) 비판

유럽통합이 시작된 시기는 1950년대 초반으로 미국이 제2차 세계대전에서 승리하고 미국의 국력이 최고조로 집중되어 있던 시기, 즉 미국 패권의 시기였다. 패권쇠퇴와 지역통합의 진전은 이러한 역사적 현실과 일치하지 않는다. 또한, 패권안정론자들은 1970년대 이후가 미국 패권의 쇠퇴기라고 보고 있으나, 이에 대해서는 논란이 있다. 나이(Nye)를 위시한 학자들은 미국 패권은 제2차 세계대전 이후 지속적으로 상승해 왔다고 본다. 이러한 설명에 따르면, 1990년대 초반 유럽통합의 심화를 미국의 패권쇠퇴와 연결시켜 설명하는 것은 한계가 있다.

6. 정부간협상론 - 호프만(Hoffmann)

(1) 서설

호프만의 정부간협상론은 신기능주의에 대한 현실주의의 대응 차원에서 본격적으로 이론화되었다. 호프만은 신기능주의가 정확하다면 정치는 죽어야 한다고 역설하면서 유럽연합의 정책 결정과 제도화는 유럽의 초국가 기구가 주도하는 것이 아니라 국가들이 주도하는 것으로 이해해야 한다고 주장하였다. 정부간협상론은 철저하게 현실주의 가정에 기초하여 유럽통합을 설명하려는 시도이다.

(2) 배경 - 공석의 위기(empty chair crisis)

정부간협상론이 본격적으로 부상하게 된 계기는 1965년 프랑스 대통령 드골에 의해 촉발된 '공석의 위기'이다. 공석의 위기란 당시 유럽경제공동체(EEC)의 집행위원장이었던 할슈타인에 의해 시도된 유럽의회의 기능과 권한 강화 시도를 무산시키기 위해 EEC의 모든 각료이사회에서 프랑스가 자국의 대표단을 철수시킨 사건을 말한다. 이 사건은 초국가적 통합의 추진 세력과 국가주의적 세력 사이의 갈등이 빚어낸 것으로, 초국가적 통합의 과정에 제동이 걸리고 회원국 정부의 발언권을 강화시키는 계기가 됨으로써 유럽통합에 대한 신기능주의의 설명과 예측에 심각한 회의를 제기하는 근거를 제공하였다.

(3) 유럽통합에 대한 설명

정부간협상론은 유럽통합을 주권국가에 의한 자국의 이익 극대화행위라는 관점에서 이해한다. 유럽통합의 출발점이 된 유럽석탄철강공동체도 기본적으로 독일을 제어하기 위한 프랑스의 정책, 패전국의 낙인으로 국제적 고립하에 놓인 독일의 위상 강화 노력, 독일에 대한 제어와 대외교역의 확대가 국가안보와 국가발전에 필수적이었던 서유럽의 군소국가들의 정치경제적 동기 등이 어우러져 만들어 낸 작품이었다. 요컨대, 정부간협상론의 관점에서 볼 때 유럽의 통합은 근본적으로 국가이익의 수렴이 이루어졌을 때 그 실현을 위한 정책도구의 일환으로 사용되어 왔다.

(4) 통합요인 및 통합의 지속과 정체에 대한 설명

정부간협상론에 따르면 유럽통합의 근본적 동인은 회원국 정부 간 이해관계의 수렴현상이다. 따라서 이해관계의 수렴 여부에 따라 통합이 지속될 수도 있고 정체될 수도 있다. 즉, 국제정치적 상황 변화 또는 국내정치경제적 상황 변화에 따라 회원국 정부 사이에 통합에 대한 이해관계가 수렴되면 통합에 진전이 있고, 이해관계의 수렴이 이루어지지 않을 경우 통합의 추진이 어려워진다고 본다. 그리고 통합의 구체적 내용과 방향은 회원국 간의 힘의 관계에 의해 기본적으로 결정된다고 본다. 즉, 통합과정에서 형성되는 공동체의 정책에 힘의 관계에 있어서 주도적 위치에 있는 국가의 선호도가 더 많이 반영된다.

(5) 유럽통합에 대한 전망

정부간협상론은 주권국가들의 상호 선호가 수렴되는 영역에서 각국의 이익을 극대화하는 행위로 보기 때문에, 신기능주의가 전망하는 바와 달리 정치적 통합은 한계가 있다고 본다. 결국 지역통합이란 회원국들이 개별적 행동에 의해서는 성취하기 어려운 국가이익의 실현을 도모하는 수단적 성격에 국한될 수밖에 없으므로 지역통합의 범위에는 한계가 있다. 현재 '경제적 거인, 정치적 소인'으로 묘사되는 유럽연합의 위상은 그러한 내재적 한계를 보여주는 것이다.

(6) 모라프칙(Andrew Moravcsik)의 자유주의적 정부간협상론(liberal intergovernmentalism)

① **서설**: 모라프칙은 국가의 선호도 또는 국가이익이 결정되는 국내정치과정을 도입한 자유주의적 정부간협상론을 제시하였다. 모라프칙은 유럽연합의 회원국 정부가 국내의 사회적 압력과 국제환경적 제약 속에서 합리적으로 행위하는 것으로 간주되어야 한다고 본다. 모라프칙의 이 이론은 국내 정치 영역에서 발생하는 국가선호의 형성과정을 다룬다는 점에서 자유주의적이고, 국가가 통합을 둘러싼 전략적 협상을 주도한다고 강조하는 점에서 현실주의적인 이론이다.

② **통합의 삼단계**: 모라프칙은 유럽통합의 진행과정을 3단계로 설명한다. 첫째, 회원국의 정책선호가 국내정치과정을 통해 형성되는 과정, 둘째, 회원국들 사이의 협상이 진행되고 타결되는 과정, 셋째, 제도적 선택이 이루어지는 과정, 즉 초국가적 기구에 대한 의사결정 권한의 위임 정도를 선택하는 과정이다. 모라프칙에 의하면 회원국의 유럽통합에 대한 정책선호는 기본적으로 경제적 이익에 대한 고려에 의해 크게 좌우되며, 회원국의 협상결과는 국가들 간의 비대칭적 상호의존성에 의해 결정되는 바가 크고, 제도적 선택은 정책 분야에 따라 그리고 회원국들 사이에서 어느 정도의 신뢰가 필요한가에 따라 달라진다.

(7) 신기능주의와의 비교

통합에 대한 설명에 있어서 현실주의를 대변하는 정부간협상론과 자유주의를 대변하는 신기능주의는 다양한 차이점이 있다.

① 통합의 주요 행위자에 있어서 신기능주의는 초국가관료와 초국가행위자를 강조하는 반면, 정부간협상론은 국민국가의 역할을 강조한다. 호프만(Stanley Hoffmann)에 의하면 유럽통합과정에서 초국가적 기구의 권한이 강화되는 것은 회원국의 정부들이 그렇게 하는 것이 각국의 이익에 긍정적인 기여를 할 것으로 판단하기 때문이다. 통합의 속도나 방향을 결정하는 주도권은 회원국이 장악하고 있다.

② 신기능주의는 파급효과가 의도적이기는 하나, 비교적 파급효과가 발생하는 것에 보다 강조점을 둔다. 반면, 정부간협상론에서는 통합을 확대 또는 심화시킬지 여부는 국가들의 선호와 협상에 달려있으므로 단선적으로 통합이 확대되는 것으로 보지 않는다.

③ 정치통합의 가능성에 있어서, 신기능주의는 궁극적으로 경제통합은 정치통합으로 귀결될 것으로 본다. 그러나 정부간협상론은 기본적으로 민족국가 간 병존체제로서의 근대국제체제를 전제하고 있으므로, 국가들이 정치적 통합에는 소극적일 것으로 본다.

◆ 정부간협상론과 신기능주의 비교

기준	정부간협상론	신기능주의
패러다임	현실주의	자유주의
행위자	국가	초국가관료, 초국가행위자
파급효과	불확실	발생
정치적 통합	비관적	낙관적

(8) 비판

① 유럽연합은 단지 유럽 국가들의 정책적 수단에 불과한 것인가에 대한 비판이 있다. 유럽연합은 회원국의 정책적 필요성에 좌우되는 피동적 도구가 아니라, 오히려 회원국들의 행위에 제약을 가하고 영향력을 행사하는 독자성을 획득하고 있는 것으로 보는 입장도 있다. ② 정부간협상론의 엄격한 국가중심 설명은 최근 '다층통치체제론(multi-level governance)'에 의해 도전을 받고 있다. 다층통치체제란 다양한 문제해결을 위한 권한이 다양한 행위자에 분산되어 있고, 각 행위자 간 협력에 의해 문제를 해결하는 지배기제를 말한다.

다층통치체제론은 유럽연합을 이러한 다층통치체제로 보고 여기에는 국가 이외에 유럽연합의 주요기구들, 비국가행위자들이 복합적 상호의존하에 참여하고 있다고 본다. 이러한 체제에서 국가의 권한과 영향력은 상대화될 수밖에 없을 것이다. 그럼에도 불구하고 정부간협상론은 국제기구나 초국가행위자들의 영향력을 배제하고 있어 설명력에 한계가 있다.

5 거래주의(transactionalism) 통합이론

1. 의의

거래주의 통합이론은 통합을 결과로서 설명하는 대표적인 이론이다. 거래주의에서는 통합을 안보공동체의 형성으로 정의한다. 도이치(Deutsch)는 커뮤니케이션과 정치공동체의 통합과의 관계에 관심을 가지고 구성원 간의 커뮤니케이션과 거래관계의 증대를 통합의 필수요건으로 간주하였다.

2. 통합요인

도이치(Deutsch)는 안보공동체로 정의되는 통합이 달성되기 위해서는 특정 제도를 설립하는 것이 중요한 것이 아니라 사람과 사람의 관계에서의 광범위한 사회적 과정이 중요한 역할을 한다고 본다. 정치적·경제적·사회적·문화적 커뮤니케이션이나 거래를 통한 사람들의 접촉의 증가는 사회심리적 과정을 거쳐 국민들을 동화시키며 이어서 좀 더 큰 공동체로의 통합과 제도화가 이루어진다고 본다.

3. 안보공동체(security community)

도이치(Deutsch)는 통합을 '안보공동체'의 개념으로 정의한다. 즉, '국가들 사이에서 서로를 상대해서 전쟁을 일으킬 가능성이 없는 관계를 획득하고 전쟁 대신 평화적 수단에 의해 변화가 가능하다는 기대를 상호 확신할 수 있을 만큼 강력한 공동체 의식을 달성하는 것'을 통합이라 본다. 도이치(Deutsch)는 안보공동체를 통합 이후에 개별 국가들이 독립성을 유지하고 있는가를 기준으로 '다원적 안보공동체(pluralistic security community)'와 '융합된 안보공동체(amalgamated security community)'로 나눈다. 다원적 안보공동체는 각 정부가 법적으로 분리되어 독립을 유지하는 안보공동체를 의미하며, 융합된 안보공동체는 국가들이 하나의 단일국가나 연방국가로 통합되는 것을 말한다.

4. 신기능주의와의 비교

(1) 신기능주의는 통합을 과정으로 보나, 거래주의는 통합을 안보공동체가 형성된 상태 또는 결과로 본다.

(2) 통합에 있어서 핵심적인 요소를 신기능주의는 국제기구의 설립으로 보나, 거래주의는 기구의 설립보다 사회심리적 동질성, 즉 우리의식(we-feeling)의 형성이 보다 중요한 통합요인이라고 본다.

5. 비판

(1) 어느 정도의 사회적 동질성의 형성을 통합으로 볼 수 있는지 명확하지 않다.

(2) 정치변수의 역할이 배제되어 있다. 거래주의에서는 국민들의 태도나 감정의 변화가 정부정책의 변화를 촉진할지 모른다고 암시되어 있을 뿐 왜 사회적·심리적 변화가 정부수준의 변화로 전이되는가에 대한 설명이 결여되어 있다.

칼 도이치(Karl Wolfgang Deutsch, 1912년 ~ 1992년)

프라하에서 태어나 프라하의 게르만대학(the German University)을 졸업한 뒤 1938년 체코슬로바키아의 찰스국립대학(Charles University)에서 박사학위를 받았다. 뮌헨협정이 체결된 이해(1938년)에 미국으로 건너가 MIT, 예일대학에서 교편을 잡다가 1967년부터 하버드대학의 교수가 되었다. 생물이나 기계의 기능이나 구조를 설명하는 과학이론이었던 사이버네틱스이론을 정치학 분야에 응용하였으며, '입력', '출력', '피드백' 등의 개념을 사용해 커뮤니케이션이론에 관한 연구로 많은 업적을 남겼다. 또한 계량분석을 도입해 과학적인 사회과학이론의 확립을 위해서도 노력하였다. 1963년에 저술한 『정부는 신경체계』(The nerves of government: Models of political communication and control)는 사이버네틱스이론에 입각한 정치 분석의 틀을 전개한 고전적 명저이다. 국제정치 분야에서는 커뮤니케이션이 내셔널리즘이나 국제협조에 미치는 영향에 대해서 고찰하였다. 1953년에 간행된 『민족주의와 사회적 커뮤니케이션』(Nationalism and Social Communication: An Inquiry into the Foundations of Nationality)은 커뮤니케이션론의 입장에서 내셔널리즘을 분석한 선구적인 업적이며, 1957년에 출판된 『정치공동체와 북대서양지역』(Political community and the North Atlantic area: international organization in the light of historical experience)은 안전보장공동체라는 개념을 제시해 국제통합론에 공헌하였다. 1969년부터 1970년까지 미국정치학회장을, 1976년부터 1979년까지 세계정치학회장을 역임하는 등 국제적인 지적교류에도 열성적이었다. 그 밖의 저서로는 『The analysis of international relations』(구영록 옮김, 『국제정치의 분석』 법문사, 1972년) 등이 있다.

6 구성주의

1. 서설

신현실주의와 신자유제도주의가 양분해 온 국제정치에 대한 이론적 연구는 최근 들어 이들 양자를 망라하는 합리주의와 새롭게 부상하는 구성주의 사이의 대립 구도로 확연하게 전환되었다. 구성주의의 가장 두드러진 차이점은 합리주의가 행위자들의 선호도를 외부로부터 주어진 불변의 것으로 상정하는 것과 달리, 행위자들의 선호도가 내생적으로 형성된다고 가정하는 것이다. 구성주의는 행위자들이 사회화 과정과 학습을 통해 새로운 규범이나 가치체제를 체득하고, 새로운 정체성을 형성함으로써 자신의 선호도 자체를 변화시킬 수 있다고 본다. 최근 구성주의적 접근법은 유럽통합 연구에서 새로운 접근법으로 크게 각광을 받고 있다.

2. 구성주의와 유럽통합

구성주의적 관점에서의 유럽통합은 유럽 국가들이 기존의 국민국가로서의 정체성에서 벗어나 '유럽정체성'을 형성해 가는 '정체성의 정치(identity politics)' 과정으로 이해할 수 있다. 그 과정에서 행위자와 다양한 국제레짐은 간주관적 상호작용을 지속하면서 정체성의 상호적 형성에 영향을 주고 있다. 한편, 형성된 유럽정체성하에서 국가들은 새로운 상호관계 패턴을 발생시킨다고 볼 수 있다.

7 조화체제론(Concordance System Theory)

1. 의의

푸차라(Donald J. Puchala)는 기존 통합이론들이 현재의 통합상태보다는 통합이 미래에 어떨 것이고 어떤 것이어야만 한다는 것에 치중한 관계로 통합을 적확하게 기술하고 있지 못하다고 비판하고, 통합이 현재 어떠한 모습을 하고 있는지에 집중해야 한다고 본다.

2. 조화체제의 개념

'조화체제'란 푸차라(Donald J. Puchala)의 견지에서 실증적으로 다가오고 있다고 보는 체제로서, 행위자들이 일관되게 그들의 이익을 조화시키고, 그들의 차이점에 대해 타협하며, 그들의 상호작용으로부터 상호 이득을 거두어들일 수 있는 국제체제를 말한다.

3. 조화체제의 특징

푸차라(Donald J. Puchala)는 조화체제가 다음과 같은 모습을 띤다고 본다.

(1) 국가가 여전히 중요한 행위자이나 그 밖의 다양한 행위자들이 통합에 참여하고 있으며, 이들은 상호 이익을 가져다 줄 합의를 위하여 상호작용한다.

(2) 조화체제는 고도로 제도화된 체제로서 행위자들은 수립된 통상적인 절차에 따라 조직의 연계망(network)을 통해 모든 쟁역에서 그들 간의 거래가 이루어진다.

(3) 조화체제에서 행위자들은 개별적인 국가들만으로는 부적합하다는 인식을 공유하고 있으며, 서로에게 이득이 되는 결과를 도출해야만 한다는 의무감을 공유하고 있다.

지역통합에 관한 관점 비교

구분	자유주의	현실주의	구성주의
통합요인	다원적 이익	국가이익	집합정체성
통합주체	초국가관료, 초(비)국가행위자	정부(엘리트)	국가
정치통합 가능성	긍정	부정	긍정 (융합안보공동체)
파급효과	긍정	사회적 선호에 달림	긍정
통합의 정의	과정	국익추구현상	결과
주요 이론	신기능주의	정부간협상론	거래주의

제5절 | 상호의존론

1 의의

상호의존론은 현실주의이론에 대한 비판에서 출발하였으나 기본적으로 현실주의이론이 설명하지 못하는 부분을 보완적으로 설명하기 위해서 제시된 이론이다. 현실주의 이론가들은 국제정치를 중심적 행위자인 국가들이 무정부적 국제체제에서 권력투쟁을 하는 것으로 묘사하였으나, 국제정치의 현실은 현실주의적 설명 및 예측과는 다르게 전개되고 있었다. 국가들은 특정 쟁역에서 협력하기도 하며, 비국가행위자들이 국제정치과정에 중요한 영향력을 행사하기도 한다. 또한, 국가는 안보 이외의 경제이슈도 국제관계에서 중요한 의제로 논의되고 있다. 상호의존론자들은 권력정치적 국제정치의 현실과 다층적 상호의존의 국제관계를 단 하나의 이론 모형으로는 설명하기 어렵다고 보고, 쟁역별로 다양한 이론을 제시하고자 하였다. 상호의존론은 기능주의와 신기능주의 통합이론에 의해 발전되어 온 자유주의에 기반을 두고 구축되었으며, 이후 신현실주의를 비판하면서 등장한 신자유주의적 제도주의에 의해 대체되었다.

2 등장배경

1. 현실적 배경

(1) 국가 간 상호의존성의 심화

상호의존론은 실제 국제관계가 세 가지 차원에서 상호의존성이 심화되어 가는 현실을 배경으로 등장하였다.
① 국가들은 무역, 투자 및 금융 차원에서 상호의존적이다.
② 정치적 영역에서도 다양한 정부와 행위자 간 다중적 연계(multiple linkage)를 형성하고 있다.
③ 군사적 영역에도 상호의존적이어서 국가방위에 있어서도 어느 한 국가의 노력에 의해서 달성될 수 없다.

(2) 1960년대 말의 국제정치상황

1960년대 말에 이르러 동서 냉전구조가 퇴조하고 데탕트 시대가 도래하여 핵 경쟁의 중요성이 감소하였다. 한편, 미국이 베트남전쟁에서 패배하여 군사력의 한계를 보여주고 있었다.

(3) 비국가행위자의 등장

1970년대 국가 간 경제적 상호의존이 증가하는 것과 함께 다국적기업이 활성화되고 활발한 정치적 활동을 전개하였다. 또한, NGO들이 등장하여 환경문제, 인구과잉, 식량부족, 지구자원의 고갈 등 새로운 이슈를 국제사회에 중요한 의제로 부각시켰다.

베트남전쟁

인도차이나지역에서 종주국으로서의 복귀를 노리는 프랑스와 이에 반대하는 베트남 민주공화국 사이에 무력충돌이 시작된 이후, 프랑스는 공산주의자 호치민을 지도자로 하는 베트남 민주공화국에 대항하여 베트남국(남베트남의 전신)을 건국하였다. 이때 미국의 트루먼 정권에서는, 냉전이 시작되면서 동맹국 프랑스를 약화시켜서는 안 된다고 판단하고 1950년 5월에 프랑스에 대한 군사원조를 발표하면서 베트남전쟁에 관여하게 되었다. 이후 프랑스는 디엔비엔푸에서 대패하여 베트남에서의 철수를 결정하였으나 프랑스군 철수와 국토의 잠정적 남북분단을 규정하는 제네바협정에 미국은 조인하지 않았고, 미국은 남쪽의 베트남 공화국에 대한 간섭을 강화하였으며, 결국 1959년에 북베트남은 무력에 의한 남쪽의 해방을 결정하게 되었다. 1964년 존슨 정권은 통킹만에서 미국 구축함이 북베트남 해군의 공격을 받았던 '통킹만 사건' 직후 이에 대한 보복으로 북베트남에 대한 폭격을 단행하였으며, 남베트남에 지상군을 파견하였으나, 남베트남의 존립이라는 원래 목적의 달성은 어려워지고, 미국 내에서의 반전운동만 초래하는 결과를 낳았다. 이후 닉슨 정권은 미군의 철수를 시작하고 미소관계, 미중관계 개선을 이용해 북베트남에 외교적 압력을 가해줄 것을 기대하였으며, 최종적으로 1973년 베트남 평화협정을 통해 미군의 철수와 공산군의 현상 유지를 결정하였다. 이후 남베트남이 붕괴 위기에 직면했으나 포드 정권은 의회의 긴급원조 거부로 재개입을 할 수 없었고, 결국 1975년 수도 사이공이 함락되고 북베트남이 승리를 거두면서 베트남전쟁은 공식적으로 종결되었다. 베트남전쟁은 미국에 봉쇄정책에 대한 의문, 국력의 피폐, 국제적 위신 저하 등을 초래하면서 미국의 내정과 외교에 중대한 영향을 미쳤다.

2. 이론적 배경

1.에서 언급한 현실들은 기존에 국제정치학계를 지배하고 있던 현실주의 패러다임으로는 설명하기 어려운 측면이 있었다. 현실주의 패러다임은 국가의 주요 행위자성, 국가의 자율성, 권력의 대체성 등에 기초하여 국제정치를 묘사하기 때문이다. 코헤인(Keohane)과 나이(Nye)는 국제체제를 무정부로 묘사하는 현실주의 패러다임을 비판하고 국제체제는 상호의존의 세계라는 관점에서 국제정치이론을 재구성하고자 하였다.

3 주요 내용

1. 상호의존(interdependence)의 개념

(1) 상호의존

상호의존은 국제체제에 대한 개념이다. 현실주의자들이 국제체제를 무정부로 묘사한 반면, 상호의존론자들은 상호의존이 국제체제의 특징이라고 본다. 의존(dependence)이란 외부의 힘에 의해 내부의 일이 결정되거나 중대한 영향을 받는 것을 말한다. 상호의존은 두 개 또는 그 이상의 단위체가 서로 의존되어 있는 상태를 지칭하며, 상호 간의 또는 상호성이 있는 의존(mutual or reciprocated dependence)을 의미한다.

(2) 민감성과 취약성

상호의존에는 민감성 상호의존과 취약성 상호의존이 있다.

① **민감성 상호의존**: 어떤 외부적 변화에 대응함에 있어서 기존의 정책을 바꿀 시간적인 여유가 없거나 시간적인 여유가 있다고 해도 대안이 부재하여 새로운 정책이 마련되기 이전에 외부의 변화에 의해 치러야 하는 대가의 정도를 말한다. 민감성은 단기적 비용으로서 의존효과의 양과 속도를 가리키는 개념으로 볼 수도 있다.

② **취약성 상호의존**: 어떤 외부적 변화에 직면하여 보다 적절히 대응하기 위해 기존 정책의 대안으로 새로운 정책이 준비된 이후에도 치러야만 하는 대가의 정도를 말한다. 취약성은 장기적 비용으로서 상호의존체제의 구조를 변화시킬 때 드는 상대적 비용을 가리키기도 한다.

2. 이념형적 국제체제

코헤인(Keohane)과 나이(Nye)는 국제정치 현실을 묘사하기 위해 두 개의 극단, 즉 현실주의적 세계와 복합적 상호의존의 세계를 제시하고, 실제 현실은 두 극단 사이의 어느 지점에 존재한다고 보았다. 두 극단을 설정함에 있어서 세 가지 기준을 제시하였다. 첫째, 국가가 지배적인 행위자인 정도, 둘째, 국가안보가 대외정책 의제를 지배하는 정도, 셋째, 군사력이 적합하고 효과적인 국가운영의 도구인가의 정도이다.

(1) 현실주의적 국제체제

현실주의적 국제체제에서는 단일한 행위자인 국가가 국제정치의 지배적인 행위자이며, 안보문제를 정점으로 쟁점의 서열이 존재한다. 또한, 군사력은 대체성이 있는 효율적인 수단이다.

(2) 복합적 상호의존의 국제체제

다른 극단에 존재하는 복합적 상호의존의 국제체제에서는 국가 이외의 행위자들이 국제정치에 직접적으로 참여한다. 또한, 국가들 간에 쟁점화되고 있는 다수의 문제들 간의 서열이 없으며 군사안보가 더 이상 지배적인 의제가 되지 못한다. 국가들은 국가이익이나 안보 이외에도 복지, 근대화 등 인간의 필요와 관련된 이슈 역시 중요하게 여긴다. 또한 에너지, 자원, 환경, 인구, 공해문제 등도 안보문제 못지않게 중요한 비중을 차지한다. 복합적 상호의존의 세계에서는 군사력이 사용되지 않으며, 사용되어도 효율성이 감소한다. 상호의존적인 국가들 사이에 군사력은 비용이 많이 소요되는 정책수단이기 때문이다.

3. 이론적 모델들

(1) 서설

코헤인(Keohane)과 나이(Nye)는 국제관계를 하나의 이론모형으로 설명할 수 없다고 보고, 네 가지 이론모형을 제시하였다. 네 가지 모형은 국제협상의 결과 및 국제레짐의 변화를 설명하는 데 포커스를 맞추고 있다.

(2) 네 가지 이론 모형

① **총체적 권력구조모델(Overall Power Structure Model):** 상대적인 군사력과 군사력의 변화가 모든 부문에 있어서 협상의 결과와 국제레짐의 변화를 결정한다는 전형적인 현실주의이론이다. 이 모델에서는 강대국이 모든 부문에서 국제레짐의 작동과 내용을 규정한다. <u>권력은 완전한 대체성이 있는 것으로 본다.</u>

② **경제과정모델(Economic Process Model):** 경제과정모델에서 국제레짐은 경제적 이득을 극대화하고자 하는 노력의 반영물로 이해된다. 이 모형하에서 국제관계는 정치성이 배제되고 경제문제가 상호관계를 결정한다. 유럽 국가 간 관계나 미국과 캐나다의 관계를 설명할 수 있다.

③ **이슈구조모델(Issue Structure Model):** 총체적 권력구조모델과 대조되는 이론으로서 '이슈에 따른 권력구조모델'로 부를 수 있다. <u>이슈구조모델은 군사력의 대체성을 부인하고, 이슈에 따른 특정한 권력의 구조가 특정 이슈영역에서의 협상의 결과와 국제레짐을 결정한다고 본다.</u>

④ **국제기구모델(International Organization Model):** <u>국제기구모델은 초국가적 연계망(transnational network)과 이러한 연계망 내에서의 국가 간 연합(coalition)과 같은 특정의 협상전략이 국제레짐의 운영을 지배한다고 본다.</u> 이 모델은 강대국이 국제기구나 국제레짐의 운영을 좌우하는 것이 아니라 기구나 레짐 내에서 국가들 간 연합 형성, 표결권 등의 요소가 국제정치의 결과나 레짐의 변화를 좌우한다고 본다.

(3) 실증분석

코헤인(Keohane)과 나이(Nye)는 한 모델이 모든 현상을 설명할 수 없다고 보고 어떤 조건하에서 또는 어떤 쟁역에서 개개의 모델이 적실성을 가질 수 있는가를 보기 위해 다양한 국제정치 사례를 분석하였다. 분석의 결과는 복합적 상호의존 상황하에서 국제레짐의 성격과 변화를 설명하는 데 있어서 총체적인 권력구조모델과 경제과정모델의 설명력이 떨어지고, 이슈구조모델과 국제기구모델의 중요성이 커진다는 것이다.

4. 복합적 상호의존의 세계와 국제정치과정의 특징

상호의존론자들은 국제체제를 '복합적 상호의존(complex interdependence)'으로 개념화하고 복합적 상호의존하에서 국제정치과정의 특징을 다음과 같이 제시하였다. 세계화를 경제적 상호의존의 심화로 정의할 때, 다음의 특징은 세계화시대의 국제정치과정의 특징으로도 볼 수 있다.

(1) 쟁역에 따른 권력자원

<u>복합적 상호의존하에서는 각 쟁역에 있어 국제적 결과를 결정하는 요소는 군사력보다는 특정한 쟁역에 적합한 특정의 자원이다.</u> 특히 국제기구가 중요한 역할을 수행하며 초국가행위자들 역시 국가정책의 중요한 수단이 된다.

(2) 의제정치(agenda politics)

현실주의이론가들은 정치군사적 문제에 중점을 두었기 때문에 다른 이슈들은 특별한 관심을 두지 않았으며, 의제는 위협인식과 전반적인 세력균형에 의해 영향을 받는다고 보았기 때문에 의제 형성을 둘러싼 정치에는 주목하지 않았다. 그러나 복합적 상호의존의 국제체제에서는 다양한 행위자들에 의한 의제 형성 정치 (politics of agenda formation)가 중요한 역할을 한다.

(3) 연계전략(linkage strategy)의 보편화

복합적 상호의존의 세계에서는 군사력의 대체성이 약화된다. 즉, 군사력이 강한 국가가 모든 쟁역에서 자신이 원하는 결과를 산출해 내지는 못한다. 따라서 국가들, 특히 약소국들은 국제기구를 이용하여 이슈들을 상호연계시키는 전략을 구사하여 자신들이 원하는 결과를 얻어낼 수 있다.

(4) 내정과 외교의 상호침투

복합적 상호의존의 국제체제에서는 일국의 사회와 타국가 사회의 접촉의 채널이 다변화함에 따라 내정과 외교의 상호침투현상이 발생한다. 즉, 국제정치와 국내정치의 상호침투작용으로 국내정치의 국제화와 국제정치의 국내화가 일어난다. 상호의존적인 국제체제에서는 초국가주의(transnationalism)가 보편화되어 비정부기구(NGO), 비정부간국제기구(INGO), 다국적기업(MNC) 등과 같은 초국가적 행위자들(transnational actors)이 국가의 경계를 넘어 정치적 연합(coalition)을 형성하여 국가 간 정치적 협상의 결과에 영향을 미친다.

(5) 국가의 통제력 상실

모스(Edward Morse)는 상호의존이 증가할수록 국가가 국내외적 일을 통제할 수 있는 실질적인 능력의 저하현상, 즉 국가의 통제력 상실이 발생한다고 본다. 국가의 통제력 상실이 발생하는 이유는 다음과 같다.

① 국민들 간 비정부적 맥락에서의 상호작용이 증가하기 때문이다. NGO는 자국의 대외적 목표와 일치하지 않는 목표를 추구할 수 있다.
② 복합적 상호의존하에서 제기되는 다양한 문제들에 대응할 수 있는 정부의 수단이 상대적으로 감소한다.
③ 정부 내적으로도 정부부서들이 모두 국제적 업무에 참여하게 됨으로써 정부부서들 상호 간 갈등이 증가하고 조정이 어려워질 수 있다.

5. 상호의존과 권력

상호의존은 권력과 관련이 있다. 즉, 불균등한 상호의존은 권력의 원천이 된다. 취약성이 상대적으로 높은 국가는, 취약성이 상대적으로 낮은 국가에 비해 낮은 권력을 가지는 것이다. 강대국은 취약성이 낮은 국가를 의미한다.

6. 상호의존과 국제안보

(1) 일반론

상호의존론자들은 상호의존, 특히 경제적 상호의존이 증가하는 경우 국제안보에 긍정적 효과를 가져올 수 있다고 본다. 즉, 상호의존이 경제적인 자립에 손상을 가져오고 의존을 통해 취약성을 야기하게 되며 이러한 취약성이 국가와 국가 사이에 있어서의 무력의 사용을 제한하게 된다. 상호의존의 관계에 있는 국가 간 관계에서 일국이 무력을 사용할 경우 이들 간의 경제관계 단절 등을 통해 상대방 국가에게 미치는 피해 못지않게 자국도 피해를 받게 되기 때문에 무력사용을 자제하고 타협과 협상같은 평화적인 수단을 통한 문제해결방식을 선호하게 된다.

(2) 경제적 상호의존(무역)과 국제안보

상호의존론자들은 특히 무역과 국제안보의 긍정적 관계에 대해 주목하고 있다. 국제무역이 안보에 순기능을 하는 논리는 두 가지로 제시된다.

① 자유무역을 통한 경제적 이익 추구가 가능해진 현실에서 무력사용을 통해 경제적 이익을 추구하고자 하는 경우 많은 비용을 요하게 되므로 자유무역이 국제평화에 기여하게 된다.

② 자유무역을 통한 국익의 추구는 국가들 간 치열한 경쟁을 동반하기 때문에 이러한 경쟁에서 이기기 위해 국가들은 국방보다는 국가 간 무역경쟁력을 제고시키는 데 자원을 투입하고자 하므로 국제평화에 기여한다.

4 평가

1. 긍정적인 측면

상호의존론은 현실주의가 설명하지 못하는 국제정치의 실제 현상들에 대해 설명을 제공할 수 있다는 면에서 적실성이 있다. 특히, 권력의 대체성이 약화된 국제정치의 현실에서 국제정치의 결과를 좌우하는 요인들을 식별할 수 있도록 한다. 또한 국제정치 연구의 분석영역을 확대시켰다. 현실주의이론가들은 국제정치에서 안보문제를 주요 분석영역으로 설정하고, 다른 영역이나 이슈들은 분석에서 배제하였다. 마지막으로 행위자 측면에서 비국가행위자의 영향력과 활동에 분석적 관심을 기울이게 하였다.

2. 부정적인 측면

(1) 민족국가에 대한 과소평가

상호의존론자들은 복합적 상호의존의 세계에서는 민족국가의 통제력이 약화될 것으로 본다. 그러나 상당수의 학자들은 민족국가의 지속, 나아가 강화를 예측한다. 노드에쥐(Fred S. Northedge)는 초국가적 접근법이 미국적 환상에 불과하다고 비판하면서 국가는 여전히 지배적인 행위자로 존재할 것으로 본다. 헤들리 불(Hedley Bull) 역시 국가는 다른 행위자들로부터의 도전을 이겨내고 존속할 것으로 본다.

홀리스와 스미스(Martin Hollis and Steve Smith)도 민족국가의 지속성을 주장하며 다음과 같은 논거를 제시하였다.
① 민족국가가 국제사회의 단위로서 확장되고 있다.
② 광범위한 영역에서 시민의 복지에 대한 책임을 떠맡도록 요청받고 있다.
③ 국가는 여전히 국민들의 충성심에 의존할 수 있다.
④ 국가는 여전히 국제사회에서 정당한 힘을 독점하고 있다.
⑤ 국가는 다른 모든 행위자들이 그 범위 내에서 행동하여야 할 국제체제의 규칙을 설정한다.

(2) 비국가행위자에 대한 과대평가

상호의존론자들은 비국가행위자들이 국가에 영향을 주고 심지어 국가행위자를 지배한다고 보나, 현실주의자들은 이는 과장이라고 본다. 특히 거대 다국적기업이 약소국들의 대외정책을 지배한다고 보나, 실증분석결과는 다양한 편차가 있음을 보여준다. 즉, 다국적기업들이 반드시 민족국가의 자율성을 저해하는 것은 아니라는 것이다. 크라스너(Stephen D. Krasner)는 다양한 비국가행위자들의 행위는 궁극적으로 국가의 권력과 이익에 의존하고 있는 좀 더 광범위한 구조라는 맥락 속에서만 이해될 수 있다고 주장하는 한편 상호의존현상을 국가의 정책이나 국가의 선택의 결과로 바라보지 않고 국가의 통제 혹은 국가들에 의해 설정된 체제의 통제를 넘는 비국가행위자들과 같은 요소들의 결과로 본다는 점을 비판하고 있다.

(3) 상호의존과 국제안보

상호의존론자들이 상호의존의 국가안보에 대한 긍정적 측면을 강조하나, 현실주의자들은 상호의존이 반드시 국제안보에 긍정적 기능을 하는 것은 아니고, 오히려 국가 간 갈등을 부추길 수도 있다고 본다. 몇 가지 논거를 보자.
① 상호의존이 심화될수록 정치공동체 내부 또는 정치공동체 상호 간의 알력을 심화시키고 또한 초국가적 테러, 국제적 마약 카르텔의 성장, 조직범죄의 초국가적 연합 등을 증대시킬 것이다.
② 칼러(Miles Kahler)에 따르면 제1차 세계대전 전에 국가들은 높은 수준의 경제적 상호의존을 형성하고 있었으나 전쟁에 돌입하였다.
③ 개디스(John Gaddis) 역시 태평양전쟁 당시 미국은 일본의 최대 무역상대국이었음을 환기시키며 상호의존관계가 아니라 독립적인 관계가 평화를 가져온다고 본다.
④ 비대칭적 상호의존하에서 의존도가 상대적으로 낮은 국가는 상호의존 단절의 비용이 크지 않기 때문에 전쟁을 선택할 수도 있다.
⑤ 비대칭적 상호의존으로 권력관계가 형성되어 있는 경우 권력을 가진 측에서 이를 행사하려고 하는 경우 양국 간 분쟁이 발생할 수 있다.
⑥ 상호의존 단절로 경제적인 이득의 상실이라는 비용이 수반될지라도 국가의 핵심적인 이익을 위해 군사력을 사용할 수도 있다.

3. 마르크스주의 입장 - 상호의존의 심화와 국가 간 불평등문제

코헤인(Keohane)과 나이(Nye)는 복합적 상호의존이 진전될수록 국가 간 위계적 서열이 퇴조하고 국가 간 동등성이 강화될 것으로 본다. 그러나 <u>구조주의자들은 상호의존으로 국가 간 위계적 서열이 퇴조하는 것은 소수의 선진자본주의 국가들에게만 적용되는 논리로 본다. 대다수 국가들은 선진국에 비대칭적으로 의존되어 있으며 국가 간 힘과 부에 있어서 불균형과 비대칭성이 존재한다고 본다.</u> 요컨대, 복합적 상호의존의 세계는 국가 간 비대칭적 상호의존관계의 심화를 말하고, 비대칭적 상호의존 결과는 권력과 부의 불균등한 배분이라는 것이다.

 참고

로버트 코헤인(Robert Owen Keohane, 1941년 ~)

미국 일리노이 주 시카고 출신으로 1966년 하버드대학에서 박사학위를 취득하고, 스탠퍼드 대학, 하버드대학 교수 등을 거쳐 듀크대학 교수로 근무하였다. 국제정치학에서 자유주의, 국제제도론의 대표적 연구자이다. 원래 UN을 연구하였으나, 하버드대학 교수인 나이(Nye)와 함께 상호의존에 관한 공동연구를 수행하고, 공저 『권력과 상호의존』[Power and Interdependence: World Politics in Transition(초판 1977년, 제2판 1989년, 제3판 2001년)]에서 국제정치의 주체를 국가에 한정하는 현실주의모델에 대해, 기업이나 국제기관, NGO 등도 주체가 되는 '복합적 상호의존(complex interdependence)' 모델을 제시하였다. 1980년대에 미국의 패권 쇠퇴가 논의되는 가운데 『패권 후의 국제정치경제학』(After Hegemony: Cooperation and Discord in the World Political Economy, 1984년)에서 체제형성을 주도한 패권국(hegemon)이 상대적으로 쇠퇴한 후에도 주요국이 자기 이익에 기초하여 기존 체제의 존속을 희망하는 경우가 존재한다는 것을 논증하고, 현실주의적 전제하에서도 일정한 범위에서 국제협조가 가능하다고 주장하였다. 또 코헤인은 국제관계의 이론적 발전을 위해 첨단 주제의 공저 및 편저를 다수 저술해 왔다. 왈츠(Waltz)의 이론을 '신현실주의'라고 부르면서 비평한 글을 모은 『신현실주의와 그 비판』(Neorealism and its Critics, 1986년)을 편집하였고, 국제정치에서 아이디어의 중요성을 지적하고 구성주의의 융성에 기여한 골드슈타인과의 공편저 『아이디어와 외교정책』(Ideas and Foreign Policy: Beliefs, Institutions, and Political Change, 1994년) 및 개리킹, 시드니 버바와의 공저 『사회과학의 리서치 디자인』(Designing Social Inquiry: Scientific Inference in Qualitative Research)을 통해 사회과학의 방법론을 정리하는 등 학계의 발전에 크게 기여하고 있다.

제6절 | 연계이론

1 의의

종래 국제관계학과 비교정치론은 구분된 독자적 영역으로 간주되었다. 국제관계학이 국가의 국제사회에서 행하는 행위에 대한 연구라면, 비교정치론은 국가 내부의 상태를 다루는 영역으로 평가되었다. 그러나 로즈노(James N. Rosenau)는 대외행위에 대한 내부 영향을 연구하고, 국내정치에 대한 국제환경의 영향을 고려해야 현상에 대한 설명력이 높아질 수 있다고 주장하였다. 로즈노는 비교정치학과 국제관계학이 중첩되는 영역을 '국내 - 국외정치 간 연계정치'로 명명하고 1966년 예비이론(pre - theory)으로 연계이론을 제시하게 되었다. 연계이론은 형식을 갖춘 이론은 아니며 이론화작업을 위한 전초적 접근틀의 단계이므로 로즈노 자신이 연계이론을 예비이론이라고 명명한 것이었다. 로즈노는 연계이론에 기초하여 외교정책 결정요인을 개인, 역할, 정부, 사회, 체제의 다섯 가지 수준으로 유형화하고, 이들 다섯 가지 변수가 외교정책결정에 미치는 영향력의 정도는 국가의 크기, 정치체제, 발전 정도에 따라 상대적으로 차별성을 지닌 것으로 파악하였다.

2 연계의 개념

연계란 한 시스템에서 연유하여 다른 시스템 속에서 반응을 얻는 반복되는 행위계기를 의미한다. 여기에는 투입과 산출이 있는바, 한 시스템에서 행위가 시작되면 그 행위는 그 시스템의 산출이 되고, 이 행위가 다른 시스템 속에서 결과(반응)를 일으키면 그 반응을 일으킨 시스템 쪽에서는 투입이 된다. 의도적 행위를 직접산출이라고 하고, 의도하지 않은 행위는 간접산출이라고 한다. 연계행위는 반복되는 일련의 행위가 있을 때 적용되는 개념이므로 1회적 행위에 대해 연계라는 개념을 사용할 수는 없다.

3 연계과정의 기본 유형

1. 침투과정

침투란 한 정체의 구성원들이 다른 정체의 정치과정의 참여자가 되는 경우를 말한다. 침투된 정체 내의 구성원들과 함께 가치배분권위를 나누어 가진다. 점령군, 국제기구 직원, 국제 공산당 등의 행위가 여기에 해당한다. 산출행위와 투입행위가 직결되는 특성이 있다.

2. 반응과정

반응과정은 행위자는 초연하나 반응자가 반응을 함으로써 연계가 형성되는 경우를 의미한다. 외국의 대외원조프로그램에 대한 반응, 외국에서의 전쟁에 대한 민심의 흔들림 등이 여기에 해당한다. 베트남전쟁이 미국 지방선거의 쟁점이 되는 경우도 예로 들 수 있다.

3. 모방과정

모방과정이란 다른 시스템에서 산출된 행위에 대해 똑같은 행위를 하는 경우를 의미한다. 확산(diffusion), 전시효과(demonstration effect) 등을 예로 들 수 있다.

4 연계분석 틀(Linkage Framework)

1. 의의

연계분석 틀이란 로즈노(Rosenau)가 연계분석의 연구영역으로 제시한 것을 말한다. 로즈노는 국내시스템의 여러 국면을 24개 항목으로 세분화하고, 환경을 6개 환경으로 세분화하였다. 따라서 연계분석의 연구영역은 총 144개 영역이 되는 것이다.

2. 국내시스템

국내시스템은 행위자, 태도, 기구, 과정으로 구분하였다.

(1) 행위자

집행관리, 입법관리, 일반관료, 군관료, 정당, 이익집단, 엘리트집단이 포함된다.

(2) 태도

이데올로기, 정치문화, 여론이 포함된다.

(3) 기구

집행부서, 입법기구, 관료, 군체제, 선거, 정당제도, 커뮤니케이션체제, 사회기관이 포함된다.

(4) 과정

사회화 및 충원, 이익표출, 이익통합, 정책작성, 정책집행 - 운영, 통합 - 분화의 제 과정이 포함된다.

3. 환경

로즈노(Rosenau)는 환경을 접속환경, 지역환경, 냉전환경, 인종적 환경, 자원환경, 조직환경 등으로 세분화하였다.

제7절 | 양면게임이론

1 서설

퍼트남(Robert Putnam)의 양면게임이론은 국제협상이론이자 국제협력이론으로서 외교와 국내정치를 연계시켜 분석하였다. 1988년에 발표한 『Diplomacy and Domestic Politics: The Logic of Two-Level Games』라는 글을 통해 국제정치와 국내정치를 분리하는 기존 학계의 관행을 비판하고 불가분하게 연계되어 있는 두 부분을 모두 고려해야 국제협상의 결과를 설명할 수 있다고 보았다.

2 배경

1. 이론적 배경

퍼트남(Robert Putnam)의 이론은 기존에 지배적인 패러다임인 왈츠(Kenneth Waltz)류의 구조적 현실주의에 대한 대안적 이론의 성격을 가진다. 구조적 현실주의는 힘의 분포상태만이 국제정치의 서로 다른 패턴을 설명할 수 있는 변수로 보고 국내정치적 상황은 국제정치적 결과에 거의 영향을 주지 못하는 잔차(residual)에 불과하다고 보았다. 그러나 모라프칙(Andrew Moravcsik)과 같이 국내적 변수를 강조하는 자유주의계열의 학자들은 체계 차원의 변수가 우선이라는 주장도 자의적인 주장이라고 비판하였다. 요컨대, 이론적 차원에서 볼 때 퍼트남의 이론은 신현실주의의 연구경향에 대한 비판적 성격을 가진다고 볼 수 있다.

2. 현실적 배경

퍼트남(Robert Putnam)의 이론의 현실적 배경 또는 양면게임 분석의 적실성의 현실적 조건은 냉전의 종식, 국가경제의 세계화, 세계적 차원에서 일어난 민주화의 제3물결이다.

(1) 냉전의 종식으로 국가 및 국민들은 안보보다 경제이슈에 더 많은 관심을 쏟게 되었다. 경제정책 분야는 국내적으로 승자와 패자가 극명하게 갈리기 때문에 시민들은 정책의 과정과 내용에 영향을 미치고자 노력하게 되었다.

(2) 국가경제의 세계화로 사람들은 자국 밖에서 발생하는 일에 더 많이 영향을 받게 되었고, 또한 그 영향을 알 수 있게 되었다.

(3) 민주화의 진전으로 시민들이 정책결정에 참여할 수 있는 제도적 폭이 넓어졌고, 정책결정자들도 시민의 선호에 더 관심을 가지게 되었다.

3 양면게임의 구조

퍼트남(Robert Putnam)은 국내정치와 국제협상이 연계되어 있는 측면을 고려하기 위해 양면게임이론을 제시하였다. 국제협상에서 각국의 대표들은 대표 상호 간 협상을 진행시킬 뿐 아니라 국내적으로 관련 이익집단과 상호협상을 진행한다.

여기서 제1면의 게임은 국제적 행위주체인 국가대표자 간의 게임을 말하고 제2면의 게임은 국가대표자와 국내의 관련 이익집단 간의 게임을 말한다. 양면에서의 게임은 순차적으로 진행되는 것이 아니라 동시에 진행된다.

4 윈셋(win-set)

1. 의의

퍼트남(Robert Putnam)의 이론에서 가장 핵심이 되는 것은 '윈셋'이라는 개념이다. 퍼트남은 어떠한 국제적 합의든 이것이 실현되려면 명시적 또는 묵시적 '비준'이 필요하다고 전제한다. 윈셋이란 '주어진 상황에서 국내적 비준을 얻을 수 있는 모든 합의의 집합'을 말한다. 국가 간 합의가 가능하기 위해서는 양 당사자의 윈셋이 교차하는 부분이 있어야 하므로 '윈셋이 클수록 국제합의 가능성이 높아진다'. 또한, '윈셋의 상대적 크기가 합의에 따르는 이득의 분배를 결정한다'. 이를 그림으로 보면 다음과 같다.

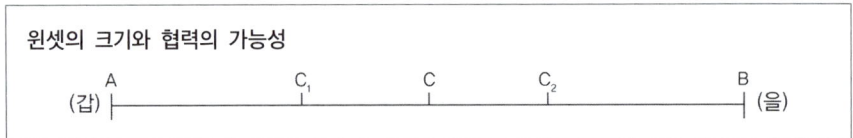

위 그림에서 선분 AB는 행위자 갑과 을의 합의에 따르는 공동이익 전체 크기를 나타낸다. 공동이익의 분배에 관한 합의가 C에서 이루어진다면 갑이 얻는 이익의 크기는 선분 AC, 을이 얻는 이익의 크기는 선분 BC로 나타난다. 여기서 점 C_1을 갑이 국내적 이유에서 수락할 수 있는 최소의 몫, 점 C_2는 을이 수락할 수 있는 최소의 몫이라고 하면, 갑의 윈셋은 선분 BC_1, 을의 윈셋은 선분 AC_2로 표시된다. 쌍방의 윈셋이 겹치는 부분인 선분 C_1C_2를 합의가능영역이라고 한다. 다른 조건이 같다면 윈셋이 클수록 합의가능영역이 넓어져 합의가능성이 높아진다.

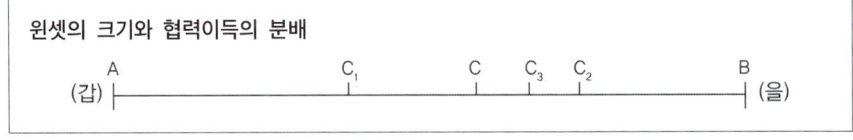

위의 그림에서 갑이 수락할 수 있는 최소의 몫이 C_3로 이동하여 갑의 윈셋은 BC_3로 축소되고 합의가능영역도 C_2C_3로 축소되어 합의 가능성이 낮아졌다. 새로운 합의가능영역 내의 어디에서 합의가 이루어지더라도, 설사 합의 가능영역 내에서 갑에게 가장 불리한 C_3에서 이루어지더라도 갑은 여전히 전에 비해 보다 나은 협상결과를 얻을 수 있다.

2. 윈셋 결정요인

(1) 국내집단의 이해 및 제휴관계

국내집단의 이해 및 제휴관계는 정책사안의 성격과 이것이 정치쟁점화된 정도와 관련된다. 퍼트남(Robert Putnam)은 사안을 이질적 사안과 동질적 사안으로 나눈다. 동질적·이질적 사안이란 사안의 정책적 효과가 국내적으로 여러 집단에 미치는 영향이 동일한가 또는 상이한가를 의미한다. 만약 사안이 이질적이라면 국내 여러 집단에 미치는 영향이 서로 같지 아니하여 각 집단은 정책에 대해 상반된 의견을 가질 것이고 따라서 윈셋은 축소될 것이다. 한편, 정책사안이 정치쟁점화되면 그렇지 않았을 경우보다 윈셋이 축소된다. 정치쟁점화되면 무관심하던 개인이나 집단이 자신의 이해관계를 실현하기 위해 정책과정에 영향을 미치기 위해 노력할 것이기 때문이다.

(2) 국내제도

국내제도는 크라스너(Stephen D. Krasner)가 말한 '국가 강성도(state strength)' 개념과 관련된다. 국가 강성도란 국가가 국내사회로부터의 압력에 얼마나 취약한가를 나타내는 개념이다. 강한 국가는 국내사회로부터의 압력이 크지 않은 나라를 의미한다. 퍼트남(Robert Putnam)은 강한 국가일수록 윈셋이 확대되는 반면, 약한 국가일수록 윈셋이 축소된다고 보았다. 윈셋은 협상력에 영향을 주는데, 강한 국가일수록 윈셋이 확대되어 협상력은 약화되는 반면, 약한 국가일수록 윈셋이 축소되어 협상력은 강화된다.

(3) 국내교섭에 임하는 교섭담당자의 전략

국가의 협상력은 결국 윈셋의 상대적 크기에 영향을 받는다. 따라서 윈셋의 크기를 조작할 수 있다면 협상력을 높여 결국 협상이득을 확대시킬 수 있다. 국가들은 협상력을 강화시키기 위해 다양한 전략을 구사한다. 이러한 전략은 개념적으로 윈셋을 축소시키거나 확대시키는 전략으로 표출된다.

5 협상전략

1. 자국의 윈셋 축소전략 - 발목잡히기(tying - hand)

협상대표는 강경한 입장을 취함으로써 상대국으로부터 많은 양보를 얻으려 할 것이나, 강경한 입장은 신빙성을 겸비해야 효력을 발휘할 수 있다. 이를 위해 구사할 수 있는 전략이 '발목잡히기'전략이다. 이는 자국의 윈셋을 축소시키기 위해 국내적으로 강경한 집단에 돌이킬 수 없는 공개적인 약속을 하거나, 사안을 정치쟁점화하여 국내여론의 흐름을 강경한 쪽으로 끌고 가거나 국내여론의 분열을 유도할 수 있다. 그러나 이 전략은 교섭담당자의 유연성이나 독자성을 제한하기 때문에 그 논리적 설득력에도 불구하고 별로 시도되지 않고 있다.

2. 자국의 윈셋 확대전략 - 고삐늦추기(cutting slack)

교섭담당자는 국내집단들의 집단이기주의적 압력을 벗어나 보다 거시적 입장에서 국가이익을 추구할 필요가 있는 경우 자신의 재량권 확대를 위해 자국의 윈셋의 확대를 시도할 수 있다. 이를 위해 협상 결과에 따른 이득을 재분배하는 '이면보상(side-payment)'을 하거나, 문제의 성격을 '국가안보에 중대한 것'이라는 식으로 새롭게 정의할 수 있다.

3. 상대국가의 윈셋 확대전략

(1) 표적사안연계전략

단일 사안에서 양보를 얻어내는 것이 불가능할 경우, 다른 사안을 연계시킴으로써 이른바 '상승적 연계(synergistic linkage)'효과를 가져오는 전략을 구사할 수 있다. 둘 이상의 사안이 연계될 경우 국내적 집단 간의 이해관계가 변하고 그들 간의 영향력의 균형이 바뀜으로써 원래 가능하지 않았던 협상의 결과가 국내적으로 수락되고 비준될 수도 있다. 표적사안연계 시 상승적 연계효과가 나타날 수 있는 이유는 ① 사안의 연계가 상대국 내의 강경파들의 효용함수를 변화시켜 보다 온건한 입장으로 돌아서게 할 수 있기 때문이다. ② 기왕에 무관심하였던 국내집단의 이해를 상기시켜 이들을 정책과정에 개입시킴으로써 전반적인 영향력의 균형이 보다 온건한 쪽으로 돌아서게 할 수 있기 때문이다. 표적사안연계에서 중요한 점은 '표적'을 신중하게 선택하는 것이다. 연계전략에서는 자국도 양보를 하는 것을 의미하므로, 최소한의 양보로 자신의 입장을 관철시킬 수 있는 사안을 선택해서 연계시켜야 하는 것이다.

(2) 메아리(reverberation)전략

메아리전략은 상대 국내집단에 직접 호소하여 협상사안에 대한 기대나 그 사안의 이미지를 바꿈으로써 상대의 윈셋을 확대시키는 방법이다. 메아리전략은 두 가지 측면에서 표적사안연계전략과 대비된다.
① 반드시 표적집단을 찾을 필요가 없다.
② 연계전략의 경우 표적집단의 효용함수에 대한 실질적 변화를 의도하는 반면, 메아리전략은 사안의 상징적 이미지의 변화를 노린다.

> 참고
>
> **양면게임으로서의 국제협상**
>
>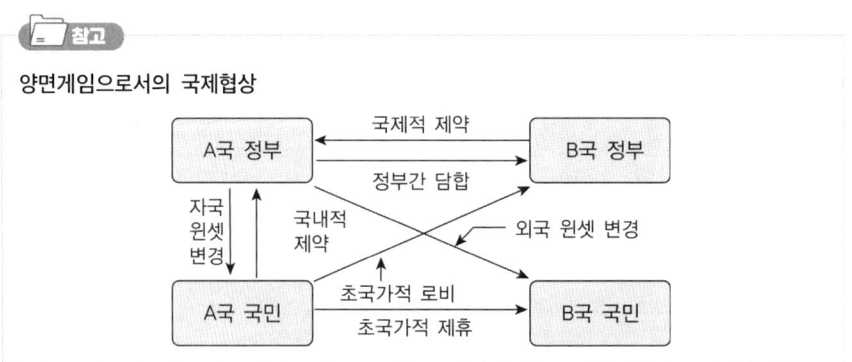

양면게임의 협상전략

행위주체	행위객체	전략의 종류	전략의 목표
정부	자국민 (개인·집단)	발목잡히기	국내 강경파에 대한 공개적 약속을 통해 자국의 윈셋을 축소하여 협상력의 제고를 노림
		정치쟁점화	사안을 정치쟁점화하여 비활성 국내집단을 활성화함으로써 윈셋을 축소하고 협상력의 제고를 노림
		고삐늦추기	뒷거래를 통하거나 사안의 성격을 새롭게 정의하여 윈셋을 확대함으로써 정책자율성을 제고함
	외국 내 개인·집단	표적사안연계	사안을 연계시킴으로써 타국의 비활성집단을 활성화하여 세력 간의 균형을 변경시킴으로써 타국의 윈셋을 확대하여 상대적 협상력의 제고를 노림
		메아리	사안의 일반적 이미지의 변화를 통하여 상대국의 윈셋을 확대하여 상대적 협상력의 제고를 노림
	외국 정부	정부 간 담합	정치적 자산을 상호교환, 각자의 윈셋의 확대를 통하여 합의를 용이하게 함
국내의 개인·집단	외국 정부	초국가적 로비	외국의 정책결정자의 정책선호의 변경을 통하여 정책의 변경을 꾀함
	외국 내 개인·집단	초국가적 제휴	비정부 간 차원에서의 제휴를 통해 상대국의 윈셋을 확대하고 나아가 국가차원의 협상력의 제고를 꾀함

제8절 | 신자유제도주의

1 의의

왈츠(Kenneth Waltz)를 위시한 신현실주의이론가들은 무정부적 국제체제의 제약으로 국가 간 협력이나 제도 형성에 대해 비관적으로 보았으나, 오늘날 국제관계의 다양한 이슈영역에서 수많은 국제제도나 국제레짐이 계속해서 형성되고 있다. 군사력의 대체성이 제한되어 초강대국이라 하더라도 모든 이슈영역에서 자국의 힘을 투사하여 문제를 해결하기 어려울 뿐 아니라, 환경이나 핵확산문제 등은 그 성질상 개별국가의 힘으로 대응하기 어려운 문제들이기 때문에 국제협력은 불가피한 측면이 있다. 신자유제도주의는 실제 국제관계에서 양적·질적으로 팽창하고 있는 국제제도나 국제레짐을 분석대상으로 하여 그 형성·유지·변화 및 레짐이 국제협력을 어떠한 방식으로 매개하는지를 분석하고 있다.

2 등장배경

1. 왈츠(K. Waltz)의 구조적 현실주의 비판 - 신냉전과 국제협력의 지속

왈츠는 1979년의 『Theory of International Politics』에서 국가들은 무정부적 국제구조의 영향으로 협력을 통한 이득이 존재함에도 불구하고 안보에 대한 외부적 효과 및 상대국의 배반가능성 때문에 협력에는 소극적이라고 보았다. 그러나 1980년 레이건 행정부가 들어선 이후의 미소 간의 신냉전상황에서도 미국과 소련은 군축에 합의를 함으로써 적대국 간 협력의 가능성을 보여주었다. 신자유주의는 무정부하에서 국제협력을 이론적으로 설명하기 위해 등장하였다.

2. 패권안정론에 대한 비판 - 패권쇠퇴와 국제협력의 지속

1970년대 국제경제질서의 불안정을 설명하기 위해 등장한 패권안정론은 그러한 무질서와 혼란을 미국 패권의 쇠퇴와 연결시켜 설명하였다. 이에 대해 다양한 비판이 있었으나, 크게는 미국 패권이 쇠퇴하지 않았다는 주장, 미국 패권의 쇠퇴와 국제정치경제질서는 무관하다는 입장 및 패권이 쇠퇴하였더라도 국제협력이나 국제레짐은 쇠퇴하지 않았다는 주장 등이 주류를 이루었다. 신자유제도주의는 패권쇠퇴 이후에도 국제레짐이 안정적으로 유지될 수 있고, 현실적으로도 그러한 점에 대해 이론적 설명을 하고자 하였다.

3 가정

1. 국가

신자유제도주의는 신현실주의의 국가에 대한 가정을 수용하고 있다.

(1) 국가는 국제정치의 주요한 행위자이다.

이익집단, 정당, 다국적기업, NGO 등 다른 행위자도 있으나, 국제정치에서 국가가 가장 중요한 행위자로 전제하는 것이다.

(2) 국가는 합리적 행위자이다.

국가가 합리적 행위자라는 것은 국가가 자국의 이익의 극대화를 위해 합리적 선택을 하는 행위자라는 것이다. 여기서 합리적 선택이란 결과가 다른 몇 개의 대안이 있을 때 기본목표 달성에 더 적합한 행위를 택한다는 것을 말한다. 특히 합리적 선택에서 합리적 행위는 각 행위자 모두가 잘 정의된 체계적인 기본 목표를 가지고 있으며, 이들은 이 목표 달성을 위해 실수 없이 실제로 행위를 선택한다는 것을 의미한다.

(3) 국가는 통합된 행위자이다.

국가를 다원적 이익을 추구하는 행위자의 집합체로 인식하는 대신, 국가의 선호는 사전에 고정되어 있으며, 이러한 점에서 국가는 통합된 행위자로 본다.

2. 국제체제 - 무정부상태

신자유제도주의는 신현실주의의 국제체제의 무정부성 가정 역시 수용한다. 즉, 국제체제에는 국가나 다른 행위자의 행동을 제약할 만한 어떤 규칙이나 법칙을 강제하는 공통의 권위체가 없다고 본다. 그러나 무정부상태에 대한 해석은 다르다. 신자유제도주의는 무정부성을 국가 간에 게임규칙을 감시하고 처벌할 중앙권위의 부재로 해석한다. 반면, 신현실주의는 무정부성을 단순히 규칙을 이행시킬 대리기관의 부재가 아닌 다른 국가에 의해 잠재적이고 현실적인 폭력의 위협에 처해 있는 상황으로 본다.

4 국제제도(국제레짐)이론

1. 서설

신자유제도주의의 분석대상은 국제제도(International Institution) 또는 국제레짐(International Regime)이다. 신자유주의는 무정부적 국제체제에서 국가 간 협력이 발생하는 원인에 주목하고, 협력을 촉진시키는 매개체로서 국제제도의 역할을 분석한다.

2. 개념

국제제도 및 이와 유사한 개념으로서 국제기구, 국제레짐, 국제협력의 개념을 상호 비교한다.

(1) 국제제도(International Institution)

코헤인(Robert O. Keohane)에 의하면 국제제도란 '역할을 규정하고 행동을 구속하며 기대를 구체화시키는 지속적이고 상호 연관된 공식적이고 비공식적인 규칙의 집합'을 말한다. 국제제도는 그 하위개념으로서 국제레짐(International Regime), 관습(conventions), 국제기구(International Organizations)를 포함한다.
① **국제레짐**: 국제관계의 특정 쟁역에서 국가들에 의해 합의된 명시적 규칙을 지닌 제도를 말한다.
② **관습**: 행위자들의 기대하는 바를 규정짓는 묵시적인 규칙들과 이해를 지닌 비공식적인 제도를 말한다.
③ **국제기구**: 공식적이고 지속적인 구조물을 가지는 국제제도를 말한다.

(2) 국제기구

코헤인(Keohane)에 의하면 국제기구는 국제제도의 하위개념이다. 그러나 러기는 국제레짐을 최상위 개념으로 보고 국제레짐에 국제제도와 국제기구가 포함된다고 본다. 영(Oran R. Young)은 국제기구를 '직원, 예산, 시설 등을 지니고 있고 구체적인 구조를 지닌 물적 실체'로 정의하고, 국제제도에서 국제기구를 배제한다.

(3) 국제레짐(International Regime)

① **해거드와 시몬스(Stephan Haggard and Beth A. Simmons)**: 해거드와 시몬스는 국제레짐을 '특정 쟁역에서 국가들의 행위를 규제할 것을 목적으로 하는 국가들 간의 다변적인 협정(multilateral arrangement)'으로 정의한다. 이는 국가 간의 공식적인 협정만을 국제레짐으로 보는 견해이나, 비공식적 합의나 묵시적 합의를 배제한다는 점에서 제한적 정의로 평가된다.

② **크라스너(Stephen D. Krasner)**: 국제레짐에 대한 보편적 정의로 받아들여지고 있다. 크라스너는 국제레짐을 '국제관계의 특정 쟁역에서 행위자의 기대하는 바가 수렴되는 명시적 혹은 묵시적인 원칙, 규범, 규칙 그리고 의사 결정절차(sets of implicit or explicit principles, norms, rules, and decision - making procedures around which actors' expectations converge in a given area of international relations)'로 정의한다.

　㉠ **원칙(principles)**: '사실, 인과관계, 올바름에 대한 믿음'을 말한다. 즉, 다양한 쟁역의 국가정책의 정향(orientation)에 깔려 있는 널리 수용되는 믿음이다. 자유무역이 복지에 긍정적이라는 믿음은 원칙에 해당한다.

　㉡ **규범(norms)**: 권리와 의무의 관점에서 정의된 행위의 기준을 말한다. 최혜국대우는 규범에 속한다.

　㉢ **규칙(rules)**: 규칙이란 어떤 행위를 하거나 어떤 행위를 금하는 구체적인 규정을 말한다.

　㉣ **의사 결정절차(decision - making procedures)**: 집단적인 선택과 선택의 이행을 위해 일반적으로 행해지고 있는 관행을 말한다. 만장일치나 컨센서스 또는 그러한 절차에 의해 형성된 결정에 구속력을 부여할 것인지에 대한 문제가 정책 결정절차의 문제이다.

(4) 국제협력

신자유제도주의는 국제협력이론으로도 볼 수 있다. 코헤인(Robert Keohane)은 협력(cooperation)을 이상주의자들이 제시한 조화(harmony)와 구별되는 개념으로 본다. 조화는 모든 행위자들에 의한 이기적인 이익의 추구가 자동적으로 참여자 모두의 목표를 달성하는 상황을 의미하며, 이러한 조화는 행위자들 간의 의사소통이 없이도 달성될 수 있다. 반면, 협력은 현존하는 갈등에 대한 반응 또는 미래의 갈등을 피하기 위한 노력의 일부로서 정책의 조정(coordination)이라는 과정을 통해 개인 혹은 개개 조직의 행동을 서로에게 일치시키는 의도적인 노력으로 정의된다. 협력은 행위자의 의도성이 강조된다는 점에서 조화와 구별된다. 신자유제도주의자들은 국제제도 또는 국제레짐이 국제협력의 매개체라 본다. 즉, 국가들은 공동의 이익을 위해 지속적인 상호작용을 하기 위한 수단으로 국제제도를 창출한다.

3. 게임이론적 접근법 - 상황적 요인

(1) 서설

국제레짐이라는 국제협력이 발생하는 요인에 대한 신자유제도주의적 설명은 게임이론적 접근법과 기능주의적 접근법으로 대별된다. 우선, 게임이론적 접근법을 보자. 게임이론적 접근법은 악셀로드(Robert Axelrod), 오이(Kenneth A. Oye), 코헤인(R. Keohane) 등에 의해서 제시되었다. 이들은 신현실주의자들이 PD게임과 집단행동이론에 기초하여 국제협력에 대한 비관적 견해를 제시한 것을 비판하고, 같은 분석틀을 사용하여 상이한 결론을 제시하고 있다. 게임이론적 접근법은 행위자가 게임하고 있는 '상황요인'을 협력에 중요한 변수로 본다.

(2) 현실주의자들의 견해

현실주의자들은 죄수의 딜레마와 집단행동이론에 기초하여 국제협력에 대한 비관적 견해를 제시하였다. 우선, 죄수의 딜레마게임에 따르면, 국가들은 협력에 의해 상호 이득을 증진시킬 가능성이 있어도 상대국의 배반가능성을 우려하여 자신도 배반하는 선택을 하게 된다. 또한 집단행동이론(collective action theory)은 다수의 행위자 사이의 공공재 공급에 대해 분석하는 이론으로서, 행위자가 다수인 경우 개별 행위자는 무임승차(free-riding) 유인이 강하고, 따라서 이를 제재할 수 있는 제도가 없는 경우 공공재가 결국 공급되지 못하거나 과소공급된다고 본다.

(3) 신자유제도의 입장

이러한 현실주의자들의 주장에 대해 자유제도주의의 이론가들은 우선, PD게임을 반복게임으로 변경하면 협력가능성이 있다고 본다. 게임이 반복게임으로 '상황'에 변화가 오는 경우 행위자는 배반 시의 총이득과 협력 시의 총이득을 면밀하게 계산하게 되고, 총이득이 보다 크다고 판단하는 경우에는 협력할 수 있다는 것이다. 반복게임상황에서는 배반 시 보복이 가능하기 때문에 미래에 보복을 당할 수 있다는 우려, 즉 미래에 대한 우려(shadow of the future)가 협력을 촉진시킨다고 본다. 또한 집단행동이론에 대해서는 집단행동이론이 가정하고 있는 다수의 참여자를 소수의 참여자로 바꾸면 협력이 발생할 수 있다고 본다. 따라서, 소수 행위자들은 서로의 행위를 면밀하게 감독할 수 있기 때문에 협력을 하는 것이 이득임을 인식하게 되고 이에 따라 협력이 이루어진다고 본다.

4. 기능주의적 접근법 - 기능적 요인

(1) 국제레짐의 형성요인

코헤인(R. Keohane)에 의해 제시된 국제레짐 형성에 대한 기능주의적 접근법은 국제레짐은 국가들이 레짐이 수행하는 기능에 대한 인식 때문에 형성된다고 본다. 국가들은 합리적 행위자들 간에 있어서 협력을 더욱 용이하게 해주고 합의가 더욱 용이하게 이루어지도록 해주는 제도적 장치로서 국제레짐의 필요성을 인식하게 되며 그 결과 국제레짐을 창출하게 된다. 즉, 일정한 기능을 하는 국제레짐의 필요성을 행위자가 인식하기 때문에 국제레짐과 같은 국제제도가 형성된다는 것이다.

(2) 국제레짐의 기능

① 국제레짐은 관련국들에게 레짐이 정하는 규칙을 강제하는 기능을 수행한다. 특정 국가가 레짐의 규칙을 위반하는 경우 자신의 위반은 결국 다른 나라의 규칙 위반을 증대시키게 되고, 이는 결국 '공공악(public bad)'을 산출하는 결과를 초래하게 되므로 규칙을 지키게 된다.

② 국제레짐은 거래비용을 줄여준다. 거래비용에는 문제를 확인하는 비용, 협상비용, 협약체결비용, 감시비용 등이 포함된다. 국제레짐이 존재하지 않는 경우에는 이러한 거래비용이 높아 국가 간 협력이 어렵지만, 레짐을 창출함으로써 거래비용을 줄여서 국제협력을 용이하게 할 수 있다. 국가들은 이러한 이득을 위해 레짐의 창출이라는 국제협력을 하기도 하는 것으로도 해석할 수 있다.

③ 국제레짐은 국가들에게 여러 가지 정보를 제공하여 불확실성을 줄이고 협력을 원활하게 하는 기능을 한다. 여기서 불확실성이란 다른 국가의 행위패턴에 대한 불확실성을 포함하며, 레짐이 형성되어 있는 경우에는 상대국의 행위패턴에 대해 안정적인 기대를 할 수 있어 국제협력을 촉진한다.

5. 국제레짐의 변화와 지속

기능적 접근법에 기초해 볼 때, 국제레짐이 쇠퇴하는 이유는 국제레짐이 제공하는 이득이 소멸하기 때문이다. 즉, 국제레짐의 순기능에도 불구하고 레짐유지에는 비용도 수반되기 때문에 비용이 이득을 초과하는 경우 합리적인 행위자인 국가들은 더 이상 레짐을 유지할 유인을 가지지 못한다. 그러나 기능주의적 접근은 레짐의 쇠퇴보다는 레짐의 유지에 강조점을 둔다. 그 이유는 ① 레짐을 통해서 혜택을 얻는 국가들은 레짐의 규칙을 위반하여 단기적 이득을 취하기보다는 지속적으로 예상되는 많은 협력에 의한 장기적 이익을 위해 레짐의 규칙을 따르게 되기 때문이다. ② 국제레짐을 형성하는 초기 비용이 크기 때문에 국가들은 새로운 레짐을 만들기보다는 기존의 레짐을 유지하는 것을 선호한다.

6. 국제제도와 행위자의 관계

국제제도론에서 하나의 중요한 쟁점은 제도와 행위자의 관계에 대한 것이다. 따라서, 제도가 행위자의 행동, 즉 국가의 주권을 제한할 수 있는지 그리고 제도가 행위자에게 어떠한 영향을 주는지에 대한 문제이다. 신자유제도주의에 따르면, 우선 국제제도는 국가들의 행동을 제약한다. 국가들이 국제제도의 규제력을 수용하는 이유는 그렇게 하는 것이 자신에게 이득이라고 간주하기 때문이다. 한편, 신자유주의는 구성주의자들과 달리 국제제도는 행위자에 대한 '규제적 기능'만을 수행한다고 본다.

5 국제협력에 대한 로버트 코헤인(Robert Keohane)의 입장

1. 의의

제도주의 이론은 국가들이 협력에 실패하는 근본 원인이 국제적 무정부상태 그 자체가 아니라 높은 정보비용(information cost)과 정보의 비대칭성(asymmetry of information)에 있다고 하였다. 즉, 상대방의 현재 입장뿐 아니라 앞으로 어떠한 행동을 할 것인지에 대해 정확하게 알지 못한다는 정보비용의 문제와 각자 서로에 대해 다른 정보를 가지고 있다는 정보의 비대칭성 문제가 존재한다. 이 때문에 국가들은 공통의 이익이 존재할 경우에도 이를 추구하는 데 어려움을 겪는다. 제도주의 이론은 협력 실패에 대한 해결책으로 국제제도(international institutions)를 제시하였다. 제도는 정보비용과 정보의 비대칭성을 완화하기 때문에 국제협력을 저해하는 정보 문제에 대한 가장 효과적인 대안이다.

2. 국제협력 실패에 대한 코헤인의 설명

코헤인은 미시경제학에서 시장실패(market failure)를 분석하는 이론인 코즈 정리(Coase theorem)를 원용한다. 시장이 정확하게 작동하지 못할 경우 시장실패가 나타난다. 모두에게 공통의 이익이 존재하지만 소유권이 불확실하거나 협상에 필요한 정보비용이 높은 경우에 나타나는 외부성(externalities) 때문에 발생한다. 코헤인은 이러한 분석을 원용하여 국제정치에서도 소유권 귀속 대상국이 명확하지 않으며, 그로 인한 정보비용과 정보의 비대칭성 문제가 발생한다고 본다. 정보비용과 정보의 비대칭성 문제는 국제적 무정부성과 무관하게 존재한다. 즉, 정보비용과 정보의 비대칭성 문제는 정부가 존재하는 국내정치체제에서도 존재하기 때문에 무정부적 국제체제가 협력 실패의 원인이라고 할 수 없다. 협력이 실패하는 원인은 국제체제에 있는 것이 아니라 개별 체제별로 달리 나타나는 정보 및 소유권 환경에 있다. 따라서 협력 실패 문제를 해결하기 위해서는 정보 및 소유권 환경을 바꿔야 한다.

3. 협력을 위한 수단으로서 국제제도

국제제도가 존재하는 경우 국가는 상대방의 행동에 대해 어느 정도의 기대를 할 수 있으며, 이를 통해 상당 정도의 정보를 획득하고 정보의 비대칭성을 완화할 수 있다. 또한 국제제도는 국가행동에 대해 규칙을 부여하고 예측 가능성을 높이며, 규칙에 따르는 행동이 유발하는 비용을 감소시키고, 규칙에 따르지 않는 행동의 비용은 증가시킨다. 국제제도가 존재하는 경우 대화의 기회가 많아지면 협상을 위한 장(forum)이 쉽게 마련된다. 이번에 양보하면 다음번 또는 다른 협상에서 양보를 받을 수 있기 때문에 상대방의 양보에 대해 어느 정도 소유권을 설정하는 효과가 있다. 무엇보다 국제제도는 수용될 수 있는 행동의 범위를 국가들에 알려주며, 동시에 개별 사안이 어떤 국가의 관할권에 속하는지를 결정한다. 즉, 소유권을 설정하는 것이다.

4. 국제제도의 지속성의 이유

(1) 제도 구축 비용

국제제도가 지속되는 이유는 모든 국제제도는 구축되는 과정에서 상당한 초기 비용(setup cost)이 수반되므로 어느 정도의 문제점은 제도 자체를 완전히 대체하기보다는 일부를 개선해서 해결하고자 하기 때문이다.

(2) 제도적 관성

국제제도는 제도적 관성을 띤다. 제도가 어느 정도 궤도에 들어서면 다양한 정보를 만들어내며, 이를 통해 정보비용을 낮추고 정보의 비대칭성을 완화한다. 국제원자력기구가 만들어질 무렵인 1957년에 3개였던 핵무기 보유국은 이후 인도, 파키스탄, 이스라엘, 북한, 프랑스, 중국으로 늘었다. 따라서 핵확산 방지를 목적으로 창설되었던 국제원자력기구(IAEA)는 실패했다고 볼 수 있다. 그러나 회원국의 핵활동에 대한 방대한 정보를 생산하고 보유하고 있어 쉽사리 해체되거나 대체되기 어렵다.

(3) 제도 내의 제도 변경 조항

제도 변경 조항이 제도 내에 존재하여 제도의 지속성을 확보한다. 유엔안전보장이사회는 인도, 브라질, 일본, 독일 등 현재 프랑스나 영국과 유사하게 힘이 부상한 국가들의 힘을 반영하지 못하고 있으나, 헌장 개정 시 기존 상임이사국의 거부권이 적용되기 때문에 제도 변경이 어렵다. 유엔안전보장이사회는 변화하는 세력균형을 반영하지 못한 채 지금까지도 1945년의 세력균형에 기초하고 있다.

5. 국가들이 제도를 준수하는 이유

국가들은 국제제도에 참여하며 국제제도를 준수한다. 준수이유는 그것이 국가이익에 도움이 되기 때문이다. 여기서 국가들이 고려하는 이익은 단기적 이익이 아니라 장기적 이익이다. 많은 비용을 들여서 구축한 국제제도에 참여한다는 사실 자체는 국가들이 단기적으로 눈앞의 이익만을 추구하기 보다 장기적인 전망을 가지고 행동한다는 것을 의미한다. 장기적인 안목에서 좋은 평판을 구축하는 것이 필요하며, 일단 이러한 태도가 확립되면 국제제도는 더욱 잘 작동한다. 결국 제도로 인하여 장기적인 안목이 확립되며, 장기적인 안목이 확립되면 국제제도는 더욱 강화된다. 국가들이 장기적 안목에서 장기적 이익을 추구한다는 코헤인의 주장은 왈츠의 주장과 배치된다. 왈츠는 국제체제의 무정부성 때문에 국가들은 장기적 이익을 추구할 여유를 상실하며 단기적 이익에 집중한다고 본다. 그러나 코헤인은 국가들이 국제제도를 구축하는 경우 장기적인 이익을 추구할 수 있다고 보았다. 그리고 장기적인 이익을 추구하는 경우에 국제제도는 더욱 강화된다는 선순환의 가능성을 제시하였다.

6. 국제제도를 통해 자신이 미래 행동 제한

국가가 국제제도에 가입하는 경우 국제제도를 통해 자신의 미래 행동 자체를 제한할 수 있다. 현재 적극적으로 수용되는 국제규범이나 원칙을 미래에도 계속 수용하도록 강제하기 위해 스스로가 자신의 선택 가능성을 제한하는 것이다. 예를 들어 신생 민주주의 국가의 경우 민주주의체제가 미래에도 유지될 수 있을지 확신할 수 없을 때 자신의 정치적 미래를 민주주의 틀에 제한하기 위해 민주주의를 요구하는 국제제도에 가입할 수 있다. 동유럽국가들이 민주주의로 전환한 이후 유럽연합이나 NATO에 가입하고 세계인권선언 등 다양한 인권협약을 적극 수용하는 것도 같은 맥락으로 볼 수 있다.

6 국제협력에 대한 오이(Kenneth A. Oye)의 견해

1. 서설

오이 등이 편집한 <Cooperation Under Anarchy>는 게임이론을 동원하여 어떠한 상황과 전략하에서 국가들이 협력을 하는지에 대해 분석하고자 하였다. 개별 국가가 직면하는 국제협력을 전반적 상황과 개별 국가의 전략으로 구분했으며, 선호체계 및 전략의 변화가 국가의 행동에 미치는 영향에 대해서 논의했다. 기존 이론이 '국가이익'이라는 개념으로 추상화했던 부분을 선호체계라는 개념으로 명시적으로 규정했으며, 선호체계가 달라지는 경우에 국제협력의 가능성이 어떻게 변화하는지를 논의하였다.

2. 국제협력을 결정하는 상황

국제협력의 가능성을 결정하는 상황변수는 세 가지이다. 선호체계, 미래 이익에 대한 기대, 참여국의 수가 그것이다.

(1) 선호체계

선호체계란 협력에 대해 개별 국가가 가지고 있는 이익을 말한다. 선호체계는 다음 네 가지 구성요소에 의해서 각각 다른 형태를 나타낸다. 널리 이용되는 선호체계로는 죄수의 딜레마, 사슴사냥, 교착상태(Deadlock), 담력대결(Chicken Game) 네 가지가 있다.

① 죄수의 딜레마

구분		행위자 2	
		C(협조)	D(배반)
행위자 1	C(협조)	(3,3)	(1,4)
	D(배반)	(4,1)	(2,2)

죄수의 딜레마에서 행위자 1의 선호도 순서는 DC > CC > DD > CD이다. 죄수의 딜레마에서 핵심은 상대방을 배신하는 것이 유리하다는 사실이다. 선호체계상 상대방이 어떠한 행동을 하더라도 자신은 협력을 하지 않고 배신을 하는 경우에 가장 큰 이익을 얻을 수 있다. 배신하는 것이 우월전략이다.

② 사슴사냥

구분		행위자 2	
		C	D
행위자 1	C	(4, 4)	(1, 3)
	D	(3, 1)	(2, 2)

사슴사냥 게임에서 행위자 1의 선호도 순서는 CC > DC > DD > CD이다. 사슴사냥에서는 상대방을 배신하는 것이 유리하지 않다. 상호 협력(CC)이 일방적 배신(DC)보다 유리하다.

③ 교착상태

구분		행위자 2	
		C	D
행위자 1	C	(2, 2)	(1, 4)
	D	(4, 1)	(3, 3)

행위자 1의 선호순서는 DC > DD > CC > CD이다. 교착상태는 공통의 이익이 존재하지 않는 상황이다. 배신하는 것이 우월전략이다.

④ 담력대결

구분		행위자 2	
		C	D
행위자 1	C	(3, 3)	(2, 4)
	D	(4, 2)	(1, 1)

행위자 1의 선호도는 DC > CC > CD > DD이다. 상대방이 협력하는 경우에는 자신이 배신해야 하지만 상대방이 배신하는 경우에는 자신이 협력해야 유리하다.

(2) 미래 이익에 대한 기대(shadow of the future)

두 번째 상황변수는 협력이 가져오는 장기적 이익을 기대할 수 있는지의 문제로서 미래 이익에 대한 기대라고 한다. 비슷한 거래가 앞으로도 지속된다면 국가들은 당장 눈앞의 이익을 추구하기보다는 어느 정도의 비용을 지불하고 장기적 이익을 추구한다.

특히 미래 이익의 할인율(discount rate)이 핵심적인 사안으로 부각된다. 할인율이 높다면, 즉 현재의 이익으로 전환하기 위해 미래의 이익을 크게 할인해야 한다면, 미래 이익에 대한 기대는 낮아져 장기 협력이 어려워지고 모든 국가는 단기적인 이익을 추구할 것이다. 그러나 할인율이 낮다면 다시 말해 미래 이익을 크게 할인하지 않고도 현재 이익으로 전환할 수 있다면, 국가들은 단기이익보다 장기 이익을 추구한다. 예를 들어 자신의 안보가 직접적으로 위협받는 경우에 국가들은 단기적인 이익에 집중하며, 장기적인 이익은 무시한다. 절체절명의 위기 상황에서 미래 이익은 크게 할인되며, 바로 눈앞의 이익인 생존을 위해서 국가들은 거의 모든 것을 희생할 것이다.

(3) 참여국의 수(numbers of players)

세 번째 상황변수는 얼마나 많은 국가들이 협력에 참여하고 있는가를 의미하는 참여 국가의 숫자이다. 많은 수의 국가가 참여할수록 국가들 사이에 정보비용이 증가하며, 동시에 어떠한 국가가 문제를 야기했는지 파악하고 그 해결책을 강구하기 어려워진다.

3. 상황변수에 기초한 추론

(1) 국제협력이 어려운 이유는 국가들의 선호체계가 공통의 이익이 존재하지 않는 '교착상태'이거나 공통의 이익이 존재한다고 해도 '죄수의 딜레마' 또는 '담력대결'과 유사하기 때문이다. 공통의 이익이 없기 때문에 협력의 필요성이 사라지고 상호 배신 상황이 나타나며, 서로 협력하는 것이 서로 배신하는 것보다는 낫지만 상호 협력 상황보다는 일방적 배신이 더욱 유리하므로 문제가 발생하는 것이다.

(2) 미래 이익의 기대 측면에서 무정부적 국제체제는 강력한 힘을 발휘한다. 개별 국가의 상위의 단위체가 존재하지 않아 계약을 집행할 수 없기 때문에 국가들은 장기적인 안목을 갖지 못한다. 자신의 안전이 위협받는 것은 아니지만 긴 시간을 가지고 차분하게 투자를 하며 장기적인 이익을 추구하기에는 많은 문제가 있는 것이다. 따라서 미래 이익은 상당히 할인되며, 미래 이익에 대한 기대도 상당 부분 줄어 협력의 가능성이 감소한다.

(3) 참여 국가의 숫자에 대해 왈츠의 이론에 특별한 시사점은 없다. 다만 강대국 숫자가 감소할수록 국제체제는 더욱 안정적이며, 양극체제가 다극체제보다 더욱 안정적이라고 하였다.

4. 국제협력에 영향을 주는 전략

(1) 의의

선호체계, 미래 이익에 대한 기대, 참여국의 수라는 상황 자체는 쉽게 변화하지 않지만 국가들은 여러 가지 방법으로 이를 변화시켜 협력가능성에 영향을 줄 수 있다.

(2) 선호체계 변화 전략

교착상태에서는 공통의 이익이 존재하지 않기 때문에 협력이 불가능하지만 죄수의 딜레마나 사슴사냥으로 변화한다면 협력의 가능성은 존재한다. 구체적인 방법은 다음과 같다.

① **국가들의 의도적인 노력**: 사안연계(issue-linkage)가 대표적이다. 무역협상에서 다양한 상품을 통합해 교섭하게 되면, 한 상품에서는 교착이 발생한다고 해도 다른 상품의 교역에서는 공통의 이익이 존재할 수 있어 협력이 가능해질 수 있다.

② **외생적 변화**: 기술변화로 인해 공통의 이익이 사라지거나 생겨날 수 있다. 국내정치나 국제정치적 변화도 외생적 변화로 볼 수 있다. 이에 따라 공통 이익이 생겨날 수도, 사라질 수도 있다.

(3) 미래 이익에 대한 기대를 바꾸는 전략

가장 확실한 방법은 협력 대상이 되는 사안을 분할(decomposition)하는 것이다. 문제를 해결하기 위해 한 번의 협력을 시도하기보다는 사안을 작게 나누어서 여러 번에 걸쳐 소규모 개별 사안에 대해 조금씩 협력을 반복하는 것이다. 한 번에 50% 군축을 하기보다는 5%씩 열 번에 나눠서 군축을 해 나간다면 일방적 협력의 문제를 완화할 수 있다. 공통의 이익이 존재하기 때문에 국가들은 계속 협력을 유지하면서, 단기적인 이익을 추구하기보다는 장기적인 이익을 추구할 수 있게 된다. 사안을 분할하면 미래 이익에 대한 기대가 증가한다. 또한 사안이 분할된다면 상대방의 행동을 상호주의(reciprocity)원칙에 따라 응징할 수 있다. 특히 죄수의 딜레마 상황에서 상호주의 원칙은 장기적으로 협력을 유지하게 할 수 있다. 다만 상호주의 원칙은 담력대결에서는 부정적인 결과를 초래한다. 자신을 배신한 상대를 응징하기 위해 다음 대결에서 자신이 배신한다면 상호 배신이라는 최악의 상황을 초래할 수 있다. 또한 미래 이익에 대한 기대가 중요해질수록 자신의 담력을 과시하기 위해 강한 이미지를 구축하려고 하며, 협력을 거부하고 배신을 유지하려는 강력한 유인이 생겨난다. 결국, 상호주의 원칙이 모든 경우에서 최선의 결과를 가져오지는 않는다고 할 수 있다.

(4) 참여국의 수

참여국의 수가 증가하면 정보비용이 증가하고 배신자의 색출 및 처벌이 어려워지므로 이를 극복할 방법을 모색하거나 참여 국가의 숫자 자체를 줄여야 한다. 참여국의 수가 증가하면 배신 유인이 증가하고 무임승차의 문제(free-riding problem)가 발생한다. 따라서 모든 국가의 참여보다는 참여 국가들을 소규모집단으로 분류하고 집단 내부에서 대표 국가를 선출하여 협상의 주도권과 그 이행을 위한 지도력을 인정하는 방식으로 국가들의 행동을 감시할 수 있다. 또한, 다자협상을 지양하고 양자협력에 집중한다.

7 왈츠류의 구조적 현실주의와 신자유제도주의 비교

1. 무정부상태

신현실주의와 신자유주의는 국제체제가 무정부라는 가정을 공유한다. 그러나 왈츠(Waltz)와 신자유제도주의자들은 국제협력에 대한 상반된 견해를 보여준다.

2. 관심분야

신자유제도주의자들은 연구의 초점을 정치경제, 환경, 인권 의제 등에 맞추고 있다. 즉, 인간의 안위나 보다 나은 생활에 맞춰져 있는 것이다. 반면, 신현실주의자들은 대체로 안보연구에 초점을 맞추고 있다. 신현실주의자들은 상위 정치의제를 주된 의제로 보고, 경제복지나 다른 의제는 하위 정치의제로서 국제정치의 주된(주류) 의제가 될 수 없다고 본다.

3. 외교정책

신현실주의자들은 보다 국가중심적 관점에서 국가의 생존을 보장하기 위한 방법이나 국가이익을 극대화하는 방안을 모색하는 것을 외교정책이라고 본다. 반면, 신자유주의자들은 외교정책을 복합적 상호의존과 다양한 지구화과정을 다루는 기술로 인식한다. 또한 외교정책은 전 세계 사람들의 생존 자체보다는 경제적 복지를 위협하는 문제에 반응하는 기술을 말한다고 본다.

4. 국제협력

신현실주의와 신자유제도주의의 가장 명확한 차이점은 국제협력가능성에 대한 입장에서 드러난다.

(1) 신현실주의의 견해

신현실주의는 국제협력은 '배반의 가능성'과 '상대적 이득의 문제' 때문에 발생하기 어렵다고 본다.

① PD게임이 보여주듯이 정보가 불완전하고 제재수단이 결여되어 있는 상황에서 국가들은 상대방이 언제, 어떻게 배반할지 알 수 없을 뿐만 아니라, 배반한 상대국을 효과적으로 제재할 수단이 없기 때문에 국가들은 협력하지 않는다고 본다.

② 배반보다 더 해결하기 어려운 문제는 상대적 이득의 문제이다. 설령, 배반의 문제가 제도나 레짐 형성으로 해결된다고 해도, 이득의 배분에 있어서 차이가 있는 경우 국가는 협력에 소극적일 수밖에 없을 것이다. 무정부상태에서는 현재 우호적인 관계가 언제 적대적인 관계로 변화될지 알 수 없기 때문에 국가들은 지속적으로 생존의 확보문제에 관심을 가질 수밖에 없으므로 상대적 이득을 고려한다는 것이다. 상대적 이득에 대한 우려는 안보영역뿐 아니라 경제영역에서의 협력에도 작용한다. 이는 경제적 협력에 의한 이득이 안보외부재 효과를 가지기 때문이다.

> **참고**
>
> **그리코의 상대적 이득 이론**
>
> 1. 논의 배경
>
> 그리코는 1980년대에 국제체제의 무정부성하에서의 국제협력을 둘러싸고 신현실주의이론과 신자유제도주의 간에 치열하게 전개된 논쟁 속에서 신현실주의 편에 서서 신자유제도주의의 문제점을 지적하였다. 논쟁과정에서 그리코는 부수적으로 신현실주의이론의 관점에서 협력이 가능한 특별한 조건을 언급하였다. 그러나 그리코는 기본적으로 신자유제도주의가 절대적 이득을 중시한 점을 비판하고 국가들이 무정부적 국제체제에서 상대적 이득을 추구하기 때문에 협력이 어렵다는 점을 주장하였다.

2. 상대적 이득 이론의 내용

(1) 신자유제도주의 비판
그리코는 신자유제도주의이론이 두 가지 점에서 문제가 있다고 지적하였다. 첫째, 신자유제도주의가 신현실주의와 마찬가지로 국제체제의 무정부성을 가정하고 있으나, 미어샤이머의 신현실주의가 무정부성을 보호의 부재로 인식하는 것과는 달리 단순히 다른 국가들의 배신에 대해 처벌을 할 수 없는 강제적 집행의 부재 정도로 잘못 인식하고 있다. 둘째, 신자유제도주의는 국가들 사이에 존재하는 국력 차이를 무시하고 대등한 존재로 가정함으로써 국가들이 상대적 이득보다 절대적 이득을 중시한다는 잘못된 주장을 하고 있다.

(2) 상대적 이득 추구와 국제협력
그리코는 무정부성을 특징으로 하는 국제체제에서 국가들은 절대적 이득보다 상대적 이득에 더 관심을 가질 수밖에 없으므로 기본적으로 협력이 어렵다고 주장한다. 무정부적 세계에서 협력을 통해 절대적 이득이 생성된다고 해도 이러한 이득이 국가 간에 어떻게 분배될 것인가에 민감할 수밖에 없어 상대적 이득 여하에 따라 협력 여부를 결정하게 된다. 즉, 공동의 이득이 상대방에게 유리하게 배분되는 것이 자국의 미래에 위험을 불러올 수 있다고 보아 상대적 이득에 민감하지 않을 수 없다는 것이다.

(3) 국제협력이 발생할 수 있는 조건
상대적 이득 이론은 상대적 이득이 문제되지 않는 경우 국제협력이 일어날 수 있다고 본다. 즉, 협력을 도모하기 전의 힘의 균형이 유지되는 배분이 확보된다면 협력이 일어날 수 있다.

3. 상대적 이득 이론에 대한 평가

(1) 미어샤이머
신현실주의자 미어샤이머는 협력이 어려운 이유로 국제체제의 무정부성이 가져다주는 상대적 이득에 대한 국가들의 예민성과 더불어 배신에 대한 우려를 제시하였다. 따라서 미어샤이머는 협력 이전의 권력 배분을 반영하고 배신의 우려를 해결할 때 협력이 일어날 수 있다고 하였다.

(2) 볼드윈
볼드윈은 상대적 이득이 중요하다고 해도 언제나 그러한 것은 아니라고 하였다. 즉, 상대적 이득이 중요한 경우는 특정 분야에서의 이득이 비대칭적으로 배분되어 다른 분야에도 영향을 주는 경우일 것이나, 환경 분야에서의 협력과 같이 다른 분야에 영향을 주지 않는 경우도 있다.

(3) 루소와 파월
구성주의는 국가들의 선호가 상대적 이득이나 절대적 이득으로 주어져 있는 것이 아니라고 본다. 상대적 이득이나 절대적 이득에 대한 국가의 선호는 주어진 것이 아니라 국가의 정체성과 이익의 지속적인 재구성의 과정에서 만들어 진 것이기 때문이다. 루소는 구성주의 관점에서 상대적 이득의 현저성(salience of relative gain)은 개인의 믿음, 적의 성격, 상황에 따라 달라진다고 주장하였다. 파월도 국가의 상대적 이득이나 절대적 이득에 대한 선호는 사전에 정해져 있는 것이 아니라 국제체제의 무정부성과 함께 국가들이 직면하고 있는 국제적 환경에 따라 달라진다고 하였다.

(4) 스나이덜
스나이덜은 상대적 이득에 대한 관심이 커지면 국제협력이 곤란하다는 점은 수용하면서도 참여국의 수에 따라 상대적 이득에 대한 민감도가 달라질 수 있다고 주장하였다. 국제협력에 참여하는 국가의 수가 적은 경우 상대적 이득에 대해 국가들이 더 민감할 수 있으나, 국가의 수가 증가하면 상대적 이득의 문제는 완화된다고 주장하였다. 즉, 경쟁적인 국가의 수가 둘보다 많으면 상대적 이득의 현저성이 줄어든다고 하였다.

(2) 신자유주의의 견해

신자유제도주의에서는 국제체제의 무정부성을 단순히 중앙집권적 권위체가 없는 상황으로 보기 때문에 상대적 이득에 대한 고려보다는 절대적 이득이 보다 중요한 요인이라고 본다. 설령, 상대적 이득이 중요하다고 하더라도, 제도 내에서 국가 간 조정을 통해 해결할 수 있는 문제라고 본다. 배반의 문제 역시 배반 여부를 감독하고, 배반 시 처벌을 가하는 국제제도를 형성함으로써 협력을 지속할 수 있다고 본다. 또한, 반복게임상황에서는 배반의 유인 자체가 약하기 때문에 배반 가능성 자체가 높지 않다고 본다. 반복게임에서는 상대국으로부터 보복을 당할 수 있고, 보복을 당하는 경우 기존에 누리던 이익마저도 상실하기 때문에 배반을 하지 않는 것이다.

5. 국제제도

신자유제도주의는 제도가 국가들의 행동을 규제하여 국제질서를 유지하는 데 긍정적이고 실제적인 기능을 한다고 보는 반면, 신현실주의는 제도는 세력분배구조의 반영에 불과하고 국가로부터 독립된 행위자가 아니며, 따라서 국제관계를 변화시킬 가능성은 없다고 본다.

8 타 이론과 비교

1. 패권안정론과 신자유제도주의 비교 - 국제레짐의 형성과 변화

(1) 패권의 존재와 국제레짐의 창출

패권안정론과 신자유제도주의는 패권국이 존재하는 경우 국제레짐의 창출과 유지에 순기능적이라는 점에 대해서는 의견을 같이 한다. 다만, 패권국의 역할에 대해서는 차이가 있다. 길핀(Gilpin)은 패권국의 강압적인 지도력(coercive leadership)에 의한 여타 국가의 강압적인 협조(coercive cooperation)의 측면을 강조한다. 반면, 코헤인(Keohane)은 선의의 지도력(benevolent leadership)에 의한 여타 국가들의 자발적인 협조(voluntary cooperation)를 강조한다.

(2) 패권의 쇠퇴와 국제레짐

양 이론의 차이는 패권쇠퇴와 국제레짐의 소멸 여부에서 명확하게 드러난다. 우선, 패권안정론은 패권이 쇠퇴하는 경우 레짐도 쇠퇴한다고 본다. 국제레짐은 패권국의 강제력에 의해 유지되고 있었기 때문에 힘이 약화되는 경우에는 국제레짐 역시 쇠퇴한다는 것이다. 그러나 코헤인(Keohane)은 패권쇠퇴 이후에도 국제레짐이 유지된다고 보는데, 이는 선의의 지도력과 자발성에 의한 질서는 강제적인 지도력에 의해 강요된 질서보다 상대적으로 제도화의 기반이 튼튼하기 때문에 독자적인 생명력을 가질 수 있다고 보는 것이다. 패권쇠퇴 이후에 레짐이 유지되는 것은 기능주의적 접근법에 의해서도 설명할 수 있다. 국제레짐은 국가들의 필요에 의해 만들어졌기 때문에 패권쇠퇴와 무관하게 레짐이 계속해서 국가들에게 유익을 주고 있다고 판명되는 경우에는 레짐이 지속될 수 있다.

2. 국제규범의 동태적 성격에 대한 이론

(1) 의의

국제규범에 대한 기존 이론들은 국제규범 또는 제도의 형성과 쇠퇴에 대해 정태적 분석을 제시하고 있다. 국제법을 기반으로 제도화되거나 성문화되어 정착했다는 특성 때문에 규범의 역동성(dynamic)에 대한 연구는 초반에 주목받지 못했다. 그러나, 국제법을 기반으로 발전한 규범이라면 정적인 성격을 바탕으로 필요에 따라 일단 생성될 경우 법과 제도를 기반으로 하여 지속적으로 유지되어야 하지만 규범을 관찰한 결과 필요에 따라 확산되기도 하고 쇠퇴하는 과정이 발생한다는 사실을 발견하면서 규범의 역동성과 변동성에 대한 연구가 차츰 진행되기 시작했다. 규범의 역동성에 대한 연구자로는 하랄트 뮐러(Harald Müller)와 카르멘 분데를리히(Carmen Wunderlich), 마샤 피네모어(Martha Finnemore), 캐서린 시킨크(Kathryn Sikkink) 등이 있다.

(2) 하랄트 뮐러(Harald Müller)와 카르멘 분데를리히(Carmen Wunderlich)

하랄트 뮐러(Harald Müller)와 카르멘 분데를리히(Carmen Wunderlich)는 '규범의 생애주기(norm life-cycle)' 이론을 제시했다. 뮐러와 분데를리히가 서술한 '규범의 생애주기'란 규범은 필요시 새롭게 생성되기도 하고 쇠퇴하기도 하면서 생성과 쇠퇴의 주기를 반복하는데, 이러한 과정의 반복이 규범으로 하여금 역동성을 갖게 하며 동 현상은 규범의 '설립 - 발전 - 쇠퇴'의 3단계를 통해 이루어진다고 설명한 이론이다.

첫째, 새로운 규범 혹은 레짐이 설립(establishment) 된다. 국가는 규범 설립에 있어서 주요 행위자로서 문제 발생시 문제해결장치로서 새로운 아이디어의 정의를 통해 규범의 발전을 주도한다. 둘째, 새롭게 출범한 규범 또는 레짐의 추가적 발전이 진행된다. 규범은 행위자 간 상호 이해로 인해 새로운 규범 혹은 오래된 규범에 대한 새로운 이해로 귀결될 수 있는 과정 가운데 행위자들 간 논쟁적 협상 과정에서 비롯되고 진화하기도 한다. 이 과정을 통해 규범은 변화된 요구를 충족시키기 위해 개조될 수도 있고 여타 새로운 규범으로 대체될 수도 있다. 셋째, 발전 후 진행되는 쇠퇴 혹은 붕괴이다. 상기한 바와 같이 규범은 필요에 따라 개조되기도 하고 새롭게 대체될 수도 있다. 이러한 과정 가운데 쓸모 없어졌다고 판단된 규범은 궁극적으로 쇠퇴하고 폐지되기도 한다.

이와 같이 규범은 '설립 - 발전 - 쇠퇴'의 세 단계를 거치며 역동성을 갖게 되는데 뮐러와 분데를리히는 이러한 규범의 특성을 '규범의 생애주기(norm life-cycle)'라고 정의하며 규범 내 내재한 역동성과 변동성을 설명했다. 그러나 뮐러와 분데를리히의 규범의 생애주기 연구는 어떠한 메커니즘에 의해 '설립 - 발전 - 쇠퇴'의 과정이 진행되는가에 대한 상세한 설명이 제시되지 않았다는 한계가 있다.

(3) 마샤 피네모어(Martha Finnemore)와 캐서린 시킨크(Kathryn Sikkink)

뮐러와 분데를리히가 주장한 '규범의 생애주기' 이론의 메커니즘을 더욱 상세히 뒷받침해줄 수 있는 대표적 연구로는 마샤 피네모어(Martha Finnemore)와 캐서린 시킨크(Kathryn Sikkink)의 연구가 있다. 피네모어와 시킨크는 규범확산이론과 관련하여 '규범의 생애주기(norm life-cycle)'로 명명된 분석틀을 제시하였는데 해당 이론을 통해 규범이 확산되는 과정의 설명을 시도했다.

피네모어와 시킨크의 '규범의 생애주기' 이론은 규범이 생성되고 국제사회에 확산되어 행위자들에게 수용되기까지의 단계를 규범의 출현(norm emergence), 확산(norm cascade), 내재화(internalization) 단계로 구분한 것으로, 규범의 형성 및 확산 경로에 대한 과정적 설명을 제공한다.

첫째, 출현 단계는 규범에 대한 강한 신념을 가진 행위자가 여타 행위자들에게 자신의 신념을 수용하고 준수하도록 설득하는 단계를 의미한다. 이 과정은 다른 행위자들에게 자신이 주도한 규범을 수용할 수 있도록 설득하는 규범주창자의 역할이 핵심적이다.

둘째, 확산 단계는 규범주창자가 규범 행위자를 설득하여 규범을 전파 및 확산시키는 단계를 의미한다. 피네모어와 시킨크는 특히 규범 확산 과정에서 규범주창자와 규범행위자들 간 네트워크 역할의 중요성을 강조하는데, 네트워크 활동의 공간으로서 글로벌 회의를 강조한다. 글로벌 회의를 통해 규범주창자가 행위자들을 대상으로 설득하거나 비판하는 방식을 통해 규범 확산을 선전(demonstration)할 수 있기 때문이다. 이처럼 규범주창자의 설득과 선전을 통해 동일한 규범을 수용하고 공유하려는 행위자들이 모이면 규범행위자들 간 규범이 확산되면서 규범 채택 정도가 급속도로 증가하는 사회화(socialization) 현상이 발생한다. 규범이 사회화 현상에 도달했다는 것은 초국가적 수준에서 규범이 출현하고 확산되었다는 것을 의미한다.

셋째, 내재화 단계는 규범주창자를 중심으로 규범행위자들 간 규범이 확산되고 수용되어 규범 동조 현상이 일어나는 규범의 안정화 단계를 의미한다. 규범의 생애주기 이론의 마지막 단계로서 내재화 단계는 국가 수준에서 규범을 적용할 수 있는 국내적 법과 제도의 기반 마련을 요구한다. 국제 규범을 수용 및 적용할 수 있는 국내의 법적, 제도적 구조가 마련되면 각 행위자들은 규범을 수용하는 과정을 거치는데 이 과정 중에서 규범을 완전히 수용하는 경우도 있으나 때로는 전략적으로 수용하기도 하고, 규범을 일부 재해석하여 지역화 하거나, 또는 규범을 거부하고 새로운 규범을 제시하는 등의 다양한 형태로 나타난다. 그러나 국제사회에서 규범을 채택하는 국가들이 다수 축적될 경우 규범을 수용하지 않는 국가는 규범채택에 대한 선호를 증가시키도록 주변국으로부터 압력을 받게 된다.

요컨대, 피네모어와 시킨크는 규범의 생애주기 이론을 통해 규범의 확산 과정을 세 단계로 구분하여 국가들의 규범 수용 행태를 연구하였으며 국가들은 규범주창자를 중심으로 규범의 출현과 확산, 내재화 단계를 통해 규범을 전략적으로 수용함으로 국가들 간 규범의 확산과 인정 행태가 나타나는 것으로 분석했다.

9 비판

1. 현실주의

신현실주의는 기본적으로 국가의 행동을 결정하는 변수는 국제체제의 구조라고 본다. 즉, 무정부성이나 국가 간 힘의 배분상태가 지속적으로 국가들의 행동에 영향을 주고, 구조에 변화가 없는 경우 국가들의 행동의 상호관계는 변화되지 않을 것으로 본다. 이러한 입장에서 볼 때, 신자유제도주의는 무정부성이나 힘의 배분에 대해 과소평가한다는 비판을 받을 수 있다.

2. 자유주의

신자유제도주의는 국가에 대한 신현실주의의 가정을 수용하고 있다. 반면, 자유주의는 국가는 비합리적이고, 분절적이며, 다양한 행위자 중의 하나라고 본다. 자유주의 측에서는 신자유제도주의자들은 국가의 선호가 형성되는 구체적인 과정을 분석할 수 없고, 제도화의 수준에서 나타나는 변이를 설명할 수 없다고 비판한다.

3. 구성주의

구성주의는 신자유제도주의와 세 가지 차원에서 비교된다.

(1) 구성주의는 제도를 보다 규범적인 차원에서 정의한다. 무정부성 역시 하나의 국제제도로 보는 구성주의자들은 무정부성을 신자유제도주의와 같이 중앙권위체가 부재한 상태로 보는 것이 아니라, 국가들이 구성하고 있는 집합정체성으로 이해한다.

(2) 제도와 행위자의 관계에 있어서 구성주의는 제도와 행위자의 동등한 영향력을 인정하나, 신자유제도주의에서는 제도의 행위자에 대한 영향력을 상대적으로 강조한다.

(3) 제도의 행위자에 대한 규제적 속성은 구성주의나 신자유제도주의 모두 인정하나, 구성주의자들은 제도가 행위자에 대한 구성적 효과도 가진다고 본다.

4. 비판이론

콕스(Robert Cox)는 신자유제도주의가 신현실주의와 마찬가지로 문제해결이론(problem - solving theory)에 불과하다고 비판한다. 콕스는 기존 체제의 속성에 대한 근본적인 의문을 제기하거나, 기존 체제의 기득권 옹호적 성격을 비판하지 않고, 기존 체제를 전제하고 기존 체제에서 나타나는 문제를 해결하기 위한 이론들을 문제해결이론이라고 본다. 반면, 비판이론(critical theory)은 현존하는 질서가 어떻게 형성되었고, 어떻게 기득권을 옹호하고 있는가를 밝혀내고, 인간해방을 위한 비판적 지식을 구축하는 이론을 말한다. 콕스는 국제정치이론은 비판이론을 지향해야 한다는 규범적 전제에서 신자유제도주의의 문제해결이론적 성격을 비판한다.

국제제도론 상호 비교

구분	구조적 현실주의	패권안정론	자유주의 정부간주의	신자유 제도주의	구성주의
제도의 형성가능성	부정	긍정	긍정	긍정	긍정
제도의 형성요인	• 배반 우려 • 상대적 이득 우려	패권의 존재 + 패권의 의사	선호 일치	• 무한반복게임 상황 • 상호주의전략 • 절대적 이득	• 조화적 • 집합정체성
제도의 속성	권력정치 반영	• 공공재 • 패권의 이익달성수단	합치된 선호 반영	공동이익 달성수단	관념적
제도의 효과	규제적	규제적	규제적	규제적	규제적·구성적
법제화 수준	낮음	패권국 의사	선호집단의 지지도	높음	정체성의 밀도
지속성	낮음	낮음	높음 (잠금효과)	높음	높음

제9절 | 국제기구론

1 서론 - 국제기구의 설립 배경 및 필요성

국제기구는 국제관계가 긴밀해지고 국제사회에서 공동생활의 필요성이 절실하게 요구됨에 따라 19세기 후반부터 형성되기 시작하였으며, 특히 <u>제2차 세계대전 이후 그 수가 급격히 증가하였다. 이는 전쟁의 참화와 핵무기의 파괴력을 경험한 국가들이 평화를 수호하기 위한 국제기구의 필요성을 절감하고, 경제적 이슈가 국제정치의 주요 이슈로 부각되며 범세계적 성격을 띠게 됨에 따라 다자간 협력의 필요성이 점진적으로 제기되었기 때문이었다.</u> 특히 경제 문제는 개별국가들의 힘만으로는 해결할 수 없었으며 각 국가들은 이 문제를 다루는 데 있어서 상호협력 이외에는 선택의 여지가 없었다. 뿐만 아니라 정보통신혁명으로 인한 국제통신수단과 이동수단의 발달은 다양한 국제기구의 설립을 촉진시켰다. 세계화의 진전에 따라 빈곤, 저발전, 기아, 질병 등 인도주의적 사안에 대한 국제사회의 관심도 높아졌고 이에 대한 국제사회의 협력 필요성도 제기되었다.

이러한 필요성에 의해 국제기구가 점차 증가하게 되었으며, 많은 세계적인 이슈를 다루다보니 국제기구 자체의 필요성에 의해 하부기구, 또는 연관된 국제기구가 탄생되는 연쇄효과를 가져오기도 하였다. 그리하여 현재 지구상에는 190여개의 국가와 약 5천여 개의 국제기구가 상존하고 있다.

2 국제기구에 대한 일반적 논의

1. 국제기구의 정의

오늘날 국제사회는 정부 간 국제기구(inter-governmental organization: IGO)뿐 아니라 수많은 비정부 간 국제기구(non-governmental organization: NGO)가 존재하고 있어 국제기구의 개념을 정의하는 데 어려움이 따르고 있다. 월러스, 싱어, 베네트 등의 정의를 종합해보면 국제기구란 '회원국들의 공통된 이익을 추구할 목적으로 둘 이상의 주권국가들 사이의 협정에 의하여 창설된 것으로서 기구 내 특별한 기능을 수행하기 위한 정식조직을 지닌 공식적이고 지속적인 결사체'이다. 한편 이니스 클라우드(Inis L. Claude, Jr.)는 국제기구를 '국가들이 국제관계를 보다 효율적으로 수행하기 위한 공식적이고 지속적인 제도적 관계를 수립·발전시키는 가운데 나타나는 과정'이라고 한다. 이러한 정의는 국제기구가 국가 간의 관계에 있어 갈등요인을 최소화하고 협력의 가능성을 높인다는 점을 강조하고 있는 것이다.

2. 국제기구의 법적 성격

첫째, 국제기구, 특히 정부 간 국제기구는 일반적으로 주권국가를 그 구성원으로 하고 있기 때문에 그 성립에 있어서도 주권국가의 합의에 기초한다. 즉, 국제기구는 국제법, 다시 말해 국가 간 조약에 의해 성립된다. 그러므로 국제기구는 국제법의 테두리 내에서 그 역할을 수행한다. 둘째, 국제기구의 기본조약은 기구의 헌장을 포함하고 있으며 기구의 성립과 기능의 근거를 제시한다. 셋째, 헌장에는 기구의 주요기관과 그 기관의 권한에 관한 규정이 있어야 하며, 일반적으로 기구의 목적과 회원국의 권리와 의무에 관한 규정이 포함되어 있다.

3. 국제기구와 국가 간의 관계

(1) 현실주의의 견해

국제기구는 주권국가에 의해 설립되고 그들의 권한과 기능이 주권국가로부터 나오며 그들의 행동이 국가에 의해 감시되기 때문에 국제기구는 국가에 종속되는 것이라고 보는 견해이다.

(2) 이상주의의 견해

국제기구를 독립된 행위주체로 보는 견해로서, 현대국가들은 상호의존적인 국제체제에 편입되면서 독자행동을 취할 수 있는 자율성을 서서히 상실하고 있다는 것이다. 따라서 어떠한 국가도 국방, 외교, 경제정책에 있어서 순수하게 독립적인 결정을 내릴 수 없으며 인권, 난민, 식량, 환경문제와 같은 경제적, 생태적, 사회적인 문제들이 일국의 노력만으로 해결될 수 없다는 견해이다.

4. 국제기구의 역할

(1) 국제기구는 국가정책의 목표를 달성하는 도구로서의 역할을 한다.

(2) 국제기구는 국가의 행위를 체계적으로 수정하는 역할을 한다. 이를테면 국제기구는 여러 가지 수단을 통해 특정국가에 압력을 행사하여 그 국가의 행태를 바꿀 수도 있다.

(3) 국제기구 그 자체가 행위 주체의 역할을 한다. 국제기구는 어느 정도 활동의 자율성을 확보하고 있을 뿐만 아니라 다른 행위주체인 회원국에 대해서도 일정한 영향력을 지니고 있다.

3 국제기구에 대한 이론적 접근

1. 현실주의

현실주의자들에게 있어 국제기구는 패권국이나 강대국의 이익을 대변하는 것이다. 다른 중소국가들도 목적을 달성하고 국제사회에서 발언권을 얻기 위해 국제기구를 이용하지만 그들은 특정 국가의 행위를 억제할 수 없으며, 패권국이나 강대국들은 국제기구가 자국의 이익에 큰 도움이 되지 못한다면 그들을 무시하게 될 것이라고 본다.

2. 기능주의

기능주의(Functionalism)는 IGO가 국가들의 필요에 의해서 만들어졌다는 점을 강조한다. 초국가적 연계가 증가함에 따라 통합과 상호의존이 늘어났고, 국가들이 공통의 문제를 함께 논의하게 되었다. 이러한 문제들의 많은 부분은 오직 국제적 협력을 통해서만 조절될 수 있는 것이었고, 이에 따라 기술적 전문가를 소유한 전문화된 국제기구를 필요로 하게 되었다는 것이다. 이처럼 전문적이고 경제·사회적으로 비정치적인 문제들에 관한 협력이 방위, 재정 정책과 같은 좀 더 광범위하고 더 정치화된 문제영역으로 번져 나갈 수 있다(spill over)는 것이 미트라니(David Mitrany) 등 기능주의자들의 주장이다.

3. 신자유제도주의

신자유주의적 제도주의자인 코헤인(Robert Keohane)은 『After Hegemony』에서 이기적인 국가들의 집단행동을 IGO가 어떻게 극복해야 하는가, 또 무정부적 상황에서 어떻게 협력을 도모해야 하는가에 대해 설명한다. 신자유주의적 제도주의는 다른 자유주의자들과는 달리 현실주의의 주요 가정을 대폭 수용하고 있다. 현실주의자들처럼 신자유주의적 제도주의자들은 국가를 단일의 합리적인 행위자로서 무정부적인 국제 체제하에서 상호작용하는 것으로 보고 있다. 또한 현실주의자들과 마찬가지로 패권국가가 IGO와 레짐의 형성에 필요하다고 주장한다. 그러나 신자유주의적 제도주의자들은 패권국가가 쇠퇴할 경우 영향력을 발휘할 국제기구의 중요성에 대해 더욱 긍정적인 태도를 취한다. 즉, IGO와 레짐은 패권국가의 이익을 증진시키는 것 외에 회원국들에게 교역과 정보의 비용을 줄여주며, 국가의 행동에 규칙을 부여하고 투명성을 증진시킨다는 것이다. 복합적 상호의존의 상황에서 IGO와 레짐은 국가에게 매우 중요한 자산이 되며 따라서 패권국가가 사라진 이후에도 IGO와 레짐을 유지하기 위한 비용을 국가들이 공동부담하려 할 것이라는 것이 이들의 주장이다.

4. 구성주의

웬트(Alexander Wendt)에 의하면 글로벌 거버넌스(global governance)는 물질적 능력에 따라 국가들이 수직적 질서를 이루고 있기는 하지만, 동시에 사회적 관계에 의해서도 일어나는 것이다. 그리고 구성하는 국가들의 상호작용을 통해서 정체성에 변화가 일어날 수 있고 이는 더 나아가 사회적 관계와 행동패턴을 변화시킬 수 있다고 한다. 즉, 구성주의는 국가를 그 기반으로 하고 무정부적 국제질서를 인정하지만, 그런 외부환경이 신현실주의에서 말하듯 필연적으로 대립적인 관계를 가져오거나 신자유주의에서 주장하듯이 경제적 관점에서 낮은 거래비용을 목표로 제도를 통한 국가 간의 협력 관계가 만들어진다고 보지 않는다. 또한 계속적인 상호작용을 통해 구성원들의 정체성의 변화가 일어나게 되어 정통성, 사회적 동의에 따라 글로벌 거버넌스의 구조가 생겨나는 것이라고 지적한다. 국제기구는 그것을 만든 국가들의 이익을 대변하지 못하는 상황이 되어도 동의에 의한 정통성을 가진 글로벌 거버넌스 구조로서 지속적으로 존속하고 행위자를 구속하는 역할을 수행하게 된다고 한다.

4 결론

국제기구에 대한 패러다임별 시각의 차이에도 불구하고 현재 국제사회에서 국제기구의 역할과 기능이 급속히 확대되어 가고 있다는 사실은 부인할 수 없다. 세계화라는 세계적 차원의 상호의존 심화 현상과 이를 추동하는 정보통신혁명이 현재 진행 중인 한, 세계적 문제를 효율적으로 관리하기 위한 국제기구 역시 더불어 중시될 수밖에 없는 것이다.

제10절 | 글로벌 거버넌스

1 의의

국제사회가 세계사회 또는 세계시민사회로 질적 변화를 거듭해 나가면서 기존의 국제문제를 관리해 나가는 방식과 다른 새로운 관리방식에 대한 담론이 등장하고 있다. 그러한 담론을 전지구적 관리론 또는 글로벌 거버넌스라고 한다. 현재 글로벌 거버넌스는 담론의 수준을 넘어서 다양한 국제기구와 이슈영역을 중심으로 세계적인 문제(world affairs)를 다루어 나가는 방식으로 확산되고 있다. 글로벌 거버넌스에서 핵심 쟁점은 글로벌 거버넌스가 기존 국가의 위상을 약화시키고, 국제체제가 근대적 웨스트팔리아체제에서 새로운 탈근대체제로 이행되어가는 증거로 볼 수 있는가 하는 점이다.

2 등장배경

1. 세계화

세계화는 우리가 사는 지구촌의 작동 양식에 심각한 변화를 가져왔다. Jan Aart Schol에 의하면 세계화는 '사회관계의 초영토적 차원(supraterritorial dimension)의 등장과 확대'를 의미한다. 이러한 세계화시대에 인류의 생활양식에 영향을 미치는 변수들은 일국 차원의 수준을 넘어서서 초국가적 성격을 가지게 되었다. 따라서 그에 대한 대응이나 관리 및 통제 역시 일국 차원을 넘어서는 새로운 형태를 띠게 된다. 지구적 이슈들이 등장하면서 이를 관리하는 관리체제에 대한 관심이 높아졌고 글로벌 거버넌스라는 새로운 관리 메커니즘에 대한 논의가 등장하게 되었다.

2. 초국가적 문제

부분적으로는 세계화의 결과로 다양한 초국가적 문제가 발생하고 있다. 초국가적 문제란 그 효과에 있어서 특정 국가에 국한되지 않고 전 세계 거의 모든 국가들에게 영향을 주는 문제를 말한다. 물론, 특정 지역 내에 국한된 문제일 수도 있다. 마약의 밀거래나 돈세탁과 같은 국제범죄, 에이즈와 같은 질병, 체르노빌 원자력발전소의 방사능 누출과 같은 환경재앙, 인구문제, 빈곤문제, 이민문제, 국경을 넘나드는 투기성 자본의 이동의 문제 등이 초국가적 문제들이다. 이러한 초국가적 문제는 국경을 넘어 전개되기 때문에 특정 영토에 묶여 있는 기존의 주권국가들이 이러한 문제를 다루는 데는 적합하지 않고 또 가능하지 않기 때문에 글로벌 거버넌스와 같은 새로운 대안이 모색되고 있는 것이다.

3. 냉전의 종식

냉전의 종식은 자유주의적 자본주의의 승리와 이데올로기 경쟁의 종식을 가져왔으나, 냉전기에 잠재되어 있었던 다양한 국제문제들이 분출하는 계기가 되었다. 구소련의 해체와 냉전체제의 붕괴는 동유럽, 중앙아시아, 코카서스, 발칸 등에서 인종대립과 분쟁을 부활시켰다. 냉전의 종식은 평화나 안정을 가져다주는 대신, 새로운 갈등 요소들을 다룰 적절한 관리 메커니즘을 모색하게 하는 계기가 되었다. UN과 지역 정부간기구들, 국가들과 비정부기구들은 냉전 종식의 후유증으로 나타나고 있는 인종 및 다른 국내분쟁들, 약소국과 실패국가들, 집단학살과 인종청소, 복합적인 인류재앙을 다루기 위한 시도를 하고 있다.

4. 초국가적 시민사회의 등장

냉전 종식 그리고 민주화와 세계화의 발전과 가속화에 따라 시민사회가 수많은 국가 내부 및 초국가적 차원에서 성장하고 있다. 시민사회는 국가와 시장 밖에 존재하는 모든 기구와 협회들을 포함하는 개념으로서 비정부기구뿐만 아니라 전문가협회, 노동조합, 종교단체, 정당 등을 포함한다. 시민사회단체들은 국내적으로 또는 국제적으로 교류하면서 지역으로부터 지구적인 차원에까지 새로운 연합을 형성하고 있다. 초국가적 시민사회단체들은 환경, 인권, 기술, 경제 개발, 안보 등 다양한 분야를 다루고 있다. 시민사회단체들이 글로벌 거버넌스의 과정에 참여함에 따라 현존하는 국제기구를 개혁하는 데 기여하고 있다.

5. 주권국가의 문제해결능력 쇠퇴

전지구적 문제를 다룰 새로운 메커니즘이 필요한 이유는 개별 주권국가들의 문제해결 능력이 감소함으로써 문제해결의 주체가 되기 어렵기 때문이다. 전지구적 문제는 기본적으로 초국가적이기 때문에 개별 국가가 단독으로 대처할 수 있는 사안이 아니다.

6. 정부간국제기구의 한계

주권국가들은 초국경적 문제를 관리하기 위해 정부간기구를 설립하였으나 국가는 국제기구들이 자국의 이익에 반해 원하지 않는 결정을 내릴 것에 대한 우려 때문에 큰 권한을 주기를 꺼려 근본적인 한계를 가진다. 또한, 정부간기구들은 정부대표로 구성되어 있어서 국제사회 전체의 공익보다 자국의 이익을 우선시함으로써 국익의 각축장이 되고, 이러한 과정에서 힘 있는 국가의 이익을 우선시하는 경향을 보이고 있다.

3 글로벌 거버넌스(governance)의 개념

1. 거버넌스의 개념

거버넌스는 정부 또는 통치를 의미하는 거버먼트(government)와 대비되는 개념으로 제시되었다. 크라스너(Krasner)에 따르면 거버넌스는 '정형화된 사회적 상호작용(patterned social interaction)'으로서 공적 목적을 달성하기 위한 이해당사자 간의 특별한 형태의 상호작용을 의미한다. 한편, 거버넌스는 관리방식이나 메커니즘으로 이해되기도 한다. 즉, 거버넌스는 다양한 이해관계 당사자들이 공통의 목적, 특히 공공목적을 달성하기 위해 수평적인 협력을 추구하는 관리방식을 말한다.

2. 통치(government)와의 비교

(1) 통치는 지배자와 피지배자가 분리되는 수직적인 개념인 반면, 거버넌스는 참여자 간 수평적인 협력관계를 특징으로 한다.

(2) 통치는 정부가 강제력을 가지고 독점적으로 권력을 행사하나, 거버넌스는 정부 이외에 다양한 이해당사자들이 공동으로 문제를 해결한다.

(3) 거버넌스는 자율적으로 규범을 설정하고 규칙을 규제하는 메커니즘이기 때문에 중앙집권화된 권력이 존재하지 않아도 성립될 수 있다.

3. 글로벌 거버넌스

글로벌 거버넌스는 거버넌스가 지구적 차원의 문제 또는 초국가적 차원의 문제 해결에 도입된 것을 말한다. 그러나 글로벌 거버넌스에 대해 합의된 개념은 존재하지 않고, 다양하게 정의되고 있다. 글로벌 거버넌스 위원회(Commission on Global Governance: CGG)에 의하면 글로벌 거버넌스는 다음과 같다. 1991년 스톡홀름회의를 통해 결성된 CGG는 1995년 '세계이웃(Our Global Neighbourhood)'이라는 보고서를 통해 글로벌 거버넌스에 대한 입장을 발표하였다. 보고서에 따르면 "거버넌스란 개인 및 공적·사적 제도가 공동의 관심사를 규제하는 다양한 방식들의 총체이다. 이때 논쟁적이고 상이한 이해가 조정되며, 협력적인 행위들이 모색되는 지속적인 과정이 관건이다.

거버넌스 개념은 공식적 제도와 강제력을 지닌 지배시스템뿐만 아니라 사람들과 제도에 의한 합의 내지는 특수한 이해에 한해서 통용되는 비공식적 규칙 모두를 포함한다."라고 한다.

4. 글로벌 거버넌스의 개념적 특징

(1) 공동의 문제 해결을 지향한다.

(2) 참여자의 다원성을 강조한다. 즉, 국가 및 정부간국제기구뿐만 아니라, 시민사회에 속하는 다양한 행위자들을 포함한다.

(3) 참여자 상호 간 수평적 협력관계를 강조한다.

4 비교개념

1. 국제 거버넌스(International Governance)

정부간국제기구에 의한 국제문제 관리를 '국제 거버넌스'라고 한다. 글로벌 거버넌스와 국제 거버넌스가 구별되는 가장 큰 특징은 글로벌 거버넌스에서는 비국가행위자의 역할이 중요한 요소로 자리잡고 있다는 것이다. 국제기구, 초국적기업들과 함께 비정부간국제기구(INGO)의 참여와 협력은 글로벌 거버넌스의 핵심적 부분이다.

2. 세계정부(World Government)

전지구적 시민사회를 배경으로 제시된 글로벌 거버넌스는 세계정부와 다르다. 세계정부는 지구적 공동문제를 다룰 때 하나의 독립적이고 자율적인 권한과 지위를 가지는 행위자를 말한다. 개별 주권국가들이 소멸되는 것을 전제로 한다. 반면, 글로벌 거버넌스는 주권국가의 존재를 전제한다. 다만, 주권국가의 위상이 약화되고 다양한 이해관계자들에 의한 공동의 지배를 상정한다. 주권국가들이 자발적으로 주권을 양도할 가능성이 없다는 점에서 세계정부 구성은 불가능한 것으로 본다.

5 행위자

1. 국가

국가는 글로벌 거버넌스에서 핵심적인 행위자이다. 국가는 정부간기구를 창설하고 국제법과 규범을 제정한다. 국가의 힘의 강약에 따라 글로벌 거버넌스에서의 영향력에도 차이가 있다. 특히 패권국은 글로벌 거버넌스의 구조와 규율을 형성함에 있어서 결정적인 역할을 한다. 그러나 오늘날 어떤 패권국가도 다른 국가들과의 협력 없이 활동하는 것은 불가능하기 때문에 유일 초강대국인 미국도 독자적으로 글로벌 거버넌스를 실천할 수 없다. 평화와 안보문제에 있어서는 UN안전보장이사회 상임이사국들과 협력해야 하며, 국제경제 거버넌스에 있어서는 G7 국가들과 협력해야 한다. 국제기구에서의 글로벌 거버넌스는 캐나다, 호주, 노르웨이, 스웨덴, 아르헨티나, 브라질, 인도, 나이지리아 등 중간 규모의 국가들이 중요한 역할을 한다. 이들은 다자협상에 적극적으로 참여하여 거버넌스에 영향력을 행사한다.

2. 정부간기구(IGO)

정부간기구는 적어도 세 개 이상의 국가들이 공식적인 협정을 체결하는 방식으로 참여하여 여러 국가 내에서 활동하는 조직이다. 정부간기구는 회원국들로부터 별도의 지위를 가지는 국제법의 주체로 인식된다. 정부간기구는 다양한 기능을 수행한다. 여기에는 정보 수집과 동향 감독(UN환경계획), 봉사와 도움 제공(UN난민고등판무관사무소), 정부 간 협상을 위한 포럼 제공, 분쟁 해결 등이 포함된다. 정부간기구는 정례회의, 정보 수집과 분석, 분쟁 해결을 통해 안정적인 협력의 관습을 형성한다.

3. 비정부기구(NGO)

비정부기구는 공동목표를 달성하기 위해 모인 개인이나 조직을 구성원으로 하는 사적이고 자발적인 기구로, 인권, 평화, 환경보호, 재난구조, 인도적 원조, 개발지원 등 다양한 목적을 위해 설립된다. 현재 국제적 성격을 가진 비정부기구는 6,500개 이상이다. 대규모 국제 비정부기구는 국내적 NGO 단체들과 연계를 갖는 범세계적 연맹으로 구성되어 있다. 비정부기구가 거버넌스에서 수행하는 기능은 매우 광범위하다. 이들은 글로벌 네트워크를 설립하고 유지하며, 정보를 수집하고, 국내적·국제적 압력을 가한다. 또한 정부간기구가 주최하는 회의에 직·간접적으로 참여하여 이슈를 제기하고, 문서를 제출하며, 그들의 전문지식을 널리 보급한다. 대인지뢰금지협약과 같이 조약문구 작성을 직접적으로 지원하기도 한다. 이들은 인권규범과 환경규율을 감독하는 등 점차적으로 중요하게 부상하고 있는 거버넌스의 역할을 수행한다.

4. 전문가

문제가 보다 심각해지는 세계에서 지식과 전문성은 거버넌스에 있어서 핵심적이다. 거버넌스 대상영역에서 정책 대안을 마련하기 위해서는 전문지식을 동원한 분석이 반드시 필요하다. 이러한 면에서 전문가들이 거버넌스에서 중요한 역할을 한다. 전문가들은 초국가적 네트워크의 일원으로 국제회의와 협상에 참여하여 이슈를 제기하고 특정 해결책을 제시하기도 한다. 지식기반 전문가들의 네트워크를 '인식공동체(epistemic community)'라고 한다.

5. 글로벌 정책네트워크

글로벌 정책네트워크는 특정 분야의 문제해결을 위한 관련 이해관계자나 조직의 연계망을 의미한다. 글로벌 정책네트워크에는 전문가, 정부간기구, 기업, 전문직협회, 비정부기구의 핵심 인물이 참여한다. 이는 광범위한 참여자들이 독자적으로는 이루기 어려운 일을 성취하기 위한 느슨한 연맹체의 성격을 가진다. 현재 약 50여개의 글로벌 정책네트워크가 있다. 가장 오래된 글로벌 정책네트워크는 1971년에 세계에 존재하는 16개의 농업연구센터들을 조정하고 재정지원을 하기 위하여 설립된 국제농업연구자문단(Consultative Group on International Agricultural Research: CGIAR)이며, 최근에는 세계댐위원회(WCD)가 1998년에 설립되었다. WCD는 독립적 국제기구로서 주민, 연구기관, 수력발전회사, 다자적 개발은행, 수자원 당국, 댐 건설을 직접 책임지는 정부당국 등을 대표하는 12인으로 구성되었다. 이 위원회는 대형댐의 개발효과에 관한 글로벌 차원의 검토, 댐 건설의 국제적 기준 수립 등의 임무를 맡고 있다.

6. 다국적기업(Multinational Corporations: MNC)

다국적기업은 3개 또는 그 이상 국가의 국경을 넘어서 기업활동을 하는 영리 목적의 비정부행위자를 말한다. 다국적기업의 공통점은 본사는 어느 한 국가에 있으면서 자회사가 다른 국가에서 활동한다는 것이다. 이들은 직업을 창출하고, 정치가들에게 영향력을 행사하며, 주재국 정부에게 인센티브를 주고, 국가법을 변경하도록 로비한다. 다국적기업은 개발을 위한 재정을 지원함으로써 글로벌 거버넌스에 참여한다. 또한, 무역과 환경, 노동과 환경을 논의할 때 다국적기업들은 특히 중요한 역할을 한다. 한편, 다국적기업은 글로벌 거버넌스의 대상이기도 하다. 예컨대, 1999년 UN 사무총장 코피 아난(Kofi Annan)은 세계기업지도자회의를 개최하고 기업들이 인권, 노동, 환경을 포괄하는 UN 글로벌 콤팩트(Global Compact)의 10개 원칙을 수용하도록 권고하였다. 참여하는 회사들은 진전되는 상황을 온라인으로 제출하여 다국적기업들의 준수 여부를 NGO들이 감독하도록 하였다.

6 가능성과 한계

1. 서설

글로벌 거버넌스는 기본적으로 지구적 공공재를 공급하는 메커니즘적 성격을 가지고 있다. 그러나 모든 국제문제가 글로벌 거버넌스방식으로만 공급될 수 있거나, 공급되고 있는 것은 아니다. 글로벌 거버넌스가 21세기 지구적 공공재 공급방식으로 자리 잡는 데에는 그 가능성과 한계가 공존하고 있다.

2. 가능성

(1) 글로벌 이슈의 초국경적 성격

글로벌 거버넌스의 가능성은 무엇보다 그 필요성에서 찾을 수 있다. 21세기 새롭게 등장하고 있는 글로벌 이슈들은 대부분 초국경적 성격을 가지고, 지구적 영향을 미치는 문제들이다. 환경문제, 남북문제, 인종분쟁, 보건위생문제 등은 대부분의 국가에 영향을 주는 문제이고, 인류의 생존에 중대한 위해를 가할 수 있는 문제들이기 때문에 다원적 주체들이 협력적 네트워크를 형성하여 지구적 문제 해결에 참여해야 한다. 따라서 어떤 방식보다 글로벌 거버넌스방식이 적합하다.

(2) 전지구적 시민사회의 활성화

글로벌 거버넌스가 가능하기 위해서는 글로벌 거버넌스에서 핵심적 역할을 하는 비정부간국제기구(INGO)들이 활성화되어 있어야 한다. 그런데 현재 국제사회는 전지구적 시민사회, 즉 INGO가 고도로 활성화되어 있는 사회로의 변모를 계속하고 있다. 즉, 다양한 이슈영역에서 다양한 INGO들이 활성화되어 가고 있는 것이다. 따라서 이들의 영향력과 역할로 글로벌 거버넌스가 활성화될 가능성이 있다.

(3) 전통적 거버넌스의 한계

전통적 거버넌스의 한계 역시 글로벌 거버넌스의 가능성을 높여주는 문제라 본다. 따라서, 지구적 문제를 기존의 거버넌스, 즉 패권국에 의한 일방적 공공재 공급이나, 국제기구를 통한 다자적 국제 거버넌스를 통해 해결할 수 있다면, 굳이 글로벌 거버넌스가 필요하지 않을 것이다. 그러나 일방적 공공재 공급은 그 정당성과 효율성이 약하기 때문에 글로벌 이슈에 대처하기 힘들다. 또한, 국제 거버넌스 역시 국가들의 이기적 이익이나 권력추구적 성향 때문에 적시에 필요한 해결책을 모색하기가 어렵다. 따라서 글로벌 거버넌스가 그 대안적 공공재 공급방식으로 기능할 수 있는 공간이 확대된다.

3. 한계

(1) 주권국가들의 주권에 대한 민감성

글로벌 거버넌스의 가장 중대한 한계는 주권국가들의 주권에 대한 민감성이다. 주권국가들은 지구적 문제해결의 필요성에 대해서는 공감하나, 이념적 글로벌 거버넌스방식, 즉 행위자들이 수평적 협력관계를 형성하는 방식에는 동의하지 않는다. 주권국가들은 INGO들이 거버넌스에 참여함으로써 개별 국가의 이익이 침해되는 것을 매우 우려하고 있다. 결국, 주권국가들이 허용하는 한도 내에서 글로벌 거버넌스가 작동하는 것으로 볼 수 있다.

(2) 전지구적 시민사회 내의 문제

지구적 시민사회 내에서도 다양한 문제가 제기되고 있다. 무엇보다 INGO들이 북쪽, 즉 선진국들에 편중되어 있다는 것이다. 따라서 선진국들을 중심으로 결성된 INGO들이 전지구적 시민사회를 대표하는지에 대해 의문이 제기되고 있다. 또한, INGO들 상호 간에 가치와 이념이 일치하지 않는 경우도 있다. 따라서 누구의 입장을 전지구적 시민사회의 입장으로 간주할 것인가도 명확하지 않다.

(3) 참여자 상호 간 갈등

글로벌 거버넌스에 참여하는 행위자들의 가치와 선호가 다양하기 때문에 글로벌 거버넌스의 비효율성문제가 제기될 수 있다. 참여자 상호 간 갈등이 발생하고 이를 적절하게 조정해 내지 못하는 경우 공공재 공급이 어려워질 수도 있기 때문이다. 국제기구와 국가 간 자율성을 위한 갈등, 국가와 INGO 상호 간 영향력을 위한 갈등, INGO와 국제기구가 참여를 사이에 둔 갈등 등 다양한 차원의 갈등이 유발될 수 있다.

제11절 | 민주평화론

1 의의

민주평화론은 전쟁과 평화에 대한 자유주의이론이다. 역사적으로는 칸트(Immanuel Kant)의 '영구평화론'에서 기원한다. 민주평화론은 기존 국제정치학계를 지배해 온 현실주의적 원인분석과 처방과는 매우 다른 설명을 가하고 있기 때문에 상당한 주목을 받고 있다. 탈냉전기에 민주정으로 체제를 전환하고 있는 국가는 지속적으로 증가하고 있는 추세에 있다. 민주평화가설이 맞다면 탈냉전기 질서는 보다 안정적인 평화체제로 지속될 가능성이 높아지고 있는 것이다. 또한, 민주평화가설에 따라 동북아를 조망해 보면, 민주정과 비민주정이 혼존하고 있어 불안정성이 매우 높다고 볼 수 있고, 따라서 보다 평화적인 동북아체제를 형성하기 위해서는 비민주정의 민주정으로의 전환을 지원하는 전략을 구사해야 한다고 볼 수 있다. 남북관계도 마찬가지 시사점을 줄 수 있을 것이다.

 참고

칸트의 '영구평화론'

1. 의의

   칸트의 저작 『영구평화를 위하여』(Zum ewigen Frieden)는 구조와 형식상 하나의 평화조약과 비슷하게 서술되어 있으며, 간략한 서문, 평화를 위한 6개의 준비조항, 평화를 실현시키기 위한 3개의 확정·실천조항, 확정·실천조항이 왜 실현될 수 있는지를 설명하는 2개의 추가조항, 정치와 도덕의 관계를 다룬 부속서로 구성되어 있다. 준비조항의 실천으로 획득된 상태는 확정·실천조항의 실현에 필요한 전제조건이 되며, 확정·실천조항은 다시 영구평화의 실현에 필수적인 조건이 되는 것이다.

2. 준비조항

   준비조항은 6개로 구성되어 있다. 미래에 전쟁을 가능하게 하는 비밀스러운 유보조건이 담긴 평화조약 체결을 금한다(제1조). 국가가 소유의 대상이 되는 것을 금지한다(제2조). 상비군의 유지를 금지한다(제3조). 전쟁을 위한 국가의 채무를 금지한다(제4조). 국가의 내정간섭을 금지한다(제5조). 화학전과 같은 국가 간 신뢰회복을 불가능하게 하는 전면전을 금지한다(제6조). 이러한 국제금지규범이 실행된 상태는 소극적 의미에서의 평화(negative peace)이며, 이는 확정·실천조항의 적용을 위한 전제조건이 됨으로써 적극적 의미에서의 평화(positive peace)를 조직하고 구축할 수 있는 기초가 된다.

3. 확정·실천조항

   확정·실천조항은 차례로 인간 간의 갈등, 국가 간의 갈등, 국가와 개인 간의 갈등에 관한 해결방식을 제시하고 있다. 제1조는 "각 국가의 시민적 헌법은 공화주의적이어야 한다."라고 규정한다. 공화국의 본질인 법치국가만이 진정한 평화의지를 실현시킬 수 있기 때문에 각국의 공화국화는 국제평화구축에 결정적인 조건이 된다. 제2조는 "국제법은 자유로운 국가들의 연합주의에 기초해야 한다."라고 규정한다. 제2조는 세계국가가 아닌 주권국가 간의 연맹을 의미한다. 제3조는 "세계시민법은 일반적 호혜성의 조건에 제한되어야 한다."라고 규정한다. 이는 인간의 자유로운 방문(상거래와 여행을 의미하며 이민은 해당되지 않음)을 국가들이 보장해야 함을 말한다.

2 명제

1. 민주주의 국가 간 전쟁의 부재

민주평화론의 첫 번째 명제는 민주주의 국가 상호 간에는 서로 전쟁을 하지 않는다는 주장이다. 민주평화론자들은 국가들 간 전쟁 데이터를 분석한 결과를 토대로 실제 민주주의 국가 상호 간에는 전쟁이 거의 발견되지 않는다고 주장한다. 이러한 전쟁의 부재는 민주주의 국가들 간 지리적 격리와 높은 무역의존 등 외부적 요인에 의한 것이 아니라 민주정이라는 요소에서 비롯된다고 본다.

2. 민주화 국가(democratizing state)와 민주화된 국가(democratized state)

최근의 이론적 발전에서는 민주화 국가와 민주화된 국가를 구별하여, 민주화과정에 있는 국가는 국내정치의 불안정성과 정치세력 간 권력투쟁으로 민주화된 국가보다 더 호전적이라는 주장이 제기되고 있다.

3. 국가자체 속성론(monadic proposition)과 국가쌍 속성론(dyadic proposition)

(1) 의의

민주평화가설을 설명함에 있어서 민주국은 민주국과의 관계에서뿐 아니라 비민주국과의 관계에서도 평화를 지향할 것이라는 주장을 국가자체 속성론이라 하고, 민주국은 비민주국과의 관계에서는 오히려 개전자가 되고 호전적으로 행동한다는 주장을 국가쌍 속성론이라 한다. 민주평화론 내부에서도 이에 대한 논쟁이 존재한다.

(2) 국가자체 속성론

브리머(Stuart A. Bremer)나 스웰러(Randall Schweller)는 민주주의 국가는 그 규범적 특징에 의해서든 구조적 제약에 의해서든 모든 유형의 국가에 대해서 본질적으로 평화적이라고 본다. 우선, 민주주의 국가들은 민주적 규범과 제도에 의해서 더 제한을 받기 때문에 비민주주의 국가들에 대해서도 전쟁을 수행할 가능성이 낮다. 즉, 민주주의 국가들은 비민주주의 국가로부터의 위협에 대처하는 수단으로 폭력에 의존하기보다는 타국가와의 동맹관계 형성을 통하여 그러한 위협을 억제한다. 또한 전쟁이 가져올 국내정치적 비용에 대한 계산 때문에 민주주의 정부의 정책 결정자들은 어떤 형태의 국가에 대해서도 전쟁을 수행할 가능성이 낮다.

(3) 국가쌍 속성론

① **의미**: 메스키타와 랄만(Bruce Bueno de Mesquita and David Lalman), 러셋(Bruce Russett)은 국가쌍 속성론을 주장한다. 즉, 민주주의 국가와 비민주주의 국가 간에는 비민주국 상호 간만큼 전쟁을 하며, 이 경우 민주주의 국가는 전쟁의 대상국이기보다는 개전국(initiator)이 되는 경우가 더 많다는 것이다. 후속 연구에 의하면 민주국이 독재국가와 전쟁을 할 경우 민주국이 승리할 가능성이 더 높다.

② **설명**: 민주국이 비민주국과의 관계에서 개전자가 되는 이유는 다음과 같이 설명된다. 첫째, 비민주국가들은 국내적으로 시민들의 자유와 재산권의 확보라는 원칙을 지키지 않고, 다른 국가들에 대해서도 마찬가지이다. 따라서 민주국과 비민주국의 관계는 신뢰와 안정성이 결여되어 있다. 따라서 민주국은 비민주국을 민주체제로 전환시키기 위해 십자군적 전쟁을 수행할 가능성이 높다. 둘째, 민주국이라 하더라도 전쟁이 피할 수 없는 상황에 직면하였다고 믿는다면 비민주국에 비해 군사적 우위를 차지하기 위해 선제공격을 감행한다. 셋째, 민주국은 비민주국이 민주국 내의 정치적 제약을 역이용할 것을 두려워하여 협상 결렬 시 전쟁을 선택한다. 넷째, 민주국의 지도자는 전쟁의 승패와 자신의 정치적 운명이 결부되어 있기 때문에 승전가능성이 있는 전쟁을 피하지 않을 뿐 아니라 가용한 모든 자원을 쏟아 붓게 된다.

(4) 경험연구

학자들의 경험연구는 대체로 국가자체 속성론의 타당성을 제시하고 있다. 즉, 대체로 민주주의 국가들은 비민주주의 국가들보다 전반적으로 전쟁에 참여할 가능성이 낮다는 것이다. 예컨대, 모간과 쉬에바크(Morgan and Schwebach)는 민주주의 국가는 비민주주의 국가보다 위기상황을 전쟁으로 이끌어 갈 가능성이 적다는 분석결과를 제시하였다. 루소(David Rousseau) 역시 민주주의 국가 사이의 전쟁의 부재는 근본적으로 국가쌍 속성론이지만, 민주주의 국가들은 비민주주의 국가들에 비해 모든 형태의 국가들에 대해 위기상황을 유발하는 행동을 덜한다는 결론을 내렸다.

4. 민주승리론(democratic triumphalism)

민주승리론은 민주국가가 전쟁에 승리한다는 주장으로 레이크(Lake), 라이터(Reiter), 스탬(Stam) 등이 주장하였다. 이들은 민주 승리론을 뒷받침하는 다음과 같은 근거를 제시하였다. 첫째, 민주 지도자는 전쟁의 결과를 책임져야 하기에 이길 수 있는 전쟁만 벌인다. 함부로 전쟁에 참여하여 패배하더라도 자리에서 물러날 필요가 없는 독재자와는 다를 수밖에 없다. 둘째, 민주국가는 전쟁에 참여할 경우 효율적 자원 동원이 가능하다. 자발성에 기초한 민주체제의 특성상 인적·물적 자원의 동원에서 강점을 발휘하여 전쟁을 승리로 이끈다. 셋째, 민주국가의 군대는 전문성이 뛰어나다. 권위주의 체제에서 지도자는 잠재적 국내 위협으로부터 군대를 통제하기 위해 충성심을 중시하지만, 민주국가에서 군대는 무엇보다 전문성을 요구받는다. 따라서 물적 자원과 무기 체계와 별도로, 군대의 전문성과 사기는 민주국가에게 전쟁 승리를 안겨 주는 핵심 요인이 될 수 있다.

3 민주평화에 대한 설명

1. 규범적 모델

(1) 의의

민주평화에 대한 첫 번째 답변은 민주주의 정치체제의 독특한 정치규범이다. 이러한 규범은 민주주의 국가에서 나타나는 인권(human rights)에 대한 신념과 갈등 해결에 대한 정치문화(political culture)로 구분할 수 있다. 첫째, 모든 민주주의 국가는 인권을 강조하며 개인의 자유와 평등을 보장한다. 그러나 전쟁 상황에서는 인권 침해가 불가피하고, 민간인의 자유와 재산이 침해되며, 특히 군인의 경우 생명까지 위협받는다. 따라서 민주주의 국가는 전쟁을 꺼린다. 하지만 인권에 대한 믿음만으로 민주평화를 설명하기에는 충분하지 않다. 민주국은 비민주국과는 전쟁을 하기 때문이다. 둘째, 민주주의 국가는 문제를 타협과 협상을 통해 해결하려는 정치문화를 가진다. 정치적 갈등은 폭력이나 결투가 아니라 의회에서의 조정을 통해 평화적으로 해결한다. 갈등 해결에 대한 국내적 태도는 국제적으로도 확산되어, 국가 간에 문제가 발생하는 경우에도 군사력을 동원하거나 전쟁을 함으로써 갈등을 해결하지 않는다. 특히 상대국가가 민주국인 경우 분쟁의 평화적 해결 경향이 강화된다. 그러나 상대가 비민주국이라면 대화와 타협을 통한 갈등해소라는 정치문화는 공유되지 않으므로 전쟁이 발발할 가능성이 높아진다. 지이브 마오즈(Zeev Maoz)는 이러한 규범적 요인이 구조적 요인보다 민주평화 현상을 더 잘 설명한다고 본다.

(2) 가정

규범적 모델은 세 가지 가정에 기초하고 있다.
① 민주주의 정치체제에서 사회화된 지도자는 협상과 타협의 규범에 입각한 국제분쟁의 평화적 해결을 선호한다.
② 국내적으로 공유된 행동규범은 국제분쟁과 위기를 해결하는 방식에도 확장적 용된다.
③ 국제체제의 무정부적 속성으로 민주적 규범과 비민주적 규범이 충돌할 경우 비민주적 규범이 분쟁해결을 주도한다.

(3) 민주정 상호관계에 대한 설명

규범적 모델에 따르면 민주주의 국가 상호 간에는 분쟁의 평화적 해결규범을 습득하고 있기 때문에 분쟁이 발생해도, 외교적이고 평화적 방식으로 해결하기 때문에 전쟁이 발발하지 않는다.

(4) 민주정과 비민주정 상호관계에 대한 설명

국가쌍 속성론을 전제할 때 민주정과 비민주정은 왜 전쟁을 하는지 규범적 모델에 따라 설명해 보자. 무정부적 국제체제에서 국가의 생존은 최대의 가치이다. 민주국과 비민주국 간 분쟁이 발생할 때 만약 민주적 규범을 적용할 때 국가의 생존이 위태롭게 된다면 민주국은 상대국의 규범에 따라 행동할 수밖에 없다. 결국 민주국과 비민주국 간 분쟁에서 비민주적 규범이 분쟁해결을 주도하게 되기 때문에 분쟁은 전쟁으로 악화될 가능성이 높은 것이다.

2. 구조적 모델

(1) 의의

구조적 모델은 민주국의 제도가 민주주의 평화의 원인이라고 본다. 첫째, 민주주의 국가의 정치권력은 일반 국민에 의해 통제된다. 일반 국민들은 전쟁에 반대할 가능성이 높다. 둘째, 민주주의 국가의 권력분립이라는 특성으로 전쟁 수행이 어렵다. 모든 민주주의 국가에서 전쟁은 행정부에 의해 이루어지지만 의회의 동의를 얻어야만 가능하다. 권력분립의 효과는 상대방이 민주주의 국가인 경우에만 나타나며, 비민주주의 국가인 경우에는 나타나지 않는다. 셋째, 민주주의 국가에서는 전쟁과 같은 중요 사안에 대한 의사결정이 모두 공개된다. 따라서 민주주의 국가는 비밀리에 어떠한 정책을 결정하는 것이 어렵다. 민주주의 국가들은 정책결정 과정을 공개하므로 비민주주의 국가들보다 서로의 의도를 정확하게 파악할 수 있다. 또한, 민주주의 국가 간에 갈등이 발생할 경우에도 상대의 의도를 정확히 판단할 수 있어 전쟁 이외의 방법으로 문제를 해결할 수 있다. 이와 같이 민주주의 정치제도가 지닌 정책 결정의 투명성에 기초한 설명은 민주주의 국가가 다른 민주주의 국가와는 전쟁을 하지 않으면서도 비민주주의 국가와는 전쟁을 하는 현상을 상대적으로 잘 설명해 준다.

(2) 가정

① 국가지도자의 최고 목표는 자신의 국내정치적 권력을 유지하는 것이다.
② 모든 국가지도자는 외교적 후퇴나 군사적 패배와 같은 외교정책상의 실패가 자신의 정치권력에 치명적인 위협이 될 수 있다고 믿는다.
③ 민주주의 정치체제에서는 외교정책상의 실패를 추궁할 수 있는 야당과 같은 견제장치가 효율적으로 작동한다.

(3) 민주정 상호관계에 대한 설명

민주국가 상호 간에는 정치체제의 투명성이 높아서 쉽게 전쟁을 선택하기가 어렵다. 또한, 전쟁의 결정에는 국내정치 내에서 다양한 견제를 받기 때문에 국가들이 전쟁을 선택하는 것이 어렵다. 따라서 분쟁의 평화적 해결을 모색하지 않을 수 없기 때문에 민주정 상호관계에서는 평화가 유지된다.

(4) 민주정과 비민주정 상호관계에 대한 설명

민주국과 비민주국 간의 분쟁에서는 동원과 전쟁까지 자유롭게 선택할 수 있는 비민주국가의 구조적 특징이 분쟁의 해결과정을 주도하게 되므로 민주주의 정치체제의 구조적 제약이 효과를 발휘하지 못한다. 즉, 민주국도 신속하게 전쟁을 결정하고 선제공격을 해야 생존을 유지할 수 있기 때문에 구조적 제약을 뛰어 넘게 되는 것이다.

3. 러셋의 입장

러셋은 민주주의 평화에 대해 민주주의의 정치규범과 정치제도가 상호 보완적이므로 두 가지 효과를 구분할 필요가 없다고 주장했다. 규범은 제도로 구현되며 제도는 규범이 존재하는 경우에만 작동하므로, 정치규범과 정치제도를 정확히 구분하기 어렵다. 한편 러셋은 평화를 불러오는 다른 요인으로 국제기구와의 경제적 상호의존을 거론했다. 민주주의 국가들은 국제기구를 통해 자신들의 의견을 교환하고 갈등을 사전에 예방하며, 문제가 발생하면 평화적 방식으로 해결한다. 또한 무역과 상호투자를 통해 경제적 상호의존이 강화되면 전쟁의 기회비용이 증가하므로 대화와 타협으로 갈등이 조정된다. 러셋은 이러한 민주주의, 국제기구, 상호의존이라는 세 가지 요인이 국제 평화를 설명하는 기둥이라고 주장하였다.

4 민주평화에 대한 스나이더(Jack Snyder)의 견해

1. 민주평화론에 대한 스나이더의 입장

스나이더는 민주평화론 자체에 대해서는 비판하지 않는다. 다만 민주평화론이 국가들 사이의 국내정치적 차이에 초점을 맞춘 반면, 스나이더는 특정 국가 내부의 국내정치적 변화가 야기하는 결과를 강조한다. 스나이더는 성숙한 민주주의 국가들 사이에서는 전쟁이 일어나지 않는다고 보았으나, 민주화 과정의 국가들은 전쟁을 더욱 많이 수행한다고 하였다. 민주화 과정에 있는 국가들은 민주주의 국가와 달리 상대방 국가의 정치체제에 따라 행동하지 않으며, 오히려 모든 주변 국가에 대해 공격적으로 행동한다고 보았다.

2. 국가의 공격성에 대한 국내적 이유

스나이더는 국내정치의 중요성을 강조하면서 특정 국가가 공격적으로 행동하는 국내적 원인을 좀 더 구체적으로 지적했다. 특히 국내정치의 역동성(dynamics)을 강조하면서, 민주화가 어떠한 순서로 이루어지는가에 따라서 국가의 대외 행동이 달라진다고 보았다. 즉, 민주화 과정에서 민주주의 제도와 정치참여 확대 중 무엇이 먼저 이루어지는가에 따라 국가의 행동이 달라진다는 것이다. 국가들 사이에 존재하는 내부적 차이뿐만 아니라, 한 국가에서 나타나는 국내정치의 변화도 국가의 대외정책을 결정한다고 하였다.

3. 강제적 민주화의 문제

스나이더는 민주주의의 확산이 가장 확실하고 효과적인 안보정책이긴 하지만 민주주의 평화를 달성하기 위해 강제로 민주주의를 확산할 경우에 성숙하지 못한 민주주의 국가들이 나타날 뿐 기대했던 민주주의 평화로 이어지지 않는다고 본다. 민주화 과정에서 나타나는 가장 심각한 문제는 기존에 권력을 장악하고 있던 정치 엘리트들이 자신의 우월한 지위를 유지하기 위해서 여러 가지 정치적 술수를 사용할 가능성이다. 민주화 초기에 권력을 상실하는 것은 위험하다. 정치권력을 상실하면 투옥되거나 최악의 경우 처형될 수 있다. 따라서 기존 엘리트들은 정치적 민주주의의 핵심인 선거제도는 수용하지만 선거 결과를 조작하거나 유권자들을 선동하여 내부 또는 외부의 적을 만들고, 이에 대한 증오심과 공포심을 조장한다. 민주화 초기 권력 투쟁과정에서 발생할 수 있는 가장 심각한 부작용은 민족주의를 동원한 선동이며, 그 결과 국가는 대외정책에서 공격적 성향을 나타낸다.

4. 민주주의 공고화가 이루어지는 순서

(1) 정치제도가 공고한 상황에서 정치참여가 증가하는 경우

언론의 전문성과 정치적 공정성이 유지되고 확고한 국가 정치제도가 존재한다면 문제가 발생하지 않는다. 정치제도가 확립된 상황에서 나타나는 정치참여의 증가는 심각한 위협없이 성숙한 민주주의로 발전한다. 정치세력이 서로 대립하고 정당끼리의 경쟁이 존재하며 각각의 정당이 자신들의 주장을 논리적으로 펼칠 수 있는 언론과 의회가 존재한다면, 선거권 확대로 일어날 충격은 크지 않다. 정치참여가 확대되면서 나타나는 새로운 환경에 엘리트들이 쉽게 적응한다. 이 과정에서 나타나는 민족주의는 국민 전체를 동원하기 위한 민족주의가 아니라, 정치체제를 통합하며 국내적 평등을 강화하는 긍정적인 역할을 한다.

(2) 정치제도가 공고하지 않은 상황에서 정치참여가 증가하는 경우

이 경우 기존 정치제도가 급증한 정치참여를 수용하는 데 어려움을 겪는다. 특히 정치적 경쟁의 부재로 독점적 지위를 유지해왔던 집단은 정권을 상실한 경험이 없으므로 정권을 상실하게 될 가능성을 두려워하게 된다. 기존 정치 엘리트들은 생존을 위해서 민족주의에 호소하며 언론을 조작한다. 그러나 이러한 행동은 정치제도가 확립되지 않았기 때문에 제어되지 않는다. 기존 엘리트는 내부 또는 외부의 적을 만들고, 이를 통해 국민을 동원하여 자신의 권력을 유지하려 한다. 따라서 이 경우에 민족주의는 민주화에 도움이 되지 않으며 내부와 외부의 적에 대한 증오심과 공격적 성향으로 이어진다.

5. 민주주의와 대외팽창

정치제도가 정착되어 있지 않은 상황에서 정치참여가 확대되는 방식을 통해 민주화가 이루어지면 기존 엘리트들은 민족주의를 선동하여 자신들의 독점적 지위를 유지하려고 하며, 결국 공격적 민족주의가 등장할 가능성이 증가한다. 즉, 민주화, 특히 정치제도가 확립되기 이전에 정치참여가 확대되는 형태의 민주화는 대외 팽창과 같은 국가의 공격적 행동을 불러일으키는 최소한 두 가지 경향을 수반한다. 첫째는 민족주의의 강화이며, 둘째는 국가정책 결정 과정에서 나타나는 과두제 연합(oligarchical coalition)이다. 즉, 기존의 일인독재체제가 완전한 민주주의체제로 이행하면서 나타나는 과두체제와 그 결과 나타나는 카르텔체제는 대외팽창으로 이어지기 쉽다. 완전한 일인독재에서는 지배자 개인이 팽창의 비용을 지불하고 이익도 가져가기 때문에, 필요하지 않은 팽창은 쉽게 일어나지 않는다. 민주주의체제에서는 국민전체가 대외팽창의 비용과 수익을 가져간다. 반면, 민주화 과정에서 나타나는 과두제 연합의 경우 팽창을 추진하면서 비용은 다수의 국민들이 부담하도록 하고 이익은 자신들이 향유한다. 집중된 이익이 분산된 이익보다 강력한 힘을 발휘하듯이 잘 규합된 과두제 연합은 국민보다 더욱 강력한 영향력을 행사해 정책을 결정한다.

6. 결론

스나이더는 왈츠의 이론과 달리 국제정치에서 국내정치가 중요한 역할을 한다고 주장했다. 그러나 기존 민주평화론에서처럼 민주주의 국가들은 서로 전쟁을 하지 않는다는 측면을 강조하기보다는 민주화 과정에 있는 국가들이 오히려 공격적으로 행동한다고 보았다. 민주주의 국가들은 서로 간에는 전쟁을 하지 않지만, 민주주의로 이행하고 있는 국가들은 기존 엘리트 집단이 생존을 위해 정보를 조작하고 공격적 민족주의를 의도적으로 조장하기 때문에 공격적으로 행동하는 경향이 있다. 민주주의 국가가 다른 비민주주의 국가와만 전쟁을 하고 민주주의 국가들과는 전쟁을 하지 않는 반면, 민주화 과정에 있는 국가는 상대방 국가의 정치체제와는 무관하게 공격적으로 행동하고 전쟁을 한다.

5 논쟁

1. 왈츠의 구조적 현실주의

왈츠에 따르면 국제적 무정부상태에서 국가는 국내정치와 무관하게 행동한다. 민주주의 국가든 독재국가든 한 국가의 행동은 상대적 힘에 의해서 결정되며, 국가들의 국내 정치적 차이와 상관 없다. 왈츠는 국제적 무정부상태가 크게 위험하지는 않다고 보았지만, 국가들은 군사력을 구축하며 상황에 따라서 전쟁을 한다고 주장했다. 전쟁의 근본 원인은 국제적 무정부상태이며, 모든 국가는 동일한 압력에 노출되어 있다. 국가 내부의 문제는 국가의 대외행동에, 특히 전쟁 여부 결정에 영향을 미치지 않는다.

2. 문명충돌론 - 민주화의 결과

민주평화가설에 기초해 보면 전 세계적인 민주정의 확산은 국제질서를 안정시킬 것으로 예측할 수 있다. 그러나 헌팅턴(Samuel Huntington)의 문명충돌론의 입장은 이와 다르다. 헌팅턴은 민주주의가 확산된다고 하더라도 비서구의 민주주의가 서구와 동일한 성질을 갖지는 못할 것으로 본다. 즉, 비서구 국가들이 민주정치 '제도'를 '모방'할 수는 있을 것이나, 민주주의 정신은 모방할 수 없다고 본다.

따라서 같은 민주주의 국가라 하더라도 서구와 비서구 국가 간에는 문명 간 이질성으로 인해 충돌 가능성이 있다고 본다. 요컨대, 민주평화론은 민주주의의 내용을 묻지 않고 민주국 상호 간에는 평화를 유지할 것으로 보는 반면, 문명충돌론은 민주정 상호관계라고 할지라도 문명 정체성이 보다 중요한 갈등 요인이기 때문에 결코 평화 공존하기 어려울 것으로 본다.

3. 구성주의 - 민주평화의 구성주의적 해석

민주평화론의 명제는 구성주의적 관점에서 재해석될 수 있다. 구성주의는 물질적 요소 자체보다 물질적 요소에 대한 사회적 평가 및 인식이 국가의 행동을 결정함에 있어서 더 중요한 요소라고 본다. 인식을 결정하는 것은 규범이나 문화이다. 따라서 민주국가 상호 간에는 민주주의적 규범과 문화를 상호 공유하고 있기 때문에 조화적 집합정체성이 형성될 수 있다. 즉, 상호 간에 '친구'로 인식하게 되는 것이다. 조화적 정체성하에서는 국가들 간 분쟁 가능성이 낮을 뿐 아니라 갈등이 생기더라도 평화적으로 해결될 가능성이 높다. 반면, 민주주의 국가와 비민주주의 국가 간에는 상호 공유하는 규범이나 가치가 적기 때문에 상대를 '적'으로 인식하는 갈등적 집합정체성을 형성하고 있을 가능성이 높고, 따라서 현실주의자들이 가정하는 국가 간 행위패턴이 지배적일 수 있다.

4. 자본주의 평화론(capitalist peace)

가츠케(Gartzke), 무소(Mousseau) 등은 자본주의 평화론을 주장하였다. 자본주의 평화론은 민주국가 간 협력과 평화의 원동력은 바로 경제적 이익이라는 것이다. 이는 상호의존론의 주장과 궤를 같이하는 것으로, 민주국가가 무역과 투자로 상호 의존 관계를 형성하면서 글로벌 경제에 편입되었다는 사실을 강조한다. 실제로 민주주의의 확산은 자본주의 경제발전과 함께 이루어지면서 근대화의 두 축을 이루었다. 이러한 관점에서 민주평화지대의 구성원은 자본주의가 발전한 민주국가이기에, 저개발 민주국가 사이에서 평화는 기대하기 어렵다. 이렇듯 안보와 경제 이익에 기초한 민주평화 연구는 민주국가 사이의 협력과 평화를 부정하지 않지만, 그 원인이 민주주의 이념이나 제도가 아님을 강조한다.

6 비판

1. 레인(Christopher Layne)

민주국가들이 전쟁을 피했던 것은 그들이 민주적 규범을 공유하였기 때문이 아니라, 현실주의자들이 주장하는 것처럼, 국가이익의 계산과 군사적 힘의 배분에 관한 고려 때문이었다. 레인은 만약 민주평화론이 옳다면 민주주의 국가들 간 거의 전쟁 직전까지 갔던 사례들에서 평화적인 국내여론, 상대방에 대한 군사력 사용위협에 대한 자제, 타협을 위한 방안 모색 등이 나타나야 하지만, 이러한 요인들을 찾아볼 수 없다고 하였다. 그는 오히려 국가이익과 상대적 군사력 등 현실주의적 요인들이 중요한 요소였다고 보았다.

2. 스피로(David Spiro)

주어진 한 시점에서 특정 국가 간 전쟁가능성은 매우 희박하고, 또한 1945년 이전에는 민주주의 국가들의 수가 매우 적었기 때문에, 민주주의 국가들 간의 전쟁의 부재는 인과관계 때문이 아니라 단지 우연한 일(random chance) 또는 통계적 인공품(statistical artifact)에 불과하다.

3. 페이버, 고와 및 코헨(Henry Faber, Joanne Gowa and Raymond Cohen)

1945년 이후의 민주적 평화현상은 민주주의 국가들 간의 소련에 대항한 동맹체제의 형성이 그들 간의 전쟁을 방지한 것으로 보아야 한다. 따라서 전쟁의 방지에 있어서 정치체제 유형은 중요한 것이 아니다.

4. 오렌(Ido Oren)

민주주의 국가들이 상대 국가들을 민주적이라고 정의하기 때문에 그들 간에 전쟁이 발발하지 않는 것이 아니라, 서로 간에 전쟁이 없는 국가들이 상대 국가들을 민주적이라고 정의하는 경향이 있다. 또한 '민주적'이라는 용어를 정의할 수 있는 객관적 판단기준이 없다. 역사적으로 '민주적'이라는 정의는 계속해서 변화해 왔다. 예컨대, 1914년 전의 독일을 그 당시 미국인들은 민주주의체제라고 간주한 반면 현재의 미국 학자들은 비민주주의체제라고 정의한다.

5. 맨스필드 및 스나이더(Edward Mansfield and Jack Snyder)

안정된 민주주의 국가들이 서로 전쟁을 하지 않더라도, 민주화과정을 겪고 있는 국가들은 오히려 전쟁에 참여할 가능성이 더 높다. 그 이유는 구체제의 엘리트들이 새로운 민주정치과정에서 국내 권력을 확보하기 위하여 민족주의에 호소할 가능성이 높고, 새로이 부상하는 엘리트들 역시 민족주의에 호소할 가능성이 높다. 또한, 민주화과정에서 새롭게 동원된 시민들은 통제하기 어렵고, 새롭게 시작된 민주정부가 붕괴하면, 독재 정권으로의 회귀가 전쟁 참여가능성을 제고시킬 것이기 때문이다. 따라서 민주화를 촉진시키는 정책이 평화를 정착시키는 가장 좋은 방법은 아니다.

7 적용

1. 민주평화론과 동북아질서

민주평화론의 발견이 민주주의와 전쟁의 부재 간에 실제적인 인과관계를 반영하는 것으로 가정할 때, 동북아에는 민주정과 비민주정이 혼재하고 있기 때문에 현재의 동북아질서는 매우 불안정한 상황이라고 해석할 수 있다. 즉, 갈등이 발생하는 경우 전쟁에 의한 분쟁해결가능성이 상대적으로 높다는 것이다. 또한, 중국이 경제 성장과 더불어 민주주의를 추진하게 된다고 하더라도, 그 과정에서 민족주의 혹은 내부의 권력투쟁요인이 작동하여 지역분쟁에 호전적으로 나올 수도 있을 것이다. 다만, 중국의 민주화과정이 잘 관리되고 민주주의 공고화단계로 나아가는 경우 동북아에도 민주평화지대가 형성될 가능성이 있다.

2. 민주평화론과 미국의 대외정책

(1) 개입과 확산전략(Engagement and Enlargement)

클린턴 행정부의 '개입과 확산전략'은 민주주의와 시장경제를 확산하는 전략이었다. 미국은 민주주의 확산을 위해 인권과 다른 외교사안을 연계시키는 사명외교(missionary diplomacy)를 전개함으로써 중국과 상당한 마찰을 일으켰다.

(2) 인도주의적 개입(humanitarian intervention)

인도주의적 개입이 근본적으로는 정치체제의 민주정으로 변화를 추구하였다는 점에서 민주평화론에 입각한 전략으로 볼 수 있으나, UN헌장의 무력사용규제체제를 위반하고, 그 선별성에 대한 논란을 잠재우지 못함으로써 다른 국가들로부터 상당한 비판을 받았다.

(3) 이라크의 개입

부시 행정부의 대이라크 개입외교 역시 테러지원국을 민주정으로 변화시켜 미국에 대한 테러 위협을 근본적으로 제거하겠다는 전략이다. 그러나 미국의 이러한 정권교체(regime change)전략은 UN헌장을 위반하고 국가 간 갈등을 초래하였다는 점에서 국제질서에 부정적인 영향을 준 것으로 평가된다.

(4) 변환외교(transformational diplomacy)

부시 재선 이후 2기 행정부에서는 정권교체전략 대신 '변환외교'를 추진하였다. 이는 비민주 불량국가들을 궁극적으로 민주정으로 변환시킨다는 장기 목표는 유지하면서도, 1기 행정부의 정권교체 외교의 부정적 효과를 고려하여 군사적 접근보다는 정치외교적 접근을 보다 강조하는 것으로 평가되었다.

천안문 사건

제1차 천안문 사건은 저우언라이 수상의 서거를 애도하기 위해 1976년 4월 5일 천안문 광장에 모인 시민들의 추모행동이 문화대혁명을 지도하는 극좌파에 대한 비판으로 발전하여 당국의 탄압을 받은 소요 사건으로, 그 결과 배후로 지목된 덩샤오핑 부수상이 실각하고, 화궈펑이 제1부주석 겸 국무원 수상이 되었다. 제2차 천안문 사건은 1989년 6월 4일, 민주화를 요구하며 천안문 광장을 점거하고 있던 학생들을 실력으로 배제하려 한 인민해방군과 시민 및 학생들이 베이징 시내에서 충돌한 사건이다. 당시 덩샤오핑은 개혁개방정책이 관료와 약체 기업의 기득권에 의해 원활히 이루어지지 못하자 이를 타개하기 위해 정치개혁을 단행하여 1987년 제13차 당대회를 통해 당과 정부, 정부와 기업의 분리 그리고 이익집단의 조직화 및 이들 집단과 공산당의 협상 등을 포함한 대담한 정치개혁안을 채택하였으나, 당 내부의 저항 등으로 인해 개혁의 실행이 어려운 상황이었다. 1988년 가을, 계획경제론자들의 긴축정책은 경기침체와 물가상승을 초래하였고, 당 간부와 그 자녀들의 부패 등에 분노한 학생들과 지식인들이 1989년 4월에 민주화 요구운동을 일으켰다. 시위에 대한 당의 대응이 혼란을 거듭하는 과정에서 운동은 일반 시민이나 지방의 학생들로 확대되었으나, 결국 당 중앙에서 강경파가 승리를 거두고, 학생들은 실력으로 제압당하였으며, 보수세력이 당 중앙에서 발언력을 강화하여 개혁개방 노선은 위기를 맞게 되었다.

마이클 도일(Michael W. Doyle, 1948년 ~)

하와이에서 태어나 프랑스와 스위스에서 성장하였다. 1970년 하버드대학에서 박사학위를 취득하고 존스홉킨스대학과 프린스턴대학 등을 거쳐 현재는 컬럼비아대학 교수이다. 도일은 한때 고전적인 저작에 의거하면서 제국주의 개념을 상세히 검토하였다. 그 성과를 『제국(Empires)』(1986)이라는 저서로 정리하여 세밀한 고전의 독해와 단순한 원인론을 피하는 자세를 시종일관 보여주고 있다. 1983년에 발표한 논문 『Kant, Liberal Legacies, and Foreign Affairs』에서 자유주의사상이 국제정치에 미치는 영향에 대한 고전적인 분석을 발표하기 시작하였다. 이 논문에서 도일은 칸트의 영구평화론을 재독하여 자유민주주의 국가 사이에서는 그 정치적 가치관이나 그들 간의 국경을 넘은 교류 등에 의해 전쟁의 개연성이 낮다고 논하였다. 냉전의 종언기에 도일 논문은 주목을 받았고 민주평화론의 선구자로 간주되었다. 그러나 도일의 입장은 신중한 것이어서 인권의 존중이나 공유된 상업적 이익이라는 요소는 자유주의 국가 간에는 평화를 촉진하지만, 비자유주의 국가와의 사이에서는 대립을 악화시킬 위험이 있고 자유주의 국가는 비자유주의 국가에 대해 스스로의 이데올로기를 확산시키려고 함으로써 '자유주의적인 제국주의'로 빠질 위험이 있다는 점도 지적하고 있다. 도일은 자신의 국제정치 연구를 『Ways of War and Peace』(1997)라는 저서로 정리하는 한편 국제법의 전문가로서 2001년부터 2003년까지는 UN사무총장 특별 고문을 역임하는 등 폭넓은 활약을 하고 있다.

제12절 | 선출인단이론(Selectorate Theory)

1 의의

선출인단이론은 정부형태와 외교정책의 관계에 대해 설명하는 이론이다. 왈츠(K. Waltz)의 분석수준에 의하면 '국가'수준이론으로 분류할 수 있다. 부르스 부에노 데 메스키타(Bruce Bueno de Mesquita)와 그의 동료들에 의해 개발된 이론이다. 선출인단이론은 정치적 생존이라는 지도자의 행동동기를 정치적 선출이라는 측면에서 새롭게 정의한 정부유형에 연결시킴으로써 국내정치뿐만 아니라 외교정책에 관한 참신한 이론적 설명을 제시한다. 국가의 정치체제를 선출인단과 지배연합 관점에서 구분하고, 정치체제와 대외정책의 상관관계를 설명하는 이론이다.

2 선출인단과 승리연합

1. 선출인단

지도자를 선택하는 데 있어서 적어도 명목적으로 발언권을 가지고 있고 지도자를 선택하는 데 참여할 수 있는 정치조직체 내 사람들의 집합을 말한다. 선출인단은 명목선출인단과 실질선출인단으로 구분할 수 있다.

(1) 명목선출인단

법규상 인정되는 선출인단을 말한다.

(2) 실질선출인단

실제 선거에 참여하는 사람들을 말한다.

2. 승리연합

선출인단의 부분집합으로서 지도자가 권력을 유지하기 위해 필요한 지지자를 말한다.

3. 예시

우리나라를 예로 들면 19세 이상의 선거권자가 선출인단이라고 할 수 있다. 또한 실제 투표를 한 사람들 중에서 대통령으로 당선된 후보자를 지지한 사람들을 승리연합이라고 할 수 있다. 부에노 데 메스키타(Mesquita)는 북한의 경우 선출인단은 수백만 명이지만 승리연합은 적게는 9명 많게는 250명에 불과하다고 본다.

3 선출인단이론의 가정

(1) 승자연합의 크기가 작을수록 정권을 유지하기가 쉽다. 정권을 쟁취하거나 유지하는 데 꼭 필요한 지지세력의 수가 적은 독재국가나 권위주의국가일수록 정권을 유지하기가 더 쉽다는 것이다.

(2) 승자연합의 크기는 가급적 작게 유지하되 명목선출인단이나 실질선출인단은 가급적 규모가 큰 형태로 유지하는 것이 유리하다. 승자연합에 비해서 실질선출인단의 규모가 크면 클수록 실질선출인단 멤버는 승자연합의 일원이 되기 위해서 충성경쟁을 하게 되고 지도자는 작은 규모의 사유재를 실질선출인단에 제공하면서도 그들의 충성심을 높게 유지할 수 있다.

(3) 지도자는 가능한 한 세금을 많이 거둘수록 정권을 성공적으로 유지하기 쉽다. 국가지도자가 가용할 수 있는 재원이 충분해야만 이러한 재원을 승자연합에 충분히 제공하여 그들의 지지를 확보하기가 수월하기 때문이다.

(4) 승자연합의 일원에게는 충분히 보상을 할 필요가 있다. 그래서 이들이 자신보다 더 많은 혜택을 줄지도 모르는 다른 지도자를 찾아 나서지 않도록 해야 한다.

(5) 승자연합에게 제공되는 혜택의 일부를 일부 주민에게 제공해서는 안 된다. 그럴 경우 승자연합에 골고루 분배되는 몫이 작아질 수 있기 때문이다.

4 정치체제와 선출인단과 승리연합의 크기

선출인단과 승리연합의 크기는 정치체제에 따라 다르다.

1. 민주주의 국가

일반적으로 선출인단과 승리연합의 크기가 크다. 즉, 많은 국민들이 지도자의 선출에 발언권을 가지고 있고 많은 국민의 지지를 얻어야 지도자로 선출되거나 재선될 수 있다.

2. 일당 독재

선출인단의 크기는 클 수 있지만 민주주의 국가에 비해 승리연합의 크기는 작다.

3. 군사독재와 군주국

선출인단과 승리연합의 크기가 모두 작다. 즉, 비민주주의 국가에서는 선출인단의 수가 극히 제한적이거나, 크더라도 지도자는 소수의 승리연합의 도움으로 권력을 유지하고 있는 것이다.

5 권력유지를 위한 보상수단

선출인단이론의 기본적인 가정은 모든 지도자의 일차적 목표는 권력유지라는 것이다. 지도자는 권력유지를 위해서 지지자들에게 보상을 제공해야 하는데 보상에는 사유재와 공공재 두 가지 형태가 있다. 사유재는 지도자의 핵심지지 연합 구성원들만이 혜택을 입게 되는 보상으로 특별 정부계약, 지하경제 이용, 기소면제 등이 해당된다. 공공재는 지도자를 지지하는가의 여부에 상관 없이 모든 국민이 혜택을 보는 정부정책과 프로그램이다. 부에노 데 메스키타(Mesquita)에 따르면 군주국, 군사정권, 부정선거로 유지되는 독재국가는 선출인단의 크기는 다를 수 있지만 기본적으로 승리연합이 소규모라는 점에서 공통점이 있으며 이들 국가의 지도자들은 소수의 승리연합에게 사유재를 제공함으로써 권력을 유지할 수 있다. 반면, 승리연합의 크기가 큰 민주주의 국가에서는 지도자가 승리연합의 크기가 증가할수록 사유재의 비용도 증가하므로 모든 사람들에게 이익이 돌아가는 공공재의 제공을 통해 권력을 유지한다.

6 선출인단이론에 따른 대외정책의 설명

1. 전쟁이유

선출인단이론에 따르면 승리연합의 크기는 지도자가 정치적 생존을 보장받기 위해 취하는 행동에 영향을 미치게 되며 전쟁과 관련된 외교정책 결정에도 영향을 미치게 된다. 큰 규모의 승리연합의 지지를 필요로 하는 민주주의 국가의 지도자는 정책문제와 독재정권 변화와 같은 공공재적 성격의 이유로 전쟁을 하게 된다. 반면, 작은 규모의 승리연합에 의존하는 독재자들은 영토 또는 자원의 획득을 추구한다.

2. 전쟁수행의 노력

승리연합의 크기는 전쟁수행의 노력에도 영향을 미치게 된다. 선출인단이론에 따르면 가용자원을 전쟁에 얼마만큼 투입하는지의 여부에서 민주주의 지도자가 독재자보다 전쟁 승리를 위해 더 열심히 노력한다. 민주국가에서는 승리연합의 지지를 유지하기 위해 많은 공공재를 제공할 필요가 있다. 또한 전쟁에서의 승리는 큰 규모의 승리연합을 유지하기 위해서는 필수적이기 때문에 승리가능성이 크지 않은 전쟁은 시작하지 않는다. 또한 이미 시작된 전쟁에서 승리가능성이 기대하였던 것만큼 높지 않은 경우 승리를 위해 더 많은 자원을 투입하여 열심히 노력하게 된다. 반면, 권위주의 국가의 지도자는 권력 유지를 위해 효과적인 정책결과를 내놓을 필요가 없으며 자신들의 측근들을 만족시키기 위한 노력만 기울이면 된다.

따라서 전쟁수행에서 민주주의 국가가 더 큰 노력을 하게 되는데, 부에노 데 메스키타(Mesquita)는 이러한 주장의 경험적인 증거로서 제1차 세계대전에 참전한 주요 국가들의 군사비 지출 측면에서 민주주의 국가만이 꾸준히 군사비 지출을 늘리며 승리를 위해 노력하였음을 지적하였다.

제13절 | 구조균형이론

1 의의

구조균형이론은 사회심리학의 이론을 국제정치학에 도입한 것이다. 사회과학자들은 개개인의 인간성이나 특성과 관계없이 집단의 구조적 특성에 따라 정해지는 인간관계패턴에 관심을 가지게 되었고 집단구조이론을 발전시켰다. 구조균형이론은 이러한 집단구조이론을 적용하여 각 개별 국가의 속성과 관계없이, 각국의 특성을 초월하는 국가집단구조의 보편적 특성에서 국가 간 행위패턴을 규명하고자 한다. 구조균형이론은 하이더(Heider), 뉴컴(T. M. Newcomb), 해러리(Frank Harary) 등에 의해 발전되었다.

2 구조균형이론의 기본 개념

1. 삼자구조(triad)

분석단위에 있어서 행위자 하나만을 단위로 칭하는 단자(單子; monad), 행위자와 행위 대상자 둘을 묶어 하나의 분석단위로 칭하는 쌍자(雙子; dyad)에 대한 말로서 행위자 - 대상자 - 제3자 셋을 하나의 분석단위로 칭하는 것을 삼자구조(triad)라고 한다. 삼자구조 내의 관계는 행위자가 행위대상자에 어떤 특정행위를 하게 될 때 행위자의 제3자에 대한 관계 또는 행위대상자의 제3자와의 관계를 의식하기 때문에 행위선택에 영향을 받게 된다.

2. 그래프이론

집단 내의 구성원인 element를 점으로 그리고, 이들 간의 관계를 선으로 표시하여 집단구조를 그래프로 표현하는 이론이다. 관계를 나타내는 선에 '+'와 '-'부호를 붙인 그래프를 'S - 그래프(signed graph)'라 한다. S - 그래프에서 우호관계는 '+' 또는 실선으로, 적대관계는 '-' 또는 점선으로 표시한다. 그리고 각 요소를 순차적으로 연결하여 다 이어진 상태를 싸이클(cycle)이라고 한다. 싸이클의 안정과 불안정으로 구조 전체의 균형 여부를 판정하며, 안정되었을 때 균형이 이루어졌다고 한다. 싸이클 내의 모든 선의 부호를 곱하여 '+'이면 안정, '-'이면 불안정이다. 예컨대 AB가 '-', BC가 '+', AC가 '-'이면 세 관계의 곱은 '+'이므로 안정적인 구조라고 한다.

3. 구조균형이론의 주요 가설

(1) 하이더(Heider)

하이더는 한 구성체 내에서의 각 구성원 간의 관계는 상호의존적이어서 한 관계는 다른 관계의 영향을 받는다고 본다. 이러한 전제에서 하이더는 인식주체는 균형된 상태(balanced state)를 성취하려는 경향이 있으며, 균형이 이루어지지 않을 경우 균형을 이루는 방향으로 행동하도록 압력을 받는다고 주장하였다.

(2) 뉴컴(T. M. Newcomb)

뉴컴은 구성체 내에서 의견 통일이 일어나는 행위를 분석하였다. 뉴컴은 행위자 A와 B는 제3자 X에 대하여 같은 태도를 가지려는 경향이 생기는데 이는 '대칭으로의 긴장(strain toward symmetry)'이 있기 때문이라고 보았다. A와 B는 긴장 해소를 위해 X에 대한 의견을 서로 교환하여 의견을 통일시켜 나가려 하게 되는데 이런 과정을 통하여 한 집단 내에는 지배적인 여론이 형성되어 가게 되며, 여기서 벗어나는 의견(deviates)은 배척된다고 보았다. A와 B의 X에 대한 의견이 합치되면 A와 B의 관계가 강화되나, 의견이 다른 경우 A는 B와의 단절을 통해 마음의 갈등을 없애려고 한다고 주장하였다.

(3) 해러리(Frank Harary)

해러리는 균형을 이룬 구조가 균형을 이루지 못한 구조보다 더 높은 안정성을 가진다고 하였다. 또한 만일 어떤 구조가 균형을 이루지 못하게 되면, 그 구조 속의 행위자는 전체 구조의 균형을 성취하기 위하여 자기와 다른 구성요소와의 연대를 수정하려는 경향이 있다고 하였다. 구체적으로는 분파경향가설(tendency toward clustering), 완전지향가설(tendency toward completeness), 긍정적 지향가설(tendency toward positivity)을 제시하였다. 분파경향가설은 구조의 안정을 위해 다수의 소집단으로 재구성됨을, 완전지향가설은 집단구조가 완전해지려는 경향이 있음을, 긍정적 지향가설은 집단 내 상호관계가 본질적으로 긍정적인 경우 그 집단 내의 개체는 긍정적 연대를 형성하려는 강한 선호를 보임을 의미한다.

제14절 | 세계사회론(World Society Theory)

1 의의

1970년대 버튼(John Burton)을 중심으로 등장한 이론이다. 상호의존론의 문제의식을 계승하면서도 국제관계를 국가 간의 관계라기보다는 비국가행위자들이 주도적인 위치를 차지하는 관계로 보는 입장이다. 세계사회론은 핵확산, 폭발적인 인구증가, 환경오염, 교통·통신혁명, 세계에 있어서 부의 집중과 빈곤의 확대는 어떤 특정 국가 또는 국가군에 한정된 국지적인 현상이 아닌 범세계적인 현상으로서 1648년 이래 지속된 국가중심의 근대 국제체제는 이러한 문제에 대응할 능력과 의지를 결여하고 있다고 본다. 따라서 세계사회론은 범세계적 시각에 기초한 범세계적 문제해결수단이 필요하다고 보고, 국제연합(UN)이 보다 포괄적인 권한을 부여받아야 한다고 본다.

2 주요 학자

1. 버튼(John Burton)

대표적 세계사회론자인 버튼의 주요 주장은 다음과 같다.

(1) 주권, 영토성, 인종성 등과 같은 낡은 관념에 대해 사람들이 가지고 있는 애착은 사라지고 사람들은 지구촌(global village)의 모든 구성원들과 공동의 이해관계를 의식하게 되며 이 단계에서 전쟁은 소멸한다.

(2) 국가는 강제력을 사용하므로 정당하지 못한 제도이다. 따라서 정당성에 기초한 관계가 지배적 관계로 부상하고 국가는 쇠퇴한다.

(3) '국제관계'라는 말 대신에 '세계사회'라는 말을 사용한다면 좀 더 광범위한 시각을 가질 수 있고 개별 국가의 행동이 좀 더 큰 세계에 어떠한 관련과 의미를 가지게 될 것인지 적절하게 평가할 수 있다.

(4) 우리의 인식이 실재를 만들어내기 때문에 우리가 국가와 세계에 대해 어떠한 이미지를 가지는지가 중요하다.

2. 미첼(Christopher R. Mitchell)

(1) 국가가 세계체제에서 여전히 중요한 행위자이나 비국가적 행위자들이 국가와 동등하거나 때로는 더 중요한 영향력을 행사하기도 한다.

(2) 미첼은 세계사회를 구성하고 있는 구성요소들 상호 간 관계를 분석하는 데 집중하면서 '정당성(legitimacy)'을 가지는 관계가 무엇인지를 중시한다.

(3) 정당성을 지닌 관계는 '동의'에 기초한 관계이고, '강제'나 '위협' 등의 제재가 기초가 되는 관계는 정당성을 가지지 못한 관계라고 본다.

(4) 전통적인 국가중심접근법은 강제성을 가지는 관계를 정상적 관계로 보나, 세계사회접근법에서는 이러한 관계는 비정상적인 관계이고 평화·정당성을 가지는 교환·정당한 것으로 수용되는 권위 등이 정상적인 것이다.

3 평가

세계사회론자들은 자신들이 생각하는 세계가 유토피아적이라는 점을 인정한다. 다만, 세계사회론은 국가중심적이고 권력·정치적인 생각이 만들어 내는 폭력적·강제적 세계를 벗어날 수 있는 돌파구를 제공한다. 그럼에도 불구하고 이상주의자들과 마찬가지로 비현실적이고 유토피아적이라는 비판을 면하기는 어렵다.

제15절 | 이슈 패러다임

1 의의

맨스바흐(Richard W. Mansbach)와 바스케스(John A. Vasquez)는 1981년 현실주의의 권력 패러다임을 비판하면서 '이슈 패러다임'을 제시하였다. 이슈 패러다임은 정치적 인간이나 국가가 항상 권력만을 추구하는 것은 아니라고 가정하고 이슈별로 국제정치현상을 분석해야 한다고 주장하였다. 이들은 국제정치를 '각 이슈에 있어서 가치의 권위적인 배분을 위한 집단적 결정을 위한 투쟁'으로 규정하였다.

2 가정

이슈 패러다임은 현실주의를 비판하는 차원에서 몇 가지 가정을 제시하였다.

1. 국제정치의 행위자

국제정치에서 국가가 유일한 행위자가 아니다. 국제정치의 행위자는 이슈에 따라 변하며 정치적 이해관계를 달리하는 모든 개인이나 집단이 행위자가 될 수 있다.

2. 비국가행위자의 중요성

이슈 패러다임은 현실주의이론이 비국가행위자를 무시하고 국가를 통합된 행위자로 규정한 점을 비판한다. 이슈 패러다임은 국제정치에서 비국가행위자를 중요한 행위자로 간주한다. 또한 국가는 이해관계를 달리하는 여러 관료조직의 합이라고 보았다.

3. 국내정치와 국제정치의 연계

현실주의이론이 국제정치와 국내정치를 구분하고 있는 것과 달리 이슈 패러다임은 국가가 상호 침투되어 있고 연계되어 있으므로 대외정책과 국내정치를 구분할 수 없다고 본다. 즉, 외부행위자들의 침투로 인해서 국내정치와 국제정치 간 연계성이 증대하여 국제정치와 국내정치를 더 이상 별개의 것으로 규정할 수 없다는 것이다.

4. 정치적 분쟁의 성격

정치적 분쟁은 의제로서의 이슈들이 갖는 특징, 대립하는 행위자들 간의 우호와 적대의 양상, 가치의 배분이 일어나고 있는 제도적인 맥락에 의해 결정된다.

3 이슈의 사이클

1. 이슈의 생성

이슈는 행위자들의 의도적인 행위에 의해 생성될 수도 있고, 행위자와 무관하게 환경요인에 의해 생성될 수도 있다. 환경요인의 경우 과학과 기술의 발달로 심해저가 문제로 부각되는 것과 같은 '기회 이슈(opportunity issue)'도 있고 전염병이나 대지진과 같이 재난에 의해 발생하는 '재난 이슈(disaster issue)'도 있다. 그러나 모든 이슈가 다 의제가 되는 것은 아니다.

2. 이슈의 의제로의 채택방법

(1) 행위자의 의도에 의한 의제화

행위자가 의도적으로 다른 행위자에게 영향력을 행사하여 의제화할 수 있다. 강대국은 자력으로 이슈를 의제로 설정하나, 약소국은 강대국과 전략적 관계를 형성하여 의제를 설정하거나 국제기구를 통해 의제를 설정한다. 두 가지 방법이 모두 불가능한 경우 약소국은 폭력적인 수단, 예컨대 테러와 같은 방법을 사용하기도 한다.

(2) 이슈 자체의 성격에 의한 의제화

이슈가 의제화되는 두 번째 방법은 이슈 자체의 성격과 관련된다. 이슈의 중요도가 높을수록 의제로 채택될 확률이 높아진다. 맨스바흐(Mansbach)와 바스케즈(Vasquez)는 다음과 같이 주장하였다.

① **배분될 가치에 대한 박탈감의 정도**: 배분될 가치에 대해 박탈감을 많이 가질수록 이슈의 중요도는 높아진다.
② **배분될 가치의 위상**: 다수의 이해관계가 얽혀 있어서 상대적인 손실에 대한 공동의 우려가 존재할수록 이슈의 중요도는 높아진다.
③ **분배될 가치의 형태**: 유형적일수록 중요도는 떨어지며 상징적이고 추상적일수록 중요도가 높아진다.
④ **배분될 가치의 수와 다양성**: 배분될 가치의 수와 다양성이 확대될수록 중요도가 높아진다.
⑤ **배분될 가치가 본질적인 것인지 도구적인 것인지 여부**: 배분될 가치가 목적 그 자체인 경우 다른 목적을 추구하는 데 있어서의 수단이 될 경우에 비해 중요도가 높아진다.

3. 이슈의 소멸

이슈가 의제로 채택된 경우 이슈는 위기, 관례화(ritualization)를 거쳐 소멸한다. 위기는 중대한 이슈가 해결되어야 할 긴급한 상황으로부터 유래하기도 한다. 관례화단계란 중대 이슈의 처리패턴이 제도화되는 단계를 말한다. 관례화된 이슈는 가치의 권위적 배분이 이루어짐으로써 소멸한다. 또 다른 방식은 관료화된 이슈가 동면상태에 빠져 있다가 새로운 중대한 이슈가 부상하면서 관심 밖으로 멀어져 소멸하는 것이다.

 **주요개념** 자유주의

- **자유주의(liberalism)**: 도일(Michael Doyle)에 의하면 자유주의는 다음 네 가지 주장을 담고 있다.
  ① 모든 시민들은 법률적으로 평등하며, 교육, 자유로운 언론에의 접근, 종교 선택에 있어서 동등한 권리를 가진다.
  ② 일국의 의회는 국민에 의해 부여된 권위만을 가지며, 국민의 기본권을 남용할 수 없다.
  ③ 개인의 자유가 가지는 중요한 차원은 생산력을 포함하여 재산을 소유할 권리이다.
  ④ 자유주의는 경제적 교환을 위한 가장 효율적인 체제가 대개 시장의 유인에 의한 것이지 관료적 규제와 국내 혹은 국제적인 통제에 종속된 것이 아니라고 주장한다.

- **세계정부**: 평화는 개별 주권국가로 나누어져 있는 세계에서는 절대 이루어질 수 없다고 믿는 이상주의자들과 특별히 관련이 있다. 시민사회의 자연상태가 정부에 의해서 폐지되었듯이, 국제사회의 전쟁상태도 세계정부의 수립을 통해 종식되어야 한다는 것이다.

- **국제법**: 국가들이 서로 인정하고 약속한 공식적 행동규칙이다.

- **국제질서**: 국가들의 관계에서 안정성과 예측성을 위한, 공유된 가치와 조건을 말한다.

- **자결**: 주권국가가 되려하는 정치공동체 혹은 국가의 권리이다.

- **자위권**: 자신의 방어를 위해 전쟁을 행할 수 있는 국가의 권리를 말한다.

- **세계사회**: 지구화로 인해 형성된 사회를 말한다.

- **상호의존(interdependence)**: 국가들이 다른 국가의 결정에 의해 영향받는 상태이다. 예컨대, 미국에서의 이자율 상승 결정은 자동적으로 다른 국가에서의 이자율을 높이는 압력으로 작용한다. 상호의존은 행위자들이 모두 똑같이 영향을 받는 대칭적인 것일 수도 있고, 영향이 행위자 간에 따라 다른 비대칭적인 것일 수도 있다. 현실주의자들은 상호의존을 취약성과 동일시한다.

- **이상주의(idealism)**: 관념이 국제정치 사건에 중요한 인과적 영향을 미치며 관념이 바뀔 수 있다는 주장이다. 권력정치의 논리와 이것이 정치적 행동에 부과하는 제약을 과소평가한 이후 현실주의자들에 의해 유토피아니즘으로 일컬어졌다. 국제관계의 독립이론으로서의 이상주의는 일반적으로 세계평화를 창조하는 것이 가능하다는 주장과 연결된다. 그러나 사회이론으로서의 이상주의는 사회의 가장 근본적인 특징은 사회의식이라는 주장을 일컫는다. 관념은 우리 자신과 이익을 어떻게 보는지, 세계를 범주화하고 이해하기 위해 사용하는 지식, 다른 사람에 대해 갖는 믿음, 도전과 위협에 대해 가능하고 불가능한 해결책에 관해 구체화한다. 관념을 강조하는 것이 기술과 지리같은 물리력을 경시한다는 뜻은 아니다. 대신 이러한 물리력의 의미와 결과가 본질적으로 주어진 것이 아니라 인간의 해석과 이해에 의해 조정된다고 본다. 이상주의자들은 국내정치에서의 자유주의 사고를 국제관계에 적용하려고 시도한다. 다시 말해 법치를 제도화하려고 한다. 이러한 논리를 국내적 유추라고 한다. 20세기 초의 이상주의자들에 따르면 신세계질서를 위해서는 두 가지의 주요 요구가 있었다. 첫째, 국가 지도자들, 지식인들, 여론은 진보가 가능하다는 것을 믿어야만 한다. 둘째, 국제기구는 평화적인 변화, 비무장, 중재, 강제 등을 촉진하기 위해서 창출되어야 한다. 국제연맹은 1920년대에 창립되었지만, 그 집단안보체제는 1930년대 전쟁의 발발을 방지하는 데 실패하였다.

- **민감성 상호의존**: 어떤 외부적 변화에 대응함에 있어 기존의 정책을 바꿀 시간적인 여유가 없거나 대안이 부재하여 새로운 정책이 마련되기 이전에 외부의 변화에 의해 치러야 하는 대가의 정도를 말한다.

- **취약성 상호의존**: 새로운 정책대안이 마련된 이후에도 치러야만 하는 대가의 정도를 말한다.

- **제도(institution)**: 규칙을 정하고, 활동을 억제하며, 행위자의 기대를 형성하는 지속적이고 연결된 규칙과 관행의 집합. 제도는 조직, 관료기관, 조약과 합의, 국가가 구속력 있는 것으로 받아들이는 비공식 관행을 포함한다.

- **맞대응전략(tit-for-tat)**: 맞대응전략은 상대방의 협력에는 협력으로 호응하고, 배신에는 배신으로 보복한다는 전략이다. 일단 처음에는 상대방에게 협력을 한 뒤에 상대방의 대응을 보고 그 다음 행동을 결정하는 전략이다. 이 전략은 로버트 액설로드가 시행한 반복적인 수인의 딜레마게임실험에서 가장 효율적인 전략으로 증명되었다. 이것은 배반의 전략에 대해서는 타격을 입히고, 협력의 전략에 대해서는 보상을 하기 때문이다. 맞대응전략은 배반이 계속되다가도 상대방이 협력으로 돌아서면 같이 협력하므로, 갈등이 지속되는 국제관계의 악순환 구조 속에서도 협력의 선순환구조가 발전될 수 있음을 논리적으로 보여주고 있다.

- **국제제도**: 특정 영역에서 국가의 기대가 수렴하는 원칙 - 규범 - 규칙 - 의사결정절차를 지칭하는 국제정치학 용어로, 1990년대 이전에 사용되었던 국제레짐이라는 용어와 본질적으로는 동일하다. 국제제도는 국가가 자신의 이익추구를 위해서 사용하는 도구로서 이익을 추구하는 데 소요되는 비용을 절감한다. UN과 같은 공식적인 국제기구와 국제법 그리고 국제규범 등을 포함하는 국제제도는 일단 만들어지면 쉽게 변화하지 않는다.

 **주요개념** 자유주의

- **비정부기구(Non-governmental organization: NGO)**: 보통 일반대중에 기초하며 정책 목표를 갖지만 구성에 있어서는 정부도 기업도 아닌 조직이다. NGO는 공식적인 방식으로 서로 정기적으로 연결되어 집단행동에 참여하는 사람들의 집단으로, 그러한 활동은 비상업적이고 비폭력적이다. 예로는 국제사면기구와 국제지뢰금지운동이 있다.

- **국제비정부기구(INGO)**: 회원자격이 초국가 행위자에게 개방된 국제기구로, 국가 NGO, 지역 NGO, 회사, 정당, 개인으로부터 회원을 얻는 다양한 유형이 있다. 다른 INGO를 회원으로 하는 경우도 있다.

- **초국가행위자(transnational actor)**: 다른 국가의 행위자나 국제기구와 관계를 맺는 한 국가의 시민사회 행위자를 말한다.

- **국제기구**: 세 개 이상의 국가로부터 공식절차와 공식회원을 확보한 국제제도 중 하나이다. 세 개 이상의 국가로 한정한 이유는 세 개 이상의 국가가 엮어내는 다자적 관계가 양자적 관계보다 훨씬 복잡한 양상을 띠기 때문이다.

- **혼합적 INGO**: 국제기구의 한 유형으로서 IGO, INGO와 함께 국제기구의 3대 유형이 된다. IGO가 개별 정부에 의해, INGO가 NGO에 의해 만들어진다면, 혼합적 INGO는 정부 혹은 NGO 모두에게 회원자격을 부여하는 차이가 있다. 이 혼합적 INGO라는 개념이 생각보다 널리 알려지지 않은 이유 중 하나는 이들을 표현할 적당한 영어표현이 없다는 점 때문이다. 그들이 지닌 특징을 살펴보고 적당히 혼합적이라는 말을 붙인 것 뿐이다. 논리적으로만 보면 혼합적인 국제기구로 불릴 수 있지만, 실제 외교계에서는 INGO로 분류되어 사용된다.

- **전문기구**: 국제연합과 특수한 관계에 있지만, 예산, 집행위원회 및 위원장, 대의기구 등의 법적 구성에서 독자적인 국제제도들이다.

- **시민사회(civil society)**: ① 어떤 정부기관에도 소속하여 활동하지 않는 사회 내 모든 개인과 집단의 총체, ② 정부에 소속되거나 영리기업의 이익에 따라 행동하지 않는 모든 개인과 집단, ③ 정치기관의 기초를 이루는 사회기관과 관행의 네트워크이다.

- **계몽주의**: 18세기의 합리주의적 사상가들과 관련되며, 핵심적인 아이디어는 세속주의, 진보, 이성, 과학, 지식, 자유 등을 포함한다.

- **이익의 자연조화**: 19세기 자유주의자들 사이에서 널리 퍼져 있던, 사람들 간에는 자연적 질서가 있다는 관념으로서 이에 따르면 이러한 질서는 비민주적 국가 지도자들에 의해서 오염되고 세력균형과 같은 정책에 의해서 퇴색되었다고 한다. 만약에 이러한 왜곡이 없어진다면 사람들 간에는 실질적인 갈등이 없을 것이라고 한다.

- **조정(coordination)**: 당사자들이 서로 다른 전략을 추구한 데서 비롯되는 상호간 바람직하지 않은 결과를 피하기 위해 공통의 전략을 추구할 필요가 있는 협력의 형태를 말한다.

- **통합**: 지역적·국제적 맥락에서 국가들이 좀 더 밀접하게 연합되는 과정을 말한다. 이러한 과정은 종종 미트라니(D. Mitrany)가 분기효과(ramification)라고 부른, 기술적 문제를 푸는 협력에 의해서 시작된다. 하스(Ernst B. Haas)는 몇몇 다른 국가 내의 정치적 행위자들이 그들의 충성심, 기대 그리고 정치적 활동을 새롭고 좀 더 큰 중심, 즉 이곳의 제도가 기존의 국가에 대한 관할을 보유하거나 요구하는 중심으로 전환하도록 설득되어지는 과정이라고 정의하였다.

- **마스트리히트조약**: 현재 존재하는 유럽연합을 창설한 국제조약으로 1992년 2월 7일 네덜란드의 마스트리히트에서 체결되었다. 이전의 유럽공동체(EC)가 경제통합을 추구했다면, 마스트리히트조약으로 만들어진 EU는 정치통합을 추구한다. 첫 번째 주요 내용은 유럽공동체 강화를 위해서 유럽시민권과 유럽중앙은행 그리고 유로라는 공동통화를 창설했다. 두 번째로 공동외교안보정책을 추진하며, 세 번째로는 경찰 및 사법협력을 이룩하기로 합의했다.

- **의존**: 두 국가 사이에 의존으로 인한 취약성이 크게 비대칭적일 때의 관계를 지칭한다.

- **상호작용과정**: 인간, 물질, 에너지, 화폐, 그리고 정보와 같이 체제를 구성하는 요소 사이에 서로 유입되고 유출되는 현상을 말한다. 전쟁은 주로 전투원으로서의 인간과 무기로서의 물질이 유출입되는 현상이다. 경제는 화폐가 다른 요소 때문에 유출입되는 현상이고, 정치는 정보가 유출입되는 현상이다.

- **무정부상태**: 중앙정부가 없는 상태에서 작동하는 체제를 말한다.

- **무질서상태**: 규범과 규칙이 없는 상태에서 작동하는 체제를 말한다.

- **협력**: 서로 받아들일 수 있는 결과를 달성하기 위해 당사자들이 같이 행동하는 상황이다.

- **조정**: 협력의 한 형태로서 서로 다른 전략을 추진하여 상호간에 원하지 않는 결과에 이르지 않도록 공동의 전략을 요구하는 상황을 말한다.

- **패권**: 하나의 압도적 지도국에 의해 규율되는 체제를 말한다.

- **시장의 실패**: 협동전략이 요구하는 공공재의 생산을 시장이 제공하지 못하는 상태이다.

- **공공재**: 집합적인 결정에 의해서만 생산되는 재화로 시장에서는 생산되지 않는다.

주요개념 자유주의

- **합리성**: 선호도를 결정하고 최선의 선호를 결정하는 개인의 능력을 말한다.

- **미래의 그림자**: 미래를 의식하고 정책결정을 하는 상황에 대한 수사적 표현이다.

- **레짐**: 국제관계의 특정영역에서 행위자의 기대하는 바가 수렴되는 명시적 혹은 묵시적인 원칙, 규범, 규칙, 정책결정절차(sets of implicit or explicit principles, norms, rules, and decision-making procedures around which actors expectations converge in a given area of international relations)를 말한다.

- **제도화(institutionalization)**: 사회관계의 네트워크나 양상이 특정 목적을 가진 조직으로서 공식적으로 만들어지는 정도 또는 그 과정으로, 사회적 상호작용의 네트워크 또는 형태가 특정 목적을 가진 조직처럼 공식적으로 구성된 정도를 말한다.

- **상호주의(reciprocity)**: 다른 사람들이 마찬가지로 행동할 때에만 협력하는 'tit-for-tat'전략을 말한다.

- **정부간기구(Intergovernmental Organization: IGO)**: 완전한 법적 회원자격이 공식적으로 국가에게만 개방되고 의사결정 권위가 정부대표에게 있는 국제기구이다. 국제기구의 하나로서 완전한 법적 회원자격이 공식적으로 국가에 한정되고 정책결정이 갖는 권위가 정부의 대표들에게 부여된다. 실제로 많은 IGO가 각자의 독립적인 식민영토를 보유한 적도 있었고, 반대로 회원자격으로 민족해방운동을 추진하는 경우도 있었다.

- **정부간네트워크(transgovernmental networks)**: 정책공조, 조화, 대화, 집행을 목적으로 한 기관의 정부관리를 외국 해당기관의 관리와 연결시키는 공식·비공식 메커니즘을 말한다.

- **지구거버넌스(global governance)**: 공적 권위체(국가와 정부간기구)와 사적 기관(NGO와 기업) 사이에서 지구적 혹은 초국가적 규범, 규칙, 프로그램, 정책을 입안하고 집행함으로써 공동의 목적을 실현하거나 집단의 문제를 해결하려고 하는 공식적·비공식적 조정의 체제. 공동목표를 실현하기 위해 또는 지구적·초국가적 규범, 규칙, 프로그램, 정책의 제정, 집행을 통해 집단적 문제를 해결하려는 공공기관들과 사적 기관들의 정치적 협조체제. 제도와 규범 두 측면에서 지구를 관리하기 위한 느슨한 조직구조. 이를 구성하는 요소로는 국제기구와 국제법, 초국가적 조직과 준거틀, 세계시민사회 구성요건, 공유된 규범원리 등이 있다.

- **지구정치(global politics)**: 지역과 대륙을 초월하여 권력, 이익, 질서, 정의를 추구하는 지구적 사회관계의 정치를 말한다.

- **초국가기업(transnational company: TNC)**: 외국에 계열사를 갖는 회사. 계열사는 모 회사의 지점, 개별 법인의 자회사, 혹은 상당한 소수가 지분을 갖는 제휴사일 수도 있다.

- **초국가시민사회(transnational civil society)**: 시민과 사적 세력들이 상호목표를 증진하거나 정부와 지구거버넌스의 공식기관들에게 그들의 활동을 설명하기 위해 국경을 넘어 협력하는 정치적 공간을 말한다. 시민들과 사적 이해관계집단이 공동목표를 추진하거나 정부와 공식적인 지구적 거버넌스 기구들을 자신의 활동에 부합하도록 만들기 위해 국경을 넘어 협력하는 정치적 장이다.

- **다원주의(pluralism)**: 미국 정치학에서 차용한 포괄적 용어로서 국가의 우위, 국가안보의 우선, 국가는 단일한 행위자라는 가정의 현실주의 시각을 거부하는 국제관계 이론가들을 나타내기 위해 사용되었다. 이것은 모든 조직된 집단을 잠재적인 정치적 행위자로 보고 행위자들이 정책목표를 달성하기 위해 지지를 동원하는 과정을 분석하는 이론적 접근법이다. 다원주의자들은 초국가행위자와 국제기구가 정부에 영향을 미친다는 사실을 받아들일 수 있다.

- **지구화된 국가**: 지구화현상에 참여하고 때로는 지구화 압력에 반응하는 특정 형태의 국가이다. 지구화 국가는 지구화 압력에 단순히 반응하지 않으며 서로 다르게 행동한다.

- **민주평화**: 자유국제주의자 사고의 핵심적인 명제인 민주평화의 테제는 자유주의 국가 간에는 전쟁을 생각할 수 없다고 주장한다.

- **민주주의 증진**: 자유주의적 가치를 확산시키기 위해서 대외정책과 경제정책의 수단을 사용한 서방의 주도국가와 기구들에 의해 채택된 전략이다. 그 옹호자들은 민주화와 시장개방의 상호강화하는 효과를 명시적으로 연계한다.

- **국제기구(international organization)**: 공식절차와 세 개 이상의 국가로부터 공식회원을 갖고 있는 기관이다.

학습 점검 문제 제3장 | 자유주의

01 외교정책에 대한 설명으로 옳은 것만을 모두 고르면? 2023년 외무영사직

> ㄱ. 관료정치모델(Bureaucratic Politics Model)에서는 대통령을 외교정책결정과정에 참여하는 가장 중요한 행위자로 간주한다.
> ㄴ. 쿠바 미사일 위기 시에 미 해군이 표준화된 수행절차(SOP)에 따라 봉쇄 절차를 제시한 것은 조직과정모델(Organizational Process Model)에 해당한다.
> ㄷ. 모겐소(H. Morgenthau)는 전쟁 수행과 외교정책 수행의 최종 목표가 동일하다고 주장한다.
> ㄹ. 로즈노(J. Rosenau)는 개인, 역할, 정부, 사회, 체제를 외교정책결정에 영향을 미치는 변수로 유형화한다.

① ㄱ, ㄹ
② ㄴ, ㄹ
③ ㄱ, ㄴ, ㄷ
④ ㄴ, ㄷ, ㄹ

외교정책

ㄴ. 조직과정모델은 조직이기주의에 기초하여 행동하거나 표준행동절차(SOP)에 따라 보수적으로 행동하기 때문에 대외정책이 비합리적일 수 있다고 본다.
ㄷ. 모겐소는 전쟁도 권력추구가 목표이고, 외교정책 역시 권력을 극대화하는 것이 최종목표라고 본다. 국가의 이기심 때문에 그러한 목표가 추구된다고 본다.
ㄹ. 로즈노는 비교외교정책론의 선구자로 평가된다. 다섯 가지 영향요소 중 체제란 국제체제를 의미한다.

선지분석

ㄱ. 관료정치 모델에서는 대통령도 여러 정책 결정권자 중의 하나로서 사익을 추구한다고 가정된다.

답 ④

02 국제정치의 주요 이론에 대한 설명으로 옳지 않은 것은? 2020년 외무영사직

① 현실주의는 국가이익을 국제적 행위의 기본적인 원칙으로 본다.
② 자유주의는 권력투쟁의 상황에서도 국제사회에서 국가 간 협력이 가능하다고 본다.
③ 현실주의는 세력균형의 원리를 통해서 국가 간의 전쟁을 방지할 수 있다고 본다.
④ 자유주의는 국제질서를 본래 경쟁이 없는 조화롭고 질서 있는 상태로 본다.

국제정치이론

자유주의는 국제질서가 '본래' 경쟁이 없거나 조화로운 상태라고 보지는 않는다. 다만, 조화롭고 질서 있는 상태로 만들어 갈 '가능성'이 있다고 보는 것이다.

답 ④

03 외교정책결정에 대한 설명으로 옳은 것을 모두 고르면?

2013년 외무영사직

ㄱ. 개인수준에서 외교정책의 오류를 만드는 요인들로는 외교정책결정자의 지능, 능력, 심리적 긴장감, 열정의 부족 등을 들 수 있다.
ㄴ. 대안적 선택방안의 가능한 결과들에 대해 외교정책을 결정하는 조직 내의 일원들이 서로 동의하지 않고 합의에 도달하기 어렵다는 사실은 합리적 정책결정을 가로막는 요인이 된다.
ㄷ. 포괄적 합리성은 행위자가 가질 수 있는 모든 대안들을 검토하고, 이를 바탕으로 가장 큰 효용을 주는 대안을 선택한다는 개념이다.
ㄹ. 제한된 합리성은 정책 결정자들이 최선의 방안을 선택할 수 있는 능력이 인간적이고 조직적인 여러 장애물들에 의해 제한을 받는다는 개념이다.

① ㄱ, ㄴ
② ㄴ, ㄹ
③ ㄱ, ㄷ, ㄹ
④ ㄱ, ㄴ, ㄷ, ㄹ

외교정책론

외교정책결정에 대한 설명으로 ㄱ, ㄴ, ㄷ, ㄹ 모두 옳다.
ㄱ. 자유주의자들이 주장하는 요인이다.
ㄴ. 관료정치모델로 볼 수 있다.
ㄷ. 현실주의 입장이다.
ㄹ. 사이먼의 이론이다.

답 ④

04 지역통합에 대한 신기능주의적 설명으로 옳은 것만을 모두 고르면?

2021년 외무영사직

ㄱ. 다원주의적 시각에서 초국가적 집단의 역할을 중요하게 여긴다.
ㄴ. 정치적 기구의 설립이 경제통합보다 우선해야 한다.
ㄷ. 경제적 유대가 긴밀해지면 정치적 조정의 필요성이 없어진다.
ㄹ. 한 분야에서의 통합이 다른 분야로 파급, 확산될 것을 기대한다.

① ㄱ, ㄷ
② ㄱ, ㄹ
③ ㄴ, ㄷ
④ ㄴ, ㄹ

통합이론

지역통합에 대한 신기능주의적 설명으로 옳은 것은 ㄱ, ㄹ이다.
ㄱ. 다원주의란 정치적 의사 결정이 다수 집단 간 경쟁을 통해 이루어진다는 것이다. 신기능주의는 다원주의 정치체제를 전제로 한다. 따라서 초국가적 집단이나 이익집단이 정치적 파급효과를 가져오는 주요 세력이라고 본다.
ㄹ. 신기능주의는 파급효과를 통해 점진적으로 더 큰 통합으로 나아간다고 본다.

선지분석
ㄴ. 신기능주의는 경제통합 등 비정치적 분야에서 통합이 궁극적으로 정치적 통합을 가져온다고 본다. 따라서 경제통합이 정치적 기구의 설립보다 우선한다고 본다.
ㄷ. 신기능주의는 경제적 유대가 긴밀해지면 이를 관리하기 위한 정치적 조정이 반드시 필요하다고 본다.

답 ②

05 상호의존이론(interdependence theory)에 대한 설명이다. 괄호 안에 들어갈 개념들이 바르게 짝지어진 것은?

2012년 외무영사직

> 상호의존의 비용에는 단기적 (ㄱ) 또는 장기적 (ㄴ)이 포함될 수 있다. (ㄱ)은 의존효과의 양과 속도를 가리키는 개념이다. (ㄴ)은 상호의존체제의 구조를 변화시킬 때 드는 상대적 비용을 가리킨다.

	ㄱ	ㄴ
①	민감성(sensitivity)	효용성(utility)
②	효용성(utility)	민감성(sensitivity)
③	민감성(sensitivity)	취약성(vulnerability)
④	취약성(vulnerability)	민감성(sensitivity)

상호의존이론

상호의존을 설명하는 개념으로서 민감성(sensitivity)과 취약성(vulnerability)이 있다. 코헤인(Keohane)과 나이(Nye)는 복합적 상호의존의 시대에는 군사력이 강대국의 기준이 아니라 민감성과 취약성이 기준이라고 주장하였다. 민감성이란 의존관계를 맺고 있는 국가 상호관계에 있어서 외부적 파급효과에 대한 민감도를 의미한다. 특히, 일국이 정책적 대응을 하기 전에 받는 파급효과를 지칭한다. 반면, 취약성은 정책적 대응조치를 취한 이후에도 지속되는 파급효과를 의미하는 것으로서 구조적 성격을 띤다. 코헤인(Keohane)과 나이(Nye)는 민감성과 취약성이 낮은 국가일수록 강대국이라고 하였다.

답 ③

06 퍼트남(Putnam)의 양면게임(two-level games)에 대한 설명으로 옳지 않은 것은?

2024년 외무영사직

① 국가 간의 협상에 있어서 협상국 간의 윈셋(win-set)의 교집합이 작을수록 합의에 도달하기가 용이하다.
② 국가 간의 행동패턴을 설명함에 있어서 국내변수와 국제변수의 연계성을 전제한다.
③ 왈츠의 국제체제이론에 대해 비판적이다.
④ 크기가 작은 윈셋을 가지고 있는 정부가 협상에 유리하다.

양면게임

윈셋의 교집합이 작다는 것은 각국의 윈셋이 협소하여 합의 가능 영역이 협소하다는 것을 의미한다. 따라서 그만큼 국가들 간 합의에 도달하기가 어렵다. 만약 이들이 합의에 도달하고자 한다면 정부 간 담합 등을 통해 각각의 윈셋을 확대하여 합의 가능 영역을 넓혀야 한다.

선지분석
② 양면게임은 국가 간 협상이 최종적으로 타결되기 위해서는 국내집단의 비준 또는 승인이 있어야 한다고 가정하여, 국내정치와 국제협상이 상호 연계되어 있다고 주장하였다.
③ 퍼트남의 이론은 왈츠의 국제체제이론에 비판적 입장이라고 할 수 있다. 왈츠는 국제협상 결과를 좌우하는 것은 국가 간 상대적 힘이라고 보고, 국가의 협상력이나 협상전술은 영향력이 없다고 본다. 반면, 양면게임이론은 국가의 협상전략이 협상결과를 지배하는 매우 중요한 변수가 될 수 있다고 본다. 따라서 양면게임이론은 왈츠의 구조적 접근에 대해 비판적이다.
④ 퍼트남은 윈셋이 축소될수록 협상력은 강화되어 국제협상 결과에 긍정적 영향을 줄 것이라고 본다.

답 ①

07 국제기구와 국제제도를 바라보는 시각에 대한 설명으로 옳은 것만을 모두 고르면?　　　2023년 외무영사직

> ㄱ. 현실주의는 국제기구가 힘의 우위를 가지고 있는 강대국의 입장을 반영한다고 본다.
> ㄴ. 구성주의는 국제제도를 국가 간 상호작용을 통해 얻은 정체성과 이익의 구현체로 본다.
> ㄷ. 자유주의는 국제기구가 완전한 자율성을 바탕으로 국가 간 갈등을 중재하고 상호 협력을 이끌어낸다고 본다.
> ㄹ. 구조주의는 국제제도가 국제자본의 이익을 반영하며 빈국과 부국의 상호 발전을 촉진한다고 본다.

① ㄱ, ㄴ
② ㄱ, ㄹ
③ ㄴ, ㄷ
④ ㄷ, ㄹ

국제기구와 국제제도

ㄱ. 미어샤이머는 국제기구가 강대국의 현존 권력관계를 단순히 반영할 따름이라고 하였다.
ㄴ. 구성주의는 국제제도가 간주관성의 산물이라고 보며, 규범적 측면을 강조한다.

선지분석

ㄷ. 자유주의가 국제기구의 완전한 자율성을 가정한다고 보기 어렵다. 국가로부터 어느 정도의 자율성을 가지고 긍정적인 기능을 할 수 있다고 보는 것이다.
ㄹ. 구조주의, 즉 마르크스주의는 국제제도는 부국(중심부)이 빈국(주변부)를 착취하는 수단이라고 본다. 따라서 국제제도가 빈국과 부국의 상호 발전을 촉진한다고 보지 않는다.

답 ①

---

08 국제협력에 대한 설명으로 옳지 않은 것은?　　　2024년 외무영사직

① 구성주의는 국가들이 가치관과 정체성을 공유함으로써 국제협력이 촉진될 수 있다고 주장한다.
② 패권안정론에서는 국제협력의 혜택을 누리면서 그 유지 비용을 부담할 수 있는 패권국이 존재할 때 국제협력이 가능하다고 주장한다.
③ 신자유제도주의는 국제제도를 통해 국제협력의 가능성이 높아진다고 주장한다.
④ 현실주의는 국가들이 상대적 이득이 아니라 절대적 이득을 중시하기 때문에 국제협력은 지속되기 어렵다고 주장한다.

국제협력

현실주의는 국가들이 절대적 이득이 아니라 상대적 이득을 중시하기 때문에 국제협력은 지속되기 어렵다고 주장한다. 절대적 이득이란 어떤 문제의 협력에 들어가는 비용보다 이득이 더 큰 것을 의미한다. 반면, 상대적 이득이란 국가들 이득의 배분을 말한다.

선지분석

① 구성주의는 국가들이 가치관과 정체성을 공유, 즉 상호 조화적 집합정체성을 내면화함으로써 국제협력이 촉진될 수 있다고 본다.
② 패권안정론은 패권의 능력과 의사에 따라 국제협력이 가능할 수 있다고 본다. 패권국은 자국에 유리한 질서를 형성하기 위해 국제협력을 주도한다.
③ 신자유제도주의는 국제협력을 방해할 수 있는 배반의 문제나 상대적 이득의 문제를 국제제도를 통해 해결하여 국제협력을 용이하게 할 수 있다고 주장한다.

답 ④

09 민주평화론에 관한 설명으로 옳지 않은 것은?   2011년 외무영사직

① 민주평화론은 전쟁과 평화와 같은 국제정치적 현상이 국내적 요인에 의해 좌우될 수 있음을 주장하고 있다는 점에서 신현실주의 이론에 대한 반론을 제기한다.
② 도일(Michael Doyle)은 지금까지 민주주의 국가들 사이에 전쟁이 일어난 적이 없음을 근거로 민주평화론을 주장했다.
③ 칸트(I. Kant)는 영구평화를 위해서는 모든 국가들이 공화정을 채택해야 한다고 주장했다.
④ 러셋(Bruce Russett) 등의 학자들은 민주주의 국가들이 서로 전쟁을 하지 않는 원인은 세력균형과 같은 전략적 고려 때문이라고 주장한다.

민주평화론
러셋(Bruce Russett)은 민주평화론자에 해당한다. 현실주의자들은 세력균형과 같은 구조적 요인을 평화 또는 안정의 근본적 요인이라고 주장한다.

답 ④

제4장 마르크스주의

> **출제 포커스 및 학습방향**
>
> 마르크스주의는 기존의 현실주의나 자유주의이론이 강대국 간 상호관계에 초점을 맞추는 것을 비판하고, 강대국과 약소국의 관계, 경제적 상호관계의 본질, 국제정치에서 계급구조의 작동 등에 초점을 맞추는 패러다임이다. 따라서 출제 포커스는 마르크스주의와 기존 패러다임과의 차이, 특히 경제관계에 관한 마르크스주의의 입장 등이다. 종속이론이나 제국주의이론에 대해서도 간략히 알고 있어야 한다.

제1절 | 총론

의의

마르크스주의는 그 내부에 다양한 분파를 가지고 있으나, 기본적으로 칼 마르크스(Karl Marx)의 지적 유산을 공유하면서 하나의 패러다임을 형성하고 있다. 1960년대 제3세계 국가들의 저발전문제에 있어서 기존 접근법인 근대화이론의 한계를 극복하는 과정에서 국제관계 분석에 도입되었으며, 이후 세계체제론, 그람시주의, 비판이론, 신마르크스주의 등으로 발전해오고 있다. 마르크스주의이론의 가장 큰 특징은 기존의 주류 패러다임이 국제정치, 군사, 안보이슈를 국제정치의 중심주제로 분석한 것과 달리, 경제이슈를 중심으로 분석한다는 점과 그 실천지향성에서 찾을 수 있다. 마르크스주의자들은 현재 '있는 것'에 대한 분석을 통해 '있어야 할 것'과 '없어져야 할 것'을 제시하려 한다. 이러한 실천성은 마르크스주의와 다른 이론을 구별해주는 핵심적인 기준이다. 주류 국제관계이론은 실천 그 자체를 고려하지 않거나 현상을 정당화하는 실천으로 스스로를 자리매김하는 반면, 마르크스주의자들에게 있어서 이론화 작업은 세계를 변혁하기 위한 의식적 실천과 동의어이다.

2 등장배경

1. 근대화이론 비판

마르크스주의는 1950년대와 1960년대의 제3세계 국가의 경제발전 측면에 대한 문제의식으로부터 출발하였다. 미국은 제3세계 국가들이 공산화되는 것을 우려하여 근대화이론을 적용한 제3세계 경제 발전 및 근대화 지원전략을 구사하였다. 근대화이론은 제3세계 저발전의 원인을 국가 내부에서 찾고, 사회정치적 개혁과 경제전략을 처방으로 제시하였다. 그러나 실제 제3세계 국가의 상황은 오히려 악화되었고, 이에 따라 중남미 학자들은 저발전에 대한 자유주의적 진단과 처방을 부인하고 새로운 이론을 통한 진단과 처방을 제시하였다. 그 결과 구조주의이론이 등장하게 되었다.

남북문제

남북문제란 주로 북반구의 선진공업국과 남반구의 개발도상국 사이의 국제적 빈부 격차로 인한 여러 가지 정치, 경제적 문제들을 의미하며, 1960년대 신생 독립 국가들의 대두를 배경으로 문제가 되기 시작하였다. 1960년대에는 선진국의 지원에 의한 후진국의 근대화에 관심이 모아져, 근대화이론을 근거로 선진국으로부터의 자본, 기술, 사상 도입을 통해 단기간에 근대사회로 탈바꿈하는 것을 목표로 하면서 중남미를 대상으로 한 '진보를 위한 동맹'이 이루어지는 한편 UN을 중심으로 남북문제에 관한 국제적 기구 설립을 위한 움직임이 나타나기도 하였다. 1964년 UN총회에 의해 유엔무역개발회의(UNCTAD)가 창설되어 보다 구조적인 문제의 개선을 위해 노력하였으며, 제1회 UNCTAD 준비회의에 참가한 개발도상국 77개국은 'G77'로 불리며 '남쪽'의 요구를 대변하는 조직이 되었다. 이후 개발도상국의 근대화과정에서 여러 부작용이 등장하자 선진국과의 불균등한 경제관계 그 자체에서 저개발의 구조적 원인을 찾는 종속이론이 대두하여 남북관계의 구조적 변화를 주장하는 목소리가 높아졌고, 개발도상국 그룹의 영향력은 UN을 무대로 1970년대에 절정에 달하여 1974년에는 종속이론을 바탕으로 개발도상국의 경제적 자립을 촉진하기 위해 선진국 주도의 국제경제체제(IMF-GATT체제)의 근본적 개혁을 목표로 하는 '신국제경제질서(NIEO)' 선언을 채택하기도 했다. 그러나 자원 내셔널리즘과 NIEO의 추진으로 세계경제 불황이 촉진되었으며, 중남미 국가들의 채무 누적문제, 동아시아 NIEs 대두에 따른 '남쪽' 내분의 분열, 환경과 난민 등 '남북문제'의 다양화로 인해 남북문제에 대한 대응은 크게 변화하게 되었고, 1990년대 이후에는 '지속 가능한 개발', '사회 개발', '인간 개발' 등의 개념이 제창되었으며, 최근에는 글로벌화의 진전으로 남북문제에 대한 국제적 대응방안이 다시 과제로 부상하고 있다.

2. 자유주의이론 비판

국제정치경제 차원에서 마르크스주의의 등장은 자유주의 관점에 대한 비판과 관련된다. 자유주의자들, 특히 상업적 자유주의자들은 국제무역 및 다국적기업의 해외투자가 활성화될수록 교역과 투자에 참여하는 모든 국가들의 복지가 함께 증진될 것으로 본다. 그러나 마르크스주의자들은 교역관계는 불평등교환관계를 내포하고 있어서 교역관계를 지속할수록 주변부의 부가 중심부로 이동하여 경제력의 격차가 확대된다고 보았다. 한편, 다국적기업 역시 선진국의 발전된 기술을 확산시키는 수단이라기보다는 주변부로부터 잉여를 이전시키는 수단이라고 비판하였다.

3 공통점

1. 총체적 접근

마르크스주의자들은 사회세계가 전체성(totality)으로 분석되어야 한다는 마르크스의 시각을 공유한다. 이들은 사회세계를 역사, 철학, 경제학, 정치학, 사회학, 국제관계 등 각각 다른 학문영역으로 구분하여 연구하는 것은 자의적이며 유익하지 않다고 본다. 오히려 다른 분야에 대한 지식 없이 이해될 수 있는 분야란 있을 수 없으며 사회세계는 완전한 하나(whole)로서 연구되어야 한다고 본다.

2. 계급론

마르크스주의는 사회체제 분석에 있어서 구성단위를 생산수단의 소유 여부를 중심으로 하는 계급으로 환원하여 분석한다. 따라서 자본주의 세계는 생산수단이 자본이며 이를 소유한 자본가 계급과 소유하지 못한 노동자 계급으로 구성되어 있다. 계급 간 관계는 지배와 착취의 갈등관계이며 이러한 모순으로부터 역사발전의 동력이 형성된다고 본다.

3. 유물론

유물론 또는 관념론은 역사 발전의 동력을 물질적 요인에서 찾는가 아니면 관념에서 찾는가의 차이를 개념화한 것이다. 마르크스주의는 베버의 관념론과 달리 물질적 요소가 역사발전의 원동력이라고 본다. 마르크스는 사회체제를 토대와 상부구조로 구분하고, 생산수단과 생산관계가 토대를 구성한다고 보았다. 마르크스는 토대를 이루고 있는 생산수단과 생산관계 사이의 긴장으로부터 역사 발전의 동력이 나타난다고 본다. 마르크스주의는 관념, 문화, 인식, 정체성 등 관념적 요소를 역사발전 또는 제도발전 및 변화의 원동력으로 보는 구성주의와 대비된다.

4. 실천지향성

마르크스는 "철학자는 세계를 다양한 방법으로 해석한다. 그러나 요점은 세계를 변화시키는 것이다."라고 말하며, 계급투쟁을 매개로 자본주의에서 사회주의를 거쳐 공산주의로 이행하는 인간해방을 기획하였다. 마르크스주의자들은 이러한 마르크스의 지적 기획을 받아들여 '비판, 계몽, 해방'의 기획을 공유한다. 즉, 사회구조의 모순을 밝혀내고, 모순을 타파하고 억압으로부터 해방될 수 있는 방법을 계몽적 사유로부터 발견해 내고자 한다. 마르크스주의자들이 모두 마르크스의 방법론을 수용하고 있는 것은 아니며, 각각 다른 해방의 기획을 고려하고 있다. 그러나 이들이 강력한 실천지향성을 가진다는 점은 공통적인 특징이다.

5. 실증주의(positivism) 비판

마르크스주의 국제관계이론은 미국적 국제관계학의 인식론인 실증주의를 비판하고 자신의 이론 내부에서 더 좋은 삶을 모색하는 규범적 차원을 설정한다. 실증주의는 자연과학의 방법론이 사회과학에도 도입될 수 있다고 주장하면서 객관적 세계의 분석에서 주체의 개입을 최소화하고자 한다. 즉, 사실과 가치를 분리한다. 그러나 마르크스주의는 사실과 가치를 분리하는 것은 불가능할 뿐 아니라 바람직하지도 않다고 본다. 마르크스주의자들도 현상에 대한 과학적 분석을 수행하나, 과학적 분석 그 자체가 목적은 아니다. 과학적 분석은 국제세계를 변혁하는 과정에서 필요한 계몽의 단계로 설정된다. 그 계몽을 위해 비판적 국제관계이론은 실증주의자와 달리 세계를 어떻게 잘 설명할 것인가라는 인식론적 문제 설정보다 세계의 실제 상태가 어떤가라는 존재론적 문제 설정을 기반으로 이론화를 시도한다.

4 마르크스주의와 자유주의의 비교

1. 공통점

마르크스주의와 자유주의는 ① 국가를 주요한 행위자로 보는 현실주의를 비판한다는 점, ② 정치변수보다는 경제변수의 영향력을 상대적으로 높게 평가한다는 점, ③ 국가보다는 시장을 보다 영향력 있는 변수로 본다는 점, ④ 정치이슈보다는 경제이슈, 즉 국제경제관계의 본질이나 복지문제를 중요시한다는 점에서 유사하다.

2. 차이점

(1) 자유주의는 선진국 간 상호관계에 초점을 두고 분석하나, 마르크스주의는 선진국과 후진국의 관계를 분석한다.

(2) 자유주의는 국가 간 관계를 상호의존으로 인식하나, 마르크스주의는 종속으로 개념화한다.

(3) 국가 간 경제적 관계가 활성화되는 경우 자유주의는 결과적으로 교역관계에 참여한 모든 국가가 이득을 볼 것으로 전제하나, 마르크스주의에서는 부등가교환관계 때문에 선진국이 후진국을 착취하게 된다고 본다. 즉, 마르크스주의는 국제교역관계를 제로섬게임(zero - sum game)으로 보나, 자유주의는 비제로섬게임(non zero - sum game)으로 본다.

5 비판

1. 규범편향성

마르크스주의는 과학으로서의 가치중립이 지켜지지 않고 남북관계의 본질적인 변화라는 규범적인 가치에 편향되어 있다. 즉, 제3세계의 저발전에 대한 근본원인을 천착하는 과학적 면모보다는 제3세계의 저발전 자체를 부각시키고, 그 원인을 외부로 돌림으로써 제3세계 국가들의 단결을 촉진하는 이데올로기적 성격을 강하게 지니고 있다는 것이다. 마르크스주의의 실천지향성이 규범편향성을 낳는다는 측면이 있다.

2. 실천적 한계

마르크스주의는 저발전의 문제, 헤게모니의 문제 등을 비판적으로 분석해 내는 장점이 있으나, 마르크스주의자들이 궁극적으로 지향하는 '해방'에 대한 전략을 제시하는 데에는 상대적으로 약한 면모를 보여주고 있다. 또한 제시되는 전략도 급진적인 성격을 띠기 때문에 구체적인 전략으로 제시되기가 어려운 측면도 있다. 예컨대, 신자유주의 이데올로기라는 패권적 지배에 대항하는 대항헤게모니의 형성이라는 전략은 비정부간국제기구 내부에서 나타나는 다양성과 이질성으로 인해서 한계가 있다.

3. 설명력의 한계

마르크스주의는 현실 국제관계현상을 설명함에 있어서도 다양한 한계를 보여주고 있다. 우선, 종속이론이나 세계체제론은 제3세계가 세계 자본주의 경제로부터 단절되어야만 발전을 할 수 있다고 보나, 스턴(Geoffrey Stern)은 중국의 경우 세계경제와 단절되어 있었던 대약진운동 시기나 문화대혁명 시기보다는 세계경제에 연결된 현재 인상적인 발전을 하고 있다고 본다. 또한 한국을 위시한 아시아의 신흥공업국가들(NICs), 중남미의 베네수엘라 및 브라질 그리고 중동의 석유가 풍부한 국가들과 같이 상대적으로 경제적 성공을 거둔 국가의 경우를 적절히 설명하지 못한다. 월러스타인(Wallerstein)은 이들을 반주변부의 개념으로 설명하고자 하나, 개념적으로 불분명할 뿐만 아니라, 이들의 성공을 분석하기 위해서는 국가 내부의 변수를 보다 중요하게 분석해야 한다.

4. 경제환원주의

국제정치경제론적 관점에서 보면, 마르크스주의는 경제변수 또는 시장변수를 독립변수로 상정하고 있다. 이는 마르크스(Marx)가 주장한 하부구조인 토대가 상부구조인 국가나 정치관계를 결정한다는 사회구성체론의 입장을 대부분의 마르크스주의자들이 수용하고 있기 때문이다. 마르크스주의자들은 이와 같이 국제관계에서 정치적이고 전략적인 동기를 무시하고 경제적인 동기를 지나치게 강조함으로써 국제관계 설명에 있어서 한계가 있다.

5. 구조결정론

마르크스주의는 전체론적 방법론을 선택할 뿐 아니라, 설명에 있어서도 결정론적 관점을 보여주고 있다. 예컨대, 행위자인 국가의 의지와 무관하게 일국이 세계자본주의 경제체제에서 중심부인가 주변부인가에 따라 경제적 결과가 결정된다. 또한 생산력과 생산관계로 이루어진 하부구조가 정치나 문화, 이데올로기 등 상부구조를 결정하고, 상부구조는 자율성이 없거나 약한 것으로 본다. 이러한 접근은 행위자의 자율성을 지나치게 경시한다는 점에서 극단적 관점으로 볼 수 있다.

6 적용

1. 국제기구

마르크스주의자들은 일반적으로 국제기구를 포함한 국제제도를 선진자본주의 국가들의 지배를 위한 수단으로 간주한다. 즉, 국제기구들은 후진국들을 자본주의적 또는 미국이 지배하고 있는 질서로 끌어들이는 도구라고 본다. 이러한 견해는 자유주의자들이 국제제도를 공동의 이익을 추구하기 위한 수단으로 보는 것과 차이가 있다. 또한, 자본주의질서를 공유하는 경우 공동의 이익을 창출할 것이라고 보는 것과도 다른 전제를 내포하고 있다.

2. 세계경제

마르크스주의는 세계경제가 근본적으로 갈등적이고 착취적이라고 본다. 이러한 속성은 세계체제의 구조적인 특성으로부터 기인한다. 세계경제에서 가장 중요한 행위자는 계급이며, 경제적 관계는 계급의 이익을 반영하는 방향으로 구조지어진다. 한편, 개인과 집단 및 국가에 있어서 부와 경제 성장은 세계 자본주의구조 내에서 그들의 위치에 의해 결정된다.

3. 다국적기업

마르크스주의 입장에서 볼 때, 다국적기업의 해외확장은 현대 자본주의에서 기인하는 불가피한 결과이다. 하이머(Stephen Hymer)는 기업이 독자적인 상품, 경영지식, 기술 및 관리기술의 통제, 자본에의 접근 등과 같은 요인들을 통해 그들이 지니고 있는 독점력을 이용하기 위해 해외로 나간다고 본다. 한편, 다국적기업은 유치국(host country)에 부정적인 영향을 준다고 본다. 즉, 다국적기업은 유치국의 자본을 흡수하면서도 고용창출이나 기술이전에는 인색하여 유치국의 경제성장에 실질적인 도움을 주지 못한다. 또한, 다국적기업이 본국에서 부품을 가져다 유치국의 저임금 노동력을 이용하여 조립생산하는 경우 유치국의 토착산업 발달이 지연되고 종속을 심화시킬 수 있다고 본다.

4. 세계화

(1) 세계화의 동인

마르크스주의는 세계화를 본질적으로 자본주의의 내적 논리, 즉 축적과 잉여가 추동하는 것으로 바라보는 동시에 위기에 봉착한 서구자본이 이윤율의 저하를 극복하기 위해 경쟁을 우상시하고 복지형평을 거절하면서 시장의 원리라는 정글의 법칙을 세계에 퍼뜨리는 것이 세계화라고 본다. 즉, 오랜 기간 동안 팽창을 구가하던 세계 자본주의가 불황에 봉착하자 이에 대한 타개책으로 등장한 것이 세계화라는 것이다.

(2) 세계화의 영향

마르크스주의는 세계화의 부정적 측면을 강조한다. 예컨대, 칼 폴라니(Karl Polanyi)는 그의 저서 『대변혁(The Great Transformation)』에서 세계화의 부정적 측면을 논의하고 있다. 폴라니는 세계화가 시장의 효율성만 강조한 결과 노동자 계급의 이익을 고려하지 않고 자본가 계급의 이익만 강조하여 부의 양극화를 초래하였다고 본다. 무한경쟁의 논리는 국가에 의해 보호받던 사회적 약자가 더욱 소외되고 방치되어 국내정치의 불안정과 전체주의 국가의 등장을 초래할 수 있다고 본다. 이로 인해 국제관계 역시 불안정해 질 수 있다고 주장한다. 폴라니는 자본을 '악마의 맷돌(satanic mill)'에 비유하면서 금융의 세계화는 개별 국가의 정책 자율성에 위협을 가하여 건전한 정책 운영이 어려워지게 만들고 이로 인해 다양한 문제점을 유발한다고 본다.

5. 통합

마르크스주의는 통합을 자본주의 발전의 새로운 단계의 산물로서 인식하며 이러한 자본주의의 새로운 단계는 국가경제의 상호의존과 다국적기업의 지배 등에 의해 특징지어진다. 구조주의 접근에 있어 통합현상은 '자본의 국제화'에 그 뿌리를 두고 있으며 자본가 집단의 이익을 획득하기 위한 수단으로서 '자본가 집단의 카르텔'로 인식된다.

6. 냉전

냉전의 원인에 대한 마르크스주의입장은 경제적 결정주의(economic determinism)에 입각한 수정주의(revisionist)적인 견해이다. 콜코(Gabriel Kolko)나 가드너(Lloyd Gardner)와 같은 수정주의자들은 냉전의 기원을 소련의 무제한적 팽창주의적 성향에서 찾는 전통적 견해를 반박하고, 자본주의 미국의 정책정향이 냉전을 초래하였다고 본다. 이들은 미국을 해외시장을 적극적으로 추구하는 본질적으로 팽창주의적인 자본주의사회로 전제하고, 동유럽지역에서 시장의 상실을 우려한 미국이 소련의 동유럽 국경에 대한 정당한 우려를 무시하고 위협함으로써 냉전이 발발하였다고 본다. 소련의 외교정책은 미국의 포위와 반공주의 움직임에 대한 방어적 대응이었다고 본다. 요컨대, 수정주의자들은 미국의 자본주의적 충동이 없었다면 냉전이 발발하지 않았다고 본다.

제2절 | 종속이론

1 의의

종속이론은 제3세계 특히 남미의 저발전문제를 다루기 위해 제시된 이론이다. 종속이론은 발전이론이나 근대화이론의 가설과 달리 근대화이론에 따른 처방이 오히려 남미의 저발전문제를 심화시키는 현상을 목도하고 그 근본원인을 진단함으로써 제3세계의 실질적 성장을 이루어낼 수 있는 전략을 만들어 내고자 한다. 종속이론은 저발전론(theories of under-development)의 분파이며 저발전론에는 종속이론, 제국주의론, 불평등발전론, 세계체제론 등이 포함된다. 종속이론의 가정과 명제는 대부분 세계체제론에 포함되어 수정·보완되었으므로 마르크스주의 내부에서 독자적 지위를 가지기 어려우나 마르크스주의이론 발달사에 있어서 상당히 의미있는 역할을 하였으므로 음미해 볼 필요가 있을 것이다.

2 등장배경

1. 라틴아메리카의 정치·경제적 위기

냉전체제하에서 제3세계에 대한 미국의 협력과 원조에도 불구하고 1960년대 이르러 라틴아메리카 국가들의 정치·경제적 위기는 최고조에 달하였다. 이러한 저발전과 정치적 악순환의 요인을 미국의 원조에서 찾는 비판론이 제기되었다.

2. 근대화이론에 대한 비판

근대화이론은 제3세계 저발전의 요인을 제3세계 내부에서 찾는 이론으로서 확산이론이라고도 한다. 근대화이론에 따르면 제3세계가 저발전한 이유가 제3세계 국가들의 전근대성이므로 제3세계가 선진국들의 발전전략을 모방하여 근대적 개혁을 추구함으로써 저발전을 탈피할 수 있다고 주장하였다. 이에 대해 종속이론가들은 이러한 발전전략이 오히려 저발전을 심화시키고 제3세계 국가경제를 선진자본주의 국가경제에 예속시키는 결과를 초래하였다고 비판하였다.

3. 제3세계의 민족주의운동

쿠바혁명으로 상징되는 1960년대 중남미지역에 있어서의 민족해방운동이 폭발적으로 고조되자 남미 학자들이 이러한 민족적 자각에 부응하여 자국의 자주적 발전전략을 모색하기 시작하였다.

4. 수입대체공업화전략의 실패

프레비시(Prebisch)가 주도한 유엔라틴아메리카경제위원회(UNECLA)는 라틴아메리카 국가의 발전전략으로 수입대체산업의 육성을 중심으로 한 대내지향적 경제발전전략을 제시하였으나, 결과적으로 경제적 자립성은 개선되지 못하고 국내 소득분배의 불공평성은 더욱 커지게 되었다.

3 주요 종속이론가

1. 프레비시(Raul Prebisch)

UN남미경제위원회(UNECLA)의 사무총장을 역임한 아르헨티나의 경제학자 프레비시는 중심부-주변부 개념을 최초로 사용하여 주변부 국가의 종속과 저발전문제를 진단하였다. 그는 저발전문제를 해결하기 위해서는 주변부 국가가 수입대체산업화를 추진해야 하고 중심부와 주변부 간 무역수지를 개선해야 한다고 주장하였다.

2. 선켈(Osvaldo Sunkel)

칠레의 경제학자 선켈은 저발전과 발전은 자본주의체제의 역사적 진행과정에서 양립성을 보이는 동시적 과정이라고 인식하였다. 그는 다국적기업이 주변국 경제에 철저히 침투하는 현상과 주변국들이 고도의 자본집약적 기술을 도입하고 소비중심의 자본주의를 조장함으로써 발생하는 위기에 관심을 가졌다. 선켈은 지배와 종속의 극복을 위해서는 농업구조의 개혁, 산업구조의 재편 등을 추구해야 한다고 주장하였다.

3. 푸르타도(Celso Furtado)

브라질의 경제학자 푸르타도는 포르투갈의 산업주의가 설탕산업과 노예무역을 이용하여 브라질에 미친 영향을 규명하였다. 주변적 자본주의는 수입대체산업과 산업화를 통하여 변질된 새로운 소비패턴이 지배함으로써 형성된 것으로서 자체적인 개혁이 불가능하며 외부의 결정에 크게 영향을 받는다. 이를 외적 종속이라고 하며 주변부 국가의 저발전을 지속시키는 요인으로 보았다.

4. 프랑크(Andre G. Frank)

프랑크는 남미지역의 저발전이유는 중심부와 주변부가 착취의 사슬로 묶여 있어서 중심부가 그들의 발전을 위해 필요한 자원을 주변부에서 가져가기 때문이라고 보았다. 이러한 상황은 절망적이어서 어떠한 경제전략도 작동할 수 없을 것으로 보고, 발전이란 오로지 '사회주의혁명'과 '선진세계와의 단절'을 통해 지배와 종속의 세계적 구조에서 벗어날 때만 가능하다고 보았다.

5. 카르도소(Ferdinando H. Cardoso)

브라질 출신의 카르도소는 자본주의가 항상 주변부의 저발전을 촉진한다는 주장에 이의를 제기하면서 종속적 상황하에서도 자본주의적 발전이 가능하다고 보았다. 카르도소는 종속이 발전과 저발전을 결정하는 절대적 요소는 아니라고 보았다. 외국자본가, 국가, 국내 자본가의 삼자연합(Triple Alliance)이 형성되면 제한적이나마 산업화를 이룰 수 있다고 하였다. 특히 브라질과 같은 중간 규모 개발국에서는 수입대체산업화와 외국 자본 도입을 병행함으로써 산업기반을 구축할 수 있다고 주장했다. 또한 종속적 구조하에서도 국가가 능동적으로 개입하고 조정자 역할을 할 경우 내부 자본 축적과 기술발전을 추진할 수 있다고 하였다.

6. 산토스(Theotonio Dos Santos)

산토스는 종속을 단순한 경제적 예속이 아닌 정치적·사회적·문화적 구조까지 포괄하는 개념으로 확장했다. 그는 세계 자본주의 체제가 중심국과 주변국 사이의 불균형한 관계를 구조화하며, 이를 통해 주변국의 발전 가능성을 제한한다고 보았다. 주변국은 중심국에 종속된 상태에서 자체적인 자율적 발전 경로를 선택할 수 없게 되며, 외부 자본과 기술, 시장에 대한 의존이 심화된다고 진단했다. 이러한 종속은 단지 후진성의 결과가 아니라, 자본주의 발전 과정에서 의도적으로 형성된 것이라고 보았다. 산토스는 종속의 형태를 식민지적 종속, 금융·상업적 종속, 산업적 종속의 세 단계로 구분하며, 현대의 산업적 종속이 더욱 은밀하고 복잡하게 작동한다고 분석했다. 그는 국가가 종속 구조를 극복하려면 자본주의 세계체제와의 근본적 단절이 필요하다고 보았으며, 이를 위해 사회주의적 대안 모색이 필요하다고 주장했다. 또한 종속을 해소하기 위해서는 단순한 경제 정책이나 산업화 전략만으로는 부족하며, 체제 전환을 포함한 근본적 구조 개혁이 요구된다고 강조했다.

7. 아민(Samir Amin)

아민은 세계 자본주의 체제가 구조적으로 불균형하고, 중심부와 주변부 간의 착취 관계를 통해 작동한다고 보았다. 그는 이러한 체제를 "불균형적 세계 발전(unbalanced global development)"이라고 개념화했다. 중심부는 고도기술과 금융 자본을 통해 이윤을 축적하는 반면, 주변부는 저부가가치 생산에 고정되어 착취당한다고 진단했다. 아민은 특히 주변부 국가들이 중심부와의 무역 및 자본 관계를 통해 종속되며, 스스로 자립적 발전 경로를 선택하기 어렵다고 보았다. 그는 이러한 종속 구조에서 벗어나기 위해 "자립적 발전(delinking)"이라는 개념을 제시했다. 이는 단순히 고립주의를 의미하는 것이 아니라, 중심부 자본과의 관계를 전략적으로 조절하면서 자국의 정치적·경제적 주권을 강화하는 것을 뜻한다. 그는 자립적 발전이 가능하려면 생산수단에 대한 통제, 국가 주도의 산업화, 식량 자급, 교육·보건 같은 기본적 서비스의 보장 등이 필요하다고 보았다. 아민은 이러한 구조 변화를 위해 사회주의적 방향의 체제 전환이 불가피하다고 주장했다. 그는 궁극적으로 자본주의 세계체제의 재편 혹은 탈피 없이는 주변부의 진정한 발전은 불가능하다고 보았다.

4 그람시주의

1. 서설

그람시주의는 안토니오 그람시(Antonio Gramsci)의 논의를 국제관계 분석에 도입한 이론이다. 그람시주의자인 로버트 콕스(Robert Cox)는 국제관계에서 지배적인 이념이 어떻게 강대국의 지배체제를 확대 재생산해 내는지를 비판하고, 해방된 국제질서를 형성하기 위한 전략을 제시하고자 하였다.

2. 안토니오 그람시(Antonio Gramsci)

(1) 문제의식

이탈리아 공산당의 창립멤버로서 무솔리니에 의해 투옥되어 감옥에서 여생을 보낸 그람시는 자본주의가 최고도로 발달한 유럽에서는 혁명이 발생하지 않고, 오히려 상대적으로 후진적인 러시아에서 혁명이 발생한 원인에 대해 탐구하였다. 그는 역사적 블록(historic bloc)에 의해 확대 재생산되고 있는 '헤게모니(hegemony)'를 그 원인으로 보았고, 상부구조에서 작동하는 대항헤게모니(counter-hegemony)와 이를 유포할 수 있는 대항적 역사적 블록(historic bloc)이 형성되어야 한다고 주장하였다.

(2) 헤게모니

그람시는 마키아벨리(Machiavelli)의 권력 개념을 도입하여 권력을 강제와 동의의 혼합체로 본다. 기존의 마르크스주의자들은 국가가 강제력을 동원하여 노동자 계급의 혁명을 억압하고 있는 것으로 분석한 반면, 그람시는 발전된 서방 국가의 경우 체제는 강제력에 의해서뿐만 아니라 철저한 동의에 의해서도 유지된다고 보았으며, 이러한 동의에 기초한 권력을 '헤게모니'라고 불렀다.

헤게모니는 어떤 계급이 스스로의 직접적인 이해관계를 넘어 일정한 범위 내에서 종속된 계급들의 욕구를 충족시키고 그 토대 위에서 지적이고 도덕적인 통일을 이루어 낼 수 있는 능력을 말한다. 노동자 계급들은 지배계급의 이데올로기를 스스로 내면화함으로써 지배 계급의 지배, 즉 헤게모니를 받아들이고, 이에 따라 혁명의 동력을 상실하게 된다고 보았다. 이러한 동의에 기초한 지배를 가능하게 하는 것은 시민사회의 제도들로 예컨대, 미디어, 교육체제, 교회, 자발적 기구 등이 이에 포함된다.

(3) 역사적 블록(historic bloc)

그람시는 지배 계급의 지배를 영속화시켜주는 제도로서 역사적 블록이라는 개념을 제시하였다. 역사적 블록은 지배구조를 재생산하는 사회세력 또는 계급의 연합을 말한다. 역사적 블록은 지배이념을 피지배 계급이 내면화하도록 하여 혁명의 동력을 소멸시킴으로써 지배 계급의 지배를 영속화시키는 역할을 한다.

(4) 대항헤게모니

동의에 기초한 지배로 인해서 혁명의 동학을 상실한 노동자 계급이 다시 혁명의 주도세력으로 활성화되기 위해서는 대항헤게모니 및 대항적 역사적 블록을 형성해야 한다. 노동자 계급이 헤게모니를 획득하기 위해서는 지배 계급에 의해 지도되는 것이 아니라 스스로를 지도하는 능력을 학습해야 한다. 그람시는 한편으로 처음에 종속적이던 계급이 경제영역에서부터 시작해 정치영역, 문화영역에 이르기까지 사회의 전 영역에 걸쳐 헤게모니능력을 획득해 나가야 한다는 구상을 제시하였다.

3. 로버트 콕스(Robert Cox)

(1) 문제해결이론(problem-solving theory)과 비판이론(critical theory)

콕스는 국제관계이론을 문제해결이론과 비판이론으로 구분하고 주류의 국제관계이론을 기존의 지배적 질서를 주어진 것으로 간주하여 특정 문제의 해결에 집중하는 문제해결이론으로 평가한다. 문제해결이론은 현존하는 국제질서가 고정불변이라고 간주하고 사회현상을 분석하고 있으나, 사실은 특정 목적과 특정한 국가 또는 집단의 이해를 위해 그러한 가정을 하는 것으로 본다. 비판이론은 기존의 이론이 국제질서의 변화를 막고 현존 체제를 유지하도록 하는 메커니즘 또는 그러한 역할을 하고 있음을 폭로하고, 새로운 대안질서 형성을 위한 가능성을 열어주는 역할을 한다. 콕스는 그람시(Antonio Gramsci)의 접근법을 국제관계에 도입하여 강대국 또는 강대국의 지배계급의 국제질서 지배를 가능하게 해 주는 패권적 이념이 무엇인지 밝혀내고, 대항헤게모니 형성에 대해 강조한다.

(2) 국제체제에서의 헤게모니

콕스는 국제체제에서도 동의에 기초한 패권적 지배를 강대국 또는 패권국이 구사해 왔다고 본다. 역사적으로 등장하였던 국제체제의 지배적 세력들은 그들의 이익에 맞도록 세계질서를 형성해 왔으며, 그 과정에서 강제력을 사용했을 뿐만 아니라, 기존 질서에 의해 불이익을 당하는 이들로부터도 그러한 질서에 대한 광범위한 동의를 끌어냈다고 본다. 콕스는 영국과 미국의 패권은 '자유무역'이라는 관념이 피지배국들의 자발적 동의를 이끌어내기 위한 이데올로기로서 사용되었다고 분석하였다. 실제로 자유무역이 주변국들에게도 혜택을 주는지 명확하지는 않으나, 초국가적 역사적 블록은 그러한 관념을 지속적으로 확대 재생산시키는 역할을 하였다. 현재 패권국인 미국 역시 '신자유주의' 이데올로기를 전세계적으로 확산시킴으로써 국가들의 자발적 동의에 기초한 패권적 지배를 강화해 나가고 있다.

(3) 대항헤게모니

지배 계급의 헤게모니 지배로부터 벗어나 지배권을 탈환하기 위해서는 대항헤게모니 및 이를 지원해 줄 수 있는 초국가적 역사적 블록의 형성이 긴요하다. 콕스는 지구화의 심화와 더불어 자본의 권력이 확장되고 심화되는 과정에서 민주적 집합행동을 위한 정치적 행위자로 등장하고 있는 지구적 사회운동의 실천을 통한 세계질서의 변혁을 전망하고 있다.

로버트 콕스(Robert William Cox, 1926년 ~)

캐나다의 퀘벡 주에서 영국계 양친 사이에 태어나 몬트리올에서 자랐다. 제2차 세계대전 후부터 25년간 국제노동기구(ILO)에서 근무한 뒤 컬럼비아대학을 거쳐 토론토의 요크대학 교수와 명예교수가 되었다. 이탈리아 공산당의 이론적 지도자였던 그람시의 헤게모니론을 국제관계에 응용하여 국제관계에 존재하는 구조적 모순을 지적하였다. 1981년에 밀레니엄(*Millennium: Journal of International Studies*)지에 발표한 논문 「Social Forces, States and World Orders: Beyond International Relations Theory」(Vol. 10, No. 2, 1981)에서 당시 미국에서 지배적인 패러다임이 되고 있던 네오리얼리즘의 실증주의적이고 정태적인 어프로치의 불충분함을 지적하면서 세계질서의 역사적·구조적 변동을 분석할 필요성을 호소하였다. 주저인 『Production, Power and World Order: Social Forces in the Making of History』(1987)에서는 경제인류학자 칼 폴라니(Polanyi)를 참고하면서 자본주의적 세계 경제의 전개에 대해 국가의 제도나 정책이 대응하는 과정을 '국가의 국제화'라고 부르면서 분석대상의 중심에 놓았다. 콕스의 주장은 글로벌화(globalization)라는 이름으로 주목을 받게 된 현상을 예측하고, 또한 가치중립적인 사회과학의 존재를 부정하는 '비판이론'의 시각을 제시하였다는 점에서 냉전 종결 이후 주목을 받았다. 싱클레어(Timothy J. Sinclair)와의 공저 『Approaches to World Order』(1996)에는 자신의 주요논문과 저작목록이 수록되어 있다.

제3절 | 비판이론

1 의의

비판이론은 1920년대 및 1930년대 구성된 프랑크푸르트학파에 의해서 형성된 패러다임이다. 이들의 문제의식은 그람시주의와 상당 부분 중첩된다. 비판이론이나 그람시주의의 기본적인 문제의식은 마르크스(Marx)의 예언과 달리 자본주의가 최고도로 발달된 유럽에서 혁명에 의한 해방적 변화가 좌절된 원인이 무엇인지 밝혀내는 것이었다. 다만, 이들이 국제관계에 도입되면서 그람시주의는 국제정치경제 분야를 주로 분석한 반면, 비판이론은 국제사회와 안보이슈 분석에 도입되었다는 차이가 있다.

2 프랑크푸르트학파

막스 호르크하이머(Max Horkheimer), 테오도르 아도르노(Theodor Adorno), 허버트 마르쿠제(Herbert Marcuse) 및 위르겐 하버마스(Jurgen Habermas)를 중심으로 형성되고 발전된 프랑크푸르트학파는 몇 가지 특징을 가지고 있다.

1. 상부구조 분석

프랑크푸르트학파는 토대보다는 상부구조 분석에 집중하여 기존의 마르크스주의자들과 차별성을 보여주었다. 이들은 문화, 관료제, 권위주의, 가족구조에 대해 분석하였으며, 특히 미디어의 역할과 문화산업에 대해 분석하였다. 이들이 상부구조를 분석한 이유는 혁명동력의 상실이 문화산업 등 상부구조에 있다고 보았기 때문이다.

2. 혁명의 동력상실이유

보다 구체적으로 노동자 계급이 혁명의 동력을 상실한 이유를 보면, 대중문화의 등장으로 노동자 계급이 체제에 흡수되었기 때문이다. 현대사회에서 프롤레타리아는 마르크스(Marx)가 믿었던 해방적 변화의 잠재력을 상실하고 더 이상 체제에 대한 위협을 대표하지 못한다.

3. 해방

비판이론가들은 해방의 의미에 대한 탐구를 통해 많은 기여를 하였다. 우선, 제1세대 비판이론가들은 해방을 '자연과의 화해'라는 관점에서 이해하였다. 호르크하이머(Horkheimer), 아도르노(Adorno), 마르쿠제(Marcuse)는 인류의 자연에 대한 지배가 강화됨으로써 지배의 비용이 가중되었고, 자연에 대한 지배는 쉽사리 다른 인류에 대한 지배로 확대되었다. 따라서 자연과의 화해를 통해 인류는 해방될 수 있다는 것이다. 또한, 하버마스(Habermas)는 해방과정에서 커뮤니케이션과 대화의 중요성을 강조하였다. 해방의 잠재력을 사회의 경제적 토대, 즉 생산의 영역에 두었던 고전적 마르크스주의와 달리 하버마스는 더 나은 사회에 대한 약속이 커뮤니케이션의 영역에 놓여 있다고 주장하였다.

3 링클레이터(Andrew Linklater)

링클레이터는 하버마스(Habermas)의 이론을 국제관계에 도입하여 국제관계영역에서의 해방은 '정치공동체의 도덕적 경계의 확장'을 통해 달성될 수 있다고 보았다. 즉, 그는 해방을 주권국가의 경계가 윤리적이며 도덕적인 중요성을 상실하는 과정과 같은 것으로 파악하였다. 1648년 이래 형성된 국경은 일종의 윤리적 경계로 작동하여 국민들의 책임감과 의무감의 외연적 한계를 설정해 주었다. 국민들의 상호에 대한 책임감과 의무감은 국경을 넘어서면 매우 약화된다. 따라서 일국의 국민과 타국의 국민이 상호 소통함으로써 해방되기 위해서는 국가의 경계를 허물어야 하는 것이다. 이러한 관점에서 링클레이터는 유럽연합의 발전을 현대 세계정치에서 진보적이고 해방적인 경향을 대표하는 것으로 본다.

제4절 | 신마르크스주의

1 의의

신마르크스주의(마르크스적 국제관계이론)는 기존의 네오마르크스주의자들을 비판하고 마르크스의 입장을 보다 충실하게 따르면서 국제관계를 조망하고자 하는 입장이다. 즉, 신마르크스주의자들은 마르크스사상의 근본적인 입장으로 돌아가서 후속 세대들이 등한시하였거나 잘못 원용한 사상들을 비판적으로 재검토하고 현실 국제관계에 대한 정통 마르크스주의적 관점을 보여주고자 하였다. 빌 워런(Bill Warren)과 저스틴 로젠버그(Justin Rosenberg)가 대표적인 신마르크스주의의 이론가이다.

2 빌 워런(Bill Warren)

1. 의의

빌 워런은 마르크스(Marx)가 자본주의에 대해 긍정적 평가도 하였다는 사실을 주목하고, 레닌의 제국주의론, 종속이론 및 세계체제론을 비판하였다. 마르크스(Marx)는 '공산당선언'에서 자본주의를 인류 발전에 필요한 단계로 간주하였다. 자본주의는 사회적 생산능력의 발전을 통해서 해방된 사회가 수립될 수 있는 경제적 기초를 마련하며, 그러한 변화에 필요한 촉매제인 계급투쟁을 가속화시킨다. 따라서 마르크스는 식민세력에 의해 식민지에 자본주의를 도입하는 것은 긍정적인 발전으로 여겨야 한다고 주장하였다.

2. 레닌(Lenin)의 제국주의론 비판

레닌은 제국주의를 자본주의의 고도화된 단계이자 최종단계로 보았다. 제국주의의 단계에서 자본주의는 진보적인 기능의 수행을 멈춘다. 즉, 제국주의는 제3세계에서 자본주의 발전의 토대를 훼손하였을 뿐 아니라 식민지로부터 착취한 잉여를 통해 제국주의 국가에서 노동자 계급의 혁명의 동력을 소멸시켰기 때문이다. 빌 워런은 레닌의 제국주의이론은 이론적으로나 경험적으로 오류라고 비판하였다. 그는 마르크스(Marx)가 주장한 바와 같이 자본주의는 생산수단을 빠르게 발전시키고, 미래의 사회주의로 이행하기 위해 도시노동자 계급의 출현을 촉진시킴으로써 주변부에서 그 역사적 역할을 완수하였다고 주장한다. 따라서 제국주의는 자본주의의 고도화된 단계라기보다는 '자본주의의 선구자'라고 보아야 한다고 주장한다.

3. 종속이론 및 세계체제론 비판

종속이론이나 세계체제론은 국가들이 자본주의 세계체제에 포함되면 주변부 국가들은 저발전의 발전을 지속함으로써 저발전으로부터 이탈하는 것이 어렵다고 본다. 즉, 자본주의의 부정적 측면을 강조하는 것이다. 이에 대해 워런은 전세계적으로 자본주의의 도입은 많은 비용을 치룬 것은 사실이나, 반드시 저발전의 발전으로 이어진 것만은 아니라고 주장한다. 자본주의적 발전이 생산력을 증대시키고 생활수준의 향상에 기여함으로써 사회주의로의 이행을 개척하는 자본주의의 역사적 임무를 다하고 있는 사실을 과소평가할 필요는 없다고 본다.

3 저스틴 로젠버그(Justin Rosenberg)

1. 의의

로젠버그 역시 마르크스사상의 충실한 해석을 통해 국제체제의 속성과 국제체제가 변화하는 사회적 관계를 어떻게 반영하여 변화하는지를 설명하는 데 초점을 둔다. 이러한 논의를 통해 현실주의가 주장하는 보편적 체제로서의 주권국가체제, 주권의 개념 및 아나키의 개념 등을 비판하고 있다.

2. 현실주의 비판

로젠버그는 현실주의 국제관계에 대한 비판에 초점을 맞추고 있다. 그는 현실주의의 몰역사적이고 초시간적인 국제관계에 대한 설명을 거부한다. 그는 그리스와 이탈리아 도시국가 간 국제관계의 특성에서 나타나는 차이를 분석함으로써 국제관계는 역사 발전단계에 따라 다르게 나타난다고 주장하였다. 이러한 현실주의 비판에 기초하여, 로젠버그는 국제관계를 사회관계의 한 유형으로 파악하고, 사회관계가 생산관계의 특성에 영향을 받듯이 국제관계 역시 생산관계의 특성을 반영한다고 주장한다. 따라서 만약 특정한 시기에 국제관계의 작동방식을 이해하기 위해서는 특정 시기의 생산양식이나 생산관계에 대한 검토가 선행되어야 한다고 본다.

3. 주권 및 무정부 개념의 재해석

로젠버그는 현실주의의 핵심개념인 주권과 무정부라는 개념이 마르크스주의 관점에서 재해석될 수 있다고 본다. 그는 주권과 무정부는 자본주의시대의 특징을 반영한다고 본다. 주권은 자본주의하의 생산과정에서 국가가 순수한 정치적 역할을 가지고 분리되는 방식을 반영한다. 한편, 무정부에 대해서도 마르크스의 자본주의 관점에서 해석될 수 있다고 본다. 마르크스(Marx)는 자본주의 생산양식의 특징이 아나키이며 국제체제의 아나키상태 역시 이러한 자본주의적 사회관계를 반영하고 있는 것이다. 따라서 주권이나 무정부상태의 개념은 보편적 개념이라기보다는 자본주의 사회에서 역사적으로 대두되는 개념인 것이다.

제5절 | 세계체제론(World System Theory)

1 의의

월러스타인(Immanuel Wallerstein)의 세계체제론은 1960년대 전 세계적으로 사회과학을 지배하였던 발전론 및 근대화이론에 대한 비판으로서 1970년대에 등장하였다. 세계체제론은 국제정치 분석에 있어서 새로운 분석단위로서 세계체제를 제시함으로써 기존의 국가중심적 접근과 차별성을 보여주었을 뿐만 아니라, 발전·저발전문제에 대해 근대화이론뿐 아니라 종속이론을 뛰어넘는 분석을 제시함으로써 상당한 반향을 일으켰다. 월러스타인은 기본적으로 마르크스의 역사적·구조적 접근을 수용하고 있으나, 자본주의에 대해서는 유통주의적 관점을 취하고, 주변부에서의 자본주의 발전을 비판적으로 바라보는 점에서 마르크스와 구별된다. 따라서 마르크스주의진영에서 월러스타인의 세계체제론은 네오마르크스주의로 분류된다. 세계체제론 역시 다른 마르크스주의와 마찬가지로 급진적·사회변혁적 대안을 제시함으로써 실천적 측면에서 한계가 있는 것이 사실이다. 그러나 세계화로 전세계적으로 자본주의 경제시스템이 자리잡아가고 있고, 남북 간 빈부격차의 문제가 심화되어 가는 현 국제정세에서 그 원인을 분석하는 이론적 틀로서 중요한 의의가 있다.

2 등장배경

1. 이론적 배경

(1) 근대화이론

월러스타인(Wallerstein)의 세계체제론은 종속이론과 같이 발전·저발전문제에 대한 근대화이론의 진단과 처방에 반발하면서 등장하였다. 근대화이론은 제3세계 국가들의 저발전을 개별 국가의 국내적 요인으로 설명하고, 서구 자본주의 국가의 모델을 좇아 발전전략을 구사함으로써 저발전문제를 해결할 수 있다고 보았다. 즉, 대상국가의 자본 부족, 교육문제, 정치제도문제 등이 저발전의 원인이라고 간주하여 수출진흥전략, 자본 도입 등을 통해 빈곤문제를 극복할 수 있을 뿐 아니라, 서구 자본주의 국가가 거쳤던 단계를 밟아가면서 서구 자본주의의 정치, 경제, 문화 수준으로 수렴될 것으로 보았다. 그러나 월러스타인은 이를 비판하고, 보다 거시적인 세계 자본주의체제 내에서 개별 국가의 위치가 빈곤의 원인이라는 분석을 제시하였다.

(2) 제국주의론

월러스타인(Wallerstein)의 이론은 레닌(Lenin)의 제국주의이론의 지적 자산을 공유하고 있다. 먼저, 레닌은 제국주의 분석에 있어서 독점자본주의, 중심 - 주변 등의 개념을 도입하였으며 자본주의가 독점자본주의로 발전된 단계에서 제국주의전략이 구사되는 것으로 보았다. 즉, 독점자본주의하에서 세계경제 안에서 미발전된 주변을 착취하는 지배적인 중심국이 존재하는 이층구조가 발전된다. 중심과 주변의 발전으로 모든 노동자들 간의 자동적인 이익의 조화가 소멸되었다. 한편, 중심국가의 부르주아는 다수의 중심부 프롤레타리아들을 개선시키기 위해서 주변에 대한 착취로부터 발생한 이윤을 이용할 수 있다. 레닌의 제국주의로부터 월러스타인은 두 가지 영감을 얻었다. 첫째는 국내외 정치가 모두 자본주의 세계경제 틀 안에서 발생한다는 것이고, 둘째는 국가만이 세계정치에서 유일하고 중요한 행위자가 아니며 사회계급도 매우 중요하다는 것이다.

(3) 종속이론

월러스타인(Wallerstein)은 종속이론의 중심 - 주변분석을 수용하는 한편, 종속이론을 비판하며 세계체제론을 제시하였다. 종속이론과 세계체제론의 차이는 다음과 같다.

① 종속이론이 주변부의 저발전문제에 주목하는 것과 달리, 세계체제론은 그 밖에 세계 모든 지역의 경제·정치·사회적 저발전을 함께 이해하려고 한다.
② 분석단위에 있어서 종속이론은 국가를 단위로 하나, 세계체제론은 자본주의 세계체제를 분석단위로 한다.
③ 세계체제론은 중심부 및 주변부 이외에 반주변부를 추가하고 있다.

2. 현실적 배경

세계체제론은 1970년대 나타난 세계정치의 현상을 배경으로 이를 설명하기 위해 제시된 측면도 있다. 한국, 대만, 홍콩 등 신흥공업국가들의 경제 발전은 주변부 구조적 저발전을 주장하는 종속이론으로 설명이 어려웠다. 또한, 미국의 베트남전쟁 패배, 1970년대의 석유 위기 등의 상황은 세계경제에 있어서 미국의 패권적 지위 쇠퇴라는 미국 자본주의 위기를 보여주었다.

3 분석단위

1. 의의

월러스타인(Wallerstein)은 국가나 사회 또는 계급을 분석단위로 삼는 것을 거부하고, 체제를 분석단위로 제시하였다. 역사상 체제는 소규모체제, 세계제국 및 세계경제가 존재하였다고 볼 수 있는데, 그중 세계제국과 세계경제는 세계체제이다.

2. 소규모체제(mini-system)

소규모체제란 그 내부에 하나의 완전한 분업과 단일한 문화적 맥락을 지니고 있는 체제로 문화 및 지배구조 측면에서의 동질성을 그 특징으로 한다. 농경사회 이전에 지역적으로 다수의 소규모체제들이 존재하였으나 규모가 커지면서 분열되었다.

3. 세계체제(world system)

(1) 세계제국(world - empire)과 세계경제(world - economies)

세계체제에는 세계제국과 세계경제가 있다. 세계제국은 서기 1500년까지 존재한 역사적인 체제로서 다양한 문화유형을 포괄하면서도 거대한 단일의 정치구조를 지녔다. 세계제국에 이어 1500년경 자본주의 세계경제들이 등장하였다. 이들은 생산구조와 다수의 정치구조가 불평등하게 통합되어 있는 거대한 구조라는 특징을 지녔다. 세계경제에서는 다수의 문화적·정치적 단위가 정치적으로 통일성이 결여되어 있으나 경제적으로 통일을 이루고 있다.

(2) 양자의 비교

세계제국과 세계경제 모두 주변부에서 중심부로 자원이 이동한다는 점은 같으나, 몇 가지 차이가 있다.
① 세계제국에는 정치적 통일체가 존재하나, 세계경제에는 정치적으로는 분열되어 있으나 경제적으로는 통일체를 형성하고 있다.
② 세계제국에서 자원배분은 중앙집중화된 정치체제의 힘에 기초하여 조공 등의 방식을 통해 이루어지나, 세계경제에서는 자원의 배분이 시장의 매개를 통해 이루어진다.

4 하부구조 - 자본주의 세계경제

1. 의의

현재의 세계사회체제는 하부구조와 상부구조가 결합되어 있는바, 하부구조는 자본주의 세계경제로 형성되어 있고, 상부구조는 국가 간 체제로 형성되어 있다. 16세기 등장한 자본주의 세계체제는 공간적으로는 노동분화를 이루고 있고, 시간적으로는 주기적 리듬과 장기적 추세를 보여준다. 자본주의 세계경제는 모순과 위기를 경험하며 한계에 봉착하게 된다.

2. 등장과정

자본주의 세계체제는 16세기 유럽과 중남미에서 등장하여 축소 및 확장의 과정을 밟으면서 19세기 세계의 나머지 지역을 모두 포함하여 전세계화되었다. 그 결과 19세기 말부터의 세계에는 오직 하나의 역사체제인 자본주의 세계체제만이 존재하게 되었다.

3. 공간적 차원

(1) 의의

자본주의 세계경제는 공간적 차원에서 보면 중심부, 주변부 및 반주변부로 노동의 분화(division of labor)를 형성하고 있다. 이러한 노동의 분화는 전세계적 차원에서 구조화되어 있고, 노동의 분화에서 어느 편에 속해 있는가가 발전 및 저발전을 결정한다. 특정 국가가 어느 공간에 위치하는가를 결정하는 변수는 국가구조(state structure)와 노동통제(labor control) 형태이다. 강하고 잘 통합된 국가는 국제적 노동의 분화를 자신에게 유리하게 구조화할 수 있었다. 또한 중심부 국가는 임금노동 형태인 반면, 반주변부는 공동경작(share-cropping), 주변부는 노예 또는 농노제도를 취하고 있었다.

(2) 중심부

중심부 국가는 강력한 국가들로서 숙련된 노동과 높은 임금을 특징으로 하여 고임금 재화를 생산한다. 정치적으로 민주정부 형태이며, 무역구조는 원자재를 수입하고 공산품을 수출한다. 또한 높은 복지서비스를 제공하고 있다.

(3) 주변부

주변부 국가들은 힘이 약한 국가들로서 숙련되지 못한 노동과 낮은 임금을 특징으로 한다. 비민주적 정부에 의해 통치되고 있으며, 원자재를 수출하고 공산품을 수입한다. 국민들은 생계수준 이하의 수입을 얻고, 복지서비스는 제공되지 않는다.

(4) 반주변부

반주변부는 중심과 주변의 특징을 모두 보이는 지역으로서 세계체제 내에서 매개적 역할을 수행한다. 반주변부는 중심에서의 임금 상승에 대한 압력을 상쇄하는 노동의 원천을 제공하고, 중심에서 더 이상 이윤을 창출할 수 없는 산업들에게 새로운 기지를 제공한다. 반주변부는 세계체제의 정치구조를 안정화하는 결정적인 역할을 수행한다. 반주변부는 권위주의적 정부에 의해 통치된다. 반주변부는 공산품과 원자재의 수출과 수입을 동시에 수행하고 있다.

(5) 상호관계

중심부·주변부·반주변부 상호 간의 관계는 부가 주변에서 중심으로 빠져나가는 착취적 관계로 연결되어 있다. 세계 자본주의체제에 있어서 교환은 발전된 산업기술을 가지고 있는 선진자본주의 국가들에게 유리하고, 발전된 기술이 없고 중심부 국가들에게 천연자원을 주로 공급하고 있는 후진국들에게는 불리한 불평등 교환의 형태를 띤다. 따라서 빈국으로부터 부국으로의 잉여가치 이전을 지속적으로 재생산시킨다. 이러한 중심부와 주변부 사이의 불평등한 교환은 역사적으로 결정되었고 이는 자본주의 세계체제의 지속적인 특징이다.

(6) 상호이동성

월러스타인(Wallerstein)은 세 그룹 간에 일정한 정도의 상향 혹은 하향 이동성이 있다고 본다. 역사적으로 스페인과 포르투갈이 중심부에서 반주변부로 이동하였고, 네덜란드는 반주변부에서 중심부로 이동하였다. 한편, 19세기 미국은 반주변부에 위치하였으나 20세기에 패권적 중심부 국가로 이동하였다. 월러스타인은 세계자본주의체제에서 좀 더 이득이 있는 지위를 달성하는 것을 발전(development)이라고 정의하였다.

4. 시간적 차원

(1) 주기적 리듬(cyclical rhythms)

월러스타인(Wallerstein)은 자본주의 세계경제는 팽창과 수축이 반복되는 주기적 리듬을 가진다고 본다. 월러스타인은 이러한 주기적 리듬은 세계체제의 기본 메커니즘이며, 주기적 리듬의 원인은 콘드라티에프 파동(kondratiev wave)이라고 본다. 월러스타인은 세계경제의 장주기를 두 번의 콘드라티에프 파동으로 파악한다. 월러스타인은 장주기의 개념이 단지 역사적 기술이 아니라 세계경제를 기능하게 한 근본적 변수를 구성하고 있다고 보고, 총체적 사회경제의 지속적 경향을 야기하는 기본적 역동성을 제시한다고 주장한다.

(2) 장기적 추세(secular trends)

자본주의 세계경제의 장기적 발전과정에서 관찰되는 현상, 즉 장기적 추세는 대략 네 가지 특징을 가진다. 즉, 팽창, 상품화(commodification), 기계화(mechanization), 및 프롤레타리아화이다. 세계체제는 비자본주의지역을 세계경제에 편입시키는 과정을 통하여 지속적으로 '팽창'해 왔고, 토지와 노동의 '상품화'가 이루어졌으며, 산업혁명, 과학기술혁명 등을 통해 모든 생산과정의 '기계화'가 이루어졌고, 또한 노동력이 생산과정으로부터 유리되어 임노동제화하여 가는 '프롤레타리아화'가 이루어졌다.

(3) 모순(contradiction)

세계체제의 시간적 차원에서 나타나는 다른 특징은 모순이다. 모순은 단기적으로 최적인 행동과 중기적으로 최적인 행동이 서로 다르거나 상반되는 체제의 구조에 의해 부과되는 제약 때문에 발생한다. 예컨대, 단기적으로는 이윤 극대화를 위해 노동자의 임금을 삭감하는 것이 자본가의 최적행동이나, 이는 잠재적 구매자인 노동자의 구매력을 감소시켜 중기적으로는 과소소비(underconsumption)로 연결될 수 있다. 이러한 모순은 자본주의 세계경제의 구조로부터 발생한다.

(4) 위기(crisis)

① **의의**: 월러스타인(Wallerstein)은 위기를 '한 역사적 체제의 내부 모순들이 축적된 결과, 그 체제가 현행 제도적 패턴 내의 '조정'을 통해서는 자체의 딜레마를 해결할 수 없는 시점에 이른 정황'으로 규정하고 '기존 역사적 체제의 붕괴가 확실한 상황, 따라서 그 체제 속에 사는 사람들이 어떤 현실적인 역사적 선택, 즉 어떤 종류의 새로운 역사적 체제를 건설 혹은 창출할 것인가를 선택할 수 있는 상황'이라고 본다. 위기는 세계체제의 생존기간 동안 단 한번 나타나는 것으로서 체제 내에서의 주기적 리듬, 장기적 추세, 모순이 결합되어 체제 자체를 지속적으로 재생산해내지 못할 때 발생한다. 특정 세계체제에서의 위기는 그 체제의 종말과 또 다른 체제에 의한 대체를 알리는 것이다.

② **경제적 요인 - 축적의 위기**: 위기의 경제적 요인은 세계경제에서 반복적으로 발생하는 불황에 더 이상 자본주의 세계경제가 대응할 수 없게 되는 것이다. 불황에 대해 세계경제는 세계경제의 지리적 확장과 자본주의 세계경제관계의 심화를 통해 대응하였다. 지리적인 확장이란 새로운 지역을 자본주의 세계경제체제로 포함하는 것을 말한다. 한편, 자본주의 경제관계의 심화란 이미 자본주의 세계체제로 편입된 지역에서 발생하는 것으로 도시화(urbanization)와 상품화(commodification)가 대표적인 심화방식이다. 도시화란 농촌으로부터 도시로의 인구이동을 말하고, 상품화는 토지, 노동, 천연자원 등의 생산요소들이 시장에서 매매되는 대상으로 전환되는 과정을 말한다. 월러스타인은 현재 세계경제의 확장과 심화를 통한 모순의 극복이 더 이상 불가능한 단계에 와 있다고 본다. 세계의 모든 지역이 이미 자본주의 세계체제에 포함되었고 세계가 거의 도시화되었으며, 대부분 상품화되었기 때문이다.

③ **정치적 요인 - 운동의 위기**: 세계체제 위기의 정치적 요인은 반체제운동(anti-systemic movement)을 더 이상 포섭하기가 어려워지는 것에서 찾을 수 있다. 중심부 국가에서의 반체제운동은 복지 제공을 통해 무마되어 왔으나, 더 이상 자본축적과정을 훼손하지 않고 현행의 복지수준을 유지하는 것이 어려워지고 있다. 한편, 반체제운동은 중앙집권적 정당조직이 아니라 분산된 무지개 연합(rainbow coalition) 형태를 띠고 있어 효과적으로 포섭하기가 어렵다. 또한, 통신의 발전으로 전지구적으로 정치적 동원을 하기가 용이해진 점도 반체제운동의 포섭을 어렵게 하는 점이다.

④ **지문화적 요인 - 과학의 위기**: 자본주의 세계체제의 위기는 지문화(geoculture)로부터도 오는데, 자유주의와 과학주의에 대한 도전이 그것이다. 자유주의(liberalism)의 지배적 지위는 1968년의 혁명적 소요를 분수령으로 하여 치명적으로 훼손되어 오고 있다. 한편, 지문화의 다른 지주인 과학주의에 대한 근본적인 도전도 가해지고 있다. 학자들은 과학주의의 핵심인 절대적 진리에 대한 이상에 의문을 품고 우연(contingency)과 불확실(uncertainty) 등을 강조하고 있다.

(5) 이행

위기에 직면한 자본주의 세계경제는 이제 그 수명을 다하고 다른 체제로 이행하게 된다. 월러스타인(Wallerstein)은 자본주의는 하나의 역사적 체제이기 때문에 수명을 가진 체제인바, 1970년대 초부터 위기를 맞았다. 1970년대는 미국의 헤게모니의 퇴조, 세계적 축적의 위기, 국가 정당성의 위기, 세계체제의 지배적 이데올로기의 붕괴 등이 일어난 시점이다. 위기는 이행과 같은 의미이며 우리는 현재 이행기에 살고 있다. 다만, 자본주의체제가 무슨 체제에 의해 대체될 것인가에 대해서는 정확한 답을 내릴 수 없다. 집단적 행동의 결과에 따라 결정될 따름이다. 새로운 체제를 위한 과학적 분석, 도덕적 판단 및 정치적 실행이 중요하다.

5 상부구조 - 국가 간 체제와 지문화

1. 의의

국가 간 체제와 지문화는 자본주의 세계체제를 안정시켜주는 요소이다. 월러스타인(Wallerstein)에게 있어서 국가 간 체제는 자본주의 세계체제 내에서 다중적인 정치 및 문화 구조들이 하부 단위가 되어 구성하는 하나의 메커니즘이다. 자본주의 세계경제와 국가 간 체제는 분리독립되어 존재하는 것이 아니며, 국가 간 체제는 자본주의 세계경제를 지탱해 주는 정치적 메커니즘이자 상부구조에 해당한다. 한편, 지문화(geoculture) 역시 근대 세계체제의 문화적 틀(cultural framework)로서 세계체제를 효율적으로 기능하도록 하며 세계체제에 정당성을 제공하는 역할을 한다.

2. 국가 간 체제(interstate system)

자본주의 세계경제체제는 경합하는 주권국가를 구성단위로 하는 정치체제, 즉 국가 간 체제를 특징으로 한다. 월러스타인(Wallerstein)은 자본주의 세계체제와 국가 간 체제는 서로를 지탱해 주고 강화해 주는 존재로 인식한다. 국가 간 체제에서 국가는 재산권을 보호해 주고, 모순을 완화시키는 역할을 함으로써 자본주의 세계경제를 재생산해내는 데 결정적인 역할을 한다. 국가 간 체제에서 중심부에 존재하는 패권국이 자본주의체제 안정을 위해 가장 중요한 역할을 하나, 반주변부 및 주변부의 국가들 역시 세계체제 안정을 위해 일정한 역할을 한다.

3. 패권국

(1) 기능

패권국은 생산의 효율성으로 인해서 다른 경쟁 국가들보다 뛰어난 경제적·군사적 우위를 가지고 있는 국가로서 국가 간 거래를 지배하는 제도들을 강제함으로써 자본 축적이 이루어질 수 있는 예측가능한 환경을 조성하는 역할을 한다. 이를 통해 자본주의체제를 안정시킨다.

(2) 패권의 주기적 순환

① **순환과정**: 패권은 네 단계를 거치면서 주기적으로 순환하는데, 패권의 순환은 자본주의 세계경제의 팽창과 수축이라는 순환주기와 맞물려 있다. 순환주기는 부상하는 패권(ascending hegemony), 패권의 승리(hegemonic victory), 패권의 성숙(hegemonic maturity), 쇠퇴하는 패권(declining hegemony)으로 구성된다.

㉠ **부상하는 패권기**: 경제적인 확장기에 중심부 국가들 간 치열한 경쟁이 발생한다.

㉡ **패권의 승리기**: 실질적인 패권국이 등장한다.

㉢ **패권의 성숙기**: 새롭게 등장한 패권국이 산업 생산, 농업, 공업, 상업, 재정적 자원 면에서 우월적 지위를 확립한다.

㉣ **쇠퇴하는 패권기**: 패권유지를 위한 비용이 증가하고 경제적 능력이 분산되어 패권에 도전할 수 있는 여건이 형성된다. 쇠퇴하는 패권기는 세계경제의 수축기와 함께 진행된다.

② **역사**: 지난 500년간 자본주의 세계체제를 지배한 패권국은 네덜란드(1625~1672), 영국(1763~1815, 1850~1873), 미국(1945~1965)이다. 월러스타인(Wallerstein)은 미국의 패권이 1960년대 후반 들어 지속적으로 쇠퇴하고 있다고 본다.

③ **패권순환의 원인**: 월러스타인(Wallerstein)은 패권의 주기적 순환은 중심부와 주변부에 있어서의 경제적인 팽창과 정체라는 콘드라티에프 파동(Kondratiev Waves)과 관련이 있다고 본다. 콘드라티에프 파동은 약 50년에 걸친 상승과 하강 국면으로 구성되는데, 패권국의 순환 사이클은 100년으로 콘드라티에프 파동이 두 번 순환하는 동안 패권국의 순환 사이클이 한 번 지나간다고 본다.

4. 반주변부 국가

반주변부 국가가 세계체제의 안정을 위해 수행하는 역할은 두 가지이다.

(1) 반주변부 국가는 소수의 중심부 국가와 다수의 주변부 국가의 양극적 계층구조를 지닌 세계체제에서 양자 간 대립과 분열을 중재 또는 최소화한다. 반주변부 국가는 세계체제의 불평등한 계층구조를 정당화시키고 중심부 국가들에 대한 주변부 국가들의 불만을 정치적으로 막아주는 방파제 역할을 한다.

(2) 중심부 국가에서 임금이 상승하고 생산성이 저하될 때 이윤을 확보하기 위한 자본의 이동처로서의 역할을 한다.

5. 주변부 국가

주변부 국가의 매판계급(comprador class) 역시 세계체제를 안정시킨다. 지배엘리트들인 매판계급은 자신의 소속국의 이익보다 중심부 국가의 이익을 위해 행동한다. 중심부 국가와 다국적기업은 매판계급의 지위를 유지시켜 주기 위해 주변부 국가에 직·간접적으로 개입한다. 매판계급의 존재로 인해서 세계 자본주의체제의 불평등으로 인해 야기될 수 있는 긴장의 일부가 중화되어 중심부 국가와 주변부 국가 간 관계 안정에 기여한다.

6. 지문화(geoculture)

월러스타인(Wallerstein)은 지문화가 세계체제에 정당성을 부여하는 역할을 함으로써 세계질서의 성공적인 유지와 재생산을 가능하게 한다고 본다. 지문화의 두 기둥은 자유주의(liberalism)와 과학주의(scientism)이다. 자유주의는 세계체제의 지배이념으로서 작동하고, 과학주의는 보편타당성을 가지는 법칙을 발견하여 적용함으로써 생산과정에 영향을 미치고, 자본주의 세계체제의 자본 축적을 가능하게 한다.

6 적실성

1. 분석단위

월러스타인(Wallerstein)은 세계체제를 사회체계 분석에 있어서의 적합한 분석단위라고 주장한다. 이러한 분석단위는 기존의 정통 국제정치학이 분석단위로 삼아 온 국민국가(nation-state)를 뛰어 넘는 것이다. 정통 국제정치학의 존립 근거는 국민국가의 절대성이었으나 오늘날 국민국가는 절대적인 존재가 아니다. 또한, 세계화로 인해서 전세계적으로 정치·경제 시스템이 통합되고 있는 현 정세를 고려할 때, 분석단위로서의 세계체제의 적실성이 높아지고 있다. '세계'라는 개념이 국제정치학의 영역에서 일고 있는 혁명적 변화들을 담아내는 데 합당하다는 주장이 국제정치학계 내부에서 나오고 있다.

2. 남북문제

세계체제론은 남북문제의 원인을 개별 국가보다는 세계자본주의의 구조적 속성에서 찾고 있다. 세계자본주의에서의 국가의 구조적 위치가 발전 또는 저발전의 원인이라는 것이다. 신자유주의 세계화가 확산되고 전지구적 자본주의가 형성되고 있는 현재, 남북문제는 오히려 확대되었다고 보는 것이 지배적인 견해이다. 이는 자유주의자들의 견해와는 다르다. 자유주의자들은 아담 스미스(Adam Smith)나 리카도(Ricardo)의 비교우위설에 기초하여 교역은 교역에 참여하는 모든 국가의 복지 수준을 높여줄 것으로 예측하였다. 세계화, 자본주의 확산, 남북 격차 확대의 현상은 세계체제론의 적실성을 높여주는 것으로 보인다.

3. 인식의 지평 확대

세계체제론은 거시 사회과학 연구에 있어 국민국가 수준에서 모든 현상들을 조명하고자 하는 우리들의 관습적인 인식의 지평에 회의를 던지며, 국민국가의 경계선을 뛰어넘는 새로운 인식의 지평을 여는 데 선도적 역할을 담당하였다. 많은 학자들이 여전히 국민국가의 테두리에 갇혀 사고하거나, 이제야 국민국가의 위상문제를 조망하기 시작한 현실을 감안할 때 세계체제론이 보여준 통찰력은 높이 평가되어야 할 것이다.

7 비판

1. 체제분석의 한계

월러스타인(Wallerstein)의 세계체제론에 대한 비판의 핵심은 여타 체제수준의 이론에 대한 비판과 마찬가지로 개별 국가들의 내적인 차이를 고려하지 않는다는 것이다. 예컨대, 월러스타인은 세계체제 내에서 일단의 국가들에 의한 사회주의 건설의 노력을 과소평가한다.

2. 경제환원론(economic reductionism)

(1) 월러스타인(Immanuel Wallerstein)

월러스타인은 근대 세계체제가 정치적 체제라기보다는 경제적 체제의 구성단위들 간의 기본적인 연계가 경제적인 것임을 강조한다. 또한, 세계체제론은 변화를 설명함에 있어서 자본주의체제의 확장과 축소라는 관점을 강조하고, 정치적 영향을 배제한다.

(2) 크리스토퍼 체이스던(Christopher Chase-Dunn)

크리스토퍼 체이스던은 자본주의가 근대 세계체제의 총체적 발전을 이해함에 있어서 핵심이고, 제반 정치적 과정들은 부수적 현상에 불과하다고 본다. 또한 국가 간 체계의 끊임없는 변화 역시 불균등한 경제성장에서 기인한 것으로 주장하였다.

(3) 모델스키(George Modelski)와 톰슨(William Tompson)

모델스키, 톰슨 등의 학자들은 국가 간 정치의 본질을 간과해서는 세계체제의 총체적이고 역동적인 변동을 효과적으로 설명하지 못한다고 비판한다. 이들은 국가 간 힘의 역동성 및 군사적·정치적 동기에 근거한 국가의 외적 행위가 세계체제의 변동과정에 중요한 역할을 수행하였으며, 따라서 그러한 복합적 동인과 역동성은 경제적 환원주의만으로는 설명될 수 없다고 본다. 즉, 국가 간 체제의 정치적 영역의 자율성을 주장하고 있는 것이다. 또한 톰슨은 불균등한 경제 성장은 체계 변동을 야기하는 여러 요인 중 하나에 불과하다고 본다.

3. 결정론

월러스타인(Wallerstein)의 세계체제론은 발전 및 저발전 문제에 있어서 구조변수의 영향력을 지나치게 강조함으로써 결정론적 오류를 범하고 있다. 월러스타인이 반주변부라는 개념을 도입함으로써 개별 국가의 노력에 따른 이동성을 어느 정도 인정해 주고 있으나, 이동을 위한 조건이 매우 엄격하고 제한적이라는 점에서 이동성이 높지 않을 것으로 본다. 이러한 입장은 구조 변화 없는 발전이 불가능하다는 비관적 전망을 제시해 준다는 점과 실제 국제관계에서 개별 국가들의 노력으로 이동이 비교적 유연하다는 현실을 고려할 때 지나치게 결정론적인 주장이라는 비판을 가할 수 있다.

이매뉴얼 월러스타인(Immanuel Maurice Wallerstein, 1930년 ~)

뉴욕 태생으로 컬럼비아대학에서 박사 학위 취득 후 맥길대학에서 사회학을 강의하였고, 1976년부터 뉴욕주립대학 브로델센터 소장을 맡고 있다. 서아프리카를 중심으로 하는 지역연구에서 출발하였지만, '세계체제론'이라고 불리는 이론을 구축하였다. 1974년부터 발표되기 시작한 그의 주저 『근대 세계시스템(The Modern World System)』에서 제시된 그의 이론은 마르크스와 브로델의 영향을 강하게 받았다. 이 이론은 정치구조를 규정하는 요인을 국민국가가 아닌 사회경제시스템에서 찾으며, 특히 근대 이후의 국제정치는 16세기 유럽에서 기원된 세계경제에 의해서 조건 지어졌다고 본다. 근대 이후의 세계는 정치적으로는 분열되어 있지만, 자본주의적 경제관계에 의해 통합된 세계경제로 이루어진 '근대 세계시스템'으로 이해되어야 하며 더구나 세계경제는 균등하지 않고 '중심', '반주변', '주변'이라고 하는 격차가 존재하며 비대칭인 종속구조가 성립한다는 것이 그의 세계체제론의 중심적인 주장이다. 국제정치를 국가 간 관계와는 다른 각도에서 접근하여 '세계시스템'이라는 용어를 정착시켰다는 것, 글로벌 경제관계에 주목해 장기간의 역사와 현재의 국제정치를 연결하고 있는 것 등 그의 이론은 국제관계이론에 커다란 자극을 주었다.

학습 점검 문제 제4장 | 마르크스주의

01 구조주의 이론에 대한 설명으로 옳은 것만을 모두 고르면? 2024년 외무영사직

> ㄱ. 레닌(Lenin)은 『제국주의론』에서 가장 발달된 자본주의 국가에서 고이윤을 창출하기 위하여 식민지에 금융자본을 수출하는 제국주의 정책을 실행한다고 주장했다.
> ㄴ. 월러스타인(Wallerstein)은 국제체제의 무정부성에 기초하여 근대 세계체제가 15세기 무렵 유럽에서 본격 시작했고 중심부 - 반주변부 - 주변부로 구성되었다고 보았다.
> ㄷ. 종속이론은 남미의 저발전을 설명하기 위해 등장했으며 저발전된 국가들은 경제발전을 위해 수출 주도 성장이 필요하다고 주장한다.
> ㄹ. 그람시(Gramsci)에 따르면 시민사회는 지배층의 '헤게모니'가 작동하여 피지배층의 '동의'를 가져오는 영역이다.

① ㄱ, ㄴ
② ㄱ, ㄹ
③ ㄴ, ㄷ
④ ㄴ, ㄹ

구조주의 이론
ㄱ. 레닌은 제국주의에 대해 자본주의의 최종 단계에서 독점 자본과 금융 자본이 지배적인 역할을 하며, 자본 수출과 식민지 분할을 통해 세계 자본주의 체제를 유지하려는 시도라고 규정하였다. 레닌은 그러한 제국주의가 필연적으로 제국주의 국가 간의 전쟁을 일으키게 된다고 하여 제1차 세계대전을 제국주의 전쟁이라고 하였다.
ㄹ. 그람시는 자본주의가 고도로 발달한 유럽에서 마르크스가 예상한 프롤레타리아혁명이 발생하지 않은 이유를 자본가계급이 역사블록을 통해 헤게모니체제, 즉 노동계급의 동의에 기초한 지배체제를 형성하고 있는 점에서 찾았다. 즉, 지배 계급이 이데올로기와 문화적 동의를 통해 권력을 유지한다고 본 것이다. 그는 시민 사회의 중요성을 강조하고, 유기적 지식인의 역할을 통해 피지배 계급이 자신들의 현실을 인식하고 변화를 이루는 패권 투쟁을 해야 한다고 주장했다.

선지분석
ㄴ. 이매뉴얼 월러스타인(Immanuel Wallerstein)은 근대 세계체제는 '16세기' 유럽에서 시작되었다고 하였다. 이매뉴얼 월러스타인(Immanuel Wallerstein)은 그의 세계체제 이론(World-Systems Theory)에서 자본주의 세계체제가 16세기 유럽에서 시작되었다고 주장하였다. 그는 16세기 유럽의 대항해 시대와 신대륙 발견을 기점으로, 자본주의적 세계경제가 형성되었다고 설명한다. 이 시기를 통해 유럽 국가들이 경제적, 군사적 팽창을 시작하면서 전 세계로 자본주의적 경제 관계가 확산되었고, 현대 자본주의 세계체제의 기틀이 마련되었다고 본다.
ㄷ. 종속이론은 중심부와 주변부 간 경제관계가 '불평등교환관계'를 형성하므로 주변부는 지속적인 착취를 당하고 있으며, 따라서 이러한 관계를 단절하는 것이 중요하다고 하였다. 즉, 수출주도형 경제 성장 전략을 제안한 것이 아니다. 종속이론가들이 제시하는 주변부 경제 성장 전략은 중심부 국가의 경제적 착취와 종속적 관계에서 벗어나는 것에 있다. 그렇게 하기 위하여 내수 산업 육성, 경제적 자립, 토지 개혁, 대외 의존 감소, 지역 블록 형성, 그리고 중심부 모델의 모방 회피 등을 포함한 자립적, 독립적인 경제 구조를 형성하는 데 중점을 둔다. 이들은 주변부 국가들이 자원의 수출과 외국 자본에 의존하는 대신, 자국 내 산업화와 경제적 자립을 통해 지속 가능한 성장을 이루어야 한다고 주장하였다.

답 ②

02 국제정치이론가 콕스(Cox)의 주장이 아닌 것은?   2021년 외무영사직

① 지식과 이론은 가치 중립적이며 객관적이고 시간 초월적이다.
② 자본주의의 내재적 모순으로 인해 불가피하게 발생하는 경제위기는 대항 헤게모니(counter - hegemony) 운동을 야기한다.
③ 패권국이 패권을 유지할 수 있는 것은 단순히 강제력의 결과가 아니라, 기존 질서에 의해 불이익을 받는 사람들에게서 그러한 질서에 대한 동의를 이끌어낼 수 있기 때문이다.
④ 신현실주의는 현존 질서의 특징을 잘 반영하고 정당화하는 문제해결이론이다.

마르크스주의 총론

콕스(Cox)는 비판이론가로서 지식과 이론은 가치중립적이거나 객관적이지 않고 특정 정치세력이 자신의 지배와 기득권을 유지하기 위한 수단으로 삼는다고 본다.

선지분석
② 자본주의는 수탈적 성격을 가지고 있어서 대항 헤게모니(counter - hegemony)와 이를 관철하기 위한 대항적 역사적 블록의 형성을 가져올 것이라고 본다.
③ 패권국은 강압적 힘을 통해서만 지배하는 것이 아니라 헤게모니, 즉 피치자의 동의에 기초한 지배체제를 추구한다고 본다.
④ 콕스(Cox)는 신현실주의나 신자유제도주의가 기존 강대국의 지배체제를 옹호하고 유지하는 이데올로기라고 보았다. 그런 점에서 문제해결이론이라고 규정하였다. 비판이론은 강대국의 약소국 지배의 메커니즘을 폭로하고 약소국의 해방을 추구하는 이론을 말한다.

답 ①

03 국제정치이론 가운데 구조주의(마르크스주의)적 논리를 가장 잘 표현한 것은?   2007년 외무영사직

① 국제체제에는 모든 국가에게 안전보장을 가져다 줄 수 있는 상위 권위가 부재하므로 개별 국가는 자신의 안전을 스스로 돌보아야 한다.
② 국제정치란 초국가적 자본주의 논리에 의해 결정되며, 국제정치과정을 계급갈등의 표현으로 간주한다.
③ 국제사회의 평화와 안전을 보장하기 위해서는 보다 많은 국가에 민주적인 정치체제가 확산되어야 한다.
④ 국제사회의 평화와 질서는 일반적으로 수용된 가치, 행위의 규범과 규칙, 국가사회 간의 높은 상호의존 인식 및 제도 등을 통해 유지된다.

마르크스주의 총론

선지분석
① 현실주의에 대한 설명이다.
③ 민주평화론에 대한 설명이다.
④ 구성주의에 대한 설명이다.

답 ②

04 종속이론에 대한 설명으로 옳지 않은 것은?

2024년 외무영사직

① 근대화 이론에 대한 비판으로 등장하여 세계체제론에 이론적 토대를 제공하였다.
② 프레비시(Prebisch)는 종속 구조의 탈피를 위해 사회주의로의 전환 필요성을 주장하였다.
③ 후진국의 경제발전은 중심부와 주변부로 구성되는 세계 자본주의의 구조에 의해 규정된다고 본다.
④ 카르도소(Cardoso)는 주변부의 국제체계 편입으로 종속적 발전이 가능하다고 주장하였다.

종속이론

프레비시는 온건 종속이론학파로 분류된다. 이들과 달리 프랭크(A.G.Frank) 등 급진이론가들은 사회주의로의 전환을 주장하기도 하였다. 프레비시는 온건이론가로서 남북문제를 해결하기 위해 내수 산업 육성, 정부 개입, 무역 다각화, 지역 협력, 공정한 국제 무역 체제 요구와 같은 전략을 제시했다.

선지분석
① 종속이론은 남북문제의 원인에 대해 '내인론'을 주장한 근대화론을 비판하고 '외인론'을 주장하였다. 내인론은 남북문제의 근본적 원인이 개도국 내부의 낮은 저축률이나 폐쇄적 경제체제라고 보고 외국자본의 도입과 개방 경제체제로의 전환을 제시하였다. 반면, 외인론은 중심부와 주변부의 부등가교환관계 자체를 문제로 보고 중심부와 주변부의 무역관계 단절이 중요하다고 보았다. 한편, 종속이론은 이매뉴얼 월러스타인의 세계체제론에 영향을 주었는데, 특히 중심부 - 주변부 분석이나 외인론적 진단과 처방 등에 영향을 주었다.
③ 종속이론가들은 후진국(주변부)은 중심부와 불평등교환관계(부등가교환관계)를 형성하여 지속적이고 구조적인 착취에 직면하고 있다고 분석하였다.
④ 카르도소는 종속 상태에서도 제한된 발전이 가능하다고 주장하며, 선진국과 개발도상국 간의 경제적 관계가 항상 착취적이지 않다고 보았다. 그는 개발도상국이 외국 자본과의 관계를 전략적으로 관리하고, 정부의 능동적 역할을 통해 경제적 발전을 이끌어낼 수 있다고 주장했다. 카르도소의 이론은 종속이론을 수정하여 더 현실적이고 복합적인 발전 가능성을 제시하는 데 기여했으며, 개발도상국의 자율성과 발전의 가능성을 강조한 점에서 중요한 의미를 지닌 것으로 평가된다.

답 ②

05 월러스타인(Immanuel Wallerstein)의 세계체제론에 대한 설명으로 옳지 않은 것은?

2012년 외무영사직

① 자본주의 체제는 정치·군사적 '세계제국'을 갖고 있는 세계체제이다.
② 자본주의 세계경제의 공간적 차원은 중심, 반주변, 주변으로 구성된다.
③ 16세기에 등장한 근대 세계체제는 자본주의 '세계경제'이다.
④ 자본주의 세계경제의 시간적 차원은 주기적 리듬, 장기적 추세, 모순, 위기 등이다.

세계체제론

자본주의 세계체제에서 하부구조의 경제적 측면은 전세계적으로 통일성과 단일성을 가지나, 상부구조인 정치적·군사적 차원은 '국가 간 체제 (inter - state system)'를 형성하고 있다. 즉, 여러 개의 주권국가들로 분열된 체제이다.

답 ①

06 콘드라티예프 파장과 가장 관계있는 국제관계이론은? 2004년 외무영사직

① 동맹이론
② 패권안정론
③ 세계체제론
④ 국제제도론

세계체제론

월러스타인(Immanuel Wallerstein)의 세계체제론은 자본주의 세계경제의 특징 중 하나로서 확대와 수축이라는 주기적 리듬을 반복한다는 점을 들고 있다. 월러스타인(Immanuel Wallerstein)은 구체적으로 이러한 확대와 수축이 40~60년을 주기로 반복된다고 하는 콘드라티예프 파장(Kondratiev Wave)과 관련이 있는 것으로 파악하고 있다.

답 ③

제5장 | 탈냉전 국제관계이론

> **출제 포커스 및 학습방향**
>
> 탈냉전 국제관계이론은 기존 패러다임인 현실주의나 자유주의 계열에서도 제시되고 있으나, 여기서는 특히 탈냉전기에 주목을 받고 있는 이론들을 정리하였다. 구성주의, 문명충돌론, 탈근대론 등은 모두 출제가능성이 있다. 구성주의와 합리주의이론들과의 비교, 문명충돌론과 문명공존론의 비교, 근대 국가체제의 변화가능성에 대한 입장 비교 등이 중요한 쟁점들이다.

제1절 | 구성주의(Constructivism)

1 의의

니컬러스 오누프(Nicholas Onuf)가 그의 대표작 『우리가 만드는 세계(The World of Our Making)』라는 책에서 명명한 구성주의 접근법은 현재 기존의 주류 패러다임에 버금가는 영향력을 획득한 것으로 평가되고 있다. 구성주의는 신현실주의와 신자유제도주의를 합리주의 및 실증주의이론으로 비판하고, 국제관계의 이해 및 재구조화를 위한 새로운 가능성을 열어주고 있다. 나아가 탈냉전기에 백가쟁명식으로 제시되는 국제정치학의 새로운 접근법들의 종합을 시도하고 있다. 구성주의는 국제정치 분석에 있어서 강력한 새로운 접근방법을 제시해 주었다는 것뿐만 아니라, 현재 전개되고 있는 다양한 국제정치현상, 예컨대 유럽통합, 동아시아 공동체형성 노력, 남북관계, 북미관계, 국제레짐 활성화 등을 분석함에 있어서도 매우 유용한 분석틀과 정책적 시사점들을 주고 있다.

2 등장배경

1. 서설

구성주의이론은 냉전체제가 해체되어 새로운 이론적 수요가 있음에도 불구하고, 기존의 주류 패러다임으로 자처하고 있었던 신현실주의와 신자유제도주의가 적절하게 이러한 수요를 충족해 주지 못함으로써 영향력을 확보해 나가게 되었다.

2. 탈냉전

구성주의가 영향력을 가지게 된 것은 무엇보다 냉전의 종식 때문이었다. 냉전의 종식으로 국제관계에서 국가 이외의 다양한 행위자들이 등장하여 그들의 영향력을 확보해 나가기 시작하였다. 또한, 이슈 측면에서도 안보문제 이외에 경제, 인권 등 다양한 이슈들이 지배적인 의제가 되었다. 구성주의는 냉전 이후 새롭게 대두되고 있는 국제정치현상들을 설명하기 위해 제시되었다.

3. 합리주의의 한계

구성주의가 영향력을 얻게 된 결정적인 계기는 냉전의 종식, 새로운 국제질서 형성에 대한 대안의 제시와 예측 등에 있어서 신자유제도주의 및 신현실주의는 적절한 대응을 하지 못한 것이다. 이들은 냉전의 평화적 종식 자체를 예측하지 못하였을 뿐 아니라, 냉전 종식에 있어서 중요한 역할을 한 관념변수를 분석에 포함시키지 못하는 한계를 노정하였다. 더 나아가 냉전 이후 새로운 질서 형성을 예측하거나, 대안을 제시함에 있어서도 기존의 합리주의이론들은 무력하였다.

페레스트로이카와 글라스노스트

페레스트로이카는 고르바초프가 소련 공산당 서기장에 취임한 1985년 이후 시작되어 1991년 말 소련 붕괴 때까지 계속된 소련의 개혁정책을 의미한다. 소련의 사회주의가 한계를 드러내자 고르바초프는 인사(人事)의 연소화(年少化)와 과학기술에서의 가속화전략을 시작으로 개혁정책을 시작하였으며, 부분적인 개선이 벽에 부딪히자 제27차 공산당 대회(1986년 2월)에서 근본적인 개혁을 설파하며, 정보 공개를 의미하는 '글라스노스트'를 추진하여 미디어를 자유화하였다. 고르바초프의 개혁정책은 이데올로기적으로는 인간적인 사회주의를 추구하고 '위로부터의 혁명'으로서의 성격을 띠었으며, 경제적으로는 경제자유화를 촉진해 나갔다. 정치활동도 자유화되어 소비에트의 개혁과 자유선거의 실시가 결정되었으며, 대외관계에 있어서는 '신사고' 외교가 추진되었다. 동서의 상호의존과 문제의 정치적 해결을 모색하려 한 것이다. 1990년대에 들어서는 대통령제를 도입하면서 '밑으로부터의 혁명'으로서의 페레스트로이카를 추진하였으며, 소련의 각 공화국에서는 주권선언으로부터 민족독립선언까지 나타나게 되었고, 이에 대항하는 보수파의 운동도 조직화되어 민족 충돌이 발생하기도 했다. 고르바초프는 연방제도의 수정에 착수하고, 공화국파와 연방유지파 사이에서 중도를 표방하며 완만한 신연방조약 체결을 추구하였다. 그러나 1991년 러시아에서 민선대통령제가 도입되어 반공산당적인 옐친이 대통령이 되었고, 이에 대해 보수파가 저항하여 8월 고르바초프의 휴가 중 쿠데타를 감행하였으나 실패하고, 권력은 옐친과 공화국 측에 옮겨가게 된다. 고르바초프가 연말에 대통령직을 사임하면서 페레스트로이카라는 소련의 개혁운동은 끝나게 되었다.

4. 방법론상의 혼돈

구성주의는 탈냉전기 극단적인 대립양상을 띠고 있었던 실증주의와 탈실증주의, 합리주의와 성찰주의 진영 간 대화와 타협을 모색하고자 하였다. 양자 사이에는 옳고 그름을 따질 수 있는 어떠한 기반도 공유하고 있지 않았기 때문에 양자 간 대화와 타협이 불가능해 보였다. 구성주의는 물질론과 실증주의, 관념론과 탈실증주의의 결합을 당연시하는 기존의 철학적 선택을 벗어나 관념주의적 존재론과 실증주의적 인식론을 결합하는 '중도입장(via media)'을 취함으로써 양 진영의 통합을 시도하였다.

3 사회이론적 기초

1. 하버마스(Jurgen Habermas)

구성주의는 근대 국제체제를 부정하기보다는 근대 국제체제를 인정하면서 그 변화가능성을 열어두고 변화를 모색한다는 점에서 하버마스의 입장과 맥을 같이하고 있다. 하버마스의 후기근대론은 이른바 탈근대론과는 구별되는 견해로서 탈근대론자들은 근대화 프로젝트의 실패를 주장하고 이를 전적으로 해체할 것을 주장한다. 탈근대론자들은 인간의 합리성은 근대적 모순을 해결할 수 없다고 보는 반면, 하버마스는 근대화 프로젝트를 전적으로 부인하기보다는 그 오류를 인정하되, 인간의 합리적 이성을 통해 그 오류를 시정할 수 있다는 입장이다. 구성주의 접근법은 주권, 국가의 주요 행위자성 등 근대성을 받아들이되, 이를 재해석함으로써 근대 국제체제의 변화를 시도하려는 점에서 탈근대론과 구별된다. 방법론적으로도 탈실증주의와 거리를 두고 있다.

2. 기든스(Anthony Giddens)

기든스의 사회이론은 근대성에 대한 하버마스의 입장을 보완하면서 구성주의에 대한 보다 구체적인 이론적 틀을 제공하고 있다. 기든스는 근대의 기획이 그 시작부터 문제점을 가지고 있었다는 점을 인정하면서도 근대성이 이러한 부정적인 면을 통제할 수 있는 잠재력을 동시에 가진다고 지적하고 있으며 근대성을 하나의 제도로 보고, 역사적으로 구성되어 왔다고 본다. 따라서 근대라는 제도는 새로운 제도 또는 새로운 구조로 이행할 수 있다. 이러한 근대성의 재구조화에 있어서 기든스는 행위자의 상대적 자율성을 강조한다. 구조는 행위자가 상호작용의 맥락에서 사용하는 규칙과 자원으로 개념화되며, 행위자는 규칙을 이해하고 제도적 규범을 준수함으로써 구조를 재생산하지만 동시에 그것들을 변형시키는 능력을 가지는 것으로 간주된다. 웬트(Wendt)는 구조화이론을 수용하여 주권이나 무정부를 규범의 차원에서 정의하고, 행위자와 구조의 간주관적 상호작용을 통해 구조변화가능성을 주장한다.

4 방법론적 특징

1. 관념론(idealism)

구성주의는 관념론에 근거하고 있다. 이는 신자유주의나 신현실주의 등의 합리주의가 유물론(materialism)에 기초하는 것과 대비된다. 유물론은 행위를 제약하는 구조가 권력의 배분, 기술 및 지리 등과 같은 물질적 요소로 보는 시각이다. 반면, 관념론은 인간의 의식이나 인식 또는 규범을 인간의 행동에 가장 중요한 독립변수로 보는 견해이다. 구성주의자들은 구조나 제도를 인식함에 있어서 행위자의 인식을 강조함으로써 관념론을 취하고 있다.

2. 전체론(holism)

구성주의는 구조의 행위자에 대한 영향력을 강조함으로써 전체론적 방법론(holism)을 취하여 개체론(individualism)과 대비된다. 개체론과 전체론의 차이는 구조가 사회생활에 미치는 영향을 어떻게 보느냐에 달려 있다. 개체론은 구조를 개체들의 속성으로 환원할 수 있다고 본다. 즉, 구조는 독립적인 존재가 아니다. 이에 비해 전체론은 사회구조의 효과는 독립적으로 존재하는 행위자들이나 그들의 상호작용으로 환원될 수 없고, 오히려 행위자들이 사회구조에 의해 구성된다고 본다. 구성주의는 행위자들의 속성인 정체성과 이익이 사회구조에 의해서 구성된다고 본다.

3. 실증주의와 탈실증주의의 결합 - 과학적 실재론(scientific realism)

구성주의는 과학적 실재론을 수용하여 실증주의와 탈실증주의 논쟁에 가교역할을 하고자 한다. 실증주의는 인식의 주체와 객체를 분리하고, 주체에게 객관적인 인식의 능력을 부여함과 동시에 관찰할 수 없는 것의 존재적 지위를 박탈한다. 탈실증주의는 주체와 객체의 분리를 부정하고 세상은 보는 사람의 관점, 즉 관찰자가 가지고 있는 이론, 이익, 이념 등에 따라 다르게 존재한다고 주장한다. 반면, 구성주의는 관찰할 수 없는 것도 존재한다고 주장한다. 따라서, 눈에 보이지 않는 어떤 생각이 많은 사람들에 의해 상호주관적으로 공유될 때, 즉 사회적으로 구성될 때 존재적 지위가 부여된다. 따라서 관찰자의 입장에서 보면 사회현상은 독립적으로 존재하며, 객관적인 과학적 연구가 가능하다는 것이다. 이러한 생각은 웬트(Wendt)가 과학적 실재론의 입장을 수용하고 있다는 것을 보여 준다. 구성주의는 실증주의와 탈실증주의 사이의 기존의 이론논쟁구도를 벗어나기 위해 존재론과 인식론을 결합하고 있다. 물질론과 실증주의, 관념론과 탈실증주의의 결합을 당연시하는 기존의 철학적 선택을 벗어나 관념주의적 존재론과 실증주의적 인식론을 결합하는 이른바 '중도론(via media)'의 입장을 취하고 있는 것이다.

5 주요 이론가

1. 존 러기(John Ruggie)

러기는 케네스 왈츠(K. Waltz)의 이론에 대한 비판을 통해 구성주의의 정체성을 형성해 나가는 데 기여하였다. 왈츠에 대한 러기의 비판은 크게 두 가지로 대별된다.

(1) 그는 왈츠의 구조의 개념적 구성요소 중 국가 기능의 동질성에 대해 비판을 가했다. 왈츠는 무정부적 국제체제에서 국가의 기능은 안보달성기능으로 동질화된다고 보았으나, 러기는 무정부하에서도 국가의 기능이 달라질 수 있다고 보았다. 즉, 중세와 근대체제는 모두 무정부체제였으나, 근대체제는 좀 더 국가주권이 강화된 체제였다. 러기는 왈츠가 이러한 점을 설명하지 못한다고 비판하였다.

(2) 체제 변화에 대한 설명을 비판하였다. 왈츠는 무정부적 구조가 집권적 체제로 변화하거나, 힘의 배분이 변화하는 것을 체제 변화라고 하였다. 그러나 러기는 체제 내에서 단위들 간의 거래의 양이나 속도 등을 의미하는 동태적 밀도(dynamic density), 즉 체제의 상호작용의 밀도 변화에 의한 구조 변화가능성을 주장하였다.

2. 리처드 애슐리(Richard Ashley)

리처드 애슐리는 탈근대 비판이론의 관점을 구성주의에 도입하고, 역사 - 구조적 접근법을 제시하였다. 애슐리의 구성주의이론 역시 신현실주의 비판에 집중하고 있다. 애슐리는 근대성 또는 근대 국제체제가 역사구조적으로 구성된 산물임에도 불구하고 신현실주의는 그것을 보편타당하고 고정불변의 진리로 제시함으로써 기존 강대국의 지배를 옹호하는 이데올로기로 작동하였다고 비판하였다. 한편, 애슐리는 신현실주의의 유물론적 관점을 비판하고 현상의 이해에 있어서 인식의 중요성을 강조하였다.

3. 알렉산더 웬트(Alexander Wendt)

알렉산더 웬트는 사회적 실재는 물리적 실재라기보다는 이념에 의해 구성된 실재라는 점을 강조하고, 국제정치에서 주체와 구조의 관계 및 구조 변화의 동력을 체계적으로 설명함으로써 구성주의이론을 체계화하였다. 그는 기든스(Anthony Giddens)의 구조화이론(structuration theory)을 원용하여 국제구조와 행위자의 관계를 설명하였다. 웬트는 국제적 규범구조가 국가의 정체성과 이해관계를 형성하고, 국가는 그들의 관행과 상호작용을 통해 그러한 구조를 재생산해낸다고 주장하였다. 한편, 행위자는 내면화된 규범을 반복함으로써 정체성을 강화할 뿐 아니라, 때로는 새로운 규범의 구성을 의식적으로 시도함으로써 구조의 변화에도 영향을 줄 수 있다. 이러한 반복적인 과정을 주체와 구조의 간주관적 상호작용이라 한다.

4. 프리드리히 크라토크빌(Friedrich Kratochwil)

프리드리히 크라토크빌은 국제관계학에서 규칙과 규범에 대한 체계적인 설명을 처음 시도한 학자 중의 한 명이다. 그는 규칙을 규제적 규칙과 구성적 규칙으로 구분하여 설명하였다. 규제적 규칙은 행위자들의 행동을 규제하는 규칙인 반면, 구성적 규칙은 단순히 행위들을 규제할 뿐만 아니라 행동의 가능성도 창출하는 규칙을 말한다. 예컨대 주권규칙은 국가 행위를 규제할 뿐만 아니라 주권국가라는 정체성을 구성해 낸다. 합리주의자들은 규칙을 규제적 관점에서 파악하는 반면, 구성주의자들은 규칙의 구성적 속성을 주장함으로써 제도나 레짐 이해의 새로운 국면을 열어 주었다.

6 핵심 내용

1. 국제구조의 사회적 구성

웬트(Wendt)의 구성주의이론 중에서 가장 중요하고 획기적인 부분은 국제구조를 물질적인 것이라기보다는 사회적인 것으로 본다는 점이다. 케네스 왈츠(K. Waltz)가 국제구조를 물질적인 것으로 정의하고 힘의 배분구조에 따라 행위자들의 행동양식이 달라진다고 보는 것과 대조적이다. 웬트에 따르면, 국제정치의 내용은 국가가 서로 간에 가지고 있는 믿음과 기대에 의해 결정되고, 그 믿음과 기대는 많은 부분들이 물질적인 것이 아니라 사회적 구조에 의해 결정된다. 상대방을 적으로 간주하는 홉스적 무정부상태와 상대방을 경쟁자 또는 친구로 보는 무정부상태는 같은 무정부상태라 하더라도 상당한 차이가 있다는 것이다. 웬트는 국제정치 현실에서 권력과 이익이 중요하다는 점은 충분히 이해하면서도 그와 같은 물질적 권력과 이익의 의미와 효과는 사회적 구조에서 나온다는 점을 강조한다. 예컨대 500개의 영국 핵무기와 5개의 북한 핵무기 중에서 미국에게는 5개의 북한 핵무기가 더 위협적일 것인데, 이는 관념 또는 아이디어가 양자관계에서 작동하고 있기 때문이다. 즉, 국제구조가 홉스적 무정부상태이냐 칸트적 무정부상태이냐에 따라 물질적 의미가 크게 달라질 수 있다는 것이 웬트의 주장이다. 결국 물질 자체보다는 물질에 대한 주체들의 해석이 상호관계 규율에서 더욱 중요한 작용을 하는 것이다.

2. 구조와 주체의 상호구성

(1) 주체의 구조에 대한 영향

웬트(Wendt)는 구조와 주체의 상호구성성을 주장한다. 주체는 구조를 형성할 뿐 아니라 변화시키는 근본원인이 된다. 구조는 주체와 분리되어 독립적으로 존재하지 않는다. 예컨대 웬트는 무정부상태라는 구조는 국가들이 어떻게 만드는가에 따라 다르다고 본다. 국가들이 처음 충돌하였을 때는 홉스적 무정부상태를 만들어 낼 수 있지만, 시간이 지날수록 서로에 대해 알게 되고 이해할 수 있게 되어 로크적 또는 칸트적 무정부상태를 만들어 낼 수 있다. 즉, 웬트는 무정부상태는 국가하기 나름(anarchy is what states make of it)이라는 것이다. 웬트의 이러한 시각은 왈츠(K. Waltz)와 달리 국제관계를 낙관적으로 볼 수 있는 근거를 제공해 준다.

(2) 구조의 주체에 대한 영향

웬트(Wendt)는 구조가 주체의 행위에만 영향을 미칠 뿐 아니라 단위를 구성한다고 주장하여 구조와 단위의 존재론적 동등성을 강조한다. 예컨대 만약 국제정치에서 국제구조가 홉스적 무정부상태라고 한다면 그것은 국가들이 홉스적 성질을 가졌기 때문이고 또한 국가들이 홉스적 성질을 가진 것은 구조가 홉스적 문화이기 때문이다.

3. 구조변화

구조를 물질적 측면뿐만 아니라 문화적이고 인식론적 측면에서 정의하는 구성주의 입장에서는 자연스럽게 구조변화 문제를 제기할 수 있다. 케네스 왈츠(K. Waltz)는 구조 변화를 무정부체제가 위계적 체제로 변화하거나, 힘의 배분에 있어서의 변화를 의미하는 것으로 본다. 반면, 웬트(Wendt)는 내면화하고 있는 규범의 변화를 구조변화로 본다. 즉, 물질적 차원에서 보면 같은 무정부상태라 하더라도 홉스적 무정부상태일 수도 있고, 로크적·칸트적 무정부상태일 수도 있다고 볼 때, 홉스적 무정부상태에서 로크적 무정부상태로의 변화 역시 구조의 변화인 것이다. 따라서 웬트에 있어서는 왈츠에 있어서보다 구조변화가능성이 넓게 열려져 있는 것이다.

4. 정체성

(1) 의의

정체성의 개념은 구성주의이론에 있어서 가장 근본적인 개념 중의 하나이다. 정체성은 다양한 요소로 구성된다. 즉, 행위자가 내면화한 규범, 타자와 자신을 구별하는 대타적 인식의 요소들, 정치문화, 이데올로기, 신념체계, 인식의 틀 등이다.

(2) 정체성의 유형

국제정치학에서 정체성은 개인의 정체성, 사회정체성, 국가정체성, 민족정체성 등 다양하게 분류할 수 있다. 웬트(Wendt)는 사회적 정체성(social identities)이란 행위자가 타인들의 관점을 받아들이면서 자신에게 부과하는 의미의 체계라고 본다. 집단의 구성원은 국가정체성에 위협이 되는 타자의 존재를 같이 확인하고 자신의 정체성(자기정체성)을 공고히 함으로써 결속력을 다지게 된다. 한편, 집합적 정체성은 다수의 집합들이 공동의 정체성을 획득한 정체성을 말하는데, 그것이 협력적일 수도 있고 갈등적일 수도 있다. 협력적·긍정적 정체성일 경우 일방은 타방을 자신의 정체성의 확장으로 볼 것이며 일종의 결속력과 공동체 의식, 충성심, 공동이익 등의 개념을 느끼게 될 것이나, 갈등적·부정적 정체성은 집단들로 하여금 적대감, 이익의 충돌, 갈등의 지속 등의 개념을 가지게 한다.

(3) 정체성의 정치(identity politics)

다수의 집합들이 서로 간의 관계 속에서 자기정체성과 타자정체성을 획득하는 과정은 정치적 행위에 의해 형성되고 변형될 수 있다. 행위자들이 자신과 타자의 정체성에 대한 인식에 영향을 주어 이들 간의 정치적 관계에 영향을 주고자 행해지는 의식적이고, 의도적인 정치행위를 정체성의 정치라 한다. 이는 물리적 차원에서 행해지는 국가 간 정치와 상대적으로 독립되어 작용할 수 있는 부분으로 타자와 자신을 특정한 이름 아래 규정짓고, 상호 간의 관계를 담론 속에서 강조하여 서로 간의 인식에 근본적 변화를 가져오게 하는 과정이라 볼 수 있다. 국가 간의 정체성의 정치는 타국에 대한 도덕적 비난, 자국에 대한 긍정적 규정, 타국과의 역사에 대한 인식 또는 왜곡 등으로 나타난다.

5. 규범

규범은 정체성을 구성하는 요소 중의 하나이다. 규범은 일정한 정체성을 획득한 개인들이 행하는 행동의 준거에 대한 집합적 기대감을 제공한다. 카첸스타인(Katzenstein)에 의하면 규범들은 구성적·제한적 효과를 가지고 행위자들의 행동을 근본적으로 구성하거나, 특정 행동을 규율하거나 혹은 양 역할을 모두 수행한다. 규범들은 국제정치의 다양한 차원에서 형성되고 작동한다. 특정 규범은 체제나 구조 자체를 구성하고 가능하게 하는 근본적인 차원에서 작동하는데 웬트(Wendt)는 근대 국가체제의 무정부상태 조직원리, 자력구제체제, 주권의 원칙 등이 근본적 규범이라고 본다.

7 비교

1. 신현실주의

(1) 구조의 속성

왈츠(K. Waltz)는 국제구조를 무정부와 능력의 분포라는 물질적 요소로 정의한 반면, 웬트(Wendt)는 국제구조를 '지식의 분포(distribution of knowledge)'라는 관점에서 해석한다. 또한, 왈츠는 힘의 배분이 바뀌는 경우 국가의 행동이 변화한다고 보는 반면, 웬트는 힘의 배분에 대한 국가들의 인식이 변화할 때 국가의 행동이 변화한다고 본다.

(2) 구조와 행위자의 관계

왈츠(K. Waltz)에 의하면 구조는 행위자들의 동시행위(coaction)에 의해 만들어지나, 일단 만들어진 다음에는 단위들의 의지와 상관 없이 단위들에게 강력한 영향력을 행사한다. 또한, 구조는 국가의 행위에만 영향을 미치고 근본적인 성질은 바꾸지 못한다고 본다. 반면, 웬트(Wendt)는 구조와 주체의 상호구성성을 강조하고, 구조는 주체의 행위를 제약하는 역할을 할 뿐 아니라 국가의 근본적 성질도 바꾼다고 본다.

(3) 구조 변화

왈츠(K. Waltz)는 무정부상태는 거의 상수로 고정되어 있으므로, 홉스적 자연상태로서의 무정부상태는 변화하지 않는다고 본다. 구조 변화는 힘의 배분에 있어서의 변화일 수밖에 없고, 이로써 국가들의 행동을 변화시킨다고 본다. 반면, 웬트(Wendt)는 국제구조 자체는 사회적 구성물이므로, 규범이 변화하거나, 국가들의 집합정체성이 변화하는 경우 구조가 변화한다고 본다. 예컨대, 힘의 배분에 변화가 없어도 홉스적 무정부상태에서 로크나 칸트적 무정부상태로의 변화가 가능하다고 본다.

◐ 구성주의와 구조적 현실주의 비교

구분		구성주의	구조적 현실주의
공통점		구조의 규제적 속성 인정	
차이점	구조의 속성	관념적 (distribution of knowledge)	물질적 (distribution of power)
	구조와 행위자의 관계	구조와 행위자의 상호구성	구조의 행위자에 대한 일방적 제약
	구조변동 가능성	인정	부정
	구조의 역할	규제적, 구성적	규제적

2. 신자유제도주의

구성주의와 신자유제도주의의 핵심적인 차이점은 두 가지로 볼 수 있다.

첫째, 신자유제도주의는 국가의 선호가 주어져 있다고 보나, 구성주의는 선호는 정체성의 산물이므로, 국가에 따라 다를 수 있다고 본다. 즉, 신자유제도주의는 국가는 합리적 행위자로서 비용과 편익을 고려한 국가이익을 극대화하는 존재로 보나, 구성주의는 국가의 선호가 사전에 주어져 있는 것이 아니라고 본다.

둘째, 신자유제도주의는 제도가 행위자에 대한 규제적 속성만을 강조하나, 구성주의는 제도가 행위자의 정체성을 구성하는 구성적 효과도 같이 가진다고 본다.

 참고

알렉산더 웬트(Alexander Wendt, 1958년 ~)

독일의 마인츠 태생으로 1989년 미국 미네소타대학에서 박사학위를 취득한 후 예일대학과 다트머스대학에서 교편을 잡았고 현재 시카고대학 정치학부 준교수로 재직 중이다. 냉전 종결 후 주목을 받게 된 구성주의의 선구적이며 대표적인 이론가이다. 1987년의 논문 『The Agent-Structure Problem in International Relations Theory』에서 왈츠(K. Waltz)로 대표되는 신현실주의이론이 국가를 너무 물질적·실체적으로 파악하였다며 비판하고, 행위주체와 구조의 상호작용을 고찰할 필요성을 역설하였다. 1992년의 논문 『Anarchy Is What States Make of It』에서는 권력정치를 국제정치의 무정부상태의 불가피적 결과로 간주하는 신현실주의에 대해서 국제정치가 권력정치가 될 것인가 국제협조가 될 것인가는 국가가 무엇을 위협과 이익으로 간주하느냐 하는 주관적 요소, 즉 국가의 가치관 및 아이덴티티에 의거한다는 견해를 제시했다. 따라서 그의 이론에 의하면 가치관과 아이덴티티가 구축되는 과정이 중요한데, 웬트는 그것이 사회적 상호작용의 결과로 형성된다고 주장한다. 1999년에는 저서 『Social Theory of International Politics』를 출판하고 종래의 지론을 체계적으로 서술하였다. 현 시점에서 웬트의 이론이 완성되어 있다고 하기는 어렵지만 주체의 완결성을 전제로 해 온 종래의 국제정치이론이 역사적·문화적 문제로 시야를 넓히는 데 커다란 영향을 주었다고 평가할 수 있을 것이다.

존 러기(John Gerald Ruggie, 1944년 ~)

오스트리아의 그라츠 출신으로 1956년 가족과 함께 캐나다로 이주해 1967년에 다시 미국으로 이주하였다. 1974년 캘리포니아대학 버클리교에서 박사학위를 취득하였다. 1978년부터 컬럼비아대학에서 교편을 잡고 1997~2001년에는 코피 아난 UN사무총장 보좌관을 역임했으며 현재는 하버드대학 교수이다. 1982년에 『International Organization』지에 발표한 논문 『International Regimes, Transactions, and Change: Embedded Liberalism in the Postwar Economic Order』에서 제2차 세계대전 후의 브레튼우즈체제가 국제적인 다각적·자유주의적 경제질서와 각국의 경제, 사회정책의 자율성의 양립을 도모하는 타협의 산물이었다고 지적하고, 이를 '내재된 자유주의(embedded liberalism)'라고 표현하였다. 그 후에도 다자주의(multilateralism)에 관한 공동연구를 주재하는 등 자유주의의 입장에서 많은 연구업적을 남겼으나 냉전 종결 후에는 신현실주의와 신자유주의 모두를 '신공리주의(neo-utilitarianism)'라고 부르고 국제시스템의 변화를 설명하기 위해서는 이 두 이론이 불충분하다면서 구성주의로 이론적 입장을 바꾸었다. 한편, 『Winning the Peace: America and World Order in the New Era』(1996) 등에서 미국의 일방주의(unilateralism)를 비판하고, 다자주의를 옹호하는 등 정책 제언에도 의욕적이다.

제2절 | 문명충돌론(The Clash of Civilizations)

1 의의

냉전체제가 해체된 이후 탈냉전의 국제체제의 안정성에 대한 다양한 예측이 제기되고 있다. 대체로 후쿠야마를 비롯한 자유주의진영에서는 탈냉전 국제질서의 안정성을 주장하고 있다. 반면, 탈냉전질서를 다극질서로 이해하는 구조적 현실주의자들은 탈냉전질서가 양극적 세력균형체제로 이해되는 냉전체제에 비해 불안정성이 높아졌다고 본다. 헌팅턴(Samuel P. Huntington)에 의해 제시된 문명충돌론은 탈냉전질서의 비관론을 대변하는 견해이다. 헌팅턴은 냉전기 갈등구조가 이념을 중심으로 나타난 반면, 탈냉전기 갈등은 종교를 기반으로 하는 문명 간 갈등으로 나타날 것으로 보고 있다.

2 주요 내용

1. 헌팅턴의 인간관

헌팅턴(Huntington)의 문명충돌론은 인간에 대한 가정에서부터 출발한다. 헌팅턴에 따르면 인간은 권력을 추구하고 정체성을 필요로 하는 존재이다. 인간은 전통적인 방식과 사회심리적 방식으로 자신의 정체성을 찾는다. 전통적인 방식이란 자신이 속한 조상, 종교, 언어, 역사, 가치관, 관습제도를 가지고 스스로를 규정하는 것을 말한다. 우선 인간은 부족, 민족, 신앙공동체, 국가에서 자신의 정체성을 찾지만, 가장 포괄적인 차원에서는 문명이라고 하는 문화적 집단에 자신을 귀속시키며 자신의 정체성을 확보한다. 또한, 인간은 특정한 상황마다 타인과 자신을 구별함으로써 스스로를 정의한다(변별이론, distinctiveness theory). 이를 '배제에 의한 정체성 획득'이라고 한다. 헌팅턴은 인간에게 배제에 의한 정체성을 획득하기 위한 가장 강력한 문명적 매개체는 종교라고 본다.

2. 문명의 개념

헌팅턴(Huntington)은 문명과 문화를 엄격하게 구분하지 않고 문명을 '문화적 실체', '크게 씌어진 문화' 등으로 정의한다. 따라서 헌팅턴은 문명과 문화를 모두 '사람들의 총체적 생활방식'을 가리키는 개념으로 파악한다. 또한 문명은 가장 광범위한 문화적 실체로서 마을, 지역, 민족집단, 국민, 종교집단 등과 같은 하위의 문화적 실체를 포괄하는 가장 상위 수준에 있는 사람들의 문화적 결집체이며, 인간정체성의 가장 큰 외연을 구성한다.

3. 현존하는 문명권

헌팅턴(Huntington)은 탈냉전시대에 서로 동질화될 수 없는 9개의 서로 다른 문명이 존재하고 있고, 세계정치의 협력과 갈등은 문명권을 중심으로 새롭게 재편되고 있다고 본다. 그러한 문명권은 중화, 일본, 힌두, 이슬람, 정교, 서구, 라틴아메리카, 아프리카, 불교이다.

4. 문명 내의 위계질서

대립되는 각각의 문명권 내부는 핵심국(core country), 소속국(member state) 및 친족국(kin country), 고립국(lone state), 단절국(cleft state), 분열국(torn state) 등의 위계적 질서로 짜여 있다.

(1) 핵심국(core country)

한 문명의 핵심국은 그 문명의 소속국들이 자기 문화의 근원으로 간주하는 성지를 가지고 있으며 가장 막강한 '힘(power)'을 소유하고 있다. 일본문명은 하나로 존재하는 일본 핵심국과 일치하며 동시에 고립국이다. 중화, 정교, 힌두문명은 각각 하나의 핵심국(중국, 러시아, 인도)과 다수의 소속국을 거느리고 있다. 서구에서는 미국과 독일, 프랑스가 핵심국이며 다수의 소속국이 존재하고 있다. 이슬람, 라틴아메리카, 아프리카는 핵심국이 없는 문명권이다.

(2) 단절국(cleft state)

수단, 탄자니아, 인도, 스리랑카, 유고슬라비아처럼 문명의 단층선에 걸쳐 있으며, 둘 이상의 문명권이 공존하는 지역으로 분열되기 쉬운 국가를 말한다.

(3) 분열국(torn state)

러시아, 튀르키예, 멕시코처럼 한 문명 안에서 지배력을 가진 단일문화를 가지고 있지만, 그 나라의 지도부와 엘리트가 다른 문명으로 옮겨 가기를 희망하는 국가를 말한다.

5. 문명 간 권력이동

헌팅턴(Huntington)은 서구문명의 상대적 쇠퇴와 문명 간 권력이동을 예견한다. 헌팅턴은 서구문명이 앞으로도 가장 강력한 문명의 위치를 고수할 것이나, 그 상대적 힘은 점점 약화되고 있다고 본다. 비서구문명권에서는 중화와 이슬람문명권이 상대적으로 부상하고 있는데 중화문명은 경제 성장에, 이슬람문명은 원유와 인구에 기초하여 지속적으로 부상하고 있다. 따라서 헌팅턴은 중화문명과 이슬람문명이 결국 서구문명에 도전할 것으로 본다.

6. 문명충돌

(1) 서설

헌팅턴(Huntington)은 문명정체성과 배제의 정체성이 강화되면 결국 문명 간 충돌로 치닫게 된다고 본다. 특히 중화문명과 이슬람문명이 연대하여 서구문명에 대항할 것이라 예측한다. 보편주의에서 오는 서구의 오만함, 종교에서 오는 이슬람의 편협함, 경제력에서 오는 중화의 자존심이 개인과 국가의 권력추구적 성향과 맞물려 문명충돌이 발생한다. 문명 간 충돌은 미시적 차원의 '단층선 분쟁'과 거시적 차원의 '핵심국 분쟁'의 두 가지 형태로 나타난다.

(2) 단층선분쟁

단층선분쟁은 상이한 문명에 속한 인접국들 사이에 또는 한 국가 안에 상이한 문명에 속한 집단들 간에 발생한다. 이러한 분쟁은 근본적인 정체성을 건드리므로 심한 폭력과 유혈 사태를 낳고 '친족국 증후군(kin-country syndrome)'이 작동하면서 장기화된다. 친족국 증후군이란 세계가 가까워지면서 친족 집단들이 싸움을 벌이는 자기편에게 정신적·외교적·물질적·금전적 지원을 보낼 수밖에 없다는 심리를 표현한 용어이다. 헌팅턴(Huntington)은 단층선분쟁을 이슬람, 정교, 서구 간의 분쟁을 설명하는 틀로 사용하고 있다. 헌팅턴은 이슬람의 폭력성으로 이슬람문명과 타문명이 평화공존하기는 어렵다고 보며, 그 이유는 다음과 같다.

① 이슬람의 역사는 폭력적 전복의 역사였다.
② 이슬람사회는 청년층과 청년실업층이 많다.
③ 이슬람종교는 폭력적이어서 다른 종교와 화합할 수 없다.
④ 이슬람지역은 비이슬람교도 집단과 물리적으로 근접해 있다.
⑤ 이슬람에는 핵심국이 존재하지 않는다.

(3) 핵심국분쟁

핵심국분쟁은 서로 다른 문명을 이끌어가는 핵심국들 사이의 분쟁을 말한다. 핵심국 간 전쟁이 발생할 수 있는 경우는 두 가지가 있다.

① 단층선분쟁에서 핵심국은 각각의 분쟁집단을 지원하게 되는데 이로 인해서 다른 문명의 핵심국과의 전면전이 발생할 수 있다.

② 문명들의 세력균형에 변화가 오는 경우 핵심국들의 전쟁이 일어날 수 있다. 서구에서 중국으로 패권이 넘어가는 과정에서 군사충돌의 가능성이 있다는 것이다.

7. 전쟁방지책

헌팅턴(Huntington)은 이러한 대규모 문명전쟁을 방지하기 위해서는 핵심국들이 다른 문명 내부의 분쟁에 개입하지 말아야 한다고 제안한다. 핵심국은 자제의 원칙과 공동 중재의 원칙 및 동질성의 원칙을 견지해야 하며, UN안전보장이사회는 문명의 핵심국 기준으로 개편되어야 하고, 핵무기는 개별 문명의 핵심국만 보유하도록 해야 한다고 본다.

8. 서구의 생존전략 - 서구 고립주의

헌팅턴(Huntington)에 따르면 중국과의 경쟁에서 살아남고 서구문명을 유지하기 위해서는 미국은 국내적으로 문화다원주의가 아닌 서구적(미국적) 가치로 하나가 되어야 하고, 대외적으로 유럽과 확고한 대서양 공동체를 구축함과 동시에 다른 문명권에 대해서는 확실한 배제정책을 적용해야 한다. 이는 서구 고립주의로서 미국은 러시아 및 중국과 동반자 관계를 구축할 필요가 없다는 것이다.

9. 보편문명화에 대한 부정

윌킨슨(David Wilkinson)을 비롯한 문명이론가, 세계체제론자 및 지구화론자들은 세계경제의 출현, 여러 핵심국들 간의 상호협력 또는 지구화과정을 통해 전지구적 보편문명의 존재 또는 그 가능성을 긍정한다. 반면, 헌팅턴(Huntington)은 지구상에 단일 보편문명의 존재를 부정한다. 보편문명화에 있어서 중요한 동인으로 간주되는 근대화에 대해서 헌팅턴은 근대화가 '서구화'와 동의어가 아니라고 본다. 헌팅턴에 따르면 후쿠야마식의 문명전파론적 계몽주의자들의 주장과 달리 비서구사회는 그들 자신의 문화를 버리거나, 서구적 가치나 제도 그리고 관행을 채택하지 않고서도 근대화를 할 수 있고, 또 근대화를 해 왔다. 이에 헌팅턴은 9개의 문명은 각각 독자적 정체성을 보유한 채로 갈등적으로 공존하고 있다고 본다.

3 비교

1. 프랜시스 후쿠야마(Francis Fukuyama)

(1) 의의

후쿠야마의 '역사의 종언' 명제는 1989년 <The National Interest>에 발표한 논문을 바탕으로 1992년 책으로 출간되었으며, 냉전 종식 직후 자유민주주의의 승리를 이론화한 대표적인 주장이다. 후쿠야마는 자유민주주의 체제가 인류가 도달할 수 있는 최종적 정치체제라고 주장함으로써, 정치 이데올로기의 진화가 종결되었다고 선언하였다. 이는 마르크스주의나 전체주의와 같은 대안 이념의 패배를 확인하며, 헤겔의 변증법적 역사 발전 개념을 현대에 재해석한 시도였다. 후쿠야마는 '역사의 종언'을 문자 그대로의 사건의 종료가 아니라 이념의 진화라는 의미에서의 종언으로 이해하였다. 또한, 그는 자유민주주의가 인간의 인정욕구(thymos)를 가장 잘 충족시키는 체제라고 주장하였다. 이 이론은 냉전 후 세계질서의 이념적 정당성을 부여하며, 미국 중심의 자유주의적 국제질서를 이론적으로 뒷받침하였다.

(2) 배경

후쿠야마는 냉전이 종식되고 소련이 붕괴하는 시점에서, 자유민주주의의 보편성과 우월성이 입증되었다고 보았다. 그는 레이건 - 부시 행정부하에서 확산된 자유시장경제와 민주주의의 승리 분위기를 이론화하려 했다. 헤겔의 철학을 해석한 알렉상드르 코제브(Alexandre Kojève)의 영향을 받아, 역사는 인간의 인정을 위한 투쟁의 과정이며, 이를 충족시킨 자유민주주의가 마지막 정착점이라고 본다. 또한, 세계적으로 권위주의 정권들이 붕괴하고, 민주주의로의 이행이 급격히 확산되던 시기적 흐름도 그의 주장에 힘을 실었다. 마르크스주의의 몰락과 '제3세계' 국가들의 자유시장경제 채택도 배경 요인이다.

(3) 주요 명제

첫째, 자유민주주의는 인간 정치체제의 최종단계이며, 대안 이념은 더 이상 존재하지 않는다고 본다. 둘째, 인류 역사는 단지 사건의 나열이 아니라 이념의 진보로 볼 수 있으며, 그 진보는 자유민주주의의 도달로 완성되었다. 셋째, 자유민주주의는 인간의 경제적 욕구와 인정 욕구를 모두 만족시킬 수 있는 유일한 체제이다. 넷째, 역사의 종언은 전쟁이나 갈등의 완전한 소멸이 아니라, 이념적 대립의 종식을 의미한다. 다섯째, 이후의 갈등은 실천적 문제이거나 체제 내의 일탈로 간주되며, 체제 자체의 정당성은 더 이상 도전받지 않는다.

(4) 비판

후쿠야마의 이론은 곧바로 여러 측면에서 비판을 받았다. 우선, 중국의 부상과 권위주의 체제의 지속은 자유민주주의가 유일한 종착점이라는 주장에 반례를 제시한다. 또한, 이슬람주의, 민족주의, 포퓰리즘의 부상은 이념적 대립이 여전히 현재진행형임을 보여준다. 정치체제를 단일 선형의 역사 발전으로 이해하는 점에서 유럽중심주의적이며 역사결정론적이라는 비판도 제기된다. 마르크스주의자들은 후쿠야마가 자본주의 체제의 모순을 무시하고, 이를 영속적 질서로 착각했다고 비판하였다. 9·11 테러, 러시아의 침공, 글로벌 불평등 심화는 '역사의 종언'이 아닌 새로운 역사 갈등의 서막을 보여주었다는 반론이 많다.

(5) 후쿠야마의 입장 수정

후쿠야마는 2000년대 이후 자신의 '역사의 종언' 논제에 대해 현실 인식에 기반한 수정론을 제시하였다. 그는 자유민주주의가 여전히 궁극적인 정치체제로서의 정당성을 갖는다고 보면서도, 그 보편적 확산은 자동적이지 않으며 후퇴할 수도 있다는 점을 인정했다. 특히 9·11 테러 이후, 근본주의, 민족주의, 권위주의의 부상을 통해 이념적 대립이 여전히 존재함을 강조하였다. 중국의 성공적인 경제 발전과 정치 안정은 초기 후쿠야마 이론에 대한 강한 도전이었다. 이에 대해 후쿠야마는 중국식 권위주의가 장기적으로 정당성을 유지하기는 어렵다고 보지만, 단기적으로는 자유민주주의보다 효율적일 수도 있다고 인정하였다. 이로써 후쿠야마는 초기의 낙관주의를 넘어 조건부 진보론으로 입장을 조정하였다.

(6) 헌팅턴과 후쿠야마 입장 비교

헌팅턴(Huntington)의 문명충돌론은 냉전 종식 이후 큰 반향을 일으켰던 후쿠야마(Fukuyama)의 '역사의 종언론'과 같은 승리주의(triumphalism)에 대한 비판적 성격을 가진다. 후쿠야마의 견해는 문명론적 관점에서 볼 때, '단일중심적 문명전파론' 또는 '전파주의자(diffusionist)'의 견해를 계승하고 있다. 단일중심적 문명전파론 또는 전파주의는 인류문명의 단일중심지는 '비옥한 초승달' 지역이고 이 단일중심으로부터 세계 각처로 문명이 전파되었다고 주장한다. 반면, 헌팅턴은 '진화주의자(evolutionist)'의 입장을 계승하고 있다. 진화주의자들은 개별 문명들의 독자적인 발전을 강조한다. 헌팅턴은 서로 융합될 수 없는 9개의 문명이 적대적으로 공존할 것이라고 주장함으로써 진화주의 입장에 서 있다.

2. 자유주의 - 민주평화론

헌팅턴(Huntington)의 문명충돌론은 자유주의 패러다임의 가설과 다른 점이 많다. 우선, 민주평화론과 배치된다. 민주평화론은 전세계적으로 민주정이 확산될수록 민주정의 규범과 제도적 속성으로 인해서 국제질서의 안정성이 보장된다고 본다. 그러나 헌팅턴은 국제질서의 주요 독립변수를 문명으로 보고 문명 간 세력균형을 국제질서 안정의 핵심요인으로 보기 때문에 개별 국가의 민주화와 안정성의 상관성을 부인한다. 한편, 헌팅턴은 민주정이라는 공통문화의 성립가능성 자체도 부인한다. 비서구 국가들은 서구의 민주정체를 '모방'할 수 있을지언정 서구의 민주정과 동질의 민주정을 수립할 수는 없다고 본다. 더 나아가, 헌팅턴은 서구 국가들이 서구적 민주정을 비서구 국가들에게 이식하려고 하는 경우 문명충돌의 가능성은 더 높아진다고 본다.

3. 현실주의

(1) 차이점

분석단위만 놓고 볼 때 문명충돌론은 '국가'를 넘어서는 '문명'을 분석단위로 삼고 있다는 점에서 현실주의와는 구별된다. 현실주의는 국가를 국제정치의 주요한 합리적 행위자로서 권력으로 정의된 국가이익을 최고의 가치로 보고 추구하는 존재로 묘사한다. 반면, 헌팅턴(Huntington)은 개별 국가이익보다 문명이익을 우선적으로 고려하는 것으로 가정한다.

(2) 공통점

헌팅턴(Huntington)의 다양한 가설들은 현실주의와 크게 차이가 없다. 인간과 국가의 권력지향성, 핵심국(패권국)의 존재, 문명 간 세력균형에 의한 안전보장 등의 주장은 현실주의와 일치하는 부분이다. 문명 간 적대적 공존가설 역시 홉스적 자연상태 비유와 유사하다.

4 비판

1. 뮐러(Harald Müller)

뮐러는 『문명의 공존(Zusammenleben der Kulturen)』에서 헌팅턴(Huntington)의 문명충돌론을 비판하고 문명 간 공존가능성을 모색하고 있다. 근대화와 지구화를 통해 문명 간 공동가치영역으로 형성되는 사회세계(Gesellschaftswelt)에서 문명 간 공존가능성이 있다고 본다. 헌팅턴이 인간의 원초적인 배제논리를 극대화하고 분쟁에 대한 1차 책임을 문명, 즉 종교로 돌리며 문명충돌을 예언하고 있다면, 뮐러는 문명의 차이는 부차적인 것으로 인간의 이성적인 화합의지와 합리성 그리고 관용을 통해 극복될 수 있다고 본다.

2. 헨더슨과 터커(Henderson and Tucker)

헨더슨과 터커는 계량분석을 통해 상이한 문명에 속한 국가나 집단 간 분쟁가능성이 높다는 헌팅턴(Huntington)의 가설을 반박하였다. 이들은 1816년 이후의 세계사를 전냉전기(1815~1945), 냉전기(1946~1988), 탈냉전기(1989~1992)로 나누어 문명적 소속과 국가 간 전쟁의 상관성을 분석하였다. 이들의 연구결과는 냉전기의 전쟁이 문명적 소속보다는 이데올로기에 의해 지배되었다는 헌팅턴의 주장과는 부합되지만, 전냉전기와 탈냉전기에서는 문명 내 전쟁빈도가 문명 간 전쟁빈도보다 높은 것으로 나타남으로써 헌팅턴의 가설을 부정하였다.

3. 너스봄(Nussbaum)

너스봄은 '문명'이라는 개념의 모호성으로 인해서 이를 사회과학적 개념으로 발전시키기에는 너무나 복잡한 요소를 내포하고 있다고 비판하였다. 즉, 헌팅턴(Huntington)의 문명 개념은 너무나 포괄적이어서 아무것도 설명해 주지 못한다는 것이다.

4. 분석단위의 적절성

헌팅턴은 문명을 분석단위로 설정하고 있으나, 이에 대해 다양한 비판론이 제기된다.

(1) 뮐러(Müller)도 제시하였듯이 같은 문명권 내에서 패권의 등장에 대해 같은 문명권 국가들은 이를 저지하려는 태도를 보여주었다.

(2) 1991년 걸프전 당시 아랍 국가들은 이라크를 지원하기보다 미국을 비롯한 서방측에 가담하였다.

(3) 동남아 국가들 역시 중국의 부상을 환영하기보다는 이를 위협으로 받아들이면서 미국 등 문명권 외부 국가들과 연대를 모색하고 있다.

(4) 2003년 미영 연합군의 이라크 침공 시 서구문명에 속하는 프랑스와 독일은 강력히 반발하였고 아랍국가들 역시 방관하거나 미영 연합군을 지원하였다.

요컨대, 뮐러(Müller)가 지적하듯이, 현재 세계정치에서 문명적 가치는 기껏해야 국가의 행위를 정당화하는 구호로는 동원되지만, 개별 국가는 궁극적으로 자국의 이익, 위신, 권력을 추구하며, 문명적 가치나 이익은 그것이 국익에 반하지 않을 때만 효력을 발휘할 뿐이다.

5. 신냉전적 구상

비서구 국가들의 입장에서 볼 때, 헌팅턴(Huntington)의 문명충돌론은 냉전 이후 새로운 적을 찾아 미국의 패권적인 대외정책을 정당화하고자 하는 미국 내 강경보수파들의 입장을 대변하는 이데올로기적 고안물이다. 헌팅턴을 비롯한 강경보수파들은 미국의 적을 외부에 만들어냄으로써 서구세력을 단결시키는 한편, 미국의 패권전략을 정당화하고자 하였다. 헌팅턴은 이슬람 및 중화 문명국가들을 과거 냉전시대 소련을 비롯한 공산진영의 역할을 대신하는 서구 문명권의 적으로 설정함으로써 냉전적 구도를 재생산하고 있는 것이다. 이러한 점을 고려할 때 헌팅턴의 문명충돌론은 현재의 세계정치를 설명하는 이론틀이라기보다는 하나의 이데올로기에 불과하다.

6. 오리엔탈리즘(Orientalism)

헌팅턴(Huntington)의 문명충돌론은 변형된 오리엔탈리즘적 성격을 띤다. 에드워드 사이드(Edward Said)는 『오리엔탈리즘(Orientalism)』이라는 책에서 서구인들이 보는 동양은 동양 본래의 모습이 아니라 부정확한 정보와 왜곡된 편견을 통해 투사된 허상일 뿐이라고 통박하면서, 지식(서구인의 동양에 대한 지식, 즉 오리엔탈리즘)과 권력(서구인의 동양 지배)의 상호 불가분적인 결탁관계를 지적한 바 있다. 이러한 시각에서 볼 때, 기왕의 오리엔탈리즘이 서구의 제국주의와 식민주의를 정당화하기 위한 것으로 동양, 특히 아시아지역의 문화를 폄하하는 방식으로 기술된 지식체계였다면, 헌팅턴의 정치학적 오리엔탈리즘 역시, 자신들의 패권을 양보할 수 없는 서구 문명이 서구의 패권에 도전하는 중화 - 이슬람 연합문명을 견제하고 봉쇄하는 것을 정당화하기 위한 '지식'이다.

7. 자기실현적 예언(self-fulfilling prophecy)의 위험성

헌팅턴(Huntington)의 문명충돌론은 무엇보다 자기실현적 예언이 될 위험이 있다는 점에서 심각한 문제가 있다. 구성주의자들의 견해를 빌려보면, 국제관계에서 집합정체성은 간주관적 상호작용을 통해 구성된다. 국가들은 자기정체성이나 타자정체성에 기초하여 상호집합적 정체성을 형성하는데, 미국을 비롯한 서구 문명권의 국가들이 적대적 정체성을 전제하고 비서구 문명권을 상대하는 경우 양자 간에는 조화적·협력적 정체성보다는 적대적 정체성이 형성될 것이다. 결과적으로 문명충돌이 실현될 수 있는 것이다. 문명 간 상호작용의 유형은 사전에 선험적으로 주어진 것이라기보다는 인간의 의지적 선택의 결과로 보는 것이 타당하다고 전제할 때, 헌팅턴의 문명충돌론은 인간의 의지에 의한 조화적 집합정체성의 가능성 자체를 부인한다는 점에서 하나의 편견이고 결정론적 사고라 볼 수 있다.

8. 보편문명화의 가능성

헌팅턴(Huntington)은 상위의 보편문명을 인정하지 않고 개별 문명들 간의 충돌 또는 갈등에만 주목하는 근시안적 시각을 견지하고 있다. 그러나 오늘날의 세계는 아직 완성 중에 있는 단일의 보편문명과 전통시대의 특징을 간직하고 있는 복수의 개별 문명들이 중층적으로 공존하고 있는 상태로 보는 것이 더욱 설득력이 있다.

유고슬라비아 내전

다민족 국가인 유고슬라비아 사회주의 연방공화국('구 유고')의 초민족적 지도자인 티토가 1980년 서거한 이후 밀로셰비치가 리더십을 발휘하였으나 그가 구 유고를 유지하는 것이 아니라 세르비아인의 이익을 주장하여 권력을 보전하려 하자 이에 대항한 슬로베니아와 크로아티아가 1991년 독립을 선언하며 군사적 충돌이 발생하였고, 내전이 시작되었다. 독립에 반대하는 연방군이 슬로베니아에서는 곧 철수하였으나 크로아티아에서는 국민의 10% 정도 되는 세르비아인의 존재가 배후로 작용하여 내전이 본격화되었다. 이후 휴전협정이 체결되었으나 크로아티아에는 UN보호군이 주둔하게 되었고, 이후 내전은 보스니아·헤르체고비나(이하 '보스니아'로 약칭)로 옮겨가 보스니아 정부와 세르비아인 간의 전쟁이 되었다. 초반에는 연방군의 실질적 지원을 받은 세르비아인이 우세하였으나 점차 1994년 워싱턴협정에서 보스니아의 무슬림과 크로아티아인이 연방을 구성하고 국가연합을 조직하기로 하면서 크로아티아의 내전 개입을 정당화하여 전세는 무슬림과 크로아티아인들에게 유리하게 변화하였다. 1995년 데이턴협정이 체결되면서 보스니아는 보스니아연방과 세르비아인 공화국으로 구성된 통일국가가 되었고, 영내에는 평화이행부대가 주둔하게 되었으며, 민생부문을 통제할 유엔 보스니아 대표부가 설치되었다. 이후 내전은 코소보로 비화되어 세르비아인과 알바니아인들 간의 전쟁으로 계속되었고, 1999년부터 미국, 러시아, 영국, 프랑스, 독일, 이탈리아로 구성된 콘택트그룹(contact group)에 의한 평화교섭이 시작되었으나 알바니아인의 강경 자세 등 당사자들의 비타협적 자세로 인해 실패하면서 결국 NATO의 코소보 공습이 전개되었다. 공습은 세르비아의 항복으로 끝났으나 민족 간 충돌은 코소보 밖으로 확대되었고, 내전의 부정적 유산은 여전히 남아있게 되었다.

> 📁 참고

새뮤얼 헌팅턴(Samuel Philips Huntington, 1927년 ~ 2009년)

뉴욕 태생으로 1951년 하버드대학에서 박사 학위를 취득하고, 하버드대학 정치학 교수, 동 대학 존 올린 전략연구소 소장, 국제·지역연구소 소장 등을 역임하였다. 1958년에 출판된 『군인과 국가』(한국어역, 병학사, 1980, 강창구, 송태균 공역)에서 제2차 세계대전까지의 독일과 일본에서의 군부의 정치 개입을 검증하면서 장교단의 전문성 확보의 필요성을 주장하였다. 또한 거대한 상비군을 가지게 된 냉전기 미국에서의 바람직한 문민 통제 모습에 대해 역설하였다. 1968년 『변혁기 사회의 정치 질서』에서는 사회적 근대화와 정치적 제도화의 간극이 개발도상국의 정치적 불안정의 원인이라고 지적하였다. 신냉전기에는 전략론에 관심을 보이면서 미국 정치에 이상(理想)과 환멸의 사이클이 존재한다고 지적하는 『The Promise of Disharmony』(1981)(장원석 옮김, 『미국정치론: 부조화의 패러다임』, 오름, 1999)를 발간했다. 냉전 종언기에는 『제3의 물결』에서 20세기 마지막 4반세기에 세계 각지에서 일어났던 민주화현상을 역사적인 '민주화의 제3의 물결'로 보았다. 『Foreign Affairs』 1993년 여름호에 발표한 논문 「문명의 충돌」에서 냉전 후 세계 통합이나 분열을 형성하는 것은 이데올로기적 대립이 아니라, 문명의 아이덴티티라고 논하였다. 이 논문은 큰 반향과 강한 비판을 불러 일으켰으며, 헌팅턴은 이를 보완하는 연구를 계속하여 단행본 『문명의 충돌』(이희재 옮김, 김영사, 1997)을 출간해 자신의 주장을 체계화하였다. 미국 정치학계에서 보수파의 대표라고 할 수 있는 존재이면서 항상 시대의 선구적인 과제를 다루며 체계화하는 지도적인 지식인이었다.

제3절 | 탈근대주권론

1 의의

웨스트팔리아조약(Treaties of Westphalia) 이래 국제사회를 지배하는 패러다임은 민족국가와 주권을 바탕으로 한 국가중심적(state-centric) 사고였다. 중세 봉건제의 몰락과 함께 근대국가가 태동하고 국가 간의 상호작용이 확장되면서 주권 개념은 국제사회에서 배타적 영역을 구축하였다. 근대민족국가는 상비군의 확립과 산업화를 통해 부국강병책을 추진하였으며 국가주권의 영역을 확장시켰다. 그러나 왈츠(Kenneth Waltz)의 주장과 같이 고정불변으로 여겨졌던 국가주권 및 그에 기초한 근대 국제체제의 변화가능성에 대한 담론들이 활발하게 논의되고 있다. 탈근대론 및 자유주의이론가들에 의해 주로 제기되고 있는 이러한 담론들은 현상적으로는 탈냉전, 세계화, 정보화, 유럽통합 및 9·11테러 이후 미국의 아프가니스탄 및 이라크 공격 등을 배경으로 하고 있다.

2 논의배경

1. 세계화

맥그류(A. McGrew)는 세계화를 '현대 세계체제를 구성하는 국가들과 사회들 사이의 다층적 상호연계이며 세계의 일부에서의 사건, 정책 결정, 활동이 멀리 떨어진 지구의 다른 편에 있는 개인들과 공동체에 중요한 결과를 가지는 과정'이라고 정의한다. 세계화는 탈냉전, 정보화의 진전의 영향으로 지속적으로 확대 및 심화되고 있다. 세계화의 진전으로 개별 국민국가들이 자국의 영토 내외에서 발생하는 문제들에 대한 통제력이 약화되고 있다.

2. 정보화

1970년대 이후 정보통신기술(Information Technology: IT)이 발달하면서 개인 및 국가의 상호작용, 경제력의 기반 등에 있어서 근본적인 변화가 일어나고 있다. 이러한 현상을 정보화 또는 정보혁명이라고 한다. 정보화는 세계화를 촉진시키는 기술적 요인이 될 뿐만 아니라, 특정 영토 내에서 형성된 국민들의 정체성을 확대시키고 있다.

3. 유럽통합

1950년대 시작된 유럽통합의 역사는 탈냉전기 들어서 경제통합을 완성하고 정치적 통합을 지향하고 있다. 통합(Integration)은 본질적으로 통합에 참여하는 국가들이 자신의 주권을 자발적으로 제한하고 축소시키는 과정이다.

3 주권의 의의

1. 개념

주권은 일정한 지역 내의 최고의 정당한 권위(supreme authority within a territory)를 의미한다. 즉, 주권은 일정한 영토를 중심으로 형성된 권력으로서 영토 내적으로는 최고의 정당한 권위이며, 다른 국가와의 관계에서는 대등한 권력이다. 따라서 국가는 타국으로부터 국내문제에 대해 간섭을 받지 않을 권리가 있다.

2. 국가의 변화와 주권(sovereignty)의 의미

근대국가의 핵심적 속성인 주권의 의미는 보댕(Bodin)과 홉스(Hobbes)에 의해 최초로 이론화된 이후 국가의 변화에 따라 그 의미도 변형되었다. 보댕과 홉스에 있어서 주권은 무제한적인 권력을 행사할 수 있는 권리를 의미하며 분리와 양도가 불가능한 것이었다. 이들이 주장한 주권 개념은 당시의 절대왕정이라는 시대적 상황 속에서 왕권의 정당화를 위한 지배이데올로기로 작용하였다. 즉, 이 경우의 주권은 근대적 의미의 주권 개념과는 다른 국가주권주의(Doctrine of State Sovereignty)이다. 이후 주권 개념은 시민 계급의 성장과 민주화의 진전에 따라 국민주권주의(Doctrine of Popular Sovereignty)의 의미를 새롭게 획득하였다.

3. 주권의 속성

(1) 의의

크라스너(S. Krasner)는 근대주권을 국제법적 주권, 웨스트팔리아 주권, 국내적 주권 및 상호의존적 주권으로 분류하였다. 그는 이들이 개별적으로 존재하고, 어느 한 주권을 소유한다고 하여 자동적으로 다른 주권을 소유한다고 할 수 없으며, 상황에 따라 여러 주권을 동시에 공유할 수 있다고 본다. 크라스너는 근대국가가 당연히 주권을 소유한다는 전제는 '조작된 가설'이며, 상호승인을 통해 국제적 독립을 유지하면서 영토 내에서 자율성과 통제력을 가지는 주권과 근대국가는 이념형으로만 존재할 뿐이라고 주장하였다.

(2) 국제법적 주권(International Legal Sovereignty)

국제법적 주권은 개인이 평등하듯이 국가도 평등하다는 전제에서 출발하며 공식적이고 법적인 독립성을 가진 영토국가들 간의 상호승인과 관련된 관례 등을 지칭한다.

(3) 웨스트팔리아 주권(Westphalia Sovereignty)

웨스트팔리아 주권은 주어진 영토 내 권위구조로부터 외부 행위자의 배제를 의미한다. 그것은 정치사회를 조직하기 위한 제도적 장치로서 영토성의 원칙과 배타성의 원칙에 기초한다. 국가는 특정 영토 안에 존재하며 그 영역 안에서 국내 정치적 권력이 정당한 행위의 유일한 중재자가 된다. 그러나 실제 대다수의 국가들은 웨스트팔리아 주권을 향유하지는 못하였다.

(4) 국내적 주권(Domestic Sovereignty)

국내적 주권은 국가 내 정치권력의 공식적인 조직과 그 범위 내에서 효과적으로 통제하는 공적 권력의 능력을 의미한다.

(5) 상호의존적 주권(Interdependence Sovereignty)

상호의존적 주권은 국가의 경계를 넘나드는 자본, 노동, 상품, 정보 등의 흐름을 규제하는 공적 능력을 의미한다.

4 주권 개념의 형성 및 발전

1. 의의

비어스티커(Biersteker)와 웨버(Weber)는 주권이란 국가의 관행과 국제체제 내의 다른 주요 행위자들과의 관계를 통하여 '사회적으로 구축된 개념(a social construct)'이라는 점을 강조하고, 국가주권이란 현대국제질서에서 국가 간의 관계를 구성하는 많은 원칙들 중 하나일 뿐이라고 주장한다. 실제 주권 개념의 형성과정을 보면, 주권 및 근대 국가는 역사적으로 형성된 사회적 실재임을 확인할 수 있다. 이러한 논의는 국가주권, 주권평등원칙, 근대 국제체제 등의 관념이나 실재가 새로운 관념 및 실재로 변화될 수 있을 것이라는 논의로 확장된다.

2. 중세의 종식과 국가주권의 탄생

중세유럽이 근대유럽으로 발전하는 과정에서 국가주권은 한 개인을 둘러싼 동심원적 표준구조의 외원수축동학과 내원팽창동학의 상호길항관계 속에서 탄생하였다. 즉, 교황의 지배권역이 수축되고, 봉건영주의 지배영역이 팽창되면서 국가주권의 개념이 형성된 것이다. 압도적인 교황적 질서에 맞서기 위한 봉건영주들의 연대가 가장 강력한 봉건영주를 중심으로 형성되는 과정에서 군주주권으로서의 국가주권이 탄생한 것이다.

> **참고**
>
> 중세의 종식과 국가주권 개념의 탄생
>
> | 구분 | 교회 존중 | 교회 거부 |
> |---|---|---|
> | 왕실 거부 | 교권주의 | 인민적 국가주권
(존 로크, 장 자크 루소) |
> | 왕실 존중 | 교권과 국가주권의 공존
(에드먼드 버크, 리슐리유) | 군주적 국가주권
(쟝 보댕) |

3. 근대주권이론의 탄생 - 보댕(Bodin)

근대주권이론은 보댕에 의해서 체계화되었다. 교황과 황제의 보편권위와 지방의 분권적 귀족들의 방해와 저항을 꺾고 이루어진 영토군주의 왕권 확립은 이들 군주들의 정치적 승리의 결과로 얻어진 것이었다. 그러나 왕권 확립을 둘러싼 갈등의 심각성은 주권이론의 출현을 자극하였다. 당시 심각하게 갈등하던 세력은 강력한 왕권을 확립하려는 군주와 그에 대항하는 귀족세력이었다. 이러한 혼란과 갈등은 특히 프랑스에서 심각하게 발생하였고, 당시 종교개혁과 맞물리면서 프랑스는 내란과 무정부상태를 겪고 있었다. 보댕은 질서의 유지가 국가의 본연의 임무임을 주장하면서 그러한 국가목적에 필요한 조치를 취할 수 있는 군주의 절대적 권위를 지지하였다. 그는 절대적 권위의 승인만이 당시 프랑스가 겪고 있던 무정부상태를 극복할 수 있는 것으로 보았고 따라서 그 절대권위는 주권으로서 법적으로 인정되어야 한다고 주장하였다. 보댕의 기본적 관심은 군주의 주권 문제였고, 그 주권의 핵심은 백성들의 동의 없이 백성들에게 법을 만들어 주는 것이었다.

4. 30년전쟁과 웨스트팔렌조약 - 근대주권 개념의 확립과 근대 국제체제 성립

1648년 30년종교전쟁을 마감하였던 웨스트팔렌조약은 새롭게 탄생하고 있었던 국가들 간의 관계를 규정하였다. 웨스트팔렌조약은 유럽이 신성 로마 제국의 황제에 의해 정신적으로 지배되는 단일 가톨릭 제국이라는 관념을 해체시키고 대신 국가주권적 관념을 형성하였다. 이 조약을 통해 개인의 종교적 자유와 양심 및 거주이전의 자유가 허용되기 시작하였고, 각 국가의 이념적·영토적 경계가 뚜렷해짐에 따라 근대 국제체제가 출범하는 계기가 되었다. 웨스트팔렌조약은 국가주권의 두 가지 성격을 명확하게 규정하였다. 즉, '왕은 자신의 영내에서 황제(rex est imperator in regno suo)'임을 확인하였다. 이는 주권이 가지는 영내에서의 최고성과 배타성을 확정한 것이다. 또한, '한 지역의 종교는 그 지역 통치자의 종교를 따른다(cujus regio, ejus religio)'는 원칙을 확인하였다. 이는 외부세력이 종교적 이유로 다른 영내에 개입할 수 없음을 확정한 것으로서 내정불간섭원칙의 확립을 의미한 것이었다.

5 탈냉전기 근대주권의 변화요인

1. 세계화의 확대 및 심화

(1) 세계화와 국가주권의 약화요인

① **상호의존과 국가주권**: 세계화는 다양한 행위자들 간 다차원적 상호의존관계를 형성시킴으로써 주권국가의 배타적 권리나 통제력의 약화를 초래하고 있다. 즉, 세계화 이전의 세계는 주권국가들이 안보를 위해 단순하게 상호작용하던 세계였으나, 그 이후의 세계에서는 초정부기구, 비정부기구, 다국적기업 등 다양한 행위자들이 국제관계에 등장하고, 이들 간 네트워크에서 발생하는 관계나 문제에 국가의 대응능력이 약화되고 있다. 이는 주권의 속성의 하나인 대외적 독립성을 위협하고 있다.

② **자본의 국제적 유동성 증가와 국가주권**: 금융 측면의 세계화는 자본의 국제적 유동성의 증가현상을 지칭한다. 자본의 국제적 유동성 증가와 국가주권의 한계를 잘 보여주는 표현은 이른바 '삼위불일치(Unholy Trinity - 불경한 삼위일체, 불가능성 정리)'이다. 자본의 유동성, 환율안정, 자율적 통화정책 중 하나는 반드시 포기할 수밖에 없는 상황을 말한다. 자본의 유동성이 증가한 상황에서 주권국가는 환율안정을 포기하거나 자율적 통화정책을 포기할 수밖에 없다.

③ **국제투자와 국가주권**: 다국적기업의 국제투자가 활성화되고 있는 것도 세계화의 단면이다. 다국적기업의 투자를 유치하는 것이 경제 발전의 중요한 자산으로 인식되면서 이를 유치하기 위한 경쟁 역시 치열해지고 있다. 이에 따라 주권국가는 다국적기업들에게 복지정책 요구 수준을 낮추어 주거나 조세유인을 부여함으로써 다국적기업을 유치하고자 한다. 세계경제에서 중요한 행위자였던 국민국가의 주권이 증대하는 초국적자본의 영향력에 의해서 침해를 받고 있는 것이다.

(2) 세계화와 국가역할 유지론

① **서니(Cerny)**: 세계화가 국가주권을 약화시키고 있는 측면도 있는 반면, 그로 인해 오히려 국가주권이 강화되는 측면도 있다. 서니는 세계화로 인해서 민족국가는 '경쟁국가'로 변모하고 있고 이로 인해 국가의 간섭과 규제가 확장되고 있다고 본다. 또한, 세계화로 인한 격화된 경쟁을 모면하기 위해 지역협력을 추진하는 주체도 주권국가라고 본다.

② **울프(Wolf)**: 울프 역시 세계화된 국제체제에서 여전히 국가가 중요하다고 본다. 그 이유는 세계화시대에도 국가는 시민들에게 공공재를 공급할 수 있는 최적의 메커니즘이고, 국가가 국민들에게 정체성을 부여하는 중요한 단위역할을 하기 때문이다. 또한 세계화시대 국제안보는 주권국가에 의해 우선적으로 제공되고 있다고 보기 때문이다.

2. 국제기구의 역할 확대

탈냉전기 국제기구의 역할이 확대되고 있고, 이들은 개별 국가의 국내문제에 지속적으로 개입하면서 국가주권의 대외적 독립성에 위협을 가하고 있다.

(1) UN

UN은 개별 국가의 주권보다는 보편적 가치인 '인권'을 위해 개별 국가에 개입할 수 있다는 주장을 지속적으로 하고 있다. 즉, 주권보다 인권을 보다 중요한 가치로 설정함으로써 개별 국가의 주권을 위협하고 있다는 것이다.

(2) WTO

경제기구인 WTO 역시 회원국의 국내법을 WTO법에 합치시킬 것을 명시적으로 요구함으로써 회원국의 국내문제에 대해 규정하고 있다.

(3) IMF

IMF 역시 위기에 처한 회원국에 구제금융을 지원하는 조건으로 다양한 거시경제정책을 준수할 것을 요구하고 있다.

(4)

국제기구에 의한 국가주권의 변화를 맥그류(McGrew)는 '위로부터의 위협(threat from above)'이라고 한다. 그러나 UN의 인도적 간섭은 헌장 제7장을 준수하는 경우 적법한 것으로, 즉 회원국의 주권을 제약하는 것은 아닌 것으로 인정되고 있다. IMF나 WTO 역시 회원국의 자발적 동의에 기초하여 국내법의 변경이나 자금 지급조건을 부과한다는 점에서 회원국의 주권을 침해하는 것으로 보기 어렵다.

3. 시민사회의 성장

시민사회의 성장은 국가주권에 대한 '아래로부터의 위협(threat from bottom)'을 가하고 있다. 경제 성장으로 인한 중산층의 성장, 정보혁명으로 인한 국가의 정보 독점의 약화, 국가체제의 경직성과 다양한 사회문제 해결능력 약화 등의 요인으로 비정부기구(Non Governmental Organization: NGO)가 성장하고 있다. 또한 국내 NGO들은 가치와 목표를 공유하는 국외 NGO와 다양한 네트워크를 형성하여 국가의 정책 변화를 요구하면서 압력을 가하고 있다.

6 근대 국제체제의 변화에 대한 논의

1. 의의

근대 국제체제, 즉 웨스트팔리아 국제체제는 주권국가들이 주요한 행위자로서 주권국가들로 구성된 국제체제이다. 주권국가들은 형식적·법적이나마 주권평등원칙에 기초해서 상호작용을 하였으며, 상호관계에 있어서 핵심이슈는 안보를 확보하는 문제였다. 냉전이 해체되기 전까지만 해도 이러한 전제에 대해 별다른 의문이 제기되지 않았으나, 탈냉전, 세계화, 정보화라는 새로운 국제정치환경의 변화는 근대 국제체제의 변화 여부 또는 변화가능성에 대한 논쟁을 제기하였다. 근대 국제체제의 변화 여부와 관련한 핵심 쟁점은 결국 '국가주권'이 여전히 유지될 것인가의 문제이다. 주권약화 및 그로 인한 근대 국제체제의 변화에 대해서는 다양한 이론적 진영에서 담론들이 제기되고 있다.

2. 현실주의

국제정치의 주요행위자를 주권국가로 상정하는 현실주의는 세계화, 정보화 등의 환경 변화에도 불구하고 주권은 쇠퇴하지도 않았으며, 근대 국제체제 역시 견고하게 유지되고 있다고 본다. 세계화는 중상주의적 이익추구전략에 불과하며, 국제기구는 주권국가의 엄격한 통제하에서 작동하고 있다. NGO의 영향력이나 전지구적 시민사회의 형성론은 과장되어 있다고 본다. 국가들은 21세기에도 여전히 영토국가를 중심으로 형성된 근대 국제체제 속에서 상호작용하며, 안보를 위해 갈등하는 패턴을 지속적으로 보여줄 것으로 생각한다.

3. 자유주의

(1) 상호의존론

상호의존론자들은 1970년대 이래 현실주의적 근대 국제체제의 틀로는 국제정치 현상을 제대로 설명할 수 없다는 입장을 개진해 오고 있다. 국제관계에서 국가는 더 이상 중심적 행위자들이 아니며, 다중채널이 형성되어 있으며, 사안들 간의 우선순위를 매길 수도 없다고 본다. 세계화의 진전을 상호의존의 심화로 개념화하는 상호의존론자들은 세계화의 결과로 세계정치는 거미줄(cobweb)처럼 형성되어 있다고 본다. 복합적 상호의존의 세계에서 군사력의 유용성은 감소하며, 의제는 군사이슈 외에도 다양하게 제시된다. 국제관계는 다중채널을 통해서 이뤄지고, 영토국가의 영향력은 점차 감소한다.

(2) 전지구적 시민사회론

전지구적 시민사회론은 전지구적으로 활성화된 시민사회를 국제정치의 주요한 행위자로 개념화하는 이론모형이다. 탈냉전·세계화·정보화시대의 국제체제는 전지구적 시민사회로서 국가나 국제기구의 영향력보다는 NGO 및 INGO, 다국적기업 등 비국가행위자들의 영향력이 보다 강화되어 이들이 국제정치를 좌우할 것으로 본다. 그러나 전지구적 시민사회론은 하나의 가능성으로 남아있기는 하지만, 현재 국제정치에서 NGO가 전 세계적으로 활성화되어 있는지 그리고 그들의 영향력이 전통적 행위자인 국가나 국제기구를 능가하고 있는지는 의문이다.

4. 세계정치의 두 세계론

(1) 의의

제임스 로즈노(James Rosenau)는 전통적인 패러다임이 더 이상 현재의 국제정치를 설명하는 데 적합하지 않다고 보고, 새로운 인식방식으로서 '다중심 패러다임'을 제시한다. 다중심세계는 주권에 의해 구속되지 않는 많은 다른 행위자들이 존재하는 세계를 말한다. 로즈노는 현 세계는 국가중심세계와 다중심세계가 혼존하며 서로 상호작용하는 세계라고 보며, 어느 세계가 우세한가에 따라 다양한 질서로 전개될 것이라고 본다. 그는 네 가지 모형으로 전지구적 사회, 회복된 국가체제, 다원주의질서, 지속적인 이원질서를 제시하였다.

(2) 모형

① **전지구적 사회(global society)**: 전지구적인 틀 내에 국가 및 기타 조직들이 권위를 분할하여 가지면서 전지구적 규율을 지켜나가는 사회를 말한다.

② **회복된 국가체제(restored state-system)**: 전통적으로 존재해 왔던 체제로서 주권국가들이 지배하고 비국가조직들이 이에 종속하는 체제를 말한다.

③ **다원주의질서(pluralist order)**: 초국가적인 기구가 지배적인 위상을 지니며 개인들은 그들의 조직을 통해 여전히 존속하고 있는 국가의 규제를 넘어 자신들의 이익을 추구하는 질서모형을 말한다.

④ **지속적인 이원질서(enduring bifurcation)**: 로즈노(Rosenau)가 현재의 세계질서로서 그리고 있는 질서, 즉 국가권력이 결정적인 변수로 남아 있는 국가 중심적 질서와 각기 자신들의 이익을 추구하는 다양한 조직, 집단, 개인들이 민족국가의 통제 밖에서 일종의 초국가적인 사회를 구성하고 있는 다중심적 질서가 공존하는 질서를 의미한다.

◐ 국가중심 패러다임과 다중심 패러다임의 비교

구분	국가중심 패러다임	다중심 패러다임
행위자 수	200 이하	매우 많음
행위자의 주요 딜레마	안보	자율성
행위자의 중요 목표	영토적 통합과 물리적 안보의 보존	하부체계들의 통합유지
목표실현수단	무력	협력
협력양식	가능하면 공식적 동맹	일시적 연합
의제의 범위	제한적	무제한적
상호작용규칙	외교적 관행	임시적, 상황적
행위자 간의 세력분포	권력에 의한 위계	행위에 있어서 상대적 평등
리더십의 위치	강대국들	많은 자원을 가진 혁신적 행위자들

5. 구성주의

구성주의자들은 물리적 실재의 사회적 해석 및 구성이라는 새로운 관점에서 국제정치를 분석하고 있다. 이들에게 있어서 국가주권, 주권평등이라는 관념, 근대질서는 근본적으로 관념적 실재라고 보고, 관념의 변화에 따라 새로운 실재가 사회적으로 형성될 수 있다고 주장한다. 즉, 국가들은 자신들의 필요에 따라 주권평등원칙에 합의하고 이 원칙에 따라 상호관계를 조정해 오면서 이른바 근대 국제체제를 형성시켰다. 따라서 새로운 규범을 내면화하는 경우 새로운 질서가 형성될 수 있다는 것이다. <u>탈냉전·세계화·정보화라는 새로운 환경에서 행위자들은 새로운 관념을 재구성할 수 있으며, 그러한 관념을 행위자들이 공유하는 경우 새로운 질서를 형성시킬 수도 있을 것이다.</u> 다만, 현재 국가들이 주권평등원칙 이외의 규범을 필요로 하는지, 따라서 새로운 규범에 따른 상호작용을 시도할 것인지는 명확하지 않다. 구성주의에서 새로운 질서의 방향을 예측하기는 어렵다. 다만, 새로운 질서 형성가능성을 열어 둔다는 점은 현실주의와 본질적인 차이라고 말할 수 있다.

제4절 | 포스트모더니즘

1 서론

탈냉전과 세계화의 21세기 국제정치현실에 있어서 소련의 붕괴와 냉전의 종식, 세계 각 지역의 급격한 경제통합, 전지구적 환경문제에 대한 인식의 확산 등 종전에 볼 수 없었던 수많은 현상과 문제들이 대두되었고, 이와 같은 근본적인 변화들은 국제문제를 다루던 기존 시각의 한계를 노출시키고 있다. 특히 가장 지배적인 이론인 현실주의는 새롭게 대두되는 국제문제를 다루는 데 많은 한계에 부딪히고 있다. 이에 많은 이론가들은 재편되고 있는 국제질서를 설명할 수 있는 새로운 개념과 이론 틀을 모색하기 시작하였으며, 서구 근대사상에 대해 심도있는 비판을 펼치고 있는 포스트모더니즘 역시 이러한 관심의 대상이 되기 시작하였다.

2 포스트모더니즘의 입장과 비판

1. 포스트모더니즘의 일반적 입장

포스트모더니즘은 '모더니티(modernity)'를 거부하고 극복하고자 하는 사상이다. '근대'를 극복한다는 것은 '근대'가 극복가능함을 전제로 한다. 즉, 근대가 절대적이거나 유일한 것이 아닌 가변적인 것임을 뜻한다. 포스트모던 사상가들은 이 시대의 정치, 경제, 사회 구조와 제도, 문화 등이 절대적인 것임을 부정한다. 다시 말해 근대사회가 과학을 토대로 한 합리적 이성의 발전의 필연적 결과라는 진보사관을 부정한다. 근대는 자체적으로는 아무런 법칙, 의미, 방향성을 지니지 못하는, 역사의 전개과정에서 파생된 우연한 사회형태임을 주장한다. 과학도 결코 사물을 객관적으로 볼 수 있는 유일무이한 틀이 아니며, 다만 하나의 세계관임을 주장한다.

2. 포스트모더니즘의 비판대상 - 데카르트(Descartes)와 근대인식론

데카르트는 근대의 이성중심주의, 과학주의 그리고 개인주의의 철학적 근거를 마련하는 데 절대적인 역할을 하여 중세에서 근대로의 혁명적 전환을 가능하게 한 사상가이다. 따라서 근대의 극복 또는 비판은 데카르트 사상의 존재론과 인식론의 극복과 비판으로 귀결된다.

(1) 존재론

자신 이외의 모든 존재와 질서, 도덕체계와 당위로부터 자유로운 '절대 개인'을 상정하고, '객관적 지식'을 얻기 위해서는 완전히 자신에게만 의존해야 한다는 것이 데카르트의 존재론이다.

(2) 인식론

데카르트는 남에게 배우지 않으면서도 지식을 얻을 수 있다는 점을 설명하기 위해 새로운 인식론을 제창한다. 인식이란 외적 공간의 사물을 내적 공간인 마인드(mind)가 반영할 때 일어나는 현상이다. 인식이란 어떤 진리 등을 깨닫는 것이 아니고, 마인드가 수동적으로 외부의 것을 반영 또는 반사시키는 것이라고 규정한다. 그리고 모든 인식이 객관적이기 위해서는 모든 가치와 당위, 편견을 배제하고 사물을 있는 그대로 내 마인드에 투영시켜야 한다고 주장한다. 근대과학이 이상으로 삼고 있는 '객관적 지식'은 바로 이와 같이 '절대 개인'이 '순수 이성'만 가지고 습득한 지식을 의미한다. 사회과학에서 계량화를 시도하고 객관적이고 경험적인 자료를 바탕으로 가치중립적인 결론을 도출할 수 있는 방법론과 이론을 추구하는 것도 데카르트의 인식론을 바탕으로 한 것이다.

3. 포스트모더니즘과 근대인식론의 비판

(1) 푸코(Michel Foucault)

푸코는 우리가 결코 '객관적인 사실 그 자체'를 있는 그대로 '가치중립적인 입장'에서 담아낼 수 없고, 세상을 설명하는 것은 항상 '해석'하고 '왜곡'하는 것이라고 주장한다. 그는 권력, 지식이라는 개념을 통하여 사회과학이 추구하는 객관적 지식이 불가능함을 논한다. 권력이 지식을 생산하고, 권력과 지식은 서로를 전제로 하는 것이며, 특정한 권력관계를 내포하지 않고 형성되는 지식이란 없다는 것을 깨달아야 한다고 주장한다.

(2) 사이드(Edward Said)

사이드는 모든 지식이란 그것이 아무리 '단단한 실증적'인 것이라도 인간의 해석, 변덕, 고집, 편견, 개인의 인간성, 세속성 등에 의해 피할 수 없이 오염될 수밖에 없다고 주장한다. 이와 같이 모든 지식이 결코 '중립'적일 수 없다면 그 지식체계들은 나름대로의 가치와 당위, 편견과 이데올로기를 담고 있다. 따라서 비판의식을 가지고 있는 지식인들의 역할이란, 지식을 가능하게 하는 근본적인 조건들에 대하여 탐구하는 것이 된다.

3 포스트모더니즘과 국제정치 현실주의 해체

1. 홉스(Hobbes)의 '자연상태(State of Nature)'의 담론적 성격

'자연상태'를 상정하는 역사관은 근대 서구에서 출현하는 독특한 사관(史觀)으로 당시까지 유럽을 지배하고 있던 교회와 신중심의 세계관을 타파하고자 설정되었다. 인간들은 더 이상 신이 창조하고 주관하는 세계 속 각자의 위치에서 주어진 의무를 다하는 존재가 아닌, '자연상태'에서 각자의 생존과 이익을 위하여 투쟁하는 존재로 재규정된다. 중세 교회의 권력, 권위, 전통으로부터 벗어나려는 사상가들이 전통에 의거한 권력의 정통성을 부정하고, 새로운 정치적 정통성을 성립시키기 위해서 '자연상태'와 '사회계약론'을 고안한 것이다. 자연의 상태와 사회계약론은 중세 교권중심체제의 거부를 가능하게 하는 기제로서 상상해낸 이론이다. 즉, '자연상태'란 실제로 자연을 그대로 반영한 것이 아니고 당시의 종교전쟁과 내전을 불식시키고자 하는 사상가들이 종교적인 세계관을 대체할 수 있는 인간 존재조건의 새로운 모델인 것이다.

2. 현실주의 권력관의 역사적 맥락

현실주의 권력관 역시 '사실'보다는 특정한 역사적 맥락에서 설정된 개념이다. 현실주의자들은 권력이야말로 가장 사실적인 것이고 모든 현상의 근본은 '권력'이며, 따라서 모든 것은 '권력'으로 소급된다고 주장한다. 이러한 주장을 편 대표적인 사상가로 투키디데스(Thucydides)와 마키아벨리(Machiavelli)를 꼽을 수 있다. 그럼 투키디데스가 과연 '권력'이 모든 것의 핵심이라고 주장하였는지 검토해볼 필요가 있다. 펠로폰네소스전쟁의 가장 유명한 장면 중 하나인 '멜로스의 대화(Melian Dialogue)'를 분석해보면 투키디데스는 '강자존'의 원칙보다 오히려 국제사회에서도 '정의'와 '형평'의 원칙을 고수하는 것이 옳은 길임을 보여주고 있다. 또한, 현실주의자들이 자신들의 이론이 마키아벨리에서부터 출발한다고 주장하는 것도 많은 문제가 있다. 마키아벨리의 사상을 한마디로 요약하자면, 그것은 흔히 말하는 현실주의나 권력지상주의보다는 시민 - 인본주의(civic - humanism) 또는 시민 - 공화주의(civic - republicanism)의 사상이다. 시민 - 공화주의사상은 중세 기독교사상을 거부하면서 태동된 것으로, 현세가 가장 의미 있는 것이며 따라서 '정치'란 '신앙'보다도 더 값진 인간들의 행위라는 사상이다. 이와 같은 '현실'의 긍정은 현실을 영원한 세계가 아닌 한시적인 세계로 보는 기독교 세계관의 '시간관'에 대한 근본적인 수정을 요구하게 된다. 기독교 세계관에서는 현실은 영원하고 불변의 세계가 아닌 '역사적'이고 '가변적'이며 '우연'한 세계이다. 하지만 마키아벨리는 역사 속의 세계, 가변적인 '정치'의 세계를 긍정한다. 그리고 이러한 현세에서 살아가는 인간들은 자신의 운명을 자신의 힘으로 개척해 나가야 한다. 그러나 현실세계를 헤쳐 나가는 데 유용한 권력은 결코 '강자존', '약육강식'의 권력이 아니고, 특별한 능력으로 운명을 맞설 수 있는 그러한 권력이며, 이는 '시민의 덕, 분별력, 조심성 그리고 우연과 한시성의 와중에서 지속적이고 안정적인 체제를 구축할 줄 아는 능력'이다. 따라서 마키아벨리의 '현실주의'란 결코 '자연의 상태'에서 '만인에 의한 만인에 대한 투쟁'이 아닌 운명을 개척해 나가는 지혜를 요구한다. 그리고 이러한 능력으로서의 권력은 무차별적인 폭력이 아닌 '덕(virtue)'과 일맥상통한다.

4 결론

다른 모든 이론과 마찬가지로 현실주의 역시 현실을 있는 그대로 볼 수 없다. 현실주의 담론은 지극히 '근대적'인 것이며 결코 영구불변한 인간사회의 보편적인 원칙이 아니다. 그리고 탈냉전기의 새로운 국제질서는 현실주의 세계관의 적실성에 심각한 의문을 제기하고 있다. 하지만 포스트모던 국제이론은 아직 없다. '해체'이론과 '계보학'은 기존의 이론이 틀렸다고 주장하며, 새로운 대안을 제시하기보다는 일차적으로 우리가 너무나도 익숙해 있기 때문에 무의식적으로 받아들이는 가정과 개념들을 '이상하다고 생각하도록 만드는 작업(making strange)'을 하는 것이다.

제5절 | 전망이론

1 서론

최근 국제정치학, 특히 안보연구 분야에서 전망이론에 대한 관심이 지속적으로 증가하고 있다. 전망이론은 경제학과 심리학에서 발전된 주요한 가설들을 국제관계에 적용하며 기존 패러다임에 도전하고 있다. 기존의 국제정치이론들은 합리주의 경제학의 전통에 바탕을 두어 왔기 때문에 정책 결정과정에서의 합리성과 기대이익의 극대화를 가정한다. 그러나 이러한 가설은 안보연구 분야에서 다루어지고 있는 전쟁이나 군사적 충돌과 같은 위험상황에서의 의사 결정과 다르다는 점이 확인되면서 전망이론이 조명을 받고 있는 것이다. 레비(Jack S. Levy)를 비롯한 일단의 학자들은 1980년대 이후 경제학과 심리학에서 발전되고 있는 전망이론들의 가설을 도입하여 외교정책 결정과정을 재구성하고 있다. 전망이론은 심리학자인 카네만(Daniel Kahneman)과 트베르스키(Amos Tversky)가 제시한 이론이며, 정치학에서는 정치심리학 분야에서 주로 연구되고 있다.

2 주요 내용

1. 인간의 선택

전망이론은 인간의 선택이 효용 극대화에 기초하여 이루어지는 것이 아니라 위험에 대한 태도(risk - attitude)와 영역효과(frame effect)에 따라 결정된다고 본다. 즉, 인간은 높은 기대효용을 주는 대안보다 위험이 적은 안전한 것을 선택하는 경향이 있다는 것이다. 이를 위험회피(risk - aversion) 또는 손실회피(loss - aversion)라고 한다. 안전한 선택과 위험한 선택이 있을 경우 사람들은 위험한 선택보다 기대효용이 낮더라도 안전한 것을 선택한다는 것이다.

2. 영역효과(frame effect)

영역효과란 이익과 손실의 영역에서 인간의 태도가 달라짐을 의미한다. 즉, 인간은 이익영역(gains frame)에서는 안전한 선택을, 손실영역(loss frame)에서는 위험한 선택을 선호한다는 것이다. 어떠한 영역 또는 상황에 위치하느냐에 따라 인간의 선호도가 달라진다는 것은 인간의 선호가 효용 극대화에 따라 결정되기 때문에 어떠한 상황에서도 선호도는 불변하다는 합리적 선택이론의 기본가정과는 배치된다.

3. 전망이론에서의 효용곡선

전망이론의 효용곡선은 S자 모양이며 손실영역에서의 기울기가 이익영역에 비해 더욱 급격한 모양을 띤다. 이는 같은 금액이라도 이익영역에서보다 손실영역에서 더 큰 영향을 미친다는 것을 의미한다. 즉, 85만 원의 손실감이 85만 원의 이익으로 발생한 만족감보다 더 큰 영향을 미친다는 것이다. 또한 손실영역과 이익영역의 기울기가 다름으로 인해, 새로운 상황에 적응하는 것이 손실영역보다는 이익영역에서 보다 빠르게 진행된다. 예컨대 새로운 영토를 획득한 국가는 그 영토를 자신의 것으로 받아들이는 것이 영토를 상실한 국가가 그 영토를 타국의 것으로 인정하는 것보다 빠르게 진행된다.

3 적용

1. 중국의 한국전쟁 참전결정

1950년 10월 중국의 한국전쟁 참전결정은 전망이론 관점에서 설명할 수 있다. 당시 중국은 미국에 대항하여 한국전쟁에 참전할 경우 미국이 중국에 대해 전쟁을 개시할 수 있고, 심지어 미국의 핵공격을 당할 수도 있음을 우려하였으나, 결국 참전을 결정한다. 참전을 결정한 이유는 다음과 같다.

(1) 한반도에서의 세력균형을 유지하려는 의도였다. 당시 중국 지도부는 인천상륙작전 이후 중국 국경을 향해 계속 진격하는 미군에 대해 커다란 안보 위협을 느꼈고, 북한이 무너지는 경우 중국이 다음 목표물이 될 수 있다는 사실에 대해 우려하였다. 즉, 한국전쟁에 참전한 중국의 목적은 미국을 한반도에서 축출하기 위한 것이 아니라 참전하지 않을 경우 미국의 영향권하에 있는 국가와 국경을 마주해야 한다는 손실의 관점에서였다.

(2) 중국 지도부는 한반도 전체가 미국의 영향권에 들 경우 중국 내전 직후 중국 내부에서 국민당 세력이 빠르게 성장할 수 있다는 두려움이 있었다. 한국전쟁은 중국 공산당이 내전에서 승리한지 일년도 채 되지 않은 시점에서 발생하였기 때문에 동북아 세력균형의 열세는 국내적인 안정에도 큰 위협이 될 수 있었다. 결국, 중국의 한국전쟁 참전은 중국이 자국 이익을 극대화하려는 적극적인 팽창정책의 결과라기보다는 참전하지 않았을 때 중국이 감수해야 할 손실을 회피하고 동북아에서의 세력균형을 유지하기 위한 선택이었다.

2. 걸프전쟁(1990년)

사담 후세인이 1990년 8월 2일 쿠웨이트를 침공한 것을 전망이론에서 설명할 수 있다. 후세인은 쿠웨이트를 침공한 후 미국의 경고와 전쟁선언에도 불구하고 쿠웨이트에서 조기에 퇴각하지 않고 걸프전쟁의 위기를 고조시켰다. 후세인은 쿠웨이트의 유전지대를 장악함으로써 8년간의 이란 - 이라크전쟁으로 피폐된 자국의 경제를 회복하고 중동지역에서 자신의 정치적 위상을 제고하기 위해 쿠웨이트를 침략하였다. 쿠웨이트를 일시점령한 상황에서 미국의 경고로 퇴각하는 경우 개인과 정권 안보에 대해 상당한 타격을 가져다 줄 것으로 생각하여 조기 퇴각을 거부한 것이다. 후세인은 쿠웨이트로부터의 철수를 현상유지의 붕괴를 의미하는 손실로 받아들이며 미국과의 전쟁이라는 위험을 감수할 준비가 되어 있었던 것이다. 따라서 후세인이 걸프전쟁 위기를 확대한 것은 자신의 권력과 영향력의 팽창을 위한 것이라기 보다는 자신이 초기에 굴복할 경우 영향력 상실은 물론이고 차후 자신이 권좌에서 제거당할 수도 있다는 점을 고려하였기 때문이라고 볼 수 있다.

3. 제1차 북핵 위기(1994년)

1985년 NPT에 가입한 북한은 1992년 안전협정(safeguards agreement)을 체결하였으나, IAEA가 1993년 초 핵시설에 대한 사찰을 요구하자 이를 거절하고 1993년 3월 NPT를 탈퇴하였다. 1차 위기는 1994년 6월 전 미국 대통령 카터와 북한 김일성의 합의 및 이후 북미 제네바합의를 통해 해소되었다. 북한의 이 같은 벼랑끝 전술(brinkmanship)은 전망이론 관점에서 보면 손실회피와 세력균형 유지를 위한 위험선호적 행동이었다고 평가할 수 있다. 북한은 소련 붕괴, 소련과 중국의 한국과 수교, 1990년대 극심한 경기침체 등 위기상황에서 생존을 위해서는 자체의 핵 프로그램에 의한 강력한 억지력을 보유해야 한다고 판단하고, 위기를 고조시킨 것이다. 즉, 냉전 종식 이후 북한은 손실상황에 놓이게 되자 핵 프로그램의 본격적 추진을 통해 냉전 종식 이후 변화하는 국제정세에서의 손실을 회피하고 한반도에서의 세력균형을 유지하고자 한 것이다. 북한은 손실회피를 위한 시도로 국제사회에서 받아들여지지 않는 핵 프로그램의 본격적인 추진이라는 위험선호적인 전략을 선택한 것이다.

제6절 | 복잡계이론

1. 의의
21세기 세계정치의 복잡성을 다루기 위한 새로운 대안으로, 국제정치이론은 여타 학문 분야와의 연구 성과를 공유함으로써 이론의 정합성을 확대하려는 노력을 하고 있다. 자연과학에 기원을 둔 복잡계이론은 최근 빠른 속도로 사회과학 분야에 도입되고 있다. 복잡계이론은 기존이론을 대체하기보다는 기존 이론으로는 제대로 다루기 힘든 이슈들을 새로운 각도에서 탐구하여 보완적인 역할을 수행하고자 한다.

2. 이론적 특징
복잡계이론은 첫째, 기존의 탈실증주의 시각과 마찬가지로 경험주의적, 공리주의적 실증주의에 대해 비판적이다. 엄밀한 과학적 접근이라고 해도 전제조건에 지나치게 의존하거나 불확실한 논증을 통해 도달한 결론을 신뢰하기 어렵다고 본다. 둘째, 복잡계이론은 탈근대주의나 해석학과 같은 상대주의적 진리관을 받아들이지 않는다. 복잡계이론은 여전히 과학적 입장을 고수한다. 다만, 세계의 속성이 불확실성을 특징으로 하므로 확률적 접근을 강조한다. 셋째, 진리가 관찰자와 독립적으로 존재한다고 보는 점에서는 실증주의와 유사하나, 인간의 관찰 능력에 한계가 있기 때문에 그것을 확실하게 아는 것은 불가능하며, 대략적인 패턴을 파악하는 것이 최선이라고 본다.

3. 주요 내용

(1) 시스템적 사고
복잡계메커니즘을 이용하여 세계정치를 설명하는 데 가장 많이 용되는 것이 '시스템'관념이다. 관찰자의 대상이 되는 사물이나 현상을 하나의 전체, 즉 시스템으로 보는 것이다. 국제정치, 기업, 조직, 개인이 하나의 시스템으로 간주될 수 있는 것이다. 시스템은 외부환경과 구분되면서도 서로 상호 작용하면서 독립적인 기능을 수행하는 유기체를 의미한다. 복잡계이론에서는 시스템이 외부환경과 끊임없이 상호 작용하기 때문에 불안정한 상태를 지속한다고 본다. 과거 이론들이 시스템의 안정과 균형에 초점을 둔 반면, 복잡계이론에서는 '불안정'과 '불균형'을 시스템의 본질적 요소로 본다. 국제정치현상도 하나의 닫힌 시스템이 아니라 끊임없이 변화하는 열린시스템이라고 본다.

(2) 창발(emergence)
시스템의 불안정과 불균형은 다양한 구성 요소들 사이의 비선형 상호작용에서 연유하기 때문에 전통적인 패러다임으로는 파악하기 어렵다. 복잡계이론에서는 협력이나 제도와 같은 질서(order)가 어떻게 무질서한 세계정치로부터 자연발생적으로 나타나는가하는 문제에 관심을 기울인다. 전통이론에서는 질서를 만들어 내는 하향식(top-down)논리를 중시하지만, 복잡계이론에서는 구성원들의 상호 작용을 통해 질서가 자발적으로 나타나는 상향식(bottom-up)과정을 중시한다. 이와 같은 자기 조직적 질서가 만들어지는 과정을 '창발'(emergence)이라고 칭한다.

(3) 관계 중시

복잡계이론은 거시적 현상을 설명하는 데 미시적 개체들 간의 관계를 중시한다. 이는 구조적 현상이 거시적 차원의 요인보다는 구성 단위체들의 속성, 특히 그들 사이의 상호 작용(interaction)규칙에서 만들어진다고 보기 때문이다. 세계정치의 복잡성도 이러한 상호 작용의 비선형적인 '시스템효과' 때문에 일어나는 것으로 본다. 이러한 미시 - 거시적 연계성 탐구에서 네트워크는 중요한 분석 개념이다. 과거 국제정치학이 단위체의 '속성'을 설명하는 데 치중했다면, 복잡계 국제정치는 이들 단위체들의 '관계'를 더욱 중시한다.

(4) 네트워크 중시

복잡계이론은 행위자 자체보다는 그들간 관계, 즉 네트워크를 중시한다. 즉, 국제정치이론의 주요 관찰 대상이 국가나 국제기구와 같은 단위체로부터 그들 사이의 연결고리, 즉 관계로 바뀌고 있는 것이다.

제7절 | 국제사회론

1. 등장배경

영국의 정치학자 불(Hedley Bull)은 1977년 <국제사회론>이라는 저서를 통해 기존의 자유주의이론들이 국제정치에서 국가의 역할을 지나치게 과소평가하지 않았나 하는 의문을 제기하고, 국가들로 형성된 국제체제가 무정부체제임에도 불구하고 이들 국가들의 다양한 역할을 통해 질서를 유지하고 있다는 점을 제시하였다.

2. 국제사회론의 주요 내용

(1) 국제정치관

불은 국제정치관을 홉스적 국제정치관, 칸트적 국제정치관, 그로티우스적 국제정치관으로 대별하고 자신은 그로티우스적 국제정치관을 지지한다고 하였다. 불은 '무정부적 사회론'을 제시하였는데, 이는 국제체제가 무정부적이기는 하나 공동의 가치와 규범이 존재하는 사회(society)라는 성격을 지니고 있다는 것이다. 불의 시각은 신자유제도주의 이론과 맥을 같이 한다.

(2) 국제정치 행위자

국제사회론은 국제사회에서 비국가 행위자의 역할이 더욱 중요해지고 있는 것은 사실이나, 국가는 비국가 행위자들의 행동을 통제할 수 있으므로 여전히 가장 중요한 행위자로서 남아 있으며, 따라서 국가가 연구의 중점이 되어야 한다고 본다.

(3) 국제체제의 성격

불은 국제체제가 국가들이 모여 이루고 있는 사회, 즉 국제사회로서 작은 사회와 유사한 성격을 지닌다고 본다. 불은 국제사회를 '대화와 합의에 따라 그들 간 관계의 관리를 위해 공동의 규칙과 제도를 수립하고, 이러한 장치들을 유지하는 것이 공동의 이익이 된다는 것을 인정하는 일군의 국가들의 집합체'라고 정의한다. 다시 말해 국제사회란 구성원이 공동의 이익과 공동의 가치 의식을 지니고 있고, 행동의 표준을 제공하는 공동의 규칙에 의해 그들 자신이 구속된다고 간주하며, 공동의 제도를 작동시키는 데 협력하는 국가들의 체제를 말한다.

(4) 국제사회의 질서 유지 기제

국제체제 속의 국가들은 폭력으로부터의 안전 확보, 약속의 준수와 이행의 확보, 재산의 안정성 확보와 같은 모든 사회적 삶의 일반적인 목적들과 더불어, 국가들로 구성된 국제체제의 보존과 주권의 유지 및 평화의 유지 등을 포함하는 공동의 기본적인 목적을 지니고 있다. 따라서 국가는 일정한 수준의 질서를 필요로 할 뿐 아니라 질서의 창출을 원한다. 이러한 질서는 세력균형, 전쟁, 국제법, 외교, 강대국의 역할이라는 공동의 규칙과 제도에 의해 가능하다. 불은 이상주의자들과 달리 세력균형을 국제사회 질서 유지의 중요한 요인의 하나로 보았다.

3. 타 이론과의 비교

(1) 신자유제도주의

부잔(Barry Buzan)은 불도 포함되는 영국학파와 신자유제도주의이론을 비교하였다.

① 신자유제도주의는 시기적으로 당대의 일에 좀 더 집중하는 반면, 영국학파 이론은 역사적 관점을 가진다.
② 신자유제도주의는 인간에 의해 만들어진 제도에 일차적 관심을 두는 반면, 영국학파는 역사적으로 구성된 규범적인 구조에 일차적 관심을 둔다.
③ 신자유제도주의는 행위자와 이들의 선호가 주어진 것으로 간주하는 합리주의적 접근인 반면, 영국학파는 행위자의 선호가 주어진 것으로 간주하지 않고 제도와 제도의 구성원이 서로를 구성한다고 본다.

(2) 구성주의

불은 국가를 국제사회의 중요한 행위자로 간주하고 국제사회를 공동의 이익과 공동의 가치에 바탕을 둔 사회적 구성체로 바라보며, 이러한 국제사회를 지탱해 나가는 규범과 제도를 공유된 지식과 가치의 표현으로 본다. 이러한 불의 입장은 국가를 가장 중요한 분석단위로 하고 국제체제의 구조를 물질적 구조가 아닌 사회적으로 구성된 구조로 보는 웬트의 구성주의 이론과 유사하다. 그러나 연구방법론 차원에서 보면 불의 이론이 실증주의를 거부한다는 점에서 실증주의를 수용하고 있는 웬트의 구성주의 이론과 대비된다.

(3) 신현실주의

영국학파의 이론은 무정부 상태의 국제체제에서도 국제제도에 의해 질서가 가능하다고 보는 점에서 신현실주의 이론과 다르다. 국제법과 외교를 중요한 질서 유지 장치로 보는 점도 다른 점이다. 다만, 영국학파가 국제체제를 무정부상태로 규정한 점과 세력균형, 전쟁, 강대국의 역할 등을 질서 유지 요인으로 보는 점은 같다.

주요개념 탈냉전 국제관계이론

- **규범(norm):** 행위의 일반적 기준을 정하고, 국가의 권리와 의무를 확인한 것이다.

- **규범이론(normative theory):** 지구정치의 조직 또는 행위를 지배하거나 지배해야 하는 윤리적·도덕적·정치적 원칙의 체계적 분석으로, 이론은 단지 있는 것을 진단하기보다는 있어야 하는 것과 관련되어야 한다는 믿음이다.

- **구성주의:** 이념과 인간의식의 중심성에 관심을 가지며, 전체적이고 관념적인 구조관을 강조한다. 구조주의자들이 세계정치를 검토할 때, 구조가 행위자들의 정체성과 이해관계를 어떻게 구성하는가, 그들의 상호작용이 그 구조에 의해 어떻게 조직되고 제한되는가 그리고 상호작용이 어떻게 구조를 재생산 또는 변용시키는가에 관심을 가지고 있다.

- **전체론:** 구조는 부분의 합 이상이며 단순화할 수 없을 정도로 사회적이기 때문에 개별적 단위와 그 상호작용으로 분해될 수 없다는 시각이다. 게다가 구조는 단순히 행위자를 제한하는 것을 넘어서 행위자를 구성한다. 구성주의는 국제 구조가 행위자의 정체성과 이해관계를 형성한다고 주장한다.

- **정체성:** '타자'와의 관계 속에서 자신을 이해하는 것이다. 정체성은 사회적이며 항상 타자와의 관계 속에서 형성된다. 구성주의자들은 일반적으로 정체성이 이해관계를 형성한다고 주장한다. 우리는 우리가 누구인지를 알기 전까지 우리가 무엇을 원하는지 알 수 없다. 그러나 정체성은 사회적이며 상호작용을 통해 이루어지기 때문에 변화할 수 있다.

- **개체론:** 구조가 개체의 총합과 그들의 상호작용으로 나누어질 수 있다는 시각. 개체론에 입각한 국제관계 이론들은 단위체와 그 이해관계의 본성(대개 국가와 권력 또는 부의 추구)에 대한 가정에서 출발하여, 광범위한 구조(대개 권력의 배분)가 국가가 국제정치에서 어떻게 행동하며 일정한 행태를 만들어내는 것을 제약하는가를 검토한다. 개체론은 전체론과 반대되는 입장이다.

- **세계 제국:** 다양한 문화를 내포하면서도 단일한 정치구조에 의해 총괄적으로 지배되는 체제이다.

- **종주국:** 주변국가들을 정복하지 않은 채 지배하고 복종하게 하는 국가이다.

- **유물론:** 사회의 가장 근본적인 특징이 물질적 요소의 조직이라는 시각으로, 물질적 요소들은 천연자원, 지리, 군사력, 기술을 포함한다. 세계가 작동하는 것을 이해하기 위해서는 이러한 기본요소들을 고려하는 것이 필요하다. 국제관계학자들에게 이것은 국가 외교정책과 국제정치의 형태를 이해하는 데 기술결정론이나 군사력의 배분형태로 귀결된다.

- **규범적 구조:** 국제관계이론은 전통적으로 구조를 권력의 배분과 같은 물질적인 측면에서 정의하고 행위자에게 제한을 주는 요소로 취급한다. 구성주의자들은 규범적 구조를 정식화함으로써 지식, 규칙, 신념, 규범과 같이 집단적으로 공유되는 이념들(행위자를 제한할 뿐만 아니라 의미의 범주를 구성하고 정체성과 이해관계를 구성하며 적절한 행동의 표준을 정의한다)에 의해 어떻게 구조가 정의되는가를 언급하고 있다. 여기에서 중요한 것은 주어진 정체성을 가진 행위자를 위한 규범과 적절한 행동의 표준개념이다. 행위자들은 그렇게 하는 수익과 비용 때문만이 아니라 규범이 자의식과 연관되어 있기 때문에 규범을 고수한다.

- **인식공동체:** 인식공동체는 '특정 영역에서 전문성을 가지며 동시에 정책 수립에 필요한 권위 있는 정보를 제공하는 전문집단'이다. 인식공동체에 속한 전문가들은 특정 쟁점의 의미, 인과관계, 대응방법을 공유한다. 인식공동체는 국가정책 결정과정에서 특정 현상의 의미를 설명하고, 특정 현상의 원인과 결과를 제시하며, 대응책을 제시함으로써 중요한 역할을 담당한다.

- **제국(empire):** 국가일 수도 있고, 국가가 아닐 수도 있는, 본토와 해외에 영토를 모두 소유하고 있는 독특한 유형의 정치체이다. 미국의 국제적 범위, 엄청난 능력, 세계질서를 만드는 핵심적인 지구적 역할을 묘사하기 위해 미국에 적용되기도 하는 논쟁적 개념이다.

- **제국주의:** 위계와 복종이라는 지구 관계의 맥락에서 이루어지는 국외 정복과 지배의 관행이다. 이는 제국의 수립으로 발전 가능하다.

- **문명의 충돌:** 1993년 새뮤얼 헌팅턴이 공산주의가 사라진 세계에서의 국제갈등의 주된 문화적 대척점을 설명하기 위해 처음 사용한 논쟁적인 용어로, 9·11테러 이후 더욱 많이 사용되고 있다.

학습 점검 문제 제5장 | 탈냉전 국제관계이론

01 웬트(A. Wendt)의 구성주의 이론에 대한 설명으로 옳은 것은? 2023년 외무영사직

① 국가의 정체성이 변화하여도 국가의 외교·안보 정책은 달라지지 않는다.
② 미국은 영국의 핵무기와 북한의 핵무기를 자국 안보에 대한 위협 요인으로 동일시한다.
③ 로크적 문화에서는 경쟁국의 주권을 인정하지만, 분쟁 중에도 강제력의 행사는 완전히 배제된다.
④ 국제체제는 물질적 자원(material resources), 공유된 지식, 실제적인 행위로 구성된 복합적인 구조이다.

구성주의 이론
물질적 자원, 공유된 지식, 실제적 행위로 구성된 복합체제로서의 국제체제에서 공유된 지식, 즉 집합정체성을 중요시하는 이론이 구성주의이다.

선지분석
① 국가의 정체성이 변화되는 경우 국가의 대외정책도 변화한다고 본다. 한국이 개도국인지 중견국인지 그 정체성 변화에 따라 대외정책의 목표나 방향이 달라지게 된다.
② 미국은 집합정체성에 따라 영국의 핵무기보다 북한의 핵무기에 더 민감하게 반응한다.
③ 로크적 문화에서는 경쟁적 정체성을 가지고 있으므로 분쟁 시에는 강제력을 행사할 수도 있다.

답 ④

02 헌팅턴(Samuel Huntington)이 언급한 '문명의 정치'(civilizational politics) 등장에 영향을 미친 네 가지 장기 과정에 해당하지 않는 것은? 2008년 외무영사직

① 유럽통합의 진전과 서방의 영향력 확대
② 아시아 경제의 성장과 중국의 부상
③ 이슬람 세계의 인구 폭발과 이슬람의 부활
④ 초국가적 흐름의 확대와 세계화의 충격

문명충돌론
헌팅턴(Samuel Huntington)은 '문명의 정치'가 국제체제에서 전개되고 있는 네 가지 장기과정에서 비롯된 것으로 보았다. 여기서, 네 가지 장기과정이란 ① 서방의 상대적 쇠퇴, ② 아시아 경제의 성장과 이에 따른 '문화적 긍정', 인류사상 최대 강국이 되려는 중국의 출현, ③ 이슬람 세계의 인구 폭발과 이와 관련된 이슬람의 부활, ④ 상업·정보·사람의 초국가적 흐름의 엄청난 팽창과 같은 지구화의 충격이다. 이 요소들이 합치되면서 새로운 국제질서가 형성되고 있는 것으로 보았다.

답 ①

03 근대 국제사회 형성의 시발이 된 웨스트팔리아(Westphalia)체제의 사상적 기반은? 2012년 외무영사직

① 보댕의 국가주권론
② 로크의 제한정부론
③ 루소의 국민주권론
④ 칸트의 영구평화론

탈근대주권론

30년전쟁의 강화조약인 웨스트팔리아조약은 중세체제를 해체하고 주권국가들로 구성된 근대국제체제를 탄생시킨 매개체 역할을 하였다. 1648년 당시 주권 개념은 보댕(Bodin)에 의해 체계화된 '국가주권'을 의미하는 것이었다. 이후 주권 개념은 루소(Rousseau) 등의 국민주권론으로 확대되어 오늘날의 주권 개념의 사상적 기초를 형성하였다.

답 ①

---

04 권력 자원으로서의 국제문화에 대한 설명으로 옳지 않은 것은? 2021년 외무영사직

① 나이(Nye)는 소프트 파워를 군사적 강압이나 경제적 유인책을 사용하는 대신 다른 국가들이 자발적으로 자신의 의도와 의지를 따르도록 만드는 능력이라고 정의한다.
② 소프트 파워 개념은 국제정치에서 한 행위자가 다른 행위자에게 문화적이고 규범적인 영향력을 행사함으로써 그들의 행위를 변화시킬 수 있다고 본다.
③ 사이드(Said)는 오리엔탈리즘이 동양에 대한 서양의 편견과 선입견을 해소하는 역할을 한 것으로 평가하였다.
④ 문화제국주의 이론은 권력 자원으로서의 문화가 서구 사회의 비서구 사회에 대한 지배와 헤게모니의 도구로 활용될 수 있다고 비판한다.

탈근대주권론

오리엔탈리즘은 동양을 바라보는 서구의 편견과 선입견을 의미한다. 이를 통해 서양의 동양에 대한 제국주의를 정당화시켰다는 것이 사이드(Said)의 입장이다.

선지분석
① 소프트 파워는 '매력'을 의미한다. 이는 군사력이나 경제력과 달리 자발적으로 상대방이 원하는 것을 하게 한다.
② 소프트 파워는 문화적이거나 규범적인 영향력을 발휘하게 하는 것이다.
④ 문화제국주의 이론은 문화적 맥락에서 서구 사회가 비서구 사회를 지배한다고 보는 이론이다. 문화는 서구 사회가 비서구 사회를 지배하는 도구가 되었다는 것이다.

답 ③

MEMO

해커스공무원 학원·인강
gosi.Hackers.com

제4편

이슈 영역별 국제정치이론

제1장 | 국제정치경제론
제2장 | 안보론
제3장 | 군비통제 및 군축이론

제1장 국제정치경제론

> **출제 포커스 및 학습방향**
>
> 국제정치경제론은 일반적으로 국제경제현상에 대한 정치적 분석을 포괄하는 국제정치학의 분과학문이다. 국제경제현상은 크게 국제무역, 국제금융, 국제투자가 있고, 이를 관리하기 위한 WTO, IMF, OECD, 국제레짐 등의 국제제도가 있다. 그리고 이러한 현상을 분석하는 이론으로 중상주의(현실주의), 자유주의, 마르크스주의 등이 있다. 시험에서는 현상에 대한 지식, 이론적 분석, 이론 간 비교 등이 출제될 것이다. 여기서는 이론적 분석과 이론 간 비교를 주로 정리하였다. 국제경제제도는 국제기구편에서 다루고 있다.

제1절 | 총론

1 의의

국제정치경제론이란 국제문제에 있어서 경제와 정치의 상호작용에 대한 이론이다. 국제정치경제에서 핵심적인 질문은 '과연 무엇이 세계경제적 사건들을 일으키고, 어떻게 이들을 설명할 수 있을 것인가?'이다. 최근 국제정세에서 세계경제적 사건들은 주로 국제무역, 국제금융, 국제투자, 국제제도의 탄생과 소멸, 세계화, 정보화 등을 말한다. 여타 사회현상들과 마찬가지로 국제정치경제현상을 분석하는 다양한 관점들이 상호 경합하고 있다. 전통적으로는 중상주의, 자유주의, 마르크스주의 접근법이 주요 접근법이라고 볼 수 있다.

2 주요 관점

1. 중상주의

중상주의는 국제정치학의 현실주의자들의 가정을 공유한다. 즉, 국제정치의 주요 행위자인 국가는 국제체제의 무정부적 속성으로부터 발생하는 안보위협을 제거하기 위해 안보를 국가의 최상위 가치로 보고 부와 자율성과 권력을 추구한다고 본다. 국제경제현상 역시 국가의 생존을 위한 부의 획득이라는 관점에서 이해한다. 국가들은 주요 전략산업과 전략물품의 자급자족을 확보, 보호무역주의, 보조금을 통한 전략산업 육성 등을 통해 부와 독립의 극대화를 추구한다.

2. 자유주의

자유주의는 중상주의에 대해 비판적 관점을 취하는 고전파 경제학에서 출발한다. 즉, 중상주의는 국부 및 국력의 증대를 위한 국가의 역할을 강조하는 반면, 스미스(Adam Smith)와 리카르도(David Ricardo) 등 자유주의자들은 사회복지를 위한 국가의 간섭이나 시장 규제에 반대하면서 자유시장의 논리를 강조한다. 경제활동의 일차적 목적이 소비자들의 이익을 위한 것이라고 보는 자유주의자들은 국제정치경제에 있어서 소비자들에게 이용 가능한 상품과 서비스의 범위를 증대시키기 위해 자유무역과 시장개방을 강조한다. 이들은 또한 자유무역과 시장개방의 결과는 국내적으로나 국제정치적으로 바람직한 결과를 가져온다고 본다. 국내적으로는 교역에 참여하는 국가 모두에게 복지의 증가를 가져오고, 국제정치적으로는 상호의존의 심화로 국제관계를 안정시킨다.

3. 마르크스주의

마르크스주의는 중상주의·자유주의 접근법과 상이한 입장을 취하고 있다. 마르크스의 사회체제 분석론을 세계체제에 적용하면서 국제경제관계는 국가나 기업 간 상호작용이라기보다는 계급 간 상호작용으로 본다. 한 국가 내에서 생산수단 소유관계를 중심으로 한 자본가와 노동자의 관계가 자본가에 의한 착취관계로 묘사되는 것과 같이 중심부 국가와 주변부 국가 간 상호관계 역시 중심부에 의한 착취관계로 본다. 이러한 관계는 세계자본주의체제 구조의 산물이므로 체제변화 없이 착취관계를 해소할 수 없다.

◎ 국제정치경제에 대한 주요 관점 상호 비교

비교기준 \ 주요시각	중상주의	자유주의	마르크스주의
경제관계의 본질	갈등적, 제로섬	협력적, 비제로섬	갈등, 착취, 제로섬
행위자	국가	시장, 기업	계급
경제행위의 목표	부국강병	이윤 극대, 복지	계급이익
경제와 정치의 관계	정치변수	경제 변수	경제변수
경제레짐	형성 곤란, 낮은 자율성	공동이익 위해 형성	중심부 국가연합

3 쟁점

1. 경제관계의 본질

중상주의는 국제경제관계를 기본적으로 갈등적이며 제로섬게임으로 본다. 고전적 중상주의는 금을 국부의 원천으로 보고 금은 한정되어 있으므로 제로섬게임으로 보았으며, 따라서 보호무역을 통해 자국의 국부 유출은 막고 상대국으로부터 금을 가져와야 한다고 보았다. 마르크스주의 역시 경제관계를 갈등적이고 제로섬적으로 인식하는 점은 중상주의와 같다. 그러나 경제행위의 주체를 계급으로 상정하기 때문에 계급 간 제로섬게임으로 보는 점에서 구별된다. 중상주의 및 마르크스주의와 달리 자유주의는, 국제경제관계는 비교우위의 원리, 규모의 경제의 원리, 분업의 원리 등에 기초하여 경제관계에 참여하는 모든 행위자들의 이익을 증진시켜 주기 때문에 국제관계는 조화적이라고 본다.

2. 행위자

중상주의는 국제정치뿐 아니라 국제경제에 있어서도 민족국가(nation-state)가 주요 행위자라고 본다. 민족국가는 국가 내의 다른 행위자들을 통제할 수 있는 정당한 권한을 보유하고 있다. 반면, 자유주의에 있어서 행위자는 기업이나 개인들이다. 민족국가는 이들에 대한 보조적 역할을 하거나, 다양한 행위자들의 하나로서 정부 역시 다원적 이익을 추구하는 주체의 하나로 본다. 마르크스주의는 계급(class)을 행위자로 본다. 상부구조에 존재하는 민족국가는 계급에 포획되어 있어서 자율성을 가지지 않는 것으로 본다. 민족국가는 다원적 이익을 반영하기보다는 자본가 계급의 이익을 옹호하는 주체에 불과하다.

3. 경제행위의 목표

경제행위의 목표는 행위자에 대한 관점과 관련된다. 즉, 중상주의는 경제행위의 목표가 국가이익(national interest)을 극대화시키는 것으로 상정하는 반면, 자유주의는 세계복지의 극대화를, 마르크스주의는 계급이익의 극대화를 추구하는 것으로 본다.

4. 경제와 정치의 관계

중상주의는 정치가 경제를 결정한다고 보는 반면, 자유주의와 마르크스주의는 경제가 정치를 결정해야 한다고 본다. 즉, 중상주의는 국가가 권력 추구의 관점에서 시장개방 여부, 다국적기업의 투자 인정 여부 등을 재량적으로 결정하고, 이로써 시장이나 경제영역을 형성해 간다고 본다. 마르크스주의, 특히 월러스타인(Wallerstein)의 세계체제론에 따르면 자본주의라는 경제체제가 국제관계를 형성하는 기본 동력이며, 상부구조에서 발생하는 패권변동 역시 하부구조의 자본주의 세계경제의 장기파동에서 촉발된다.

5. 경제레짐

중상주의는 경제레짐의 형성가능성 자체를 부정하고, 레짐이 성립하더라도 이는 지속성이 약하며, 기존 권력관계를 반영할 뿐 국가의 자율성을 제약하는 기능을 가지지 못하는 것으로 인식한다. 반면, 자유주의는 경제레짐을 국가들이 상호적 이익을 추구하기 위한 수단으로 본다. 국가들의 필요에 따라 언제든지 성립되고 소멸될 수 있으나, 형성된 레짐은 비교적 자율성을 가지고 지속되는 것으로 본다. 마르크스주의는 경제레짐은 중심부 국가나 자본가 계급의 이익을 주변부나 노동자 계급에게 강요하기 위한 수단이라고 본다.

4 비교

1. 중상주의와 자유주의

(1) 중상주의는 민족국가를, 자유주의는 기업이나 개인을 주요 행위자로 본다.

(2) 중상주의는 국가이익을, 자유주의는 다원적 이익을 중요시한다.

(3) 중상주의는 경제관계를 제로섬게임으로, 자유주의는 비제로섬게임으로 본다. 따라서 중상주의는 국제관계를 갈등관계로, 자유주의는 조화적 관계로 본다.

(4) 중상주의는 경제레짐은 불필요하거나 별다른 기능을 하지 못하는 것으로 보나, 자유주의는 거래비용을 감소시켜 경제협력을 강화시켜 주는 긍정적 기능을 한다고 본다.

(5) 중상주의는 정치가 경제를 결정한다고 보나, 자유주의는 경제가 정치를 결정한다고 본다.

2. 중상주의와 마르크스주의

두 입장은 국제경제관계가 근본적으로 갈등적이고 제로섬적이라는 점에 대해서는 입장을 같이 하지만 몇 가지 차이점이 존재한다.

(1) 중상주의는 민족국가를 행위자로, 마르크스주의는 계급을 주요 행위자로 상정한다.

(2) 중상주의는 정치가 경제를 결정한다고 보나, 마르크스주의는 경제가 정치를 결정한다고 생각한다.

3. 자유주의와 마르크스주의

(1) 자유주의는 행위자를 기업이나 개인으로 보나, 마르크스주의는 계급을 주요 행위자로 본다.

(2) 자유주의는 국제경제관계의 본질이 상호이익의 극대화를 추구하는 것이고, 이로써 조화적 관계로 보는 반면, 마르크스주의는 중심부와 주변부 간 착취관계가 본질이라고 본다. 따라서 자유주의자들은 교역을 통해 모든 국가가 이득을 얻는다고 보나, 마르크스주의는 주변부로부터 중심부로 부가 이동하여 주변부와 중심부의 부의 격차는 지속적으로 확대된다고 본다.

5 적용

1. 세계화

(1) 중상주의

중상주의는 세계화라는 경제현상의 근본동인은 민족국가의 국가이익 추구라고 본다. 즉, 세계화란 탈냉전으로 인해 국제환경이 변화하여 권력의 근원이 경제력으로 옮겨가자 패권국인 미국이 신자유주의적 이데올로기를 동원하여 미국의 국익을 극대화하기 위한 수단으로 추진하고 있는 것으로 바라본다. 국가에 의해 의도적으로 추진되고 있는 것이므로 국가의 필요에 따라 되돌려질 수도 있는 것으로 본다.

(2) 자유주의

자유주의는 세계화를 과학과 기술의 발전을 원동력으로 하여 발생하는 자연스러운 현상으로 본다. 즉, 세계화는 국가에 의해 규정되고 제약되는 것이 아니며 과학과 기술의 발전이라는 추동력에 의해 추진된다. 자유주의는 세계화가 국가의 선택이라기보다는 시장의 선택이라고 본다.

(3) 마르크스주의

마르크스주의는 세계화를 자본주의 세계체제가 확대·심화되는 현상으로 본다. 세계화를 본질적으로 자본주의의 내적 논리, 즉 축적과 잉여가 추동하는 것으로 바라보는 동시에 위기에 봉착한 서구 자본이 이윤율의 저하를 극복하기 위해 자본주의 시장체제를 전세계적으로 확산시키고 있는 것으로 본다.

2. 다국적기업

(1) 중상주의

정치가 경제를 결정한다고 보는 중상주의자들은 다국적기업 역시 국가의 정책적 결정의 산물이라고 본다. 예컨대 무스그레이브(Peggy Musgrave)나 길핀(Robert Gilpin)에 따르면 다국적기업은 국내투자보다는 해외투자를 촉진하는 세법(tax laws)의 시행과 같은 특정한 정책의 결과물로서 기업 집중과 확장을 촉진하는 정치질서와 공공정책 등에 의해 영향을 받는다.

(2) 자유주의

다국적기업의 성장과 확산에 대해 중상주의가 정치적 동기와 정책적 배려를 강조하는 것과 달리 자유주의는 경제적 동기를 강조한다. 예컨대 버논(Raymond Vernon)은 '상품주기설(product cycle theory)'을 제시하면서 다국적기업의 해외진출은 해외에서 경쟁력의 우위와 해외시장을 지키고 경쟁을 제압하기 위한 방어적 동기에서 비롯되는 것으로 본다. 또한, 다국적기업의 역할에 대해서도 자유주의는 긍정적으로 본다. 예컨대 존슨(Harry Johnson)은 다국적기업이 자본, 기술, 지식을 이전시킴으로써 경제적인 효율성을 증진시키고 성장을 자극하며, 유휴 국내자본을 동원함으로써 세계의 효율성을 증가시키고 성장을 촉진시킨다고 본다.

(3) 마르크스주의

'독과점 혹은 과점이론(monopoly or oligopoly theory)'에 따르면 다국적기업의 해외 확장은 현대 자본주의의 피할 수 없는 결과이다. 하이머(Stephen Hymer)에 의하면, 기업은 독자적인 상품, 경영지식, 기술과 관리기술의 통제 또는 자본에의 접근 등과 같은 요인들을 통해 그들이 지니고 있는 독점력(monopoly power)을 이용하기 위해 해외로 나간다. 자유주의이론과 마르크스주의는 모두 경제적 요인을 강조한다. 하지만, 자유주의가 경쟁력 유지를 위한 방어적 동기를 강조하는 반면, 마르크스주의는 독점력을 발휘해 높은 이득을 취하려는 공격적 동기를 강조한다는 점에서 구별된다.

3. 제국주의

(1) 중상주의

중상주의는 제국주의의 원인을 국가의 권력 추구라는 정치적 동기에서 찾는다. 중상주의는 제국주의전략이 자본주의와 필연성은 없다고 본다. 코헨(Benjamin J. Cohen)은 제국주의의 근본적 원인은 국제체제의 무정부성에 있다고 본다. 이로 인해 국가들은 자력구제에 의한 자기보존에 신경을 쏟아야만 하며 자기보존을 위해 구체적으로 권력을 극대화하고 영향력을 증대하려 하는데 이것이 구체적으로 표현되는 것이 제국주의라는 것이다.

(2) 자유주의

자유주의 제국주의론은 마르크스주의와 마찬가지로 제국주의의 원인을 경제적 관점에서 해석한다. 홉슨(John Hobson)의 '과소소비설'이 대표적인 예이다. 홉슨에 따르면, 자본주의 국가에서는 소득과 부가 불균등하게 배분되어 과잉생산과 과소소비 문제가 발생한다. 이에 따라 자본가들은 잉여자본을 해외로 투자하고 그 과정에서 다른 국가와 경쟁하게 된다. 즉, 제국주의란 산업을 지배하고 있는 대자본가들이 국내에서 소비되지 못하고 있는 상품과 자본을 처리하기 위해 해외시장과 해외투자를 모색하는 가운데 발생하는 현상으로 간주한다. 홉슨의 이론이 마르크스주의와 다른 점은, 홉슨이 제국주의를 자본주의에 내재한 불가피한 현상으로 보지 않는다는 점이다. 홉슨은 소득의 배분이 좀 더 균등하게 이루어진다면 부족한 국내소비 및 그로 인한 자본의 수출은 피할 수 있는 것으로 본다.

(3) 마르크스주의

레닌(Lenin)에 의하면 제국주의는 자본주의적 생산양식의 모순에 의해 필연적으로 발생한다. 레닌은 독점적 자본주의 생산(monopolistic capitalist production) 과정에서 잉여자본이 필연적으로 생기고 이러한 잉여자본의 발생은 어떠한 소득분배를 통해서도 피할 수 없다. 잉여자본은 금융자본과 통합되어 해외로 수출되는데 이것을 제국주의라고 본다.

4. 남북문제

(1) 중상주의

중상주의는 남북문제 분석에 있어서도 '권력' 개념을 도입한다. 즉, 남북문제도 무정부하에서 국가들 간 관계의 본질적 특성인 권력투쟁(struggle for power)과 다르지 않다는 것이다. 따라서 이러한 남북문제를 국제체제에 언제나 존재하는 항구적 문제라 생각한다. 크라스너(Krasner)는 이러한 관점에서 남북문제를 분석하였다. 그에 따르면 구조적으로 취약한 제3세계 국가들은 권력 추구의 전략으로서 시장지향적인 국제레짐에 도전하여 국가 간 가치를 권위적으로 배분하는 새로운 국제레짐을 채택한다. 신국제경제질서(NIEO)를 형성하려는 노력이 대표적 사례이다.

(2) 자유주의

마르크스주의가 남북문제는 세계자본주의의 구조적 문제로서 경제적 통합이 심화될수록 남북격차가 확대될 것으로 보는 반면, 자유주의는 남북문제는 시장의 통합이 더디기 때문에 발생하는 문제로 본다. 즉, 자유주의자들은 시장이 통합될수록 비교우위에 입각하여 교역에 참가하는 모든 국가들이 상호 이익을 볼 것으로 보기 때문에 제3세계 국가들이 인위적 시장장벽을 제거함으로써 빈곤문제가 해결될 수 있을 것으로 본다.

(3) 마르크스주의

월러스타인(Wallerstein)의 세계체제론에 따르면 남북문제는 기본적으로 자본주의 세계체제의 속성으로부터 구조적으로 발생하는 현상이다. 자본주의 세계체제는 공간적으로 중심부, 주변부 및 반주변부로 구성되어 있는데, 국가의 발전과 저발전은 세계체제에서의 구조적 위치로부터 발생한다. 즉, 중심부 및 반주변부 국가들은 발전이 가능하나, 주변부 국가는 중심부와 반주변부 국가로부터 이중적 착취를 당하고 있으므로 저발전이 심화될 따름이다. 월러스타인(Wallerstein)은 자본주의 세계체제의 변혁 없이 남북문제는 소멸되지 않을 것으로 본다.

◉ 국제정치경제(IPE) 주요 주제에 관한 각 패러다임의 입장

쟁점 \ 주요시각	중상주의	자유주의	마르크스주의
세계화	국가이익을 위한 주권국가의 재량적 선택	기술 변화 및 이윤 극대화에 따른 시장의 선택	자본주의의 확산
다국적기업	국가정책의 산물, 투자국에 이익	기업의 경제적 동기, 방어적 선택	경제적 동기, 자본주의의 본질, 공격적 선택
제국주의	무정부, 생존, 권력 추구, 정치적 요인	과소소비, 경제적 요인, 필연적이지 않음	독점자본주의의 필연적 현상, 경제적 요인
남북문제	제3세계의 권력투쟁에 포커스	불완전한 시장통합이 원인, 시장통합 필요	자본주의 세계경제의 구조적 산물로서 구조변혁을 통해 해결 가능

제2절 | 현실주의

1 의의

현실주의 국제정치경제론은 국제정치이론 또는 국제안보이론에서의 현실주의이론을 국제경제 분야에 도입한 이론들로서 현실주의의 존재론을 대부분 공유하고 있다. 다만, 국제정치 현실주의이론이 분석에서 배제한 경제영역을 명시적으로 분석대상으로 삼고 있다는 점에서 차이가 있다. 현실주의 국제정치경제이론은 절대왕정기에 태동한 중상주의(mercantilism)적 사고에 기초하고 있으며, 제2차 세계대전 이후 패권안정론, 합리적 선택이론, 신현실주의 등으로 보다 정교화되었다. 현실주의 국제정치경제론은 현실주의 국제정치이론의 기본가정과 분석단위를 계승하면서 권력정치의 물질적 기반이 되는 국가의 경제력 획득방식에 관심을 가진다. 또한, 국제체제에서 안보와 군사력의 우월성 등을 가장 중요시하는 한편, 권력과 부의 추구를 상호보완적인 관계로 간주하면서도 부의 권력에 대한 종속을 강조하고 있다. 자유주의자들이 시장을 통한 절대적인 부의 추구에 관심을 가지는(absolute gains maximizer) 것과는 달리, 현실주의는 국제경쟁관계에서 불균형적으로 자신의 이득을 추구하는, 즉 상대적 부의 획득에 관심을 집중하고(relative gains maximizer) 있으며, 국가 간의 관계도 부의 상대적 분배를 중시하여 갈등적인 것으로 파악한다. 중상주의, 신현실주의, 패권안정론 및 합리적 선택이론 등이 현실주의 국제정치경제론에 포함된다.

2 기본 입장

1. 행위자

현실주의는 국제정치경제의 주요 행위자를 국가로 가정한다. 국가는 합리적이고 통합된 행위자로서 자신의 일관된 선호를 명확히 알고, 그러한 선호를 반영한 전략적 선택을 하는 존재이다. 국제관계에서 국가의 선호는 이기적 관점에서 안보 또는 권력을 극대화하는 것이다.

2. 국제체제

국가의 선호를 일관되게 고정시켜 주는 가장 중요한 요인 중의 하나는 국제체제의 무정부적 속성(anarchy)이다. 즉, 정부가 존재하여 개별 주체의 생존을 보장해 주는 국내체제와 달리 국제체제에서 국가들은 자신들의 생존을 스스로 보장해야 한다. 이로 인해 국가들은 생존을 위해 지속적으로 권력을 추구하고, 절대적 이익보다는 상대적 이익(relative gains)을 고려하여 자신의 행동을 결정한다.

3. 국제협력

현실주의는 국제협력에 대해 비교적 비관적인 견해를 보여준다. 국제협력이란 공동이익 또는 공동의 회피를 위해 국가들이 일정한 규칙에 따라 상호 간의 행동을 조정하는 것을 말한다. 현실주의자들은 국제체제의 무정부적 속성에서 비롯되는 배반가능성과 상대적 이득 때문에 국제협력이 시도되거나 유지되는 것은 어렵다고 본다. 즉, 죄수의 딜레마(prisoner's dilemma)게임에서 보여주듯이 상대방의 배반으로 자신의 이익이나 안보가 위태로워질 수 있기 때문에 애초에 협력을 시도하지 않는다. 또한, 협력을 통해 이득이 창출된다고 하더라도 그 배분이 대칭적이지 못한 경우 자신의 안보를 해할 수 있으므로 협력을 꺼린다고 본다. 이러한 관점에서 국제경제관계는 기본적으로 갈등적이고 경쟁적이며 제로섬게임이라고 본다.

4. 국가와 시장

국제정치경제론의 기본 주제 중의 하나는 현실적으로 또는 규범적으로 국가와 시장 중 어느 쪽이 중요한가 하는 것이다. 현실주의는 국가가 중요하다고 본다. 국가는 안보, 복지 등을 위해 시장에 개입해야 한다고 본다. 또한, 시장은 국가에 의해서 형성·유지·확대되며, 국가의 규율 내에서 작동해야 안보를 위태롭게 하지 않는다고 본다.

5. 정치와 경제

정치와 경제는 국제경제현상을 추동하는 독립변수가 무엇인가에 대한 논제이다. 현실주의는 정치가 독립변수라고 본다. 현실주의는 안보를 상위정치(high politics), 경제를 하위정치(low politics)로 규정하고 하위정치의 상위정치에 대한 종속을 주장한다. 또한 정치는 경제활동의 맥락을 규정하는 변수로 본다.

3 중상주의(mercantilism)

1. 의의

중상주의는 유럽에서 절대주의 국가시절부터 지배적인 경제관념으로서 국가의 전비조달을 위한 재정흑자를 무역과 기타 대외경제정책 등의 인위적인 방법을 통하여 국가가 창출하는 것을 말한다. 17~18세기 중상주의시대부터 국제무역이 국가정책의 중심에 등장하기 시작하였다. 이 시기는 국가 형성(state - building)의 시대이자 열강이 각축을 벌이던 시기였다. 국가의 최우선성(primacy of the state)이 확립되고, 국가안보와 국력이 가장 중요한 국가의 목표로 설정된 반면, 모든 경제사회적 활동은 이 '성스런' 목표 달성을 위한 수단으로 인식되던 시대였다. 이 시기에 형성된 대외정책 관념이자 정책으로서의 중상주의는 국제정치의 현실주의적 사고와 유사한 맥락이며, 현대에 있어서도 국가의 대외경제정책에 지적 영감을 주고 있다.

2. 중상주의의 세계관

허쉬만(Albert O. Hirschman)은 중상주의자들의 생각을 삼단논법 형태로 정리하였다. 첫째, 일국의 부의 증가는 그 나라의 절대적 국력(absolute power)을 증가시키며, 절대적 국력은 국부를 증가시킨다(대전제). 둘째, 일국의 부의 증가는 그것이 무역에 의해 야기되었다면 필연적으로 다른 국가의 국부를 감소시킨다(소전제). 셋째, 따라서 무역을 통한 국부의 증가가 그 국가의 다른 국가에 대한 상대적 국력(relative power)을 신장시킨다(결론). 무역을 통한 국부의 증가는 국력을 신장시킨다는 중상주의적 사고는 일정 시점에서 세계의 교역량은 고정되었다고 본 중상주의 시대의 독특한 세계관을 보여준다. 이러한 중상주의적 세계관은 사회를 유기적 단일체(organic unity)로 본 중세의 현상유지적 세계관이나 자유무역은 모두를 승자로 만드는 게임(positive game)이라고 본 이후의 자유주의 세계관과 크게 대비된다.

3. 경제민족주의

중상주의는 경제민족주의를 특징으로 한다. 경제민족주의란 경제활동은 국가 형성과 국가이익에 종속되어야만 하며, 국제체제보다 개별 국가, 국가안보, 군사력이 우선성(primacy)을 가져야 한다고 보는 사상을 말한다. 이러한 관점에서 중상주의자들은 산업화를 국가정책의 중요한 목표로 취급하였다. 이들은 공업(제조업)은 경제 전체에 파급효과를 미치고, 국가경제의 전반적인 발전을 촉진하며, 공업을 가지고 있어야 경제적 자립과 정치적 자율성을 확보할 수 있다고 보았다. 무엇보다도 중요한 것은 공업이 근대사회에서 군사력의 기초를 이루므로 국가안보에 긴요하다는 것이다.

4. 국력증강수단으로서의 무역정책과 전략 - 허쉬만(Albert O. Hirschman)의 견해

허쉬만에 따르면, 무역은 두 가지 효과, 즉 공급효과와 영향효과를 통해 국력을 증강시킨다.

(1) 공급효과(supply effect)

무역의 공급효과란 무역을 통해 어떤 상품의 공급을 풍부하게 하거나, 국력의 측면에서 덜 필요한 상품을 좀 더 필요한 상품으로 대체함으로써 국가의 잠재적 군사력을 증강시키는 효과를 말한다. 예컨대, 전쟁 수행에 필요한 물자를 집중적으로 수입하거나, 전략적 물자를 대량으로 비축함으로써 국력을 증강시킬 수 있다.

(2) 영향효과(influence effect)

무역의 영향효과란 무역을 통해 전략적으로 상대국이 자국에 의존하도록 만듦으로써 상대적 영향력을 확보하는 것을 말한다. 즉, 국가 간 무역단절이 자신보다 무역상대국에게 더 심각한 결과를 초래하게 될 여건을 창출함으로써 상대국에 대한 영향력을 증가시킬 수 있는 것이다. 이러한 정책에는 무역상대국이 자국과의 무역관계를 단절하기 매우 어렵게 만드는 정책과 자국 외에 마땅한 대체시장 및 자원공급원을 가지지 못하게 함으로써 무역파트너 또는 무역선을 전환(shift)할 수 없게 만드는 정책 두 가지가 있다.

4 중상주의의 전개과정

1. 초기 사상

17 ~ 18세기 중상주의시대는 중세 봉건주의와 자유주의의 중간기 또는 산업혁명 이전의 자본주의 여명기로서, 강력하고 중앙집권적인 국민국가들이 등장하기 시작한 시대였다. 이 시기의 중상주의는 '국민'의 이익과 군주의 이익을 동일시한 시대의 경제정책이었다. 중상주의 국가의 대내 및 대외정책의 목표는 신민의 복지증진이 아니라, 군주의 위세와 전쟁에서의 승리를 가능케 하는 국력의 증강에 있었다. 구체적으로는 금은의 축적, 국부와 경제의 성장 촉진, 지속적인 무역흑자의 달성, 고용의 극대화 및 국내제조업의 보호육성을 통한 국력의 증강을 추진하였다.

2. 알렉산더 해밀턴(Alexander Hamilton)

알렉산더 해밀턴은 미국의 중상주의자로서 산업의 육성이 미국 경제에 추가적 역동성을 가져다 줄 것으로 보았다. 그는 국내산업을 육성하고 보호하기 위해서는 보호무역정책을 채택하고 정부에서 보조금을 지급하여야 한다고 주장하였다. 또한, 경제기반을 외국에 의존할 수 없다고 보고, 산업 육성을 통한 미국 경제의 다원화는 외부경제에 의존하는 미국 경제의 취약성을 덜어줄 것으로 기대하였다. 해밀턴은 국가안보와 자립과 같은 중상주의 개념에 의존하면서도 무역흑자와 자본유입 자체보다는 이를 통한 강력한 제조업이 중요하다고 봄으로써 중상주의 발전에 기여하였다.

3. 리스트(Friedrich List)

프리드리히 리스트는 아담 스미스(Adam Smith)의 자유경제론을 비판하면서 영국 주도의 국제질서에 대항하는 이론을 제공하였다. 당시의 자유주의 경제학은 자유무역을 통해 세계의 정치적 안정과 평화가 달성될 수 있다고 보았으나, 리스트는 국제체제가 국가들 간 경쟁에 의해서 운영되고 있는 점을 간과한 것이라고 비판하였다. 리스트는 산업의 발전이 인간의 정신적 능력과 기술을 다양하게 발전시킬 수 있다고 보고, 국가의 개입을 통해 국가의 생산력을 증가시킬 것을 주장하였다. 이를 위해 국가가 나서서 유치산업을 육성하고 사양산업을 보호하는 등의 보호주의적 정책을 펴야 한다고 보았다.

4. 대공황기

아담 스미스(Adam Smith)의 고전적 자유주의사상은 제1차 세계대전과 대공황을 겪으면서 점차 쇠퇴하고 중상주의적 주장과 정책이 다시 생명력을 얻게 되었다. 대공황을 관리하기 위해 각국은 무역수지흑자의 보전과 국내 고용과 유효수요 창출이라는 개별적 국가이익을 추구하기 시작하였다. 이를 위해 무역정책에 있어서 '경쟁적인 관세인상'과 '경쟁적인 평가절하'를 통해 무역수지를 흑자로 유지하고자 하였다. 이러한 근린궁핍화전략(beggar-thy-neighbor policy)은 결국 국제무역의 급격한 감소와 국내소비 위축, 고용 감소의 악순환을 초래하였다.

5. 신중상주의

제2차 세계대전 이후 국제경제질서는 소위 '배태된 자유주의(embedded liberalism)'에 기초하여 형성되었다. 이는 칼 폴라니(Karl Polanyi)가 적절히 분석한 바와 같이 '자기조정적 시장(self-regulating market)'이 신화임을 인정하고, 자기파멸적 시장을 어느 정도 국민국가의 통제하에 놓아두어 안정적인 국제질서를 만들려는 시도였다. 자유무역질서를 추구하였던 국제경제질서는 1970년대에 들어 흔들리기 시작하였고, 이후 다양한 보호주의조치들이 등장하였다. 이러한 흐름이나 정책을 신중상주의(neo-mercantilism)라고 한다. 다자적 자유무역질서를 옹호하고 유지해 오던 미국은 독일과 일본이 경제적으로 부흥하여 자국의 위치가 상대적으로 쇠퇴하자, 엄격한 상호주의를 기치로 상대국의 시장을 제재로 위협하여 개방하게 하는 한편, 자국 산업에 대해서는 전략적 무역정책(Strategic Trade Policy)을 통해 보호하였다. 또한, 수출자율규제나 반덤핑관세 등 비관세장벽도 자국 시장을 보호하고 무역수지 불균형을 해소하기 위한 수단으로 활용되었다.

제3절 | 자유주의

1 의의

19세기 초 중상주의를 비판하면서 등장한 고전적 자유주의는 개인의 자유를 가장 중요한 가치로 보고 자유무역을 통한 개인 및 국가의 발전을 역설하는 한편, 국가의 시장개입 최소화를 주장하였다. 고전적 자유주의는 1930년대 대공황으로 중상주의와 케인즈학파로부터 비판을 받기도 하였으나, 제2차 세계대전 이후 브레튼우즈체제 성립의 이론적 기초로서 재등장하였다. 다만, 고전적 자유주의를 보완하는 '통제된 자유주의(embedded liberalism)' 형태로 국제질서 형성에 적용되었다. 세계화의 원인이자 결과로서 내장형 자유주의는 1970년대 및 80년대 이래 신자유주의(neo-liberalism)로 변모하였다.

2 기본 입장

1. 행위자

자유주의 국제정치경제론에서는 행위자의 다원성을 전제한다. 현실주의자들이 국가를 주요하고 합리적인 행위자로 가정하는 것과 달리, 자유주의자들은 국제정치경제에는 다양한 행위자들이 나름대로의 자율성을 가지고 참여한다고 본다. 여기에는 개인, 기업, 국제기구, 국제경제영역에서 활동하는 비정부간국제기구(INGO) 등이 포함되며, 국가 역시 하나의 행위자에 불과하다고 본다. 또한, 이들 행위자들은 이성적이고 자신의 효용성의 극대화를 추구하는 주체들로 가정된다.

2. 국가와 시장

국제정치경제학은 국제관계에서 국가와 시장의 상호작용을 연구대상으로 하는 학문이다. 이러한 개념정의는 국가와 시장이 각각 자율성을 가지고 독립적으로 존재하고 있다는 사실을 전제하고 있다. 이러한 관념은 자유주의적 관점을 반영한다. 즉, 자유주의자들은 국가와 시장이 어느 정도 독립적으로 존재한다고 본다. 이는 현실주의자들이 시장을 국가에 종속시키는 것과 대비된다. 한편, 자유주의자들은 자유시장에 대한 신념을 가지고 있다. 즉, 시장은 경제적 자원을 가장 효율적으로 배분하는 메커니즘이고 개인은 시장을 통해 그들의 능력과 만족을 극대화하게 된다.

3. 국가의 역할

개인의 자유의 최대한 보장을 가장 중요한 가치로 인식하는 자유주의 입장에서 국가의 역할은 최소화될수록 좋다고 본다. 국가는 합법적이고 존재의 필요성을 가지나, 자유롭고 경쟁적인 시장의 존재를 창출하고 유지하는 제한된 역할을 수행할 뿐이다. 프리드먼(Milton. Friedman)은 정부의 중요한 기능은 '외부로부터의 적과 내부의 동료시민으로부터 우리의 자유를 방어하고, 법과 질서를 보존하고, 사적 계약을 보증하고, 경쟁적 시장을 촉진하는 것'이라고 본다.

4. 국제체제

국가들로 구성되어 있는 국제체제가 무정부상태이기는 하나, 전쟁상태는 아니라고 본다. 이는 현실주의자들이 국제체제를 홉스적 자연상태, 즉 전쟁상태로 보는 것과 구별된다. 무정부상태는 전쟁상태일 수도 있고 평화상태일 수도 있다. 국가들의 노력에 따라 무정부상태에서도 평화가 얼마든지 가능하며, 서로 간의 공통이익과 개별적 이익을 달성하기 위해서는 국제협력이 필요하고, 국가들은 이를 시도하는 합리성을 갖고 있다. 무정부상태라는 국제정치 구조가 국가들의 행동을 지배하는 것이 아니라, 국가들의 행동에 따라 무정부상태의 모습이 결정된다.

5. 국제협력

현실주의자들은 홉스적 자연상태로서의 무정부상태의 제약으로 국제협력의 발생이나 지속이 어렵다고 본다. 그러나 자유주의자들은 무정부상태하에서도 국제협력은 가능하다고 본다. 특히, 신자유제도주의자들은 합리적인 국가들이 공동의 이익을 추구하기 위해 특정 영역에서 다양한 레짐을 창출한다고 본다. 레짐은 국제협력에 수반되는 거래비용을 감소시켜 협력을 용이하게 하는 역할을 한다.

6. 경제와 안보

자유주의 정치경제이론가들은 국가 간 경제협력관계를 강화하는 것은 개인이나 기업의 이익을 증가시켜 줄 뿐 아니라, 전체적으로 교역에 참여하는 모든 주체들의 안전보장을 더욱 강화시켜 준다고 본다. 상호의존론자들에 따르면, 국가들 간 상호의존이 증가하면 국가 간 갈등이 폭력적 전쟁으로 귀결될 가능성이 낮아진다고 본다. 전쟁이 발발하는 경우 기존의 무역관계 등 상호의존으로부터 얻는 이득을 상실하게 되기 때문이다.

3 고전적 자유주의

1. 의의

고전적 자유주의는 중상주의(mercantilism)의 비판에서 출발한다. 중상주의자들은 국제교역관계를 제로섬게임으로 보고 금은의 획득과 이를 통한 부국강병을 위해서 자국 시장은 가급적 보호하고, 상대국 시장을 개방하여 무역수지를 흑자로 유지해야 한다고 보았다. 그러나 데이빗 흄(David Hume)을 비롯한 고전파 경제학자들은 가격정화흐름메커니즘을 제시하면서 무역수지흑자를 통해 국부를 증가시키는 것은 장기적으로 가능하지 않다고 비판하였다. 따라서 보호무역보다는 자유무역을 통해 각국의 비교우위가 실현되는 경우 전세계적으로 자원배분의 효율성이 실현된다고 주장하였다.

2. 핵심사상

고전적 자유주의자들의 핵심사상은 리카르도(David Ricardo)에 의해 제시된 비교우위론(comparative advantage)이다. 비교우위론의 핵심주장은 국제무역에 대한 모든 인위적 장벽을 제거하고 국제무역이 시장의 작동에 따라 자연스럽게 이루어지도록 하라는 것이다. 자유무역이 이루어지는 경우 각 국가들은 비교우위 산업에 특화를 하게 되고, 이를 통해 전세계의 모든 자원의 효율적 이용이 가능하게 되어, 모든 국가는 무역을 통해 이득을 얻게 된다. 따라서 국가는 시장에 대한 개입을 최소화하고 시장의 자유스러운 작동을 보장해야 한다.

3. 비교 - 중상주의

고전적 자유주의가 중상주의와 대비되는 점은 다음과 같다.

(1) 국제무역관계에 대한 인식에 있어서 중상주의는 제로섬적이고 갈등적으로 보나, 고전적 자유주의는 비제로섬게임으로 참여국 모두에게 이득이 되는 관계로 본다.

(2) 중상주의는 대체로 보호무역주의를, 고전적 자유주의는 자유무역주의를 전략으로 선택해야 한다고 본다.

(3) 중상주의는 국가의 시장에 대한 적극적 개입을 필요하고 또한 바람직한 것으로 보나, 고전적 자유주의는 국가의 시장개입이 축소될수록 시장의 작동이 활성화되어 자원배분의 효율성을 극대화한다고 본다.

4. 비판

(1) 비교우위설의 문제

고전적 자유주의 정치경제론에 대한 일반적 비판은 크게 두 가지 측면에서 제기된다. 우선, 그들이 제시한 비교우위설의 가정이 매우 엄격하다는 점이다. 또한 이들은 시장의 완전성과 완전경쟁시장을 가정하고 있으나, 정보의 불완전성, 인위적 장벽의 존재, 소비자와 생산자의 비합리성 등으로 완전경쟁시장은 성립하기 어렵다.

(2) 카(E. H. Carr)의 비판

카는 그의 저서 『20년간의 위기: 1919-1939』에서 이상주의, 즉 고전적 자유주의를 강력하게 비판하였다. 카의 비판은 크게 이익의 자연조화설과 자유시장원리의 이데올로기적 성격에 집중되었다. 우선, 카는 이익의 자연조화는 신화에 불과하다고 보았다. 카는 고전적 자유주의자들이 국제체제에서 지배적인 발언권을 가지고 있는 특권적인 위치에 있는 자신들의 이익을 다른 국가들에 강요하기 위해 자신들의 특수한 이익을 공동의 이익으로 가장한다고 본다. 카는 19세기 무역에 있어서 지배적인 위치에 있던 영국이 자신에게 번영을 가져다 주는 자유무역질서를 세계의 번영을 촉진시킬 것이라는 논리를 동원해 나머지 열등한 지위에 있던 국가들에게 이기적으로 강요한 것을 예로 들었다.

(3) 폴라니(Karl Polanyi)의 비판

폴라니는 그의 저서 『위대한 변혁(The Great Transformation)』에서 고전적 자유주의사상의 한계를 비판하였다. 그는 19세기 사회를 자기규율적 시장(self-regulating market), 강대국 간 세력균형, 금본위제도, 자유주의적 국가(liberal state)라는 네 가지 제도적 기초 위에서 국가가 시장합리성(market rationality)을 신봉하여, 시장을 규제하기보다는 자기규율적인 시장을 구축하고 보호하는 것을 주된 역할로 삼았던 시대로 규정하였다. 그러나 폴라니는 자기규율적 시장과 자유주의적 국가 또는 최소국가는 시장메커니즘의 작동을 장기적으로 어렵게 만든다고 비판하였다. 시장과 자본은 악마의 맷돌(satanic mill)로서 팽창되고 확산될수록 그 존재 기반을 파괴하는 속성을 가진다. 즉, 자본가 계급의 이익을 강화하되, 노동자 계급의 이익은 지속적으로 감소하게 되어 사회적 불안을 초래한다는 것이다. 따라서 정부가 사회적 보호(social protection)를 위해 시장개입을 확대하여 자기규율적 시장에 대한 직접적인 통제가 필요하다고 보았다.

무역 패턴 설명 모형

1. 정치안보차원의 모델

   (1) 패권안정이론

   패권안정이론은 세계경제는 자유무역체제를 유지하기 위하여 그 중심부에 패권국을 요한다고 본다. 패권국은 그 체제 내의 질서를 보존할 의사와 능력을 갖추고 있다. 로버트 길핀(Robert Gilpin)이나 스테판 크라스너(Stephen Krasner)에 의해 발전된 패권안정모델에 의하면 패권국의 정치적 그리고 경제적 쇠퇴는 필수불가결하게 자유무역질서의 붕괴를 가져온다.

   (2) 안보통상연계이론

   조앤 고와(Joanne Gowa)의 안보통상연계이론은 냉전적 양극체제하의 동맹 내 국가들 사이에서 자유무역의 실현이 보다 가능하며 탈냉전적 다극체제하의 이질적인 동맹 사이에서 보호무역이 추진된다고 하였다. 즉, 국가간 쌍무적인 정치군사적 협력과 갈등이 양자 간 무역관계와 관련되어 있다고 주장한다. 동맹국가에 대해 일국은 자유무역정책을 구현하기 쉬우며 보다 협력적인 통상외교를 펼칠 가능성이 크다.

(3) 선거주기이론

노드하우스(Nordhaus)는 선거주기이론(Political Business Cycle)에서 전반적 경제상황이 정치적 선거와 맞춰 순환한다고 주장했다. 현직 소유자는 초기 재임동안 비교적 검약한 재정을 유지하고 선거에 임박하여 비교적 후한 정부지출을 한다는 것이다. 그는 국민적 지지 획득 차원에서 선거 당해에 보다 보호주의적인 통상정책을 추진할 가능성이 높으며, 피해를 입은 산업은 선거에 임박하여 보호주의 정책을 요구하는 성향이 있다.

2. 경제 차원의 이론

(1) 잉여능력이론

수잔 스트레인지(Susan Strange)는 잉여생산능력이 세계무역에 있어서 보호주의적 추세를 가속화시켜왔다고 주장한다. 잉여능력의 상황이란 막대한 양의 잉여생산능력으로부터 파생되는 문제를 일컫는다. 스트레인지는 잉여능력을 수요가 모든 기업에게 고용과 수익을 유지하게 할 정도로 충분히 높은 가격으로 생산을 적절히 흡수하지 못하는 상황이라고 정의한다. 이 이론에 의하면 잉여능력은 자유무역을 약화시키며, 개별국가는 잉여생산에 의한 경제 불황의 시기에 보호무역 정책을 취하고, 경제호황의 시기에 무역자유화로 나가려는 경향이 있다.

(2) 경기순환이론

데슬러(I.M.Destler), 듀피드(J.Duffield), 맥키온(T.McKeown) 등은 경기순환이론을 주장했다. 맥키온은 불경기하에서 기업은 보호무역정책을 정부에 요구하고 정부는 이에 보호주의적 통상정책을 취하게 되고, 호경기하에서 정부는 보다 자유로운 통상정책을 취한다고 본다. 이 이론에 의하면, 실업률과 GDP성장률로 대변되는 일국의 거시 경제 상황이 무역 상대국에 대한 정책에 영향을 끼친다는 것이다. 실업률이 상승하게 되면 보호주의 정책을, 경제성장률이 낮아져도 보호주의 정책을 추구한다고 본다.

(3) 수입침투이론

클라인(W.Cline)이 제시한 수입침투이론은 통상분쟁은 증가된 수입침투로 인한 악화된 무역수지 적자에 의해 야기된 보호주의적인 국내적 요구에 근거한다고 말한다. 같은 맥락에서 오델(J.Odell)은 일국의 시장으로의 수입침투가 증가하면 할수록 상대국과의 시장개방과 관련한 통상분쟁의 기회가 증가한다고 하였다.

4 통제된 자유주의(배태된 자유주의, 내장형 자유주의, embedded liberalism)

1. 의의

제2차 세계대전 이후의 국제경제질서는 통제된 자유주의에 기초하여 형성되었다. 고전적 자유주의에 기초하여 전개된 국제무역질서는 1930년대의 대공황과 제2차 세계대전으로 더 이상 그 유효성이 의문시되었다. 경제이론적 차원에서는 케인즈(Keynes)의 유효수요이론(effective demand theory)이나 칼 폴라니(Karl Polanyi)의 이론으로부터 강력한 도전을 받았다. 제2차 세계대전 이후 국제경제질서의 형성을 주도하게 된 미국은 자국에게 유리한 자유무역주의를 질서형성원리로 도입하는 한편, 국내적 안정을 위해 국가의 시장개입을 어느 정도 용인하는 무역질서를 형성하고자 하였다.

2. 질서 형성의 방향

통제된 자유주의의 원리는 전후 국제경제체제를 일컫는 '브레튼우즈체제(Bretton Woods System)'에 적용되었다. 통제된 자유주의는 고전적 자유주의와 달리 국제경제질서에서 자유주의를 추구하되 이로 인해 그 기반이 약화되지 않도록 통제하여 경제질서와 사회질서의 조화를 꾀하였다.

3. 무역질서

무역질서 차원에서 통제된 자유주의는 '자유주의'의 실현에 보다 중점을 두었다. 전간기 국제경제질서의 혼란이 신중상주의적 대외경제정책을 대표하였던 근린궁핍화정책에서 비롯되었다고 보고, 자유무역질서를 복원하고자 하였다. 이에 따라 최혜국대우원칙과 내국민대우원칙을 중심으로 하는 비차별원칙을 중심으로 하는 GATT라는 무역레짐을 탄생시켰다. GATT는 참여국의 관세 및 비관세 장벽을 철폐하여 자유무역을 신장시키는 데 목적을 두었다. 한편, 자유무역을 원칙으로 하되, 다양한 예외를 긍정함으로써 자유무역질서를 보존하는데도 노력을 기울였다. 일정한 조건하에서 특혜대우를 긍정하였을 뿐 아니라, 특히 개발도상국들에 대한 특혜대우를 형식적이나마 제도적으로 보장해 주었다.

4. 금융통화질서

통제된 자유주의는 국제금융통화질서 측면에서는 '통제'에 초점을 맞추었다. 우선, 환율제도에 있어서 금본위제도 대신 조정가능한 고정환율제도를 도입하였다. 달러화에 자국의 화폐를 연동시킨 다음, 국가가 적정환율 유지에 개입할 수 있도록 하였다. 또한, 통화제도에 있어서는 미국의 달러화를 기축통화로 하고, 금 1온스당 35달러로 그 가치를 고정시켰다. 고정환율제도를 택한 이유는 국내적으로 자유무역으로부터 손실을 본 집단을 위해 정부가 개입할 수 있는 토대를 구축해 주기 위함이었다.

5. 비교 - 고전적 자유주의와 통제된 자유주의

러기(Ruggie)는 19세기의 고전적 자유주의와 제2차 세계대전 이후 경제질서에 반영된 통제된 자유주의 간에는 중대한 차이가 있다고 본다. 19세기 자유무역주의는 개별 국가의 사회적 목적의 존재와 가치를 고려하지 않는 '정통적' 혹은 '자유방임적' 자유주의('orthodox' or 'laissez-faire' liberalism)를 반영한 것이었다. 그러나 통제된 자유주의는 다자주의적 관점에서 국제무역자유화를 추구하면서도 동시에 국내안정(domestic stability) 확보를 위한 개별 국가의 시장 개입을 정당한 사회적 목적으로 인정하고 수용하는 새로운 자유주의의 모습을 보여주었다. 한편, 고전적 자유주의질서의 유지자는 19세기 패권국인 영국이었다면, 배태된 자유주의질서의 유지자는 전후 새로운 패권국으로 등장한 미국이라는 점도 차이가 있다.

6. 한계

전후의 통제된 자유주의질서는 1960년대까지는 안정적으로 작동되었으나, 1970년대 이후는 무역질서뿐만 아니라 금융통화질서에 있어서도 혼란의 시기를 경험하게 된다. 그 이유는 두 가지 측면에서 찾을 수 있다.

(1) 자유주의질서를 유지하고 있던 미국의 힘과 영향력이 상대적으로 쇠퇴되었다. 미국은 스스로도 보호무역정책을 도입하면서 자유무역질서를 훼손하였고, 다른 국가들 역시 비관세장벽을 도입하였다.

(2) 자본이동이 활성화되고, 미국 달러화가 지속적으로 평가절하되면서 국제통화질서의 신뢰성이 훼손되었다. 결국, 1970년대에 와서는 국제무역에서는 보호무역주의의 활성화로, 국제통화질서에서는 고정환율제도의 붕괴로 브레튼우즈체제는 위기를 맞았다. 이후 국제통화질서는 변동환율제도로 변화되었고, 배태된 자유주의질서는 시장질서에 보다 철저한 '신자유주의'로 변화되었다.

5 신자유주의(Neoliberalism)

1. 등장배경

신자유주의는 전후 국제경제질서 및 국내질서 형성에 적용된 통제된 자유주의(embedded liberalism)가 한계에 직면하자, 새롭게 국가와 시장관계 및 국제경제질서를 구성하기 위한 사조 또는 정책을 말한다. 통제된 자유주의는 국내적으로 국가의 비대화와 재정 위기를 초래하였고, 1970년대에 들어서는 전후 국제정치경제질서가 붕괴되기 시작하였다. 미국은 1971년 신경제정책을 발표하여 달러화의 금태환을 정지시킴으로써 브레튼우즈체제의 근간을 훼손시켰다. 또한 자본이동성이 급격히 증가하여 국내경제정책의 자율성을 훼손하고 국가의 시장개입의 무력성을 나타내기 시작하였다. 이러한 조건하에서 보다 시장지향적인 국내 및 국제질서 개편을 시도하기 위해 제시된 이념이 신자유주의이다.

2. 확산

(1) 국제금융시장의 압력

1980년대 영국과 미국을 중심으로 등장한 신자유주의 이념은 이후 전세계적으로 확산되기 시작하였는데 여기에는 몇 가지 이유가 있다. 우선 국제금융시장의 압력이 있었다. 자본의 유동성이 급격히 증가된 상황에서 정부는 금융시장에서의 신용을 중요하게 생각하지 않을 수 없게 되었다. 따라서 정부는 국제금융시장으로부터의 신용을 받기 위해서는 국내적으로 시장의 자율성을 강화시켜 주는 개혁을 시도할 수밖에 없었다. 또한, 다국적기업을 자국으로 유치하고, 자국의 기업을 국내에 붙들어 두기 위해 최고의 투자환경을 조성하고, 조세를 감면하며, 노동시장의 유연성을 증대시켜 주었다.

(2) 강대국의 압력

영국과 미국 등은 우파정권이 집권하면서 자발적으로 신자유주의정책을 실시한 반면, 개발도상국의 신자유주의적 개혁조치들은 경제 위기상황에서 강압적인 외부적 힘에 의해 이루어졌다. 남미의 외채 위기나 공산권진영의 체제 전환비용을 지원하는 대신 '워싱턴합의(Washington Consensus)'로 불리는 신자유주의적 처방을 강요하였다. 그러한 처방에는 긴축재정 및 통화정책, 민영화, 대외개방 등이 포함되었다.

(3) 이념적 정당성

케인즈주의가 위기에 봉착하자 시장의 역할에 대한 기대와 신뢰감이 증대하였다. 즉, 시장이 자원배분과 경제성장에 유리하다는 믿음이 다시 부활하기 시작하였다. 시장은 수많은 이기적 개인들의 이익과 선호를 공존할 수 있게 조정해 주는 유일한 기제이고, 기술변화와 혁신을 촉진하며, 다양한 대안적 조직과 제도 중에서 효율적인 것을 선택하는 기능을 시장이 가장 잘 수행한다는 믿음이 복원된 것이다.

3. 정책

신자유주의정책은 거시적으로 국가와 시장의 관계에서 시장의 역할을 강화하는 것에 중점을 둔다. 즉, 탈규제와 민영화를 통해 경제에 대한 국가의 개입을 축소하고 대외개방을 통해 세계적 차원에서 자유시장경제체제를 확립한다. 또한, 국내외적으로 시장의 보다 완벽한 작동을 보장하기 위해 사회와 국가의 영역이 시장에 미치는 영향력을 줄이고, 사회와 국가영역도 시장의 원리에 따라 작동하도록 개혁조치를 취한다.

4. 한계

(1) 국가와 시장의 분리문제

신자유주의는 국가와 시장이 분리될 수 있다는 것을 전제한다. 그러나 경제와 정치영역의 분리는 본질적으로 불가능하다. 시장의 국가에 대한 의존은 시장의 설립을 위해서는 필수적인 재산권의 설정이 국가를 통해 이루어질 수밖에 없다는 사실과 관련된다. 재산권 형성에서의 거래비용, 분배갈등, 재정수입 등의 요인이 양자관계의 영향을 받는다. 즉, 시장의 설립과 작동이 국가에 의존하고 있다.

(2) 시장경쟁의 결과문제

신자유주의는 시장경쟁조건의 동등성을 보장하기 위해 시장경쟁의 불평등한 결과를 용인해야 하는 문제를 안고 있다. 이러한 분배갈등의 용인은 시장이 작동할 수 있는 사회정치적 기초를 허물 수 있다.

(3) 세계경제의 위기 발생

시장의 자율성을 제한하지 않는 경우 무역수지의 불균형이 장기적으로 지속된다. 환율체제의 불안정이 지속되며, 경제 위기가 빈발할 수 있다. 세계경제의 통합으로 경제 위기의 전염효과(contagion effect)가 발생한다.

워싱턴 컨센서스(Washington Consensus)와 베이징 컨센서스(Beijing Consensus)

오늘날 세계를 주도하고 있는 것은 신자유주의 경제개혁을 강조하는 선진국 정부나 국제금융기관 등을 중심으로 한 '워싱턴 컨센서스'이다. 탈규제, 민영화, 엄격한 재정관리 등을 골자로 하는 이 원칙은 세계화시대에서 자유로운 노동 및 자본의 이동, 경쟁원칙에 입각한 교역의 활성화, 국가개입의 최소화와 관련된 규칙과 제도 등을 세계 곳곳에 확산시키고 있다. 더욱이 기술변화와 사회조직 및 물질적 기반시설, 시장과 자본주의 등으로 대변되는 행정과 경제영역에서의 지구화 혹은 세계화과정은 권력, 이해관계, 제도 등의 정치적 요소에 의해 형성되는 '규범적 기반시설'을 필요로 한다. 이는 주로 미국이나 영국 등 서구적 이념체계를 강요하여 서방, 특히 미국의 헤게모니를 강화시키는 것이 아니냐는 비판의 근거가 되고 있다. 이러한 맥락에서 워싱턴 컨센서스에 반대하거나 새로운 의제들을 다룰 것을 촉구하는 입장들이 봇물처럼 쏟아져 나오고 있다. 신자유주의적 세계화에 대한 강한 반감을 표한 '부에노스아이레스 컨센서스', 성평등 및 빈곤해결을 위한 행동을 강조하는 '멕시코 컨센서스', 에이즈, 영양실조 등 지구촌 10대 핵심과제를 내걸고 개발도상국 발전을 위한 정부지출 전환의 필요성을 역설하는 '코펜하겐 컨센서스' 등이 그 예이다. 또한 좌파 정권이 주도하고 있는 중남미의 쿠바, 베네수엘라, 볼리비아가 천명한 '미주를 위한 볼리바르의 대안(ALBA)'도 미국 중심의 경제원칙에 반대하는 연대 사례이다.

한편, 사회주의적 시장경제를 주창해 온 중국의 경제발전모델은 정치적 자유화를 강요하지 않으면서 시장경제요소를 최대한 도입한다는 소위 '베이징 컨센서스'를 형성하여, 여러 개발도상국들에게 상당한 매력을 주고 있다. 전 타임지 편집장이자 현 칭화대 교수인 라모(Joshua Cooper Ramo)에 의해 명명된 이 원칙은 개개 국가들이 독자적 가치를 존중하고 기존 삶의 방식을 유지하는 가운데 세계경제체제에 편입되어야 한다는 입장으로, 미국 주도의 세계질서 형성에 분명한 반대의사를 표명한다. 이러한 중국의 입장은 경제 발전을 위한 이념적 배경을 필요로 하는 개발도상국들에게 신자유주의적 원칙을 거부하는 논리를 제공해 준다. 또한 아프리카와 남미 등지의 개발도상국에 대한 중국의 물질적 지원은 이 지역의 국가들이 중국의 입장을 지지하는 계기가 되고 있다.

주요개념 — 국제정치경제론

- **세계경제:** 다수의 문화가 존재하는 단일한 분업체제이나 통일된 정치구조를 가지고 있지 않다.

- **G8(group of eight):** 1975년 프랑스, 독일, 일본, 영국, 미국의 G5로 확립된 이후 캐나다와 이탈리아를 포함하여 G7로 확장되었고, 1998년 이후 러시아 연방을 포함하여 G8이 되었다. G8은 세계경제문제에 관해 준공식적 협력을 지도한다.

- **자유화(liberalization):** 무역관세와 장벽의 제거, 탈규제, 해외 투자가에 대한 금융영역 개방, 국영기업의 민영화 등을 통하여 경제에서 국가의 역할을 줄이는 정부정책을 의미한다.

- **자본주의:** 마르크스의 분석에서 자본주의적 생산양식은 역사적으로 특정한 시기의 구체적인 사회관계를 배경으로 한다. 마르크스에 의하면 자본주의는 세 가지의 주요 특징을 지니고 있다. ① 생산과 관련된 모든 것은 교환가치를 가지며, 이 모든 것은 다른 것과 교환될 수 있다. 본질적으로 자본주의하에서 모든 것은 가격을 가지고 있으며, 인간의 노동시간도 마찬가지이다. ② 생산을 수행하는 데 필요한 모든 것은 특정 계급, 즉 자본가들에 의해 소유된다. ③ 노동자는 '자유롭다'. 그러나 생존하기 위해서 자본가계급에게 자신들의 노동을 팔아야 하는데, 이는 자본가계급이 생산수단을 소유하고 있고 생산관계를 통제하며 노동자들의 노동으로부터 발생하는 이윤을 통제하기 때문이다.

- **생산수단:** 생산과정에 결합되는 요소들이다. 이러한 요소들은 특정한 역사적 시기에 가용한 도구와 기술뿐만 아니라 노동을 포함한다.

- **생산관계:** 생산관계는 생산과정에서 생산수단을 연결하고 조직화한다. 이는 생산과정을 진행하는 데 필요한 기술적·제도적 관계뿐만 아니라 생산수단 및 최종 생산물의 통제를 관리하는 광의의 구조와 관련된다. 사유재산이나 임금노동은 자본주의사회의 생산관계를 특징짓는 두 가지 요소이다.

- **유물론(materialism):** 사회의 가장 근본적인 특징은 물리력의 조직에 있다는 견해이다. 물리력은 자연자원, 지리, 군사력, 기술을 포함한다. 그러므로 세계가 어떻게 작동하는지 이해하려면 이러한 기본요소들을 설명할 필요가 있다. 국제정치학에서 유물론은 일국의 외교정책과 국제정치 양상을 이해하기 위한 기술결정론이나 군사력 배분의 형식으로 이어진다.

학습 점검 문제 제1장 | 국제정치경제론

01 국제정치경제를 바라보는 중상주의, 자유주의, 마르크스주의에 대한 설명으로 옳지 않은 것은? 2018년 외무영사직

① 중상주의는 국가의 적극적인 역할을 강조한다.
② 자유주의는 국가 간 무역의 증가가 상호이익이 된다고 주장한다.
③ 중상주의는 절대적 이익을 중시하고 보호무역을 추구한다.
④ 마르크스주의는 부등가교환으로 세계경제의 불평등 구조가 심화된다고 주장한다.

국제정치경제론 총론

절대적 이익이란 비용을 능가하는 이익을 말한다. 중상주의는 상대적 이득, 즉 국가 간 이득의 배분을 중시한다. 보호무역을 추구하는 것은 맞다.

선지분석
① 중상주의는 국가가 시장을 주도해야 한다고 본다.
② 자유주의는 비교우위 가설을 신봉한다. 무역이 전세계적인 자원 배분의 효율성과 복지를 극대화한다고 본다.
④ 부등가교환이란 중심부와 주변부가 상호 불평등한 교역관계를 형성함을 말하며, 이로써 주변부에서 중심부로의 부의 이전이 일어난다.

답 ③

02 국제정치경제학의 주요 시각인 중상주의에 대한 설명으로 옳은 것만을 모두 고르면? 2021년 외무영사직

ㄱ. 부의 추구와 권력의 추구라는 국가전략의 유기적인 연계성을 잘 설명한다.
ㄴ. 부의 축적과 효율보다는 국내외적인 불균등의 문제에 대해 초점을 맞추어 논의한다.
ㄷ. 국가 간 경제관계를 포지티브섬(positive sum)의 관계로 가정한다.
ㄹ. 국익을 추구하는 국가는 단일한 선호와 이익을 가지고 행위한다고 본다.

① ㄱ, ㄴ
② ㄱ, ㄹ
③ ㄴ, ㄷ
④ ㄷ, ㄹ

현실주의

중상주의에 대한 설명으로 옳은 것은 ㄱ, ㄹ이다.
ㄱ. 국가는 부의 축적을 통해 권력을 강화하고자 하는 점을 잘 설명한다는 의미이다.
ㄹ. 국가가 합리적이라는 가정이다.

선지분석
ㄴ. 부의 불균등문제는 마르크스주의에서의 주요 관심사이다.
ㄷ. 자유주의가 포지티브섬(positive - sum)게임을, 중상주의는 제로섬(zero - sum)게임을 가정한다.

답 ②

03 제2차 세계대전 직후 수립된 자유주의 국제정치경제 질서에 대한 설명으로 옳지 않은 것은? 2021년 외무영사직

① 미국 주도하에 수립되었다.
② 새로운 자유주의질서는 제한되고 관리되는 자유주의에 기초하였다.
③ 사회주의 진영에 대항하는 자본주의 진영의 경제적 결속을 강화하기 위한 안보적 고려도 작용하였다.
④ 상품과 자본의 국제적 이동을 방해하는 어떤 수단도 정당화될 수 없었고, 국내적 필요에 의한 국가 개입은 배제되었다.

자유주의
자본이동은 국가가 통제하였으며, 국내적 필요를 위해 국가의 시장개입이 정당화되었다. 이는 기본적으로 칼 폴라니(Karl Polanyi)가 19세기 고전적 자유주의질서 한계로 지적한 분배갈등을 조정하거나 완화하기 위한 국가의 시장 개입을 옹호하는 것이다.

선지분석
① 미국은 자유무역주의와 국제금융질서 안정을 축으로 하는 전후 세계경제질서 구축을 주도하였다.
② 이를 배태된 자유주의(embedded liberalism)이라 한다. 무역질서는 자유화하되 금융질서는 통제와 안정을 추구하는 것이다.
③ 전후 경제질서는 미국과 그 동맹국을 중심으로 형성되었다. 공산진영에 맞서기 위한 군사안보전략적 동기도 있었다.

답 ④

04 존 러기(John Ruggie)는 내재된 자유주의(embedded liberalism)가 제2차 세계대전 이후 다자주의에 기반을 둔 자유무역질서의 안착에 기여했다고 주장했다. 내재된 자유주의에 대한 설명으로 옳은 것은? 2017년 외무영사직

① 작은 정부를 토대로 자유무역의 전면적 확산을 추구한다.
② 시장경제를 보완하고 안정시키기 위하여 선택적으로 정부가 시장에 개입한다.
③ 정부 정책을 달성하기 위하여 자원과 경제시설을 전면 국유화한다.
④ 밀턴 프리드먼(Milton Friedman)의 논리에 따라 금본위제로 복귀한다.

자유주의
내재된 자유주의(또는 배태된 자유주의)는 자유무역을 원칙으로 하면서도 국가의 시장 개입을 일정 부분 허용한 질서이다. 정부의 시장 개입은 주로 복지정책을 추진하기 위한 것이었다.

답 ②

제2장 안보론

> **출제 포커스 및 학습방향**
>
> 국제정치학은 안보학이라고 불릴 정도로 국가안보에 대한 학문으로서 발전해 왔다. 특히 현실주의가 학계를 지배하던 냉전기에 그러한 학문적 정체성이 강했다. 그러나 안보이론은 현실주의의 전유물이 아니며 탈냉전기에는 오히려 자유주의계열에서 더욱 열정적으로 안보에 대한 이론과 처방을 제시하고 있다. 시험에서는 최근 발달하고 있는 협력안보론, 다자안보론, 인간안보론에 대해 출제될 것으로 예상된다. 그 밖에도 최근 국제정치학에서 중요한 주제로 부상하고 있는 에너지안보론도 출제가능성이 높다. 집단안보와 동맹안보는 이상주의와 현실주의논쟁의 출발점이라는 역사적 의미도 있으므로 계속해서 출제될 것이다. 전체적으로는 현실주의, 자유주의, 구성주의 안보론 상호 간 비교도 학습하여 준비해 두어야 한다.

제1절 | 총론

1 안보의 개념

일반적으로 안보는 개인 및 집단의 핵심가치(core values)에 대한 위협이 없는 상태를 말한다. 올퍼스(Arnold Wolfers)는 안보를 '객관적 의미에서 안보는 획득된 가치에 대한 위협의 결여의 정도를 나타내며, 주관적 의미로는 그러한 가치들이 공격당할 두려움이 없는 정도'라고 정의하였다. 냉전기 안보론은 군사적 관점에서 정의되는 국가안보에 초점을 맞추어 왔으나 탈냉전기 들어서는 가치, 위협, 수단 차원에서 보다 확대된 안보 개념들이 제시되고 있다. 인간안보, 포괄적 안보, 협력안보, 공동안보 등이 새롭게 제시되는 개념들이다.

2 가치

안보 개념에 있어서 핵심 개념은 '가치'에 대한 것이다. 가치 차원에서 정의되는 안보 개념에는 국가안보와 인간안보가 있다.

1. 국가안보(national security)

국가안보는 개별 국가의 영토보전과 정치적 독립성, 즉 주권을 보호해야 할 가치로 보는 안보 개념이다. 현실주의자들은 국가의 통합성을 주장하기 때문에 국가안보를 연구대상으로 하며, 냉전기 안보는 국가안보를 중심으로 발전해 왔다. 탈냉전기 국가안보에 대한 위협이 약화되는 대신 인종갈등, 종교갈등 등에 기초한 내란이 빈발하게 되면서 국가안보 개념의 한계가 노정되고 인간안보 개념이 등장하게 되었다.

2. 인간안보(human security)

인간안보는 보호해야 할 가치를 인간의 복지(welfare)와 안위(well - being)에 두는 개념이다. 탈냉전기 급격하게 증가한 내란, 경제위기, 환경재앙 등이 국가안보를 위협하지는 않으나 안보의 궁극적 대상인 인간의 복지를 위협한다고 보고 이러한 위협에 대한 대응책을 모색하기 위해 개념적으로 인간안보 개념이 제시되었다.

3 위협

1. 국가안보에 대한 위협

(1) 전통적 위협

국가안보에 대한 전통적 위협은 적대국이다. 즉, 주권국가인 타국, 적대국 그리고 적대국의 군사력이 국가안보에 대한 근본적 위협이다. 이러한 위협을 전통적 위협이라고 한다.

(2) 포괄적 위협

탈냉전기에 들어서 국가안보에 대한 위협은 적대국의 군사력 이외에도 다양한 분야로 확대되어 개념화되고 있다. 초국경적 환경오염문제, 테러, 국제범죄조직, 경제 위기 등도 국가안보를 위협할 수 있다. 포괄적 위협에 대한 대응적 관점에서 '포괄적 안보(comprehensive security)' 개념이 대두되었다. 포괄적 안보란 안보를 군사적 차원에 한정해서 보는 것이 아니라 경제안보, 에너지안보, 환경안보 등을 포함한 거시적 차원에서 이해해야 한다는 개념이다.

2. 인간안보에 대한 위협

인간안보에 대한 위협은 전통적 위협과 포괄적 위협이 모두 포함된다. 타국으로부터의 침략이 인간의 복지를 침해할 수 있을 뿐 아니라 환경재앙이나 경제 위기 등도 인간안보를 위협할 수 있기 때문이다. 다만, 인간안보에 대한 위협에는 전통적 위협에서 배제되어 있었던 국가 내부로부터의 위협이 추가된다는 점에서 구별된다. 독재정의 인권유린이나 자유억압, 국가 내부적으로 발생하는 사회적 혼란이나 경제 위기 등도 인간안보에 대한 중대한 위협이다.

4 국가안보수단

1. 현실주의

현실주의자들이 제시하는 안보수단은 군사력과 동맹이다. 군사력과 동맹을 통해 적대국에 비해 압도적인 힘을 구축하거나, 그렇지 못한 경우 최소한 세력균형은 형성해야 국가안보를 유지할 수 있다고 본다.

2. 자유주의

(1) 현실주의 비판

자유주의자들은 현실주의가 제시하는 일방적 군비증강은 안보딜레마를 초래하여 자국의 안보를 이전보다 더욱 위태롭게 하기 때문에 적대국 간 협력을 통한 안보가 필요하다고 본다. 또한 힘의 균형이 지속적으로 바뀔 뿐 아니라 힘에 대한 정확한 평가도 어렵기 때문에 세력균형이 국가안보를 유지해 준다고 하더라도 일시적으로 안보를 유지해 줄 따름이라고 본다. 따라서 자유주의자들은 보다 항구적이고 안정적이며 지속적인 평화를 위해서는 제도를 통한 신뢰 구축, 경제적 상호의존, 정치체제의 개혁 등이 필요하다고 본다.

(2) 안보달성의 방법

① **제도 형성**: 자유주의자들은 다양한 안보달성의 방안들을 제시하고 있다. 우선 적대국 간 제도를 형성하는 방안이다. 집단안보, 다자안보, 공동안보, 협력안보가 여기에 해당한다. 적대국과 협력을 위해 제도를 형성한다는 점에서는 유사하나, 집단안보는 전통적인 군사력을 그 수단으로 제시한다는 점에서 다른 안보달성의 방법과 구별된다.

② **상호의존의 심화**: 상호의존론자들은 국가 간 상호의존의 심화가 군사력 사용 동기를 완화시켜 결국 안보에 긍정적 외부재효과를 가져올 것으로 본다. 상호의존이 심화되는 경우 국가 간 갈등이 발생하더라도 전쟁을 통해 이를 해결하지는 않을 것인데, 전쟁을 하는 경우 기존에 누리던 이익을 상실할 것이므로 시민들이 전쟁에 쉽게 동의하지 않을 것이기 때문이다. 따라서 전략적으로 국가들 간 상호의존을 강화함으로써 전쟁을 막을 수 있다.

③ **민주평화**: 자유주의자들은 정치체제와 전쟁의 상관성이 높다고 본다. 즉, 민주정 상호 간에는 전쟁을 하지 않으나, 민주정과 비민주정 상호 간에는 비민주정 상호 간만큼 빈번하게 전쟁을 하고, 민주정이 전쟁을 도발하는 경우가 많다는 것이다. 민주정 상호 간 전쟁을 하지 않는 이유는 지도자들이 분쟁의 평화적 해결규범을 내면화하고 있을 뿐 아니라, 견제와 균형에 기초하고 있는 민주정의 제도가 전쟁을 방지하기 때문이다. 따라서 비민주국가들을 민주국가들로 전환시킴으로써 보다 평화적인 체제를 형성할 수 있다고 본다.

3. 구성주의

구성주의자들은 국가의 행동과 선택에 영향을 주는 변수는 관련국들 상호 간에 구성하고 있는 집합정체성이라고 본다. 즉, 국가들 간 전쟁을 하는 이유는 상호 구성하고 내면화하고 있는 정체성이 갈등적이기 때문이다. 만약 국가들이 상호 친구로 인식하는 조화적 집합정체성을 내면화하고 있다면 전쟁가능성이 낮아질 것이다. 따라서 구성주의자들의 국가안보달성방법은 무엇보다 상호 구성하고 있는 정체성을 조화적 정체성으로 변경하는 것이다.

5 인간안보를 위한 수단

1. 국가안보의 달성수단

전통적 위협이나 포괄적 위협을 제거하거나 완화하여 국가안보를 달성하는 것은 곧 인간안보를 확보하는 수단이 된다. 영토보전이 되지 않는다면 적대국으로부터 공격을 받게 되어 인간의 존엄성이 침해될 것이다. 따라서 이 경우는 인간안보와 국가안보가 상호 보완적 관계를 가진다.

2. 인도적 간섭

인도적 간섭은 독재정권 등에 의해 자국민에 대한 인권탄압이 자행되고 있을 때, 국가나 국제기구가 이에 개입하는 것을 말한다. 비무력적 간섭도 있으나, 통상적으로는 무력적 간섭을 말한다. 인도적 간섭은 국내문제에 대한 위법한 침해라는 주장도 있으나, 주권이 인권보호를 위해 주어졌다는 전제하에서, 주권이 인권을 유린하는 무책임한 상황에서는 개입할 수 있다는 주장도 있다. UN안전보장이사회는 회원국들에게 헌장 제7장에 따른 개입을 허가하는 방식으로 합법성과 정당성을 조화시키고 있다.

3. 국가안보와 인간안보의 관계

(1) 상충

인도적 간섭의 경우 인간안보를 달성할 수 있으나, 대상국가의 영토보전과 정치적 독립성을 손상시킨다는 점에서 국가안보를 침해한다.

(2) 보완

국가안보가 달성되는 경우 개인의 인권이 존중될 수 있다는 점에서 양자는 보완관계에 서기도 한다. 국가가 포괄적 안보위협에 적절하게 대응하는 경우에도 인권이 확보된다는 측면에서 국가안보와 인간안보는 보완관계에 있다.

주요 패러다임별 안보에 대한 관점 비교

구분	현실주의	자유주의	구성주의
가치(안보대상)	국가안보	국가안보, 인간안보	국가안보
위협	타국, 군사력	군사적 위협, 비군사적 위협 (포괄적 안보)	적대적 정체성
안보달성방식	세력균형	집단안보, 협력안보, 다자안보	정체성의 정치
무정부상태	홉스적 자연상태, 변화 불가	로크적 자연상태	홉스, 로크, 칸트 - 집합정체성에 따라 결정

제2절 | 집단안보

1 의의

국제평화를 안정적으로 유지하는 제도를 창안해 내는 것은 평화주의자들의 오랜 염원이며, 이를 위해 다양한 제도적 실험이 지속되고 있다. 집단안전보장제도 역시 그러한 실험의 하나로, 1919년 LN 창설 이후 지속적으로 유지되고는 있으나 국제평화 달성가능성에 대해서는 여전히 회의적인 견해가 지배적이다. 냉전의 종식으로 잠시 동안 UN의 집단안전보장기능에 대한 기대감이 높아졌으나 1990년대 후반 이후 패권국인 미국이 UN을 경시하는 일방주의적 대외전략을 전개함으로써 기대는 실망으로 바뀌었다. 그러나 현실주의자들의 주장처럼 제도가 주권국가의 일방적 행동을 제약하는 데에는 상당한 한계가 있는 것은 사실이나, 이는 제도 자체의 문제라기보다는 국가들의 의지의 문제라 볼 수 있다.

2 집단안보(Collective Security)의 개념 및 작동조건

1. 개념

집단안보는 세계의 모든 국가 또는 그 대부분이 조약에 의해 조직적으로 결합하여 상호 간에 전쟁 또는 기타의 무력행사를 금지하고 분쟁을 평화적으로 해결하는 방법을 설정하며, 이러한 해결책을 위반하는 국가가 있을 때는 그러한 위반국에 대하여 그 기구 내에 있는 모든 국가가 협력하여 조직적인 강제조치를 가하여 위반행위, 침략행위를 방지·진압함으로써 국가 상호 간의 안전을 보장하는 동시에 국제평화를 확보하려는 것이라고 할 수 있다. 이니스 클라우드(Inis. L. Claude Jr.)에 의하면 집단안보는 모든 사람이 국제적인 수준에서까지도 형제적인 감시자의 역할을 수행한다는 원리에 입각한 것으로, 사실상 '하나는 전체를 위하여, 전체는 하나를 위하여(one for all and all for one)'라는 전체와 개별의 조화의 해석이라고 한다.

2. 구별개념 - 집단방위(Collective Defense)

아놀드 울퍼스(Arnold Wolfers)는 『Collective Defense Versus Collective Security in Alliance Policy in the Cold War』에서 집단방위란 다수의 국가가 군사동맹조약과 같은 형식을 취하여 공동으로 방위조직을 만들어 상호의 안전을 보장하는 것을 목적으로 하는 지역안보방위기구로서 NATO 등으로 대표되는 것이고, 집단안보는 UN안전보장이사회나 '평화를 위한 단결결의' 등에서 행사되는 침략행위에 대한 방위행위를 가리키는 것으로 둘은 명백히 구분된다고 하였다. 집단방위는 가상적국을 전제로 하여 평시에도 적과 우방이 명백히 구분되는 반면, 집단안보는 사전에 가상적국을 상정하지 않으며 침략행위 발생 전까지 적과 우방이 구분되지 않는다.

3. 작동조건

한스 모겐소(Hans J. Morgenthau)는 『Politics among Nations』에서 집단안보가 성립되고 또 유효하게 작동되기 위해서는 다음과 같은 세 가지 조건이 필요하다고 하였다.

(1) 어떤 국가 또는 국가군이 침략행위를 감행해도 여타 국가의 힘의 총력이 이러한 침략의 방지, 진압에 충분한 실력으로 항상 동원될 수 있는 집단체제(Collective system)가 갖추어져 있어야 한다.

(2) 침략을 진압하기 위하여 여타의 모든 국가는 안보에 대한 동일한 개념(same conception)을 가지고 있어야 한다.

(3) 당사국은 모두 상호 간에 일어나는 정치적 이익의 충돌을 공동이익을 위해 자발적으로 예속시켜야 한다.

3 집단안보와 세력균형

1. 서설

미국 국무부의 어니스트 그로스(Ernest A. Gross)는 1951년 7월 버지니아대학에서의 한 연설에서 "국제사회에서의 안전을 성취하기 위해서는 집단적 안전보장 이외에는 다른 방도가 없다. 집단안보의 반대는 완전한 불안정(complete insecurity)이다."라고 선언한 바 있다. 그러나 모든 집단적 행동이 집단적 안전보장인 것은 아니다. 집단적 행동은 특별한 점에서 몇 개국의 제한된 협력이고 집단안보는 강대국을 포함한 세계 대부분의 국가에게 의무와 원대한 공약(far-reaching commitments)을 적용하는 것이기에, 집단안보는 그 기간을 통하여 세력균형정책이나 중립과는 양립할 수 없는 것이다. 이에 퀸시 라이트(Quincy Wright)는 집단안보와 세력균형은 상호 보완적이면서도 상반되는 것으로 이 두 제도는 기본적인 가정이 다르다고 지적한 바 있다.

2. 집단안보와 세력균형의 유사점

(1) 무력침략행위의 방지목적

세력균형에서는 어느 국가에 지나치게 세력이 집중되었느냐에 관심이 있고 집단안보에서는 누가 침략을 하느냐에 관심이 있으나, 양 체제는 모두 침략행위의 위험성을 인식하고 있다는 점에서는 같다.

(2) 억제전략의 적용

상대국의 위력을 의식하고 무력행사를 자제한다는 개념에서 볼 때 양 체제는 일치한다. 세력균형은 힘의 평형으로서, 집단안보는 공동제재력의 위력으로서 군사적 모험의 억제기능을 수행한다.

(3) 평화유지를 위한 전쟁 인정

침략국에 대한 억제의 기능이 실패할 경우, 평화유지를 위해서 불가피하게 전쟁으로 발전할 수도 있다는 예외적 조치에 있어 유사하다.

(4) 피침략국이 아닌 구성국가의 공동제재조치에의 참여

직접적인 피침략국이 아니라도 공동조치에의 참여를 약속한 구성국가는 공동제재에 참여한다는 개념도 같다. 집단안보체제는 한 국가에 대한 침략을 전체에 대한 침략으로 간주한다.

(5) 집단조치의 방법

세력균형은 동맹체제를 통한 제한된 집단적 행위이며, 집단안보는 국제기구를 통한 공동조치이다. 그러나 양 체제는 집단적 조치의 성격을 가진다는 점에서 같다.

3. 집단안보와 세력균형의 차이점

(1) 동맹의 성격

<u>세력균형은 경합적 동맹체제인 데에 반하여 집단안보는 세계를 하나의 공동체로 보기 때문에 범세계적 동맹의 성격을 가진다.</u>

(2) 동맹의 목적

세력균형은 외부의 침략에 대한 공동조치를 목적으로 하는 동맹이므로 2개 이상의 집단이 경합적 관계에 있으나, 집단안보는 구성국 가운데 발생하는 침략행위의 방지를 목적으로 내부의 평화와 질서의 유지에 중점을 둔다.

(3) 구성국가 간의 관계

세력균형은 상호대결관계에서 질서를 유지하기 때문에 항상 적국에 대한 조작이 필요하며 경합적 관계가 상존한다. 그러나 집단안보는 협력을 촉구·유도하여 대결을 견제한다. 그러므로 세력균형은 협력관계가 예외가 되는 경합적 안보체제이며, 집단안보는 갈등관계가 예외가 되는 협력적 안보체제이다.

(4) 힘의 배분 차원

세력균형은 하나의 우세한 세력을 부인하고 힘의 분배를 강조하지만, 집단안보는 특정 국가나 동맹의 힘보다 더 우세한 힘의 유지를 전제로 하는 세력의 집중을 의미한다.

(5) 체제의 운영

세력균형은 국가이익 중심의 치밀한 계산 속에서 자율적 전략으로 움직이는 비조직적 체제이나, 집단안보는 국가 간의 정책을 조정하는 국제기구가 있어 조직적 운영이 가능하다.

(6) 약소국에 대한 보장

세력균형에서는 약소국이 강대국들의 세력균형을 유지하기 위한 희생물이 되는 경우가 많지만, 집단안보에서는 약소국의 이익을 보장한다.

◆ 집단안보와 세력균형의 비교

구분	집단안보	세력균형
가치	국가안보, 인간안보	국가안보
위협	군사적 위협, 비재래식 위협	타국, 군사력
수단	집단안전보장제도 형성	군비증가, 동맹 형성
힘	압도적인 힘	맞균형
작동시점	사후구제	사후구제
적의 위치	집단안보체제 내부	동맹체제 외부
장점	영구평화 지향, 약소국의 안전보장, 탈냉전기 새로운 안보위협 대응	힘의 결집 용이, 안보달성의 확실성
단점	신뢰성 확보 곤란 제도 내 권력정치 작동과 제도 마비	소극적·일시적 평화, 동맹딜레마 발생(방기, 연루)

4 국제연맹규약과 집단안보

1. 규약규정

국제연맹규약은 제10조에서 "… 모든 연맹국의 영토보전 및 정치적 독립을 존중하고 또 외부의 침략에 대하여 이를 옹호할 것을 약속한다.", 제11조에서 "전쟁 또는 전쟁의 위협은 연맹국에게 직접적인 영향 유무를 불문하고 연맹 전체의 이해관계사항인 것을 인정한다.", 제16조 제3항에서 "가맹국은 본조에 의하여 취하여지는 재정적 및 경제적 조치에서 야기되는 손실과 불편을 최소한도로 하기 위하여 상호 간에 원조할 것, 연맹의 1국에 대한 위약국의 특수한 조치에 대항하기 위하여 상호 간에 원조할 것과 연맹의 약속을 옹호하기 위하여 협력하는 연맹국 군대의 영역통과에 관하여 필요한 조치를 취할 것을 약속한다."라고 규정하는 등 집단안전보장제도를 도입하고 있다. 그러나 연맹이사회는 단지 개별 국가에게 어떤 조치를 취할 것을 권고할 권한만을 가지고 있었을 뿐 개별 가맹국의 의사에 반하여 이를 구속하는 권한은 가지고 있지 않았다.

2. 사례

(1) 만주사변(1931년)

국제연맹총회는 아무런 선전포고 없이 중국 영토의 일부가 일본군에 의해 강제 점령되었다는 것을 인정하였지만 일본이 국제연맹규약을 위반하여 전쟁을 일으키지 않았다는 것을 들어 국제연맹규약 제16조를 적용할 수 없다고 하였다.

(2) 이탈리아의 에티오피아 침략(1935년)

이탈리아에 대해 경제적 제재가 취해졌으나 석유공급단절조치조차 취하지 못함으로써 연맹에 의한 집단안보기능에 대한 실망과 불신을 불러일으켰다.

(3) 일본의 중국 침략(1937년)

연맹총회는 일본이 국제연맹규약 제16조가 적용되고 있는 상호원조조약과 부전조약을 위반하였으므로 연맹가맹국이 국제연맹규약에 의해 별도로 강제조치를 취할 권리를 가진다는 것을 인정하였으나 그와 같은 조치는 취해지지 않았다.

(4) 소련의 핀란드 침략(1939년)

국제연맹규약 제16조 제4항에 의하여 소련을 제명하였으나 소련에 대해 연맹의 집단적 강제조치를 취하는 데 이르지는 못하였다.

3. 평가

국제연맹의 집단안보조치는 효율적으로 작동하지 못하였다. 이는 집단안보 그 자체의 조직적 결함에서뿐만 아니라 당시 독일과 일본이 이미 연맹으로부터 탈퇴하였다는 것과 국제연맹이 국제평화유지기구로서 이미 유명무실하게 되어 있었다는 것에 기인한다. 또한 유럽 및 극동의 국제관계에 중대한 이해관계를 가지고 있던 영국 및 프랑스가 그들의 아프리카에 있어서의 침략 사건들과 관련하여 집단적 안보조치를 적용하는 데 무관심한 것에서 기인한다.

5 UN헌장과 집단안보

1. 헌장규정

UN헌장은 제7장(제39조 ~ 제51조) '평화에 대한 위협, 평화의 파괴 및 침략행위에 관한 행동'에 집단안보에 관한 규정이 명시되어 있다. 이에 따르면 UN안전보장이사회는 평화에 대한 위협 및 평화의 파괴행위 또는 침략행위의 존재를 결정하며, 국제평화와 안전을 유지하고 회복하기 위하여 제41조 또는 제42조의 규정에 따라서 어떠한 조치를 취할 것을 결정하도록 하고 있다. 이에 대해서는 제25조에 의해 안전보장이사회의 결정에 구속력이 부과되어 있다는 점에서, 회원국에 대한 구속력 없이 단지 권고적 효력만을 가지고 있던 국제연맹의 경우와는 차이가 있다.

2. 사례

(1) 1950년 한국전쟁

UN헌장 제7장에 따른 집단안보레짐은 1950년 한국전쟁에서 최초로 시도되었다. 북한이 한국을 침공하자 미국은 북한에 대해 UN의 집단안보체제를 작동시키려 하였으나, 소련의 거부권 행사로 인하여 UN의 집단안전보장체제는 마비되었다. 대신 미국은 서방 국가들을 중심으로 하여 1950년 11월 '평화를 위한 단결(Uniting for Peace)' 결의를 이끌어내는데 성공하였고 이는 안전보장이사회의 집단안보 기능이 마비되더라도 안전보장이사회 밖에서 집단안보를 작동시키기 위한 것이었다.

(2) 냉전기의 사례

냉전기 UN의 일차적 목적인 집단안전보장은 완전히 마비되었다. 1968년과 1969년에 소련이 체코슬로바키아와 아프가니스탄을 침공하였을 때, 1965년과 1983년, 1989년에 미국이 도미니카 공화국과 그라나다, 파나마를 침공하였을 때 집단안보레짐은 작동하지 못하였다.

3. 평가

먼저 UN안전보장이사회의 결의에 따라 UN군의 이름으로 서방 국가들이 한국에 군대를 파병한 것과 평화를 위한 단결을 이끌어낸 것 양쪽이 UN의 집단안보레짐과 양립할 수 있는지 의문이 있다. 즉, 미국의 한국전쟁에 대한 군사적 개입은 UN안전보장이사회의 의사와 관계 없이 독자적으로 이루어졌다는 점에서 UN의 지휘하에 이루어진 집단안전보장체제의 발동으로 보기 어렵다는 것이다. 또한 안전보장이사회 상임이사국들에게 인정된 '이중 거부권'에 의하여 강대국들은 자국 또는 자국이 비호하는 국가와 관련된 사안이 토의되는 것 자체를 저지시킬 수 있을 뿐 아니라 이와 관련한 구체적 강제 행동에 대해 다시 반대할 수 있으므로, 이는 결국 냉전기 UN집단안보체제의 마비에서 보듯 강대국 및 그 비호국과 관련된 사안에 대해서는 UN집단안보체제의 발동이 불가능함을 의미한다.

6 집단안보의 현실

1. 지역적인 안보조치

UN헌장은 제52조에서 UN의 목적과 원칙에 배치되지 않는 한, 지역적 분쟁해결을 위한 지역적 협정 및 지역적 기관의 이용을 허용하고 있다. UN이 허용하고 있는 지역적 집단안보기구는 UN의 일반적 집단안보의 존재와 기능을 전제로 UN과 유기적으로 조화하는 것을 조건으로 기능하는 것이며, 그것은 지역적 특수성에 따라 국제적인 평화와 안전의 확보에 유용한 것이기도 하다. 그러나 이 결과 제2차 세계대전 후의 동서 대립은 NATO와 WTO라는 군사적 성격의 동맹체제를 강구하도록 하였다. 즉, 이러한 UN에 의한 지역적 집단안보기구의 승인은 적대적인 지역적 동맹체제의 결성에 법적인 정당성을 제공한 것이었다.

2. 평화를 위한 단결결의

한국전쟁의 경험을 통해 UN의 대부분 회원국들은 UN안전보장이사회가 집단안보기관으로서의 제 기능을 다할 수 없다는 것과 당시의 국제정세하에서는 영구히 그것이 불가능할 것임을 깨닫고, 1950년 11월 UN총회는 '평화를 위한 단결 결의안'을 통과시켜 UN에 의한 무력사용과 집단행동에 도움이 되는 UN의 체제 보완을 기하였다. 그러나 UN총회는 단지 회원국들에 대하여 권고하는 권한만을 가지고 있을 뿐 회원국의 행동을 구속하거나 명령하는 권한은 없으므로 이 결의안도 그러한 행동을 취해야 한다는 의지에 불과하였다. 결국에는 UN 회원국 수의 급증 등으로 말미암아 총회의 지지를 얻기 또한 점차 힘들게 되었고 그 결과 집단안보기능의 수행도 어렵게 되었다.

3. UN의 평화유지활동

국제평화유지의 방법으로서 집단안보가 많은 결점을 드러내자 이에 변형된 집단안보 개념으로서 제2대 UN사무총장 다그 함마슐드가 도입한 예방외교 차원에서의 UN 평화유지활동(UN Peace - keeping Operations: UNPKO)이 활발히 전개되고 있다. PKO란 UN 또는 수개국에 의하여 구성된 군인이 강제력을 행사하지 않고 분쟁지역의 평화유지와 회복을 지원하는 활동을 말하는 것이지만, 실제적인 활동의 측면에서 볼 때 PKO의 활동지역·수단·방법·참여 및 운영주체 등이 약간씩 다르다.

4. UN안전보장이사회 결의에 따른 무력사용 허가 관행

UN은 안전보장이사회 결의를 통하여 개별 회원국들에게 무력사용을 허가하는 관행을 발전시켜 오고 있다. UN헌장 제43조는 개별 회원국들로 하여금 UN과 군대 제공에 관한 특별조약을 체결하도록 하고 있으나, 실제로 동 조항에 근거하여 UN과 특별협정을 체결한 국가는 전무하다. 따라서 UN안전보장이사회는 국제평화와 안전에 대한 위협, 파괴 또는 침략에 해당하는 사태가 발생하였을 경우 안전보장이사회 결의를 통하여 개별 국가들이 무력사용을 포함한 모든 조치를 취할 것을 허가해 줌으로써 집단안보레짐을 유지시키고 있다.

7 집단안보제도의 한계

1. 강대국 중심주의의 문제

집단안보체제는 강대국 중심적 세계관을 반영하며 여전히 많은 한계를 노정하고 있다. 냉전기 사례에서 보듯 강대국과 관련된 사안에서 UN의 집단안보레짐의 작동을 기대하기는 어렵다. 이는 근본적으로 UN상임이사국들의 만장일치에 의하여 작동하도록 되어 있는 현 안전보장체제의 메커니즘에 기인한다.

2. 강제집행력의 부재

UN헌장 제43조가 유명무실화되어 UN의 집단안보체제를 가능하게 하는 진정한 의미의 UN군이 존재하지 않는다. 단지, UN은 안전보장이사회 결의에 의하여 개별 국가, 특히 미국으로 하여금 무력사용을 허가해주는 관행을 발전시켜 오고 있을 뿐이다. 미국은 UN안전보장이사회 결의에 기초하여 다국적군을 구성하고 이를 통해 집단안보체제를 유지시키고 있으나, 이를 진정한 의미의 UN군이라고 보기는 어려우며 또한 미국 자신의 국가이익에 기반한 판단에 의존하는 측면이 크다는 점에서 한계가 있다. 즉, 미국은 자국의 이익에 따라 선별적인 개입을 행하는 경향을 보이고 있으며 이는 일부 국가에게는 서방의 신제국주의 형태로 비추어지기도 한다.

3. 집행상의 한계

현실적으로 일국에 의해 타국에 대한 침략이 행해졌을 시 침략국 및 피침략국을 신속히 확정하는 것이 곤란할 경우가 있으며, 또한 침략국과 우호관계에 있는 국가가 집단안보체제에 참여함으로써 그 국가에 대한 집단적 무력행사에 동참하는 것이 가능할지에 대해 의문이 있다.

4. 제도에 대한 신뢰의 문제

보다 근본적인 문제점은 무정부적 국제체제에서 자력구제가 아닌 타국에 의한 안보달성을 목적으로 하는 집단안전보장제도를 신뢰할 수 있는 것인가의 문제이다. 안보문제에 있어서 '죄수의 딜레마(prisoners' dilemma)'가 여전히 발생할 가능성이 있기 때문이다. 현실적으로 국가들은 UN에 의한 집단안전보장보다는 군비증강을 통한 자주국방이나 동맹결성에 보다 높은 우선순위를 두고 있다.

 참고

UN안전보장이사회 개편 논의

1. 안전보장이사회 개혁의 논의배경
   ① 안전보장이사회 기능의 변화와 문제점
      ㉠ **안전보장이사회 기능의 변화**: 탈냉전 이후 안전보장이사회의 기능이 변화되고 있는바, 이는 탈냉전으로 인해 국제전보다 내전이 빈번하게 발생하고 있는 상황과 관련된다. 특히 내란과정에서 중대한 인권유린문제가 발생하는 경우 개별 국가들이 개입하는 것, 이른바 '인도적 간섭(humanitarian intervention)'은 국제법 위반 시비가 있으므로, 안전보장이사회가 이에 적극적으로 대응하고 있다. 안전보장이사회는 개별 국가에 무력사용권을 허가함으로써 인도적 문제에 대응하고 있다.
      ㉡ **안전보장이사회 대응의 특징**: 안전보장이사회에 의한 인도적 개입은 ⓐ 내용적 정당성의 불확실함을 절차적 정당성으로 보완하는 점, ⓑ 결정과 이행주체를 분리하여 정당성을 확보하는 동시에 개입의 공급 부족현상을 보완하는 점, ⓒ 안전보장이사회의 대응수단이 인도적 위기의 심각성과 규모에 따라 다양화되는 특징이 있다.
      ㉢ **안전보장이사회 대응상의 문제점**: 안전보장이사회의 의사결정과정에서 거부권을 가진 상임이사국(P-5국가)의 정치적 고려로 인해 자국 이해에 기초한 선별적 개입, 이중기준(double standard), 실효성 없는 형식적 개입, 불충분한 개입 등의 문제가 나타나고 있다. 또한 안전보장이사회의 개입에 소극적인 제3세계로부터 안전보장이사회 기능 확대가 UN헌장의 정신과 일치하지 않는다는 비판도 받고 있다. 따라서 안전보장이사회 이사국들은 국제사회의 공동이익을 위해서 안전보장이사회의 역할수행의 기준 및 절차에 대한 보다 구체적인 규범을 발전시켜나갈 필요가 있다.

② 안전보장이사회의 구조 및 운영상의 문제점
  ㉠ 안전보장이사회의 대표성 저하(low representativity): 1945년 약 50개 회원국으로 출범할 당시 UN안전보장이사회 이사국은 11개국이었다. 그 후 반세기 동안 회원국이 190여국으로 증가되었음에도 1963년 총회결의에 의해 4개 비상임이사국이 늘어나는 데 그쳤다. 이에 따라 전체 회원국에 대비한 안전보장이사회의 낮은 대표성이 국제사회에서 안전보장이사회 결정의 정당성을 확보하는 데 장애요인이 되고 있다.
  ㉡ 안전보장이사회의 실효성문제(low effectiveness): 안전보장이사회의 개입을 요하는 사안에 있어서 안전보장이사회 이사국들의 소극적인 태도와 함께 신속한 결정을 저해하는 의사결정상의 한계로 인해 안전보장이사회의 실효성에 대해 국제적 비난이 일고 있다.
  ㉢ 안전보장이사회 운영의 투명성문제(low transparency): 냉전 종식 이후 안전보장이사회의 결정이 필요한 사안이 급증하면서 안전보장이사회는 공식회의에 앞서 비공식협의를 가지고 의견을 조율하는 관행이 확립되었다. 이로 인해 안전보장이사회 이사국 간의 실질적인 교섭내용과 그 진전상황에 대한 일반회원국들의 접근이 제도적으로 봉쇄되는 문제가 발생했다. 또한 중요 사안에 대해서는 안전보장이사회의 비공식협의 전에 P-5국 간 먼저 협의하고 비상임이사국들에 수용 압력을 가하는 관행도 증가하고 있다. 이로 인해 안전보장이사회 운영의 투명성, 특히 안전보장이사회 논의 초기단계에서 관련국가나 비상임이사국들의 견해표명 기회를 보장해야 한다는 주장이 제기되고 있다.

2. 안전보장이사회 개혁의 쟁점
  ① **주요 의제**: 현재 안전보장이사회 개편 관련 쟁점은 1993년에 창설된 Working Group을 중심으로 진행되고 있으며, 총회의 의장이 직접 의장역할을 수행하고 있다. Working Group에서 다루고 있는 주의제는 ㉠ 안전보장이사회 확대, ㉡ 안전보장이사회 운영방식, ㉢ 거부권, ㉣ 정기적 재검토(periodic review), ㉤ 안전보장이사회 개편문제에 관한 총회 의사결정정족수 등 5개이다. 이 중 안전보장이사회 확대의제를 'Cluster Ⅰ', 안전보장이사회 운영방식 및 거부권에 대한 문제를 'Cluster Ⅱ'라 한다.
  ② **정기적 재검토**: 안전보장이사회 개편 이후 어떠한 방식과 주기로 이를 재검토하는지에 대한 문제이다. 특히 재검토대상에 있어서 개편된 부분만 포함할 것인지, 기존의 제도까지 포함하여 전면적으로 할 것인지에 대해 이견이 있다. 검토주기에 대해서는 10년에서 20년 사이 의견이 주류를 이루고 있다.
  ③ **의사결정정족수**: 향후 안전보장이사회 개편논의를 완결시키는 총회결의를 어떤 정족수로 채택할 것인가에 대한 문제이다. 특히 총회에서 채택 시 헌장 개정에 대한 조항인 제108조를 적용할 것인지, 제18조를 적용할 것인지의 대립이다. 헌장 제18조가 헌장 개정에는 적용되지 않으나, 헌장개정 없이 안전보장이사회 개편안이 의결되는 경우 제18조의 적용여지가 있으므로 문제가 되고 있다. 비동맹국들은 안전보장이사회 개편은 결국 헌장 개정의 문제이므로, 제108조를 적용하는 것이 입법취지상으로 바람직하다고 본다. 이 문제에 대해서는 1998년 제53차 총회에서 안전보장이사회 개편에 관한 어떠한 결정도 최소한 전체 회원국 2/3 이상의 찬성이 필요하다는 내용의 결의를 만장일치로 채택함으로써 완결되었다.
  ④ **안전보장이사회 확대문제(Cluster Ⅰ)**
    ㉠ 안전보장이사회 총규모(total size): 바람직한 안전보장이사회 확대규모에 대한 논쟁은 안전보장이사회의 실효성과 안전보장이사회의 적정한 대표성의 조화를 중심으로 전개되고 있다. 안전보장이사회의 수를 늘리는 경우 대표성문제는 해결되나, 실효성이 약화될 수 있다. 비동맹그룹은 26개국 이상, P-5는 최대 21개국, Aspirants그룹은 Razali안에 따른 24개국을 지지하고 있다.

ⓒ **상임이사국 확대 여부 및 방식**: '임시조치안(quick fix)'과 '라잘리안(Razali formula)'이 대립하고 있다. 전자는 우선 임시조치로서 2개의 상임이사국(일본, 독일)과 3개의 비상임이사국을 증설하자는 제안이다. 이 안은 비동맹국과 제3세계의 Aspirants의 강한 반대로 포기되었다. '라잘리안'은 5개 상임이사국과 4개 비상임이사국을 증설하는 방안이다. 이에 대해서는 중견국가들이 주변화를 우려하여 반발하고 있다.

ⓒ **지역순환상임이사국의 신설**: 아프리카 및 아랍그룹은 지역순환상임이사국(Permanent Regional Rotating Seat: PRRS)제도 도입을 주장하고 있다. 자신들의 지역에 새로운 상임이사국을 배정하고 지역 내 국가들이 일정한 주기로 순환하면서 상임이사국 역할을 수행하는 제도를 말한다.

⑤ **거부권문제(Cluster Ⅱ)**: 거부권과 관련해서는 기존 국가들의 거부권을 제한하는 문제, 신규 상임이사국에게 거부권을 부여할 것인가의 문제가 쟁점이다. 거부권 제한을 주장하는 측은, 주권평등원칙에 대한 예외인 거부권을 축소하는 것이 민주성 제고 측면에서 바람직하다고 보고, 우선 거부권 사용을 헌장 제7장하의 강제조치에 국한시켜야 한다고 주장하고 있다. 이에 대해 P-5국가는 UN 창설 시의 합의사항인 거부권제도를 수정하는 것은 국제정치의 현실을 무시하는 것이므로 수용할 수 없다는 입장을 보여주고 있어 실질적 진전이 없다.

3. 한국의 입장

한국은 전반적으로 실효성과 민주성에 기초하여 안전보장이사회 개혁을 강력하게 지지하고 있다. 한국은 안전보장이사회가 새 천년의 새로운 도전에 직면하여 UN헌장에 규정된 임무를 보다 효과적으로 이행할 수 있도록 거듭나기를 희망하고 있는 것이다. 한국은 안전보장이사회 재편과 관련하여 안전보장이사회의 보다 효과적인 활동을 위해 안전보장이사회 확대를 지지하고 있으나, 민주적 원칙에 반하는 거부권의 확대에 대해서는 강력하게 반대하고 있다. 한편, 한국은 그룹 간 차이점을 해소시키는 교량건설(bridge-building)작업이 보다 합의가 용이한 분야에서 먼저 시작되어야 한다는 판단 하에 상대적으로 논란이 적은 안전보장이사회 운영방식과 정기적 재검토에 대한 토의를 주도해 오고 있다.

제3절 | 협력안보

1 의의

협력안보는 자유주의자들이 제시하는 안보달성방안 중의 하나이다. 협력안보는 현실주의적 안보달성수단인 군비증강과 동맹형성은 안보딜레마(security dilemma)를 발생시켜 상호 간의 안보수준을 악화시킨다고 보고, 신뢰 구축을 통해 안보딜레마를 제거하는 것이 안보를 위한 핵심적인 사안이라고 본다. 협력안보가 적대국 상호 간 협력을 통한 안보라는 점에서 상당히 획기적인 발상이지만, 무정부 하에서 배반가능성에 직면해 있는 적대국 상호 간 협력체제가 구축되기는 쉽지 않을 것이라는 비판이 있다. 협력안보는 다자안보와 유사하나, 양자 간 안보달성방안도 된다는 점에서 구별된다.

2 논의배경

1. 탈냉전과 안보환경의 변화

협력안보가 논의된 배경은 무엇보다 탈냉전기 안보환경이 급격하게 변경되었기 때문이다. 그 이유는 다음과 같다.

(1) 안보위협이 다양화되었다. 즉, 종족분쟁, 환경 위기, 경제 위기, 정권의 정당성 위기, 국제범죄 등이 새로운 안보위협으로 등장하였다.

(2) 국가안보의 중요성이 약화되었다. 이는 냉전 종식으로 국가안보위협이 감소하였기 때문이다.

(3) 핵확산 위기가 고조되었다. 특히 구소련의 해체로 구소련 구성국들로 핵확산 우려가 있었고 또한 관리소홀로 인해서 추가적 핵확산 위험이 있었다.

2. 기존 안보달성방법의 한계

(1) 현실주의적 수단의 한계

현실주의적 안보수단은 군비증강이나 동맹형성을 통한 세력균형의 형성을 말한다. 그러나 이는 몇 가지 한계가 있다.
① 국가안보에 초점을 맞추고 있다.
② 안보딜레마를 극복하지 못한다. 안보딜레마는 무정부상태에서 상대국 의도의 불확실성에서 기인하기 때문이다.
③ 핵확산과 우발적 전쟁(accidental war)가능성을 제거하지 못한다.

(2) 자유주의적 수단의 한계

자유주의자들이 중요시하는 집단안보제도에 한계가 있었다. 무엇보다 집단안보제도는 사후구제수단에 불과하다. 또한 강대국의 기득권 보호장치로 전락한 측면이 있으며, 강대국 간 합의 형성 자체가 곤란하다는 점도 한계로 지적된다.

3 주요 내용

1. 역사

1980년대 초반에 등장한 공동안보 개념이 냉전 이후 재정립된 개념이다. 적대국과의 군사협력을 통해 안보를 달성한다는 개념이다. 합리적 방어 충분성 개념에 기초한 최소한의 핵억지 및 적대국과의 군사협력 등을 내용으로 하였다.

2. 목적

협력안보는 협력적 수단을 통한 위협의 예방을 목적으로 한다. 위협의 예방을 위해서는 안보전략, 방위예산, 군사적 준비태세 등에 대한 투명성 확보와 군대 배치 및 무기 획득 등에 대한 제도화된 규제를 추구한다. 협력안보는 쌍무적 수준에서 발생할 수도 있고 다자적 형태를 취할 수도 있다. 사전예방적 접근이라는 점에서 사후구제수단인 집단안보와 대비된다.

3. 대상

협력안보는 기본적으로 잠재적 혹은 현재적인 갈등 국면에 있는 행위자들(적대국)을 대상으로 적용된다. 즉, 협력안보는 국제안보의 쟁점으로 부각된 안보이슈를 둘러싸고 갈등적 관계에 있는 해당국들 사이에서 협력적 개입을 통해 당면한 안보이슈를 풀어나가는 접근법이다. 따라서 주로 동맹국 사이에 일어나는 '안보협력'과 다르며, 우·적 개념을 가리지 않는 집단안보와도 다르다.

4. 수단

협력안보의 수단으로는 경제적 인센티브 제공, 안보레짐 형성, 공격에 대한 규제를 통해 위협적인 공격력 감소, 병력이나 화력에 대한 상한치 선정, 부대 배치나 예비군의 동원을 규제하는 정책 수립 등이 있다. 또한 방어지향적 구조 개편을 통해 병력의 훈련이나 군사력의 하부구조를 공격보다 방어를 목적으로 전환하고, 상호 투명성을 강화한다. 상호 투명성 강화를 위해 공개적으로 사찰을 행하고, 군사비 지출 등에 관한 자료를 상호 교환하며, 고위관료의 정규적인 회합 등을 통해 자국의 비적대적인 의도를 타국에게 확실하게 한다.

5. 목표

협력안보는 안보레짐(security regime)의 구축을 목표로 하며, 협력안보는 안보레짐의 작동조건이 충족될 때 원활하게 적용될 수 있다. 안보레짐은 안보영역에서 국가행동을 규제함으로써 국제협력을 촉진하는 매개체 역할을 한다. 안보레짐이 형성되기 위해서는 국가들이 안보레짐의 구축을 희망해야 하고, 상대방의 의도에 대한 기본적인 신뢰가 형성되어야 하며, 모든 행위자들이 현상유지를 희망해야 한다.

제4절 | 다자안보

1 개념

다자안보는 안보달성에 있어서 '다자주의(multilateralism)'에 기초하는 것을 말한다. 따라서 다자안보의 개념은 안보의 개념과 다자주의의 개념이 결합된 개념이다.

1. 안보(security)의 개념

아놀드 울퍼스(Arnold Wolfers)에 의하면 안보란 객관적 의미에서 안보는 획득된 가치에 대한 위협의 결여 정도를 나타내며, 주관적 의미로는 그러한 가치들이 공격당할 두려움이 없는 정도를 나타낸다. 기본적으로 안보는 개인 및 집단의 핵심가치(core values)에 대한 위협이 없는 상태라는 공감대가 형성되어 있지만, 논의의 초점이 '개인', '국가' 또는 '국제' 안보인지에 대해서는 견해차가 있다.

2. 다자주의(multilateralism)의 개념과 특징

(1) 개념

존 러기(John Ruggie)는 다자주의를 3개국 이상의 국가들이 '일반화된 행위원칙'에 따라 정책을 조정하는 방식으로 정의하고 있다. 러기는 '일반화된 행위원칙'을 특정 국가의 특정 이익과 특정 상황에 따른 임기응변식 대응이 배제된 행위원칙으로 인식하고 있다. 또한 일관성(consistency), 불편부당(impartiality) 및 국제법의 존중의 요소를 일반화된 행위원칙 구성의 주요 요소로 보고 있다.

(2) 특징 - 러기(J. Ruggie), 카포라소(J. A. Caporaso)

① 불가분성(indivisibility): 다자 간 협력체 내의 일국에 대한 외부 행위자의 공격을 참여국 모두에 대한 공격으로 간주하는 것을 말한다. 또는 한 영역의 구성단위 내부 또는 그 사이에서 발생한 행위가 초래하는 이익과 손실, 즉 관련 가치가 지리적으로나 기능적으로 공유되는 것을 의미한다.

② 일반화된 행위원칙(generalized principles of conduct)과 비차별성(non-discrimination): 국가 간의 관계를 개별적인 선호나 상황적인 조건 또는 선험적인 특수한 근거에 의해 각각의 사례에 따라 차별화하는 것이 아니라 일반적인 규범의 형태에 따라 규율하는 것을 말한다. 일반화된 규범이 보편적으로 적용되면 참여국가들 간의 수평성은 당연히 확보된다.

③ 포괄적 상호주의(diffuse reciprocity): 관련국가들이 항상 모든 이슈에 있어서 단기적이고 개별적인 이득을 기대하기보다는 장기적인 측면에서 공동의 이익을 도모하는 것이다. 포괄적 호혜성은 참여국들이 협력관계의 지속을 확신하고 이익의 동시성에 대한 유연한 태도를 가질 때 확보될 수 있으며, 포괄적 호혜성에 대한 공감대의 형성은 참여국들 간 신뢰의 구축과 밀접한 관련성을 가진다.

(3) 장점

① 국가들 간 국제문제에 대하여 공통의 의견을 도출할 수 있는 기회를 제공한다.
② 쌍무관계에서 발생하는 거래비용의 절감효과를 가져다준다. 이러한 거래비용에는 협상비용, 합의된 내용의 준수 여부를 감시하는 비용이 포함된다.
③ 강대국 등 특정 국가에 의해 협상이나 회담이 주도되는 일방주의를 견제할 수 있다.
④ 쌍무적 문제를 공론화하여 문제 해결을 용이하게 한다.

3. 다자안보의 개념

안보와 다자주의의 개념을 결합하면 다자안보의 개념이 도출된다. 즉, 다자안보는 국가의 독립 및 영토 보전이나 개인의 안위 등에 대한 위협을 제거하기 위해 셋 이상의 국가들이 사전에 합의된 원칙에 따라 안보문제를 상호 조정해 나가는 방식으로 정의할 수 있다.

2 구별개념

1. 집단안보(collective security)

1919년 베르사유조약에서 최초로 등장한 집단안보는 국가안보를 위한 사후적 수단으로서 무력을 수반한다. 반면 다자안보는 인간안보를 지향할 수도 있고, 사전예방적이며, 대화를 통한 신뢰 구축을 주요 수단으로 한다는 점에서 집단안보와 구별된다.

2. 협력안보(cooperative security)

다자안보의 주요 내용은 협력안보와 상당부분 중첩된다. 즉, 다자안보와 협력안보는 모두 적대국 상호 간 안보딜레마를 제거하는 것을 목표로 하고, 안보대화를 통해 사전에 분쟁을 예방하고, 신뢰구축조치 시행을 중요시한다. 그러나 협력안보는 쌍무적일 수도 있고, 다자안보는 개념적으로 셋 이상의 행위자들을 대상으로 한다는 점에서 양자는 구별된다.

3. 포괄적 안보(comprehensive security)

포괄적 안보란 안보를 군사적 차원에 한정해서 보는 것이 아니라 경제안보, 에너지안보, 환경안보 등을 포함한 거시적 차원에서 이해해야 한다는 개념이다. 즉, 안보를 위협 차원에서 정의하되, 군사적 위협 이외에 국제관계를 위협할 수 있는 그 밖의 다양한 위협요소들 역시 안보 개념에 포함시키는 개념이다. 다자안보의 개념은 포괄적 안보에서 다루는 비재래식 위협이 탈냉전기에 급격히 증가하고 있는 사정을 배경으로 대두되었다. 따라서 다자안보 역시 포괄적 안보를 지향한다는 측면에서 양자는 공통적이다. 다만, 다자안보는 안보달성방법에 보다 포커스를 맞춘 개념인 반면, 포괄적 안보는 안보'위협'에 포커스를 맞춘 개념이라는 점에서 구별된다.

4. 인간안보(human security)

인간안보는 가치(value) 측면에서 정의되는 안보 개념이다. 인간안보는 인간의 복지(welfare)나 안위(well-being)에 대한 다양한 위협이 부재한 상태를 추구한다. 다자안보가 관련국가들의 인권문제 등을 다룸으로써 인간안보를 지향할 수 있겠지만, 다자안보의 일차적 관심사는 '국가안보'이다.

5. 국가안보

국가안보는 안보를 '가치' 차원에서 정의하는 개념이다. 전통적 안보 개념은 국가안보에 포커스를 맞춘 것이었다. 다자안보는 가치적 차원에서 우선은 국가안보를 목표로 하고 있으나, 인간안보로 확대될 수도 있다. 또한 다자안보가 안보달성의 '수단'적 관점에서 정의된다는 점은 국가안보가 '가치'적 차원에서 정의되는 것과 구별된다.

6. 집단적 자위(collective self-defense)

집단적 자위는 UN헌장 제51조에서 새롭게 등장한 개념으로서 무력공격이 발생한 경우 침략국을 격퇴하기 위해 UN 회원국들이 무력을 사용해서 개입하는 것을 말한다. 집단적 자위는 UN안전보장제도를 보완하기 위한 제도로서 국가안보에 대한 군사적 위협과 공격을 사후적으로 격퇴하는 개념이다. 반면, 다자안보는 국가안보 또는 인간안보에 대한 포괄적 위협을 사전예방적으로 관리해 나가는 개념이므로 집단적 자위와는 구별된다.

3 동맹안보와 다자안보

1. 공통점

동맹안보란 전통적 안보달성방법으로서 개별 국가가 독자적으로 외부 적의 위협으로부터 안보를 달성할 수 없을 때 다른 국가의 힘을 끌어들여 자국의 안보를 보장하는 것이다. 동맹안보와 다자안보는 모두 국가안보를 목표로 한다는 점에서 같다.

2. 차이점

(1) '가치' 차원에서 보면 다자안보는 '인간안보'로 확대될 수 있으나, 동맹안보는 국가안보를 목표로 한다.

(2) 동맹안보는 동맹체제 밖에 적이 존재한다는 점에서, 잠재적 적과 공동으로 안보를 달성하고자 하는 다자안보와 구별된다.

(3) 동맹안보에서 위협은 '타국의 군사력'이나, 다자안보에서 위협은 타국의 군사력뿐만 아니라 환경, 테러, 난민, 경제 위기 등 다양하게 존재할 수 있다. 즉, 동맹안보는 재래식 위협을 대상으로 하나, 다자안보는 재래식 안보위협뿐만 아니라 비재래식 안보위협도 대상으로 한다.

(4) 동맹안보는 '군사력'을 수단으로 하나, 다자안보는 안보대화, 신뢰 구축조치 등 군사력 외적 요소를 수단으로 한다.

(5) 동맹안보는 사후구제적이나, 다자안보는 사전예방적이다. 즉, 동맹은 적의 공격을 받았을 때 군사력을 사용해서 격퇴하는 데 초점이 있으나, 다자안보는 안보위기가 발생하지 않도록 사전에 관리하는 것을 목적으로 한다.

⊕ 동맹안보와 다자안보의 비교

비교기준	동맹안보	다자안보
가치	국가안보	국가안보 + (인간안보)
위협	재래식 위협	재래식 위협 + 비재래식 위협
수단	군사력	안보대화, 신뢰 구축조치
목표	사후구제	사전예방
잠재적 적	제도 밖에 존재	제도 내에 존재

4 특징

1. 위협

다자안보는 포괄적 위협(comprehensive threats)에 대응하는 것을 목적으로 한다. 즉, 군사적 위협뿐만 아니라 비군사적 위협, 예컨대 환경, 경제 위기, 난민, 테러, 국제범죄조직으로부터 오는 국가 간 갈등가능성 역시 다루어야 할 위협으로 상정한다. 세계화로 인해서 비군사적 위협이 광역화되면서 다자안보의 필요성은 점점 높아지고 있다.

2. 가치

다자안보는 일차적으로 국가안보에 대한 개념이다. 즉, 가치에 있어서 '국가'의 영토 보전과 정치적 독립에 대한 위협에 대응하는 것이다. 그러나 다자안보는 인간안보를 대상으로 하여 확장될 수도 있다. 다자안보는 포괄적 안보위협에 대응하는 개념이므로 인간의 안위와 복지에 대한 위협의 제거를 목적으로 하는 인간안보와 친화적이다.

3. 수단

다자안보는 수단적 차원에서 협력안보를 특징으로 한다. 따라서 협력안보를 위한 수단이 곧 다자안보를 위한 수단이라고 볼 수 있다. 협력안보의 수단은 공격에 대한 규제, 방어지향적인 구조 개편, 상호투명성 등이다.

(1) 공격에 대한 규제(offensive regulation)

병력과 화력에 대한 상한치를 정하거나 부대배치 혹은 예비군의 동원과 같은 것을 규제하는 규칙을 수립함으로써 위협적인 공격력을 감소시키는 것을 말한다.

(2) 방어지향적인 구조개편(defensive restructuring)

병력의 훈련이나 군사력의 하부구조를 공격보다 방어를 목적으로 하게 함으로써 다른 국가에게 덜 위협적이 되도록 하는 것을 말한다.

(3) 상호투명성(mutual transparency)

공개적인 사찰과 군사비 지출 등에 관한 자료의 상호교환 그리고 고위관료의 정규적인 회합 등을 통해 자국의 비적대적인 의도를 타국에게 확실하게 하고 타국의 이해관계와 관심사를 이해하게 하는 것을 말한다.

4. 목표 측면

다자안보는 예방외교, 위기관리, 상호안심 수준 증대를 목표로 한다.

(1) 예방외교(preventive diplomacy)

구성원들 간의 정치 군사적 신뢰를 구축하여 분쟁을 사전에 예방하는 것을 말한다.

(2) 위기관리(crisis management)

기존 분규(disputes)가 분쟁(conflicts)으로 확대되는 것을 막는 한편 분쟁이 이미 발생한 경우 이의 확산을 막는 것을 말한다.

(3) 상호안심(mutual reassurance)

다자안보는 특히 예방외교를 핵심으로 하여 상호안심의 수준을 증대시키는 것에 초점을 맞추고 있다. 이를 위해서는 군사적 투명성이 제고되어야 하고, 이를 위해서는 대화, 정보 교환 그리고 의도의 정확한 전달을 실현할 수 있는 다자 간 안보협력의 제도화가 필수적이다.

5 동아시아 및 동북아 다자안보

1. 아세안지역포럼(ARF)

ARF는 아시아·태평양지역에서 정치 안보문제에 대한 역내 국가 간 대화를 통해 상호 신뢰와 이해를 제고함으로써 아태지역의 평화와 안정을 추구하고 군사적 신뢰 구축을 꾀하기 위해 1994년 설립된 정부 차원의 다자안보협력체이다. ARF의 참가국은 총 27개국으로 아세안 10개국과 한국, 미국, 일본, 중국, 캐나다, 호주, 뉴질랜드, 유럽연합, 러시아, 인도 등 아세안의 10개 대화상대국 그리고 북한을 포함한 7개의 기타 회원국으로 이루어져 있다. ARF는 군사 및 국제정세 문제 등에 대한 국가 간의 상호 대화 및 회동 기회를 제공한다. 그동안 방위정책성명, 국방백서 및 관련 출판물 발간, UN 재래식 무기 등록 참여, UN 재래식 무기 등록 회람, 지역안보대화, 고위국방인사 접촉, 군사훈련 교류, 군비 철폐와 비확산레짐 참여 등과 같은 신뢰 구축조치를 시행하였다. ARF는 앞으로 참가국 간 신뢰 구축조치 증진, 예방외교 메커니즘 개발, 갈등 해결 모색 등 3단계 추진방식에 따라 점진적으로 발전시켜 나가려는 발전 방향을 지향하고 있다.

2. 아태안보협력이사회(CSCAP)

CSCAP는 아시아·태평양지역의 안보를 위한 민간부문의 대화를 촉진시키기 위해 설립된 민간안보문제 연구소 간 비정부 민간 차원의 협의기구로서 1994년 제1차 회의를 개최하였다. 학자, 전문가, 전·현직 외교관 및 국방 관리 등이 개인적으로 참여하며, 역내 주요 안보 이슈와 국가 간 신뢰 구축 및 안보 증진에 대한 연구와 정책 건의를 통해 정부 차원의 안보협력을 촉진하고 지원한다. 10개 창립회원국으로 시작된 CSCAP는 현재 북한을 포함하여 21개 회원국을 포함하고 있으며 미얀마, 라오스, 파키스탄, 동티모르를 제외한 ARF 회원국 모두가 참여하고 있다. CSCAP는 아태지역 해양안보협력, WMD 확산 방지, 동북아지역 다자안보협력, 인신매매, 역내 평화유지 반테러 국제 공조의 6개 연구 그룹으로 구성되어 있다. CSCAP는 특히 북한이 다자 간 대화로는 유일하게 지속적으로 참여하고 있는 곳이다.

3. 동북아협력대화(NEACD)

NEACD는 1993년 미국 국무부 후원하에 미국 캘리포니아주립대학 샌디에이고 분교의 세계분쟁협력연구소 주도로 조직된 준정부기구이다. NEACD에는 외교안보 분야의 민간전문가와 정부 대표가 참여하며, 참여국은 남북한과 미국, 일본, 중국, 러시아를 포함한 동북아 6개국이다.

북한은 1993년의 준비회의에 참가한 뒤 계속 불참하다가 2002년 모스크바회의 이후 다시 참가하다가 2005년 서울회의 때 다시 불참하였다. NEACD는 동북아지역 국가 간 상호 이해와 신뢰 구축 및 협력 증진을 목적으로 역내 정세 및 주요 안보이슈에 대해 심층적으로 논의하고 있는데 6자회담의 참가국인 동북아지역의 6개국이 참여하고 있고, 미국이 적극적으로 주도하고 있다는 점에서 동북아지역의 다자안보협력체제의 모델이 될 수 있는 측면이 있다. 그러나 NEACD는 정부간기구가 아니며 의제도 포괄적인 신뢰 구축에 한정되어 있어 분단국문제나 핵문제, 군비 통제 등 실질적인 문제 해결에는 한계가 있다.

4. 샹그릴라 대화

정식명칭은 아시아 안보회의(Asian Security Summit)이며, 매년 싱가포르 샹그릴라 호텔에서 개최되기에 '샹그릴라 대화'라는 별칭이 붙었다. 아시아·태평양지역에 국방·군사 분야 최고위급 협의체를 설립하고자 하는 영국 국제전략문제연구소(IISS: International Institute for Strategic Studies)의 구상과, 지역 다자안보협력을 주도하려는 싱가포르 국방부의 전략이 결합되어 2002년 싱가포르에서 출범하였다. 아시아·태평양 및 유럽지역 30여 개국의 국방장관, 고위관료, 안보전문가 등이 참가하여 국방정책·안보현안에 대해 의견을 교환한다. 아시아·태평양지역 최고 권위의 국방장관급 다자간 안보협의체로서 정부인사와 민간인사가 같이 참여하는 Track 1.5에 해당한다.

6 유럽 다자안보 - CSCE, OSCE

1. 의의

'유럽안보협력기구(Organization for Security and Cooperation in Europe: OSCE)'는 범유럽 안보레짐으로서 원래 1975년 8월 헬싱키선언에 기초하여 미국과 캐나다를 포함한 35개국의 유럽 국가들이 참여한 '유럽안보협력회의(Conference on Security and Cooperation in Europe: CSCE)'에서 출발하였다. 1989년 이래 동구권이 붕괴되면서 새로운 안보상황에 대처하기 위해 1995년 1월 OSCE로 개칭되어 미국과 캐나다를 포함한 유럽 55개국이 참여하는 다자 간 안보협력체로 발전하여 유럽안보에서의 역할이 증대되고 있다.

2. 배경

CSCE는 소련, 폴란드 등 동구권 국가들로부터 제기되었고, 미국 등 서방권 국가들이 받아들임으로써 형성되었다. 그 배경에는 무엇보다 동서 데탕트 및 각 진영 내부에서의 균열로 양극체제가 이완된 사정이 자리잡고 있었다. 1962년 쿠바 미사일 위기 이후 미소 간 화해무드가 조성되었고, 동구권에서는 소련과 중국의 분쟁으로, 서방권에서는 미국과 프랑스의 갈등으로 각 진영이 균열되고 있었다.

한편, 미소 간 핵균형이 형성된 상황에서 우발적 핵전쟁을 회피하기 위한 전략적 고려도 있었다. 요컨대 CSCE는 1970년대 초 동서 양 진영 간 관계가 일정한 균형과 안정을 이룬 후 우발적 충돌 예방 등을 통해 이를 안정적으로 관리 및 유지해 나가기 위한 차원에서 추진되었다.

데탕트(détente)

데탕트는 원래 긴장상태에 있는 국가관계의 대립이 완화된 상태를 의미하나, 1960년대에는 냉전의 대립을 완화하는 정책의 명칭으로 사용되었다. 데탕트라는 단어를 보급시킨 것은 프랑스 대통령 드골(Charles A. J. M. de Gaulle)이었다. '데탕트'를 정권의 기본적인 대외방침으로서 내건 것은 1969년에 발족한 미국의 닉슨 정권으로, 1972년 2월 닉슨의 방중을 통해 미중관계를 전환하고, SALT I과 미소 간의 평화공존과 대등을 구가하는 '기본원칙'선언 등 10개의 합의를 이끌어내면서 미중관계를 개선하였다. 한편, 유럽에서는 서독의 브란트가 데탕트를 추진하여 동독 이외의 소련권 제국과의 관계 개선을 지향하는 '동방정책'을 추진하고, 1972년 12월에는 동서독 간에도 '기본관계조약'을 체결하였으며, 아시아에서는 일본이 대중 국교 정상화 및 소련 방문 등을 통해 대중·대소 관계의 개선을 도모하였다. 그러나 소련이 데탕트를 미소가 초강대국으로서의 대등관계를 제도화하는 것으로 간주한 반면, 미국은 이를 소련의 변화를 유도할 기제로서 이용함으로써 서로의 목적이 상충하였고, 또 소련의 팽창과 군비 증강 그리고 중소갈등의 심화가 지속되면서 데탕트정책은 그 한계를 드러내었다. 결국 1979년 12월 소련의 아프가니스탄 군사 개입에 의해 데탕트는 완전히 끝나게 되었다.

3. 발전과정 - CSCE에서 OSCE로

1975년 헬싱키최종의정서를 통해 성립한 CSCE는 냉전체제가 해체된 이후 1990년대 들어서 OSCE로 발전하여 그 제도화 수준을 높이고 상설조직화하였다. CSCE의 유럽 안보와 협력을 위한 공헌을 인정한 회원국들은 1990년 11월 21일 '파리헌장'을 채택하고 조직의 기구화에 합의하고 동 회의의 기구화를 통한 본격적인 범유럽 다자 안보레짐 창출을 위해 노력하였다. 1994년 12월 부다페스트 정상회담에서 OSCE를 발족시켰다. OSCE는 탈냉전과 동구권 몰락이라는 배경에서 유럽질서를 안정화시키기 위한 의도를 지니고 탄생하였다.

4. 헬싱키의정서의 주요 내용

헬싱키의정서는 참여국의 전략적 이익을 수렴한 포괄적인 국가 간의 관계사항을 담고 있는 것으로, 정치안보, 경제 및 인권문제 등의 분야에 걸쳐 국가 간 협력의 기반이 되는 일반적 규범, 원칙, 행동규칙 등을 제시하고 있다. 동 합의서는 의제를 크게 3개의 바스켓(basket)으로 분리하여, 제1바스켓은 유럽의 안보문제, 제2바스켓은 과학기술 및 경제협력 문제, 제3바스켓은 인도주의적 문제를 다루고 있다. 제1바스켓은 '참가국 간 관계를 규정하는 제원칙 선언'과 '신뢰구축과 안보 및 군축의 제측면에 관한 문서'로 구성되어 있다.

5. 성과

(1) 신뢰구축

1986년 스톡홀름문서와 1990년 비엔나문서를 통해 군사정보 교환, 군사위험 방지, 군사적 투명성, 영공 개방문제 등에 있어서 회원국 간 신뢰 구축을 이룰 수 있게 되었다. 신뢰구축조치들은 유럽 국가 간 군사활동의 투명성을 보장함으로써 궁극적으로 상호 기습공격의 위협을 감소시켜 '위기의 안정성(crisis stability)'을 제고시켰다.

(2) 군축

냉전 종식과 더불어 유럽재래식무기감축협정(Conventional Armed Forces in Europe: CFE)을 1990년 11월에 체결하고 1999년 11월 이를 갱신하여 세계 최초의 군축을 위한 실현, 다자기구를 중심으로 한 군축의 성공가능성을 보여주었다.

(3) 예방외교

OSCE는 위기관리와 분쟁방지를 위한 다양한 메커니즘과 절차를 창출하여 역내의 분쟁지역 혹은 분쟁예상지역에 사절단(Mission)을 파견하고 있다. 사절단은 파견당사국 정부와의 긴밀한 접촉을 통하여 분쟁당사자 간의 대화를 촉진하고 분쟁의 원인과 과정에 대한 포괄적이고 공정한 정보를 획득하여 중재를 통한 분쟁확대를 억제하는 임무를 띠고 있다.

(4) 비정치군사적 안보협력 활동

소수민족문제, 인권보호문제 및 환경, 과학기술, 경제 분야 등 3개 분야에 걸쳐 협력을 전개하고 있다.

6. 공헌

CSCE와 OSCE는 다자안보레짐으로서 다음과 같은 공헌이 있다.

(1) 역내 국가 간 대화 및 협상의 틀을 제공한다.

(2) 상호 안보에 대한 공감대를 형성하는 학습의 장으로서 기능한다.

(3) 역내 국가 간 정치적인 변화과정을 조정하고 통제하는 정치적인 기능을 수행한다.

(4) 안보뿐만 아니라 정치·경제·사회·문화·인권문제를 포함하는 포괄적 지역안보기구의 모델이 되고 있으며, 예방외교활동의 전형을 보여주어 탈냉전시대에 예방외교의 좋은 모델이 되고 있다.

7 효과

다자안보협력은 다음과 같은 긍정적 효과를 기대할 수 있다.

(1) 참여국들의 안보와 관련된 공동 관심사에 대한 논의를 통해 이해 관계 국가들 간의 대화관습을 축적하고 규범의 공유를 추구하며 국가행동양식의 예측가능성을 높인다.

(2) 안보적 불안요인들을 협력을 통한 제도적 장치를 통해 지속적으로 해소함으로써 국제사회의 평화와 안보에 기여하고 안정된 국제체제의 유지에 이바지한다.

(3) 참여국들 간의 교류와 협력의 증진을 통해서 상호의존의 증대와 공존공영에 이바지한다.

(4) 군축 및 군비절감으로 발생되는 여유자본을 각 국가들의 경제 발전에 투자하여 경제 발전과 각국 국민들의 복지 향상에 이바지한다.

(5) 강대국 혹은 특정 국가의 패권추구나 일방주의를 견제할 수 있다.

8 한계

1. 국력격차

실질적으로 존재하는 참여대상국 간 국력격차는 다자안보에 대한 선호도에 영향을 미쳐 형성을 어렵게 한다. 예컨대 상대적 강대국들은 자력으로 안보를 달성할 수 있기 때문에 다자안보에 소극적인 반면, 상대적 약소국들은 강대국들로부터의 안보위협을 약화시키고, 자신들의 발언권을 강화시킬 수 있으므로 다자안보에 적극적이다. 강대국들이 자국의 이익에 따라 다자안보에 동의하지 않는 한, 다자안보 형성 자체가 어렵다.

2. 신뢰 형성의 난점

다자안보는 군사적 측면에서 군비축소, 군부대의 후방배치, 방어지향적 구조 개편 등 공격적 군사능력을 상호적으로 약화시키는 조치들을 포함한다. 그러나 무정부적 국제체제에서는 '죄수의 딜레마(prisoner's dilemma)' 비유에서 보듯이 상호 배반의 유인이 있으므로, 다자안보가 형성되더라도 검증문제가 해결되지 않는 한 다자안보의 기반이 매우 취약할 수 있다. 협력안보 사례로서 북미 간 제네바합의가 양국 간 신뢰 형성의 어려움으로 무산되고 제2차 핵 위기를 촉발시킨 것은 신뢰 형성의 어려움을 잘 보여준다.

3. 조정비용과 의사결정의 지연

다자주의는 일방주의나 쌍무주의에 비해 다수의 주권국가의 의사를 상호 조정하는 제도이므로 조정비용이 상대적으로 높게 소요된다. 따라서 긴급한 판단을 요하는 문제에 대해서 결정이 지연됨으로써 피해가 확대될 가능성이 있다.

4. 안보의 불확실성

다자안보의 근본적 한계는 집단안보와 마찬가지로 주권국가들의 안보불안을 근본적으로 해소할 수 있을 것인가가 명확하지 않다는 점이다. 집단안보가 무력화된 근본요인은 윌슨(W. Wilson)의 의도와 달리 국가들은 집단안보를 신뢰하지 않고, 동맹과 군비증강을 통한 안보달성을 보다 선호하였기 때문이다.

제5절 | 인간안보

1 의의

탈냉전 이전까지 안보는 국가안보, 즉 영토보전과 정치적 독립성에 대한 외부로부터의 위협에 대한 대응으로 인식되었으나, 냉전 이후 그 '가치'가 확대되고 '위협'도 국가 밖의 군사적 위협뿐 아니라 국가 내의 다른 위협도 중요한 위협으로 인식되었고 이에 대한 대응으로 인간안보 개념이 등장하였다. 비판이론가들에 의해 제시된 인간안보 개념은 UN과 같은 국제기구 및 캐나다, 일본 등 개별 국가에서 구체적인 정책으로 채택되고 있으나, 인간안보 개념에 대한 비판적 논의도 많다.

2 개념 및 등장배경

1. 개념

인간안보 개념이 처음으로 정의된 것은 1994년 UN개발계획의 '1994년 인간개발보고서'이다. 이 보고서에 따르면 인간안보는 인간 개개인이 기아·질병·억압과 같은 고질적 위협으로부터 안전을 확보하고, 가정·직장·사회에서의 일상생활에서 갑작스럽게 겪게 되는 고통들로부터 보호를 받는 것으로 정의된다. 이 보고서는 7가지 인간안보 범주를 제시하고 있다. ① 가난으로부터의 자유를 의미하는 경제안보(economic security), ② 기아로부터의 자유를 의미하는 식량안보(food security), ③ 질병으로부터의 자유를 의미하는 건강안보(health security), ④ 환경오염 및 자원고갈로부터의 자유를 의미하는 환경안보(environmental security), ⑤ 폭력, 범죄, 마약의 공포로부터의 자유를 의미하는 개인안보(personal security), ⑥ 자신이 속한 가정, 인종, 조직 등에 참여할 수 있는 자유를 의미하는 공동체안보(community security), ⑦ 인간의 기본권을 행사할 수 있는 자유를 의미하는 정치안보(political security) 등이다.

2. 비교개념

(1) 국가안보와 인간안보

인간안보는 국가안보를 포괄하는 개념이다. 그러나 보호가치, 위협, 보호수단에 차이가 있다. 국가안보는 군사력에 의한 보호를 중심으로 하나 인간안보는 인간안보위협 원천에 따라 다양한 보호수단이 제기될 수 있다. 보호주체도 국가안보는 국가가 주요 행위자이나 인간안보는 타국이나 NGO일 수도 있다.

(2) 포괄적 안보와 인간안보

포괄적 안보란 안보위협의 범위를 확장시키려는 개념이다. 포괄적 안보는 위협이 무엇인가를 강조하는 개념이나, 인간안보는 '가치'에 보다 중점을 두는 개념이다.

(3) 협력안보와 인간안보

협력안보는 안보달성방법의 차원에서 제시된 개념이며, 인간안보는 보호가치 측면의 개념이다. 협력안보도 포괄적 안보위협을 개념에 포함시키고 있으나, 기본적으로 국가안보에 대한 위협을 제거하는 새로운 수단으로서 제시된 개념이다.

3. 등장배경

(1) 탈냉전기 내란의 급증

탈냉전시대에 들어서 인간안보 개념이 국제사회에서 부각되기 시작하였다. 이는 무엇보다 1990년대 들어서서 국가 간의 전쟁은 감소되는 추세였지만, 국가 내부의 내란이나 인종분규가 발생하는 빈도가 증가하면서 국제사회에서 안보의 대상으로서 인간문제에 대한 관심이 현저하게 부각되었기 때문이다. 무고한 시민들이 각종 내란으로 인해 희생되는 사례가 빈번하게 발생하면서 안보의 개념이 국가에서 인간으로 확장된 것이다.

(2) 세계화의 진전

세계화의 급속한 진전 역시 안보 개념의 확대에 중요한 영향을 미쳤다. 세계화의 결과 그 혜택은 선진국들이나 부유한 계층에 편중되는 반면, 세계화의 급속한 진전과 함께 국제사회에서 보다 많은 사람들이 극도의 빈곤, 기아, 질병에 시달리게 되었다. 세계화의 진전은 국가 중심적 시각을 벗어나 전지구촌의 문제로 사고의 범위를 확장시키는 계기를 마련하였으며, 특히 지구촌의 내부에 살고 있는 인간의 안보문제에 대한 관심이 더욱 부각되기에 이르렀다.

3 위협 및 대응방안

1. 위협

인간안보를 위협하는 것은 매우 다양하다. UNDP에 의하면 탈냉전기에 이러한 위협은 점점 증가하고 있다.

(1) 정치적 차원

권위주의나 독재적 정치체제이다.

(2) 경제적 차원

경제 위기, 실업, 빈곤의 심화이다.

(3) 사회적 차원

초국가적 범죄행위의 증가, 사회적 혼란, 불법 인구이동, 테러이다.

(4) 환경적 차원

환경악화, 자원부족, 초국경적 환경오염, 지구온난화이다.

(5) 군사적 차원

중소형 무기, 대인지뢰, 대량살상무기 확산 등이 인간안보이다.

2. 대응방안

(1) 개별 국가의 대응

개별 국가의 대응이란 개별 국가가 인간안보 달성을 위해 다양한 조치를 개별적으로 취하는 것을 말한다. 정치체제나 경제체제의 개혁을 하거나, 경제 위기로 발생한 실업자들을 적절하게 구제하는 것이 포함된다. 그러나 일국의 영토범위를 넘는 문제에 대해서는 그 대응에 한계가 있을 수 있다.

(2) 국제 거버넌스

국제 거버넌스란 관련국가들이 국제기구를 창설하거나 국제조약을 체결하여 대응하는 것을 말한다. 포괄적 안보위협에 적절하게 대응할 수 있는 수단이 된다. 그러나 국가 간 협력 자체가 어려운 과제일 뿐만 아니라 일단 시작된 협력도 유지가 어려울 수도 있다. 또한 국가들이 국제제도를 통해 이기적 이익을 추구하는 경우 협력에 한계가 있다.

(3) 글로벌 거버넌스

글로벌 거버넌스란 인간안보달성을 위해 관련된 모든 국제정치의 행위자들이 신뢰에 기초하여 협력하는 문제해결 기제를 말한다. 비국가행위자들이 참여한다는 점이 중요한 특징이다. 다만, 주권국가들의 소극적인 태도 때문에 글로벌 거버넌스방식 자체가 도입되기가 어렵다는 한계가 있다.

3. 인간안보와 지구시민사회

(1) 의의

인간안보영역에서 국가뿐만 아니라 지구시민사회도 매우 중요한 행위자로 부상하고 있다. 지구시민사회란 '시민들이 국제적으로 연계되어 있고 그 조직과 활동이 국제적이며 영리를 추구하지 않는 자발적인 사적 결사를 통해 국제정책의 결과에 영향을 미치는 사회관계의 구조'로 정의할 수 있다. 지구시민사회는 글로벌 거버넌스에서 핵심행위자이다.

(2) 인간안보를 위한 지구시민사회의 활동

인간안보와 관련한 지구시민사회는 매우 다양한 INGO들로 구성되어 있으며, 이들은 독자적·범세계적 네트워크 형성 또는 초국가기구와 협력하여 인간안보문제에 개입하고 있다. 이들은 반전·반핵집회를 하거나 초국가적 기구에게 공식 자문을 하거나 정책을 입안·실행함으로써 인간안보를 달성하는 데에 한 축을 형성하고 있다.

4 보호책임

1. 개념

보호책임(Responsibility to Protect, 약칭 R2P)은 국제사회가 대량학살, 전쟁범죄, 인종청소, 반인도 범죄로부터 자국민을 보호하지 못하는 국가를 대신해 개입할 수 있는 원칙을 말한다. 이는 전통적인 국가주권 개념과 비간섭 원칙에 도전하는 새로운 국제규범으로 등장했다.

2. 논의과정

1990년대 르완다와 보스니아에서의 학살 사태를 계기로, 국제사회는 "인도주의적 개입"의 정당성 문제를 본격적으로 논의하기 시작하였다. 이에 따라 2000년 유엔 밀레니엄 보고서에서 코피 아난 사무총장은 국가 주권이 국민 보호 책임을 수반한다고 강조하며 새로운 국제규범의 필요성을 제기하였다. 2001년 캐나다 정부 주도로 구성된 국제위원회(ICISS)는 보고서 『보호책임(The Responsibility to Protect)』을 통해 R2P 개념을 체계화하였다. 2005년 유엔 세계정상회의(World Summit)에서 모든 회원국은 대량학살, 전쟁범죄, 인종청소, 반인도 범죄로부터 자국민을 보호할 책임이 있으며, 국제사회는 이를 지원하거나 필요 시 개입할 책임이 있다는 R2P 원칙에 합의하였다. 이후 유엔 총회와 안보리는 R2P의 실행 원칙, 범위, 한계 등을 논의하였고, 2009년에는 반기문 사무총장이 '3개 기둥(Pillars)' 개념을 명확히 제시하며 제도적 기초를 강화하였다.

3. 보호책임의 세 기둥

(1) 제1기둥 - 국가의 보호 책임(The State carries the primary responsibility)

각 국가는 자국민을 집단학살, 전쟁범죄, 인종청소, 반인도 범죄로부터 보호할 1차적·주권적 책임을 가진다. 이 기둥은 R2P의 출발점이다. 전통적으로 주권은 외부 개입을 배제하는 권리로 여겨졌지만, R2P는 주권이란 '책임을 수반하는 권리'라는 관점에서 출발한다. 국가는 자국 내에서 발생할 수 있는 대규모 인권침해와 집단 폭력으로부터 국민을 보호할 의무를 갖는다. 이 보호는 단지 범죄 발생 이후의 조치만이 아니라, 예방(prevention)과 처벌(accountability)을 포함하는 적극적 의무이다.

(2) 제2기둥 - 국제사회의 지원과 역량 강화(The international community has a responsibility to assist)

국제사회는 각국이 자국민을 보호할 수 있도록 지원하고, 역량을 강화할 책임이 있다. 이 기둥은 R2P가 개입이 아닌 협력에 기초한 규범임을 강조한다. 국제사회는 개입하기 전에, 해당 국가가 내부적으로 보호책임을 이행할 수 있도록 외교적, 기술적, 경제적 지원을 제공해야 한다. 이를 통해 사태가 악화되기 전에 국가의 자율적 역량을 강화하고 예방적 접근을 유도할 수 있다.

(3) 제3기둥 - 국제사회의 대응 책임(The international community has a responsibility to take timely and decisive action)

국가가 보호책임을 이행하지 못하거나 거부할 경우, 국제사회는 적절한 수단을 동원하여 신속하고 단호하게 대응할 책임이 있다. 이 기둥은 R2P의 개입 가능성을 규정하는 조항이다. 만약 특정 국가가 보호책임을 고의로 방기하거나 인권 범죄의 주체가 되는 경우, 국제사회는 외교적 압박, 제재, 국제형사재판소 회부, 그리고 최후에는 군사적 개입까지 고려할 수 있다. 이 과정은 유엔 헌장에 따라 유엔 안보리의 승인을 받아야 하며, 개입은 합법적이고 정당한 절차를 따라야 한다. 다만 군사개입은 최후의 수단(last resort)으로 간주되며, 모든 평화적 방법이 실패한 경우에만 선택되어야 한다.

4. 보호책임 적용 범죄

(1) 집단학살(Genocide)

집단학살은 특정 인종, 민족, 종교, 또는 국민 집단을 전체 또는 일부 말살하려는 의도적인 행동을 의미한다. 이는 단순한 대량학살과 구별되며, '말살 의도'(intent to destroy in whole or in part)라는 요소가 국제법상 핵심으로 작용한다. 집단학살은 주로 계획적이고 조직적인 국가 또는 집단의 정책 형태로 나타나며, 피해자 집단의 신체적·정신적 파괴, 생존 조건의 박탈, 출산 방해, 아동 강제 이전 등 다양한 형태로 실행될 수 있다. 국제사회는 1948년《집단학살방지협약》에서 이를 국제범죄로 규정하였다. 역사적 대표 사례로는 나치 독일의 유대인 학살, 1994년 르완다의 투치족 학살이 있다. 유엔 보호책임 원칙에 따르면 국가가 집단학살을 방지하지 못하거나 자국 정부가 가담하는 경우 국제사회의 개입이 정당화된다. 이는 국제법상 가장 심각한 범죄 유형 중 하나로 평가되며, ICC에서도 관할권을 가진다. 집단학살은 R2P의 도입 배경 중 가장 중심적인 문제였다.

(2) 전쟁범죄(War Crimes)

전쟁범죄는 국제 또는 내전적 무력충돌 중에 발생하는 국제인도법 위반 행위를 의미한다. 이는 무력 분쟁 중 민간인을 고의로 공격하거나, 포로를 학대하거나, 병원·학교 등의 보호시설을 공격하는 등 정해진 전쟁 규칙의 중대한 위반을 포함한다. 전쟁범죄는 제네바협약과 그 추가의정서를 근거로 정의되며, 법적으로 전투원과 비전투원 간 구분을 존중하지 않는 행위가 핵심이다. 유엔과 ICC는 전쟁범죄에 대한 책임을 명확히 규정하고 있으며, 최근 우크라이나 전쟁과 시리아 내전에서도 문제로 부각되었다. 특히 국가가 해당 범죄를 저지르거나 처벌을 회피할 경우 R2P의 개입 조건이 성립한다. 전쟁범죄는 전시라는 특수 상황을 악용한 비인도적 폭력을 억제하기 위한 국제적 합의의 산물이다.

(3) 인종청소(Ethnic Cleansing)

인종청소는 특정 민족·종교·인종 집단을 지리적으로 완전히 제거하려는 폭력적·강제적 행위를 말한다. 이는 국제법상 공식적으로 정의된 범죄는 아니지만, 보호책임 문서에서는 명시적으로 R2P 적용 범위에 포함된다. 인종청소는 학살뿐 아니라, 강제이주, 강간, 협박, 재산 몰수 등을 포함하는 복합적 폭력과 인권침해 행위로 구성된다. 인종청소는 종종 국가 정책이나 무장 민병대의 지원을 받아 수행되며, 특정 지역에서 대상 집단을 아예 사라지게 하려는 목적이 있다. 이 범죄는 집단학살과 유사하나, 말살보다는 추방과 배제에 더 초점을 둔다는 점에서 구별된다.

(4) 인도에 반하는 범죄(Crimes Against Humanity)

반인도 범죄는 전시나 평시를 불문하고, 민간인을 대상으로 광범위하거나 체계적인 방식으로 한 공격 행위를 말한다. 이는 살인, 고문, 강간, 노예화, 강제실종, 정치적 박해 등 다양한 범죄를 포함한다. 가장 큰 특징은 조직성(systematic)과 광범위성(widespread)이며, 단발적이거나 우발적인 범죄는 해당되지 않는다. 이러한 범죄는 국가 또는 조직적 집단의 지시에 의해 발생하며, 피해자는 특정 인종, 종교, 정치 성향, 민족 등을 기준으로 선택된다. 국제형사재판소(ICC)는 반인도범죄를 관할 범죄로 간주하며, 냉전 이후 국제인권법의 핵심 개념으로 부상하였다.

5. 사례

(1) 리비아(2011)

2011년 아랍의 봄 당시, 카다피 정권은 반정부 시위대를 무차별적으로 공격하며 민간인 학살을 자행했다. 유엔 안보리는 결의 1970호로 제재를 부과하고, 결의 1973호를 통해 민간인 보호를 명분으로 비행금지구역 설정과 무력 개입을 승인했다. NATO가 이를 근거로 공습을 시작해 카다피 정권은 붕괴되었고, 반군이 정권을 장악했다. 이 사건은 R2P 원칙에 따라 군사개입이 처음으로 정당화된 사례로 평가된다.

(2) 코트디부아르(2011)

2010년 대선에서 패배한 로랑 그바그보 대통령이 선거 결과를 인정하지 않고 집권을 고수하면서 유혈 충돌이 발생했다. 이 과정에서 수백 명의 민간인이 학살당하고, 정치적 폭력이 심각하게 확대되었다. 유엔은 R2P 원칙에 근거해 평화유지군(UNOCI)과 프랑스군을 동원해 민간인을 보호하고 무력 충돌을 중단시켰다. 결국 그바그보는 체포되었고, 당선자인 알라산 와타라가 평화적으로 정권을 인수하였다.

(3) 케냐(2007 ~ 2008)

2007년 케냐의 대선 결과를 둘러싼 갈등이 민족 간 폭력으로 확산되어 수천 명이 사망하고 수십만 명이 난민이 되었다. <u>유엔은 공식적으로 R2P를 선언하지는 않았지만, 국제사회는 R2P 원칙에 기반해 외교적 중재에 착수하였다. 아프리카 연합(AU)과 국제 인사들(코피 아난 전 유엔 사무총장 등)의 중재를 통해 연립정부가 수립되었고, 사태는 수습되었다.</u> 이후 일부 가해자는 국제형사재판소(ICC)에 회부되었다. 이 사례는 무력 개입 없이도 R2P의 예방과 외교적 대응이 가능하다는 사례로 평가받는다.

(4) 시리아(2011 ~)

시리아 내전은 2011년 아사드 정권의 반정부 시위 탄압에서 시작되었으며, 이후 수십만 명의 민간인이 사망하고 수백만 명이 난민이 되었다. <u>유엔 안보리에서 R2P 적용을 위한 제재나 군사개입 결의안이 제안되었지만, 러시아와 중국이 거부권을 행사하며 무산되었다.</u> 국제사회는 시리아에 대해 사실상 R2P를 적용하지 못했고, 그 결과 민간인 보호에 실패하고 국제규범의 한계가 드러났다. 아사드 정권의 화학무기 사용과 인도적 위기에 대해 일부 국가들이 개별적으로 공습을 감행했지만, 이는 유엔 승인 없는 자의적 개입이라는 비판을 받았다.

제6절 | 바이오안보

1 서론

2000년대에 들어 바이오안보가 글로벌 거버넌스의 핵심의제로 등장하고 있다. 2014년 이후 1년간 서아프리카에서는 에볼라 바이러스로 인해 총 24,509명이 감염, 10,096명이 사망하였다. 2003년에는 중증호흡기증후군(SARS), 2009년 신종인플루엔자(H1N1), 2013년 조류독감(H7N9)에 이어 2013 ~ 2014년에는 중동호흡기증후군(MERS)이 확산되었다. 개발도상국 지역에서 주로 발생하고 있으나, 세계적으로 전파되면서 감염병을 안보이슈(biosecurity 또는 securitization of health)로 볼 것이 요구되고 있다. 감염병은 군사적 침략이 없어도 대규모 인적·물적 피해를 발생시킬 수 있다는 사실에서 새로운 형태의 안보위협이라고 볼 수 있는 것이다. 이러한 감염병을 안보위협으로 인식하고 대응함에 있어서 개별 국가의 노력으로는 불충분하며, 글로벌 차원에서 대응과 협력이 필수적이다.

2 바이오안보(Biosecurity)

1. 개념
바이오안보는 의도적으로(intentionally) 또는 우발적으로(accidentally) 살포되거나 자연적으로(naturally) 발생하는 병원성 미생물(pathogenic microbes)로부터 국민을 보호하는 것을 말한다.

2. 전통적 안보와의 비교
안보를 위협, 대응주체의 기준으로 분류할 때 전통적 안보는 국가행위자에 의한 군사적 영토 침략에 대한 보호이고, 개별 국가의 노력으로 안보 제공이 가능하다고 전제한다. 반면, 바이오안보는 국가행위자 또는 비국가행위자, 나아가 위협을 특정할 수 없는 상태에서 폭력적 또는 비폭력적 수단으로 살포된 병원성 미생물로부터 국민을 보호하는 것이다. 또한 병원성 미생물이 비가시적이며 전파성을 가지기 때문에 바이오안보에서 개별 국가는 안보를 제공하지 못하거나 수립된 개별 방어조치가 충분하지 않을 수도 있다.

3. 유형

(1) 감염병(Infectious Diseases)
자연적으로 발생하여 사회의 정상적인 기능을 저해하는 대규모 감염병은 바이오안보이슈이다. 대규모 사망을 수반하는 감염병이 국내에 국한된다면 그것은 공중보건의 문제이나, 초국경적으로 전파되어 오는 경우에는 안보의 문제가 된다. 감염병이 안보위협으로 전환되는 방식은 세 가지가 있다.

첫째, 감염병 병원균이 바이오테러와 생물학 무기에 이용될 수 있다.

둘째, 감염병의 발생, 특히 개발도상국에서의 감염병 발생은 정치 불안이나 정권 붕괴로 이어질 수 있고 이로 인해 난민, 불법이민, 극단세력의 침투 등으로 지역과 세계 정세에 부정적인 영향을 미칠 수 있다.

셋째, 감염병은 발생국가에도 노동생산성 저하, 인구구조(demography)의 변화, 무역과 해외투자 축소 등의 피해를 야기할 수 있다.

자연적으로 발생하는 감염병에 의한 안보위협을 다루는 거버넌스는 1948년 창설된 세계보건기구(WHO)의 국제보건규제(International Health Regulations: IHR)이다. IHR은 초국경적 감염병이 발생하는 경우 국가에 통지와 이를 통제할 수 있는 적절한 수준의 공중보건체계를 수립할 의무를 부과한다. IHR은 2005년 개정되었으며 국가의 의무범위를 확대하고 정부 외에도 NGO가 제공하는 감염병 정보활동 등을 규정하고 있으나, 여전히 국가 중심적인 보건 거버넌스라는 점에서 한계가 있다.

(2) 바이오테러(Bioterror)

바이오테러는 비국가행위자에 의한 생물학적 공격을 말하며 1990년대 초부터 바이오안보 사안으로 인식되어 오고 있다. 바이오테러에 대한 인식은 구소련이 붕괴하면서 테러집단이 소련이 축적해 놓은 생물학 무기를 입수할 수 있다는 우려에서 시작되었고, 2001년 9·11테러 발생 이후에는 바이오안보 사안으로서의 인식이 보다 강화되었다. 생물학 연구 역량의 급속한 발전과 전세계적 확산, 인터넷상에서의 정보 획득 등 테러집단의 병원성 미생물 입수, 생물학 무기의 개발이 용이해진 상황으로 인해서 바이오테러는 '가난한 자의 핵무기(Poor man's nuclear bomb)'로 불리기도 한다. 현재 비국가행위자의 생물학 무기의 개발과 사용을 다루는 명문화된 단일 국제협약은 존재하지 않는다. 이는 바이오테러의 안보위협 인식이 비교적 최근의 일이며, 비국가행위자가 국제협약의 주체가 될 수 없다는 근본적인 제약 때문이다. 대신 국가들은 바이오테러를 범죄로 취급하여 국내 형법, 테러수사와 사법협력에 관한 국제협약을 적용한다.

(3) 생물학 무기(Biological Weapons)

가장 오래된 바이오안보 사안으로서, 국가행위자가 병원성 미생물을 군사적 공격에 이용하는 생물학 무기가 있다. 20세기 들어 개발된 병원성 미생물의 분리, 배양, 실험능력이 전쟁무기에 이용되면서 생물학 무기에 의한 대량살상 안보위협이 현존하게 되었으며, 실제로 제1차 및 제2차 세계대전에 사용된 바도 있다. 생물학 무기가 전장의 군인뿐만 아니라 민간인에게도 직접적인 위협이 됨에도 불구하고 생물학 무기가 제공하는 안보위협은 공중보건보다는 억지전략(deterrence)과 군축(arms control)의 관점에서 다루어져 왔다. 제1차 세계대전에서 생물 및 화학 무기가 사용된 이후 당사국 간 생물학 무기 사용을 금지하는 제네바의정서가 1925년 체결되었으며, 1972년에는 모든 종류의 생물학 무기의 개발, 생산, 축적, 획득 및 폐기를 위한 생물학무기협약(Biological Weapons Convention: BWC)이 채택되었다.

3 글로벌 보건안보구상(Global Health Security Agenda: GHSA)

1. 의의

미국은 세계보건기구(WHO)와 별도로 안보 관점에서 감염병 대응을 다루기 위해 2014년 '글로벌 보건안보구상(GHSA)'을 발족시켰다. IHR2005는 1990년대 이후 형성된 새로운 보건상황을 반영하고 있으나, 국가 중심의 거버넌스로는 21세기의 바이오안보, 특히 초국경적 감염병과 비국가행위가 제기하는 안보위협에 대응에 한계가 있다는 인식에서 출범시킨 것이다.

2. 배경

(1) IHR 2005의 한계

첫째, 국가들이 주권 잠식과 제도 정비에 따른 정치·경제적 부담 때문에 IHR 2005를 충분히 이행하지 않고 있다. WHO 회원국은 성격이나 원인에 무관하게 공중보건 함의를 가지는 모든 질병 사례를 WHO에 보고해야 하는데 이러한 과도한 정보 공개로 정부 권위가 잠식될 것을 우려하는 국가들이 있다. 또한 IHR 2005가 요구하는 최소한의 핵심적인 감시와 대응 역량 유지는 국가들에게 경제적인 부담을 주는데 이 역시 낮은 이행의 원인이 된다.

둘째, IHR 2005의 당사자는 국가이므로 민간이나 비국가행위자가 우발적으로 또는 의도적으로 제기하는 바이오안전 위협을 다루지 못한다.

또한 WHO는 감염병 예방·탐지·대응에서 민간을 포함하는 글로벌 보건네트워크를 조직하지 못하고, 회원국들 사이에 감염병 대응 글로벌 네트워크 구축을 촉진하지도 않는다.

(2) 선진국의 보건외교전략의 변화

의학이 발달한 선진국들은 보건에 대한 위협이 국내에서 발생하는 것보다는 감염병 또는 테러 형태로 외부에서 전파되는 것으로 인식하고 보건외교에 안보 관점을 접목하기 시작하였다. 선진국이 보건에서 안보적 함의를 본격적으로 발견한 것은 아프리카의 HIV/AIDS이다. G7은 아프리카의 HIV/AIDS 사태를 안보적 관점에서 인식하고 2000년부터 HIV/AIDS 확산 방지와 치료에 ODA를 제공하기 시작하였다. 한편, 2001년 9·11테러는 선진국에서 보건의 안보화를 보다 급속히 진전시키는 계기가 되었다. 극단세력 대응수단에 보건을 포함시킨 것이다. G7 국가들은 2001년에 EU와 멕시코를 포함하여 '글로벌 보건안보구상(Global Health Security Initiative: GHSI)'을 발족시키고 바이오테러를 방지하기 위한 보건정보 교환과 정책 조율을 시작하였다. 2008년 금융 위기 이후에는 재정압박을 고려하여 미국은 개발도상국의 보건, ODA 프로그램인 '글로벌 보건 이니셔티브(Global Health Initiative: GHI)를 중단하고 보건, 안보, ODA를 포괄하는 '글로벌 보건안보구상(Global Health Security Agenda: GHSA)'으로 대체하였다.

3. 목표

GHSA는 향후 5년 동안 자연적·우발적 또는 의도적으로 발생하는 감염병 위협의 예방(prevent), 탐지(detect), 대응(respond)에 관한 글로벌 네트워크 구축을 목표로 한다. 우발적 또는 의도적으로 발생하는 감염병이란 연구실에서 실수로 또는 테러 목적으로 병원균이 살포되는 것을 의미하므로 GHSA는 감염병과 바이오테러를 동시에 다루는 것이다.

4. 특징

(1) GHSA는 국가와 국제기구뿐 아니라 민간(개인, 기업, 단체)을 포함하므로 글로벌 보건 거버넌스(global health governance)로 규정할 수 있다. WHO IHR 2005는 보건에 있어서 국가의 권리와 의무에 관한 것이므로 국제 보건 거버넌스(international health governance)인 반면, GHSA는 정부, 민간, 국제기구를 포괄하는 글로벌 거버넌스이다.

(2) 비형식성을 특징으로 한다. GHSA는 감염병과 관련된 국제협정을 체결하는 것을 목적으로 하지 않아 협정 체결에 따르는 국가들의 거부감을 방지한다. GHSA는 IHR 2005를 대체하려는 것이 아니고 IHR 2005 이행에 관한 정치적 의지를 제공하는 것이다.

(3) GHSA는 시한을 가지고 한정된 어젠다로 효율성을 추구한다. GHSA는 단일 이슈(감염병)에 초점을 맞추고 그 성과로 국제 보건 거버넌스에 추진력을 제공하려는 것이다. 5년 후에는 해체되어 글로벌 거버넌스가 추가로 분절화되는 것을 피할 수 있다.

제7절 | 기타 안보 개념

1 에너지안보(Energy Security)

1. 개념

에너지안보문제는 1970년대 석유 위기를 겪는 과정에서 주로 에너지의 공급 중단이나 부족 사태를 방지하기 위한 에너지 공급의 안정적인 확보 측면에서 제시되었다. 당초 에너지안보는 공급안보 차원에서 제시되었으나 현재는 국가안보 차원으로 확대되었다. 비엘렉키(Bielecki)에 의하면 에너지안보는 '합리적인 가격을 통한 안정적이고 적정한 에너지의 공급'을 말한다.

2. 공급안보

공급안보는 적정규모 에너지의 양적 확보를 의미하며 한 국가가 최적의 경제활동을 수행하기 위해 필요한 양의 에너지를 차질 없이 확보할 수 있을 때 에너지안보가 달성된다. 에너지 공급물량의 중요성은 1970년대 두 차례의 석유 위기(oil crisis)를 거치면서 특히 강조되기도 하였다.

3. 가격안보

에너지의 양적 확보에 병행하여 가격 또한 에너지안보의 중요한 요소이다. 합리적인 가격에 기초한 에너지 공급은 소비국의 정상적인 경제활동을 위해 필수적인 사항으로서, 지나치게 높은 에너지가격은 에너지 소비국의 경제를 파국으로 몰아갈 수 있다.

4. 에너지를 둘러싼 국제정치적 리스크의 회피

에너지안보에 있어서 신뢰할 수 있는 에너지 공급원의 확보와 에너지자원의 안정적인 수송이 관건이다. 석유 수송로를 특정 국가가 지배하여 국제분쟁이 발생하는 경우 에너지안보는 위협을 받게 될 것이다.

2 식량안보(food security)

1. 개념

식량안보란 활동적이고 건강한 생활에 필수적인 충분하고 안전하며 영양가 있는 음식에 모든 국민이 지속적으로 물리적, 사회적, 경제적 측면에서 접근할 수 있는 상황을 말한다. 식량안보는 1994년 UNDP의 「인간개발보고서」에서 규정한 인간안보의 7가지 영역 중 하나이다. 국제적, 국가 간 수준에서 식량의 가용성 차원뿐만 아니라 식량을 생산할 자원의 분배와 식량을 얻을 권한을 구매하는 것까지를 포함하는 개념으로 이해되고 있다.

2. 식량안보의 세 차원

식량안보의 세 차원은 첫째, 공급의 안정성과 식품의 안전성이 포함된 획득가능성, 둘째, 충분한 식량을 획득할 수 있는 개인의 능력인 접근가능성, 셋째, 이용가능성이다.

3. 식량안보에 대한 위협요인

첫째, 중국과 인도 등 동아시아 개발도상국의 경제 발전에 따른 식품 수요의 증가 및 육류 소비 증가로 사료용 곡물 수요가 증가하고 있다.
둘째, 바이오 연료인 에탄올 생산을 위한 대량 곡물의 유용으로 인해 식용·사료용 곡물의 재배 면적이 감소하고 있다. 에탄올의 원료가 되는 옥수수의 재배 면적 확대는 밀, 대두 등의 식용·사료용 곡물의 재배 면적과 공급의 감소를 초래하고 있다.
셋째, 지구온난화로 인해 증가하고 있는 기상이변과 자연재해로 인해 곡물 재배 면적과 식량 생산이 감소하고 있다.
넷째, 유가 상승으로 인한 생산비·물류비 상승도 곡물가격 상승압력으로 작용한다.
다섯째, 장기적으로 전세계 식량 수급에 불균형이 발생하고는 있지만 단기간에 전세계를 식량난으로 몰아넣는 것은 달러가치 하락으로 인해, 많은 투기성 자본들이 식량 등의 상품에 몰리고 있고, 투기를 노리는 사재기현상이 개인적, 국가적 차원에서 확산되면서 가격이 급등하고 있는 것이 큰 몫을 차지하고 있다.
여섯째, 주요 곡물 수출국들이 수출세를 도입하거나 수출량을 제한하는 식량보호주의적 정책을 추구하는 경우에는 높은 가격을 주더라도 식량 확보가 어려워진다.
일곱째, 식량 총재고는 충분하지만 물류의 병목현상, 노동력 부족과 이동 제한, 무역장벽 심화 등으로 공급망이 일시적으로 교란되어 지역별로 부분적인 공급량 감소가 발생하기도 한다.

4. 식량위기에 대한 대응

첫째, 개방되고 연결된 공급망을 유지해야 한다.
둘째, 무역 혼란과 왜곡 방지를 위해 전통적 수출품목의 국내 재고를 과도하게 확보하지 않아야 한다.
셋째, 강제적 수출제한과 부당한 무역장벽을 시행하지 않아야 한다.
넷째, 식품 생산, 소비, 재고 수준 및 가격 정보를 주기적으로 업데이트해야 한다.

3 코펜하겐 학파의 안보개념

1. 서설

코펜하겐 학파의 안보담론은 초강대국 간의 대결 속에서 시달려 온 유럽이 과연 탈냉전 시대에 어떻게 새로운 질서에 적응할 수 있는가의 문제의식에서 출발하고 있다. 1970년대 데탕트와 더불어 시작된 유럽의 평화운동과 독일의 동방정책, 그리고 사회안보(societal security)에 대한 국내정치적 관심은 탈냉전 시대에 들어와 새로운 안보개념에 대한 갈증을 더욱 고조시키는 촉매가 되었다. 배리 부잔(Barry Buzan)은 전통적인 안보개념과 대비하여 탈냉전기 특징을 안보대상의 다양화, 안보영역의 확대, 안보문제화 세 가지로 규정했다.

2. 주요 학자

(1) 배리 부잔(Barry Buzan)

배리 부잔은 국제안보 개념의 지평을 넓힌 대표적 학자로, 그의 저작 <People, States and Fear>(1983)에서 전통적인 군사 중심의 안보 개념을 비판하고, 정치, 경제, 사회, 환경 등 다섯 개의 비군사적 부문까지 포함하는 포괄적 안보 개념을 제시했다. 그는 국가의 안보는 단지 외부 위협에 대한 방어를 넘어서, 국내 질서와 정당성, 사회 통합 등 다양한 요소에 의해 영향을 받는다고 보았다. 또한 그는 안보 문제를 객관적 현실이 아니라, 사회적 구성물로 간주하여 인식과 담론의 역할을 강조했다. 이후 그는 <Security: A New Framework for Analysis>(1998)에서 올레 베버, 야프 더 빌데와 함께 안보화 이론의 분석틀을 공동 개발하며, 코펜하겐 학파의 이론적 기반을 확립하는 데 기여했다.

(2) 올레 베버(Ole Wæver)

올레 베버는 1995년 논문 "Securitization and Desecuritization"에서 '안보(문제)화(securitization)' 개념을 정립하며 코펜하겐 학파를 이론적으로 선도했다. 그는 특정 이슈가 안보 문제가 되는 것은 그것이 본질적으로 위협이기 때문이 아니라, 정치적 행위자가 '존재에 대한 위협'으로 선언(speech act)하고, 청중이 이를 수용할 때 비로소 성립된다고 설명했다. 이러한 시각은 안보를 구성주의적 관점에서 해석하는 기반이 되었다. 또한, 그는 안보화가 일상 정치의 규범을 우회하고 비상조치의 정당화 수단이 되기 때문에 민주주의 원리에 위협이 될 수 있다고 경고하였다. 이러한 입장은 <Security: A New Framework for Analysis>(1998)에서 체계화되었으며, 그는 여기서 안보의 다섯 개 부문 분석과 탈안보화(desecuritization) 개념을 함께 제시하여 안보 논의의 균형을 도모했다.

(3) 야프 더 빌데(Jaap de Wilde)

야프 더 빌데는 <Security: A New Framework for Analysis>(1998)에서 배리 부잔, 올레 베버와 함께 안보의 다차원적 분석틀을 공동으로 발전시켰다. 그는 안보 문제를 군사적 위협에 한정하지 않고, 정치, 경제, 사회, 환경 등 다양한 부문에서 등장하는 비군사적 위협들까지 체계적으로 분석해야 한다고 보았다. 특히 그는 안보화가 국가의 권위주의적 권력 강화를 정당화할 수 있다는 점에서 비판적 안보 연구의 시각을 공유했다. 따라서 그는 정상 정치로 되돌리는 과정인 탈안보화의 필요성을 강조하며, 안보 논의가 민주주의적 통제 안에서 유지되어야 함을 주장했다. 그의 시각은 안보를 단순한 실재적 위협이 아닌, 정치적 담론과 권력 작용의 결과로 이해하는 데 기여하였다.

3. 탈냉전기 안보의 특징

(1) 안보대상의 다양화

국가가 안보의 유일한 대상으로 간주되던 과거와 달리 탈냉전기에는 국가 내부의 사회집단이나 개인 등 미시적 단위체, 그리고 국가 외부의 초국가적 기구나 단체를 망라하는 다양한 주체들이 안보문제에 적극적으로 개입하고 있다. 이와 함께 전통적으로 국가가 수행해 오던 안보기능을 재평가하려는 노력이 이루어지고 있다. 특히 개인과 사회집단에 대해 국가가 위협을 가할 수 있다는 '안보의 역기능' 문제가 탈냉전 시대의 새로운 관심 이슈로 떠오르고 있다. 내부구성원들을 보호해주어야 할 국가가 오히려 위협의 주체로 변질되는 현상이 나타나고 있는 것이다. 코펜하겐 학파에서 인식하고 있는 안보대상의 다양화는 탈냉전기에 들어와 변화하는 안보개념의 핵심 주제이다.

(2) 안보영역의 확대

확대된 안보개념의 또 다른 특징은 안보가 적용되는 제반 영역이 이전에 비해 훨씬 더 넓어졌다는 점이다. 과거에는 군사영역, 특히 전략적 이해관계가 첨예하게 걸려 있는 분야를 중심으로 안보논의가 이루어졌지만, 탈냉전기에 들어와서는 이해관계가 다변화되면서 생존과 안보의 범위가 대폭 넓어지고 있다. 따라서 안보개념 자체도 이에 맞추어 확대되어야 한다는 것이 부잔을 비롯한 코펜하겐 학파의 주장이다. 그중에서도 글로벌 차원의 상호의존 추세로 인하여 국가정책과 사회적 선택의 우선순위가 바뀌고 있다는 점이 강조되고 있다. 예를 들어 20세기 후반에 들어와서는 군사적 생존보다 경제적 복지문제가 생존에 훨씬 더 중요한 위협으로 간주되기도 한다. 또한 국가 바깥으로부터 부과되는 위협 대신 안에서 일어나는 부담요인들이 안보에 더욱 중요한 영향을 미친다는 점이 부각되고 있다. 따라서 비(非)군사적, 국내적 '취약성(vulnerabilities)'을 극복하기 위한 노력들이 필요하다는 인식이 커지고 있다.

(3) 안보문제화(securitization)

코펜하겐 학파, 특히 올레 베버가 탈냉전기 안보이론에서 제기하고 있는 가장 중요한 개념은 '안보문제화(securitization)'이다. 이 이론에 따르면 '안보'란 객관적으로 존재하기보다 그것을 둘러싼 사회적 담론과정 속에서 만들어진다. 즉, 현재의 상황에서 무엇이 사회적 위협으로 작동하는가에 대한 공동의 합의 자체가 안보행위라고 인식된다. 따라서 전통적인 안보개념에서는 안보의 대상에만 초점을 맞추었던 반면, '안보문제화'의 개념은 안보의 주체와 대상을 동시에 고려한다. 위협을 받는 안보의 대상이 무엇인가를 결정하는 것은 바로 안보의 주체이며, 이들 사이에서 정치적 쟁점화가 어떻게 이루어지는가에 따라 안보의 대상이 달라질 수 있다. 확대된 안보개념은 '위협(threats)'에 대한 인식 또는 '위기(crisis)'의 설정 과정이 객관적 또는 주관적 차원에 그치는 것이 아니라, 행위주체들 사이의 상호관계(interactions) 속에서 이루어지는 사회적 과정이라고 이해한다. 결국 확대된 안보담론에서는 특정한 사회적 이슈가 마치 한 편의 드라마처럼 사람들의 관심을 끌게 되고 다양한 담론체계 속에서 긴급한 사회문제, 즉 안보문제로 부각된다. 그럼으로써 담론과정을 주도하는 정치 엘리트들은 사회 전체에 걸쳐 예외적이면서 집중적인 동원체제 또는 비상조치를 요구하게 된다. 안보문제화의 개념은 탈냉전시대의 복합적 위험이 객관적으로 존재하기보다는 정치인이나 정책결정자들에 의해 사회 내부에서 선택되고 정의된다는 점을 부각시킨다. 안보문제화는 해당 이슈가 사회의 생존을 위협하는 것으로 간주되면서 정상적인 정치상황을 벗어난 비상사태와 긴급조치가 요구되는 절차를 일컫는다. 이처럼 안보문제화는 주어진 사회적 이슈에 관련된 비정상적, 극단적 조치들을 정당화하는 정치적 기능을 수행한다.

4. 화행(speech-act)

코펜하겐 학파는 안보행위를 하나의 '화행(話行, speech-act)'으로 본다. 이는 언어학의 영향을 받은 것이다. 과거의 언어학은 언어가 사실을 묘사하는 기능을 중시했지만, 화행이론에서는 언어가 곧 '행위'가 된다는 점을 강조한다. 다시 말해 언어는 단지 '말(speech)'에 불과한 것이 아니라 말과 행동이 합쳐진 하나의 '화행'이라고 보는 것이다. 코펜하겐 학파는 '위협'이나 '안보'의 개념이 하나의 '화행'이라고 규정함으로써 개념의 실체보다는 엘리트들에 의한 정치적 조작과정을 더 중시하고 있다.

5. 코펜하겐 학파 안보개념의 한계

첫째, 코펜하겐 학파의 안보개념은 규범적 딜레마를 내포하고 있다. 즉, 서구에 의해 선점된 안보담론 속에서 다른 국가나 지역의 가치 및 안보문제가 일방적으로 재단될 수 있다는 의미이다. 안보담론은 위협을 만들어내는 모든 사회적 이슈들을 언급하는 행위만으로도 특정한 생각이나 입장을 사회적으로 공론화시키고 또 이에 대해 정당성을 부여한다. 따라서 사안의 진위나 중요성 여부와 상관없이 공론화 과정 자체가 큰 영향력을 가지게 된다.

둘째, 탈냉전시대의 위협 개념에 있어서 주관적 인식에 의한 구성적 측면을 강조함으로써 실제로 존재하는 외부의 위협요인에 대해서는 상대적으로 등한시한다.

4 사이버안보

1. 사이버안보의 개념

사이버안보(Cyber Security)는 현대 정보통신기술의 발달에 의한 컴퓨터시스템과 네트워크에 의해 형성된 사이버공간의 안전 보장, 특히 다양한 사이버공격으로부터 국가의 주요 정보통신기반보호와 그 완전한 이용을 보장하기 위한 대응활동을 말한다. 사이버안보는 사이버공격으로부터 국가의 주요 정보통신기반을 보호함으로써 그 안정성을 유지하는 상태는 물론, 필요한 경우 이들 주요 정보통신기반에 저장 및 유통되는 정보의 안전을 보장하기 위해 공격에 대한 추적과 그에 적절한 대응조치들까지 포괄한다.

2. 사이버공격

(1) 사이버공격의 개념

사이버공격이란 기존의 위협 수단인 살상(hard-kill)무기가 아닌 주로 해킹(Hacking), 컴퓨터 바이러스, 웜(Worm), 서비스 방해 등 전자적 수단에 의해 국가의 중요 정보통신기반을 교란, 마비, 파괴하거나 그 내부에 저장된 정보를 절취하거나 훼손하는 등의 일체의 공격을 말한다. 최근 사이버공격은 사이버테러리즘, 정보전 또는 사이버전 양상으로 나타나고 있다.

(2) 사이버테러리즘

사이버테러리즘은 개인이나 집단 등의 자기과시나 불법적이고 단순한 경제적 이득을 얻기 위한 행동과는 좀 더 차원이 다른 목적을 가지고 다중에게 피해를 줄 수 있는 국가주요기반시설에 공격을 감행하여 목적을 달성하고자 한다.

(3) 사이버범죄

사이버공간에서 발생하는 모든 범죄를 총칭해서 사이버범죄라고 한다. 사이버범죄는 두 가지로 대별되는데, 사이버공간이라는 새로운 공간에서 전통적인 범죄행위를 저지르는 것으로서 사이버도박이나 사이버스토킹 등이 해당된다. 두 번째 유형은 사이버테러리즘이다.

(4) 사이버공격의 특징

① **저비용성**: 사이버공격을 수행하는 데는 많은 비용과 국가적 지원 없이 정보체계에 대한 지식만으로도 사이버기술과 무기의 연구개발은 물론, 네트워크를 통해 접근할 수만 있다면 개발된 사이버무기를 사용하여 공격할 수 있다.

② **비대칭성**: 분쟁의 당사자가 상호 전력의 균형을 이루고 있지 않다. 알카에다와 같은 테러집단이 타국가를 상대로 공격을 감행할 수 있다.

③ **익명성**: 사이버공격은 공격의 주체, 공격 준비자, 피해자 등에 대해 알기 어려운 경우가 많다. 공격자를 특정하기도 어렵고 공격자와 공격지원자의 구별도 모호하다.

④ **시공간의 초월성**: 사이버공간에서 일어나는 행위는 시간적으로나 공간적으로 광역성을 갖는다. 공격자와 방어자 모두 입장이 유사하다. 사이버전에서는 전시와 평시의 구분도 없다.

⑤ **첨단기술의 활용**: 정보통신기술이 발전할수록 방어기술도 발전하지만 공격기술도 함께 발전한다. 기술의존성으로 인해 각국의 기술력의 차이가 사이버 전력을 결정한다. 사이버전에서는 강력한 공격 무기가 곧 강력한 방어 수단이 되지 않는다.

(5) 사이버공격의 유형

① **주체**: 사이버공격은 주체에 따라 세 유형으로 대별된다. 첫째, 개인. 사회적으로 소외된 자신의 존재를 알리기 위해 불법을 저지르는 경우이다. 둘째, 집단. 범죄조직화된 엘리트집단으로 네덜란드의 '트라인던트'나 러시아의 '지하해킹마피아'등이 대표적이다. 셋째, 국가. 정치적, 민족적, 종교적 목적을 달성하기 위해 조직된 단체나 주권국가에 의해 움직이는 집단이다.

 참고

사이버공격의 주체와 대상에 따른 분류

구분	개인적 침해 위협	조직적 침해 위협	국가적 침해 위협
주체	해커, 컴퓨터 범죄자	산업스파이, 테러리스트, 범죄집단	국가정보기관, 사이버전사령부
목적	금전, 영웅심, 명성	범죄조직의 이익, 정치적 목적, 사회경제적 혼란 야기	국가기능마비, 국가방위능력 마비
대상	민간사설망, 공중통신망 개인용 컴퓨터	기업망, 금융이나 항공 등의 정보통신망	국방, 외교, 공안망 등

② **공격방법**: 정보통신기술의 발전과 함께 공격수단도 다양화·고도화되고 있고, 이로 인해 피해 범위도 더욱 확대되고 있다. 지능화된 해킹 툴의 취득 및 사용이 용이해짐에 따라 수준 낮은 해커도 높은 수준의 공격이 가능해졌다. 소수의 인력으로도 다수 국가를 대상으로 동시에 공격이 가능함은 물론 사이버공격의 의도분석 또한 곤란하며 해킹 대상 중간 경유지의 증가로 인해 역추적마저 어려워지고 있다.

> **참고**
>
> **사이버공격에 따른 분류**
>
> | 구분 | 개인적 침해 위협 | 조직적 침해 위협 | 국가적 침해 위협 |
> |---|---|---|---|
> | 공격 방법 | 컴퓨터바이러스, 해킹, 메일폭탄, 홈페이지 변조, 패스워드 유출 등 | 개인적공격방법 포함, 정보통신망 스나이퍼, 통신망 교환시스템 동작 마비 | 개인적 공격 방법 포함, 암호해독, 전자공격무기, 고에너지 전파무기, 전자기파 폭탄, chipping 등 |

3. 사이버안보 국제규범

(1) 탈린매뉴얼

기존 국제사회의 국제법을 사이버공간에 적용하여 사이버공간에서 발생하는 사이버공격에 대응하려고 시도한 것이 탈린매뉴얼이다. 탈린매뉴얼 1.0은 나토 합동사이버방어센터가 주도하여 국제법 전문가들의 공동연구를 통해 2013년 3월에 발표한 사이버안보 관련 매뉴얼이다. 기존의 국제법 중에서 전쟁법이 사이버공간에서도 적용될 수 있는지 검토한 문서이다. 탈린매뉴얼 1.0의 핵심 주장은 사이버공간에도 기존 교전수칙이 적용될 수 있고, 사이버공격으로 인명 피해가 발생하면 공격국가에 대해 군사적으로 보복할 수 있다는 것이다. 비국가 행위자들에 대해서도 마찬가지라고 하였다. 나아가 사이버공격을 위한 편의를 제공한 국가에 대해서도 기존 국제법을 적용하여 처벌할 수 있다고 하였다. 탈린매뉴얼은 법적 구속력은 없다. 한편 2017년 2월 탈린매뉴얼 2.0이 발표되었다.

(2) 유엔 정부전문가 그룹

2004년 시작된 유엔 정부전문가 그룹(Group of Governmental Experts, GGE)은 국제연합 차원에서 사이버안보문제를 논의하고 있다. 2013년 3차 회의에서 미국, 중국, 러시아 등 참여국들은 사이버공간에서도 기존 국제법이 적용될 수 있다는 점에 합의하고, 이러한 규범을 어떻게 적용할지 계속 연구하기로 합의했다.

(3) 사이버공간총회

사이버안보와 관련된 직접적인 이해당사국들이 모여 사이버공간이라는 포괄적 의제를 명시적으로 논의한 최초의 회의인 사이버공간총회(Conference on Cyberspace)가 2011년 출범했다. 유엔 정부전문가 그룹 활동이 국가간 안보문제를 주로 논의했던 반면 사이버공간총회는 각국 정부가 주도하지만 다양한 민간 행위자들이 참여하여 안보 이외의 다양한 의제들을 포괄적으로 논의하였다.

(4) 유럽사이버범죄협약

2001년 미국과 유럽평의회(Council of Europe)가 주도해서 합의한 조약으로 부다페스트협약이라고도 한다. 인터넷을 이용한 모든 범죄들에 대해 규정하고 그에 따른 처벌을 명시한 최초의 국제협약이다. 2004년 공식 발효되었으며 초국경적인 사이버범죄를 수사하기 위한 국제공조를 목표로 한다. 초국경적 사이버범죄는 사이버공간에서 행해지는 디도스, 해킹, 스미싱 등의 각종 사이버공격들이 하나의 국가 내에서가 아니라 해외에 근거지를 두거나 해외로 우회하여 공격이 이루어지는 사례들을 말한다. 동 협약에 가입한 국가들은 서로간에 신속한 정보공유가 가능하기 때문에 사이버범죄를 추적할 수 있는 각종 전자정보를 공유하여 이러한 사이버범죄에 공동으로 대응할 수 있다.

(5) 상하이협력기구(SCO)

2000년대 중반부터 지속적으로 사이버안보를 위한 지역협력을 강조해 오고 있는 상하이협력기구는 2009년 6월 러시아 예카테린부르크에서 열린 상하이협력기구 정상회담에서 국제정보보안강화협력에 대한 협정, 일명 예카테린부르크협정을 체결했다. 사이버공간의 주요 위협에 대한 정의, 국가이익과 관련된 정보통신기술의 사용 등 사이버안보에 관한 포괄적인 지역협정 구상을 제시하고 있다.

(6) 국제인터넷주소관리기구(ICANN)

ICANN은 미국 소재 비영리 민간기관으로 미국을 중심으로 시작된 인터넷 분야의 제도 형성 과정에서 등장했다. 인터넷 초창기에는 자율적 거버넌스를 주장하는 비국가행위자들이 인터넷 관리에서 중요한 역할을 담당했는데 ICANN이 대표적 사례이다. 1998년 미국 상무성이 비영리 민간법인으로 설립했던 동 기구는 2009년에 인터넷주소관리체계를 자율적으로 운용하는 의무협약을 상무성과 체결하여 명실공히 개인, 전문가집단, 기업, 시민사회 등 다수의 이해관계자가 참여하는 글로벌 거버넌스로 전환했다.

(7) 국제전기통신연합(ITU)

1932년 유선통신에 대한 국제협력을 도모하기 위해 설립된 국제전기통신연합은 기술발달로 인해 활동영역이 유무선 통신뿐만 아니라 전파, 위성 분야 전반으로 확대되었다. ITU는 2003년 제네바, 2005년 튀니스에서 개최된 정보사회세계정상회의(World Summit on Information Society, WSIS)를 계기로 인터넷 거버넌스 분야에 적극 개입하기 시작했다. 회의에서는 네트워크 보안의 신뢰성 강화, 범죄와 테러 목적의 사용 예방, 프라이버시 및 고객 보호 등이 논의되었다. 인터넷거버넌스포럼(IGF)을 설립하여 인터넷 관련 정책을 지속적으로 논의하고 있다.

4. 사이버안보 분야에서 미국과 중국의 경쟁

(1) 미국

첫째, 미중간 사이버 갈등과 관련하여 미국은 중국 해커 위협론을 제기하고 있다. 중국 해커위협론이란 중국 정부와 군의 지원을 받고 있는 중국 해커들이 해킹을 통해 미국의 정부 및 공공기관, 인프라, 기업정보 등을 탈취하고 있다는 주장이다. 미국은 2009년 발생한 오로라 공격이라는 해킹사건이 중국 해커들이 구글과 같은 미국의 주요 기업을 해킹한 기술정보 탈취사건이라고 규정했다.

둘째, 미국은 중국의 해킹 공격을 비난하면서 2011년 5월 사이버공간 국제전략을 발표했다. 미국은 사이버공간을 제5의 전쟁 영역으로 제시했다.

셋째, 미국은 2013년 2월 컴퓨터 보안회사인 맨디언트의 보고서를 통해 중국군의 사이버테러와 사이버공격 실태를 종합적으로 분석하면서, 중국군의 61398부대가 2006년 이후 미국의 정보통신, 항공우주, 위성 등의 분야에서 기술정보를 탈취하기 위해 100여차례 이상 사이버공격을 시도했다고 주장했다.

넷째, 2013년 6월 미 중앙정보국 직원이었던 에드워드 스노든이 중국을 대상으로 한 미국의 비밀작전을 폭로한 사건이 발생하자 미국은 2014년 중국군 소속 장교 5명을 산업스파이혐의로 기소했다. 이들 중국 해커들은 중국 엘리트 해킹부대인 61398부대 대원으로 밝혀졌다.

(2) 중국의 입장

첫째, 중국은 미국 기술패권 경계론을 주장하고 있다. 이는 정보통신기술분야에서 미국의 기술패권에 대한 중국의 우려에서 출발한다. 중국은 인터넷 보안기술을 미국의 정보통신기업들에 지나치게 의존하고 있는 상황에서 미국 기업의 컴퓨터와 네트워크 장비의 보안문제를 우려하고 있다.

둘째, 에드워드 스노든의 폭로 및 후속 사건은 미국의 기술패권에 대한 중국의 우려를 더욱 심화시키면서 중국은 강하게 반발했다. 중국은 미국에 대한 보복조치로 미국 기업들의 정보통신제품에 대해 인터넷 안전 검사를 의무화하는 조치를 시행하기도 했다.

5. 미국과 중국의 사이버안보전략

(1) 미국

첫째, 미국의 사이버공간 국제 전략의 기본 목표는 국제공조를 통한 국제교역과 상거래 지원, 국제안보 강화, 표현의 자유와 혁신을 촉진시키는 개방적이고 상호운용적인 안전하고 신뢰할 수 있는 정보통신기반시설 촉진이다.

둘째, 이러한 목표를 달성하기 위해 <u>책임 있는 행동규범이 국가의 행위를 이끄는 환경 조성, 파트너십 유지, 법치를 강화</u>한다.

셋째, 국제전략에 있어서 사이버행위에 대한 책임성과 사이버범죄에 대한 억지력 강화를 추구한다. 규범위반 발생시 대응 방식 및 책임 방식을 명확히 하고 이러한 대응 방식을 공식화하여 억지력을 확보하고자하는 것이다.

넷째, 국제규범 형성에 있어서 국가들을 동지국(영국, 호주 등), 중간국(브라질, 인도 등), 적대국(중국, 러시아, 북한, 이란 등)으로 구분하여 접근하고자 한다. 동지국과는 사이버공간에서 책임있는 개별국의 행위를 규정하는 규범을 제정한다. 중간국에게는 부다페스트협약(사이버범죄협약)의 가입을 유도하고 인터넷 거버넌스 등에 대한 사전 협의를 진행하여 미국에 가까운 정책을 취하도록 유도한다. 적대국에 대해서는 위험 경감조치를 개발하고 양자협력을 강화하는 등 외교적 조치를 모색한다.

(2) 중국의 사이버안보 전략

첫째, 중국은 사이버안보 전략 목표로 주권수호와 안전, 국제규범체계 확립, 공평한 인터넷 관리 추진, 디지털 경제 협력 추진 등을 제시했다.

둘째, 중국은 사이버공간 국제협력의 기본원칙으로 평화, 주권, 공동관리, 이익공유를 제시했다. <u>주권원칙과 관련하여 중국은 자율적 인터넷 발전에 관한 선택을 존중해야 하고 사이버패권을 취하거나 타국의 내정에 간섭해서는 안 된다고 하였다. 공동관리원칙과 관련하여 중국은 UN을 중심으로 사이버공간에 대한 대화 및 협력 메커니즘을 구축하고 사이버공간의 국제규범을 정립해 나가야 한다. 이익공유원칙</u>과 관련하여 인터넷 발전의 성과를 공유하고 UN 세계정보사회정상회의(WSIS)에서 수립한 인간을 근본으로 하는 발전 및 포괄적 정보사회를 구축한다는 목표를 실현하는데 이바지한다고 하였다.

셋째, 중국은 전략 실행을 위한 행동계획으로 사이버공간의 평화와 안정 선도, 규범 기반의 사이버공간 질서 확립 추진, 사이버공간의 파트너십 지속 확대, 국제 인터넷 거버넌스 체제 개혁 추진, 사이버테러에 대한 국제협력 강화 등을 제시했다. 규범기반 사이버공간 질서 확립과 관련하여 중국은 UN의 역할과 UN총회 결의를 지지하고, UNGGE에 적극 참여, SCO를 통한 협력 지속 등을 제시했다.

주요개념 안보론

- **집단안보**: 힘은 힘 이외의 것으로 억제할 수 없다는 기본적 인식하에 국가 간 협정을 통해 인위적으로 조직화된 지배적인 힘에 의존하여 국제평화와 질서를 유지하려는 제도로, 사후처방적 성격을 가진다. 체제 내 각국이 일국의 안보는 모두의 관심사라고 여기고, 공격에 대한 집단 차원의 대응에 참여하기로 동의하는 제도(Roberts and Kingsbury)이다. 국제연맹의 기본 원칙으로서, 회원국들은 한 회원국에 대한 위협이나 공격을 자신들 모두에 대한 공격으로 간주하는 것이다. 따라서 이러한 국제법 침해행위에 국제연맹은 일제히 대응하게 된다. 이처럼 협조행위가 뒤따를 것이라는 점을 익히 알기 때문에 국제법을 위반할 것으로 추정되는 국가는 애초부터 공격 감행을 억제하게 된다. 그러나 1920년대와 1930년대에 보았듯이 이론과 실제는 매우 동떨어져 있다. 국제연맹 회원국들은 아시아에서 일본 제국주의에 대해, 유럽과 아프리카에서 독일과 이탈리아의 팽창주의에 대해 협조행위를 취하지 못하였다.

- **집단안보와 집단방위**: 집단안보는 국제사회의 모든 구성원이 어떠한 형태의 침략전쟁도 불법임을 합의하고, 이를 어기는 구성원에 대해 다른 모든 성원들이 합심하여 함께 대응하고 처벌할 것을 규정한다. 제1차 세계대전 후의 국제연맹과 제2차 세계대전 이후 UN의 창설은 집단안보의 개념을 도입하여 전쟁을 방지하고자 한 노력의 결과였다. 이에 비해 집단방위는 국제사회의 일부 구성원들이 자신들의 안보이해에 따라 동맹을 결성하고 외부 세력으로부터의 침략에 공동으로 대응하는 것이다. 냉전 당시 미국을 중심으로 한 북대서양조약기구와 소련을 중심으로 한 바르샤바조약기구를 대표적인 예로 들 수 있다. 현재 한미동맹이나 미일동맹과 같은 쌍무동맹도 집단방위에 포함된다.

- **공동안보(common security)**: 전쟁의 위험을 줄이고, 무기를 제한하며, 군비축소로 나아가는 노력을 위한 조직 원리로서, 이익갈등을 해결하는 데 원칙적으로 협력이 대결을 대체할 것임을 의미한다. 공동안보는 탈냉전 이후 '협력안보'개념으로 발전되었다.

- **개입**: 외부세력이 해당국 정부의 동의 없이 자신의 목적을 위해 그 국가 내부 문제에 직접적으로 관여하는 것이다.

- **국가주의**: 국가는 자국의 시민들에 대해서만 의무를 지니며, 인도주의 성전을 위해 자국 군인들의 생명을 위협에 처하게 해서는 안 된다는 도덕적 주장을 의미한다.

- **비강제적·폭력적 개입**: 국가, 국제기구, NGO들에 의한 평화적 개입으로 합의에 의하는 경우와 합의에 의하지 않는 경우가 모두 존재한다. 여기에는 단기적 개입과 장기적 개입이 모두 포함된다.

- **협력안보**: 타국의 의도에 대한 불확실성에서 기인하는 안보문제를 공동의 노력에 의해 감소시켜 안보를 달성하려는 것으로 사전예방적이며, 적과 동지를 구별하지 않는다.

- **안보공동체**: 국가들 사이에서 서로를 상대로 해서 전쟁을 일으킬 가능성이 없는 관계를 획득하고 전쟁 대신 평화적 수단에 의해 변화가 가능하다는 기대를 상호 확신할 수 있을 만큼 강력한 공동체의식을 달성하는 것이다. 여기서 통합이란 영토 내에서 '공동체의식'과 사람들 사이의 '평화적 변화'를 기대하기에 충분히 강력하고 널리 퍼진 제도와 관행을 획득함을 뜻한다. '공동체의식'이란 공통의 사회문제가 '평화적 변화'과정을 통해 해결되어야 하고 해결될 수 있다는 믿음을 말한다(Karl Deutsch).

- **안보복합체(security complex)**: 주요 안보 관심사가 서로를 충분히 긴밀하게 연결하여 그들의 국가안보가 현실적으로 서로 떨어져 있는 것으로 간주될 수 없는 국가들의 집합이다(Barry Buzan).

- **다자주의(multilateralism)**: 안보, 무역, 환경관리와 같은 국제관계의 기능적 측면들이 단일 국가의 행동이 아니라 대다수의 국가에 의해 보편적으로 조직되는 경향이다. 국제관계에서 안보, 무역 또는 환경관리와 같은 기능적 의제를 단일 국가의 일방적 측면보다는 복수국가 혹은 전체적으로 조직되는 측면을 중심으로 파악하는 방법이다.

- **강제적 인도주의 개입(forcible humanitarian intervention)**: 국가주권원칙을 위반한 군사개입으로, 주목적은 한 국가 내에서 일부 혹은 전체가 겪는 인간적 고통을 완화하는 것이다. 어느 국가 내에서 벌어지는 인간적 수난을 완화하려는 목적에서 국가주권원칙을 위배하는 군사적 수단을 동원하여 행하는 개입이다.

- **인간안보**: 물리적 안전, 경제적·사회적 안녕, 존엄성의 존중, 인권의 보호 등을 포함하는 개인의 안전상태이다.

- **선택성**: 어떤 합의된 도덕원칙은 복수의 상황에 동일하게 적용되어야 하지만 국가이익에 따라 실제 대응방식이 달라진다.

- **실패한 국가**: 붕괴하여 내전이나 극도의 무질서가 벌어지고 있거나 정부가 영토 범위 내에 더 이상 존재하지 않는 국가이다. 이러한 국가의 시민들은 준자연상태에 처해 있다.

학습 점검 문제 제2장 | 안보론

01 국제안보에 대한 설명으로 옳지 않은 것은? 2024년 외무영사직

① 현실주의는 항구적인 안보 불안 문제를 강조한다.
② 구성주의는 무정부성의 성격이 국가들 간의 상호작용을 통해서 정해진다고 주장한다.
③ 신현실주의는 평화와 안정의 달성에 국제제도가 가지는 중요성을 부인한다.
④ 신자유제도주의는 현실주의 가정을 모두 거부하고, 제도가 국가 사이의 안보 경쟁 위험을 완화하는 협력의 틀을 제공할 수 있다고 주장한다.

국제안보
신자유제도주의는 현실주의 가정을 모두 받아들인다. 국가가 주요하고 통합적이며 합리적 행위자라고 가정하는데 이는 현실주의의 국가에 대한 견해와 같다. 또한 국제체제가 무정부체제라는 점도 받아들인다.

선지분석
① 현실주의는 국제안보 위기의 근본적 요인은 국제체제의 무정부성, 즉 세계정부의 부존재라고 본다. 따라서 세계정부 형성이 어렵다고 본다면 항구적인 안보 불안에 처해있다고 볼 수 있다.
② 구성주의는 무정부성의 성격이 국가들 간 상호작용에 따라 홉스적, 로크적, 칸트적 무정부성으로 정해진다고 본다. 홉스는 국가 간 적대관계, 로크는 경쟁관계, 칸트는 우호관계를 각각 지칭한다.
③ 신현실주의는 국제제도가 형성되기도 어렵지만, 형성된다고 해도 국제안보나 평화에 미치는 영향은 제한적일 것이라고 본다. 무정부성에서 비롯되는 국가들 간 배반의 문제와 상대적 이득 문제가 근본적으로 해결되기는 어렵다고 보기 때문이다.

답 ④

02 1994년 유엔개발계획(UNDP)의 '인간 개발 보고서(Human Development Report)'에 제시된 인간 안보의 영역에 해당하지 않는 것은? 2023년 외무영사직

① 식량 안보
② 군사 안보
③ 보건 안보
④ 공동체 안보

인간 안보의 영역
군사 안보는 인간안보의 영역이 아니다.

선지분석
① 식량 안보는 기아로부터의 자유를 의미한다.
③ 보건 안보는 질병으로부터의 자유를 의미한다. 건강안보(health security)라고도 한다.
④ 공동체 안보는 자신이 속한 가정, 인종, 조직 등에 참여할 수 있는 자유를 의미한다. 그 밖에도 경제안보, 환경안보, 개인안보, 정치안보가 있다. 총 7가지 안보영역을 제시하였다.

답 ②

03 평화와 안보에 관한 다음 서술 중 옳은 것을 모두 고르면? 2008년 외무영사직

> ㄱ. 전쟁 폐지를 통한 평화의 추구 방법은 전형적인 현실주의자들의 주장이며, 국제연합은 이러한 방법을 추구한다.
> ㄴ. 안보딜레마 입장에 따르면 군비증강은 상대국의 군사력이 주어졌을 때 자국 안보수준을 높이지만 결국 상대국의 군비증강을 초래하여 궁극적으로는 자국 안보수준을 낮출 수 있다.
> ㄷ. 국제안보레짐 형성이 억지(deterrence)전략 성공의 전제조건이다.
> ㄹ. 집단안보(collective security)는 침략행위에 관한 사후 처벌보다 대화의 관습을 중시하는 전제에서 출발한다.

① ㄱ
② ㄴ
③ ㄱ, ㄹ
④ ㄴ, ㄷ

안보이론 총론

평화와 안보에 대한 서술로 옳은 것은 ㄴ이다.

선지분석

ㄱ. 전쟁 폐지를 통한 평화의 추구는 이상주의자들의 견해라 할 수 있으며, UN은 전쟁을 금지하고는 있으나 상임이사국의 거부권을 인정하는 등 현실주의적인 입장도 반영하고 있다.
ㄷ. 억지전략은 상대방보다 강한 힘을 가지고 있을 때 성공적으로 사용할 수 있다.
ㄹ. 대화와 협력의 습관을 길러 안보와 관련된 여러 문제들을 평화적으로 해결하고자 하는 목적을 가지고 있는 것은 협력안보(Cooperation Security)에 기초한 여러 지역안보협력기구들에 대한 내용이다. 대표적인 것으로 OSCE(Organization for Security and Cooperation in Europe)가 있다. 이에 반해 집단안전보장제도는 국가 간의 협정을 통해 인위적으로 조직화된 지배적인 힘에 의존하여 침략국을 사후적으로 처벌하고자 하는 성격을 가진 제도이다.

답 ②

04 보호책임(Responsibility to Protect)에 대한 설명으로 옳지 않은 것은?

2021년 외무영사직

① 2001년 '개입과 국가주권에 관한 국제위원회'에 의해 마련된 보고서에 명시되었다.
② 자국민 보호의 일차적 책임은 그 해당 국가에게 있다는 내용을 포함한다.
③ 자연재해로 인한 인도적 위기에 적용한다.
④ 해당 국가가 자국민을 보호하지 못한 경우, 국제사회가 그 국민들을 보호할 책임이 있다는 내용을 담고 있다.

안보이론 총론

보호책임은 자연재해로 인한 인도적 위기에는 적용되지 않는다. 2005년 총회 결의에 의하면 제노사이드, 전쟁범죄, 인종청소, 인도에 대한 죄의 4가지 사항에 대해서만 보호책임이 적용된다.

선지분석
① 보호책임은 2001년 보고서에서 공식 제시되었고 2005년 총회에서 결의로서 채택되었다.
② 자국민 보호의 일차적 책임은 당해국에 있으나, 당해국이 인권을 보호하지 않거나 보호하지 못하는 상황이면 국제공동체가 보호해야 한다는 것이다.
④ 국제사회의 보호책임은 2차적·보충적인 것이다. 보호책임 결의는 국제사회가 UN안전보장이사회의 승인하에 무력간섭을 단행할 수도 있음을 명시하고 있다.

답 ③

05 다음 중 여러 안보 관련 개념에 대한 설명으로 옳지 않은 것은?

2006년 외무영사직

① 협력안보: 회원국들 간의 정치군사적 신뢰를 다져 분쟁을 사전에 예방하고자 하는 것. 즉 포괄적, 상호의존적으로 발전해 가는 안보쟁점들을 관리·해결하려는 접근법으로서 궁극적으로 안보협력을 달성하기 위한 제반 외교활동을 의미
② 공동안보: 개별 국가가 추구하는 개별안보의 한계성을 극복하기 위해 공동의 가치관을 갖는 우호국 및 우호집단과 동맹을 통한 안보를 추구하는 것
③ 안보공동체: 공동체 성원 사이에 '평화적 변화'의 기대를 보장할 정도로 충분한 제도와 관행이 형성되고 또 그렇게 되어야 한다는 믿음이 있는 상태
④ 안보레짐: 일단의 국가들이 스스로의 행동과 타국의 행위에 대한 가정을 통해 안보딜레마를 줄임으로써 그들 간의 분쟁을 해결하고 전쟁을 피할 수 있는 상태

다자안보

이는 공동안보(common security)가 아닌 집단방위(collective defense)에 대한 설명이다.
공동안보는 '어떤 한 국가도 그 자신의 군사력에 의한 일방적 결정, 즉 군비증강에 의한 억지만으로 국가의 안보와 평화를 달성할 수 없으며, 오직 상대 국가들과의 공존·공영을 통해서만 국가안보를 달성할 수 있다는 것'이다. 따라서, 안보란 상호 의존적이며 다른 국가의 안보우려를 고려해서 행동해야만 서로의 안보가 확보된다는 것이다. 따라서 공동의 안보를 위해 협력해야 하며 군사적 억지력을 통해 평화를 확보하는 것이 아니라 군축 같은 수단을 통해 상호 안보를 확보하는 것이다. 공동안보는 탈냉전 이후 협력안보(cooperative security)라는 개념으로 발전되었는데 협력안보는 신뢰 구축을 바탕으로 안보문제들을 관리·해결하려는 좀 더 실천적인 성격을 가지고 있다고 볼 수 있다.

답 ②

제3장 군비통제 및 군축이론

> **출제 포커스 및 학습방향**
>
> 군비통제 및 군축의 이론과 실제 사례들을 정리하였다. 군비통제와 군축은 서로 연관된 개념이고 학자들마다 개념정의에 약간의 차이가 있다. 시험과 관련해서는 특히 군비통제나 군축 사례가 중요하다. 냉전기는 주로 미국과 소련 상호 간 핵군축이 이슈가 되었으므로 SALT나 START 등 주요 핵군축 또는 군비통제 사례들에 대해 상세한 학습이 필요할 것이다.

제1절 군비통제론

1 서론

군비통제(arms control)는 군비경쟁에서 발생하는 안보딜레마(security dilemma)를 제거함으로써 상호안심수준을 높이기 위한 협력안보(cooperative security)의 일례이다. 냉전기 군비통제는 미국과 소련을 중심으로 전개되어 왔으며 어느 정도 성과를 거둔 것으로 평가된다. 그러나 21세기 들어 국가들 간 군비경쟁이 다시 활성화되고 있고, 이로써 전반적으로 국제질서에 중대한 불안정요인으로 자리잡아 가고 있다.

2 군비경쟁

1. 군비(military preparedness)의 개념

군비는 국가목적과 국가이익을 지키기 위한 군사설비로 군대의 병력, 무기, 장비, 시설 등을 총칭한다. 후버 전쟁혁명평화연구소는 군비란 상대방에게 어떤 물리적 손상을 주기 위하여 사용되는 모든 형태의 폭력도구라고 정의하여 군비의 개념을 광의로 정의하였다.

2. 군비경쟁의 개념 및 결정요소

(1) 군비경쟁의 개념

헌팅턴(Samuel P. Huntington)은 군비경쟁이란 두 개의 국가 혹은 국가군이 갈등적 목표 추구나 상호 공포로 인하여 평화 시에 군사력을 점진적이고 경쟁적으로 증강시키는 것이라고 정의하였으며, 스미스(Teresa C. Smith)도 군비경쟁을 군비의 양적 혹은 질적 증가로 정의하였다.

요컨대, 군비경쟁이란 2개 국가 또는 그 이상의 적대적인 관계에 있는 국가들이 국가안보를 보장할 수 있는 방법이 군사력이라는 믿음으로 군사비를 증대시키면서 군대를 증강하거나 무기의 파괴력을 향상시키고, 무기의 양을 경쟁적으로 증가시키는 일련의 군비 증강행위라고 정의할 수 있다.

(2) 군비경쟁의 결정요소

군비경쟁은 내적 요소와 외적 요소에 의해 결정된다. 내적 요소로는 정치체제 및 정치지도자의 리더십 특성, 경제적 요소, 사회·심리적 요소, 과학기술적 요소 등이 있고, 외적 요소로는 국제적 안보환경 및 적대국가와의 관계 등이 있다.

3. 군비경쟁에 관한 주요 학자의 견해

(1) 리처드슨(Lewis Richardson)

첫째, 리처드슨은 한 국가의 군사비 증감에 영향을 주는 요인들에 관해 '작용 - 반작용 이론'을 제시했다. 리처드슨에 의하면 한 국가의 군사비 증대는 ① 상대경쟁국의 군사비 증대 수준, ② 자국의 경제상태, 즉 자국의 지난해 군사비 지출이 자국경제에 미치는 부담에도 영향을 받으며, ③ 두 국가 간의 적대감의 정도에도 영향을 받는다고 하였다.

둘째, 한 국가의 군사비 증대는 경쟁국의 지난해 군사비 지출 수준에 정비례한다. 자국의 군사비 지출 증대가 자국경제에 미치는 부담에는 반비례한다. 경쟁국에 갖는 적대감의 정도에는 정비례한다.

셋째, 만일 한 국가의 상대국에 대한 적대감이 커지고 그로 인해 군사비 지출을 급속도로 증대시킨다면, 이는 상대국으로 하여금 군사비 지출을 증대하게 하는 직접적 요인이 된다는 것이다. 한 국가는 자국의 안보를 확보하기 위해 군사비를 증대하였다고 하더라도 이는 상대국의 안보 불안감을 유발하게 되고, 이로 인해 상대국은 스스로의 안보를 위해 군사비를 증대시킬 수도 있다. 이러한 상황이 두 국가 간에 반복되는 것을 안보딜레마라고 한다.

넷째, 리처드슨의 모델은 거의 자동적으로 작동되는 작용 - 반작용모델로서 정책결정 과정이 전혀 반영되지 않는 모델이라는 비판을 받는다. 또한, 리처드슨의 모델은 한 국가의 군비지출이 어떠한 변수에 영향을 받는가는 설명하지만, 군비경쟁과 전쟁의 상관관계를 설명하지 못한다는 한계가 있다는 비판도 있다.

(2) 싱어(D.Singer)

싱어는 경쟁국가 간의 상호 반작용적 무기확보정책은 무기 - 긴장 악순환을 야기하여 전쟁 가능성을 높인다고 하였다.

(3) 월리스(Michael Wallace)

월리스는 군비경쟁과 전쟁 가능성에 관한 자신의 경험적 연구에서 두 국가 간의 군비경쟁이 양국 간 분쟁을 전쟁으로 확산시킬 가능성을 높인다고 주장하였다.

(4) 올트펠트(Michael Altfeld) 등

올트펠트, 람벨렛(John Lambelet)은 군비경쟁과 전쟁 간에 아무런 인과관계도 발견할 수 없다고 주장했다. 디힐(Paul Diehl), 혼(Michael Horn), 베데(Erich Weede), 모로(James Morrow) 등도 1816년 이후 현재까지 유럽 전쟁사에서 볼 때, 군비경쟁 관계가 전쟁으로 이어지는 경우가 흔하지 않다고 주장했다.

(5) 인트릴리개이터(Michael D. Intriligator)와 브리토(Dagobert L.Brito)

인트릴리개이터와 브리토는 군비경쟁이 전쟁을 부추기는 것이 아니라 전쟁억지 효과를 발휘한다고 주장한다. 그들은 냉전 당시의 미국과 소련 간 핵군비경쟁은 전쟁 억지 효과를 발휘하여 냉전기간 중 양대 강국 간의 평화를 유지하는 데 큰 역할을 했다고 설명한다.

4. 군비경쟁의 악순환에서 빠져 나오는 방법

(1) 다운스(George Downs) 등의 견해

다운스, 로크(David Rocke), 시버슨(Randolph Siverson)은 군비경쟁에서 빠져 나오는 방법에 대해 세 가지를 언급했다. 첫째, 공격용 무기가 아닌 방어용 무기에 군사비를 투자하는 것과 같은 일방적 방법이 있다. 방어용 무기 증대에 초점을 맞추기 때문에 경쟁국가가 안보불안을 느끼지 않아 안보딜레마에 빠지지 않을 수 있다. 둘째, 자국의 군비지출 정도를 경쟁국의 군비지출 수준과 연관시키는 상호주의 전략과 같은 묵시적 흥정(tacit bargaining)의 방법이 있다. 셋째, 군축회담과 같은 협상의 방법이 있다.

(2) 게임이론적 접근

첫째, 군비경쟁이 죄수의 딜레마 상황이라면 경쟁국은 최선은 자국이 배반하여 군비증강을 하고, 상대방은 이에 대응하지 않는 것이지만, 상대방도 군비증강을 하는 경우라면 오히려 군비경쟁을 하지 않는 것이 최선이다. 즉, 최선의 결과를 얻기 위해서는 배반을 선택하지만, 차선의 결과를 얻기 위해서는 협력을 해야 한다. 둘째, 반면 교착상태 게임에서는 최선의 결과나 차선의 결과를 얻기 위해서는 무조건 배반을 해야 한다. 다운스 등은 교착상태 게임의 경우가 발생할 수 있는 경우로서 ① 국내사정에 의해서 군비지출의 증대가 선호되는 경우를 들었다. 군산복합체의 문제가 있는 경우 방위산업체와 관련된 이익집단들이 군사정책 결정에 큰 영향력을 행사하는 경우에는 안보 상황에 대한 외부 위협이 존재하지 않는 경우에도 군비지출의 지속적 증대가 선호된다. ② 한 국가가 자국의 무기체제가 상대국보다 훨씬 우월하기 때문에 서로 배반하더라도 서로 협력하는 경우보다 더 손해볼 것이 없다고 판단하는 경우 역시 교착상태 게임으로 묘사할 수 있다. ③ 한 국가의 군사력이나 무기체계가 상대국에 비해 훨씬 약할 경우 서로 배반하여 군비경쟁을 하는 경우가 서로 협력하는 경우보다 유리하다고 판단할 수 있다.

(3) 일방적 접근 전략

다운스 등이 제시한 일방적 전략을 구체적으로 보면, 첫째, 저비스가 언급하였듯이 공격용 무기체계 개발에서 방어용 무기 체계 개발로의 전환을 들 수 있다. 둘째, 공동방위동맹을 새롭게 형성하여 안보딜레마에서 벗어나는 전략이 있다. 이는 방어용 무기를 개발하는 것과 같은 효과를 얻을 수 있다. 셋째, 상대국의 군비 증감에 관한 정보를 빠르게 습득하거나 자국의 정보를 상대국에게 제공하는 방법이다. 이러한 방법은 교착상태 게임의 경우 효과가 없다. 죄수의 딜레마 게임 상황에서도 만일 한 국가의 군비경쟁이 안보딜레마에 빠진 자국의 안보를 걱정해서가 아니라 상대국에 대한 영향력을 행사하기 위한 의도에서라면 별 효과가 없다.

(4) 묵시적 흥정

첫째, 묵시적 흥정은 상대국의 행위에 대응하여 자국의 정책을 결정하는 전략이기 때문에 일방적 전략과 다르다. 묵시적 흥정의 대표적 전략으로는 티포태전략이 있다. 묵시적 흥정방법은 교착상태 게임에서는 효과가 전혀 없다. 두 국가 간에 어느 한쪽도 협력할 의도가 전혀 없기 때문이다.

둘째, 죄수의 딜레마 게임 상황은 다르다. 무한반복 게임으로 가정하는 경우 상대를 성공적으로 속여서 최선의 결과를 얻으려다 실패하는 것보다는 서로 협력을 통해 차선의 결과를 성공적으로 얻는 것이 중장기적으로 자신에게 이득임을 안다. 이 경우 티포태전략이 효과적일 수 있다.

셋째, 엑슬로드(Robert Axelrod)에 의하면 두 행위자가 죄수의 딜레마 게임을 반복적으로 할 때 티포태전략을 잘 활용하면 서로 간에 최선의 결과를 얻을 수 있다. 다운스, 로크, 시버슨도 티포태전략을 잘 활용하면 서로 간에 협력할 수 있다고 설명한다. 경쟁국가 간에 핫라인과 같은 긴급 통화 채널을 설치하고, 이 채널을 통해 정보제공이나 인식, 오판의 문제점들을 최소화시키는 방법도 티포태전략을 성공적으로 이끄는데 큰 도움이 된다.

(5) 협상

첫째, 협상은 교착상태 게임 상황에서는 별 효과가 없다. 두 국가 모두 협력할 의도가 전혀 없기 때문이다. 그러나 군축회담과 같은 협상은 교착상태의 게임을 다른 이슈들과 연계시켜서 제로섬이었던 상황을 제로섬이 아닌 상황의 게임으로 변환시킬 수 있다. 새로이 전개된 연계 상황의 게임에서 서로가 협력을 통하여 각각 더 많은 이득을 얻을 수 있도록 할 여지가 있다.

둘째, 다운스, 로크, 시버슨에 의하면 협상의 경우 두 경쟁국가의 지도자 모두 강경노선을 견지할수록 협상의 성공적 타결 가능성이 높다. 두 국가 간에 서로가 강경입장을 바탕으로 상대국에 대한 여러 가지 제재조치를 취하고 있는 경우일수록 협상테이블에서 협력의 보상으로서 서로 간에 양보할 것이 많아지기 때문이다.

3 군비통제(Arms Control)

1. 개념

군비통제란 군비경쟁의 상대적인 개념으로서, 군비경쟁을 안정화 또는 제도화시킴으로써 군비경쟁에서 일어날 수 있는 위험 및 부담을 감소·제거하거나 최소화하려는 모든 노력을 말한다. 즉, 국가 간 합의에 의해 특정 군사력의 건설·배치·이전·운용·사용에 대하여 확인·제한·금지 등의 조치를 취함으로써 군사력의 구조와 운용을 통제하여 군사적 투명성을 확보하고 군사적 안정성을 제고하여 궁극적으로 국가안보를 달성하려는 안보협력활동을 의미한다.

2. 구별개념

군비통제는 군비축소, 군비제한, 군비동결, 무장해제, 신뢰구축 등을 포함하는 포괄적인 개념으로 사용되고 있다.

(1) **군비축소**(arms reduction)

이미 건설된 군사력으로 보유 중인 병력이나 무기의 수량적 감축을 의미한다.

(2) **군비제한**(arms limitation)

군사력의 수준을 양적 또는 질적으로 일정하게 제한하는 것이다.

(3) **군비동결**(arms freeze)

군사력을 현 수준으로 묶어 두는 것이다.

(4) **무장해제**(disarmament)

군사력의 해체를 의미하는 것으로 패전국가의 무장해제가 이에 해당한다.

(5) **신뢰구축**(confidence building measures)

상대국가 군사행동의 예측가능성을 높임으로써 위험을 감소시키고, 위기관리를 용이하게 하려는 제반조치이다.

3. 기능

(1) 군사적 긴장상태를 증대시키는 군비경쟁을 규제하고 대규모 기습공격능력을 제한함으로써 군사적 안정성을 달성하고, 정치적·군사적 합의를 통한 공동협력안보를 추구함으로써 전쟁을 방지하여 세계 및 자국의 평화유지에 기여한다.

(2) 상호합의에 의해 사전에 군사력의 사용범위 및 사용방법을 통제함으로써 전쟁의 억제에 실패할 경우라도 전쟁의 확산범위와 파괴력을 최소화한다.

(3) 군비경쟁을 규제함으로써 국방의 경제적 부담을 경감시킴과 동시에 제한된 국가자원을 효율적으로 전용함으로써 국가 경제 발전 및 사회복지 발전에 기여한다.

(4) 인간을 살상하는 새로운 병기 개발을 금지 및 제한할 수 있고 새로운 병기반입과 기술이전을 방지할 수 있다.

4. 성립조건

첫째, 군비통제에 대한 국제적 요인으로는 국가들 간에 정치적 관계 개선, 군사력의 균형, 경제적 상호의존성 증대, 군비통제기구 역할 증대 등이 있다.

둘째, 자국의 안보에 대한 자신감이 있어야 한다.

셋째, 군비통제에 대한 필요성을 공감해야 한다.

넷째, 군비통제를 통해 당사국 모두에게 이익이 있어야 한다.

다섯째, 군비통제를 준비하고 협상하며, 실천과정에 이르기까지 상호 간에 신뢰가 구축되어야 한다. 신뢰 없이는 합의도 어렵고 합의되어도 실천되기 어렵다.

5. 유형 및 분류

(1) 참가국의 수 등에 기초한 분류

① 참가국 수에 따라 일방적·쌍무적·다자적 군비통제가 있다.
② 대상무기 형태에 따라 재래식 군비통제와 핵 군비통제가 있다. 오늘날에는 핵 군비통제에 더 많은 관심을 가지고 있다.
③ 참여방법에 따라 강제적 군비통제와 자발적 군비통제가 있다.

 참고

참가국 수에 따른 분류

방법	일방적 군비통제	쌍무적 군비통제	다자적 군비통제
수의 제한	쓸모없는 무기의 제거	• SALT Ⅰ, Ⅱ • START Ⅰ, Ⅱ	상호균형군사력 감축협상
채택의 결정·합의	위성요격무기 (ASAT)의 억제	탄도탄요격미사일 (ABM)조약	핵확산금지조약 (NPT)
유형상 또는 기지 배치상의 변화	강화된 격납고에 잠수함의 배치	새로운 체제 변화로서 START 등	지역적·국제적 군비통제조약 등
실험의 제한	일방적 감시	실험금지 제한	전면적 무기실험 금지조약

(2) 규제기법에 따른 분류 - 운용적 군비통제와 구조적 군비통제

① **운용적 군비통제(operational arms control)**: 군사력의 배치와 운용을 통제하여 투명성을 제고하고 상호 확인 및 감시하여 기습공격과 전쟁 발발의 위험성을 감소·방지하는 형태로서 전쟁의 원인을 인간의 마음에서 찾고 있다. 신뢰구축, 특정 군사행위 금지, 완충지대 및 안전지대 설치, 공세적 부대배치 해제 등이 해당된다.

② **구조적 군비통제(structural arms control)**: 실질적인 병력과 무기체계 등 군사력의 규모와 구조를 조정하여 군사력의 불균형, 공세적 전력구조의 제거 등을 통해 군사력의 균형과 안정을 유지하여 전쟁 발발을 방지하고 평화를 구축하는 형태로서, 전쟁의 원인을 무기에서 찾고 있다. 특정 무기 개발 금지, 군비제한, 군비축소, 군비해제 등이 해당된다.

> 참고

규제기법에 따른 분류

● 운용적 군비통제와 구조적 군비통제 비교

구분	운용적 군비통제	구조적 군비통제
개념	군사력의 운용을 통제	군사력의 구조(병력, 부대·장비)를 통제
방법	• 군사력 운용의 공개로 군사적 투명성 제고 • 상호 감시·확인제도로 기습공격 방지효과	• 군사력의 규모와 구조를 통제 • 군사력의 상호 상한선 설정, 제한 및 감축
종류	• 상호 간의 의사소통 증대 • 대규모 군사훈련 사전통보 • 군사정보 및 자료의 교환 • 군 인사 교환방문 • 군사훈련 시 참관인 초청 • 부대배치 제한지대 설정 등	• 재래식 무기감축 • 핵·생화학무기 개발 및 사용금지 • 미사일 사거리·중량통제 • 상호 부대·병력감축 • 정밀유도무기 개발 및 사용통제 • 기타 특정 무기
사례	• 1975년 CSCE(헬싱키 최종의정서)에서 채택한 신뢰 구축조치(CBMs) • 1986년 (스톡홀름조약)에서 합의된 신뢰구축조치(CBMs) • 1990, 1992, 1994년 비엔나 CBMs. ※ 2000년대의 CBMs 등	• 상호균형 감군협상(MBFR) • 유럽재래식 전력감축조약(CFE) • 중거리핵무기감축조약(INF) • 전략무기제한협정(SALT Ⅰ, Ⅱ) • 전략무기감축협정(START Ⅰ, Ⅱ) ※ 2000년대의 감축·제한협정 등

4 한반도 군비통제

1. 북한의 군비통제정책

북한은 군비통제제안에 있어서 실현가능성이 적은 선 군비축소·후 신뢰구축의 원칙으로 단기간 내의 급격한 병력감축방안을 제시하고 있다. 북한은 한반도의 군사적 긴장과 정치적 목적에 따라 군비통제방안을 제안하면서도 주한미군 철수와 북미 간 평화협정체결 주장 등에 초점을 둔 정치적 공세를 보여주고 있다.

2. 남한의 군비통제정책

한국은 선 신뢰구축·후 군비축소를 기본으로 한 군비통제정책을 추진하고 있다. 한국은 북한체제의 점진적 개방과 개혁을 촉진시키고 군비통제를 유도함으로써 평화통일기반을 조성한다는 목표를 가지고 정치적·선전적 고려가 아닌 실현가능성을 중점으로 정책을 추진하고 있다.

3. 남북한의 군비통제정책목표

남북한 군비통제정책의 목표는 남북한 간의 군사적 긴장을 완화하여 전쟁 발생위험을 감소시키고, 상호 군사력의 운용을 조정·통제하여 남북한 간의 군사적 안정성을 제고시키며, 과다한 군사력을 통제하여 적정수준을 유지함으로써 남북한의 평화체제를 정착시키고 나아가 평화통일의 기반을 구축하는 것이다.

> **참고**
>
> **남북한 군비통제정책 비교**
>
> | 구분 | 북한 | 남한 |
> |---|---|---|
> | 기본원칙 | • 전제조건: 주한미군 철수, 팀스피리트훈련 중지
• 선 군비축소, 후 신뢰구축
• 단계적 타결보다는 일괄타결 접근 | • 전제조건: 없음
• 선 신뢰구축, 후 군비축소
• 신뢰구축 → 군비제한 → 군비축소의 순으로 점진적·단계적 접근 |
> | 군사적
신뢰구축 | • 군사훈련의 제한
• 군사훈련의 사전통보
• DMZ 평화지대화
• 우발적 충돌 및 확대 방지를 위한 직통전화 설치
• 군사공동위원회 설치 | • 군사훈련 사전통보 및 참관
• DMZ 완충지대화, 평화적 이용
• 군인사 상호 방문
• 군사정보 상호 공개 및 교환
• 직통전화 설치
• 군사공동위원회 설치 |
> | 군비제한 | 없음 | • 주요 공격무기, 병력의 상호 동수 배치
• 전력배치 제한구역 설치 |
> | 군비축소 | • 3~4년 기간 중 3단계 병력감축(30만 → 20만 → 10만)
• 핵무기 즉각 제거, 군사장비의 질적 갱신금지
• 군축사항 통보, 검증 | • 통일국가로서의 적정 군사력 수준으로 상호균형 감축
• 핵무기 및 대량살상무기 제거
• 방어형 전력으로 부대 개편
• 공동검증단과 상주감시단 운영 |
> | 평화보장
방안 | • 남북한 불가침선언
• 북한의 체제 보장
• 미국 - 북한 평화협정 체결
• 한반도 비핵화 공동선언 실천
※ 6·15남북공동선언 실천(2000.6.15) | • 남북한 불가침선언
• 남북한 평화협정 체결
• 한반도 비핵화 공동선언 실천
※ 남북 기본합의서 및 부속합의서 실천 (1991~1992)
※ 6·15남북공동선언 실천(2000.6.15.) |

제2절 | 군축이론

1 서론

군축은 군비통제의 하위개념으로서 현재 보유하고 있는 병력이나 화력을 제거하거나 감소하는 활동을 말한다. 군축 논의의 역사는 19세기 말 독일의 세계정책에 따른 해군군비증강이 영국의 제국주의전략을 위협하자 영국에 의해 양자 간 군축협상이 제의된 시기로 거슬러 올라간다. 영독 해군군축 논의가 양국의 불신과 독일의 현상타파정책 등으로 실패한 것에서 보듯이 실제 군축을 이루어내고 평화의 수준을 강화시키는 것은 쉽지 않다.

2 군축(disarmament) 일반론

1. 군축의 개념
군축이란 현재 보유 중인 군사력 전반 또는 특정 무기체계를 감축 또는 폐기하는 것을 말한다. 대다수 국가는 일정 수준의 병력과 장비를 보유함으로써 스스로의 안전을 확보하고 있으나, 군축은 방어적 목적의 군비 보유도 군비경쟁을 초래할 수 있다는 인식하에 군비의 완전한 제거를 통해 안전보장을 달성하는 것을 목표로 한다.

2. 군축과 군비통제(arms control) 비교
군비통제는 군축보다 광범위한 의미를 지니는 용어로서 이는 원래 핵 군비경쟁 억제를 논의하는 과정에서 생겨난 개념이다. 국가 간에 군사력 전반 또는 특정 무기체계의 개발·배치·운용 수준을 상호 협의하여 조절하는 것을 의미한다. 군비통제는 완전하고 포괄적인 군축을 통해서가 아니라, 군비경쟁을 적정 수준으로 관리함으로써 전쟁을 회피한다는 인식에 기반하고 있다. 다만, 오늘날에는 일반적으로 군축과 군비통제라는 용어가 큰 구분 없이 사용되고 있는 추세이다.

> **참고**
>
> **군축의 역사**
>
> 1. 헤이그 평화회의
>   근대에 들어 군축을 목표로 한 최초의 국제회의는 1899년과 1907년의 헤이그 평화회의였다. 동 회의에서는 보편적 평화 증진과 과도한 무기의 감축문제를 논의하였으나, 군축에 대한 열의가 없는 각국 정치인들의 비협조로 향후 군비제한협정 체결가능성을 검토한다는 결의를 채택하는 선에서 그치고 실질적인 군축은 이루어지지 않았다.
>
> 2. 베르사유조약
>   제1차 세계대전 종전 후 1919년 베르사유조약에서는 패전국인 독일의 군사력을 현저히 감축시켜 육군병력을 10만 명으로 제한하고 탱크나 중화기의 소유를 금지하는 한편, 해군의 경우에도 전함 6척, 경순양함 6척, 구축함 12척 및 어뢰정 12척으로 보유를 제한하고 잠수함의 보유는 금지시켰다.

동 조약은 지나치게 과도한 군축과 전쟁 배상의무를 독일에게 지움으로써 결국 이행불능에 빠지고 말았다. 베르사유조약의 일부인 국제연맹규약에서는 모든 국가들의 군비를 '국가의 안전과 국제의무의 이행을 위해 필요한 최소수준'으로 규정하였으며, 이에 따라 국제연맹 회원국들은 군비 및 군수산업에 관한 정보 교환을 약속하였다.

3. 제네바 군축회의

1932년 국제연맹 주최로 스위스 제네바에서 개최된 군축회의로서, 약 60여 개국이 참가하였으며 각국은 1년 간 군비확장을 자제할 것을 요청받았고 국제기구와 단체 및 민간인들로부터 활발한 의견 개진이 있었다. 동 회의는 전쟁의 포기, 군비축소, 군사비 삭감, 생화학무기 사용 금지, 군비 이전 제한, 검증과 제재 등 군축의 다양한 측면에 대해 수년간 토의하면서 몇 가지 사항들에 대해서 합의 도출이 임박한 것으로 보였으나, <u>독일이 국제연맹과 군축회의로부터 탈퇴하고 재군비를 추진함에 따라 1936년 초 군축회의는 결국 중단되고 말았다.</u>

4. 제2차 세계대전 이후

제2차 세계대전 이후에 체결된 군축협정들은 그 양과 질에 있어서 그 전에 체결되었던 군축협정들을 압도한다. 특히 제2차 세계대전 이후에는 핵무기가 개발되어 <u>군축의 중심축이 종전의 재래식 무기로부터 핵무기와 운반수단인 미사일로 옮겨가게 되었으며, 냉전의 양극인 미국과 소련 간의 양자 군축협정에 관심이 집중되었다.</u> 미소 간에는 상호 핵공격으로 인한 공멸을 방지하고 전략적 공격능력의 균형과 견제를 이루기 위한 일련의 조약들이 체결되었으며, 군축협상은 종종 양국 간의 대화창구로도 활용되었다. 특히 닉슨 대통령 시절인 1972년 체결된 탄도탄요격미사일제한조약(ABM)과 전략무기제한조약(SALT I)은 양국 간 핵군축의 근간을 이루었으며, 레이건 대통령이 제창한 전략적우주방어계획(SDI)은 당초 예상과는 달리 소련의 군축의지를 촉진시켜 1987년 중거리핵미사일폐기조약(INF)을 성사시키는데 기여하였다. 군축은 전후 약 20여 년간 동·서 양 진영 간의 외교를 대표하는 수단으로 사용되었다.

3 재래식 군축문제

1. 목표

군축을 의미하는 'disarmament'라는 단어의 뜻 그대로라면 군축은 '모든 군비와 군대의 제거'를 말하게 되지만, 포브스(Henry W. Forbes)에 의하면 이는 장비나 군대의 폐기가 아니라 '장비의 양적·질적 감축과 비인도적 전쟁수단의 불법화 및 일정한 지역의 비무장화'를 말한다. 따라서 군축은 각국의 군사력을 공격에는 불충분하고 방어에 충분할 정도로 조정하는 것을 목표로 한다. 방어에 충분하게 군비를 조정하다 보면 방어무기의 증가도 포함될 수 있으나, 일반적으로는 공격무기의 제한을 목표로 하고 있다고 본다. 아울러 오늘날에는 일반적으로 군축과 군비통제라는 용어가 큰 구분 없이 사용되고 있는 추세에 있다.

2. 대상

(1) 전력의 규모

<u>병력 수나 장비의 수를 통제하는 것을 말한다.</u> 궁극적 목적은 방위에 충분한 최소 규모로 전력 규모를 감축하는 것이다. 여기서 병력은 무장된 전투원을 말한다.

(2) 장비의 질

장비의 성능을 통제하는 것을 말한다. 일정한 사거리 이상의 유도탄을 가지지 못하게 한다거나 작전반경이 어느 정도 이상인 전투항공기를 보유하지 못하게 하는 것을 말한다. 일반적으로는 대량살상무기 제한과 공격무기 제한이 문제된다.

(3) 배치

전력구성요소의 위치를 지리적으로 통제하는 것을 말한다. 일정 지역 내에 전투병력과 장비를 두지 못하게 하는 비무장지대를 설치한다거나 미사일기지를 전선에서 일정한 거리 내에 두지 못하게 하는 것 등이 그 예이다.

(4) 전력의 구성

공격형 전력구성의 제한 등을 말한다. 방공포 부대는 방어전력으로, 폭격기 전단은 공격전력 등으로 쉽게 구분되나 그 구분이 쉽지 않은 경우가 많다. 그러나 전력의 구성은 전력의 규모 못지 않게 전력에 영향을 끼치므로 중요한 통제대상이 된다.

3. 사례

(1) 1817년 러시 - 배고트 협정

공통이익을 전제하여 당사자 합의로 이루어진 군축의 최초 성공사례로 1817년 미국과 영국 간에 체결된 러시 - 배고트협정(The Rush - Bagot Agreement)을 들 수 있다. 동 협정을 통해 양국은 미시간호 등 5대호(五大湖)에 해군을 두지 않기로 합의하였다. 동 협정은 지난 190년간 양측 모두가 어기지 않고 지금도 지키고 있다.

(2) 워싱턴 해군군축회의

잠재적 교전당사자가 아닌 일반국가들의 합의로 시도된 가장 주목할 만한 군축노력은 워싱턴 해군군축회의였는데, 1921년에 시작해서 1939년 제2차 세계대전이 일어나 중지될 때까지 약 20년간 지속되면서 주요 국가의 해군 함정의 보유 허용 톤수, 무기의 제한 등에 대하여 많은 합의를 도출해 내었다. 1922년의 합의로 미국, 영국, 일본, 프랑스, 이탈리아 5개국의 주력함 보유 비율을 5 : 5 : 3 : 1.75 : 1.75로 합의하였고 전함의 크기도 3만 5천 톤을 넘지 못하게 하였다. 나아가 1930년 런던에서 속개된 해군군축회의에서는 항공모함의 보유한계에도 합의하였다. 그러나 동 해군군축협정들은 1939년 제2차 세계대전이 일어나면서 모두 파기되었다.

4 핵군축문제

1. 핵무기와 국제정치

냉전과 더불어 핵무기시대가 시작되면서 군축의 관심은 핵무기 제한, 핵군축으로 쏠리게 되었다. 핵무기는 재래식 무기와는 비교가 되지 않는 엄청난 파괴력을 가지고 있기 때문에 국제질서에 미치는 영향도, 그리고 각국이 이에 가지는 관심도 달라서 재래식 군축과 같은 방식으로 논의될 수는 없게 되었다. 따라서 핵군축문제는 재래식 군축문제와 별도로 다루어지고 있다.

2. 핵군축 노력의 전개

(1) 핵실험금지조약

핵실험금지에 대한 강한 반대여론에 밀려 1958년 미국, 소련, 영국 등 3국이 참여하는 핵실험금지회의가 시작되었으며 마침내 1963년 7월 '대기권, 우주공간, 수중에서의 핵무기실험금지조약'이 체결되어 같은 해 10월 발효되었다. 이 조약을 부분적핵실험금지조약(PTBT)이라고 한다. 동 조약은 지하에서의 핵실험은 금지하고 있지 않은 점이 한계였다.

(2) 핵확산금지조약

1965년 UN총회는 총 18개국으로 구성된 UN군축위원회에게 핵확산금지조약을 조속히 만들어낼 것을 촉구하는 결의안을 채택하였으며, 이 결의에 따라 핵심적인 핵무기 보유국인 미국과 소련이 오랜 교섭을 거쳐 1968년 NPT조약 초안을 UN군축위원회에 제출하였고 UN총회는 이를 승인하였다. 이어 동 조약안은 같은 해 7월 1일자로 회원국 서명을 위하여 개방되었으며 1970년 3월 5일에 발효하였다. 핵확산금지조약에서 핵비보유국은 핵무기를 생산·보유하지 않는다는 약속을 하는 대신 핵의 평화적 사용을 하는 데 필요한 기술을 얻기로 하고, 핵무기 보유국은 비핵국에 제조기술 및 핵물질의 이전을 하지 않는다는 것을 약속하고 있다. 또한 조약의 성실한 이행을 감시하는 국제원자력기구에 의한 사찰제도를 포함하고 있어 조약 내용의 이행을 효과적으로 보장하고 있다.

(3) 전략무기제한협정(SALT)

① **제1차 전략핵무기제한협상(SALT Ⅰ)**: 1972년 체결된 제1차 전략핵무기제한협상(SALT Ⅰ)은 방어용 전략무기규제협정과 공격용 전략무기 수량 제한에 관한 잠정협정으로 구분된다. 방어용 전략무기규제협정은 탄도탄요격미사일(Anti Ballistic Missile: ABM)망을 축소, 핵보복공격에 대한 취약성을 높임으로써 전략적 억지를 달성한다는 것이다. 협의 결과 ABM 발사기지를 각각 1개소로 축소하고 수량도 100기로 제한하였다. 공격용 전략무기 수량 제한협정은 대륙간 탄도미사일(ICBM)과 잠수함 발사 탄도미사일(SLBM)의 수량을 제한하는 것으로 미국은 ICBM 1054기·SLBM 710기, 소련은 ICBM 1618기·SLBM 950기까지 보유할 수 있게 하였다. 여기서 양국의 보유 상한선이 다른 것은 명중률 등 성능을 고려한 것이다.

② 제2차 전략핵무기제한협상(SALT Ⅱ): 1972년 11월부터 시작된 제2차 회담은 '전략 공격무기 제한에 관한 협정'으로 1979년 6월 오스트리아 비엔나에서 정식 조인되었다. 이 협정은 양측이 보유할 수 있는 ICBM·SLBM과 공대지 탄도미사일(ASBM) 및 전략 폭격기의 총수를 조약 발효와 동시에 2,400기 이하로 제한하고, 다시 1981년 말까지 2,250기 이하로 제한하면서 더 이상 새로운 공격용 전략무기 개발을 금지하는 것을 골자로 하고 있다. 그러나 SALT Ⅱ의 비준을 앞둔 1979년 말 소련이 아프가니스탄을 침공하자 미국 대통령 카터가 상원에서의 비준 심의를 유보시켜 당초 유효기간을 1985년 12월 31일로 하였던 이 조약은 정식 발효되지 못하였다.

(4) 전략무기감축협정(START)

① START Ⅰ: 1981년 레이건 행정부가 새로운 핵감축조약을 제안하여 협상이 시작되었다. 고르바초프가 등장하면서 협상이 급진전되어 1991년 7월 체결되었고, 1994년 12월 5일 발효되었다. 양국이 배치 중인 전략핵무기의 30%를 감축해 양국 간 전략핵의 균형을 달성하는 것을 목적으로 하였다. 동 조약의 유효기간은 15년(2009년 12월 5일까지)이며 양국이 동의하는 경우 5년씩 연장되나 START 후속조약이 발효되면 자동 폐기된다. 소련 붕괴 후 우크라이나, 카자흐스탄, 벨라루스가 가입하였다. 한편, 미러 양국은 2001년 12월 6일을 기해 START Ⅰ에 나타난 감축사항을 모두 이행하였다고 발표하였다.

② START Ⅱ: 부시 대통령과 옐친 대통령은 1992년 6월 START Ⅰ의 후속협상을 시작하기로 합의하고, 양국의 전략핵무기 보유량을 3,000 ~ 3,500기로 제한하는 START Ⅱ를 1993년 1월 3일 체결하였다. 그러나 미국이 MD 추진을 위해 ABM조약을 탈퇴함으로써 실행되지 못하였다.

③ START Ⅲ: 클린턴 대통령과 옐친 대통령은 1997년 3월 전략핵탄두 수를 2,000 ~ 2,500기로 제한하고 운반수단도 감축하는 START Ⅲ을 위한 협상을 START Ⅱ 발효 후 시작하기로 하였으나 START Ⅱ가 발효되지 않음에 따라 동 협상이 개시되지 않았다.

(5) 전략공격무기감축조약(Strategic Offensive Reduction Treaty: SORT)

미국과 러시아가 ABM조약 폐기를 앞둔 2002년 5월 24일 정상회담을 가지고 양국이 보유한 핵탄두 수를 2012년까지 1,700 ~ 2,200기로 감축하기로 한 조약이다. 동 조약에는 START Ⅰ과 달리 전략핵탄두 운반수단 제한, 전략핵 감축이행과 관련된 각종 정의(definitions), 운반수단 및 핵탄두 계산방법, 감시 및 검증체계 등이 포함되지 않았다. 따라서 SORT는 START Ⅰ에 포함된 검증 및 이행체제를 원용하면서 이행되어 왔다.

(6) New - START

2010년 3월 26일 미국과 러시아는 New - START를 체결하였다. 이는 START Ⅰ이 2009년 12월 만료됨에 따라 전략핵무기 감축을 위해 새롭게 체결한 조약이다. 발효되는 경우 양국은 7년간 각각 배치된 전략핵탄두 수를 1,550기로 낮추어야 하며, 미사일, 잠수함, 폭격기 등 전달체를 800기 이하로 낮추어야 한다.

학습 점검 문제 제3장 | 군비통제 및 군축이론

01 주요 핵무기 군비통제협정을 체결된 순서대로 바르게 나열한 것은? 2014년 외무영사직

ㄱ. 핵확산금지조약(NPT)
ㄴ. 포괄적 핵실험금지조약(CTBT)
ㄷ. 전략무기제한협정(SALT Ⅰ)
ㄹ. 전략무기감축협정(START Ⅰ)

① ㄱ ⇨ ㄷ ⇨ ㄹ ⇨ ㄴ
② ㄱ ⇨ ㄴ ⇨ ㄷ ⇨ ㄹ
③ ㄴ ⇨ ㄱ ⇨ ㄹ ⇨ ㄷ
④ ㄷ ⇨ ㄹ ⇨ ㄱ ⇨ ㄴ

군비통제론

ㄱ. 핵확산금지조약(NPT, 1968) ⇨ ㄷ. 전략무기제한협정(SALT Ⅰ, 1972) ⇨ ㄹ. 전략감축제한협정(START Ⅰ, 1991) ⇨ ㄴ. 포괄적 핵실험금지조약(CTBT, 1995) 순으로 체결되었다.

답 ①

02 다음 중 삼지주 체제(TRIAD)에 속하지 않는 것은? 2005년 외무영사직

① 핵미사일
② 핵잠수함
③ 전략 폭격기
④ 인공위성

군비통제론

냉전시대의 '삼지주 체제(TRIAD)'는 지상발사 대륙간 탄도미사일(ICBM), 잠수함발사 탄도미사일(SLBM), 전략 폭격기로 이루어져 있었다. 따라서, 인공위성은 TRIAD에 속하지 않는다. 한편 부시 행정부의 핵태세보고서(NPR)는 핵전력을 '신 삼지주 체제(New TRIAD)'로 확충하였는데, 신 삼지주 체제는 3중망 체제를 포괄하여 ㉠ 핵전력 또는 재래식 전력의 공격체계, ㉡ 적극적 또는 소극적 탄도미사일 방어망, ㉢ 핵무기 생산과 투발수단능력을 향상시키는 핵무기 하부 산업기반을 일컫는다.

답 ④

03 1970년에 발효된 핵확산금지조약(NPT)에 대한 설명으로 옳은 것은? *2011년 외무영사직*

① NPT에 의해 공식 핵무기 보유국(nuclear-weapon states)으로 인정받고 있는 나라는 미국, 러시아, 영국, 프랑스, 중국, 인도, 파키스탄 등이다.
② 평화적 목적의 핵폭발장치는 규제대상이 아니다.
③ NPT가 규정하고 있는 핵무기 보유국인 조약당사국은 NPT규정상 IAEA로부터 핵사찰을 받을 의무가 있다.
④ NPT 가입국은 NPT 규정에 따라 탈퇴의 권리가 보장되며, IAEA와 UN 안전보장이사회의 승인 없이 통보만으로 탈퇴가 가능하다.

군비통제론

NPT에 대한 내용은 『해커스공무원 패권 국제정치학 기본서 이슈』에서 상세하게 다루고 있다. 군축 관련 기출문제가 극소수이므로 관련 문제로서 수록하였다. 3개월 전에 회원국과 안전보장이사회에 통고하는 경우 탈퇴권이 보장된다. 안전보장이사회의 허가를 받지 않는다는 점을 주의해야 한다.

선지분석
① 인도와 파키스탄은 핵을 보유한 국가이나 NPT에 가입하지 않고 있다. NPT 내부에서 핵보유를 공식적으로 인정받은 국가는 UN안전보장이사회 상임이사국인 미국, 러시아, 중국, 영국, 프랑스에 한정된다.
② 평화적 핵이용권은 인정되나, 핵폭발장치나 핵실험은 그 목적과 무관하게 엄격하게 금지된다.
③ 국제원자력기구(IAEA)의 사찰은 핵을 보유하지 않은 NPT 당사국들의 의무이다.

답 ④

04 군비축소 또는 군비통제에 관한 사례에 대한 설명으로 옳은 것은? *예상문제*

① 베르사유조약(1919)은 독일의 군사력에 대한 통제를 가한 조약으로서 1930년대 히틀러의 현상변경정책에 의해 무력화되었으나 영국을 비롯한 유럽 열강은 유화정책의 견지에서 이를 용인하였다.
② SALT I(1972)은 미국과 소련이 상호확증파괴체제를 강화하기 위해 ABM의 발사기지와 수량을 통제하기로 합의하였으며, 부시(G. W. Bush) 행정부는 미사일방어체제(MD)를 구축하기 위해 러시아와 '공격용 전략무기감축협정(SORT)'을 체결하여 ABM조약을 폐기하였다.
③ 워싱턴회담(1922)은 미국이 고립주의전략을 추구하기 위해 해군 군축문제 등을 논의한 회담으로서 미국, 영국, 일본, 프랑스, 및 이탈리아가 해군 주력함의 보유 비율을 5 : 5 : 3 : 1.67 : 1.67로 합의하였다.
④ 제네바군축회의(1979)는 다자간군축회의로서 1968년 핵비확산조약(NPT) 체결을 주도하였으며, 동 회의에 한국은 1996년 가입하였으나 북한은 현재 미가입국이다.

군비통제론

선지분석
② ABM조약 폐기는 미국의 일방적 조치로서 취해진 것이며, 공격용 전략무기감축협정(SORT)은 이와 독립된 조약으로서 미국과 러시아가 양국이 보유한 핵탄두를 2012년까지 1,700 ~ 2,200기로 감축하기로 한 것이다.
③ 워싱턴회담은 미국의 '국제주의' 사례로 평가된다. 미국은 LN에 미가입하는 등 전반적으로 고립주의 기조를 취하였으나, 동아시아문제에 대해서는 국제주의 노선을 추구하였다.
④ 북한은 1996년에 제네바군축회의에 가입하였다.

답 ①

MEMO

MEMO

MEMO

해커스공무원
패권
국제정치학

기본서 | 사상 및 이론

개정 5판 1쇄 발행 2025년 8월 22일

지은이	이상구 편저
펴낸곳	해커스패스
펴낸이	해커스공무원 출판팀
주소	서울특별시 강남구 강남대로 428 해커스공무원
고객센터	1588-4055
교재 관련 문의	gosi@hackerspass.com
	해커스공무원 사이트(gosi.Hackers.com) 교재 Q&A 게시판
	카카오톡 플러스 친구 [해커스공무원 노량진캠퍼스]
학원 강의 및 동영상강의	gosi.Hackers.com
ISBN	979-11-7404-369-6 (13340)
Serial Number	05-01-01

저작권자 ⓒ 2025, 이상구

이 책의 모든 내용, 이미지, 디자인, 편집 형태는 저작권법에 의해 보호받고 있습니다.
서면에 의한 저자와 출판사의 허락 없이 내용의 일부 혹은 전부를 인용, 발췌하거나 복제, 배포할 수 없습니다.

공무원 교육 1위,
해커스공무원 gosi.Hackers.com

해커스공무원

· **해커스공무원 학원 및 인강**(교재 내 인강 할인쿠폰 수록)
· 해커스 스타강사의 **공무원 국제정치학 무료 특강**
· 정확한 성적 분석으로 약점 극복이 가능한 **합격예측 온라인 모의고사**(교재 내 응시권 및 해설강의 수강권 수록)

한경비즈니스 2024 한국품질만족도 교육(온·오프라인 공무원학원) 1위